Kohlhammer

Werner Ritter
Martin Rothgangel
(Hrsg.)

# Religionspädagogik und Theologie

## Enzyklopädische Aspekte

Festschrift zum 65. Geburtstag
für Professor Dr. Wilhelm Sturm

Verlag W. Kohlhammer
Stuttgart Berlin Köln

Die Deutsche Bibliothek – CIP-Einheitsaufnahme

**Religionspädagogik und Theologie :** enzyklopädische Aspekte ; Festschrift zum 65. Geburtstag für Professor Dr. Wilhelm Sturm / Werner Ritter ; Martin Rothgangel (Hrsg.). - Stuttgart ; Berlin ; Köln : Kohlhammer, 1998
ISBN 3-17-015113-4

Alle Rechte vorbehalten
© 1998 Verlag W. Kohlhammer GmbH
Stuttgart Berlin Köln
Verlagsort: Stuttgart
Umschlag: Data Images
audiovisuelle Kommunikation GmbH
Gesamtherstellung:
Druckerei W. Kohlhammer GmbH + Co. Stuttgart
Printed in Germany

# Inhaltsverzeichnis

Grußworte (Hans Schwager, Johannes Opp)   11
Einführung (Werner H. Ritter/Martin Rothgangel)   17

## ERSTER TEIL: GRUNDSATZBEITRÄGE   23

**I.** **Die enzyklopädische Frage der Theologie am Ausgang des 20. Jahrhunderts**
  **Ulrich Hemel/Martin Rothgangel**   25
  1. Die Frage   25
  2. Der neuzeitliche Kontext: Emanzipation durch Bildung und Wissenschaft   26
  3. Die enzyklopädische Frage in der Theologie: 'Sitz im Leben' und systematische Entfaltung   27
  4. Exemplarische Ansätze: Schleiermacher, Pannenberg, Ebeling und die kommunikative Aporie der Gegenwart   29
  5. Der postmoderne Kontext   34

**II.** **Systematische Theologie auf dem religionspädagogischen Prüfstand**
  **Rainer Lachmann**   36
  1. Systematische Theologie als religionspädagogische Bezugswissenschaft   36
  2. Die kulturell-sprachliche Religionstheorie G.A. Lindbecks   39
  3. Lindbecks Religionsmodell in religionsdidaktischer Beurteilung   44
  4. Das Prüfungsergebnis: 'antididaktisch'   49

**III.** **Religionspädagogik und Religionswissenschaft - Probleme und Perspektiven**
  **Johannes Lähnemann**   50
  1. Religionspädagogik und Religionswissenschaft im 20. Jahrhundert - eine Problemgeschichte   52
  2. Theologie und Religionswissenschaft als Bezugswissenschaften für Religionspädagogik - Versuch einer Verhältnisbestimmung   55
  3. Gegenwartssituation und Zukunftsaufgaben

| | | |
|---|---|---|
| IV. | **Religionspädagogik und Exegetische Wissenschaft -** **zu einem umstrittenen Verhältnis im Haus der Theologie** **Klaus Wegenast** | 63 |
| | 1. Vorbemerkung | 63 |
| | 2. Zur Geschichte des Problems seit 1945 | 65 |
| | 3. Exegetische Wissenschaft und Religionspädagogik | 69 |
| | 4. Zu Möglichkeiten und Perspektiven einer zukünftigen Kooperation von Exegese und Religionspädagogik | 78 |
| V. | **Religionspädagogik und Praktische Theologie** **Gottfried Lämmermann** | 81 |
| | 1. Zur enzyklopädischen Verortung der Praktischen Theologie im Kontext ihrer Wissenschaftsgeschichte | 81 |
| | 2. Für eine religionspädagogische Rekonstruktion der Praktischen Theologie im Bildungsbegriff | 88 |
| VI. | **Religionspädagogik und Katechetik -** **ein Zwischenbericht zu ihrem Nach- und Nebeneinander** **Wolfgang Nastainczyk** | 94 |
| | 1. Unterschiedliche Sehweisen eines Entwicklungsprozesses | 94 |
| | 2. Grundzüge, treibende Kräfte und Kontexte der Entwicklung von Katechetik und Religionspädagogik | 98 |
| | 3. Anstöße zu Weiterarbeit und relecture | 103 |
| | 4. Fazit | 105 |
| VII. | **Religionspädagogik und Liturgik** **Christian Grethlein** | 107 |
| | 1. Begriffliche Probleme | 108 |
| | 2. Handlungsfelder im Überschnitt von Religionspädagogik und Liturgik | 109 |
| | 3. Aufbrüche in Religionspädagogik und Liturgik | 111 |
| | 4. Umgang mit Zeit als religionspädagogische und liturgische Aufgabe | 114 |
| | 5. Modelle der Kooperation | 116 |
| VIII. | **Theologie und Psychologie** **Hans-Jürgen Fraas** | 118 |
| | 1. Zum Gegenstand von Psychologie und Theologie | 118 |
| | 2. Die Nähe der Theologie zu den Sozialwissenschaften | 120 |
| | 3. Die wechselseitige Kontrollfunktion von Theologie und Psychologie | 123 |
| | 4. Die Relevanz der Psychologie für Teildisziplinen der Theologie | 127 |

## ZWEITER TEIL: PERSPEKTIVEN 135

**IX. Pluralität und Selbstbegrenzung -
die enzyklopädische Frage in der Postmoderne
Reinhard Wunderlich** 135
1. Einstimmung 135
2. Methodische Zwischenreflexion 137
3. Interpretierende Spaziergänge und Gedankenflüge 139

**X. Der Erfahrungsbegriff -
Konsequenzen für die enzyklopädische Frage der Theologie
Werner H. Ritter** 149
1. Erfahrung - Wirklichkeit - Theologie 149
2. Evangelium - Glaube - 'bildende' Erfahrung 153
3. Religionspädagogik und Erfahrung 157
4. Erfahrungen in praktisch-religiösen Lernprozessen 162

**XI. Der Bildungsbegriff -
Konsequenzen für die enzyklopädische Frage der Theologie
Horst F. Rupp** 167
0. Einleitung 167
1. Schlaglichter zum Verhältnis Religion bzw. Theologie und Bildung 168
2. Der historische Protestantismus als Bildungsgröße 171
3. Ansätze einer systematischen Bestimmung
des Verhältnisses von Religion und Bildung 180

**XII. Der Spiritualitätsbegriff -
Konsequenzen für die enzyklopädische Frage der Theologie
Werner Thiede** 184
1. Der Spiritualitätsbegriff als Gegenstand christlicher Apologetik 185
2. Der funktionale Spiritualitätsbegriff 185
3. Der monistische Spiritualitätsbegriff 190
4. Der christliche Spiritualitätsbegriff als 'charismatischer' 195
5. Konsequenzen für die enzyklopädische Frage der Theologie 199

**XIII. Die 'Zwei-Regimente-Lehre' - ihre Bedeutung für die
Religionspädagogik als theologischer Teildisziplin
Helmut Anselm** 206
1. Ganzheit als Paradigma der Religionspädagogik 206
2. Historische Aspekte zur Ganzheitsdiskussion 210
3. Martin Luthers Hermeneutik der Wirklichkeit 213
4. Religionspädagogik im Horizont Martin Luthers 216
5. Religionsunterricht im Zeichen der Symmetrie von Kirche und Staat 218
6. Zur Struktur künftiger Religionspädagogik 221

# DRITTER TEIL: PRAXISRELEVANZ 225

**XIV. Im Kern verrottet?**
**Fachdidaktik als Chance für deutsche Universitäten**
**Martin Rothgangel** 227

1. 'Die in der Fachwissenschaft nichts wurden'.
   Infragestellungen der Fachdidaktik 228
2. 'Im Kern verrottet'?
   Zur Reformbedürftigkeit deutscher Universitäten 233
3. Lebensweltbezug und Interdisziplinarität.
   Fachdidaktik als Chance 237
4. Wider eine 'exklusive' Theologie.
   Verkannte Chancen der Religionspädagogik 241

**XV. Wahrnehmungsschulung für die Religiosität Jugendlicher. Ein religionsdidaktisches Projekt im Horizont der enzyklopädischen Frage**
**Georg Hilger** 246

1. Religiöse Deutungsmuster von Jugendlichen und
   die enzyklopädische Frage 246
2. 'Was Jugendlichen heilig ist'. Wahrnehmungskompetenz für
3. Ansätze zu einer Phänomenologie des Heiligen aus der
4. Lernchancen und Handlungsperspektiven 259
5. Zur Praxisrelevanz der enzyklopädischen Fragestellung 262

**XVI. Gottesbilder im Vorschulalter. Eine empirische Studie mit enzyklopädischen Aspekten für den Elementarbereich**
**Martin Schreiner** 264

1. Kinderfragen wahrnehmen und verstehen lernen -
   Zur Entdeckung des Kindes in der Praktischen Theologie 264
2. Methodische Vorüberlegungen zur Auslegung
   von Kinderzeichnungen 267
3. Forschungsprojekt konkret und Vorstellung ausgewählter Bilder 269
4. Religionspädagogische Perspektiven 274

**XVII. Theologische Kompetenz für den Religionsunterricht -**
**Systematische Theologie in der Ausbildung von Religionslehrern**
**Ingrid und Wolfgang Schoberth** 280

1. Theologische Kompetenz 281
2. Mit Theologie umgehen lernen 282
3. Erfahrung 284
4. Sprache des Glaubens 285
5. Fremdes 287
6. Improvisation und Intuition 289

XVIII. **Ethische Bildung als Herausforderung
von Religionspädagogik und Theologischer Ethik
Gottfried Adam** 290
    1. Ethische Bildung als gesamtschulische Aufgabe 291
    2. Ethische Bildung als Aufgabe des Religionsunterrichts 294
    3. Die Wiederkehr der Tugenden 297
    4. Verantwortungsethik und Tugendlehre 300
    5. Ausblick 301

XIX. **Der Stellenwert der Bibelwissenschaft
in der universitären Religionslehrerausbildung
Hans-Christoph Schmitt** 303
    1. Thesen 303
    2. Die Orientierung am 'sensus historicus' des Bibeltextes (zu These 1) 305
    3. Der 'sensus historicus' des Bibeltextes als 'norma normans'
der Theologie (zu den Thesen 2-4) 307
    4. Die zentralen bibelwissenschaftlichen Ziele der
Religionslehrerausbildung (zu den Thesen 5-6) 311
    5. Die Bedeutung des Gottes- und Menschenverständnisses des biblischen Textes für die Kultur der Gegenwart (zu den Thesen 7-10) 315

XX. **Die Bibel verstehen lernen -
Anregungen zu einer religionspädagogisch
verantworteten Rezeption historisch-kritischer Forschung
Frieder Harz** 321
    1. Biblische Texte verstehen lernen -
eine religionspädagogische Herausforderung 321
    2. Schritte auf dem Weg des Verstehens biblischer Texte
im Grundschulalter 327
    3. Schlußüberlegung 339

XXI. **Kirchengeschichte und Religionspädagogik -
Exemplarität oder Vollständigkeit?
Godehard Ruppert** 340
    0. Vorbemerkung 340
    1. Reduzierung als faktische Auswahl 340
    2. Elementarisierung als begründete Auswahl 342
    3. Konsequenzen für das Studium 349

XXII. **Anhang** 353
    1. Kurzbiographie Professor Dr. Wilhelm Sturm 353
    2. Autorenverzeichnis 356

Oberkirchenrat Hans Schwager
Abteilungsleiter für Schule, Bildung und Medien
im Evang.-Luth. Landeskirchenamt München

## Grußwort
für Professor Dr. Wilhelm Sturm

Schon in Feuchtwangen - seinem Geburtsort vor 65 Jahren - begleiteten und beeindruckten Professor Sturm die Geschichten und Lieder unserer Kirche: die religionspädagogischen Kristallisationspunkte des Protestantismus. Die evangelische Religionspädagogik zieht sich wie ein roter Faden durch sein persönliches und berufliches Leben. Theologische und pädagogische Anregungen hat er unter dem Blickwinkel der Religionspädagogik aufgenommen und bearbeitet. Er führte auf den Stationen seines Lebens einen fruchtbaren religionspädagogischen Diskurs mit sich selbst und den Erfahrungen und Anregungen, die auf ihn einwirkten, und den Menschen, die ihm begegneten. Schon als Student, dann als Vikar und Pfarrer, als Assistent am Lehrstuhl für Praktische Theologie, als Inspektor am Theologischen Studienhaus Erlangen, in besonderer Weise als Referent und stellvertretender Leiter am Katechetischen Amt und schließlich in schöner Kontinuität nach einer Lehrstuhlvertretung seit 1973 als Universitätsprofessor in Regensburg.

Wohl alle Wissenschaft, gewiß die Religionspädagogik will und braucht den Diskurs. Lernen hat mit Verknüpfungen von einem mit dem anderen zu tun. So ist Professor Sturm zu beglückwünschen, daß er Jahrzehnte den religionspädagogischen Dialog geübt, gesucht und gefunden hat. Mit Theoretikern und Praktikern, mit Pädagogen, Theologen und Vertretern anderer Fächer, mit Jüngeren und Älteren, mit Christen und Nichtchristen. Zu seinem 65. Geburtstag finden sich Gefährten des religionspädagogischen Dialogs ein. Sie lassen sich eine verbindliche Frage vorgeben und leisten Beiträge aus ihrem Forschungs-, Wissens- und Erfahrungsbereich.

Für einen Pfarrer, Wissenschaftler und Religionspädagogen kann es nichts Besseres geben als eine Diskurs- und Weggemeinschaft mit anderen. Für unsere Kirche in Bayern und für das zentrale Handlungsfeld Religionspädagogik ist es ein Glück, daß die Religionspädagogen miteinander reden und sich austauschen. Universität und Kirche haben die Aufgabe, diesen Austausch zu ermöglichen.
Anders kann der Auftrag christlicher Bildung und Erziehung nicht reflektiert, erschlossen und wahrgenommen werden. Darum gebührt dem Pfarrer, Religionspädagogen und Professor Dr. Sturm und seinen Wegbegleitern, die sich in diesem Buch zu Wort melden, Dank und Anerkennung für die Arbeit über Jahrzehnte im religionspädagogischen Dialog und Diskurs.

Johannes Opp
Leitender Direktor des RPZ Heilsbronn
Vizepräsident der Landessynode

## Grußwort
für Professor Dr. Wilhelm Sturm

In den zurückliegenden 30 Jahren hat Wilhelm Sturm die religionspädagogische Entwicklung in unserer Landeskirche in vielfältiger Weise geprägt. Damit dieser Satz keine abstrakte Behauptung bleibt, möchte ich einige Stationen seiner beruflichen Laufbahn benennen. Ich greife nur solche Stationen heraus, an denen ich Augenzeuge oder Ohrenzeuge war. Mit dieser Auswahl ist eine gewisse Zufälligkeit gegeben. Allerdings wird mangelnde biografische Vollständigkeit wettgemacht durch mehr Lebendigkeit, wie sie sich bei persönlichen Erinnerungen wie von selbst ergibt.

Meine erste Begegnung mit Wilhelm Sturm geht auf die ausgehenden sechziger Jahre zurück. Er war Theologischer Referent am Katechetischen Amt und unter anderem verantwortlich für die zweite Ausbildungsphase der Lehramtsanwärter. Ich war Gemeindepfarrer und hatte in meinem Bezirk die Lehramtsanwärter zu begleiten. Ich war einer von circa 60 Pfarrern, die diese Aufgabe verstreut innerhalb ganz Bayern innehatten. Wir waren Pfarrer mit pädagogischer Neigung, aber wir waren Generalisten, wie es sich das für einen Gemeindepfarrer gehört, ohne besondere pädagogische Spezialkenntnisse. Wilhelm Sturm berief uns regelmäßig ein, und wir kamen gewissenhaft. Er arbeitete mit uns die Themen durch, nicht immer spannend, aber gründlich, mit umfassender Information, wohlabgewogen, praxisorientiert. Wir bekamen Schaubilder und Überblicks-papiere. Die waren geeignet für unsere eigene Arbeit und für die Prüfungsvor-bereitungen der Kandidaten. Jahrelang arbeiteten in ganz Bayern alle Arbeitsge-meinschaften mit Sturms Unterlagen. Sie fuhren nicht schlecht damit, weil auch Prüfende diese Arbeitspapiere gerne benutzten.

Ich lernte Wilhelm Sturm näher kennen, als ich 1971 sein Kollege im Katechetischen Amt wurde. Es war die Zeit, als Wilhelm Sturm und Klaus Caspary in Zusammenarbeit mit K.E. Nipkow die Curricularen Lehrpläne entwickelten. Ich war mit Wilhelm Sturm zusammen in der Untergruppe für den 9. Jahrgang. Da gab es viel zu lernen. Sturm verfügt über ein geradezu einschüchterndes Gedächtnis; er häuft aber nicht einfach Wissensstoff an, sondern sucht den Ausgleich der Gegensätze, den gangbaren Weg zwischen Extremlösungen hindurch. Er ist zurückhaltend mit Wertungen und vermittelt lieber erst einmal einen Überblick über vorhandene Positionen, um sich dann für seinen Weg zu entscheiden.

In die Heilsbronner Zeit des Wilhelm Sturm fiel seine Promotion bei Kurt Frör: „Religionsunterricht gestern - heute - morgen. Der Erziehungsauftrag der Kirche und der Religionsunterricht an öffentlichen Schulen". Diese Arbeit erhielt den Fakultätspreis der Theologischen Fakultät der Universität Erlangen-Nürnberg. Die Buchveröffentlichung diente zahlreichen Theologiestudierenden zur Examensvorbereitung. Wer sich gründlich informieren wollte, war mit diesem Buch bestens bedient, eilige Leser verzweifelten oft schon nach wenigen Seiten, weil sie sich gedächtnismäßig überfordert fühlten.

In das letzte Jahr seiner Heilsbronner Zeit fielen die Vorbereitungen zur Gründung eines Instituts für Lehrerfortbildung, analog zu Gars und Dillingen. Dieses Projekt war damals umstritten, fand aber dann doch die Zustimmung des Landeskirchenrats und eine Mehrheit in der Synode. Sturm hat die Gründung dieses Instituts zwar miterlebt, aber nur noch als Gast, der von Regensburg aus die Feierlichkeiten in Heilsbronn besuchte.

Wilhelm Sturm hatte 1973 die Berufung auf den Lehrstuhl für Evangelische Theologie, Schwerpunkt Religionspädagogik und Didaktik des Religionsunterrichts, an der Universität Regensburg angenommen. Seit dieser Zeit sind unsere persönlichen Begegnungen seltener geworden. Sie ergeben sich beispielsweise anläßlich der Konferenzen der bayerischen Professoren für Religionspädagogik (KLGHT).

Aber aus den Augen verloren haben wir uns nie, denn es war wichtig zu wissen, wie praxisbezogen, fachkompetent und auch seelsorgerlich Lehrkräfte im Kirchenkreis Regensburg ausgebildet wurden. Wilhelm Sturm hat seit 1974 in Zusammenarbeit mit der Regierung der Oberpfalz für die zweite Ausbildungsphase das sogenannte Regensburger Modell entwickelt (Blockseminare für die Lehr-amtsanwärter - Arbeit mit der Mitschauanlage der Universität Regensburg). In den ersten Jahren führte er das Modell alleine durch, jetzt in Zusammenarbeit mit den beiden Seminarrektoren Kratzer und Werner.

Die starke Verbundenheit mit der verfaßten Kirche und der lokalen Kirchengeschichte fand ihren Niederschlag in einer Veröffentlichung zum Reformationsjubiläum der Stadt Regensburg 1992. Diese Veröffentlichung ist mehr als ein Unterrichtsprojekt, sie ist dank gründlicher Recherchen eine Fundgrube für jeden, der sich Detailkenntnisse über die Zeit der Reformation verschaffen will. In ökumenischer Offenheit werden heikle interkonfessionelle Fragen anhand der Stadtgeschichte von Regensburg verhandelt. Ein gelungener Entwurf, weit über den Anlaß eines Jubiläums hinaus.

Meine letzte literarische Begegnung mit Wilhelm Sturm stammt aus diesem Jahr. Es ist die völlige Neubearbeitung seines Beitrages „Religionspädagogische Konzeptionen" für das Religionspädagogische Kompendium. (*W. Sturm*, Religionspädagogische Konzeptionen, in: Religionspädagogisches Kompendium, hrsg. von *G. Adam/R. Lachmann*, Göttingen ⁵1997, 37-87). Schon in den bisherigen Auflagen war dieses Kompendium eine Muß-Lektüre für jeden Examenskandidaten der Religionspädagogik.

Das Kompendium als Ganzes kann hier nicht in den Blick genommen werden. Aber Sturms Beitrag hat sich enorm gewandelt. Der Blick hat sich geweitet in die Geschichte des 19. Jahrhunderts hinein. Vieles, was sich heute als Neuheit oder auch als Absonderlichkeit etabliert, wird aus geschichtlicher Betrachtungsweise heraus verständlicher. Wichtig an der Neubearbeitung ist auch die Einarbeitung der neueren Literatur. Die Vermittlungsmodelle der Symboldidaktik wurden aufgenommen, das Gespräch mit Halbfas und Biehl eröffnet. Das ist sicherlich eine notwendige Ergänzung. Man darf die Prognose wagen, daß dieses Kompendium auf Jahre hinaus ein unentbehrliches Hilfsmittel für Studierende bleiben wird.

Mein Grußwort hat die Gestalt persönlicher Erinnerungen angenommen. Es soll ausmünden in einen dreifachen Dank:
Ich danke Herrn Sturm für die jahrelange Zusammenarbeit mit dem Katechetischen Amt und dem RPZ Heilsbronn. Die Verbindung zur Universität ist für unsere Arbeit als Aus-, Fort- und Weiterbildungsstätte unentbehrlich.
Ich danke weiterhin Herrn Sturm im Namen der ungezählten Lehrkräfte des RU, die durch seine Ausbildung gegangen sind oder von seinen literarischen Produkten Gewinn hatten.
Ich danke last but not least als Vizepräsident der Landessynode Herrn Sturm für alles Engagement für die gute Sache des RU innerhalb unserer Landeskirche und darüber hinaus.

Ich wünsche ihm für die Zeit des Ruhestands Gottes Segen und viel Zeit für all das, was ihm am Herzen liegt und immer wieder zurückgestellt werden mußte.

# Einführung

Werner H. Ritter/Martin Rothgangel

Die vorliegende Festschrift befaßt sich mit dem Verhältnis der Religionspädagogik zur Wissenschaftsdisziplin Theologie insgesamt. Bei dieser Fragestellung geht es darum, „wie die innere Organisation der Theologie und wie das Verhältnis der einzelnen Fächer zueinander und zum ganzen zu verstehen ist"[1], ein Problem, dem erstmals Schleiermacher in seiner 'Kurzen Darstellung des theologischen Studiums zum Behuf einleitender Vorlesungen' (1811, ²1830) unter dem Begriff 'theologische Enzyklopädie' nachgegangen ist. Herkömmlicherweise wird der innere Zusammenhang der Theologie vor allem von Vertretern der Systematischen Theologie verhandelt.[2] In diesem Band maßen sich demnach Religionspädagogen in gewisser Weise ein 'fremdes Geschäft' an und reflektieren aus ihrer Sicht das Verhältnis von Religionspädagogik und Theologie. Dies geschieht, weil nach ihrer Überzeugung viele 'Außen-Ansichten' der Religionspädagogik nicht gerecht werden. So ist nach wie vor bei vielen Theologen die Vorstellung verbreitet, daß die Religionspädagogik die Resultate der anderen theologischen Disziplinen angemessen umzusetzen und anzuwenden habe. Und selbst Theologen, die verbal beteuern, daß Religionspädagogik keine Anwendungswissenschaft sei, beschreiben nicht selten Wesen und Aufgabe der Religionspädagogik so, daß sie de facto nichts von einer Anwendungswissenschaft unterscheidet. Diese unzureichende Bestimmung der Religionspädagogik zieht jedoch abträgliche Konsequenzen für die Theologie insgesamt nach sich. Sie wirkt sich nicht nur in der Ausbildung künftiger TheologInnen und ReligionslehrerInnen negativ aus, sondern ist auch für die gegenwärtige Wirkungslosigkeit und den sogenannten Realitätsverlust der Theologie mitverantwortlich.
Um die gegebene Fragestellung einer befriedigenderen Antwort zuzuführen, wollen die Autoren in drei Themenkreisen einen Beitrag leisten.

## 1. Grundsatzbeiträge

Zunächst wird das komplexe Verhältnis der Religionspädagogik zu verschiedenen theologischen Teildisziplinen in Grundsatzbeiträgen erörtert.
*Ulrich Hemel* und *Martin Rothgangel* geben dazu einen kurzen Überblick über die enzyklopädische Frage der Theologie aus historischer und wissenschaftssystematischer Sicht. Pointiert wird in diesem Beitrag dargelegt, wie die zunehmende Spezialisierung und Differenzierung der Theologie in der Neuzeit zu ihrer zunehmenden Wirkungs-

---

[1] *D. Rössler*, Grundriß der Praktischen Theologie, Berlin/New York ²1994, 5; vgl. dazu auch *F. Schleiermacher*, Kurze Darstellung des theologischen Studiums zum Behuf einleitender Vorlesungen, hrsg. v. *H. Scholz*, Hildesheim ⁴1961, §18-20.
[2] Zur entsprechenden Literatur vgl. den untenstehenden Beitrag von *U. Hemel/M. Rothgangel*.

losigkeit führte. Auf diesem Hintergrund wird die Bedeutung der Praktischen Theologie, die im enzyklopädischen Zusammenhang der Theologie durch den Primat der Kommunikation gekennzeichnet ist, deutlich: Eine differenzierte Wahrnehmung zeitgenössischer Lebensformen und -äußerungen ist für die Überwindung der kommunikativen Wirkungslosigkeit von Theologie und Kirche unentbehrlich.

Für *Rainer Lachmann* ist unter bestimmten Voraussetzungen Systematische Theologie primäre Bezugswissenschaft der Religionspädagogik. In diesem Sinne entwickelt er eine Kriteriologie, um die Systematische Theologie auf den religionspädagogischen Prüfstand stellen zu können. Lachmann führt dies exemplarisch an der kulturellsprachlichen Religionstheorie G.A. Lindbecks vor. Es vollzieht sich eine interessante Umkehrung: Hier wird nicht, wie gewöhnlich, durch einen Systematischen Theologen eine religionspädagogische Konzeption als 'unsystematisch' beurteilt, sondern ein Religionspädagoge gelangt bei einem systematischen Entwurf zu dem Prüfungsergebnis 'antididaktisch'.

Dem Verhältnis von Religionspädagogik und Religionswissenschaft geht *Johannes Lähnemann* nach. Dazu skizziert er zunächst eine Problemgeschichte von Religionspädagogik und Religionswissenschaft im 20. Jahrhundert. Auf dem Hintergrund der Dialektischen Theologie und Luther-Renaissance wird deutlich, warum die Religionen für TheologInnen und ReligionspädagogInnen einer ganzen Generation weitgehend ausgeblendet waren. Demgegenüber entwickelt Lähnemann eine Verhältnisbestimmung, in der Theologie und Religionswissenschaften als Bezugsdisziplinen der Religionspädagogik nicht in eine falsche Alternative gesetzt werden.

In *Klaus Wegenasts* Beitrag wird das Verhältnis von Religionspädagogik und Exegetischer Wissenschaft historisch und systematisch reflektiert. Exegeten wie W. Schmithals, denen eine sozialwissenschaftliche Orientierung der Religionspädagogik suspekt ist und die 'zurück zur Sache' mahnen, werden von Wegenast daran erinnert, daß die 'Sache' sich allein mit exegetischen Methoden nicht hinreichend bestimmen läßt, und mit der Frage konfrontiert, ob nicht etwa Religionspädagogen dabei helfen könnten, die mit sozialwissenschaftlichen Methoden z.B. der Religion Jugendlicher nachgehen. Nach Wegenast ist aus religionspädagogischer Perspektive gleichursprünglich auf die Sache des Evangeliums *und* die gegenwärtige Erfahrungs- wie Lebenswelt zu achten.

*Godwin Lämmermann* nimmt zunächst eine enzyklopädische Verortung der Praktischen Theologie im Kontext ihrer Wissenschaftsgeschichte vor. Er legt dar, daß die innere Differenzierung der Praktischen Theologie nicht bloß additiv verstanden werden kann, und bestimmt die Beziehung von Religionspädagogik und Praktischer Theologie, indem er den Blick auf Bildung als Grundfunktion aller praktisch-theologischen Handlungen lenkt.

Mit dem Verhältnis von Katechetik und Religionspädagogik beschäftigt sich *Wolfgang Nastainczyk*. Nachdem er zunächst mehrere Typen der Verhältnisbestimmung unterscheidet, stellt er in historischer Perspektive gleichzeitig ein Nacheinander und Nebeneinander von Katechetik und Religionspädagogik fest. Obwohl seines Erachtens Katechetik prinzipiell als antiquiert anzusehen ist und möglichst schnell in den weiteren

Horizont der Religionspädagogik aufzuheben wäre, rechnet er fest mit der weiteren Koexistenz zweier ungleicher Geschwisterdisziplinen.

*Christian Grethlein* erörtert die lange Zeit vernachlässigte Beziehung von Religionspädagogik und Liturgik; er setzt sie in ein Verhältnis zueinander und arbeitet ihr gegenseitiges Aufeinanderverwiesensein heraus. Seine Position illustriert Grethlein am Umgang mit Zeit als religionspädagogische sowie liturgische Aufgabe. Abschließend weist er auf zwei konkrete Modelle der Kooperation hin.

Das für die Religionspädagogik wesentliche Gespräch mit den Humanwissenschaften wird im Beitrag von *Hans-Jürgen Fraas* exemplarisch anhand des Verhältnisses von Theologie und Psychologie geführt. Er legt dar, daß die Theologie selbst dort, wo sie es verleugnet, die psychologische Fragestellung impliziert, und plädiert für eine wechselseitige Kontrollfunktion von Theologie und Psychologie.

## 2. Perspektiven

Die Beiträge dieses Abschnittes nehmen die enzyklopädische Frage der Theologie aus der Perspektive zentraler Themen in den Blick.

*Reinhard Wunderlichs* Beitrag zeigt, daß die enzyklopädische Frage in der Postmoderne unter den einander komplementär ergänzenden Leitbegriffen 'Pluralität' und 'Selbstbegrenzung' verhandelt werden muß. Originell ist dabei seine methodische Vorgehensweise: Anhand eines Bildervergleichs sieht er die Religionsdidaktik in der Schule zwischen Athen und Jerusalem.

*Werner H. Ritter* zieht aus dem neuzeitlich konturierten Erfahrungsbegriff Konsequenzen für die enzyklopädische Frage der Theologie. Er weist exemplarisch an der Religionspädagogik auf, daß Erfahrung eine weiterführende und heuristisch wertvolle Grundkategorie für alle theologischen Fächer darstellt, die im Zeitalter zunehmender Spezialisierung und Fragmentarisierung disziplinenübergreifende Verständigungsmöglichkeiten eröffnet.

Die Ausführungen von *Horst F. Rupp* dokumentieren, daß der Bildungsbegriff nicht nur für die Religionspädagogik, sondern für die Theologie generell von Bedeutung ist. Seine Ausführungen gipfeln in einer Doppelaussage: Religion bzw. Glaube brauchen Bildung - Bildung braucht Glauben bzw. Religion.

*Werner Thiede* ventiliert den Spiritualitätsbegriff für die enzyklopädische Frage der Theologie. Er versteht christliche Spiritualität „charismatisch" im Sinne einer Unterscheidung der Geister und notiert Konsequenzen für die einzelnen theologischen Teildisziplinen von der Alttestamentlichen Wissenschaft bis zur Praktischen Theologie.

Wie *Helmut Anselm* zeigt, lassen sich aus der heute oftmals vernachlässigten 'Zwei-Regimente-Lehre' Luthers ertragreiche Folgerungen für die Religionspädagogik als theologische Teildisziplin ziehen, da sie eine spezifische Hermeneutik der Wirklichkeit impliziert, aus der sich Ziele und Struktur für einen neuen Gesprächszirkel zwischen Religionspädagogik und Schule, ja zwischen Theologie und Pädagogik allgemein ergeben können.

## 3. Praxisrelevanz

Abschließend wird die der Fragestellung innewohnende Praxisrelevanz an einigen Themenkreisen exemplarisch aufgezeigt.

*Martin Rothgangel* behandelt grundsätzlich die Stellung fachdidaktischer Lehrstühle an deutschen Universitäten. Ausgangspunkt ist die gegenwärtige Tendenz, fachdidaktische Lehrstühle an den Universitäten in Frage zu stellen oder zu streichen. Auf dem Hintergrund der hochschulpolitischen Analysen von Peter Glotz kann (entgegen dessen eigener Intention) gezeigt werden, daß gerade die Fachdidaktiken mit ihrer Lebensweltkompetenz und interdisziplinären Ausrichtung eine geeignete 'Therapie' für das 'erkrankte' deutsche Hochschulwesen darstellen. Diese Überlegungen lassen sich auch auf das Verhältnis von Religionspädagogik und Theologie übertragen.

In *Georg Hilgers* Beitrag wird ein für die Religionspädagogik wie die Praktische Theologie wesentlicher Aspekt ihres Selbstverständnisses zum Ausgangspunkt der Überlegungen gemacht: Im Dialog mit anderen theologischen Disziplinen ist die Religionspädagogik in besonderer Weise Anwalt einer empirisch fundierten Analyse religiös relevanter Phänomene in heutigen Lebenswelten. In diesem Sinn ist das Regensburger hochschuldidaktische Projekt zur Wahrnehmungsschulung für die Religiosität Jugendlicher zu verstehen. Hilger liefert damit einen spezifischen Forschungsbeitrag, den Religionspädagogik für das Selbstverständnis der Theologie leistet.

Subjektorientiert nimmt auch *Martin Schreiner* Gottesbilder von Kindern im Vorschulalter wahr. Er berichtet von einem empirischen Forschungsprojekt in Münchener Kindergärten und zieht daraus religionspädagogische Folgerungen. In den Bildern spielen erkennbar biblisch-theologische, systematisch-theologische und religionswissenschaftliche Aspekte eine Rolle, und doch ist jedes Bild Ausdruck eines eigenen Gotteskonzeptes.

Einen interessanten Kontrapunkt liefert der Beitrag von *Ingrid* und *Wolfgang Schoberth*, die zur Bedeutung der Systematischen Theologie in der universitären Religionslehrerausbildung schreiben. Spannend zu lesen ist dies insbesondere deswegen, weil beide im Gegensatz zu Rainer Lachmanns Grundsatzbeitrag von der religionspädagogischen Paxisrelevanz der Lindbeck'schen Religionstheorie überzeugt sind.

Auf den Aspekt ethischer Bildung und ihre Bedeutung für Religionspädagogik und Theologische Ethik geht *Gottfried Adam* ein. Er versteht ethische Bildung als gesamtschulische wie religionsunterrichtliche Aufgabe. Statt einer Repristinierung alter Tugenden plädiert er für eine Verantwortungsethik, die den Menschen als Wesen der Freiheit und der Verantwortung respektiert.

Mit dem Alttestamentler *Hans-Christoph Schmitt* kommt in diesem Band ein Fachwissenschaftler zu Wort, der lange Zeit selbst für die Ausbildung von Lehramtsstudierenden zuständig war und hier seine Ansichten bezüglich des Stellenwertes der Bibelwissenschaften in der universitären Lehrerbildung offenlegt - man mag hier vergleichsweise den Grundsatzbeitrag zum Verhältnis von Religionspädagogik und exegetischen Wissenschaften von Klaus Wegenast noch einmal heranziehen. Schmitt plädiert explizit für den 'sensus historicus' der biblischen Texte und lehnt eine primär rezeptionsästhetische oder tiefenpsychologische Exegese als unzureichend ab. Im Religionsunterricht gewinnen die biblischen Texte eine dreifache Bedeutung: für die Anthropologie, als Angebot für die gegenwärtige Sinnorientierung und als Grundlagentexte unserer christlich beeinflußten Kultur.

Aus dem Beitrag von *Frieder Harz* geht hervor, daß im Religionsunterricht nicht einfach 'die' historisch-kritische Methode 'angewendet' werden kann. Vielmehr muß ihre (notwendige) Rezeption zu den SchülerInnen als religiösen Subjekten 'passen'. In diesem Sinne entwickelt Harz ein weiterführendes Modell von fünf Schritten für das Verstehen biblischer Texte im Grundschulalter.

Über das Verhältnis von Kirchengeschichte und Religionspädagogik denkt abschließend *Godehard Ruppert* anhand der Stichworte 'Exemplarität' und 'Vollständigkeit' nach. Im Gegensatz zur Reduzierung als faktischer Auswahl stellt für ihn die Elementarisierung als begründete Auswahl eine Grundperspektive für das Studium der Kirchengeschichte dar.

Die in dieser Festschrift verhandelte enzyklopädische Thematik wurde angeregt durch die universitäre Lehrtätigkeit des Jubilars, *Professor Dr. Wilhelm Sturm*, der am 19. Dezember 1997 seinen 65. Geburtstag feiert. Seit seiner Berufung als Professor für Evangelische Theologie mit Schwerpunkt Religionspädagogik und Didaktik des Religionsunterrichts an die Universität Regensburg im Jahre 1973 verkörperte er in seinen Vorlesungen und Seminaren eine Art theologische „Miniatur-Fakultät": Neben den religionspädagogischen Veranstaltungen finden sich regelmäßig Themenbereiche aus Bibelwissenschaft, Systematischer Theologie, Kirchengeschichte und Religionswissenschaft. In diesem Band wird sein enzyklopädisch orientiertes, praktisches Tun letztlich wissenschaftstheoretisch reflektiert. Damit will diese Festschrift der Aufgabe der Theologie generell entsprechen, die Helmut Gollwitzer so verstanden hat: „Theologie ist ein nachträgliches Geschäft. Sie entsteht als Theorie zwischen Praxis und Praxis."[3]

Am Ende steht eine dreifache Danksagung:
Wir danken den beteiligten Autoren für ihre Bereitschaft, aus ihrem jeweiligen Forschungsschwerpunkt die enzyklopädische Fragestellung konsequent in den Blick zu nehmen. Dies ist im Rahmen einer Festschrift keineswegs selbstverständlich. Sodann gilt unser Dank *Frau Roswitha Bandau* und *Herrn Matthias Holl*, die beide unermüdlich an der Gestaltung und redaktionellen Bearbeitung des Manuskripts tätig waren. Und schließlich möchten wir uns bei der Evangelisch-Lutherischen Kirche in Bayern bedanken, die durch einen namhaften Druckkostenzuschuß das Erscheinen dieses Bandes unterstützte.

---

[3] *H. Gollwitzer*, Wie steht es mit der deutschen Theologie? Theorie und Praxis im theologischen Denken, in: EK 10 (1977), 522-525, hier 522.

Erster Teil
# Grundsatzbeiträge

I.

# Die enzyklopädische Frage der Theologie am Ausgang des 20. Jahrhunderts

Ulrich Hemel/Martin Rothgangel

## 1. Die Frage

Das Dilemma der zeitgenössischen Theologie besteht in ihrer zunehmenden Wirkungslosigkeit. Nun kommt aber der Religionspädagogik die besondere Aufgabe der Brückenbildung hin zur modernen Gesellschaft zu, weil sie ihren Gegenstand in der Theorie und Praxis religiöser Vermittlung besitzt. Der 'Sitz im Leben' der Religionspädagogik ist allerdings speziell die Ausbildung zukünftiger Religionslehrerinnen und Religionslehrer.
Dieser Zusammenhang erklärt, warum die Theorie und Praxis religiöser Erziehung in der Familie, im Kindergarten, in der Jugendarbeit und generell in der Gemeinde bei weitem nicht so intensiv reflektiert werden wie der schulische Religionsunterricht. Der religionsunterrichtliche Konkretisierungsbedarf erklärt aber auch die Erwartung theologischer Fachkollegen, die Religionspädagogik möge doch bitte zur 'Anwendung' bringen, was in der systematischen, der biblischen und der historischen Theologie erarbeitet und bedacht wurde.
Eine solche versuchte Delegation der Anwendungsseite theologischen Denkens, die ihrerseits von Praktischen Theologen mit Blick auf die akademische Dignität ihrer Fächer entrüstet zurückgewiesen wurde, hat wahrscheinlich nicht dazu beigetragen, der Stimme der Theologie in der modernen Welt mehr Gewicht zu verleihen. Sie ist aber andererseits Ausdruck einer bestimmten wissenschaftsgeschichtlichen und universitärakademischen Situation, die den Anspruch auf Spezialisierung und Differenzierung immer weiter trieb - bis zur bangen Frage, worin denn bei soviel Experten- und Spezialistenwissen die innere Einheit der Theologie selbst liege.
In dem Ausmaß, wie die Theologie ihre argumentative Kraft an den Konfliktfeldern der Neuzeit (wie Aufklärung, Religionskritik, Psychoanalyse und mehr) geschärft und sich selbst als 'wissenschaftliche Theologie' bewiesen und behauptet hat, in dem Ausmaß ereilte sie das Schicksal kommunikativer Wirkungslosigkeit in der Massengesellschaft. Es liegt also nahe, angesichts einer solchen Ausgangslage die Frage nach der 'enzyklopädischen Mitte' der Theologie zu stellen. Die damit verbundenen Einzelfragen lassen sich wie folgt zusammenfassen:

1. Wie bestimmen sich innere Mitte und Einheit christlicher Theologie angesichts immer weiterer fachlicher Differenzierung und Spezialisierung?
2. Ist kommunikative Vermittlung, egal ob mit oder ohne didaktische Absicht, Spezialaufgabe theologischer Teildisziplinen oder wesentliches Element jeder theologischen Reflexion?
3. Welchen Beitrag leistet die hermeneutische Reflexion über Mitte und enzyklopädischen Zusammenhang der Theologie zur Überwindung ihrer derzeitigen kommunikativen Wirkungslosigkeit?

## 2. Der neuzeitliche Kontext: Emanzipation durch Bildung und Wissenschaft

Nun kann es angesichts der fast 2000jährigen Geschichte der Theologie nicht überraschen, daß es historisch entfaltete Modelle der Verhältnisbestimmung gibt, die den heutigen Kontext der enzyklopädischen Frage prägen.

Der Begriff der Enzyklopädie taucht in Anlehnung an die der Griechen (Sophistik, Isokrates) in der Zeit von Humanismus und Renaissance, speziell 1490-1510, auf.[1] Die französische „Encyclopédie ou dictionnaire raisonné des sciences, des arts et des métiers" (Diderot und D'Alembert) erschien 1751-1772. In den gleichen Zusammenhang gehören die Encyclopaedia Britannica (1768-1771), der Brockhaus (1809-1811), der Larousse (ab 1852) und zahlreiche andere Werke, die den Anspruch umfassender Bildung und geordneter Sammlung und Darstellung gesicherten Wissens repräsentierten.

Nun gehören die Tätigkeiten des Sammelns, Ordnens, Klassifizierens und Typologisierens zur Vernunfttätigkeit des Menschen seit jeher. Ob man daher die Naturgeschichte von *Plinius d. Ä.*(23-79), die Institutiones divinarum et saecularium litterarum von *Cassiodor* (484-580), die Werke des *Hrabanus Maurus, Petrus Lombardus, Thomas von Aquin* oder - schon in modernerem Kontext - des *F. Bacon* (1561-1626), des *G.W. Leibniz* (1646-1716) oder gar erst die „Enzyklopädie" des *G.W.F. Hegel* (1817) als Beginn und Ausgangspunkt enzyklopädischen Denkens betrachten möchte, ist daher eine Frage von Standpunkt, Erkenntnisinteresse und Perspektive. Generell wird allerdings *J.H. Alsted* (1588-1638) mit seiner Enzyklopädie (Herborn 1620) als Vater neuzeitlichen enzyklopädischen Denkens gesehen. Über *J.A. Comenius* (1592-1670), der bei ihm studierte, wirkte sich sein Ansatz stark auf das pädagogische Denken der Moderne aus (Didactica magna, 1657).

Auffällig ist jedenfalls zum einen der überwiegend akademische Kontext, der ja bereits in der Praxis der scholastischen Theologie gegeben ist, zum anderen die enge Verbindung des enzyklopädischen Gedankens mit *Aufklärung durch Wissenschaft*, einem Programm, das nicht zufällig ab dem Jahr 1789 als paralleles Leitmotiv der französischen Revolution gelten kann. Nicht zufällig fällt die „Encyclopédie" von Diderot und D'Alembert in die Zeit der Erfindung der Dampfmaschine (*J. Watt*, 1769) und generell

---

[1] Vgl. *G. Hummel*, Art. Enzyklopädie, in: TRE IX (1982), 716-743, bes. 716.

die Zeit der industriellen Revolution in England, später auch auf dem europäischen Kontinent.

Der Wunsch nach enzyklopädischem Sammeln und Systematisieren korrespondiert somit eng mit wachsender Komplexität, zunehmender Unübersichtlichkeit und psychologisch erfahrener Orientierungslosigkeit in einer von Spezialisierung und Differenzierung geprägten Welt.

Es wäre merkwürdig, wenn die christliche Theologie sich von solchen Entwicklungen hätte abkoppeln können. Tatsächlich folgt die Entfaltung der enzyklopädischen Frage in der Theologie durchaus analogen Strukturmustern wie die europäischen Gesellschaften der Neuzeit generell: Sie folgt, auf spezifische Weise, dem Motiv der Emanzipation durch Bildung und Wissenschaft.

## 3. Die enzyklopädische Frage in der Theologie: 'Sitz im Leben' und systematische Entfaltung

Geistesgeschichtlich ist die Ausdifferenzierung der Theologie in akademische Fachgebiete im Zusammenhang mit der Entfaltung von universitärer Wissenschaft zu sehen. Trotz vielfältiger Kontinuitäten entlang der jahrhundertelangen Tradition theologischer Lehre und Debattierkunst kann es nicht überraschen, daß die Neugründung von Universitäten nach den napoleonischen Wirren, speziell die Gründung der Universität Berlin (1810) mit den Ideen von *W. v. Humboldt* (1767-1835), den Ausgangspunkt für das Leitbild des akademischen Forschers und Universitätslehrers bildete und rasch zur Verselbständigung zahlreicher neuer Disziplinen weit über Theologie, Philosophie, Jus und Medizin führte. Damit zerfiel aber auch die Bildungseinheit der 'universitas litterarum'.

Die Theologie geriet ebenfalls in den Sog dieser Entwicklung: Unter Druck gesetzt durch Aufklärung, später auch durch Psychoanalyse, Marxismus, Historismus und Positivismus und den fast allgegenwärtigen Einfluß von Naturwissenschaft und Technik, reagierten die Fachvertreter nach dem gleichen Strukturmuster wie andere Disziplinen: mit Spezialisierung und Differenzierung. Implizit scheint es, als hätte man dadurch nachweisen wollen und können, ebenso wissenschaftlich, systematisch und methodisch stringent zu sein wie andere Fächer und Fakultäten.

Mehr und mehr funktionierte die Theologie demnach gemäß den Spielregeln des akademischen Produktionsbetriebs. Das Problem der Orientierungslosigkeit und Unübersichtlichkeit in der modernen Welt ist damit auch zu einem theologischen Problem geworden: Dies ist der 'Sitz im Leben' der enzyklopädischen Frage der Theologie. Im Gegensatz zur Praxis der frühchristlichen, gerade nicht 'wissenschaftlich', sondern 'weisheitlich' motivierten Literatur entfaltete sich die enzyklopädische Frage in zugespitzter Form, nämlich in der Reflexion des Verhältnisses von historischer und systematischer Theologie.[2]

---

[2] Vgl. *D. Rössler*, Grundriß der Praktischen Theologie, Berlin/New York, ²1994, 5; *W. Pannenberg*, Wissenschaftstheorie und Theologie, Frankfurt 1973, 359.

*Inhaltlich* geht es um den wechselseitigen Referenzzusammenhang biblischer, systematischer, historischer und praktischer Reflexion, jeweils gebrochen durch Perspektive und Spezialinteresse der jeweiligen Disziplin. Dabei ist es historisch interessant, daß das hierarchische Modell der Unterordnung theologischer Disziplinen unter eine Krone und Leitdisziplin, speziell die dogmatische Theologie, stets eine beachtliche, aber umstrittene Rolle gespielt hat.[3]

Dabei stehen eigentlich zwei Fragen im Hintergrund: Erstens, gibt es eine theologische Leitdisziplin, zu der andere theologische Fächer gewissermaßen als Hilfswissenschaften zuarbeiten? Zweitens, wenn ja, welche?

Diese Fragen offen zu legen bedeutet, auf Optionen theologischen Denkens aufmerksam zu machen, etwa darauf, daß ein hierarchisches Modell theologischer Wissenschaft nicht zwangsläufig ist. Auch zeigt die Theologiegeschichte, daß jede Form hierarchischer Reduktion auf eine, aber eben nur eine Perspektive schon Anhänger und Apologeten gefunden hat: das historizistische ebenso wie das biblizistische, das dogmatizistische ebenso wie das praktizistische Modell theologischen Denkens.

Tatsächlich gibt es so etwas wie eine Perichorese, ein wechselseitiges, synchrones Ineinander von Perspektiven theologischer Betrachtung. In diachronischer Reflexion ist es legitim, Einzelperspektiven herauszuheben. Dies führt aber im betrachteten Gegenstand faktisch nicht zum Verschwinden anderer Betrachtungswinkel, sondern zu deren Zurücktreten im Diskurs.

Nehmen wir als Beispiel das Singen eines Kirchenliedes im Gemeindegottesdienst. Die systematische Betrachtung analysiert den theologischen Gehalt des Liedtexts oder den theologischen Ort des Gemeindegesangs in der Liturgie. Die historische Deutung situiert Singpraxis und Text in ihrer geschichtlichen Gewordenheit. Die biblische Sichtweise korreliert Praxis des Singens und Inhalt des Liedes mit biblischen Textdokumenten und biblisch fundierter Frömmigkeitspraxis. Die praktisch-theologische Perspektive analysiert kommunikatives Geschehen, pädagogische Wirkung, pastoralen Ansatz und religionspsychologische Folgen des Kirchenlied-Singens. Keine Perspektive wird durch die andere unwesentlich, keine erschöpft theologische Reflexion für sich allein. Einzelwissenschaftliche Differenzierung und Spezialisierung nimmt theologischer Reflexion daher nichts von ihrem Zusammenhang, nämlich dem *inhaltlichen Bezug* auf Glaubensreflexion (fides quaerens intellectum), dem *sozialen* Bezug auf eine identitätsstiftende fachwissenschaftliche Scientific Community und dem *institutionellen* Kontextbezug auf die akademische Forschung und Lehre, im wesentlichen an Universitäten. Dabei ist selbstverständlich eine gesellschaftliche Großinstitution, aber auch motivierende Lebensgemeinschaft wie 'Kirche' weder theoretisch noch praktisch von theologischer Reflexion wegzudenken.

---

[3] Vgl. *U. Hemel*, Theologie im Kontext von Theologie und Kirche, Düsseldorf 1986, 119-138.

## 4. Exemplarische Ansätze: Schleiermacher, Pannenberg, Ebeling und die kommunikative Aporie der Gegenwart

Interessanterweise ist die enzyklopädische Frage der Theologie auf protestantischer Seite stärker reflektiert worden als in katholischen Kreisen, wo Papst, Tradition und Lehramt anschauliche, wenngleich nicht unumstrittene Symbole der Einheit und damit auch 'enzyklopädischen Zusammenhalts' darstellen konnten. *K. Rahner* ist katholischerseits zwar nicht die einzige, aber trotz ekklesiologischer Engführung seiner Argumentation eine rühmliche Ausnahme.[4]
Exemplarisch für die evangelische Wirkungsgeschichte der enzyklopädischen Frage werden im folgenden *F. Schleiermacher, G. Ebeling* und *W. Pannenberg* hervorgehoben.

*F. Schleiermacher* (1768-1834) bedenkt in 'Kurze Darstellung des theologischen Studiums' (1811, ²1830) den „Zusammenhang der verschiedenen Teile der Theologie unter sich"[5]. Nicht umsonst fällt der erste Entwurf des Werks in die Zeit der Gründung der Humboldtschen Universität, die Zeit 'nach' Napoleon, die stürmisch sich entwickelnde technisch- wissenschaftliche Moderne. Wäre der innere Zusammenhang der Theologie eine Selbstverständlichkeit gewesen (wie weithin in katholischer und orthodoxer Befindlichkeit), hätte *Schleiermachers* Frage wohl nicht gestellt werden können. Und ähnlich wie *Hegel* mit der Unterscheidung von Staat und Gesellschaft Voraussetzungen für das politische Denken des 20. Jh. schafft, gelingt *Schleiermacher* mit der reflexiven Unterscheidung von Glaube und Religion, Kirche und Theologie, Religiosität und - modern gesagt - Christlichkeit die Herstellung eines gedanklichen Instrumentariums, ohne welches die religiöse Zeitgeistsituation bis heute nicht adäquat gedeutet werden könnte.

*Schleiermacher* unterscheidet die Philosophische, Historische und Praktische Theologie,[6] wobei der Begriff der Historischen Theologie auch die Glaubens- und Sittenlehre, d.h. in heutiger Sprache Dogmatik und Ethik umfaßt.[7] Die Praktische Theologie wird in der Richtung der verschiedenartigen Erscheinungsformen kirchlichen Handelns (Kirchenleitung, häusliche Zucht, d.h. Kindererziehung, Gottesdienst) beschrieben. *G. Lämmermann*, weist mit Recht darauf hin, daß *Schleiermachers* Vermittlungstheologie ein funktionalistisches Mißverständnis nahelegt, und zwar in dem Sinn, daß die Praktische Theologie - wie es dann auch oft kolportiert wurde - das auslegt und anwendet, was ihr durch die Theologie als historische und systematische Reflexionswissenschaft

---

[4] Vgl. *K. Rahner*, Die praktische Theologie im Ganzen der theologischen Disziplinen, in: *E. Jüngel/K. Rahner/M. Seitz*, Die Praktische Theologie zwischen Wissenschaft und Praxis, München 1968, 46-64.

[5] *F. Schleiermacher*, Kurze Darstellung des Theologischen Studiums zum Behuf einleitender Vorlesungen, hrsg. v. *H. Scholz*, Braunschweig ⁴1961, §18, vgl. auch §20.

[6] Vgl. aaO., §31.

[7] Vgl. aaO., §223.

'vorgelegt' wird.[8] *F. Schleiermacher* war dieser Zusammenhang offensichtlich bewußt, denn er wendet sich bei der Gründung der Berliner Universität 1810 ausdrücklich gegen die Einrichtung eines separaten Lehrstuhls für Praktische Theologie.[9] Der Schritt zum Thema Praktische Theologie als 'Anwendungswissenschaft' ist dann nur noch ein kleiner.

Die Sache ist aber, und zwar schon bei *Schleiermacher*, ein wenig komplizierter. Theologie ist nämlich als 'positive' Wissenschaft auf vorgängige Praxis bezogen, d.h. sie ist der zweite Schritt, die Reflexion der 'Praxis', welcher diese Praxis selbstverständlich vorausgeht.[10] Genau genommen sind also drei Schritte zu beobachten, die einen reflexiven Regelkreis bilden: (1) Praxis, (2) Reflexion der Praxis (= Theologie), (3) Rückbezug der Praxisreflexion auf die Praxis selbst ('Anwendung', 'Vermittlung'). Erstens kommt einem bei dieser Analyse *Hegels* dialektischer Dreischritt in den Sinn, und zweitens wird deutlich, daß der Streit um den enzyklopädischen Ort der Praktischen Theologie im Grunde darin besteht, praktisch-theologische Reflexion entweder als Teil theologischer Reflexion (= Schritt 2) oder aber als handwerklich-technische 'Meisterlehre' für die Vermittlung von Rüstzeug zu kirchlichem Handeln (analog zu Schritt 3) zu sehen. Die Kontroverse um Status und Stellenwert der Praktischen Theologie verdankt sich dem Oszillieren um beide Positionen herum.

*G. Ebeling* erkennt richtig, „wie stark das Problem Praktischer Theologie, ihr enzyklopädischer Ort und ihre Aufgabenbestimmung in einzelnen, mit dem Theologieverständnis im ganzen verquickt ist"[11]. Das Gemeinsame aller theologischer Disziplinen sieht *G. Ebeling* im „hermeneutischen Prozeß", der sich „in jeder von ihnen und durch sie alle hindurch als theologischer Verstehensvorgang vollzieht"[12]. Hier stellt sich allerdings die Frage, *welcher Art* dieser hermeneutische Prozeß ist: Richtet er sich *erstens* auf ein persönliches Verstehen und Reflektieren des einzelnen Theologen (und der einzelnen Theologien) oder bezieht er sich *zweitens* auf das gemeinschaftliche Selbstauslegen christlicher Tradition im Verweisungskontext von Kirche (wodurch dann der Theologie und dem Theologen ein Amt auferlegt und zugesprochen würde)? Geht es *drittens* um Wahrheit in geschichtlicher Gewordenheit, aber mit übergeschichtlichem, d.h. ewigem Kern oder *viertens* um „Wirklichkeitsbezug"[13], „Wahrnehmung der Lebenswirklichkeit"[14], schlicht: um Wirksamkeit in der Gegenwart, also auch um nicht kirchengebundene Lebens-, Denk- und Auslegungsformen des Christlichen?

---

[8] Vgl. *G. Lämmermann*, Praktische Theologie als kritische oder als empirisch-funktionale Handlungstheorie? München 1981, 96f.

[9] Vgl. *V. Weymann*, Gegensatzerfahrungen. Zum Praxisbezug Praktischer Theologie, in: ZThK 82 (1985), 455-476.

[10] Vgl. *F. Schleiermacher*, aaO., §1.

[11] *G. Ebeling*, Studium der Theologie, Eine enzyklopädische Orientierung, Tübingen 1975, 114.

[12] AaO., 11.

[13] AaO., 115.

[14] AaO., 126.

Diese Fragen sollen zeigen, daß es zu kurz greift, mit den klassisch gewordenen Gegensatzpaaren wie Situation und Tradition, Glauben und Handeln, Inhalt und Methode, Theorie und Praxis und dergleichen die gewachsene Komplexität des enzyklopädischen Problems der Theologie und den Ort (oder 'locus theologicus') der Praktischen Theologie beherrschen zu wollen.

Vieles spricht dafür, die Vielschichtigkeit intellektueller und handlungspraktischer, individueller und kollektiver theologischer Erkenntnisprozesse an den Anfang des Christentums zurückzubinden: Heil und Erlösung ist jedem einzelnen als einzelnem zugesprochen und berührt ihn unmittelbar. Heil und Erlösung geschieht und ereignet sich aber auch als gemeinschaftliches Geschehen am Volk Gottes in allen Nuancen des Begriffs. Erlösung wird lebenspraktisch und wirkt sich in der Tiefenstruktur unseres Alltagshandelns aus bis hin zu scheinbar banalen Verrichtungen wie z.B. Auto fahren oder Einkaufen. Erlösung ist aber auch offen für metaphysische Vertiefungen in historischem, philosophischem, theologischem und generell spekulativem Interesse. Es bezeichnet geradezu Stärke und Eigenart christlicher Theologie, den großen Spannungsbogen der polyphonen Vielschichtigkeit von Glauben und Glaubensreflexion über die Jahrhunderte hinweg aus- und durchgehalten zu haben. Der hermeneutische Prozeß, der die theologischen Disziplinen eint, ist also *fünftens* ein in sich verflochtener, konzertanter, perichoretischer Prozeß mit Ober- und Untertönen, die je für sich und auch als Zusammenklang ihr Recht haben und Sinn ergeben.

Aus diesem Grund hat die Biblische Theologie historische, systematische und praktisch-theologische Perspektiven. Aus dem gleichen Grund eignet sich jeder Gedankenschritt historischer Theologie zu biblischer, systematischer und - weil handlungsrelevant - praktisch-theologischer Beleuchtung. Und ebenso benötigt die Praktische Theologie den biblischen, historischen und systematischen Background.

Nicht ein Modell von Über- und Unterordnung, sondern ein Modell polyphoner Gleichzeitigkeit und reflektorischer Perichorese wird daher dem gerecht, was Theologie in ihren theologischen Disziplinen und in ihrem Rückbezug auf die Urintuition des Glaubens sein kann, sein darf und sein soll.[15]

Dieser Standpunkt sympathisiert z.T. mit Überlegungen, die *W. Pannenberg* in seiner Studie 'Wissenschaftstheorie und Theologie' anstellt,[16] und zwar nicht zufällig in der Zeit einer fundamentalen Infragestellung von Kirche und Gesellschaft in den Jahren um und nach 1968. Pannenberg erläutert geschickt den wechselseitigen Zusammenhang von „geschichtlicher Lebenswelt der christlichen Überlieferung"[17] und der „Geschichte von Christentum und Kirche" als dem „gemeinsame(n) Boden von Dogmatik, Ethik und praktischer Theologie"[18]. Im Rückverweis auf die „Geschichte Jesu Christi"[19] gewinnt *Pannenberg* mit der Unterscheidung von „Kirche und Reich Got-

---

[15] Vgl. *U. Hemel*, Theologie 119-138.

[16] *W. Pannenberg*, aaO.

[17] AaO., 436.

[18] AaO., 437.

[19] AaO., 439.

tes"²⁰ ein kritisches Instrument zur Analyse von Wegen und Abwegen, Formen und Fehlformen kirchlichen Handelns, aber auch einen Maßstab zur politischen Reflexion gesellschaftlicher Praxis: „Eine praktische Theologie, die sich der Frage nach der allgemeinen Wahrheit der Einheit Gottes mit den Menschen in Jesus von Nazareth, der Gegenwart des kommenden Reiches in ihm, als Hoffnung für die Menschheit und als Thema kirchlicher Praxis verpflichtet weiß, wird die Entwicklung des Verhältnisses von Kirche und Staat in der Neuzeit neu analysieren müssen, um das Verhältnis der Kirchen zu den gesellschaftlichen Aufgaben der Gegenwart richtig bestimmen zu können"²¹.

Die Kommunikation und politische Grundstruktur christlicher Theologie sind hier gut erfaßt und deutlich zum Ausdruck gebracht. Unaufgelöst bleibt aber das Dilemma, Praktische Theologie ausdrücklich als „Theorie der Kirchlichen Praxis"²² zu sehen, ohne Praxisformen außerhalb kirchlicher Kontexte anzusprechen, obwohl sie massiv die Präsenz des Christlichen in der Gegenwart durchwalten.

Positiv an *Pannenbergs* Formulierung ist allerdings die Eindeutigkeit des Bezugs zur konstitutiven Glaubensgemeinschaft, der Kirche. Diese Eindeutigkeit ist aber nur eine scheinbare, da weder ein Ist- noch ein Sollzustand von Kirche und kirchlicher Praxis konsensfähig beschrieben werden kann. Auch ist Kirche als Subjekt oder Quasi-Subjekt kirchlicher Praxis nicht mehr ohne weiteres mit dem alltäglichen Lebenszusammenhang heutiger Christinnen und Christen in Verbindung zu bringen. Die Verankerung praktisch-theologischer Reflexion im Subjekt 'Kirche' wirkt heutzutage unter kommunikativen Gesichtspunkten wie eine Stellungnahme im Spannungsfeld 'Individuum und Institution', und zwar als einseitige Stellungnahme zugunsten von 'Institution'. Daß dies nicht so gemeint ist, wissen zwar kundige Theologen, aber nicht die religiös durchschnittlich interessierten Zeitgenossinnen und Zeitgenossen. Die *Wirkung* einer institutionslastigen Sichtweise bleibt auch dann fraglich, wenn diese Wirkung nicht beabsichtigt ist (etwa weil in einem theologisch qualifizierten Kirchenbegriff eine deutliche Stellungnahme zugunsten des Einzelnen in seinem Freiheitsrecht enthalten ist).

Daß in den letzten Jahren die an sich systematische Frage nach dem enzyklopädischen Zusammenhang der Theologie nicht unwesentlich von Praktischen Theologen nach vorne getrieben wurde,²³ könnte an dem dieser Zunft womöglich eigenen Gespür für

---

[20] AaO., 441.

[21] AaO., 442.

[22] AaO., 440.

[23] K. *Wegenast*, Zum Verhältnis Systematischer und Praktischer Theologie in Geschichte und Gegenwart. Anmerkungen und Fragen eines Religionspädagogen in weiterführender Absicht, in: EvErz 36 (1984), 674-702; F. *Schweitzer*, Die Einheit der Praktischen Theologie und die Religionspädagogik. Überlegungen zu einer neuen Diskussion, in: EvErz 43 (1991), 606-619; R. *Englert*, Wissenschaftstheorie der Religionspädagogik, in: H.-G. *Ziebertz/W. Simon* (Hrsg.), Bilanz der Religionspädagogik, Düsseldorf 1995, 147-174; G. *Ringshausen*, Überlegungen zum Verhältnis von Theologie und Religionspädagogik, in: EvTh 46 (1986), 148-159; K.-F. *Daiber*, Grundriß der

wirkungsgeschichtliche Verwerfungen liegen. Praktische Theologen, speziell Religionspädagogen erfahren im schulischen Religionsunterricht, ganz praktisch, Wirkungslosigkeit und Prägnanzschwund von christlich gemeinter, aber in quasi wissenschaftlicher, spezialisierter Sprache artikulierter und für den Alltag irrelevanter Kommunikation in der (post-)modernen Gesellschaft. Zum Leiden an der Wirkungslosigkeit religiöser Vermittlung in der Praxis gesellt sich paradoxerweise der Eindruck, in der eigenen Theologenzunft als Praktischer Theologe auch nicht ernst genommen zu werden, weil die Lebensweltanalysen von Religionspädagogen und Religionspädagoginnen nicht wirklich oder doch nur höchst selten systematisch verarbeitet und reflektiert werden.

In diese Richtung weisende Überlegungen zeichnen nun speziell die Praktische Theologie in der Reflexion von kommunikativer Wirkvoraussetzung und faktischer Wirkung von Glaube, Religiosität und Christentum in der Gegenwart aus.[24] Praktische Theologie hätte also die Pflicht und die Chance, nach der subjektiven, gesellschaftlichen und institutionellen Wirkungsgeschichte der vielfältigen Formen von Glaube, Religiosität und Kirchlichkeit in einem von Christentum geprägten Kontext zu fragen, Voraussetzungen und Folgen dieser kommunikativen Wirkungsgeschichte zu erheben und auf die klassischen Fragen der systematischen, biblischen und historischen Theologie ebenso wie auf die drängenden Fragen der eigenen Zeit zu beziehen. Solche Fragen sind vielfältig: „Was heißt Erlösung heute? Was ist jungen Menschen 'heilig'?[25] In welcher Sprach- und Lebensform äußern sich 'klassische' Fragen der Theologie heute (also z. B. die Frage nach dem Sinn des Lebens, der Ungerechtigkeit in der Welt, dem ewigen Leben, der Existenz Gottes, der Bedeutung von Leid, Sterben und Tod)? Wie läßt sich die Sondersprache von Theologie und Kirche zurückübersetzen in die kommunikative Symbolik der Zeit? Wie kann die Theologie ihre Wahrnehmung an der Gegenwartszeit und die Gegenwart ihr Wahrnehmen an der Theologie schärfen, damit beide einander zur wechselseitigen Wahrnehmungsschule werden?[26] Und wiederum: Welche Anfrage und Herausforderung richtet diese Zeit an das (neuerliche) Durchdenken klassischer theologischer Fragen?

---

Praktischen Theologie als Handlungswissenschaft, München 1977; *O. Fuchs* (Hrsg.), Theologie und Handeln. Beiträge zur Fundierung der Praktischen Theologie als Handlungstheorie, Düsseldorf 1984.

[24] Vgl. *U. Hemel*, Theorie der Religionspädagogik, München 1984; 131-239; *U. Hemel*, Ziele religiöser Erziehung, Frankfurt a. M., 1988.

[25] Vgl. *G. Hilger*, Religionsunterricht als Wahrnehmungsschule, Überlegungen zu einer ästhetisch inspirierten Religionsdidaktik, in: *G. Schmuttermayr* u.a. (Hrsg.), Im Spannungsfeld von Tradition und Innovation, FS Kardinal *J. Ratzinger*, Regensburg 1997, 399-420; *G. Hilger/M. Rothgangel*, Wahrnehmungskompetenz für die Religiosität von SchülerInnen - ein Beitrag zum religionspädagogischen Perspektivenwechsel, in: KatBl 4 (1997), 276-282.

[26] Vgl. dazu auch *A. Grözinger*, Praktische Theologie als Kunst der Wahrnehmung, Gütersloh 1995; *R. Bohren*, Daß Gott schön werde. Praktische Theologie als Ästhetik, München 1975.

## 5. Der postmoderne Kontext[27]

Damit schließt sich der Kreis. Nimmt man das wechselseitige Ineinander der Denkperspektiven in den einzelnen theologischen Disziplinen ernst, gewinnt jede Stimme ihr unverzichtbares Gewicht.

Für die Praktische Theologie steht dabei in vielfältigen Brechungsformen von der Liturgie bis zur Diakonie, von der Homiletik bis zur Theorie und Praxis religiöser Vermittlung in der Religionspädagogik ein Thema, ein Generalnenner im Vordergund: der *Primat der Kommunikation*. Grundlage dafür bildet die theologisch-anthropologische Annahme, daß jeder einzelne Mensch von einer ungestillten Sehnsucht, einer Suche nach Transzendenz, einem Hunger und Durst nach mehr als dem, was die zuhandene Wirklichkeit leisten kann, angetrieben und erfüllt wird.

Die Praktische Theologie stellt daher in der sich stets verschärfenden Situation enormer Komplexität und Unübersichtlichkeit den Inbegriff der (post-)modernen Frage nach Identität dar: nach der Identität der Theologie in einer Zeit scheinbarer Beliebigkeit und Wirkungslosigkeit, nach der Identität des Theologie-Treibenden im Patchwork hochspezialisierter Disziplinen und, vor allem, nach der Identität glaubender und/oder suchender Menschen in den Etappen ihrer Lebensreise. Deren Suche nach Transzendenz kann dabei vielfältige Formen annehmen: vom Surfen im Internet bis zur Drogensucht, vom Einkaufsrausch bis zu Suchtformen von Arbeit und Sexualität, aber auch in den gängigen Formen von 'kleinem Glück' in Arbeit, Familie, Sport, Musik und Freizeit.

Die zeitgenössischen Auslegungsgestalten von 'Sehnsucht nach Transzendenz' müssen als Kommunikationsversuche gesehen werden dürfen, die auch (zumindest *auch*) einen religiösen Gehalt haben. Der Primat der Kommunikation, der Vorrang von Wirkung und Wirksamkeit in der Reflexionsarbeit der Praktischen Theologie setzt folglich ein sehr feines Wahrnehmen und Zuhören voraus, das in einen doppelten Dialog mündet: das Gespräch mit den historischen, systematischen und biblischen Disziplinen der Theologie, aber auch die dialogische Zuwendung zum postmodernen Menschen in seinem Zwiespalt zwischen religiöser Neugier und religiöser Sprachlosigkeit.

Daß hierzu die Religionspädagogik ebenso wie die Liturgiewissenschaft, die Missionswissenschaft, die Homiletik und die Katechetik, das Kirchenrecht, die Ethik, die Religionspsychologie und weitere Disziplinen ihren spezifischen Beitrag zu leisten haben, unterstreicht das Gesagte nur. Die (zu reflektierende) kommunikative Seite von gläubiger (oder zumindest religiös motivierter) Praxis besitzt eben viele Facetten.[28]

Im enzyklopädischen Gesamtzusammenhang der Theologie wird es aber gerade auf die Präzision des Zuhörens und Wahrnehmens, des Sichtens und Gewichtens zeitgenössi-

---

[27] Vgl. *J. Habermas*, Die neue Unübersichtlichkeit, Frankfurt a.M. ²1985; *H.-J. Höhn* (Hrsg.), Krise der Immanenz. Religion an den Grenzen der Moderne, Frankfurt a.M. 1996; *J. Kunstmann*, Christentum in der Optionsgesellschaft. Postmoderne Perspektiven, Weinheim 1997.

[28] Vgl. *W.-D. Bukow*, Theologie als Kommunikationspartner der Alltagswelt, in: *H. Siemers*, Theologie zwischen Anpassung und Isolation, Stuttgart u.a. 1975, 88-106; *G. Otto*, Grundlegung der Praktischen Theologie, München 1986, 199-224.

scher Lebensformen und Lebensäußerungen ankommen, wenn es darum geht, die kommunikative Wirkungslosigkeit von Theologie und Kirche zu überwinden. In Abwandlung eines bekannten Diktums über Anschauung und Begriff läßt sich daher abschließend formulieren: Systematische Theologie ohne praktisch-theologische Reflexion ihrer Wirkung und Kommunikationsvoraussetzungen ist blind, und Praktische Theologie ohne die Kraft systematischer Fundierung ist leer.

Wenn beide aber in ihrer jeweiligen enzyklopädischen Eigenart zusammenwirken, dürfen wir auf eine lebensweltlich gewendete und damit auch in postmodernem Kontext lebensfähige Theologie für Menschen von heute hoffen, die nicht nur etwas zu sagen hat, sondern auch Beachtung und Gehör findet.

II.

# Systematische Theologie auf dem religionspädagogischen Prüfstand

Rainer Lachmann

## 1. Systematische Theologie als religionspädagogische Bezugswissenschaft

*W. Sturm* will die Religionspädagogik ihrem Selbstverständnis nach als Verbund- bzw. Integrationswissenschaft „zwischen Theologie und den Humanwissenschaften" verstanden wissen und wendet sich von daher sowohl gegen ein „einliniges, theologisches Deduktionsmodell" wie gegen ein 'Exodusmodell', bei dem die Religionspädagogik aus der Theologie 'ausgewandert' ist. Entschieden plädiert er dementgegen für die „Priorität der Theologie als der 'primären Bezugswissenschaft' im Verbund RP", die für ihn im wechselseitigen Prozeß „interpretativer Vermittlung von Theologie und Humanwissenschaften" „Normwissenschaft" bleiben muß und mit solchem „Vorsprung" in „regulativer Funktion" theologische Kriterien für die „Verbundwissenschaft Religionspädagogik" zu entwickeln hat.[1]

*Sturm* beruft sich dabei u.a. auf meine wissenschaftstheoretische Position, wie ich sie in kompendienhafter Kürze und Pragmatik[2] am selben Veröffentlichungsort wie er und in ausführlicher Begründung in meinem Aufsatz „Systematische Theologie als Bezugswissenschaft religionsunterrichtlicher Fachdidaktik" vertreten habe.[3] Genaueres Hinsehen macht freilich darauf aufmerksam, daß *Sturm* in unfestgelegter Offenheit von „Theologie" spricht, während ich dezidiert auf „Systematische Theologie" abhebe. Unter enzyklopädischem Aspekt ergreife ich gegenüber den verschiedenen Teildisziplinen der Theologie eindeutig Partei für die Systematische Theologie als der vorrangigen theologischen Bezugswissenschaft der Religionspädagogik und ihres religionsdidaktischen Kernbereichs. Diese theologisch-fachwissenschaftliche Option gründet vor allem in der vorausgesetzten Konvergenz der Aufgabenbestimmung von Systematischer Theologie und Religionspädagogik. Wenn diese Aufgabe heute von den Systematikern in - wenigstens dem Anspruch nach - relativ unbestrittenem Konsens dahingehend definiert wird, in geordneter Reflexion zwischen christlicher Botschaft und neuzeitlicher Lebenswelt zu vermitteln, dann ist damit in aller Deutlichkeit die Relevanz und Eignung der Systematischen Theologie für die Religionspädagogik herausge-

---

[1] *W. Sturm*, Religionspädagogische Konzeptionen, in: *G. Adam/R. Lachmann* (Hrsg.), Religionspädagogisches Kompendium, Neubearbeitung Göttingen ⁵1997, 37 - 86, bes. 37 u. 83 ff.

[2] *R. Lachmann*, Verständnis und Aufgaben religionsunterrichtlicher Fachdidaktik, 17 - 36, bes. 21 ff. - vgl. *E. Groß*, Dogmatikdidaktische Grundregeln, in: *E. Groß/K. König* (Hrsg.), Religionsdidaktik in Grundregeln, Regensburg 1996, 131 - 162, bes. 140.

[3] ZEE 26 (1982), 400 - 429, bes. 417 ff.

stellt, der es eben immer auch um die Korrelation von „christlicher Überlieferung" und „empirischer Realität" gehen muß.[4] Wo Systematische Theologie diesen funktionalen Anspruch wirklich auch einlöst, wird sie gleichsam zum geborenen Partner der Religionspädagogik, dem sie zuarbeitet und besonders im Blick auf die integrierende Kooperation mit den anderen theologischen Teildisziplinen auch vorarbeitet.
So einleuchtend freilich dieser Ansatz auf den ersten Blick erscheinen mag, so problematisch und vor allem so wenig gefeit vor gravierenden Mißverständnissen und falschen Folgerungen ist er. Er kann - worauf *E. Groß* mit Recht aufmerksam gemacht hat[5] - suggerieren, daß die Systematische Theologie ja im Grunde „schon alle die didaktischen Maßgaben" in sich enthalte, derer eine Religionspädagogik bedürfe. Beinahe zwangsläufig verbindet sich dann mit solcher Auffassung die Konsequenz, die Religionspädagogik als reine Anwendungswissenschaft anzusehen, welche die dogmatischen und ethischen Vorgaben in der Art eines „Kunsthandwerks" methodisch aufbereitet weiterzugeben habe. Die mit diesem Verständnis vorausgesetzte und behauptete „Vorrangigkeit der Dogmatik vor der Religionspädagogik"[6] macht die Religionspädagogik zu einem abhängigen Teilbereich der Systematischen Theologie, in dem einwegige theologische Deduktion mit technologischer Reduktion eine anwendungswissenschaftlich firmierte Verbindung miteinander eingehen.
Besonders dieser unter den 'Systematikern' nach wie vor verbreiteten Auffassung gegenüber sind Religionspädagogik und -didaktik aufgefordert, sich als eigenständige Wissenschaftsdisziplin auszuweisen und sich entgegen allen Anfeindungen und Infragestellungen gleichsam 'proprial' zu profilieren und zu legitimieren. Das ist dann nicht ganz so einfach und unmißverständlich, wenn man den bequemen Weg eines Auszugs aus dem Haus der Theologie *nicht* wählt, sondern an der 'Priorität', dem 'Vorsprung' und dem 'Vor-Urteil' der Systematischen Theologie für die Religionspädagogik festhalten will. Unter dieser Voraussetzung konstituiert sich die *Religionspädagogik* in dreierlei Hinsicht *als eigene* Wissenschaftsdisziplin: Einmal ist sie in ihrer Reflexion leitend orientiert an den *Dimensionen* des Lernens, Erziehens und Bildens mit den entsprechenden Aufgabenbestimmungen im Bereich religiöser Lern-, Erziehungs- und Bildungsprozesse. Daraus ergibt sich zweitens der besondere wissenschaftliche Charakter der Religionspädagogik als Verbundwissenschaft im Überschneidungsfeld von Theologie, Pädagogik und Allgemeiner Didaktik. Schließlich ist die Religionspädagogik in ihrer wissenschaftlichen Arbeit stets bezogen auf spezifische Praxisfelder und Lernorte in Schule, Gemeinde und Gesellschaft und deren jeweilige didaktische und methodische Anforderungen, wobei stets das wechselseitige Verhältnis von Theoriereflexion und Praxiserfahrungen mitbedacht und beachtet werden will.
In diesem so abgesteckten Wissenschaftsfeld der Religionspädagogik, das strukturanalog auch für die anderen Bereiche der Praktischen Theologie gelten müßte, wird

---

[4] R. *Englert*, Wissenschaftstheorie und Religionspädagogik, in: *H.G. Ziebertz/W. Simon* (Hrsg.), Bilanz der Religionspädagogik, Düsseldorf 1995, 147 - 174, bes. 158.

[5] *E. Groß*, aaO., 140.

[6] *W. Kasper,* Der neue Erwachsenenkatechismus, in: KatBl 110 (1985), 363 - 370, bes. 369.

allerdings die von mir vertretene Rolle der Systematischen Theologie als primärer Bezugswissenschaft der Religionspädagogik höchst 'fragwürdig'. Das vor allem deshalb, weil es *die* Systematische Theologie so gar nicht gibt, sondern im Gegenteil der Religionspädagoge sich einer großen positionellen Vielfalt gegenübersieht, mit der er 'fertig' werden muß. Wo diese Aufgabe unter dem religionspädagogischen Anspruch wissenschaftlicher Eigenständigkeit angenommen und ernsthaft angegangen wird, kommen die unterschiedlichen Positionen Systematischer Theologie, ob sie wollen oder nicht, auf den religionspädagogischen Prüfstand und werden auf ihre religionspädagogische und -didaktische Tauglichkeit und Eignung geprüft. Dazu bedarf es begründeter Urteilskriterien, die sich aus der Wesens- und Aufgabenbestimmung der Religionspädagogik als Integrationswissenschaft zwischen Theologie und Pädagogik ergeben und herleiten lassen. Das essentielle Festhalten des hier vertretenen Ansatzes am 'Vorsprung der Theologie' verhindert dabei sowohl eine bloße Instrumentalisierung der Systematischen Theologie wie ihre Reduktion auf eine inhaltlich entleerte abstrakte Normativität, dem die religionsdidaktische Aufgabendefinition der Religionspädagogik entgegensteht.

Gleichsam als *Grundkriterium* aller Prüfung muß das herausgestellt werden, was - wie eingangs ausgeführt - meine Entscheidung für die Systematische Theologie als primärer Bezugswissenschaft der Religionspädagogik wesentlich bestimmt hat: Es ist der Anspruch an jede theologische Position, in ihrem jeweiligen System christliche Überlieferung und neuzeitliche Lebenswelt miteinander zu bedenken und vermitteln. Das verbietet systematisch-theologischem Denken jede selbstgenügsame Autarkie und verlangt die Auseinandersetzung mit den Wissenschaften, die den Menschen in der Welt von heute erforschen. Mit diesem *Kriterium grenzüberschreitender Offenheit* zu den Humanwissenschaften im weitesten Sinne verbindet sich gleichsam binnenperspektivisch der Anspruch an die Systematische Theologie zu *integrativ systematisierender Auseinandersetzung mit den Erkenntnissen der theologischen Einzelwissenschaften* im übergreifenden Horizont des lebensförderlichen Evangeliums. *Wissenschaftsmethodisch* muß sich religionspädagogisch 'brauchbare' Systematische Theologie daran messen lassen, wie weit sie in und mit ihrer christlichen Normativität den exegetisch-hermeneutischen wie empirisch-analytischen Anforderungen ihrer beiden Erkenntnisquellen sowohl (ideologie-)kritisch diskursiv wie integrativ genügen kann. Dabei hängt vieles, wenn nicht Entscheidendes davon ab, daß die Systematische Theologie keine „dogmatische Hermeneutik" mehr vertritt,[7] sondern eine *'existential-soziale' Hermeneutik* mit 'agapekritischer' Spitze, die nicht nur den historischen Graben überbrückt, sondern im Verstehen zugleich Verständigung erschließt. Eine von der Systematischen Theologie so verstandene und praktizierte Hermeneutik bildet gleichsam die Brücke und öffnet das Tor zur Didaktik mit ihrem genuinen Vermittlungsauftrag und handlungsorientierten Praxisbezug. Systematische Theologie - so religionspädagogisch und -didaktisch 'vermessen' - bietet der Religionspädagogik mit ihrem

---

[7] *R. Englert,* aaO., 161.

ethischen und „soteriologischem Vor-Urteil"[8] das normative Standbein, schafft ihr Voraussetzungen für die realistische Wahrnehmung der je spezifischen Lernorte und Lernsubjekte und hilft inhaltlich mit an der Bildungsarbeit elementarisierender Erschließung und Vermittlung von Grundinhalten und Grundsymbolen christlichen Glaubens. Je mehr eine systematisch-theologische Position bzw. ein systematisch-theologisches Grundverständnis den aufgestellten Kriterien entspricht, um so tauglicher ist sie als primäre Bezugswissenschaft der Religionspädagogik und um so leichter fällt es, sich vorbehaltlos und selbstbewußt „zur Theologizität der Religionspädagogik" zu bekennen.[9]

## 2. Die kulturell-sprachliche Religionstheorie *G.A. Lindbecks*

Machen wir unter der Voraussetzung der von uns erarbeiteten religionspädagogischen 'Kriteriologie' eine erste Probe aufs Exempel und holen uns dazu *G.A. Lindbecks* kulturell-sprachliche Religionstheorie auf den 'Prüfstand'. Bei dieser Theorie handelt es sich um eine aus Amerika kommende systematisch-theologische Position, die auch in Deutschland an Anerkennung gewinnt und - was sie für unseren Probelauf zusätzlich geeignet macht - auch bereits erste didaktische Blüten treibt.[10] Wir begegnen ihr in *G.A. Lindbeck*s Buch „Christliche Lehre als Grammatik des Glaubens. Religion und Theologie im postliberalen Zeitalter" (Gütersloh 1994), das um die Frage kreist, wie Christen 'Lehre' und 'Dogma' verstehen sollen bzw. umgreifender, wie christliche Religion überhaupt vermittelt oder gelernt werden kann. *Lindbecks* Antwort auf diese religionspädagogische 'Urfrage' führt nach Meinung der Herausgeber der deutschen Ausgabe des *Lindbeck*-Buches, auf das wir uns hier beziehen und beschränken wollen, „zu einer neuen Wahrnehmung der katechetischen Aufgabe und vor allem der Aufgaben und Möglichkeiten des kirchlichen Unterrichts"(9).[11] Diese Meinung zweier Systematiker muß den Didaktiker nicht zuletzt unter den vorausgesetzten Kriterien neugierig machen.

---

[8] AaO., 168.

[9] Ebd.

[10] Vgl. *W. Schoberth*, „Die Sprache des Glaubens lernen". Die religionspädagogischen Implikationen der Thesen *G. A. Lindbecks*, in: Gymnasialpäd. Materialstelle d. ELKB (Hrsg.), Arbeitshilfe f. d. evangel. RU an Gymnasien. Themenfolge 93, Erlangen 1991, 57 - 69; *I. Schoberth*, Wege des Glauben-lernens, in: Gymnasialpäd. Materialstelle d. ELKB (Hrsg.), Arbeitshilfe f. d. evangel. RU an Gymnasien. Aktuelle Information 31, Erlangen 1995, 55 - 63; dies., Glauben-lernen. Grundlagen einer katechetischen Theologie (Habilitation Erlangen 1997); *K. Ulrich-Eschemann*, Biblische Geschichten und ethisches Lernen, Frankfurt a.M. 1996.

[11] In Klammern die Seitenzahlen des genannten Buches, das von *H.G. Ulrich* und *R. Hütter* mit einer Einleitung versehen in Bd. 90 der Reihe „Theologische Bücherei" herausgebracht wurde.

## 2.1 Grundelemente des Lindbeck'schen Religionsmodells

*Lindbeck* erläutert und profiliert sein 'Religionsmodell', indem er es als kulturellsprachliche Alternative entschieden von den *beiden „gegenwärtig verbreitetsten theologischen Theorien über Religion und christliche Lehre"* absetzt: Einmal vom 'orthodoxen' *propositionalen Theorietyp,* der „die kognitiven Aspekte der Religion" hervorhebt und das Hauptgewicht darauf legt, „wie in der Kirche Lehrsätze als Mitteilungssätze (Propositionen) oder Wahrheitsansprüche über objektive Realitäten funktionieren", zum anderen vom *„erfahrungs- und ausdrucksorientierten"* Theorietyp, der „Lehrsätze als nichtmitteilungsbezogene und nichtdiskursive Symbole innerer Gefühle, Haltungen oder existentieller Orientierungen" versteht, und dabei insgesamt in der Tradition liberaler Theologien steht (34). Besonders diese erfahrungs- und ausdrucksorientierte Theorie, die sich in der Gegenwart großer Anziehungskraft erfreut, wird zum bevorzugten Auseinandersetzungspartner und -gegner des relativ neuen kulturellsprachlichen Ansatzes, den *Lindbeck* vertritt. In dieser *kulturell-sprachlichen Religionstheorie* liegt das Gewicht vor allem auf den „Ähnlichkeiten zwischen Religionen und Sprachen..., die einen Vergleich von Religionen mit Sprachen, einschließlich ihrer entsprechenden Lebensformen, nahelegen" (36).

Wichtig zum richtigen Verständnis des *Lindbeck'*schen Ansatzes ist dabei das zugrunde liegende *Religionsverständnis,* wonach Religion „als eine Art kulturelles und/oder sprachliches Grundgerüst und Medium betrachtet" wird, das „die Gesamtheit von Leben und Denken formt". Danach ist sie nicht in erster Linie „ein Feld von Glaubenssätzen über das Wahre und Gute (obwohl es diese einschließen kann) oder ein symbolischer Ausdruck grundsätzlicher Haltungen, Gefühle und Empfindungen (obwohl diese hervorgerufen werden können). Vielmehr: sie gleicht einem Idiom, das die Beschreibung von Realität, die Formulierung von Glaubenssätzen und das Ausdrücken innerer Haltungen, Gefühle und Empfindungen ermöglicht." (56).

Gerade in der Auseinandersetzung mit dem erfahrungs- und ausdrucksorientierten Ansatz profiliert sich *Lindbecks* Modell durch eine detaillierte *Bestimmung des Verhältnisses von Religion und Erfahrung,* das er - m. E. im Widerspruch zu dem, was er im Folgenden ausführt - als ein nicht „einseitiges, sondern ein dialektisches" definiert wissen will. Vereinfacht und sich durchhaltend in betonter Einseitigkeit gesagt, heißt die Grundbestimmung, „daß Religion Erfahrung produziere" und im „Zusammenspiel von 'innerer' Erfahrung und 'äußeren' religiösen und kulturellen Faktoren ... gerade letztere als leitend gesehen werden". Gerade darin äußert sich der entscheidende Gegensatz zwischen *Lindbecks* Ansatz und dem erfahrungs- und ausdrucksorientierten Modell: das „Innen-Außen-Verhältnis" wird umgekehrt. „Anstatt also die äußeren Merkmale einer Religion von innerer Erfahrung abzuleiten, wird (von *Lindbeck*) gerade die innere Erfahrung als abgeleitet betrachtet." (57f).

Diese einseitig proklamierte 'Umkehr' impliziert gewichtige theologische und didaktische Konsequenzen. „Religiös-werden" hat es demnach „mit der Aneignung von sprachlichen Fertigkeiten, dem Symbolsystem einer bestimmten Religion zu tun. Um Christ zu werden, lerne ich die Geschichte Israels und der Jesu so gut, daß ich mich und meine Welt nach ihren Begriffen interpretieren kann. Eine Religion ist vor allem äußeres Wort, ein *verbum externum,* welches das Selbst und seine Welt formt und prägt, anstatt Ausdruck oder Thematisierung eines schon gegebenen Selbst oder einer vorkonzeptionellen Erfahrung zu sein. Das *verbum internum* ... ist ebenso von entscheidender Bedeutung, würde aber im theologischen Gebrauchsmodus des Modells eher als Vermögen zum Hören und zur Annahme der wahren Religion, des wahren externen Wortes", als fides ex auditu verstanden (58). Das sind altbekannte katechetische Töne, die in Übereinstimmung mit der „neoorthodoxen Bewegung" auf der Linie *K. Barths* die „erfahrungs- und ausdrucksorientierte Hinwendung zum Subjekt" bewußt vermeiden (48).

Gestützt wird *Lindbecks* Ansatz in dieser Hinsicht durch die von ihm sogenannte *„intratextuelle Methode",* die er von der „extratextuellen Methode" der Propositionalisten und 'Expressionisten' absetzt. Während letztere den „religiösen Sinn außerhalb des Textes" verortet, ist „für den kulturell-sprachlichen Ansatz der Sinn einem Text immanent" (164). Analog der Verhältnisbestimmung von Religion und Erfahrung geht bei der intratextuellen Methode die „Interpretationsrichtung von der Bibel zur Welt und nicht umgekehrt", absorbiert der Text „sozusagen die Welt und nicht die Welt den Text" (172) und fungiert die Schrift als maßgeblicher „Interpretationsrahmen", „innerhalb dessen die Glaubenden ihr Leben führen und die Realität verstehen" (170). Die „intratextuelle Lesart" versucht dabei, diesen „Interpretationsrahmen, der den theologischen Kontrollsinn bestimmt, der literarischen Struktur des Textes selbst zu entnehmen", womit sie auch hier dem „Weg, wie ihn Karl Barth gegangen ist", folgt. Für sie darf der Sinn eines Textes „nicht esoterisch sein: nichts hinter, neben oder vor dem Text" sein, sondern muß sein, „was der Text in den Begrifflichkeiten der gemeinsamen Sprache sagt, dessen Manifestation der Text ist" (174ff).

Hier stellt sich auch und gerade für den intratextuellen Umgang mit der Schrift „die Frage, was die literarische Gattung der Bibel als Ganzes in ihrer kanonischen Einheit sei", was „die diversen Materialien zusammenhält, die sie enthält", stellt sich in konventioneller dogmatischer Diktion die Frage nach der „Mitte der Schrift" (176 ff). Und hier rückt der *story-Begriff* ins zentrale Blickfeld. An ihm läßt sich gewissermaßen die Pointe der kulturell-sprachlichen Religionstheorie festmachen, die „den unaufgebbaren und dogmatisch wesentlichen Aspekt der Religion nicht in propositional formulierten Wahrheiten und noch weniger in inneren Erfahrungen lokalisiert, sondern in der Geschichte (story), die sie erzählt, und in der Grammatik, die die Art und Weise bestimmt, wie die Geschichte (story) erzählt und gebraucht wird" (122). Dabei kann *Lindbeck* den story-Begriff sehr offen und variabel gebrauchen und bestimmen: als „christliche Geschichte", „Geschichte Christi" bzw. Jesu, „biblische Geschichten (stories)", „christliche Geschichten" oder auch und nicht zuletzt als Geschichte(n) Gottes. Das ist gleichsam die „übergreifende Geschichte (story), der die spezifisch literarischen Charakteristika einer realistischen Erzählung eignen, wie sie zum Beispiel von bestimmten Arten von Parabeln, Romanen und historischen Berichten exemplifiziert werden". „Primäre Funktion der kanonischen Erzählung" ist es dabei, „'eine Person wiederzugeben, die Identitätsbeschreibung eines Akteurs' darzubieten, namentlich Gottes. Sie tut dies ... durch Darstellungen der Wechselwirkung seiner Taten und

Absichten mit denen der Geschöpfe unter stets sich ändernden Umständen. Und diese Erzählungen erreichen ihren Höhepunkt in dem, was die Evangelien über den auferweckten, erhöhten und allgegenwärtigen Jesus Christus sagen, dessen Identität als gottmenschlicher Akteur sich unaustauschbar in den Geschichten (stories) von Jesus von Nazareth abspielt", wobei dieser Höhepunkt „logisch ... mit allem verbunden ist, was ihm vorangeht". Dabei können „die theologischen Beschreibungen", selbst wenn das Kriterium der „Glaubwürdigkeit als Intratextualität" gleichbleibt, durchaus divergieren; denn „dem Text" geht es ja nicht um „Gottes Sein an sich, sondern vor allem darum, „wie das Leben gelebt und die Realität im Lichte der Person Gottes als Akteur, wie dies in den Geschichten Israels und Jesu dargestellt ist, erklärt werden soll", und je nach Realität kann das sehr verschieden ausfallen. Trotzdem könnten nach *Lindbecks* Meinung „all diese Theologien darin übereinstimmen, daß Gott in angemessener Weise in Geschichten (stories) über sein Wesen dargestellt wird, das den Kosmos ohne jeglichen menschlich ergründbaren Anlaß erschuf, jedoch den *homo sapiens* - einfach zu seinem eigenen Wohlgefallen und zum Wohlgefallen seiner Güte - dazu bestimmte, Sachwalter eines winzigen Teils dieses Kosmos zu sein, eines Wesens, das entsetzlich Böses zuließ, das Israel und die Kirche zu Völkern des Zeugnisses erwählte und Jesus als den Messias und Immanuel, den Gott-mit-uns, sandte". Danach würden und sollten Theologien vor allem dazu dienen, Leben und Realität in einer Weise zu beschreiben, die mit dem übereinstimmt, was diese Geschichten (stories) von Gott anzeigen" (176 ff). Diese Geschichte(n) nun charakterisiert *Lindbeck*, sicher nicht ohne didaktisch-methodische Implikationen, als realistische Erzählung", durch die „das besondere Genre" und der besondere „Interpretationsrahmen des christlichen Kanons" am besten zu identifizieren ist. Um Mißverständnissen seitens der historischen Kritik vorzubeugen, unterscheidet er „zwischen realistischer Erzählung und historischer oder wissenschaftlicher Beschreibung": Die „Bibel scheint oft Geschichte zu sein, selbst wenn sie wahrscheinlich keine Geschichte ist. Sie kann daher hinsichtlich ihrer Geschichtlichkeit als Darstellung dessen ernst genommen werden, wie das Handeln Gottes und das der Menschen beschaffen ist, selbst dann, wenn ihre Historizität oder Wissenschaftlichkeit hinterfragt wird." (178). In solch „postkritischer Lesart" wird schließlich die „realistische Erzählung" nicht nur zum konvergenten Ausdruck von story-Theorie und intratextuellem Anspruch, sondern zugleich und zuvörderst auch zum unübersehbaren Fingerzeig auf die von *Lindbeck* in seiner „Grammatik des Glaubens" „*bevorzugte narrative Hermeneutik*" (18), die ihm - wurzelnd in „*K. Barths* exegetischer Betonung des Narrativen" - zur „Hauptquelle" seiner „Vorstellung von Intratextualität als eines *theologisch* angemessenen Weges" geworden ist, der mit seinem „kulturell-sprachlichen Verständnis von Religion und einer regulativen Sicht christlicher Lehre übereinstimmt" (198; kursiv: R.L.).

*2.2 Die didaktischen Implikationen der kulturell-sprachlichen Religionstheorie*

Die didaktischen Implikationen und Konsequenzen dieses kulturell-sprachlichen Religionsmodells *Lindbecks* lassen sich am sprechendsten und anstößigsten intonieren mit dem 'ausblickenden' Schlußsatz des Buches, der leitmotivartig in dem Wunsch gipfelt,

„auf posttraditionellem und postliberalem Wege die alte Praxis zu erneuern, das Universum in die biblische Welt hineinzuversenken" (198). Das 'schmeckt kräftiglich reaktionär' und scheint auch seine volle Bestätigung zu finden in *Lindbecks* Beschreibung der *„postliberalen Methode"* und ihrem Umgang mit der heute - wie klarsichtig konstatiert wird - besonders dringlichen „Frage, wie die Verstehbarkeit und mögliche Wahrheit der religiösen Botschaft denen veranschaulicht werden kann, die die traditionellen 'Vokabeln' nicht mehr verstehen können" (193). *Lindbecks* Antwort ist der Verweis auf eben diese postliberale Methode, die mehr „der *Katechese der alten Kirche"* ähnelt „als modernen Übersetzungsversuchen. Anstatt den Glauben in neuen Konzepten wiederzugeben, sucht sie ihren potentiellen Anhängern die Sprache und Praxis der Religion zu lehren", wie es durch die Jahrhunderte hindurch in den meisten Religionen der vorrangige Weg gewesen ist, „um den Glauben zu vermitteln und Konvertiten zu gewinnen". Angehende Christen wurden danach zuerst „von der christlichen Gemeinschaft und der christlichen Lebensform angezogen" und entschieden sich, Christ zu werden, ehe sie dann gleichsam im nachhinein ihren Glauben zu verstehen suchten. Solchermaßen wird die katechetische Unterweisung der alten Kirche für *Lindbeck* zum Grundmuster seiner katechetischen Vorstellungen, wie sie sich ihm im Kontext seiner kulturell-sprachlichen Religionstheorie ergeben.

Ihre besondere Prägung und Bedeutung erfährt *Lindbecks* 'implizite Katechetik' dadurch, daß er sie mit der „Metapher eines Kindes, das eine Sprache lernt" (95), in *„Analogie zur Aneignung einer Sprache"* setzt und versteht: Christliche Unterweisung zielt auf das Erlernen des christlichen Glaubens und das bedingt bestimmte *katechetische Strukturelemente*. Da ist einmal die 'Tatsache', daß sich das Glauben-Lernen „notwendigerweise *von außen nach innen"* vollzieht (98); es ist ein *Lernen „ex auditu"*, dem als ein weiteres Element ein ganz bestimmter Kommunikationsmodus eigen ist, den *Lindbeck* konventionell als „Verkündigung des Evangeliums" qua „Nacherzählung der Geschichte Jesu Christi" charakterisieren kann (61) oder - in Entsprechung zur „Mitteilbarkeit" als von ihm proklamierter Aufgabe apologetischer Theologie (162) - als *„Mitteilung des Evangeliums"* qualifiziert (96). Wirklich erfolgreich und bedeutungsvoll kann solche Mitteilung allerdings nur werden, wenn sie drittens „in die ganze Gestalt gemeinschaftlichen Lebens und Handelns eingebettet ist" (61), weil nämlich der Glaube wie eine Kultur oder Sprache „ein gemeinschaftliches Phänomen" ist, das man nur in der Teilhabe an seinen Symbolen, Riten, Empfindungen, Handlungen und institutionellen Formen (er-)fassen kann (56f). Daraus folgt viertens die Notwendigkeit der Aneignung von Fertigkeiten, die nicht ohne *„Übung und Ausbildung"* zu haben sind; denn „die Grammatik der Religion, wie die der Sprache" kann nur durch Übung gelernt werden (198). Anders gelingt es nicht, „in Übereinstimmung mit einer religiösen Tradition zu fühlen, zu handeln und zu denken" und darüber zu lernen, *„wie* man auf diese oder jene Art religiös ist" (60). Abgelehnt werden deshalb fünftens alle Versuche, die Sprache des Glaubens zu übersetzen oder zu übertragen; Religionen können nämlich „wie Sprachen nur in ihren eigenen Begrifflichkeiten verstanden werden, nicht indem man sie in eine fremde Sprache transponiert" (189). „Mitteilung des Evangeliums" und „intratextuelle Mitteilbarkeit" bedingen sich gegenseitig und schließen jegliche „Übertragung des Glaubens in zeitgenössische Idiome" als eine „verführerische Alternative" aus (195 f). Anpassung, Vermittlung und Übertragung sind im Rahmen postliberaler Theologie, Katechese und Methode nicht nur nicht gefragt, sondern geradezu verpönt; denn sie verraten allesamt das Prinzip der Intratextualität, das für ein kulturell-sprachliches Religionsverständnis und Mitteilungsmodell konstitutiv ist, und entkleiden damit im letzten den christlichen Glauben seiner „kulturformenden Kraft", die nach Meinung der „postliberal Geneigten" abhängig ist von eben „der biblischen Weltanschauung in ihrer intratextuellen, unübertragbaren Einzigartigkeit". Um dieser nicht verlustig zu gehen, bedarf es Gemeinschaften, „die bestrebt sind, ohne traditionalistische Starrheit ihre 'Muttersprache' zu pflegen und entsprechend handeln zu lernen" (196). Wenn Religion auf diese Weise „ihre Einzigartigkeit und Integrität bewahrt", wird sie nach *Lindbecks* postliberaler Meinung „wahrscheinlich mehr für die Zukunft der Menschheit beitragen", als wenn sie „homogenisierenden Tendenzen" nachgibt. Entsprechend lautet denn auch *Lindbecks paradoxe Schlußfolgerung,* wonach „religiöse Gemeinschaften ... wahrscheinlich auf lange Sicht in dem Maße dann praktisch relevant sein" werden, wenn „sie nicht zuerst fragen, was praktikabel oder relevant ist, sondern sich statt dessen auf ihre eigenen intratextuellen Standpunkte und Lebensformen konzentrieren" (187)!

Diesen potentiellen Freibrief in Richtung katechetischer Selbstgenügsamkeit und didaktischer Untätigkeit krönt *Lindbeck* schließlich noch mit einem scheinbar ganz und gar dissonanten Schlußakkord, in dem er „die Unmöglichkeit einer wirksamen Katechese in der gegenwärtigen Situation" behauptet. Diese realistische Einschätzung seiner Art von Katechese - verbunden mit der Überzeugung, daß sich die Kirchen heute „im allgemeinen als gänzlich unfähig" erweisen, „eine wirksame Unterweisung in eindeutig christlicher Sprache und Praxis zu ermöglichen" - (ver-)führt *Lindbeck* letzten Endes zur 'Vision' der „kleinen Minderheit" von Christen in einer entchristlichten Gesellschaft, die „um ihres Überlebens willen Gemeinschaften formen" müssen, in denen dann auch wieder die 'alt-kirchlichen' „katechetischen Methoden, den Glauben weiterzugeben", gepflegt werden können und sollen (195 f).

## 3. *Lindbecks* Religionsmodell in religionsdidaktischer Beurteilung

### *3.1 Eine religionsdidaktische Provokation?*

Dieses scharf konturierte, auf Zwischentöne verzichtende Bild einer Systematischen Theologie, „die ein kulturell-sprachliches Religionsverständnis" pflegt, muß den (Religions-)Didaktiker, der nach den vorgegebenen Kriterien sein Hauptgeschäft in der Vermittlung sieht, provozieren und zu massivem Widerspruch reizen. *Lindbeck* hat das, obwohl er kaum an Religionspädagogen gedacht haben wird, klarsichtig vorausgesehen, ja noch mehr: wohl sogar bewußt beabsichtigt. „Natürlich", sagt er, „werden diejenigen widersprechen, die daran festhalten, daß religiöse Glaubwürdigkeit in erster Linie in der Präsentation der religiösen Botschaft in gegenwärtig mitteilbaren Formen besteht". „Ihre liberale Prämisse" könne ja „sogar kanonisch verteidigt werden", wohingegen „die Sache der theologischen Lebensfähigkeit eines kulturellsprachlichen Verständnisses von Religion nur vorgestellt, nicht aber bewiesen werden" könne. Allein die „konkrete Anwendung und Ausführung" erweisen die konzeptionelle Wirksamkeit und den praktikablen Nutzen des postliberalen Ansatzes und lassen ihn „mit der Zeit" - so die Hoffnung des postliberal geneigten Theologen und die Befürchtung des lebensorientierten Religionsdidaktikers - „zum Standard werden" (197). Böswillig könnte man solche Sätze als vorbeugende bzw. vorbauende Relativierung oder gar Ablehnung kritischer Theoriediskussion des kulturell-sprachlichen Religionsmodells interpretieren, doch würde man damit m.E. *G.A. Lindbeck* nicht gerecht, der seine „Grammatik des Glaubens" durchgängig so präsentiert, daß sie zur Aufforderung wird, sich mit ihr auseinanderzusetzen. Das gilt um so mehr für eine Religionspädagogik, die unter der erklärten und begründeten Prämisse steht, daß die Systematische Theologie ihre primäre Bezugswissenschaft ist. Sie muß sich *Lindbecks* anregenden und aufregenden Anfragen nicht nur deshalb stellen, weil in der Einführung zu seinem Buch eine „neue Wahrnehmung der katechetischen Aufgabe" in Aussicht gestellt wird, sondern vor allem auch deswegen, weil systematisch-theologisches Denken von der Art *Lindbecks* bereits in die deutsche Religionspädagogik Eingang gefunden hat und zunehmend diskutiert wird. *G. Sauter* machte hier mit seinem Aufsatz „Zur theologischen Revision religionspädagogischer Theorien"[12] einen unübersehbaren und unübergehbaren Anfang, der ohne ausdrücklichen Bezug auf die amerikanische Diskussion genau die Gedanken intonierte, die uns jetzt in *Lindbecks* „Grammatik des Glaubens" begegnen und aufregen: Da wird „Vermittlung" gegen „Mitteilung des Glaubens" ausgespielt, wird das Nacherzählen der Geschichte Gottes mit den Menschen herausgestellt und „die Konzeption des Katechismus didaktisch tiefer" eingeschätzt als die „Fixierung auf Vermittlungsprobleme" und wird schließlich die „Dogmatik" als „eine bestimmte Ebene des *„Glaubensge-spräches"* definiert, auf der „die Grammatik dieses Gesprächs gelernt werden" soll, in die dann die Religionslehrer einzuführen hätten. Inzwischen beschäftigt sich in diesem Sinne und Geiste besonders der *Sauter-*Schüler *H.G. Ulrich* mit der einschlägigen Systematischen Theologie bevorzugt aus dem nordamerikanischen Raum, was, wie oben bereits angemerkt,[13] auch religionspädagogisch die ersten Ergebnisse zeitigt. Ein Grund mehr, um sich religionsdidaktisch mit *Lindbecks* kulturell-sprachlichem Ansatz zu befassen und ihn kritisch daraufhin zu befragen, ob seine Art Systematischer Theologie im oben verlangten Sinn religionspädagogisch fruchtbar gemacht werden kann!

## 3.2 Die Welt durch die Brille des Glaubens betrachten

Um nicht negativ und konfrontativ zu beginnen, beziehe ich mich an dieser Stelle noch einmal ausdrücklich auf ein für *Lindbecks* Religionstheorie charakteristisches Bild, mit dem auch ich die Aufgabe des RU beschreiben kann.[14] Danach vergleicht er „die Spra-

---

[12] In: EvTheol 46 (1986), 127 - 148.

[13] Vgl. o. Anm. 10!

[14] *R. Lachmann*, Grundsymbole christlichen Glaubens, Göttingen 1992, 23 ff.; vgl. *E. Groß*,

chen und Religionen" mit „'Brillen', durch die die Menschen schauen und auf ihre sich verändernden Welten reagieren" (126); die oben angesprochenen biblischen stories würden so gleichsam die „Brillengläser" (169) liefern, bzw. „als Linse" fungieren, durch die Theologen die Welt betrachten (173).

Für sich genommen kann diese Brillenmetapher dem kulturell-sprachlichen Ansatz zunächst eine durchaus befreiende und anregende Akzentuierung und Wirkung verleihen, indem es die christliche Religion als eine Art Brille, Linse, Medium oder Deutungsschlüssel fungieren läßt, mit der die uns umgebende Welt und Wirklichkeit aus der besonderen Perspektive der biblischen Geschichte Gottes mit den Menschen wahrgenommen und gedeutet werden kann. Bei solcher „Welt-Anschauung aus Glauben", zu der der RU anzuleiten hätte, kann auch die „story-Theorie" ihre didaktische Berechtigung erfahren, vorausgesetzt sie stellt sich der hermeneutischen Aufgabe und bleibt die theologisch wie religionsdidaktisch unumgehbare Antwort auf die Frage nach der „Mitte der Schrift" nicht schuldig. Wo die Brillenmetapher nicht übermäßig gepreßt wird, kann sie so zum Verweis auf eine religionsunterrichtliche Zieldimension werden, die sich als Wahrnehmungs- und Deutungskompetenz in hermeneutischer, ästhetischer und ethischer Hinsicht beschreiben läßt. Diese Fähigkeit auszubilden und zu üben, das Leben in seiner Welt und vor Gott wahrnehmen zu lernen, das sind zentrale religionsunterrichtliche Aufgaben, für die uns *das Brillenbild* sensibilisieren kann. Hier dürfte Konsens mit *Lindbecks* kulturell-sprachlichem Ansatz herrschen, und kann der Didaktiker mit dem Systematiker ein Stück weit den 'Schulweg' gemeinsam gehen.

Die Wege trennen sich aber wohl, wenn der Didaktiker - und ich strapaziere hier bewußt das Brillenbild - den Schülern und Schülerinnen die Brille der christlichen Religion als freies Angebot auf Probe im Vorfeld des Glaubens mit guten Gründen vermitteln will. In diesem Fall bliebe es dem Schüler gleichsam freigestellt, ob er die Brille aufsetzen und tragen will und sich und seine Welt durch die christliche Brille sehen will. Diesem verdeckten Konzentrat an Einwänden stellt sich *Lindbecks* systematisch-theologisches Konzept vom „Lernen der Sprache des Glaubens" entgegen und verweist damit auf den entscheidenden Diskussionspunkt der kulturell-sprachlichen Religionstheorie.

### 3.3 Glauben lernen als Sprachen lernen - eine 'reiz-volle' Analogie

Aus der Analogisierung von Religion(en) und Sprache(n), von „Sprache(n) lernen und (Sprache des) Glauben(s) lernen" lebt *Lindbecks* kulturell-sprachlicher Ansatz und lassen sich bei aller Sympathie leider auch seine 'steilen' didaktischen Folgerungen ableiten und erklären, wie wir sie oben aufgezeigt haben. Glauben-lernen als „Teilhabe an der *Sprache* des Glaubens" durch verkündigende Mitteilung des Evangeliums wäre danach in *Lindbecks* metaphorischer Analogie als und durch muttersprachlichen Unterricht in gleichgestimmtem Lebenskontext möglich und erfolgreich. Insofern ist *Lindbeck* mit seiner 'Zukunftsvision' kirchlicher Katechetik der kleinen Minderheit nur konsequent. Denn der zweistündige RU an der Schule wäre demgegenüber höchstens

---

Dogmatikdidaktische Grundregeln, 159 f.

mit dem Schulunterricht in einer Fremdsprache zu vergleichen, welche von der Schülermehrheit nicht beherrscht wird. *Lindbecks* kulturell-sprachlicher Ansatz würde diesen Vergleich zwar zulassen (vgl. 44), zugleich aber zwischen muttersprachlichem und fremdsprachlichem Lernen keinen Unterschied machen, sondern dieselben didaktischen Konsequenzen ziehen. Und hier stellt sich noch einmal die *Grundfrage nach der Analogisierbarkeit von Sprachen-lernen und Glauben-lernen*. Ungeachtet der benannten Gemeinsamkeiten mit der kulturell-sprachlichen Religionstheorie entzünden sich vor allem an den *Grund-, Weg- und Zielfragen* schulischen RU grundsätzliche Differenzen zum 'analogischen' Ansatz.

„Warum sollen wir denn überhaupt Religion lernen?", ist die in unserer zunehmend entkirchlichten und entchristlichten Gesellschaft immer häufiger an den Religionslehrer gestellte Frage, der sie mit seinem RU plausibel beantworten muß! Damit ist die *Legitimations- und Motivationsfrage* auf dem Tisch, die sich so für keinen Fremdsprachenunterricht an der Schule stellt, selbst für Latein und Griechisch nicht. Hier rücken dann die Schüler ganz anders ins Blickfeld, denn an ihnen vorbei gibt es beim Religion-lernen keine Antwort; sie müssen wissen und erfahren, was Religion, Christentum, christlicher Gottesglaube überhaupt mit ihrem Leben zu tun hat, welche Relevanz, ja welchen Nutzen Religion-lernen für ihr persönliches, zwischenmenschliches und gesellschaftliches Leben haben könnte. In dieser Beziehung wird für didaktisches Denken das Lernsubjekt, „die Hinwendung zum Subjekt" des Schülers unverzichtbar und muß er mit all seinen Voraussetzungen und Vorprägungen, Hoffnungen und Bedürfnissen ganz ernst genommen werden: nicht als Objekt einer Mitteilung, sondern als Subjekt im hermeneutisch-didaktischen Prozeß religionsunterrichtlicher Wahrnehmung, Vermittlung und Verständigung. Das erlaubt keine didaktische Defizitfixierung, sondern interessierte Aufgeschlossenheit für das, was die Schüler alles mitbringen und zu bieten haben, und für das, was eine Korrelation ihrer Lebenswelt mit der christlichen „Sache", der „story" Gottes mit den Menschen, ermöglicht. Das ist dann auch der Ort, wo die von *Lindbeck* so einseitig und „Vermittlungs-unfreundlich" abgelehnte Erfahrungsorientierung didaktisch interessant und relevant wird. Denn erst die religionsunterrichtlich ganz ernst und wahr-genommenen alltäglichen Lebenserfahrungen der Schüler und Schülerinnen schaffen den motivierenden Relevanz- und Resonanzboden, der - häufig vermittelt über die jedermann zugänglichen menschlichen Grunderfahrungen - aufgeschlossen, neugierig und empfänglich machen kann für die Begegnung mit den Gotteserfahrungen, von denen die Bibel von der ersten bis zur letzten Seite handelt. Dabei können diese Gotteserfahrungen den Schülererfahrungen konvergent entgegenkommen, können sich aber genauso gut als widersprüchliche Kontrasterfahrungen, als zugleich fremde und verheißungsvolle Protesterfahrungen, als absolutes Vertrauen-, Lieben- und Hoffen-dürfen wider alle Erfahrung erweisen. Egal jedoch, ob nun die religionsunterrichtlich wahrgenommenen Erfahrungsbegegnungen stärker konvergent oder divergent ausfallen, in jedem Fall vermitteln sie eine Neubelichtung und -deutung der Schülererfahrungen unter dem „Schlüsselaspekt" christlichen Gottesglaubens. Insofern „produziert" hier - um mit *Lindbeck* zu reden - Religion tatsächlich Erfahrung, was freilich nicht möglich ist ohne vorausgegangene Erfahrungen, die didaktisch zu erschließen sind. Von daher stellt sich die religionsdidaktische Aufgabe dar als wechselseitiger Wahrnehmungs- und Vermittlungsprozeß zwischen - vereinfacht gesprochen - Schülererfahrungen und christlichen Gotteserfahrungen, wobei die Erfahrungen auf Schülerseite mehr oder weniger christlich geprägt oder religiös aufgeschlossen sein mögen oder nicht. Methodisch ist dieser Vermittlungsprozeß grundsätzlich kommunikativ dialogisch angelegt und verbietet jede einseitige methodische Vereinnahmung der Schüler als Objekte eines religionsunterrichtlichen Vollzugs, der sich als eine primär vom Hören, Lernen und Üben bestimmte Mitteilungspraxis ausweist. Auch in dieser methodischen Hinsicht sind der Analogisierung von Sprachenlernen und Religion-lernen deutliche Grenzen gesetzt, die zu beachten sind, will man verhindern, daß die „akroamatische Lehrart" *(G. v. Zezschwitz)* und das Auswendiglernen - weil es denn die Systematische Theologie so befiehlt - religionsunterrichtlich wieder 'salonfähig' und bestimmend werden.

Greifen wir schließlich noch einen letzten Einwand auf, der sich in didaktischer Hinsicht gegen die Verwendung des *Lindbeck*'schen kulturell-sprachlichen Ansatzes im religionsunterrichtlichen Kontext erhebt: *die unterschiedlichen Zielsetzungen.* Zwar soll nicht bestritten werden, daß die Religionsdidaktik von der Gleichsetzung von Sprache-lernen und Sprache des Glaubenlernens ein Stück weit auch profitieren kann, doch zielt der RU im letzten auf anderes und mehr als die Ausbildung und Übung von Sprachfertigkeiten. Das besonders dann, wenn er nicht nur Wissen, biblisches „story-Wissen" mitteilen will, sondern in pädagogischer Absicht und Wirksamkeit auch Ziele im Haltungsbereich anstrebt. Dann geht es nämlich im RU nicht mehr um die Vermittlung irgendeines gleichgültigen Interpretationsschemas oder Deutungsmusters, sondern um ein Angebot mit dem Anspruch existentieller und lebensweltlich bedeutsamer Wahrheit. Und dafür will der RU mittels seines Umganges mit christlichen Glaubensinhalten und -deutungen bei den Schülern Aufmerksamkeit wecken und Verständnis anbahnen. Dazu braucht es vor allem glaubwürdige und überzeugende Lehrkräfte mit pädagogisch wie theologisch versierter Wahrnehmungs-, Vermittlungs- und Verständigungskompetenz. Dann besteht die Chance, daß der RU an der Schule insofern zum Vorfeld des „Glauben-lernens" werden kann, als er seinen Schülern und Schülerinnen auf dem pluralen Hintergrund anderer Weltanschauungen nach allen Regeln hermeneutischer, didaktischer und methodischer Kunst möglichst plausibel die besondere Sicht oder „Brille" christlicher Lebens- und Weltanschauung so anbietet und zu vermitteln sucht, daß daraus längerfristig eine christliche Lebenshaltung erwachsen könnte. Diese würde sich dann nicht mehr nur - wie bei der hier gewählten didaktischen Zugangsweise in entkirchlichter Zeit - auf das persönlich private Christentum beziehen, sondern würde auch seine gesellschaftliche Dimension und vor allem seine kirchlich-gemeindliche Lebensform umfassen, ohne die es christlichen Glauben im Vollsinne seiner Bedeutung nicht gibt.

## 4. Das Prüfungsergebnis: 'antididaktisch'

*G.A. Lindbeck* präsentiert uns mit seiner kulturell-sprachlichen Religionstheorie eine Systematische Theologie, die - auf bundesrepublikanische Verhältnisse übertragen - in letzter Konsequenz religionspädagogisch auf das Ende schulischen RU hinausläuft. Dabei besitzt *Lindbecks* Theologie alle Voraussetzungen, um sich entgegen den oben aufgestellten Kriterien und da vor allem entgegen dem Grundkriterium religionsdidaktisch als *„Autarkiemodell"* zu profilieren; d.h. als ein Modell, das sich wissenschaftstheoretisch in relativer Selbstgenügsamkeit mit der Theologie bescheidet, die so gut wie alles Gewicht besitzt, während andere nichttheologische Wissenschaften qua Bezugswissenschaften keine oder eine nur sehr geringe Rolle spielen. Wo sich *Lindbeck* religionspädagogisch äußert, wäre hier vor allem an Pädagogik und Fachdidaktik zu denken, die freilich bei ihm ebensowenig wie bei seinen religionspädagogischen Epigonen in den Blick kommen. Für *Lindbeck* hängt das u.a. natürlich damit zusammen, daß für seine in Amerika 'beheimateten' katechetischen Ansätze das didaktische Bedingungsfeld Schule gar nicht existiert und allein schon von daher Bildungsüberlegungen ebenso fehlen wie eine entsprechende Fachdidaktik mit Praxis(feld)bezug. An deren Stelle steht für ihn eine „katechetische Methodik" oder in späterer Verarbeitung eine „katechetische Theologie", für die nicht der schulische, sondern der gemeindliche Kontext und Zusammenhang konstitutiv sind.

Freilich hängt der bezugswissenschaftliche Verzicht auf Pädagogik und Didaktik als religionspädagogischen Gesprächspartnern nicht primär mit den unterschiedlichen institutionellen Lern- und Lebensräumen zusammen, sondern - wie wir sahen - in entscheidender und grundsätzlicher Hinsicht mit dem Modus der Weitergabe des Glaubens als „Mitteilung" versus „Vermittlung". Wenn man so will, verbirgt sich dahinter ein antididaktisches Programm, das entgegen der genuin didaktischen Aufgabe der Vermittlung die Unvermittelbarkeit auf seine Fahnen geschrieben hat. Unter dieser Perspektive kann *Lindbecks* kulturell-sprachliches Konzept gleichsam zum Paradigma systematisch-theologischer *„Antididaktik"* werden, in dem der Schüler und seine Welt einmal mehr verleugnet zu werden droht!

Spätestens hier müßte eine katechetische Theologie, die sich statt didaktischer Vermittlungsreflexion mit theologischer 'Mitteilungsposition' meint begnügen zu können, im Blick auf den schulischen RU skeptisch werden. Denn andernfalls wird sie nicht nur wissenschaftstheoretisch als „Autarkiemodell" (dis-)qualifiziert, sondern darüber hinaus auch noch religionspädagogisch als „Konfrontationsmodell" verschrien, das - vereinfacht gesprochen - das als Defizit Erhobene unvermittelt und konfrontativ zum religionsunterrichtlichen Ziel erklärt. Religionspädagogisch würde das einen Rückfall in die längst überwunden geglaubte Verkündigungskonzeption evangelisch-kirchlicher Unterweisung bedeuten, womit vierzig Jahre genuin religionsdidaktischen Engagements für einen sowohl theologisch wie pädagogisch verantworteten christlichen RU an der öffentlichen Schule umsonst gewesen wären. Von daher dürfte es verständlich sein, wenn G.A. Lindbecks kulturell-sprachliche Religionstheorie auf dem religionspädagogischen Prüfstand nur das Prädikat 'sehr eingeschränkt tauglich' attestiert bekommt.

III.

# Religionspädagogik und Religionswissenschaft - Probleme und Perspektiven

Johannes Lähnemann

Die Beziehung von Religionspädagogik und Religionswissenschaft ist in den letzten Jahren so vielfältig geworden und hat so viele Facetten angenommen, daß es angebracht erscheint, bei allem Bemühen um eine systematische Verhältnisbestimmung zunächst eine Problemdarstellung vorzunehmen.

*Zwei Beispiele* aus der religionspädagogischen Praxis sollen das einleitend verdeutlichen:
1. In einer 3. Grundschulklasse in Nürnberg-Langwasser sind Kinder aus 11 Nationen versammelt.[1] Neben den deutschen Kindern kommen viele aus türkischen Familien, die zumeist schon in der dritten Generation in Deutschland sind, Kinder von Aussiedlern und Asylanten aus Europa, Afrika und Asien. Evangelischer und katholischer Religionsunterricht sowie (als Ersatzfach) Ethik werden von je etwa 1/3 der Schüler besucht.
Im evangelischen Religionsunterricht des 4. Schuljahrs soll der Islam thematisiert werden - nicht zuletzt, um eine erste Vorstellung von der Religion der türkischen Mitschülerinnen und Mitschüler zu vermitteln. In Absprache mit der Ethiklehrerin und mit Einverständnis der Eltern nehmen 4 türkische Kinder an diesem Unterricht teil. Die Religion spielt für sie im täglichen Familienleben eine ähnlich nebengeordnete Rolle wie bei den evangelischen Kindern. Doch ist ihnen durchaus bewußt, daß sie eine besondere religiös-kulturelle Tradition haben; so fasten die Erwachsenen z.T. im Monat Ramadan, die Väter gehen zu den hohen Festtagen - Ramadan-Beiram und Kurban-Beiram - in die Moschee, ohne daß aber die täglichen Gebete verrichtet und die traditionellen Kleidervorschriften beachtet würden. Die Kinder bringen auf Anregung des Lehrers von zu Hause Koranexemplare und Gebetsteppiche mit. Sie erläutern, daß mit dem Koran ehrfurchtsvoll umgegangen werden muß, daß der heilige arabische Text jeweils in der Mitte der Seiten steht, umgeben von einer Übertragung ins Türkische. Ein Mädchen hat sich von seinem Onkel die für das Gebet vorgeschriebenen Haltungen zeigen und die Gebetstexte aufschreiben lassen; sie zeigt und erläutert sie ihren Mitschülerinnen und Mitschülern, die dem staunend und aufmerksam folgen. Nach der Lehrererzählung zum Leben Mohammeds kommt es zu ersten Vergleichen mit dem Leben Jesu. Es wird überlegt, welche Schwierigkeiten es für Muslime in Deutschland gibt, ihren Pflichten nachzukommen, und anhand des Kurzfilmes „Nazmiyes Kopftuch" wird über die Achtung gesprochen, die auch gegenüber den Traditionen einer anderen Frömmigkeitspraxis gelten sollte.

---

[1] Ausführlicher besprochen und ausgewertet wird dieses Beispiel in: *J. Lähnemann*, Evangelische Religionspädagogik in interreligiöser Perspektive, Göttingen 1997, 13 ff.

2. In der multikulturellen und multireligiösen Millionenstadt Birmingham sind die Weltreligionen eine zentrale Thematik in der dort überkonfessionell erteilten 'Religious Education'. Ich frage eine muslimische Grundschullehrerin (die an dem von Quäkern gegründeten Westhill College ausgebildet wurde), wie sie im Unterricht mit 'Unvereinbarkeiten' zwischen den Religionen umgeht: „Wie sprechen Sie mit Ihren christlichen und muslimischen Schülern und Schülerinnen über den Tod Jesu - gemäß der Darstellung in den Evangelien (nach der Jesus gekreuzigt wurde) oder nach der Darstellung des Koran (nach der Jesus nicht gekreuzigt, sondern direkt zu Gott erhoben wurde)?" Ihre Antwort kommt unmittelbar: „Ich bin staatlich angestellte Lehrerin. Also habe ich meinen Schülerinnen und Schülern die Religionen nach ihrem Selbstverständnis darzustellen. Deshalb behandle ich den Tod Jesu so, wie ihn die Evangelien darstellen, weil das christlichem Selbstverständnis entspricht."

Das erste Beispiel zeigt die Vielfältigkeit und Vielschichtigkeit, der man heute beim Thema 'Religionen' in der schulischen Wirklichkeit begegnen kann. Das zweite weist auf wichtige inhaltliche Konfliktbereiche hin, die mit dieser Thematik gegeben sind und die intensiver Diskussion bedürfen, auch wenn sie von der befragten, modern eingestellen Lehrerin elegant gelöst wurden. Denn: Kann ich mich im Unterricht auf die Sichtweise der anderen so einlassen, daß sie unverzerrt zur Geltung kommt, auch wenn sie in Konkurrenz oder gar Widerspruch zu Grundüberzeugungen meiner Religion steht? Kann ich, wenn ich überzeugt bin von meinem Glauben, religionswissenschaftlicher 'Außenbetrachtung' folgen? Kann sich der, der einen humanistisch-areligiösen Standpunkt einnimmt, in die theologische Betrachtungsweise einer Religion hineindenken?

Beide Beispiele hätte man sich um 1900, als erstmals die Religionswissenschaften religionspädagogisch systematisch befragt und herangezogen wurden, nicht vorstellen können. Es ist deutlich: Da religiöse Vielfalt nicht nur im Weltgeschehen zunehmend wahrgenommen wird, sondern ein Teil des schulischen Alltags geworden ist, sind Kenntnisse über die Religionen - und zwar nicht nur als theoretische Systeme und geschichtliche Größen, sondern als Lebenshintergrund und -grundlage für viele Gruppen in unserer Gesellschaft - unerläßliches Rüstzeug für Lehrerinnen und Lehrer.

Das Bewußtsein hierfür hat sich - trotz respektabler Bemühungen seit Mitte der 70er Jahre - in der deutschen Religionspädagogik erst in diesem Jahrzehnt allgemein verbreitet. In den religionspädagogischen Grundlagenwerken der 70er und 80er Jahre spielt die Religionswissenschaft und die Religionenthematik - anders als in der englischen Religionspädagogik - nur eine marginale Rolle.[2] Es war eine Besonderheit, daß dem Thema „Zugänge zu den Weltreligionen" im „Religionspädagogischen Kompendium", an dem auch *W. Sturm* mitgearbeitet hat, ein - wenn auch zunächst sehr schmaler - Platz eingeräumt wurde.[3]

---

[2] Eine Ausnahme stellen die Arbeiten von *H. Halbfas* dar: Fundamentalkatechetik. Sprache und Erfahrung im Religionsunterricht, Stuttgart 1968; ders., Von der Theologie zur Religionswissenschaft, in: ders., Aufklärung und Widerstand. Beiträge zur Reform des Religionsunterrichts und der Schule, Stuttgart/Düsseldorf 1971, 79-87.

[3] *J. Lähnemann*, Zugänge zu den Weltreligionen, in: *G. Adam/R. Lachmann* (Hrsg.), Religionspädagogisches Kompendium, Göttingen 1984, 323-339. In der Neuausgabe ⁵1997 ist der Raum für diesen

Das hängt eng mit der Geschichte evangelischer Theologie und Religionspädagogik in diesem Jahrhundert zusammen. Um die Problemstellung zu verstehen, ist deshalb ein kurzer geschichtlicher Rückblick erforderlich, bevor die Verhältnisbestimmung von Religionswissenschaft, Theologie und Religionspädagogik genauer versucht werden soll und dann Probleme und Aufgaben für die Zukunft benannt werden.

## 1. Religionspädagogik und Religionswissenschaft im 20. Jahrhundert - eine Problemgeschichte

Seit der Aufklärung, die den Begriff der 'Religion' (unter den dann auch das Christentum zu subsummieren war) erbrachte, hat es immer wieder die Alternative gegeben, die auch in der Gegenwart nicht ganz überwunden ist: die Propagierung eines auf eine allgemein verstandene 'Religion' bezogenen Religionsunterrichts, in dem auch die Thematik 'Weltreligionen' ihren Platz hat (und der häufig mit kirchenkritischem, gelegentlich sogar antikirchlichem Impetus vertreten wurde), im Gegenüber zu einem konfessionellen Religionsunterricht, der Kirche und Christentum als seinen oft alleinigen Gegenstand hat. In dieser Kontroverse, die immer wieder auch von kirchen- und religionspolitischen Auseinandersetzungen beeinflußt wurde, hat es auf beiden Seiten im Laufe der Entwicklungen Differenzierungen gegeben, auf religionskundlicher Seite vor allem eine zunehmend differenzierte Wahrnehmung der konkreten Religionen.[4]

Unter dem Einfluß der 'religionsgeschichtlichen Schule', die sich Ende des 19. Jh. innerhalb der protestantischen 'liberalen Theologie' herausgebildet hat, wurde die Relevanz der Religionenthematik in neuer Weise und besonders auch unter wissenschaftlichen Gesichtspunkten in der Religionspädagogik reflektiert. *Tworuschka* nennt als Vertreter dieses Bemühens vor allem *C. Barth, H. Meltzer* und *P. Fiebig* und führt vier Grundmotive auf, die in der Diskussion eine hervorgehobene Rolle gespielt haben:[5]

1. das Anliegen, die Bibel im Gesamtrahmen der allgemeinen Religionsgeschichte zu interpretieren, aus der immer mehr Texte und Fakten zugänglich wurden;
2. die Erkenntnis, daß andere Weltreligionen näher gerückt sind - besonders der Buddhismus, der in intellektuellen Kreisen viel Anklang fand, aber auch der Islam (der zudem im ersten Weltkrieg als Bündnispartner empfunden wurde);
3. das Interesse an der äußeren Mission, für die eine Kenntnis der nichtchristlichen Religionen von besonderem Belang war;
4. schließlich (in gewisser Spannung zum 3. Motiv und auch nur von wenigen Verfassern vertreten) der Gedanke der Toleranz, der durch den Unterricht gefördert werden sollte.

---

Artikel erweitert (427-448), und es folgt ein weiterer Artikel zur „Begegnung mit dem Judentum" von *F. Johannsen* (449-465).

[4] Dies und das Folgende nach *J. Lähnemann*, Religionspädagogik, 136, 65 ff., unter Aufnahme der Untersuchung von *U. Tworuschka*, Die Geschichte nichtchristlicher Religionen im christlichen Religionsunterricht, Köln 1983, bes. 104 ff.

[5] Ebd.

Dabei gehen die Autoren weiterhin davon aus, daß das Christentum die höchste, wahrste und ethisch wertvollste Religion darstellt. Verschieden ist nur der Grad positiver oder negativer Einschätzung des Fremden: ob man es meint abqualifizieren zu können, oder ob man in ihm ein Suchen und Bemühen findet, das schließlich in Christus zur Vollkommenheit gelangt.

Eine andere, wesentlich christentumskritischere Spielart der Behandlung der Religionen im Unterricht hat sich im Zusammenhang der freigeistigen Strömungen bzw. der freireligiösen Bewegungen ergeben. Besonders auffallend ist der *Evolutionsgedanke*, der die Geschichte der Religionen als eine stetige Aufwärtsentwicklung sehen läßt, die schließlich über alle traditionellen Religionen hinausführt. So geht *E. Wolfsdorf* in seiner „monistischen Pädagogik"[6] von *Haeckels* biogenetischem Grundgesetz aus und überträgt es auf den Erziehungsprozeß: Die Entwicklung der Völker, Kulturen und Religionen wiederholt sich danach im Leben jedes Einzelnen und soll vom Schüler durchlebt werden. Dem Evolutionsdenken entspricht das *optimistische Menschenbild* der Freireligiösen, „das in einem unerschütterlichen Glauben an den unaufhaltsamen Fortschritt der Naturwissenschaften gründet"[7]. Der Mensch wird als von Natur aus gut angesehen, da er selbst im Innersten göttlicher Natur sei. Christliche Grundpostulate wie die Erbsünde und das Böse werden abgelehnt: „Der Mensch kann das Negative, das keine selbständige, externe Macht ist, auf seinem Wege zum Guten überwinden."[8]

Letztlich geht damit die *Religionsgeschichte* als die Geschichte empirischer Religionen *zu Ende*: Da Götter Gebilde menschlicher Fantasie sind, entsprungen aus der Unkenntnis der Naturgesetze und der Furcht vor dem Walten der Naturmächte,[9] ist das 'Höhere', 'Heilige', 'Ewige' im Menschen selbst zu finden. Wie sehr Fortschrittsgläubigkeit und Euphorie in dieser entwicklungsgeschichtlichen Sicht der Menschheit ideologischen Charakter haben, wird vor allem vor dem Hintergrund der Katastrophenerfahrungen des 20. Jh. sichtbar, die ein grundsätzlich optimistisches Menschenbild radikal in Frage gestellt haben.

Im Kontext des Einflusses der religionsgeschichtlichen Schule auf die Religionspädagogik und der alternativen Vorstellungen von religiöser Erziehung, wie sie in freireligiösen Gruppen und Kreisen der Reformpädagogik entwickelt wurden, ist das Werk von *R. Kabisch* zu sehen, der den Entwurf einer vor allem religionspsychologisch begründeten wissenschaftlichen Religionspädagogik vorlegte.[10] Mit ihr ist er zum Hauptangriffspunkt von seiten der 'Evangelischen Unterweisung' geworden, die sich im Gefolge von dialektischer Theologie und Luther-Renaissance ganz auf das 'Wort Gottes' und die reformatorischen Grundlagen evangelischen Glaubens konzentrierte.

---

[6] *E. Wolfsdorf*, Monistische Pädagogik, Bamberg 1912, bes. 45 ff., 133 ff., 241 ff.

[7] *U. Tworuschka*, Geschichte, 124.

[8] *U. Tworuschka*, Geschichte, 125.

[9] Vgl. z.B. *E. Wolfsdorf*, aaO., 255 f.

[10] *R. Kabisch*, Wie lehren wir Religion? Versuch einer Methodik des evangelischen Religionsunterrichts für alle Schulen aus psychologischer Grundlage. Kommentar und pragmatische Bibliographie v. *G. Bockwold*, Documenta Paedagogica 6, Hildesheim 1980, - Abdruck der 3. Aufl., Göttingen 1913.

Vor dem Hintergrund des mit 'Religion' verbundenen Fortschrittsoptimismus und der Entfernung von den biblischen und konfessorischen Grundlagen des Christentums hat dann *K. Barths* negative Fassung des Religionsbegriffs - „Religion ist Unglaube; Religion ist eine Angelegenheit, man muß geradezu sagen, die Angelegenheit des gottlosen Menschen"[11] - ihre Plausibilität erhalten, ebenso wie *H. Kittels* Programmschrift „Vom Religionsunterricht zur Evangelischen Unterweisung"[12]. In ihr analysiert er die geschichtliche Entwicklung aus seiner Sicht: Von der Aufklärung an sei der Begriff 'Religion' als Oberbegriff ('Abstraktum') für die Religionen (unter die auch das Christentum gerechnet wurde) gebraucht worden. Indem man aber eine Idealvorstellung von 'Religion' jenseits der konkreten Religionen entwickelte, legte man die eigenen Vorstellungen bzw. zeitgebundene Fortschrittsgedanken in den Begriff hinein ('Ersatz-Konkretum'): „An die Stelle Gottes als Inhalt eines konkreten Glaubens trat entweder ein religionsphilosophischer Begriff, wie z.B. 'das Absolute' oder ein religionspsychologisches Phänomen, wie z.B. 'das Gefühl der Unendlichkeit'."[13]

Kittel kann die Problemlinie dann weiterzeichnen bis hin zur völkischen Verbrämung des Religionsunterrichtes in der Zeit des Nationalsozialismus:

„Der neue abstrakte Begriff der Religion wurde herrschend und die christlichen Stoffe übernahmen die Rolle eines Mittels zu fremdem Zweck. ... Es lag in der inneren Logik dieser Entwicklung, daß neben die christlichen Stoffe bald auch halbchristliche traten, die dem übergeordneten Zweck ebenso, vielleicht sogar besser dienten. Und in dem Maße, in dem die neue allgemeine Religiosität sich ihre eigenen Dokumente schuf, fanden diese natürlich ebenfalls den Weg in den RU und verstärkten seine Entchristlichung auf ihre Weise. So war es schließlich durchaus nichts seinem Wesen nach Neues, wenn dann auch alt- und neugermanische Texte in den RU gerieten. Es ging ja schon lange nicht mehr um den christlichen Glauben und um den Gott, der der Vater Jesu Christi ist, sondern eben um die Pflege eines allgemeinen religiösen Bewußtseins und religiösen Gefühls."[14]

Man muß sich diese Kontroverse so deutlich vor Augen führen, weil sie der eigentliche Grund dafür ist, daß für mehr als eine Generation von evangelischen Theologinnen und Theologen, Religionspädagoginnen und Religionspädagogen die Religionen kein wirkliches Thema waren und daß Religionsgeschichte und andere religionswissenschaftliche Disziplinen allenfalls als Hobbygebiet studiert wurden.

Was *H. Halbfas* (als katholischer Religionspädagoge) noch 1976 schrieb, galt für die deutsche Religionspädagogik nach 1945 fast uneingeschränkt:

„Fast alle von der Religionspädagogik in unserer Gesellschaft mitverantworteten religiösen Lernprozesse bleiben auf binnentheologische und kirchliche Rahmen gespannt; die für eine humane Zukunft dringenden Aufgaben interkultureller Kommunikation werden

---

[11] *K. Barth*, Die kirchliche Dogmatik I/2, Zürich 1938, 327 f.
[12] *H. Kittel*, Vom Religionsunterricht zur Evangelischen Unterweisung, Wolfenbüttel 1947.
[13] AaO., 5.
[14] AaO., 6.

kaum wahrgenommen oder rücken nicht in das Bewußtsein der westlichen Gesellschaft."[15]

Und auch gegenwärtig existieren noch kirchliche Prüfungsordnungen für Theologinnen und Theologen, in denen Religionswissenschaft nicht vorkommt, und Ausbildungsstätten für ReligionslehrerInnen, an denen es hierfür kein Lehrangebot gibt.

Wie unbefriedigend diese Situation ist, zeigen die anfangs gebotenen Beispiele aus dem gegenwärtigen Religionsunterricht. Dabei hat es - mitbedingt durch das II. Vatikanische Konzil auf katholischer Seite mit seinen positiven Äußerungen zu den Religionen und das Dialogprogramm des Ökumenischen Rates der Kirchen - längst Ansätze zu befruchtender Kooperation zwischen christlicher Theologie und Religionswissenschaft gegeben; und *H. Halbfas* steht für einen neuen positiven Umgang mit dem Religionsbegriff in christlicher Religionspädagogik.

Was sich als erforderlich erweist, ist:
- die Orientierung an einem Religionsverständnis, das weder - wie in Zeiten der liberalen Theologie - zu allgemein (und damit ideologieanfällig) ist noch als negativer Wertbegriff ('Religion ist Unglaube ...') gebraucht wird, sondern in der Begegnung mit den konkreten Religionen entfaltet wird;
- eine Verhältnisbestimmung von theologischer und religionswissenschaftlicher Arbeit, die der religionspädagogischen Gesamtaufgabe dienlich ist;
- die Wahrnehmung der pädagogischen Elementarisierungsaufgaben von Seiten der Religionswissenschaft und ihre Beteiligung an curricularer Lehrplanentwicklung in der Fächergruppe Religion/Ethik;
- die systematische Verankerung religionswissenschaftlichen Lernens in der Ausbildung von Lehrerinnen und Lehrern, Pfarrerinnen und Pfarrern.

Zunächst sollen die ersten beiden Erfordernisse bedacht werden.

## 2. Theologie und Religionswissenschaft als Bezugswissenschaften für Religionspädagogik - Versuch einer Verhältnisbestimmung

Im Blick auf den Religionsbegriff dürfte es am hilfreichsten sein, von der Befragung der vorhandenen Religionen auszugehen: 'Religion' gibt es nicht unabhängig von den 'Religionen'. Auch in vielen gegenwärtigen wissenschaftlichen Untersuchungen zu religiösen Phänomenen wird zu unreflektiert von 'Religion' im Singular gesprochen und dann oft nur eine bestimmte Religionsform - etwa das nachaufklärerische westliche Christentum in seinem säkularen Kontext - näher in den Blick genommen. Das ist auch kritisch gegen eine zu pauschale Aufnahme des Religionsbegriffs von *P. Tillich* - Religion ist „*im weitesten und tiefsten Sinne des Wortes das, was uns unbedingt angeht*"[16] - ins Feld zu führen. Gerade in ihrer religionspädagogischen Rezeption tendiert diese Be-

---

[15] H. Halbfas, Religion, Themen der Theologie, Erg.-Bd., Stuttgart 1976, 225.

[16] P. Tillich, Religion als eine Funktion des menschlichen Geistes?, in: Die Frage nach dem Unbedingten, Schriften zur Religionsphilosophie. Ges. Werke, Bd. V, Stuttgart 1964, 37-42, 40.

griffsbestimmung zu Geschichtslosigkeit und Gesellschaftsferne[17] und vereinnahmt Philosophie und säkulare Bewegungen vorschnell als 'Religion', wobei nicht abzustreiten ist, daß es - und hier liegt ein berechtigtes Anliegen der Bestimmung bei *P. Tillich* - in Philosophien und säkularen Weltanschauungen 'quasireligiöse' Phänomene gibt. In Diskussion mit verschiedenen religionswissenschaftlich orientierten Begriffsbestimmungen und angesichts der Vielfalt der religiösen Welten habe ich als 'tastenden Versuch' folgende Definition eingebracht: *„ 'Religion' ist der Name für eine Gemeinschaft, in der Menschen aus Erfahrungen mit einer über menschliche Grenzen hinausweisenden Macht/Größe leben, von denen her grundsätzliche Bestimmung und Sinngebung des Lebens vermittelt sowie grundsätzliche Anleitungen zum Verhalten gegeben werden."*[18] Diese Definition ist offen für theistische wie nichttheistische Religionsformen und kann m.E. gleicherweise von Theologie wie von Religionswissenschaft gebraucht werden.

Damit wird gleichzeitig ein Selbstverständnis von Theologie und Religionswissenschaft befürwortet, nach dem beide nicht in Konfrontation oder auch einem bloßen Nebeneinander verharren, sondern sich der Überschneidung ihrer Frageweisen und der Notwendigkeit kritischer gegenseitiger Korrektur bewußt sind.[19] D.h., daß das Gegenüber einer Offenbarungstheologie, der die kritische Reflexion der Vermittlungsvollzüge des Glaubens weitgehend gleichgültig ist, und einer rationalistischen Religionswissenschaft, die religionswissenschaftliche Aussagen nur auf rein empirischer (und damit vermeintlich 'objektiver') Grundlage gelten lassen will, nicht bejaht werden kann.[20]

Nun fragt Theologie - als 'Denken des Glaubens' - schwerpunktmäßig vom religiösen Vollzug aus und auf religiösen Vollzug hin, während Religionswissenschaft sich bemüht, den religiösen Vollzug und den Wahrheitsanspruch der einzelnen Religionen nicht von vornherein wertend aufzunehmen, sondern religiöse Erscheinungsweisen mit Hilfe historischer, philologischer, soziologischer, psychologischer u.a. Methoden zu deuten. Doch sind Theologie und konfessionelle Religionspädagogik, wenn sie die Aktualität des Glaubens in den gegenwärtigen Weltzusammenhängen sichtbar machen wollen, auf die

---

[17] *K.E. Nipkow*, Grundfragen der Religionspädagogik, Bd. 1, Gütersloh 1975, 139.

[18] *J. Lähnemann*, Weltreligionen im Unterricht. Eine theologische Didaktik für Schule, Hochschule und Gemeinde, Teil II: Islam, Göttingen ²1996, 270.

[19] Dies und das Folgende nach *J. Lähnemann*, Weltreligionen, 248 f. Diese Sichtweise findet sich ähnlich auch bei *G. Lanczkowski*, Einführung in die Religionswissenschaft, Darmstadt 1980, 66 ff.

[20] Zur Auseinandersetzung zwischen dem 'irrationalen' Zweig (*R. Otto, F. Heiler, J. Wach, G. Mensching, K. Goldammer*) und der rationalistischen Richtung (*W. Baetke, K. Rudolf* und die Skandinavier wie z.B. *A. Holtkranz* und *G. Widengren*) in der Religionsphänomenologie vgl. *U. Tworuschka*, Moderne Religionswissenschaft. Ein Leitfaden für den Religionspädagogen, EvErz 6 (1974), 389-398, bes. 390-394. Dieses Themaheft zu „Religionswissenschaft und Religionsunterricht" ist weiterhin lesenswert, auch mit den Beiträgen von *K. Künkel* und *D. Zilleßen*. Sein Beitrag - *D. Zilleßen*, Theologie und Religionswissenschaft. Eine Problemstellung mit religionspädagogischen Konsequenzen - ist dann auch der Grundlagenbeitrag in dem wichtigen Band *U. Tworuschka/D. Zilleßen* (Hrsg.), Thema Weltreligionen, Frankfurt a.M. 1977, 5-14.

Ebenfalls aus den 70er Jahren ist relevant: *C. Colpe*, Religionswissenschaft als Bezugswissenschaft zu Unterricht, in: Religionskunde, Alternativunterricht. Loccumer religionspädagogische Studien und Entwürfe 14, Loccum 1976, 72-82.

sorgfältige und Vorurteile in Frage stellende religionswissenschaftliche Arbeit angewiesen.[21] Und Religionswissenschaftler sind auf die Arbeit der Theologen insofern angewiesen, als sie dem Selbstverständnis einer Religion nur dann nahekommen können, wenn sie die theologischen Bemühungen, dieses Selbstverständnis dem denkenden und handelnden Vollzug zu erschießen, ernst nehmen.[22]

Was sich in den letzten beiden Jahrzehnten entwickelt hat und was gerade auch religionspädagogisch noch viel stärker berücksichtigt werden muß, ist eine ungeheure *Pluralisierung* sowohl von Theologie als auch von Religionswissenschaft: Narrative Theologie, Befreiungstheologien, feministische Theologien, Theologien, die religionsübergreifende mystische und meditative Erfahrungen ernst nehmen, haben die Theologie 'erdnäher', kontextueller und an vielen Stellen lebendiger werden lassen. Und auch die religionswissenschaftlichen Forschungen haben sich zunehmend den religiösen Erscheinungen in ihren konkreten lebendigen Kontexten zugewandt.[23] All dies verlangt nach konkreter Arbeitsverteilung, Kooperation und gegenseitiger Befruchtung von Theologie, Religionswissenschaft und Religionspädagogik.

## 3. Gegenwartssituation und Zukunftsaufgaben

Bei der Tagung „Weltreligionen im Unterricht - Grundlagen und alternative Perspektiven" 1987 in Goslar wurden von den dort versammelten über hundert Lehrerinnen und Lehrern aller Schularten, Hochschullehrern, Lehrerfortbildnern und Fachberatern „Essentials des Unterrichts über Weltreligionen" verabschiedet, die seither nichts an Aktualität eingebüßt haben und die notwendigen Strukturen der Zusammenarbeit sichtbar machen. In ihnen heißt es u.a.:

- „Unterricht über Weltreligionen bedeutet: Differenzierte Vergegenwärtigung der eigenen religiösen Traditionen für eine plurale, nicht 'gleichgeschaltete' Wirklichkeit.

---

[21] Dabei ist in Rechnung zu stellen, daß z.B. bei historisch-kritischem Umgang mit der Bibel, wie er sich besonders in evangelischer Theologie entwickelt hat, auf weite Strecken religionswissenschaftlich gearbeitet wird.

[22] Und gleichzeitig werden Religionswissenschaftler im Bewußtsein behalten müssen, daß es 'rein objektive' Wissenschaft nicht geben kann: Religiös-kulturelle Vorprägungen und Wertentscheidungen fließen schon in die Auswahl und Gewichtung von Inhalten und Methoden mit ein. Das wird etwa besonders von muslimischen Gelehrten immer wieder kritisch gegenüber den 'westlichen' Orientwissenschaften ins Feld geführt.

[23] Bereits im Themenheft „Weltreligionen" des EvErz 6 (1983) hebt *H.-J. Greschat* in seinem Überblick: Religionswissenschaft heute: Kontraste und Alternativen (511-524) hervor: „In unserer Disziplin gibt es keine Schulen mehr ... Eher sieht es aus, als existierten so viele Spielarten und Tönungen wie Religionswissenschaftler. Und die gibt es nicht nur in Europa und Amerika, sondern auch in Japan, in Nigeria, in Indien, in Ägypten, in Irael, in Thailand, in Sri Lanka ..." (511). Ich selbst habe in diesem Heft das Prozeßhafte in der religiösen Entwicklung an dem Thema: Bewahrung von überkommener, Entwicklung von neuer Identität in zwei Kulturen und Religionen. Am Beispiel von Christen und Muslimen in Deutschland (552-566) beschrieben.

- Unterricht über Weltreligionen bedeutet: Abkehr vom Eurozentrismus, Wahrnehmung der weltweiten Abhängigkeiten, Verflochtenheiten, Befruchtungsmöglichkeiten.
- Unterricht über Weltreligionen ist zu konstituieren als ein Unterrichtsprinzip, nicht nur als Teilinhalt eines bestimmten Schulfaches.
- Unterricht über Weltreligionen erfordert, nach der 'Mitte' ('Sinnmitte'?) der jeweiligen Religion zu fragen, damit sie nicht von ihr fremden Sichtweisen her schabloniert wird.
- Unterricht über Weltreligionen ist nicht zu bewältigen, ohne den anderen als expliziten oder impliziten Gesprächspartner zu haben: Kann er sich in meiner Darstellung seines Glaubens wiederfinden?
- Unterricht über Weltreligionen strebt über die gedankliche Beschäftigung hinaus zu existentieller Begegnung.
- Unterricht über Weltreligionen hilft dem Schüler zu Orientierung und Entscheidung durch die Vergegenwärtigung alternativer, verantworteter Sinnsysteme (ggf. auch durch Kritik gegenüber problematischen Heilslehren) und durch ein besseres Verstehen der eigenen Tradition und Kultur im Lichte dieser Begegnung."[24]

Diese Thesenreihe verdeutlicht mehrere wichtige Gesichtspunkte:
1. Die Religionenthematik ist nicht ein für die Fächergruppe 'Religion/Ethik' reserviertes Inhaltsgebiet. Sie bedarf der gesamtpädagogischen und gesamtschulischen 'Einbettung', auch wenn 'Religion/Ethik' in diesem Bereich so etwas wie eine fachliche Leitaufgabe wahrnehmen müssen: Fächer wie Geschichte und Geographie, sozialkundliche Fächer, Sprachunterricht und musischer Unterricht haben es immer wieder auch mit religiösen Thematiken zu tun. Religiöse Inhalte sind - etwa mit ihren Fest- und Kulturtraditionen - ebenfalls für das 'Schulleben' von Bedeutung. Theologisch wie religionswissenschaftlich verantwortete Elementarkenntnisse der Religionen müßten deshalb für LehrerInnen grundsätzlich zu ihrem professionellen Rüstzeug gehören.
2. *Die Aufteilung: Konfessioneller Religionsunterricht hat Theologie als Bezugswissenschaft, religionskundlicher Unterricht/Ethik hat Religionswissenschaft als Bezugswissenschaft, ist unangemessen.* Abgesehen davon, daß Religionspädagogik verschiedene Humanwissenschaften konsultieren muß, ist festzuhalten: Auch eine konfessionell orientierte Religionspädagogik braucht religionswissenschaftliche Kenntnisse und religionswissenschaftliches Verständnis, so wie sich auch christliche Theologie ohne dieses nicht mehr entfalten kann. Sie braucht auch Einblicke in die Theologien der einzelnen Religionen, um deren Innensicht für die erforderliche Begegnung wahrzunehmen. Freilich wird evangelische Religionspädagogik eine am 'Evangelium' (dem Weg und der Bedeutung Jesu Christi) orientierte christliche Theologie als primäre

---

[24] *J.-H. Achilles/J. Lähnemann/C. Siedschlag*, Essentials des Unterrichts über Weltreligionen, in: *M. Kwiran/H. Schultze* (Hrsg.), Bildungsinhalt: Weltreligionen. Grundlagen und Anregungen für den Unterricht, Münster 1988, 1969-170.

Bezugswissenschaft haben, was auch vollkommen sachgemäß ist, wenn diese in der Lage ist, ihre zentralen Inhalte in die gegenwärtige plurale Situation hinein auszulegen.[25] Umgekehrt sind Fächer wie Ethik, Religionskunde, Philosophie nicht nur auf Religionswissenschaft, sondern auch auf die Theologien der Religionen gewiesen, wenn dieser Unterricht zu einem toleranten und sachlich angemessenen Verstehen der Religionen führen soll.

3. Die Thesenreihe macht auch deutlich, daß es bei der Religionenthematik (wie eigentlich bei jedem verantwortlichen Unterricht) nicht nur um die Vermittlung von Kenntnissen gehen kann, sondern daß der Unterricht in diesem Feld *Orientierungshilfen, Existenzhilfen und Handlungshilfen* bieten sollte. Diese Perspektive, die auch der freiheitlich-demokratischen Gesamtausrichtung unseres Staats- und Bildungswesens entspricht, sollte deshalb von vornherein in das Wissenschaftsverständnis von Theologie und Religionswissenschaft mit aufgenommen werden.

Freilich sind in Goslar auch die Probleme deutlich benannt worden, die hinsichtlich der genannten Aufgabenstellungen noch bestehen.[26] Dazu gehört die Frage, wie angesichts verbreiteter religiöser Desozialisation besonders in den hochindustrialisierten Ländern das Vertrautmachen mit der eigenen Tradition/Konfession in ein verantwortbares Verhältnis zur Begegnung mit anderen Religionen zu bringen ist. Hierher gehört auch die Frage, wieweit Inhalte anderer Religionen vermittelt werden können, wenn persönliche Begegnungen mit ihren Anhängern nicht möglich sind. Ein besonderes Problem stellt sodann die Aufgabe der Elementarisierung dar, die bei den Sinnsystemen der Religionen, die Menschen ja oft über Jahrtausende und in ganzen Kontinenten vielfältig geprägt haben, nicht leicht zu bewältigen ist, ohne daß es zu Verkürzungen kommt. Nüchtern müssen in diesem Feld auch die konkurrierenden Wahrheitsansprüche, die Unvereinbarkeiten der Religionen[27] und ihr unterschiedliches 'Sendungsbewußtsein' wahrgenommen werden, denen auf der anderen Seite in allen großen Religionen Motivationen zur Begegnung und auch zur Achtung der Werte Andersdenkender gegenüberstehen.

Blickt man darauf, welche Hilfen LehrerInnen in diesen Problembereichen aus der bisherigen Zusammenarbeit von Theologen, Religionswissenschaftlern und Religionspädagogen geboten werden, so ist einerseits (vor allem in den letzten Jahren) ein reichhaltiges - und im Vergleich zur früheren Geschichte substantiell weiterführendes - Bemühen zu konstatieren. Ihm steht auf der anderen Seite noch ein Defizit in der nötigen Verbreiterung und Vertiefung der Arbeit gegenüber.

Nach den grundlegenden Arbeiten aus den 70er Jahren, die im geschichtlichen Abriß schon erwähnt wurden, ist die Entwicklung von Differenzierung und Spezifizierung bestimmt gewesen (wozu auch die 'Essentials' aus Goslar zu rechnen sind).[28]

---

[25] Damit wird der Grundansatz der Denkschrift der Evangelischen Kirche in Deutschland: Identität und Verständigung. Standort und Perspektiven des Religionsunterrichts in der Pluralität, Gütersloh 1994, aufgenommen.

[26] Das Folgende nach *Lähnemann*, Religionspädagogik, 138 f.

[27] Vgl. z.B.: Ist das Heil in Jesus oder in der im Koran dargebotenen „Offenbarung" zu finden? Ist der Mensch erlösungsbedürftig oder nicht? Gibt es Wiedergeburt oder nicht?...

[28] Das Folgende nach *J. Lähnemann*, Religionspädagogik, 122 ff.

Eine Differenzierung erfolgte z.B. durch *U. Tworuschkas* (unter Mitwirkung seiner Frau *Monika* erstellte) Arbeit „Methodische Zugänge zu den Weltreligionen", in der die Vielfalt der Fragestellungen und Arbeitsformen, die das komplexe Feld der großen Religionen erfordert, für Unterricht und Studium erschlossen wird.[29] Eine Spezifizierung erbrachten zum einen thematische Querschnitte, wie etwa die von *M. Klöcker* und *U. Tworuschka* herausgegebene Reihe „Ethik der Religionen", in der die Bände „Sexualität", „Arbeit", „Gesundheit", „Besitz und Armut" sowie „Umwelt" erschienen sind,[30] zum anderen Arbeitshilfen für einzelne der großen Religionen. Eine „Theologische Didaktik" zum Thema habe ich in meinen beiden Bänden „Weltreligionen im Unterricht"[31] vorgelegt.

Hinzugekommen und unterrichtlich relevant geworden sind mehrere Arbeiten und Untersuchungen, die die plurale Situation in Deutschland (besonders durch die vermehrte Präsenz des Islam) zum Anlaß genommen haben, um über die Aufgaben der 'Kulturbegegnung' nachzudenken, die nicht nur Information über den Glauben der anderen erfordert, sondern nach Hilfen für ein neues Zusammenleben verlangt. Hierher gehört die Reihe „Pädagogische Beiträge zur Kulturbegegnung"[32]. Dabei werden in den Bänden „Kulturbegegnung in Schule und Studium" (1983), „Erziehung zur Kulturbegegnung" (1986), „Weltreligionen und Friedenserziehung" (1989), „Das Wiedererwachen der Religionen als pädagogische Herausforderung" (1992) und „'Das Projekt Weltethos' in der Erziehung" (1995) die *Nürnberger Foren* dokumentiert, bei denen Experten aus Theologie, Religionswissenschaft und Pädagogik, Kirche und Schule, Kultusbehörden und Sozialeinrichtungen - und zwar aus verschiedenen kulturellen und religiösen Traditionen - mit deutschen und ausländischen Lehrern zusammengearbeitet haben.[33] - In diesen Bereich gehört auch das Kölner Schulbuchprojekt, in dem unter der Federführung von *A. Falaturi* und *U. Tworuschka* die Behandlung des Islam in der westdeutschen Schulbuchliteratur sowie in den Richtlinien der Bundesländer untersucht wurde.[34] Dieses Vor-

---

[29] *U. Tworuschka* (unter Mitarbeit von *M. Tworuschka*), Methodische Zugänge zu den Weltreligionen. Einführung in Unterricht und Studium, Frankfurt a.M./München 1982.

[30] *M. Klöcker/U. Tworuschka* (Hrsg.), Ethik der Religionen - Lehre und Leben, München/Göttingen, Bd. 1 ff, 1985 ff.

[31] *J. Lähnemann*, Weltreligionen im Unterricht. Eine theologische Didaktik für Schule, Hochschule und Gemeinde. Teil I: Fernöstliche Religionen. Teil II: Islam, Göttingen 1986 ($^2$1994/96).

[32] *J. Lähnemann* (Hrsg.), Pädagogische Beiträge zur Kulturbegegnung, Hamburg (EB-Verlag Rissen) Bd. 1 ff, 1983 ff.

[33] Eine hilfreiche Bilanz bietet auch das Themaheft „Multikulturalität und interreligiöses Lernen" des EvErz 46 (1994).

[34] *A. Falaturi* (Hrsg.), Der Islam in den Schulbüchern der Bundesrepublik Deutschland (Studien zur internationalen Schulbuchforschung. Schriftenreihe des Georg-Eckert-Instituts Braunschweig). Teil 1: *M. Tworuschka*, Analyse der Geschichtsbücher zum Thema Islam, Braunschweig 1986 - Teil 2: *U. Tworuschka*, Analyse der Evangelischen Religionsbücher zum Thema Islam, Braunschweig 1986. - Teil 3: *H. Vöcking/H. Zirker/U. Tworuschka/A. Falaturi*, Analyse der katholischen Religionsbücher zum Thema Islam, Braunschweig 1988. - Teil 4: *G. Fischer*, Analyse der Geographiebücher zum Thema Islam, Braunschweig 1987. - Teil 5: *H. Schultze*, Analyse der Richtlinien und Lehrpläne der Bundesländer zum Thema Islam, Braunschweig 1988.

haben wird gegenwärtig auf europäischer Ebene weiterverfolgt. Es fehlt bisher aber noch die umgekehrte Arbeit, die Darstellung abendländisch-christlichen Kulturerbes in islamischen und insbesondere türkischen Schulbüchern zu untersuchen.[35] Andere wichtige Initiativen der vergangenen Jahre sind der Aufbau der Europäischen Arbeitsgemeinschaft für Weltreligionen in der Erziehung (European Association on World Religions in Education; Chairman: *H. Schultze*/Hamburg),[36] die Reflexion der Aufgabenstellung in der katholischen Religionspädagogik[37] und die Entwicklung von Unterrichtshilfen gerade auch für jüngere Altersstufen.[38]

Wie begrenzt die schulische Praxis (und auch die Ausbildung der LehrerInnen) bisher von all diesen Bemühungen erreicht worden ist, läßt sich nicht nur an der ungleichen Verteilung des Angebots an Religions- und Ethikunterricht in Deutschland (und besonders in den östlichen Bundesländern) festmachen,[39] sondern auch an wenigen elementaren Fragen: Welche christlichen ReligionslehrerInnen sind etwa darauf vorbereitet, muslimischen Kindern die Trinitätslehre (oder auch nur: warum wir Jesus Gottes Sohn nennen) zu erläutern? Welche türkischen LehrerInnen sind darauf vorbereitet, die Alltagssituation ihrer Schülerinnen und Schüler mit den islamischen Grundlehren zu vermitteln? Wie erhalten Ethiklehrer eine qualifizierte Ausbildung - in theologischen, religionswissenschaftlichen, religionspädagogischen Fragen? Wo sind Religionswissenschaftler an der Entwicklung von Lehrplänen und Unterrichtsprojekten beteiligt? Wie steht es um Elementarkenntnisse bei PfarrerInnen über die nichtchristlichen Religionen und religionstheologische Fragen?

Den mit diesen Fragen sichtbar werdenden Defiziten kann nur kooperativ - nicht im Gegeneinander der wissenschaftlichen Disziplinen, der Religionsgemeinschaften (und nichtreligiös-humanitär geprägter Bewegungen) und der religionspädagogischen Konzeptionen - begegnet werden. Sie erfordern

- die Internationalisierung der Aufgabenstellung hinsichtlich der Kooperation von Theologen, Religionswissenschaftlern und Religionspädagogen und hinsichtlich der Überprüfung und Überarbeitung von Richtlinien, Schulbüchern und Unterrichtshilfen;
- die konsequente Integration der Weltreligionenthematik in das theologische und pädagogische Profil des Religionsunterrichts - und gleichzeitig die fächerübergreifende Bearbeitung der Fragestellungen;

---

[35] Als Problemanalyse hierzu vgl. *K. Hock*, Schulbuchprojekte in interreligiöser und internationaler Zusammenarbeit, in: *J. Lähnemann* (Hrsg.), „Das Projekt Weltethos" in der Erziehung. Referate und Ergebnisse des Nürnberger Forums 1994, Hamburg 1995, 321-330.

[36] Neben dem jährlichen dreisprachigen „Kalender der Religionen" ist sie maßgeblich beteiligt gewesen an der Goslarer Konferenz 1995, deren Ergebnisse in dem Band *M. Kwiran/P. Schreiner/H. Schultze* (Hrsg.), Dialog der Religionen im Unterricht. Theoretische und praktische Beiträge zu einem Bildungsziel, Münster 1996, vorliegen.

[37] *S. Leimgruber*, Interreligiöses Lernen, München 1995.

[38] Hierzu *J. Lähnemann*, Religionspädagogik, 298 ff. sowie die Überblicke in *M. Kwiran/P. Schreiner/H. Schulze*, Dialog.

[39] Nicht zu reden von den bisherigen Angeboten an islamischem Religionsunterricht, von dem - wo er erteilt wird - maximal 12-14 % der türkischen Kinder erreicht wird.

- die Verbesserung der Ausbildung von ReligionslehrerInnen und Geistlichen, aber auch von LehrerInnen bzw. Pädagogen insgesamt hinsichtlich ihrer Kenntnis der verschiedenen Religionen und Weltanschauungen und hinsichtlich der praktischen Möglichkeiten des Zusammenlebens;
- die Eröffnung von Möglichkeiten des Lernens in der Begegnung und durch die Begegnung - d.h. eine pädagogische Arbeit in Kontakt und Zusammenarbeit mit Vertretern verschiedener Glaubensgemeinschaften und in Kontakt mit gottesdienstlicher bzw. spirituell-meditativer Praxis wie auch mit dem sozialen Leben in den Glaubensgemeinschaften.

Erst eine so intensivierte Arbeit kann dazu führen, daß der Perspektivenwechsel geübt wird, der zum wechselseitigen Verstehen notwendig ist, das „...in den Schuhen eines anderen gehen"[40], daß ich mich bemühe, das Recht (und die Problematik) der jeweiligen theologischen, religionswissenschaftlichen (oder auch religionskritischen) Sichtweise von 'innen' wahrzunehmen, und damit offener, respektvoller werde für die anderen, freier von unkritischer Ablehnung wie auch von unkritischer Bejahung der verschiedenen Überzeugungen.

Wichtig ist dabei immer auch die theoretische und praktische Zusammenarbeit 'vor Ort', wie sie schon die Eingangsbeispiele zeigen - in Universitätsfakultäten ebenso wie in Schulen und Gemeinden -, um grenzüberschreitend zu lernen, wahrzunehmen, daß die 'letzten Fragen', auf die die Religionen antworten, überall bei nachdenkenden Kindern und Erwachsenen lebendig sind, und Achtung und Verständnis in aller Verschiedenheit zu gewinnen.

---

[40] Hierzu *W. Haußmann*, „...in den Schuhen eines anderen gehen"? Möglichkeiten und Grenzen der Öffnung für andere Religionen im konfessionellen Religionsunterricht, in: *J. Lähnemann* (Hrsg.), Das Wiedererwachen der Religionen als pädagogische Herausforderung. Interreligiöse Erziehung im Spannungsfeld von Fundamentalismus und Säkularismus, Hamburg 1992, 287-302.

# IV.

## Religionspädagogik und Exegetische Wissenschaft - zu einem umstrittenen Verhältnis im Haus der Theologie[1]

Klaus Wegenast

### 1. Vorbemerkung

Für das allgemeine Bewußtsein vieler Theologen ist das Verhältnis der theologischen Wissenschaft zur Praxis des Evangeliums in der Gesellschaft das von zielbestimmender Theorie, die sich vornehmlich der Interpretation von Texten verdankt, und fremdbestimmtem Anwendungshandeln, das einer für die praktische Handhabung verkürzten Theorie nachgeordnet erscheint. In diesem Denkmodell ist die Praktische Theologie so etwas wie eine in nur einer Richtung befahrbare Verbindungsstraße zwischen einer exegetisch- bzw. systematisch-theologisch verantworteten Theorie oberster Glaubens-, Denk- und Verhaltensnormen und praktisch-kirchlicher Arbeit in Verkündigung, Seelsorge und Unterricht. Diesem Denkmodell entsprechen die weitverbreiteten, aber dennoch fragwürdigen Arbeitsformeln für die Vorbereitung kirchlicher Praxis wie 'Vom Text zur Predigt' oder 'Vom Text zum Unterrichtsentwurf', 'Vom Text zur Situation' oder 'Vom Evangelium zur Erfahrung'.

Daß jegliche Theorie wesentliche Voraussetzungen in der Praxis besitzt und deshalb immer schon durch gesellschaftliche und lebensgeschichtliche Voraussetzungen bedingt ist, fällt hier ebenso wenig auf wie das Fehlen einer Reflexion möglicher, u.U. unerwünschter Folgen theoretischer Vorgaben. In diesem Zusammenhang sei nur an die durchaus fatalen Folgen theologischer Rede vom Gehorsam erinnert, die außer in schwäbischer Dichtung - 'Gehorsam ist des Christen Schmuck' - auch in Tagebüchern von ehemaligen KZ-Kommandanten, in waschzwanghaften Abrechnungen mit christlicher Erziehung, wie sie in *T. Mosers* 'Gottesvergiftung' auflagenstark Verbreitung fanden, und nicht zuletzt in unzähligen verletzten Seelen von Menschen, die nie erwachsen werden durften, zu entdecken sind. An dieser Stelle ist die Theologie in allen ihren Disziplinen gefragt, wie sie es in Zukunft halten möchte, ob sie die in ihrem Haus üblichen Hierarchien des Denkens und Schaffens durchzuhalten gedenkt oder die apostrophierte Einbahnstraße zwischen Theorie und Praxis zu einem in beiden Richtungen befahrbaren Kommunikationsweg auszubauen bereit ist.

Das zu lösende Problem heißt: Wie können *theologische Grundlagenbesinnung* über Ursprungssituationen des Glaubens sowie deren Ur-Kunden, die vor allem historischen und philologischen Methoden verpflichtet erscheint, und *hochspezialisiertes Handlungswissen* der praktisch-theologischen Disziplinen, das sich nicht zuletzt empirisch erhobenen Daten aus den Handlungsfeldern der Kirche in der Gesellschaft verdankt, theologisch verantwortet und human- bzw. sozialwissenschaftlich vertretbar so mitein-

---

[1] Gastvortrag an der Evang.-theol. Fakultät der Universität Tübingen. Zuerst veröffentlicht in: RpB 26 (1990), 62-82.

ander in Beziehung gesetzt werden, daß das Evangelium zu seiner Wahrheit und der heutige Mensch, dem das Evangelium gilt, zu seinem Recht kommen kann. Eigentlich ist die Zeit reif für eine umfassende Inangriffnahme dieser Aufgabe, die in den praktisch-theologischen Disziplinen unter dem Zwang der Verhältnisse, den eine gesellschaftlich nicht mehr gewährleistete Präsenz des Christlichen etwa im Religionsunterricht öffentlicher Schulen mit sich bringt, schon zu Beginn unseres Jahrhunderts erkannt worden ist.[2] Diese Aufgabe wird solange nicht angemessen bewältigt werden können, wie wir es nicht lernen, gleichursprünglich nach der *Sache* des Evangeliums - und das ist nicht nur eine exegetische Frage - und nach den Adressaten im Zusammenhang ihrer Erfahrungs- und Lebenswelt zu fragen - das ist eine humanwissenschaftliche und praktisch-theologische Frage. Wir müssen es endlich aufgeben, Sätze zu formulieren, wie ich sie in einem Aufsatz des von mir geschätzten Exegeten *H. Weder*[3] gefunden habe. Er schreibt im Blick auf Jesus-Gleichnisse der synoptischen Tradition: „Gerade die Einsicht, daß sich das Gleichnis nicht der Didaktik Jesu, sondern vielmehr der Qualität seiner Botschaft verdankt, ist von erheblicher didaktischer Relevanz. Das gilt zumindest unter der Bedingung, daß Didaktik sich nicht einfach als technologisch zu konzipierendes Medium zwischen beliebige Unterrichtsgegenstände und ebenso beliebige Adressaten schiebt, sondern daß Didaktik einen primären Gegenstandsbezug hat. Es gilt unter der Bedingung, daß eine Didaktik prinzipiell nach dem Kriterium der Sachgemäßheit zu entwerfen ist."

Gegen wen argumentiert *Weder* hier eigentlich? Ich kenne keinen Allgemeindidaktiker und auch keinen theologischen Fachdidaktiker, der ein Verständnis von Didaktik vertreten würde, auf das die Bemerkung *Weders* auch nur annähernd passen würde. Der *Gegenstandsbezug* ist ein wesentliches Anliegen vor allem der Fachdidaktiker. Darüber hinaus geht es aber der Didaktik insgesamt um eine der Sachfrage gleichursprüngliche Frage nach dem Menschen als Adressaten, für den die Sache ja da sein soll. Wird diese gleichursprüngliche Fragestellung nach dem Adressaten vergessen oder auch nur hintangestellt, ist es unmöglich, daß "wir seine Herrlichkeit" zu sehen vermögen. Offenbar haben wir es beim Ausspruch *Weders* mit einem als klassisch zu bezeichnenden Beispiel für die 'Einäugigkeit' theologischer Arbeit zu tun, für die schon das oben apostrophierte Theorie-Praxis-Gefälle und die Einwegkommunikation, die im Gegensatz zur Rede Jesu den Adressaten und seine gesellschaftliche Wirklichkeit, seine Lebensgeschichte und seine anthropogenen Voraussetzungen nicht gleichursprünglich mit der sog. Sache ins Kalkül einzubringen vermag, Zeugnis ablegten.

---

[2] Vgl. dazu z.B. *F. Niebergall,* Theologie und Praxis, Göttingen 1917; *ders.,* Praktische Theologie. Lehre von der kirchlichen Gemeindeerziehung auf religionswissenschaftlicher Grundlage, 2 Bde., Tübingen 1918 f. (da vor allem II, 249-364); *ders.,* Die Entwicklung der Katechetik zur Religionspädagogik, in: Monatsblätter für den Evangelischen Religionsunterricht 4 (1911), 33-43 (jetzt in: *K Wegenast* (Hrsg.), Religionspädagogik I. Der Evangelische Weg, Darmstadt 1981, 46-59) und *R. Kabisch,* Wie lehren wir Religion?, Göttingen 1913.

[3] *H. Weder,* Zugang zu den Gleichnissen Jesu. Zur Theorie der Gleichnisauslegung seit *Jülicher,* in: EvErz 41 (1989), 395 f.

## 2. Zur Geschichte des Problems seit 1945

Die in den letzten 40 Jahren beobachtbaren Kooperationsformen zwischen Praktischer Theologie und wissenschaftlicher Exegese spiegeln verschiedene Konzepte von Selbstverständnis, Erwartungen und gegenseitigem Funktionszuweisungen der betroffenen Disziplinen. Zu dieser Vielfalt haben gesellschaftliche Bedingungen ebenso beigetragen wie das In-sich-selbst-Verkrümmt-Sein theologischer Forschung in allen ihren Disziplinen.
Beispielhaft für das Verhältnis von Exegese und Praktischer Theologie sind m.E. die Entwicklungen im Rahmen der Religionspädagogik. Die exponierte Stellung der Religionspädagogik zwischen Kirche und säkularer Gesellschaft ließ eben manches deutlicher hervortreten, als das in anderen praktisch-theologischen Disziplinen der Fall gewesen ist, wo es offenbar leichter fällt, enttäuschende Feedback-Erfahrungen zu verdrängen und kritische Zwischenrufe zu ignorieren.[4] Bis in die sechziger Jahre hinein bestimmte in den religionspädagogisch zu verantwortenden Handlungsfeldern und ihrer Theorie eine Form von Bibelauslegung das Feld, welche die Fragehinsichten und Ergebnisse der an den Universitäten gelehrten historisch-kritischen Exegese entweder überhaupt nicht oder aber nur eklektisch beachtete. Hier änderte sich erst in dem Augenblick etwas, als das Theorem der Christlichkeit von Schule und Gesellschaft offensichtlich nicht mehr der Wirklichkeit entsprach und das allgemeine Bewußtsein von der Erkenntnis bestimmt zu werden begann, daß das Wahrheits- und Wirklichkeitsverständnis der Mehrheit nicht mehr mit dem z.B. in der biblischen Überlieferung repräsentierten zu vereinbaren war. Von nun an mußte die Bedeutung der Bibel je neu und in einem die historische Kritik nicht weiter ignorierenden Interpretationsprozeß erwiesen werden. Die Folge war, daß der Erkenntnisrahmen der religiösen Erziehung in Schule und Kirche von nun an durch eine die historische Kritik ernst nehmende, diese aber hermeneutisch in Richtung auf einen Dialog mit heutigem In-der-Welt-Sein weiter vortreibenden Exegese bestimmt zu werden begann. Dieser neuen Exegese und ihrer spezifischen Rezeption in der Religionspädagogik kam entgegen, daß auch das Schulkonzept der 60er Jahre auf Traditionsvermittlung und deshalb auf Hermeneutik ausgerichtet erschien.
Im Rückblick kann gesagt werden, daß diese Hinwendung der Religionspädagogik zur wissenschaftlichen Exegese für viele Lehrer und Schüler eine wirkliche Entlastung von einem je länger je mehr drückenden 'Fürwahr-halten-Müssen' für sie unglaubwürdiger Vorstellungen bedeutete und darin einen längst überfälligen Beitrag zur Aufklärung der jüdischen und christlichen Tradition. Sozialwissenschaftliche und erziehungswissenschaftliche Erkenntnisse hatten jedoch in der jetzt entstehenden Koalition zwischen hermeneutischer Exegese *Bultmann*'scher Prägung und Religionspädagogik höchstens im Zusammenhang mit gewissen Fragen der Vermittlung an bestimmte Adressaten eine Bedeutung. So bediente man sich z.B. der sog. 'Didaktischen Analyse' von *W. Klafki*, die für eine Vermittlung von Texten, deren Originalität und Anspruch im Zu-

---

[4] *K. Wegenast,* Art. Bibel V, in: TRE VI (1979), 93-109, und *ders.,* Bibeldidaktik 1975-1985, in: JRP 3 (1987), 127-152.

sammenhang der kritischen Auslegung festgestellt worden waren, an bestimmte Adressaten durchaus nützlich erschien.[5] Was die Auswahl der zu vermittelnden Texte anbelangte, behielt man allerdings die zu treffenden Entscheidungen allein theologischer Reflexion vor. Wie immer, es entstand jetzt eine Bibeldidaktik als Kunstlehre, Verstehen zu lehren, die sich der Hermeneutik als Kunstlehre des Verstehens von Texten verdankte, wie sie *Bultmann* und seine Schüler entwickelt hatten.

Diese neue Didaktik führte zweifellos zu gewissen Erfolgen, wenn es ihr z.B. gelang, im Rahmen von ihr inszenierten Dialogen zwischen dem sich in biblischen Texten äußernden Selbstverständnis damaliger Autoren und dem Selbst- und Weltverständnis heutiger Schüler Daseinsauslegung und Textauslegung miteinander zu verbinden. Bei einer genaueren Betrachtung dieser Phase der Geschichte des Verhältnisses von Exegese und Religionspädagogik ist jedoch nicht zu übersehen, daß das, was wir in unseren Vorbemerkungen als 'Einäugigkeit' apostrophiert haben, durchaus noch als bestimmend bezeichnet werden muß. Die Religionspädagogik als didaktisch aufgeklärte Anwendungsdisziplin der Bibelhermeneutik schien damals noch die Lösung aller anstehenden Probleme zu ermöglichen.

Mit der Wende hin zu einem Schulverständnis, das Unterricht nur noch im Zusammenhang mit äußeren und inneren Situationen zu sehen vermochte, die zur Bewältigung anstanden, war die Bibel nur insofern von Interesse, als sie für die Lösung etwelcher Probleme eine Funktion auszufüllen vermochte. Die Frage lautete jetzt nicht mehr, ob ein biblischer Text aus theologischen Gründen unbedingt wichtig war und deshalb vermittelt werden sollte, sondern ob er möglicherweise eine Bedeutung bei der Lösung von Problemen haben konnte.[6] Um das festzustellen, fragte der Religionspädagoge perspektivisch vom Schüler, nicht vom Text aus. Die wissenschaftliche Exegese wurde dabei nur noch insofern zu Rate gezogen, als sie sich um den irdischen Jesus im Umfeld der palästinischen Gesellschaft mühte oder um die sozialen Verhältnisse zur Zeit so wichtiger Propheten wie Amos und Jeremia. Eigentliche Partner der Religionspädagogik im Haus der Theologie wurden jedoch die Sozialethik und dann bestimmte systematisch-theologische Entwürfe wie die 'Theologie der Revolution', 'der Hoffnung' oder 'der Frage'.

Erst in jüngster Zeit kann wieder eine Rückbesinnung auf die biblische Tradition festgestellt werden. Der Grund dafür ist allerdings nicht die exegetische Forschung, die wieder beachtet würde, sondern die Einsicht, daß es nicht genügt, Konflikte und Probleme bewußt zu machen, zu bearbeiten und möglichst zu lösen, sondern es auch darum zu tun sein muß, die bewußt gemachten Konflikte und Probleme auch dann aushalten zu können, wenn sie unlösbar sind. Hier erwartete man jetzt Sukkurs von der biblischen Tradition, die offenbar *Erfahrungen* aufbewahrte, die hilfreich erschienen.

Die neue Kategorie der Bibeldidaktik ist so seit der Mitte der siebziger Jahre die 'Erfahrung'. Der Grund für die Konjunktur dieses so lang verpönten Begriffs liegt wohl in der Erkenntnis, daß auch der Glaube nur dann mit Aussicht auf Erfolg in das

---

[5] So z.B. *K. Wegenast*, Der biblische Unterricht zwischen Theologie und Didaktik, Gütersloh 1965.

[6] Vgl. *K. Wegenast*, Das Problem der Probleme, in: EvErz 24 (1972), 102-126.

Leben und Denken von Kindern und Jugendlichen hinein vermittelt werden kann, wenn er unmittelbar in die Erfahrungswelt hineinreicht und im Alltag anschaubar wird. Zu denken ist in diesem Zusammenhang an gelungene Lebensentwürfe von Glaubenden aus Vergangenheit und Gegenwart, aber auch an Lehrer und Pfarrer, die als exemplarische erwachsene Partner nachvollziehbare Lebensentwürfe erlebbar repräsentieren. Die Devise heißt jetzt: „Was wir glauben sollen, müssen wir selbst erfahren."[7] Die religionspädagogische Grundaufgabe lautet entsprechend: Alltagserfahrung „mit Hilfe der kreativen, inspirierenden Kraft religiöser und poetischer Sprache in elementaren Reflexionen zu rekonstruieren und zu erneuern."[8]

Für den biblischen Unterricht und seine Didaktik bedeutet das, daß er biblische Texte weder als Quellen für die historische Verifizierung von Vergangenem, noch als offenbarte Lehre, noch als Problemlösungspotentiale für Fragen der Gegenwart verstehen machen möchte, sondern als Kunde von menschlichen Erfahrungen mit dem Gott Israels und dem Gott Jesu Christi, die ihre Geschichte gehabt hat, Deutungen von Gott, Welt und Leben wach hält und ein Angebot bereitstellt für heutiges Selbst-, Welt- und Gottesverständnis. Die Bibel ist es deshalb, die Möglichkeiten eröffnet 'für neue Erfahrungen mit der Erfahrung' (*E. Jüngel*). Biblische Texte verdoppeln dabei nicht einfach die uns umgebende Wirklichkeit, sondern eröffnen neue Perspektiven, sind Lernhilfen für gegenwärtiges Leben, welche Welt so zur Erscheinung zu bringen vermögen, daß vielleicht sogar etwas davon aufleuchtet, was sie eigentlich sein könnte. Funktionen, die sie als Niederschläge damaliger Erfahrung für heutige Erfahrung haben können, sind Kritik, Bestätigung, Ermutigung, Protest, Motiv zur Innovation oder Modifikation, Warnung und vieles andere. Dabei ist es jeweils erst im konkreten Vollzug einer Auslegung am Tage, welche Funktion ein Text jeweils besitzt. Natürlich besteht auch die Möglichkeit, daß ein Text überhaupt keine Funktion besitzt, weil z. B. seine Sprache bestimmten Vorstellungen, Denkweisen, gesellschaftlichen Verhältnissen und Herrschaftsformen verhaftet ist, die im Verlauf der Geschichte unverständlich, gegenstandslos oder sogar schädlich geworden sind.

Zu denken ist etwa an die alttestamentliche Gehorsamskultur als Reflex bestimmter gesellschaftlicher Verhältnisse, an unverständliche mythologische Vorstellungs- und Sprechweisen, aber auch an sittliche Vorschriften, die ihre Wurzeln in durchaus vergangenen Verhältnissen besitzen.[9] Mit anderen Worten heißt das, daß es bei einer Auslegung von Texten für das Jetzt nicht ohne ideologiekritische Analyse abgehen kann. Zwar besitzt das Ursprungsgeschehen, in dem der Glaube und seine Ur-Kunde wurzeln, für uns als Christen nach wie vor normative Bedeutung, dies aber nur unter der Voraussetzung, daß die das Ursprungsgeschehen repräsentierende Ur-Kunde nicht das Ursprungsgeschehen selbst ist, sondern stets ein Zweites, das interpretationsbe-

---

[7] *G. Theißen,* Argumente für einen kritischen Glauben, München 1978, 43.

[8] *W. Ritter,* Erfahrung. Plädoyer für einen anderen 'Stil' theologischen Denkens und Redens, in: ThPr 20 (1985), 340.

[9] Vgl. dazu *M. Veit,* Hermeneutische Arbeit an nichtmythologischen Texten der Bibel, in: *K. Wegenast (Hrsg.),* Theologie und Unterricht, Gütersloh 1969, 371-381, und *dies.,* Alltagserfahrungen von Jugendlichen, theologisch interpretiert, in: *P. Biehl u.a. (Hrsg.),* JRP 1, Neukirchen 1985, 3-28.

dürftig bleibt und von heutiger Erfahrung her befragt werden muß, wenn es heute wieder 'Wort' werden soll. Die hier anstehenden differenzierten linguistischen Probleme hat K. Schori in seiner Berner religionspädagogischen Dissertation 'Das theologische Problem der Tradition' 1989 ausführlich behandelt. Sie können hier nicht nebenher abgehandelt werden.

Ähnliches gilt auch für heutige Erfahrungen, die zwar unabdingbarer Verstehenshorizont für das Verständnis fremder Erfahrung sind, aber nicht so etwas wie eine absolute Instanz oder eine normative Größe darstellen, die endgültig über wahr oder falsch entscheiden läßt.

Kurzum, wer biblische Texte 'tradieren' möchte, wird sich ebenso vor monomaner Traditionsbesessenheit wie vor einem sich absolut setzenden Erfahrungs- und Situationsbezug hüten müssen. Er wird sich „eine ständige Pendelbewegung zwischen der biblischen Glaubensinterpretation und der Interpretation unserer heutigen Erfahrung"[10] angelegen sein lassen. Dabei macht es keinen Unterschied, ob wir bei einer kritischen Analyse heutiger Erfahrungen oder damaliger Texte einsetzen. Erst beide 'Erfahrungen' zusammen sind der wirkliche Inhalt eines verantwortbaren Bibelunterrichts. Sie müssen in einem kritischen Dialog in Analogie und Differenz bedacht werden, und das in einem vielschichtigen In- und Miteinander geschichtlicher und aktueller Erfahrung.

Es ist deutlich: Mit dem Erfahrungsbegriff kam etwas Neues in die Bibeldidaktik. Etwas, was sich offensichtlich nicht der exegetischen Forschung verdankt, sondern der Sehnsucht nach Teilhabe an ursprünglichem Leben, nach Unmittelbarkeit und Nähe. In einem Umfeld, wo man nahezu alles aus zweiter Hand erfährt, die Natur ebenso wie die Geschichte, ist der Ruf nach 'ursprünglicher Erfahrung' im Grunde nur als Notschrei von Menschen zu begreifen, die sich in einer künstlichen Welt gefangen wähnen, auch in der Kirche. Vier Ansätze bibeldidaktischer Theorie verdanken sich dem beschriebenen Erfahrungsbedürfnis:

1. Der sog. *problemorientierte Bibelunterricht*[11], dem es darum geht, Kinder und Jugendliche im Horizont einer nachchristlichen Gesellschaft in verstehender und zugleich kritischer Vergegenwärtigung sowohl des Ursprungs als auch der Wirkungsgeschichte des Christlichen beziehungsreich in ein geschichtlich fundiertes Gegenwartsverständnis von Welt und Mensch einzuführen.

2. Der sog. *elementarisierende Bibelunterricht*[12], dem es darum geht, eine substantiell gültige, kommunizierbare Inhaltlichkeit der Theologie im komplizierten Medium gegenwärtiger Frage- und Konfliktsituationen vernünftig zu ermitteln und verstehbar zur Mitsprache zu bringen; mit Worten *K.E. Nipkows*: 'Elementare Strukturen' biblischer Texte mit Hilfe der exegetischen Wissenschaft festzustellen, um dann

---

[10] *E. Schillebeeckx*, Christus und die Christen, Freiburg 1977, 69.

[11] Vgl. zu diesem wenig bekannten Typ von Religionsunterricht *K. Wegenast,* Bibel ganz anders, in: *H.G. Heimbrock (Hrsg.),* Spielräume, Neukirchen 1983, 118 ff.

[12] Vgl. *K.E. Nipkow,* Elementarisierung biblischer Inhalte. Zum Zusammenspiel theologischer, anthropologischer und entwicklungspsychologischer Perspektiven in der Religionspädagogik, in: *L. Baldermann/K.E. Nipkow/H. Stock,* Bibel und Elementarisierung, Rph 1, Frankfurt 1979, 35-74.

'elementare Wahrheiten' in biblischen Texten mit 'elementaren Erfahrungen', wie sie im Leben von Jugendlichen, aber auch in biblischen Texten begegnen, in einer 'elementare Anfänge' von Lernprozessen beachtenden Weise miteinander in Beziehung zu setzen.

3. Der *symboldidaktisch arbeitende Bibelunterricht,*[13] der eine Vermittlung theologischer Inhalte und gegenwärtiger Lebenssituationen mit Hilfe biblischer Symbole leisten möchte. Im Hintergrund steht die Erkenntnis, daß Symbole, die ihrem Wesen nach wiederholenden und entwerfenden Charakter besitzen, in der Lage sind, die in ihnen verdichteten Erfahrungen und die mit ihnen korrelierenden Grundkonflikte junger Menschen miteinander zu vermitteln.

4. Der mit neuen Auslegungsmethoden, die sich den Sprachwissenschaften, aber auch verschiedenen Schulen der Psychoanalyse verdanken, arbeitende *Textunterricht,* wie er sich in Arbeiten von *H. Zirker*[14]*, D. Dormeyer*[15]*, A. Stock*[16]*,* aber auch von *I. Baldermann*[17] und *Th. Vogt*[18] zeitigt.

Es ist jetzt an der Zeit, eingedenk der aufs Ganze gesehen einander fremd gegenüber stehenden Bemühungen um ein Verständnis der Bibel in Religionspädagogik und exegetischer Wissenschaft danach zu fragen, wie eine Arbeitsgemeinschaft zwischen diesen beiden Bemühungen um eine Vermittlung der biblischen Botschaft aussehen könnte, die jenseits herkömmlicher Hierarchien, aber auch jenseits gegenseitiger Schuldzuweisungen, Möglichkeiten wechselseitigen Lernens bereitstellt.

## 3. Exegetische Wissenschaft und Religionspädagogik

### 3.1 Zur Logik der Theologie[19]

Mehr als die Hälfte der evangelisch-theologischen Disziplinen arbeitet historisch: Die alttestamentliche Wissenschaft, die neutestamentliche Wissenschaft und die Kirchengeschichte. 'Weltverstehen durch Geschichte' lautet die Programmatik dieser Fächer. Sie besagt, daß Bibel, grundlegende Bekenntnisse und Lebensformen der christlichen

---

[13] Wichtigste Veröffentlichung zum Problem ist: *P. Biehl,* Symbole geben zu lernen. Einführung in die Symboldidaktik, WdL 6, Neukirchen 1989.

[14] *H. Zirker,* Jesusgeschichten als phantastische Literatur, in: EvErz 35 (1983), 228-242.

[15] *D. Dormeyer,* Die Bibel antwortet. Einführung in die interaktionale Bibelauslegung, München/Göttingen 1978.

[16] *A. Stock,* Textentfaltungen. Semiotische Experimente mit einer biblischen Geschichte, Düsseldorf 1978.

[17] *I. Baldermann,* Wer hört mein Weinen? Kinder entdecken sich selbst in den Psalmen, WdL 4, Neukirchen 1986; *ders.,* Der Gott des Friedens und die Götter der Macht, WdL 1, Neukirchen 1983.

[18] *T. Vogt,* Bibelarbeit, Stuttgart 1985.

[19] Zum Folgenden Abschnitt verweise ich auf die noch nicht erschienene Arbeit von *C. Bizer* mit dem gleichen Titel, der ich wichtige Einsichten verdanke.

Religion nur dann 'verstanden' sind, wenn sie im umfassenden Horizont der Universal-Geschichte in ihrer Bedingtheit durch einen historischen Prozeß und durch eine zu rekonstruierende geschichtliche Situation erkannt werden. Die historischen Disziplinen der Theologie halten deswegen Glaube und Religion methodisch in der geschichtlichen Immanenz fest. Transzendenz ist also nicht an der Immanenz vorbei zu haben. Wie sie zu haben ist, kann historisches Denken allerdings nicht sagen.

Vor uns steht das emanzipatorische Programm des liberalen Bürgertums mit seiner Frage nach dem historischen Jesus im Horizont seiner kritischen Auseinandersetzung mit dem überlieferten Dogma. Dieses Programm 'Lernen an Geschichte' hat zweifellos eine theologische Wurzel: Der Ursprung der christlichen Religion liegt in der Geschichte. Jesus Christus war Mensch, der sich zur Geschichte der Menschheit in Beziehung gesetzt hat. Die Gefahr besteht allerdings, daß sich im Sog des genannten Programms eine Verstehensweise verfestigen könnte, die das Christliche kategorial auf Vergangenheit festlegt und das Evangelium für heute verliert.

Die Praktische Theologie hingegen, zu der ich auch die Religionspädagogik zähle, befaßt sich nicht zuerst mit Historie, sondern mit Hilfe von Human- und Sozialwissenschaften mit gegenwärtigem gesellschaftlichen Handeln. Dabei untersucht und entwirft sie auch die Bedingungen, unter denen Kommunikationswissenschaften, Psychologie, Soziologie, Ästhetik u.a. theologisch rezipiert und analysierend und gestaltend auf gegenwärtige Lebensformen christlicher Religion bezogen werden können.

Als Praktische Theologie ist sie dabei über die institutionellen Grenzen der Kirchentümer hinaus auf das gesamte gesellschaftliche Feld verwiesen, auf dem sich überall 'Kirche' in einem theologischen Sinn ereignen kann. Als Religionspädagogik legt sie die Kirche darüber hinaus darauf fest, sich von lernender Frage und Rückfrage inhaltlich behaften zu lassen, und stellt anheim, Religion und Glaube auch von ihrer psychologischen und soziologischen Funktion her zu begreifen und Theologie selektiv mit sich zu vermitteln. Hier stellt sich die Frage nach möglichen Modellen einer Kooperation zwischen der Religionspädagogik und den exegetischen Wissenschaften, die sich offensichtlich *verschiedenen* Profanwissenschaften mitverdanken.

*3.2 Zum Stand der Dinge in Sachen Religionspädagogik und Exegese*

Die gegenwärtige Diskussion des zu behandelnden Problems ist durch den Verdacht der Ideologieanfälligkeit sowohl der Historischen als auch der Praktischen Theologie motiviert worden, genauer durch die Einsicht in eine bisher kaum bewußte Dialektik von Erkenntnis und Interesse in den hermeneutisch-historischen *und* in den sozialwissenschaftlich-praktischen Disziplinen. Die Religionspädagogik wird in diesem Zusammenhang auf die Art ihrer Rezeption sozialwissenschaftlicher Theorien befragt, die Exegese auf bewußte und unbewußte Voraussetzungen und Implikationen der in ihr geltenden hermeneutischen und historisch-kritischen Interpretationsverfahren. Kritische Reflexionen über Möglichkeit und Grenzen exegetischer Methoden sind da ebenso an der Tagesordnung wie Schuldzuweisungen an die Adresse der Praktischen Theologie, sie verrate die Tradition an die gesellschaftliche Situation. Neu und bedrängend wird hier fragwürdig, was denn nun eigentlich die 'Sache', was Norm der Theologie sei, an der sich die jeweilige Kritik zu orientieren hätte. Wir beginnen mit kritischen Anfragen an die Adresse der Bibelwissenschaften:[20]

*W. Wink*, ein amerikanischer Exeget, war einer der Ersten, der den Erfahrungsmangel exegetischer Theologie anprangerte:

„Die historische Bibelkritik ist bankrott... Die Bibelkritik hat ein Arsenal von Tausenden von Untersuchungen hervorgebracht, und zwar zu jedem Thema, das ihren Methoden zugänglich schien... Die Bibelkritik ist nicht bankrott, weil ihr die Gegenstände, über die sie etwas zu sagen hätte, ausgegangen wären, oder weil sie nichts mehr zu erforschen hätte; sie ist deshalb bankrott, weil sie die Aufgabe nicht erfüllen kann, die die meisten ihrer Vertreter als ihre Aufgabe ansehen: Die Schrift so zu interpretieren, daß die Vergangenheit lebendig wird und unserer Gegenwart neue Möglichkeiten persönlicher und gesellschaftlicher Veränderung deutlich gemacht werden."

Und dann nach Angabe verschiedener Gründe für die beschriebene Misere: „Die Bibelkritik basiert auf einer falschen Methode, war mit einem falschen Objektivismus vermählt, war einem unkontrollierten Objektivismus unterworfen, von jeder lebendigen Gemeinschaft getrennt und hat ihre Nützlichkeit überlebt." Das sind harte Worte. Ähnlich der Religionspädagoge *I. Baldermann*:

"Es ist offenkundig, daß jener merkwürdige Überdruß an der Bibel, der sich in dem vergangenen Jahrzehnt im evangelischen Raum in Theologen- und Laienkreisen wie auch in Schülergruppen so nachhaltig artikulierte, nur auf dem Boden eines solchen lernunfähigen Umgangs mit der Bibel erwachsen konnte. Wenn die Erwartung fehlt, daß im Umgang mit diesem Buch noch Neues und Entscheidendes zu lernen ist, weshalb sollen Predigt und Unterricht sich Woche für Woche, jahraus jahrein mit diesen schwierigen Texten abmühen?"[21]

Dieses Resümee gründet bei *Baldermann* in enger Beurteilung der exegetischen Forschung als Versuch, Herr zu werden über die Heilige Schrift, sie in den Griff zu bekommen, statt von ihr lernen zu wollen. „Aber die Techniken des Könnens und Beherrschens verderben das Hören."[22] Die Kritik an der Religionspädagogik ist mindestens ebenso scharf, kommt aber aus einer anderen Richtung. Ihre Wortführer sind z.B. der Bonner Systematiker *G. Sauter*[23] und der Exeget *W. Schmithals*[24].

Bei *Sauter*, der die Religionspädagogik vornehmlich als eine von der Theologie *abgekoppelte* Bemühung erfährt, lesen wir u.a. folgende Fragen an die Adresse derer, die sich um eine Theorie des Religionsunterrichts mühen:

„Ist (in der Religionspädagogik) 'Glaube' nicht schon längst mit Verhaltensweisen und Handlungsanweisungen vertauscht worden, die erlernt, ausgebildet und umgebildet werden können? Kann der Religionsunterricht aber von der Eigenart des Glaubens ab-

---

[20] *W. Wink*, Bibelauslegung als Interaktion, Stuttgart 1976, 7, 17.

[21] *I. Baldermann*, Lernerfahrungen mit der Bibel, Studienheft 15 des PI der EKVW 15, 1980, 8.

[22] AaO., 7.

[23] *G. Sauter*, Zur theologischen Revision religionspädagogischer Theorien, in: EvTh 46 (1986), 129.

[24] *W. Schmithals*, Religionsunterricht in der Schule. Krise-Kritik-Kriterien, in: Der evangelische Religionslehrer an beruflichen Schulen 21 (1973), 230-238.

sehen? Und darf sich die Religionspädagogik, wenn sie den verfassungsmäßigen Auftrag des Religionsunterrichts wahrnehmen will, auf die Dauer nur an der Beziehung von allgemein aufweisbarer 'Religion' und 'christlichem Glauben' orientieren? Muß sie nicht vielmehr darauf achten lernen, wie Glaube an 'Theologie' gewiesen ist?"
Die Gefahr scheint erkannt: Die Religionspädagogik ist dabei, die Tradition nur noch als einen religiösen Überlieferungsbestand unter anderen wahrzunehmen und für wechselnde gesellschaftlich wünschbar erscheinende Zwecke zu funktionalisieren.
Der Exeget *W. Schmithals*, m.W. der einzige Exeget, der sich näherhin in einen Disput mit der Religionspädagogik einläßt, obwohl er sich selbst bescheinigt, von dieser Wissenschaft nichts zu verstehen, schreibt:[25]
„Die wissenschaftliche Religionspädagogik bietet mit ihrer Fülle von Konzepten das Bild solcher Konzeptionslosigkeit, daß auch die kontradiktorisch wechselnden Einfälle einzelner Religionspädagogen... nicht nur nicht auffallen, sondern nahezu als Vorbild einer wissenschaftlich angemesseneren Religionspädagogik erscheinen können."
Das abschließende Urteil lautet dann: Theologische Verflachung und Desorientierung.
Eine Besserung erwartet *Schmithals* offenbar von einer „Rückkehr zur Sache", was immer das auch heißen mag. Meint *Schmithals* damit eine Erneuerung der Konzeption der „Evangelischen Unterweisung" mit ihrer Mittelpunktstellung des Evangeliums von Jesus Christus oder *K. Barths* „Kirchlichen Jugendunterricht" als „Lehre"?[26] Für beide Konzeptionen hegt er Sympathien. Auf jeden Fall fordert er eine Konzentration auf das Evangelium, das für ihn „eine Botschaft an den Menschen (ist), und zwar nicht eine Botschaft, mit der Menschen sich an Menschen wenden, ihre besonderen menschlichen Ansichten artikulierend, sondern eine den Zirkel menschlicher Werte und Ansichten sprengende Botschaft." Sie trifft auf den „im Gefängnis seiner eigenen Möglichkeiten gefangenen Menschen, ... der (als homo incurvatus in se) ständig um sich selbst rotiert und dies als Erfüllung seines Lebens ansieht", und befreit ihn.
Das alles sagt *Schmithals* auf dem dunklen Hintergrund einer Religionspädagogik, die den Religionsunterricht „in Religionssoziologie und Religionspsychologie und damit letzten Endes in grundsätzliche Religionskritik" verwandelt, in dem das Evangelium „auf seine Verwendbarkeit für die gesellschaftskritischen, bewußtseinsändernden und die Welt erneuernden Programme hin" instrumentalisiert wird. Gegen das alles setzt *Schmithals* die Forderung, sich über die Möglichkeit eines Unternehmens Gedanken zu machen, welches das Evangelium, „das seinen Beitrag zur Weltveränderung über die Veränderung des Menschen leisten will", wieder in den Mittelpunkt stellt. Die Philippika ist damit nicht zu Ende, sondern nimmt sich in der Folge die sog. 'Lernzielorientierung' des Religionsunterrichts vor und gewinnt ihren Höhepunkt mit dem emphatischen Ausruf: Lernziele, die „unabhängig von diesem Gegenstand (des Evangeliums) bestimmt werden", immunisieren sich gegen Korrektur. „Ziele, die außerhalb des Zirkels von 'Gegenstand' und 'Gegenwart' festgelegt werden, bleiben der

---

[25] Ebd., die folgenden Zitate sind aus dem in Anm. 24 genannten Aufsatz entnommen.
[26] Siehe *K. Barth, KD* 1/1, München 1932, 51; vgl. auch KD IV/3, Zollikon-Zürich, 999.

Kritik entzogen; in ihnen erhalten subjektive Zielprojektionen, mögen sie auch als 'rational' deklariert werden, metaphysische Würde."

Ich stehe nicht an, diese Kritik als unbegründet zurückzuweisen, aber ebenso sicher bin ich, daß auf dem Hintergrund solcher globalen und gewiß richtigen Theologismen, wie *Schmithals* sie vorträgt, niemand den Determinanten gerecht zu werden vermag, mit denen der Religionsunterricht steht oder fällt: der empirischen Welt, wie sie sich in unserer Gesellschaft darstellt, und dem in diese Welt hinein verflochtenen Menschen.[27]

Dazuhin vergißt *Schmithals* in seinem Groll völlig, daß die Liquidation der Evangelischen Unterweisung samt ihres Verkündigungsanspruchs ja nicht die Folge einer böswilligen Entfernung des Evangeliums und der Grundsätze reformatorischer Theologie aus unterrichtlichen Vollzügen gewesen ist, sondern „die Testamentsvollstreckung eines nicht mehr zu ignorierenden Desasters"[28], das offensichtlich die Folge einer ungenügenden Beachtung der Determinanten des Praxisfeldes Schule in der Religionspädagogik gewesen ist, eines Feldes, das auf keinen Fall mit deduktiven, von der Bibel oder einer christlichen Lehre her konstruierten Lernprozessen bearbeitet werden kann, wenn es nicht zur Katastrophe kommen soll. Ähnliches gilt auch für den 'kirchlichen Jugendunterricht' als 'Lehre', in dem *K. Barth* m.E. den Prototyp für einen nicht realisierten Praxisbezug der Theologie vorstellt. Daß es im Religionsunterricht, im Konfirmandenunterricht, in der Erwachsenenbildung und in allen pädagogisch zu verantwortenden Handlungsfeldern der Kirche um Vermittlungsaufgaben sui generis geht mit ganz bestimmten Adressatengruppen, Lebensschicksalen, Fragen und Zweifeln, ist hier ebenso vergessen wie der Tatbestand gesellschaftlicher Realität, der z.B. vermuten läßt, daß der Großteil unserer SchülerInnen im Religions- und Konfirmandenunterricht eine vorschulische Motivation für eine religiöse Erziehung und Bildung vermissen läßt.

Erst dann, wenn das gesellschaftliche Umfeld und die lebensgeschichtliche Position des jeweiligen Adressaten bekannt und bedacht sind, kann aber die Frage nach der Vermittlung zwischen Adressat und Evangelium sinnvoll gestellt und bearbeitet werden.

Was heißt das für eine Kooperation zwischen Exegese und Religionspädagogik?

Kurzum, *Schmithals* beklagt mit einigem Recht die *Fülle der Konzeptionen*,[29] vergißt aber, daß diese Reaktionen auf gesellschaftliche Herausforderungen sind und Versuche darstellen, den beängstigenden Relevanzverlust des Evangeliums im Streit um die

---

[27] Vgl. dazu u.a. *H.B. Kaufmann*, Problemorientierter-thematischer Religionsunterricht, in: ru 1972, 106: „Didaktisch wird.... eine Auswahl der Inhalte und Aufgaben notwendig, die an den Erfahrungen und Interessen orientiert ist, die diese Generation bestimmen. Didaktisches Denken fragt... danach, woraufhin ein 'Gegenstand' ausgelegt werden muß, damit junge Menschen seinen Anspruch vernehmen können."

[28] *E. Hübner*, Theologie und Religionspädagogik, in: EvTh 34 (1974), 384. In diesem Aufsatz setzt sich *Hübner* ausführlich mit den Vorwürfen *W. Schmithals'* auseinander.

[29] Zum Problem vgl. *K. Wegenast (Hrsg.)*, Religionsunterricht wohin? Gütersloh 1971; *ders.*, Herkömmliche und gegenwärtige Grundtypen einer Theorie des Religionsunterrichts, in: *E. Feifel* u.a. (Hrsg.), Handbuch der Religionspädagogik 1, Gütersloh/Zürich ²1987, 260-279, *W. Sturm*, Religionsunterricht gestern heute morgen, Stuttgart 1971, u.v.a.

Wirklichkeit zu bremsen. Glaube und Wirklichkeit sollen wieder in einen Kommunikationszusammenhang gebracht werden. Wenn es dabei zu einem Identitätsverlust des Christlichen gekommen sein sollte, muß das analytisch gezeigt werden.

Die von *Schmithals* angemahnte Abkehr von der Bibel und dem Evangelium sollte nicht zu rasch der Religionspädagogik als Schuld zugewiesen, sondern als Folge einer mangelnden Realisierung des Praxisbezugs der Theologie überhaupt verstanden werden. Aus dem hier zutageliegenden Dilemma führt kein emotionaler Ruf 'zurück zur Sache' mit einer gleichzeitigen Forderung nach einem deduktiven System vom Text zum Unterricht, sondern nur ein gleichursprüngliches Fragen nach Glauben und Lernen im Umfeld unserer Gesellschaft bestimmenden Determinanten und nach dem Evangelium in seiner möglichen Bedeutung für heutige Erfahrungen. An dieser Stelle sind alle theologischen Disziplinen gefragt.[30]

Es kann jetzt nicht unsere Aufgabe sein, die gegenseitigen Schuldzuweisungen kritisch zu würdigen, aber es erscheint wichtig, nach Wegen zu fragen, die von einer Konfrontation zu einer kritisch-konstruktiven Kooperation führen.

## 3.3 Erste Folgerungen

Für die Verhältnisbestimmung zwischen Exegese und Religionspädagogik ergeben sich aus unserem geschichtlichen Abriß der Bibeldidaktik seit 1945 und dem Blick auf gegenwärtige Kontroversen erste Folgerungen:

1. Eine Kooperation zwischen theologischen Disziplinen ist immer schon durch theologiegeschichtliche und darin durch gesellschaftliche Kontexte zumindest mitbestimmt, innerhalb derer z. B. die Exegese und die Religionspädagogik ihre Funktion zugewiesen erhalten oder im besten Falle selbst finden.
2. Die Einsicht in solche Kontexte als Bedingungsgefüge möglicher oder unmöglicher Kooperation nötigt zu einer Überprüfung des bisherigen Selbstverständnisses der einzelnen Disziplinen und des Verhältnisses untereinander.

So scheint es nichts anderes als voreilig, wenn z.B. ein Exeget ohne eine kritische Überprüfung des eigenen Status der Religionspädagogik Verrat an der Sache vorwirft, weil er sich von der exegetischen Wissenschaft ab und sozialwissenschaftlicher Theorie zuwendet.

Hier müßte doch vor allem anderen danach gefragt werden, welchen profanen Wissenschaften man selbst eine Menge verdankt und ob es der Exegese gelungen ist, das 'Eigentliche' des christlichen Glaubens, die 'Sache' eben, wirklich zu Gesicht zu bekommen. Könnte es nicht sein, daß der heutige Glaubenserfahrung mit Instrumentarien der Sozialwissenschaften untersuchende Praktische Theologe oder der die Entwicklung des religiösen Urteils erforschende Religionspädagoge ebenfalls einen Zugang zur Sache haben?

---

[30] Zum Problem vgl. *K. Wegenast,* Theologie und Religionspädagogik, in: EvErz 28 (1976), 156-177, und *ders.,* Zum Verhältnis Systematischer und Praktischer Theologie in Geschichte und Gegenwart, in: EvErz 36 (1984), 674-702.

3. Vor einer erfolgversprechenden Kooperation müssen sich in jedem Fall alle Beteiligten dessen eingedenk sein oder werden, daß alle theologischen Disziplinen durch die Rezeption theologischer und nicht-theologischer Wissenschaften charakterisiert sind. Ihr Verhältnis zueinander hängt deshalb nicht zuletzt davon ab, in welchem Maße die jeweils rezipierten anderen Wissenschaften kritisch befragt und zueinander in Beziehung gebracht werden.
4. Die angedeuteten Aufgaben sind nur dann erfüllbar, wenn ein zwischen den verschiedenen Fächern unbestrittenes Bezugssystem gefunden wird, das der Komplexität der gegenseitigen Abhängigkeiten und Beziehungen gerecht zu werden vermag.

Ein solches Bezugssystem ist freilich noch keineswegs gefunden, ich werde aber weiter unten wenigstens einen Vorschlag dazu machen.

*3.4 Bestehende Schwierigkeiten und Konflikte*

Von Konflikten war schon die Rede. Hier deswegen zuerst einige Bemerkungen zu bestehenden Schwierigkeiten für eine Kooperation und dann zu weiteren Konflikten.
*Als erste* Schwierigkeit nenne ich die im Zusammenhang von Bibel und Praxis des Evangeliums Klarheit vortäuschende Sprache, die besonders da störend wirkt, wo komplexe Fragen und differenzierte Sachverhalte zu klären wären.
Ich exemplifiziere an einem schon weiter oben apostrophierten Beispiel: Sie alle kennen den in der Theologie verbreiteten Ausdruck, ein 'Text sei in eine Situation hinein zu sagen'. In dieser Wendung ist alles Simplifikation. Müßte hier nicht sorgfältig darüber Rechenschaft gegeben werden, was alles mit Text gemeint sein könnte und wodurch die verschiedenen Textverständnisse konstituiert werden, vor allem aber, welche Interpretationsverfahren es sein sollen, die der gestellten Aufgabe, einen Text in eine Situation hinein zu verantworten, gerecht zu werden versprechen? Ist in solchen Floskeln nicht nur unreflektierte Praxis im Spiel, die sehr rasch einer umfassenden Kritik ausgesetzt werden müßte, damit Neuland gewonnen werden kann? Als ob wir 'Texte' vermitteln müßten. Was zu vermitteln ist, ist das Evangelium, das durch Texte - auch durch biblische - sogar verstellt werden kann.
Eine *erste Konfliktstelle* zwischen Exegese und Religionspädagogik liegt da, wo wir feststellen, daß die Bibelwissenschaft mit nur wenigen Ausnahmen die gesellschaftliche Verwertung ihrer Ergebnisse fast ausschließlich den anderen Disziplinen oder überhaupt den Praktikern überläßt und das Gespräch mit der Praktischen Theologie und den Laien, welche die sie umgebende Gesellschaft widerspiegeln, für etwas ihre eigene Sache nicht eigentlich Betreffendes hält.[31] Hier liegen Probleme zutage, die ihre

---

[31] Als Ausnahmen aus neuester Zeit nenne ich G. *Theißens'* Arbeiten „Biblischer Glaube in evolutionärer Sicht", München 1984; „Argumente für einen kritischen Glauben", München 1978; "Psychologische Aspekte paulinischer Theologie", Göttingen 1983, die zwar keine ausgearbeitete Hermeneutik vorzeigen, die sozialwissenschaftliche und theologische Hermeneutik in einem integralen Entwurf zu repräsentieren hätte, aber doch Ansätze in dieser Richtung zeitigt. Hinweisen möchte ich auch auf *K. Berger,* Hermeneutik des Neuen Testaments, Gütersloh 1988, die von dem Grundsatz ausgeht: „Nicht vom Evangelium her Welt zu interpretieren, nicht Welt als Anwen-

Wurzeln vor allem in der augenfälligen Abkoppelung universitärer Wissenschaft von der Praxis des Evangeliums in der Gesellschaft besitzen. Die als Folge der Abkoppelung feststellbare Gesprächsunwilligkeit führt dann zu dem fatalen Nebeneinander, das *Chr. Gremmels* und *W. Hermann* schon im Jahre 1972 beschrieben haben: „Wissenschaftliche Spezialisten befinden über richtige und falsche Auslegung der Bibel, während praktische Spezialisten davon ganz unberührt über richtige und falsche Organisation kirchlicher Strukturen befinden."[32]

Aus dem zutage liegenden Konflikt folgt eine zweite Schwierigkeit, die darin besteht, daß sich die professionelle Exegese wieder, von Ausnahmen abgesehen, in einem eher engen Rahmen bewegt. Wer fragt da etwa geklärt nach dem *Erfahrungsgehalt* biblischer Aussagen oder stellt sich einer expliziten und reflektierten sozialwissenschaftlich und theologisch verantworteten Auseinandersetzung mit gegenwärtiger Lebenswirklichkeit als der grundlegenden Voraussetzung jeden Verstehens?[33] In diesem Zusammenhang ist auch von den in der Theologie nur fragmentarisch zur Kenntnis genommenen Versuchen der sprach- und literaturwissenschaftlichen Rezeptionsästhetik zu reden, die den Sinn eines Textes als wesentlich vom jeweiligen Leser konstituierten begreifen.[34] Und wie steht es mit einer Verarbeitung des Strukturalismus de Saussures für ein heutiges Verstehen von Tradition?[35] Geschieht an dieser Stelle nicht mehr als bisher, bleiben der Exegese die eigenen Voraussetzungen, ihre Reichweite und ihre Grenzen weitgehend verborgen und dazuhin unkontrollierbar. Abgesehen davon wird

---

dungsfall einer allgemeinen, in der Schrift bewahrten Norm anzusehen, sondern das Evangelium von der Situation her (d.h. unter anderem auch von der sozialen Situation her) zu erschließen, die Bedeutung des Evangeliums von dieser Basis her neu zu entdecken bzw. sich auftun zu lassen." (19) Das läßt sich hören. Allerdings sollten wir nicht nur von „bedrängenden Erfahrungen von Wirklichkeit ausgehen, sondern vom Alltag überhaupt, und das unter Indienstnahme einer sozialwissenschaftlich ausgelegten Alltagshermeneutik, wie sie etwa *H.G. Soeffner* in seiner Arbeit „Auslegung des Alltags - Der Alltag der Auslegung", Frankfurt 1989, vorgelegt hat. Vgl. auch *U. Luz*, Vom Sinn biblischer Texte, in: *H.G. Pöhlmann (Hrsg.)*, Worin besteht der Sinn des Lebens, Gütersloh 1985, 81 ff. *Luz* zählt sich da zu den Vertretern „einer Generation von historisch-kritischen Exegeten, deren größtes Problem m.E. darin besteht, daß wir zwar eine Fülle historischer Richtigkeiten und Hypothesen produzieren, aber kaum in der Lage sind, diese in der eigenen Gegenwart wissenschaftlich verantwortlich fruchtbar zu machen." Die sich an dieses Dictum anschließenden Thesen lassen vermuten, daß *Luz* sich auf dem Weg zu einer neuen Ernstnahme heutiger Wirklichkeit im Prozeß der Exegese befindet, mögen auch noch konkrete methodische Hinweise fehlen.

[32] Hermeneutik und Gesellschaftstheorie. Theologie - Hermeneutik und Gesellschaft, in: *U. Gerber (Hrsg.)*, Hermeneutik als Kriterium für Wissenschaftlichkeit, Loccum 1972, 9.

[33] Ansätze finden sich bei *K. Berger*, aaO., vor allem aber bei *C.D. Müller*, Die Erfahrung der Wirklichkeit, Gütersloh 1977, *G. Petzke*, Exegese und Praxis, in: ThPr 10 (1975), 2-10, und *K. Stalder*, Die Wirklichkeit des Verkündigten als homiletisches Problem, in: Freiburger Zeitschrift für Philosophie und Theologie 19 (1972), 253-310.

[34] Eine fragmentarische Rezeption der Rezeptionsästhetik finde ich bei *K. Berger*, aaO., 333 ff., ohne daß da so etwas wie eine kritische Auseinandersetzung von der Theologie her geleistet wäre. Hier liegt ein weites Feld vor uns, das bearbeitet werden muß.

[35] Vgl. dazu *K. Schori*, Das Problem der Tradition. Eine fundamentaltheologische Untersuchung, Stuttgart u.a.1992.

die befreiende Potenz historisch-kritischer Verfahren, z.B. was naheliegende Mißverständnisse anbetrifft, in der Praxis des Evangeliums nur marginal wirksam. Um das festzustellen, braucht man nur Predigthörer zu sein oder aber Prüfungslektionen über biblische Texte zu beurteilen haben. Überall da wird auffällig willkürlich mit biblischen Texten umgegangen. Das scheint nicht zuletzt eine Folge davon zu sein, daß schon in der Exegese der konstitutive Bezug zwischen Glauben und Wirklichkeitserfahrung nicht genügend bewußt gemacht worden ist. Dann muß die Tradition eben dazu herhalten, bestimmte Komplexe gegenwärtiger Wirklichkeitserfahrung (Emanzipation, Menschenrechte ... ) durch eine überhöhende Interpretation in theologische Weltanschauungen umzudeuten. Viele Praktiker übergehen eine Traditionsauslegung überhaupt und orientieren sich gleich an sozialwissenschaftlichen Theorieangeboten. Hier kommt ein *zweiter Konflikt* zwischen Exegese und Religionspädagogik in Sicht: Exegeten, wie z.B. *W. Schmithals*, protestieren heftig gegen eine sozialwissenschaftliche Orientierung der Religionspädagogik und rufen aufgeregt „zurück zur Sache". Freilich ist es dabei auffällig, daß gerade da, wo lauthals das Proprium der Theologie beschworen wird, „eine penetrante Unterschätzung methodischer Fragen, oft mit pseudotheologischem Pathos vorgetragen, die Szene beherrscht".[36] Aber was ist eigentlich die Sache? Offensichtlich kann das mit den herrschenden exegetischen Methoden allein nicht festgestellt werden. Könnten dabei Religionspädagogen, die sich sozialwissenschaftlich kundig gemacht haben, sich z.B. über die 'Religion' Jugendlicher und ihre Erwartungen an den Glauben einige Gedanken gemacht haben,[37] helfen? Oder wäre es denkbar, daß sich Exegeten direkt mit den Humanwissenschaften in einen interdisziplinären Dialog einlassen, um so nicht schon 'verfälschten' Ansätzen im Rahmen einer von einer anderen theologischen Disziplin rezipierten Humanwissenschaft anheimzufallen? *G. Theißen* hat das versucht, ohne allerdings schon ein hermeneutisches Konzept kreieren zu können.

Es wäre noch manches zu sagen, ich möchte aber jetzt schon Möglichkeiten und Perspektiven einer Kooperation, wie ich sie mir zwischen Exegese und Religionspädagogik im Streit um die Wirklichkeit vorstellen kann und wie sie für eine Überwindung der akuten Traditionskrise des Glaubens dienlich erscheinen, zu skizzieren versuchen.

---

[36] *E. Hübner*, aaO., 391.

[37] Vgl. u.a. *H.-J. Fraas/H.-G. Heimbrock (Hrsg.)*, Religiöse Erziehung und Glaubensentwicklung, Göttingen 1986; *R., Englert*, Glaubensgeschichte und Bildungsprozeß, München 1985; *K.E. Nipkow*, Erwachsenwerden ohne Gott?, München 1987; *F. Schweitzer*, Lebensgeschichte und Religion, München 1987; *K.E. Nipkow/F. Schweitzer/J.W. Fow*ler, Glaubensentwicklung und Erziehung, Gütersloh 1988; *A. Bucher/K.H. Reich (Hrsg.)*, Entwicklung von Religiosität, Fribourg 1989.

## 4. Zu Möglichkeiten und Perspektiven einer zukünftigen Kooperation zwischen Exegese und Religionspädagogik[38]

Beginnen wir mit den Möglichkeiten einer Kooperation, die sich dann anbieten, wenn die Auslegung der Bibel als gemeinsame Aufgabe Historischer und Praktischer Theologie erkannt worden ist.[39] Eine solche kooperative Auslegung wird nicht nur ein Damals für heute verständlich und bedeutsam machen wollen, sondern gleichursprünglich heutige Wirklichkeitserfahrung und Glaubenserkenntnis als gegenwärtigen Horizont von Auslegung bewußt zu machen und ins Kalkül exegetischer Arbeit einzubringen versuchen. Dazu braucht die Theologie über die bekannten historisch-kritischen und hermeneutischen Instrumentarien hinaus ein sozialwissenschaftlich aufgeklärtes Methoden-Arrangement.[40] Nur so wird es möglich sein, Daseinshermeneutik als Bedingung für Bibelexegese zu Gesicht zu bekommen. Notwendig wird es auch sein, die seit Jahrhunderten eingeschliffenen Autoritätsverhältnisse zwischen theologischen Experten und sog. Laien zu relativieren.[41]

In solchen Zusammenhängen nenne ich einen wünschbaren Dialog zwischen den die emotionalen Dimensionen damaliger und heutiger Erfahrung neu ernst nehmenden Auslegungsmethoden (Interaktionales Lesen, Bibliodrama, Psychodrama, Zugang zu christlichen Grunderfahrungen mit Hilfe elementarer biblischer Symbole etc.)[42] und universitärer Bibelauslegung, die auch heute noch vornehmlich nach den Regeln der sich der Aufklärung verdankenden historisch-kritischen und geisteswissenschaftlich-hermeneutischen Methoden unseres Jahrhunderts arbeitet. Denkbar ist auch ein Dialog zwischen Interpretationsmethoden und Fragestellungen aus anderen Wissenschaften, die in der Religionspädagogik eine gewisse Bedeutung gewonnen haben (tiefenpsychologische, linguistische, strukturalistische, kommunikationstheoretische etc.) und der herkömmlichen wissenschaftlichen Exegese. In solchen Dialogen werden nicht nur kreative Fähigkeiten eingebracht, sondern auch freigesetzt. Darüber hinaus ist auch die Entdeckung möglich, daß verschiedene Interaktionsformen im Prozeß der Auslegung einen spezifischen Einfluß auf die Interpretation besitzen, der kritisch mitbedacht und zunutze gemacht werden kann. Mit anderen Worten heißt das, daß die Inhalts- und die Beziehungsebene im Auslegungsprozeß zwar unterschieden, aber auch einander zugeordnet werden sollten. Wie immer, die Einsicht in den spannungsvollen Zusammen-

---

[38] Für den folgenden Abschnitt verdanke ich wichtige Hinweise dem Gespräch mit *Prof. Dr. C. Müller*, Basel.

[39] Natürlich gehört auch die Systematische Theologie zu den notwendigen Partnern einer angemessenen Exegese, doch lasse ich sie hier des Themas wegen außer Betracht.

[40] Dazu vgl. *H.G. Soeffner, aaO.*

[41] Das geschieht vorbildlich bei *T. Schramm*, Distanz und Nähe. Erfahrungen im Umgang mit biblischen Texten, in: WPKG 64 (1975), 372-387. Vgl. auch *V. Vogt*, Bibelarbeit, Stuttgart 1985.

[42] Vgl. dazu *K Wegenast*, Wie die Bibel verstehen? Zu neuen Versuchen der Bibelauslegung in Wissenschaft und Praxis, in: Ev Erz 35 (1983), 202-213, und die anderen Beiträge des Themenheftes des EvErz 35 (1983) von *D. Dormeyer, H. Zirker, M. Kassel, P. Biehl, F. Crüsemann und E.N. Warns*.

hang von Distanz und Nähe zur biblischen Tradition kann sich in einem sich hier entwickelnden Dialog zwischen Religionspädagogen und Exegeten für die Exegese als relevant erweisen.

Eine *weitere* Möglichkeit für eine Kooperation zwischen Religionspädagogik und Bibelwissenschaft liegt in der Entdeckung begründet, daß biblische Texte ebenso einen spezifischen 'Sitz im Leben' besitzen und da bestimmte Weisen der Konstitution und Veränderung von Wirklichkeit im Vollzug kommunikativen Handelns initiieren, wie heutiges Hören und Auslegen lebensgeschichtliche, gesellschaftliche und kulturelle Voraussetzungen ihr eigen nennen und darin Möglichkeiten für Konstitution und Veränderung der Wirklichkeit aktualisieren.

Der Umgang mit Tradition innerhalb des Neuen Testaments selber ist für das Ausgeführte signifikant. So gibt es durchaus keine 'Exegese' von Stellen aus der Tradition Israels oder der Verkündigung Jesu um ihrer selbst willen, etwa in der Meinung, daß schon allein durch die Erklärung einer Stelle, die als Gottes Wort gilt, die im betreffenden Text erörterte *Sache selbst* vorgestellt und einsichtig gemacht wäre.[43] Bei diesen 'Exegesen' werden vielmehr Überlieferungen Israels, aber auch solche, die dem Herrn zugeschrieben werden, und geschichtlich gegebene Sachverhalte in einem reziproken Interpretationsprozeß aufeinander bezogen. Dabei ist stets die Frage nach der Konstitution und Veränderung gegenwärtiger Wirklichkeit leitend. Im Klartext heißt das: Eine Berufung auf Tradition allein genügt nicht zur Begründung einer theologischen Aussage. Ihre Verbindlichkeit gewinnt Tradition erst dann, wenn sie dazu beiträgt, gegenwärtige Wirklichkeitserfahrung, die sie wahrgenommen hat, zu bewältigen und zu verändern, und dabei auch dafür offen ist, von heutiger Wirklichkeit sachkritisch befragt zu werden.

Ich schließe meine Bemerkungen zu Möglichkeiten der Kooperation zwischen Biblischer Theologie und Praktischer Theologie als Religionspädagogik mit einem Zitat des Göttinger Religionspädagogen Peter Biehl:[44]

„Gegenwärtige Relevanz biblischer Überlieferung wird nicht vorrangig durch wissenschaftliche Bearbeitung gewährleistet, sondern dadurch ermöglicht und erfahren, daß sie im gegenwärtigen Lebenszusammenhang von Christentum und Kirche wirksam ist. Indem Personen, Gruppen und Institutionen in ihrem Glauben, Verhalten und Handeln biblische Überlieferung heute in Anspruch nehmen und diese Inanspruchnahme im Kontext der Zeitgenossenschaft verantworten, wird allererst kritische Erinnerung in 'emanzipatorischer Absicht' möglich."

Aus den skizzierten Möglichkeiten ergeben sich für eine zukünftige Kooperation folgende Perspektiven und Konsequenzen:

1. Die gegenwärtige gegenseitige Infragestellung von biblischer Wissenschaft und Religionspädagogik und die weiterführende Verständigung in Fragen der Auslegung biblischer Tradition legt als Bezugssystem *die Frage nach der Konstitution und*

---

[43] Wichtig dazu *K. Schori,* aaO.

[44] *P. Biehl/H.B. Kaufmann,* Die Bedeutung biblischer Überlieferung und ihrer Wirkungsgeschichte für den Religionsunterricht, in: EvTh 34 (1974), 334. Vgl. *K. Wegenast,* Die Bedeutung biblischer Texte für den Religionsunterricht, in: EvTh 34 (1974), 317 ff.

*Veränderung von Wirklichkeit durch kommunikatives Handeln* nahe.
Dadurch gewinnt die biblische Theologie insofern fundamentale Bedeutung, als sie die Grundschwierigkeiten im Rahmen des Bezugssystems und im Horizont *menschlicher Erfahrung* zur Sprache bringt, z.B. das Problem des Bösen und der Schuldannahme, der Voraussetzungen und Folgen von Herrschaftsverhältnissen, der quälenden Frage des Leidens und der Sinnlosigkeit..., aber auch Möglichkeiten der Verarbeitung, der Konfliktlösung und der Veränderung.

2. Die Vielschichtigkeit und Mehrdimensionalität möglicher Kooperationen zwischen einer Exegese, die in einem solchen Kontext die biblische Tradition in Konfrontation mit gegenwärtiger Wirklichkeitserfahrung reflektiert, und einer Religionspädagogik, die gegenwärtiges Handeln der Kirche in unterrichtlichen Vollzügen und deren theoretische Implikationen je neu den Fragen der biblischen Tradition aussetzt, wird zu einer dauernden Aufgabe.

3. Die Exegese findet sich in einem viel weiteren Horizont als bisher vor. Die Vorherrschaft der in ihren Voraussetzungen und Folgen durchaus noch ungenügend aufgeklärten historisch-kritischen Methode wird relativiert und die Aufgabe einer methodischen Klärung noch ungewohnter Interpretationsformen wird im Rahmen interdisziplinärer Zusammenarbeit in Angriff genommen. Eine solche Zusammenarbeit beschränkt sich nicht auf die Universität und ihre Experten aus den verschiedenen Disziplinen, sondern erstreckt sich auch auf sog. Laien. Erst so kann es in der Auseinandersetzung mit biblischer Tradition zu intersubjektiven Erkenntnissen und zu Beispielen mündiger und handlungsfähiger Gemeinschaft kommen, wie sie etwa T. Schramm[45] dargestellt hat.

Kurzum, Exegese und Religionspädagogik können in und nach einem Dialog, wie wir ihn skizziert haben, nicht dieselben bleiben. *Die Exegese* wird im Rahmen eines reziproken Verstehensprozesses zwischen Tradition und Wirklichkeit darauf hinarbeiten, sowohl quälende Wirklichkeit zu verändern, also auch Sachkritik an bestimmten Traditionen angesichts heutiger Glaubenserfahrung auf den Weg zu bringen. *Die Religionspädagogik,* die heutige Praxis des Evangeliums in unterrichtlichen Vollzügen der Gesellschaft analysiert und konstruiert, wird diese Praxis und ihre theoretischen Implikationen je neu den Fragen der biblischen Überlieferung im beschriebenen Sinn doppelseitiger Erschließung aussetzen.

Damit wird es hinfort keine fraglose Legitimation kirchlichen Handelns mehr geben können, die sich auf die Zitierung naheliegender Bibelstellen beschränkt. Das aber bedeutet auch eine grundlegende Veränderung der kommunikativen Dimension der Kirche auf allen Ebenen.

Aber es wird auch keine gedankenlose Anpassung an gerade Selbstverständliches in der Gesellschaft geben können, die sich darauf beschränkt, Gültiges auch noch religiös zu überhöhen, sondern ebenfalls eine kritische Reflexion des 'Selbstverständlichen' mit Hilfe einer im Horizont heutiger Wirklichkeitserfahrung reflektierten Tradition.

---

[45] T. *Schramm,* aaO., und *ders./H. Barth,* Selbsterfahrung mit der Bibel, Göttingen/München 1977.

# V.

## Religionspädagogik und Praktische Theologie

Godwin Lämmermann

Die Entdeckung einer konstitutiven Bedeutung der Pädagogik für die Theorie und Praxis der Religionspädagogik hat gelegentlich eine fatale Nebenwirkung: als zwischen zwei Welten bummelnd, entwickelt man die Mentalität eines heimatlosen Vagabunden und vergißt, daß Religionspädagogik und -didaktik ein integriertes Moment der Praktischen Theologie ist und als solches entworfen werden muß. Die Rückgewinnung dieser Sichtweise hat Folgen sowohl für die enzyklopädische Bestimmung der Religionspädagogik im Kontext der Gesamttheologie wie für das Selbstverständnis der Praktischen Theologie insgesamt. Deshalb soll im folgenden erstens dem über die Praktische Theologie vermittelten enzyklopädischen Ort und die innertheologische Funktionsbestimmung der Religionspädagogik nachgegangen und zweitens dann nach den Konsequenzen aus einer programmatischen Verortung der Religionspädagogik in der Praktischen Theologie so gefragt werden, daß sich daraus eine spezifisch religionspädagogische Rekonstruktion der Einheit der Praktischen Theologie ergibt. Dabei wird sich zeigen, daß erstens innertheologisch der Praktischen Theologie/Religionspädagogik die Aufgabe einer kritischen, doppelseitigen Realitätsvermittlung zukommt und zweitens binnenpraktologisch Bildung als praktisch-theologischer Grundbegriff und als kirchlich-religiöse Grundfunktion zu begründen ist.

## 1. Zur enzyklopädischen Verortung der Praktischen Theologie im Kontext ihrer Wissenschaftsgeschichte

Als in die Praktische Theologie integriert begriffen, ist die Geschichte der Religionspädagogik weitaus älter als ihr eigener Begriff, der bekanntlich vom Ende des vorigen Jahrhunderts stammt und durch den die genannte folgenschwere Desintegration programmatisch vorprogrammiert wurde. Im Durchgang durch die gemeinsame Geschichte können Momente wiederentdeckt werden, die für eine enzyklopädische Aufgabenbestimmung der Religionspädagogik heute fruchtbar werden könnten. Der Ruf nach einer eigenen Universitätsdisziplin 'Praktische Theologie' ist schon sehr alt und geht möglicherweise bis in die unmittelbare Nachreformationszeit zurück,[1] unisono wird jedoch der Beginn einer 'wissenschaftlichen' Praktischen Theologie im engeren Sinne mit *Schleiermachers* 'Kurzer Darstellung' in Verbindung gebracht, weil sie dort in Unterscheidung von der historischen und philosophischen Theologie als ei-

---

[1] Vgl. *E. Hübner*, Theologie und Empirie der Kirche - Prolegomena zur Praktischen Theologie, Neukirchen 1985.

genständige, innertheologisch notwendige und auf die Praxis bezogene Disziplin verstanden wurde.

*1.1 Zur theologischen Aufgabe der Praktischen Theologie*

Laut *Schleiermachers* Postulaten soll die Praktische Theologie die allgemeinen Kunstregeln ermitteln und vermitteln, die zur Leitung von Kirche und Gemeinde notwendig sind. Weil konstitutiv auf die kirchliche Praxis verwiesen, bestimmt *Schleiermacher* die Praktische Theologie als eine 'positive' Wissenschaft, die letztendlich nur die der Praxis selbst inhärenten Handlungsregeln erhebt und sie optimierend auf den Begriff bringt. Nur im Rahmen der durch die Praxis vorgegebenen Regeln und Gesetzmäßigkeiten läßt sich die kirchliche Praxis durch die praktisch-theologische Theorie verändern. Als 'Theorie der Praxis' stellt die Praktische Theologie eine Kunstlehre (Technik) in Analogie zu Pädagogik, Politik und Hermeneutik dar.

*Schleiermacher* arbeitete einem Verständnis von Praktischer Theologie in die Hände, das in der späteren wissenschaftstheoretischen Diskussion als 'Anwendungswissenschaft' firmieren sollte, weil darin der Praktischen Theologie eine eigenständige theoretische Leistung für die Gesamttheologie abgesprochen wurde. Als 'Anwendungswissenschaft' hat sie nur die Aufgabe, ihr vorgängige, in sich stimmige und vollgültige theologische Aussagen für die Praxis 'aufzuarbeiten'. Gelegentlich bezeichnete *Schleiermacher* die Praktische Theologie als die 'Krone der Theologie' und damit als diejenige Vermittlungsinstanz zwischen Theologie und Kirche, auf die die wissenschaftliche Theologie im Grunde hinauslaufe. Die Theologie habe zwar insgesamt ein praktisches Handlungsinteresse, aber um diesem Handlungsinteresse gerecht werden zu können, müsse die wissenschaftliche Theologie vom unmittelbaren Handlungsdruck erst einmal befreit werden; deshalb brauche sie notwendig eine entlastende praktische Disziplin, die ihrerseits Gewähr für das Praktischwerden der Theologie biete. Zu Recht macht *Schleiermacher* darauf aufmerksam, daß es gerade um der praktischen Relevanz der Theologie willen sinnvoll ist, sie von einer Funktionalisierung auf die Praxis hin zu befreien, denn nur dadurch kann sie eine kritische und korrigierende Sicht gewinnen. Wer immer nur auf die praktischen Fragen schielt, der schränkt seinen Blick auf das Machbare und aktuell Nützliche ein; er verliert den Blick für weiterreichende, übergeordnete Gesichtspunkte und Perspektiven. Zweckfreies, vom Handlungsdruck entlastetes Denken muß nicht unbedingt zur wirklichkeitsfernen Spielerei werden.

So hatte bereits *Schleiermacher* der Praktischen Theologie eine relativ *praxis-kritische Funktion* zugeschrieben, die mit dem Stichwort 'Verbesserung' gekennzeichnet werden kann. Sein unmittelbarer Gegenspieler in der Berliner Theologie und innerhalb der Konstitutionsphase der wissenschaftlichen Praktischen Theologie *P.K. Marheineke* verstärkte diese Tendenz, indem er die Praktische Theologie als *eine von der Kirche unabhängige, nicht verzweckte kritische Wissenschaft* bestimmt, die zunächst in begrifflicher Klarheit und empirischer Bezogenheit, d.h. in einem dialektischen Bezug von Möglichkeit und Wirklichkeit, Reformprinzipien und -strategien für die kirchlich-religiöse Praxis ausarbeitet[2] und die zugleich eine empirisch-kritische Aufgabe innerhalb der Gesamttheologie wahrnimmt. Wie immer man seine Leistung im einzelnen kontrovers beurteilen mag, *Marheineke* war einer der ersten, der die Praktische Theologie nicht nur als Anwendungswissenschaft verstehen und ihren prinzipiell nicht affirmativen Charakter betonen wollte.

*Marheineke*s Wirkung blieb beschränkt, wirkungsvoll hingegen wurde das *Schleiermacher*'sche Programm und zwar durch *C.I. Nitzsch*, der protestantischerseits wohl als erster akademischer praktischer Theologe im engeren Sinne verstanden werden kann, zumal er seinen Nachfolgern die Grundstruktur praktisch-theologischer Systembildung vorgegeben hat. Auf katholischer Seite wäre - abgesehen von einer sehr bedeutsamen Vorgeschichte, die mit dem Namen *S. Rautenstrauch* verbunden ist - diesbezüglich vor allem die katholische Tübinger Schule und hier besonders *A. Graf* zu nennen, der die Praktische Theologie als 'wissenschaftliches Selbstbewußtsein der Kirche' definierte. Die Anbindung der wissenschaftlichen Praktischen Theologie an die Institution Kirche tritt in der Geschichte der katholischen Praktischen Theologie - aus ekklesiologischen Gründen fast selbstverständlich - stärker in den Vordergrund. So hat z.B. in der neueren Diskussion *K. Rahner* die Praktische Theologie als eine Theorie verstanden, die den 'Selbstvollzug der Kirche' reflektiert, während die protestantische ebenso wie deren Pastoraltheologie einen stärkeren Gemeindebezug aufweist, wobei dann schwerpunktmäßig der Parochus oder die Laien als praktisch-theologische Handlungssubjekte bestimmt wurden.

Über positionelle und konfessionelle Grenzen hinweg richtet sich das neue spezifisch 'praktisch-theologische' Selbstverständnis des 19. Jh.[3] gegen die vorangegangene *pastoraltheologische Grundorientierung*, weil diese - im strengen Sinne eines wissenschaftlichen Systems - keinen systematisch-konstruktiven Anspruch erheben, sondern unmittelbar aus der Praxis heraus Handlungsregeln für Amtsinhaber ableiten ('Pastorenklugheit') wollte, und weil sie dabei die einzelnen kirchlichen Handlungsbereiche atomisierte und insofern die Einheit der Praktischen Theologie nicht in den Blick nahm. Zudem verstand sie sich nicht als ein integrales Moment der theologischen Theoriebildung, sondern als ein theoretisierendes Moment der kirchlichen Praxis selbst. Zur Programmatik der neuen theologischen Disziplin 'Praktische Theologie' gehörte hingegen dreierlei: erstens der Nachweis *binnentheologischer Notwendigkeit*, zweitens eine *begrifflich-systematische Einheit* als Wissenschaft und drittens eine gewisse *Abständigkeit von praktischer Unmittelbarkeit*, die ihrerseits allerdings gerade einer innovativen Praxisrelevanz dienen sollte.

---

[2] Vgl. *G. Lämmermann*, Praktische Theologie als kritische oder empirisch-funktionale Handlungstheorie? Zur theologiegeschichtlichen Ortung und Weiterführung einer aktuellen Kontroverse, TEH 211, München 1981.

[3] Vgl. insgesamt *N. Mette*, Theorie der Praxis. Wissenschaftsgeschichtliche und methodologische Überlegungen zur Theorie-Praxis-Problematik innerhalb der Praktischen Theologie, Düsseldorf 1978.

## 1.2 Der Praxisbezug der Praktischen Theologie

Die Genese der Praktischen Theologie vollzog sich unter spezifischen Konstitutionsbedingungen,[4] zu denen insbesondere die *Entkoppelung von Theologie und Religion*[5] gehört. Denn erst die Unterscheidung von gelebter Religion und wissenschaftlicher Theologie stellte auch die Frage nach dem Praktischwerden der Theologie. Als negative Folgewirkung dieses Ausdifferenzierungsprozesses muß die Gefahr einer Realitätsblindheit der wissenschaftlichen Theologie, die sich ursprünglich im scholastischen Sinne als immanent praktisch verstand, angesehen werden. Positiv hingegen ist die *Entlastung der theoretischen Reflexion von unmittelbarem Verwertungsdruck*. Diese für die Theologie insgesamt positive Entwicklung hatte für die Praktische Theologie zwei Gefahren: als auf Praxis bezogen wurde einerseits unklar, welche innertheologische notwendige Funktion ihr zukommt, und andererseits konnte sie - wie bereits bei *Schleiermacher* - als reine Anwendungswissenschaft verstanden werden, die nur das Praktischwerden der theoretischen Theologie organisieren sollte. Beides ließ Zweifel an der Wissenschaftlichkeit dieser Disziplin aufkommen, so daß ihre Geschichte stets durch das Ringen um ihren wissenschaftlichen Status gekennzeichnet ist.

Der neu entstandenen wissenschaftlichen Praktischen Theologie gelang es nun aber nicht, die verfemte Pastoraltheologie tatsächlich zu verdrängen. Im Gegenteil erlebte sie - verbunden mit dem Namen *C. Harms, J.K.W. Löhe, A.F. Vilmar* - zunächst eine neue Blütezeit, weil sie offensichtlich besser den praktischen Problemen begegnen konnte. Der Vorteil der Pastoraltheologie lag offensichtlich darin, daß diese wegen ihrer pragmatischen Orientierung unabhängig von der theologischen Position ihrer Vertreter allgemein akzeptiert und angewendet werden konnte und daß sie - ausschließlich als Praxologie verstanden - insgesamt praxisorientierter war. In Korrespondenz dazu schliff sich die Rede von der 'unpraktischen' Praktischen Theologie ein, die vergessen ließ, daß der Praxisbezug der Praktischen Theologie kein affirmativer, sondern ein innovativer sein sollte - wegen der Sperrigkeit jeder Praxis gegenüber Veränderung entstand so der falsche Schein von der Praxisferne einer in sich selbst kreisenden Disziplin, die auch ihre beiden anderen Kriterien die innertheologische Verankerung (Beitrag der Praktischen Theologie zur Gesamttheologie) und die eigene systematische Konturierung (Einheit der Praktischen Theologie) nicht vernachlässigen wollte.

Um diesen Gefahren zu entgehen, versuchte vor allem die liberale Praktische Theologie dann eine empirische Anbindung praktisch-theologischer Theoriebildung und wendete sich dabei vor allem auch der Religionspsychologie und -geschichte zu oder entwickelte erste Ansätze zu einer empirischen religiösen Volkskunde. Die praktisch-theologische Reformbewegung des theologischen Liberalismus wollte a) gegen die Überfrachtung der Praktischen Theologie durch historische Rekurse den Blick auf die

---

[4] Vgl. *V. Drehsen*, Neuzeitliche Konstitutionsbedingungen der Praktischen Theologie, 2 Bde., Gütersloh 1988.

[5] Vgl. *B. Ahlers*, Die Unterscheidung von Theologie und Religion, Gütersloh 1980.

Gegenwartsanalyse richten, b) gegen dogmatisch-deduktive Ansätze eine realistische empirische Theorie entwickeln und c) die Theologieimmanenz durch einen interdisziplinären Ansatz überwinden[6] sowie d) die Praktische Theologie wieder als Berufstheorie entwickeln. Durch diese vier Kriterien sollte die Praktische Theologie ein eigenständiges Profil gewinnen.

Die Dialektische Theologie gab dieses Selbstverständnis der Praktischen Theologie wieder auf und ordnete sie deduktiv ihrer Lehre vom Worte Gottes unter. Die Praktische Theologie hatte keinen eigenen - und schon gar keinen empirischen - Gegenstand; ihre Verantwortung bestand darin, im Weiterlaufen des Zeugnisses die Wahrheit des Wortes Gottes je neu Ereignis werden zu lassen; insofern ist die Praktische Theologie unter dialektischer Ägide wieder dogmatisch-deduktiv bestimmt: aus dem dogmatisch deduzierten Vorrang des Wortes Gottes und seiner Selbstwirkung ergibt sich die Verkündigung als einzig legitime Aufgabe der Praktischen Theologie.

Die Tradition der dogmatisch-deduktiven Strukturierung der Praktischen Theologie wird heute am ehesten von *R. Bohren* fortgesetzt, der die Praktische Theologie als theologische Ästhetik versteht und diese pneumatologisch begründet. Daneben vollzieht sich die Diskussion zwischen empirisch-analytischen bzw. funktionalen auf der einen und kritischen Ansätzen auf der anderen Seite; unstrittig zwischen den kontroversen Positionen ist allerdings, daß die Praktische Theologie als sog. *Handlungstheorie* verstanden werden muß. Durch diese Selbstbezeichnung soll die Erfahrungsoffenheit sowie die Praxisrelevanz praktisch-theologischer Theoriebildung unterstrichen werden. Auffällig in der aktuellen Diskussion um das Selbstverständnis der Praktischen Theologie ist, daß - im Unterschied zu vorangegangenen Epochen - sich auch systematische Theologen zu den wissenschaftlich theoretischen Fragen der Praktischen Theologie äußern (*W. Pannenberg, G. Sauter, E. Jüngel, G. Ebeling* u.a.) und damit die Notwendigkeit einer enzyklopädischen Ortsbestimmung unterstreichen.

Die Praktische Theologie ist als eine empirische, handlungsorientierte theologische Wissenschaft zu verstehen; darüber gibt es in der gegenwärtigen Debatte im Grunde keinen Streit. Diese Bestimmung schließt ein, daß die Praktische Theologie praxisrelevant und erfahrungsoffen zu sein hat; Forderungen, die bereits zu Beginn der wissenschaftlichen Praktischen Theologie erhoben wurden. Während die Kriterien der Handlungsorientierung und Erfahrungsoffenheit unstrittig sind, besteht hinsichtlich des in der Konstitutionsphase der wissenschaftlichen Praktischen Theologie erhobenen Postulats nach ihrer Einheit damals wie heute kein Konsens. Gemutmaßt wird, daß die Frage nach der Einheit der Praktischen Theologie die anderen beiden Kriterien negativ tangieren würde, weil damit ein normativ-deduktiver Ansatz gesetzt sei, der neuere Anforderungen und die sich ständig verändernden volkskirchlichen Bestimmungen nicht mehr konstruktiv integrieren könne. Praktische Theologie habe sich deshalb als Teiltheorie von relativ autarken Handlungsfeldern zu entwerfen. Demgegenüber wird hier die Auffassung vertreten, daß eine wissenschaftliche Praktische Theologie auch die Frage nach ihrer Einheit (nicht Einheitlichkeit!) stellen muß, weil nur so ihr spezi-

---

[6] Vgl. *H. Luther*, Religion, Subjekt, Erziehung. Grundbegriffe der Erwachsenenbildung am Beispiel der Praktischen Theologie *F. Niebergalls*, München 1984, 81 f.

fisches Profil gegenüber der theologischen Theorie wie auch der religiös-kirchlichen Praxis herausgearbeitet werden kann. Unter Einheit ist die Frage nach grundlegenden Kategorien, Funktionen oder nach der thematischen Mitte der Praktischen Theologie zu verstehen. Und diese liegt - so meine These - in einer bildungstheologischen Grundlegung und damit im relativen Primat der Religionspädagogik innerhalb der Praktischen Theologie.

## 1.3 Zur Methodik der Praktischen Theologie

Die wissenschaftstheoretischen - und damit auch methodologischen - Auseinandersetzungen in den Human- und Sozialwissenschaften spielen auch in die gegenwärtige Praktische Theologie hinein, sofern diese sich im obigen Sinne als empirische Handlungswissenschaft verstehen will. Bekanntlich stehen sich dort *erklärende, verstehende und kritische Ansätze* gegenüber. Die *empirische* Sozialforschung im engeren Sinne versucht mit spezifischen Methoden (Befragungen, Beobachtungen, Interaktionsanalysen, Inhaltsanalysen usw.) bestimmte Zusammenhänge zwischen Tatsachen zu quantifizieren und zu erklären, wobei die Kriterien der Objektivität, Reliabilität und der Validität den Wissenschaftscharakter der Aussagen garantieren sollen. Unter Objektivität versteht man die intersubjektive Überprüfbarkeit von Erkenntnissen, die in der Regel durch methodische Exaktheit gewährleistet werden kann. Die Reliabilität meint die Zuverlässigkeit der angewendeten Methode, also die interne Zuverlässigkeit des Meßinstruments. Das dritte Kriterium der Validität zielt auf die Gültigkeit der empirisch gewonnenen Aussagen, also auf das Problem, ob mit dem angewendeten Meßinstrument tatsächlich auch das erfaßt wird, was erfaßt werden soll. Ein weiteres bekanntes, nicht unproblematisches Prinzip der empirischen Sozialforschung ist das sog. Falsifikationsprinzip. Dieses geht davon aus, daß empirisch die Wahrheit einer Aussage niemals erwiesen werden kann, weil niemals alle Phänomene erfaßt werden können. Weil man also eine Aussage (eine Hypothese) nicht verifizieren kann, muß man sie so umformulieren, daß eine Falsifikation möglich ist. Das geschieht auf die Weise, daß man die ursprüngliche Hypothese über den Zusammenhang von zwei Variablen zum Beispiel (etwa zwischen Alter und Kirchgang) in eine sog. Nullhypothese umwandelt, die keinen Zusammenhang zwischen den beiden Variablen postuliert und diese Alternativhypothese dann falsifiziert. Auf diese Weise kann man z.B. statistisch quantifizierbare Zusammenhänge (Korrelationen) zwischen Alter, Geschlecht, Kirchgang usw. erheben. Diese Zusammenhänge können mit verschiedenen statistischen Testverfahren (Korrelationsanalysen) dann näher untersucht werden.[7] Mehr noch als in anderen praktisch-theologischen Disziplinen hat das empirisch-analytische Paradigma Einzug in die Religionspädagogik gehalten und zu zahlreichen empirischen Untersuchungen im Bereich der SchülerInnenmotivationen und -einstellungen oder der Religions- und Entwicklungspsychologie geführt. Sie *erklären* z.B. Motivationsverluste in Abhängigkeit von anderen sozialen Variablen; ob dies allerdings zu einem tatsächlichen *Verstehen*

---

[7] Vgl. C. Bäumler u.a., Methoden empirischer Sozialforschung in der Praktischen Theologie. Eine Einführung, München 1976.

der gegenwärtigen religionsdidaktischen Situation führt, darf bezweifelt werden.
*Geisteswissenschaftlich-hermeneutisch* orientiert ist die *verstehende* Soziologie und Psychologie (insbesondere Tiefenpsychologie), die versucht gegenwärtige soziale und psychische Befunde durch den Rekurs auf deren Genese zu interpretieren. In ihrer hermeneutischen Orientierung ist diese sozialwissenschaftliche Variante unmittelbar dem theologischen Denken kompatibel. Daraus erklärt sich auch, daß die wissenschaftliche Praktische Theologie seit Anbeginn, vor allen Dingen aber zu Beginn dieses Jahrhunderts, an diesem wissenschaftstheoretischen Paradigma orientiert war; es bestimmt aber auch noch heute weite Teile der Praktischen Theologie, insbesonders die Poimenik und unterliegt fast allen neueren Gesamtdarstellungen der Praktischen Theologie.

Beide Positionen verstanden sich ursprünglich als einander ausschließend. Auch in der Praktischen Theologie kann man eher ein Entweder-Oder als eine Kombination beider Ansätze feststellen. Als solche sind sie zunächst auch relativ inkommensurabel - schon alleine deshalb, weil die weite historische Perspektive des letzteren Ansatzes dem ersteren als zu unpräzise gilt, während die - im Sinne des empirischen Paradigmas - forschungsstrategisch notwendige Isolierung von Einzeltatsachen auch die für den hermeneutischen Zugang zentralen historischen Bezug abschneidet. Vermittelbar werden empirische und hermeneutische Optionen erst in einem anderen, beiden übergeordnetem Paradigma, nämlich dem kritischen, das beiden relative Gültigkeit attestiert. Die Entscheidung für eine bildungstheologische Grundlegung der Praktischen Theologie ist nun zugleich auch eine über ihre wissenschaftstheoretische Bestimmung im Sinne des kritischen Paradigmas. Denn Bildung erweist sich als ein ausgesprochen emphatischer Begriff; dem korrespondiert ein wissenschaftstheoretischer Ansatz, den man am ehesten mit 'kritisch-spekulativ' umschreiben kann. Entgegen landläufigem Vorurteil meint 'Spekulation' allerdings kein überempirisches, utopisches Phantasieren, sondern eine spezifische, d.h. kritische Wahrnehmung von Wirklichkeit in ihren Ambivalenzen. Ein kritisch-spekulativer Ansatz geht davon aus, daß sich die Wirklichkeit nicht aus sich selbst heraus verstehen läßt, sondern daß übergeordnete, quasi normative Vorannahmen jeden 'vernünftigen' Erkenntnisprozeß begleiten müssen.

Ein spekulatives Vorgehen ersetzt allerdings nicht das kritisch-empirische, sondern schließt dieses ein. Empirische Tatsachenforschung, wie sie in der Praktischen Theologie seit etwa 20 Jahren praktiziert wird, bleibt notwendig, allerdings müssen die mit den Methoden der empirischen Sozialforschung erhobenen und statistisch quantifizierten Tatsachen kritisch-interpretierend qualifiziert werden. Dazu helfen dann auch hermeneutische Überlegungen, weil die Zweideutigkeit der Gegenwart sich oft erst durch den Blick auf die Geschichte erhellt. Nicht alle Ambivalenzen erschließen sich aber auf diese Weise, vielmehr muß praktisch-theologisches Forschen und Nachdenken darüber hinaus auch nach den aktuellen Entstehungsbedingungen und Verwertungsinteressen und nach den jeweiligen Ermöglichungsbedingungen für die Subjektwerdung selbstbewußter Menschen im Kontext ihrer sozialen und interpersonalen Umwelt fragen.

## 2. Für eine religionspädagogische Rekonstruktion der Praktischen Theologie im Bildungsbegriff

Die innere Differenzierung der Praktischen Theologie kann nicht bloß rein additiv verstanden werden; Homiletik, Poimenik, Kybernetik usw. stehen vielmehr - ob nun zugegeben oder nicht - in allen praktisch-theologischen Gesamtentwürfen aus Geschichte wie Gegenwart in einer quasi hierarchischen Zuordnung. Und zwar deshalb, weil man aus grundsätzlichen Überlegungen heraus jeweils für unterschiedliche Grundfunktionen von Glauben, Religion oder Kirche in der Gesellschaft votierte. In diesem Sinne ist mein Plädoyer für eine religionspädagogische Rekonstruktion der Praktischen Theologie ein Votum, Bildung als Grundfunktion aller praktisch-theologischen Handlungen zu verstehen. Allerdings ist dabei einem übereilten Vorurteil zu wehren, nämlich dem, daß mit dem Begriff 'Funktion' (und damit zusammenhängend mit dem der 'Strukturen') bereits eine wissenschaftstheoretische Festlegung verbunden sei.

### 2.1 Grundfunktionen praktisch-theologischen Handelns

Die Rede von Funktionen als solche impliziert keineswegs deren affirmative Akzeptanz, sondern läßt die Möglichkeit nach ihrer theologischen Validierung durchaus offen. Der wissenschaftstheoretische Streit, der auch die Praktische Theologie durchzieht, ist der nach der Verbindlichkeit empirisch beschreibbarer Strukturen und Funktionen: funktional-strukturelle Ansätze neigen diesbezüglich eher dazu, Gegebenheiten zu akzeptieren und durch wissenschaftliche Analyse in ihrer Funktionalität zu verbessern. Kritische Ansätze hingegen fragen nach den in den jeweiligen Strukturen vorgegebenen Zusammenhängen und nach den wünschenswerten Zielen, auf die hin die empirischen Funktionen verändert werden müssen. *Struktural-funktionalen Theorien* wird in der Regel vorgeworfen, die Frage nach der Wahrheit zugunsten der nach funktionaler Effektivität storniert und gegebene soziale Strukturen für sakrosankt erklärt zu haben. Vom ursprünglichen Ansatz her und aufs Ganze dürfte diese Kritik ihre relative Berechtigung haben, denn tatsächlich werden hier Veränderungen nur noch im Sinne einer Perfektionierung des Struktur-Funktion-Zusammenhanges verstanden, in dem Störungen und Reibungsverluste minimiert werden. Die Frage, ob eine zugeschriebene Funktion (z.B. die der Selektion durch das Schulfach 'Religion' oder die einer Kompensation menschlichen Leids durch pastoralen Trost) sinnhaft oder ob soziale Strukturen wünschenswert sind, bleibt in der Regel ungestellt. Berechtigt ist allerdings der Hinweis darauf, daß es soziale Aufgaben gibt, die jenseits subjektiver und willkürlicher Interpretation liegen, die also quasi objektive Anforderungen stellen. Diese Einsicht nimmt dann auch die kritische Theorie auf, ohne allerdings das Subjekt aus seiner Verantwortung zu entlassen. Vielmehr wird dieses zum Ort der kritischen Reflexion objektiver Erwartungen und Anforderungen.

Die Schwierigkeit einer funktionalen Strukturierung des praktisch-theologischen Gegenstandes liegt u.a. darin, daß in keinem Handlungsfeld eine Funktion allein und rein auftritt, sondern stets eine Kombination von Funktionen vorliegt. Allerdings ist eine Funktion dominant oder sollte es zumindest sein; sie prägt sozusagen die Grundzüge

der ihr zuordenbaren Handlungsfelder. In bezug auf sie und in Unterscheidung von 'Begleitfunktionen', die nur eine sekundäre Rolle spielen, sprechen wir hier von 'Grundfunktionen'. Im Sinne einer 'vorwissenschaftlichen', auf unmittelbare Plausibilität beruhenden Übereinkunft lassen sich insgesamt fünf solcher Grundfunktionen im praktisch-theologischen Feld unterscheiden:
*1. Bildung, 2. Kommunikation, 3. Organisation und Leitung, 4. Beratung und 5. Hilfe.*[8]
Die Gliederung der Praktischen Theologie nach Funktionen läßt sich mit der klassischen Unterteilung nach Disziplinen nicht eindeutig, d.h. in wechselseitiger Entsprechung, zur Deckung bringen. So umfaßt die Funktion 'Kommunikation' mehr als nur die *Homiletik* und die *Liturgik*; diese wären also zu 'eng'. Die klassische Grenzziehung zwischen praktisch-theologischen Teildisziplinen erschweren Grenzüberschreitungen und führen gelegentlich zu Binnendiskussionen. Dies ist besonders in der Religionspädagogik deutlich geworden, die - teilweise sogar organisatorisch - sich aus der notwendigen Einheit der Praktischen Theologie (s.u.) verabschiedet und die Relevanz ihrer Grundbegriffe für andere praktisch-theologische Reflexionsfelder preisgegeben hat. Dabei kann die pädagogische Kategorie 'Bildung' durchaus auch das Predigtgeschehen bestimmen; sie läßt sich insofern nicht auf das klassische Gebiet der *Katechetik* oder *Religionspädagogik* beschränken. Leitungsfragen und Organisationsprobleme decken sich weitgehend mit der *'Kybernetik',* die heute programmatisch mit dem Begriff *'Gemeindeaufbau'* in der Regel verbunden wird. 'Beratung' bezieht sich nicht nur auf seelsorgerliche Betreuung und geht damit über die klassische Disziplin *Poimenik* (Seelsorge) hinaus. Hilfe hingegen konzentriert sich auf jene Aufgaben, die traditionellerweise mit *'Diakonie'* umschrieben wurden.
Von den Grundfunktionen aus läßt sich auch jenes Problem lösen, das die wissenschaftliche Praktische Theologie von Anbeginn an durchzogen hat: Wie kann sie einerseits als eine thematisch zentrierte, einheitliche Disziplin erscheinen und andererseits zugleich erfahrungsoffen für die wechselnden Erfordernisse der sich verändernden Praxisfelder sein? Die genannten Grundfunktionen können nun nicht nur als Zentralaspekte eines Handlungsfeldes gelten, sondern zugleich auch als thematische Mitte einer *Gesamttheorie der Praktischen Theologie.* Tatsächlich war dies im Laufe der Geschichte stets der Fall. So wurde - insbesondere in der Ära der Dialektischen Theologie - unter dem Stichwort 'Verkündigung' die Kommunikationsfunktion als alles regierende Funktion in den Vordergrund gestellt, weil dies der Selbstbezeichnung als Wort-Gottes-Theologie entsprach. *E. Lange* hat dann - in relativer Anknüpfung - sämtliche Tätigkeiten der Kirche unter den einheitlichen Begriff von der *'Kommunikation des Evangeliums'* gestellt. Um Kommunikation des Evangeliums geht es im Religionsunterricht ebenso wie im Besuch am Krankenbett, im Gottesdienst ebenso wie bei verwaltungsmäßigen Entscheidungen.
Die neuere *Seelsorgebewegung* hat dann - in relativer Abkehr von dieser Tradition - die Grundfunktion 'Beratung' zur regula prima praktisch-theologischen Denkens und Handelns erhoben. Demgemäß sollte dann auch seelsorgerlich gepredigt oder therapeu-

---

[8] Vgl. G. *Lämmermann,* Praktische Theologie (evangelisch), in: Taschenlexikon Religion und Theologie (TRT), Göttingen 1983.

tisch unterrichtet (*Stoodt*) werden. Die entsprechende Gesamttheorie der Praktischen Theologie entwarf sich als Seelsorgekonzept in differenten Handlungsbezügen.[9] Zu Recht verweist diese Position darauf, daß seelsorgerliche Aspekte stets dann greifen, wenn praktisch-theologisches Denken und Handeln sowohl der Ganzheitlichkeit des Menschen als der Heilbedürftigkeit der Schöpfung insgesamt gerecht werden will. Sowenig wie der kommunikative Aspekt in einem 'System der Praktischen Theologie' fehlen darf, wird man die seelsorgerlichen Bestimmungen in Theorie und Praxis unterschätzen dürfen. Dazu bedarf es allerdings einer Leitkategorie, die aus sich selbst heraus die Integration der sonst disparaten Grundfunktionen leisten kann. Als eine solche wird sich die Grundfunktion Bildung erweisen.

## 2.2 Zur bildungstheologischen Grundlegung der Praktischen Theologie

In allen ihren Aktivitäten - so die These - steht die Kirche letztendlich in der Verantwortung für die Bildung der Menschen. Grund, Ziel und Umfang der Bildungsverantwortung ergeben sich dabei aus der bildungstheologischen Rückbesinnung auf das christliche Menschenbild. Nicht zufälligerweise scheint in diesem Begriff selbst die Konnotation zur Bildungsfrage auf. Eingebettet in derart prinzipielle bildungstheologische Überlegungen gewinnt nicht nur die explizite religiöse Bildungsarbeit ihre Konturen, vielmehr sind daraus auch Konsequenzen für die Struktur von Kirche und Gemeinde zu ziehen, insofern sich die Kirche konsequent als Bildungsgemeinschaft verstehen muß. Bildungsprinzipien dürfen dann nicht - in Stellungnahmen, Denkschriften, Sonntagsreden oder politischen Forderungen - nur nach außen an andere herangetragen werden, sondern sie müssen das eigene innerkirchliche Leben gestalten.

Wer Bildung - und insbesondere 'kritische Bildung' - auf den Begriff bringen will, der müßte die Geschichte des Bildungsgedankens rekonstruieren. Das kann hier nicht geleistet werden. Festzuhalten wäre dabei, daß kritische Bildung auf die Konstitution eines reflexionsfähigen Selbstbewußtseins zielt, das um seiner eigenen Identität via Selbstunterscheidung von anderen und anderem weiß. Echte Subjektivität entsteht erst, wo der Mensch nicht bei sich selbst bleibt, sondern die Unmittelbarkeit seiner Person, seiner Lebensgeschichte und Lebenswelt, seines Handelns, Denkens und Fühlens überwindet und ins Neue vorstößt. Damit ist das klassische Thema der Bildung angesprochen, insofern Bildung stets die Transzendierung gegebener Unmittelbarkeit beabsichtigt. Der Behauptung, Bildung sei als praktisch-theologische Grundfunktion per excellence zu entwerfen, entspricht mithin eine subjektivitätstheoretische Grundlegung der Praktischen Theologie insgesamt. Beides galt in der Praktischen Theologie lange als obsolet oder theologisch suspekt.[10]

Unter dem Stichwort der *Erneuerung* hat u.a. *K.E. Nipkow* in letzter Zeit den Bildungsbegriff wieder zur zentralen praktisch-theologischen Kategorie erhoben und unter

---

[9] Vgl. zuletzt z.B. *A. von Heyl*, Praktische Theologie und Kritische Theorie. Impulse für eine praktisch-theologische Theoriebildung, Stuttgart u.a. 1994.

[10] Vgl. *R. Preul*, Religion - Bildung - Sozialisation. Studien zur Grundlegung einer religionspädagogischen Bildungstheorie, Gütersloh 1980, 48 ff.

diesem Vorzeichen sein Gesamtsystem der Praktischen Theologie vorgelegt,[11] nachdem er bereits vorher im binnenpädagogischen Gespräch auf die Überwindung gängiger Bildungskritik hingearbeitet hatte. Damit knüpft er - innerhalb der Religionspädagogik - an eine vordialektische Tradition einer liberalen Praktischen Theologie an, die insbesonders durch die Position *F. Niebergalls* gekennzeichnet ist. Denn bereits *Niebergall* suchte - nicht dem Begriff, wohl aber der Sache nach - eine bildungstheologische Grundlegung der Praktischen Theologie,[12] indem er diese als 'pädagogische Theologie' entwarf, mithin also Bildung nicht sektoral auf Unterricht, sondern auf die Gesamtheit des kirchlich-religiösen Handelns bezog.

Die *praktisch-bildnerische Aufgabe der Kirche* gründet nach *Niebergall* theologisch darin, daß Gott selbst als der Erzieher der Menschheit schlechthin anzusehen ist. Das *Bildungsziel der autonomen Persönlichkeit* resultiert daraus, daß Gott seinerseits als absolute Persönlichkeit gedacht werden muß. Das dem Bildungsdenken inhärente *Individualitäts- und Subjektivitätsprinzip* resultiert aus der dem Rechtfertigungsgeschehen zugrundeliegenden unmittelbaren Gottesbeziehung des einzelnen, die auch jeden Erziehungs- und Sozialisierungsanspruch dritter als illegitim erscheinen läßt. Bildung ist so zwar eine Sache der zur Persönlichkeit sich entwickelnden natürlichen Person, aber dieser Prozeß verläuft nicht - im Sinne kontinuierlicher Selbstentfaltung - endogen programmiert, sondern muß exogen veranlaßt sein, weil die Befreiung des Menschen im christlichen Sinne nicht Selbsttat, sondern Gottes Tat ist. Analog dazu bedarf der Mensch zu seiner Selbstbildung konstitutiv und kontinuierlich der Außenanstöße, die durch christliche Bildungspraxis in Kirche und Gesellschaft zu gewährleisten und die durch die Praktische Theologie konzeptionell zu entwerfen sind. Wegen der theologisch gesetzten Gesamtbildungsaufgabe der Kirche ergibt sich auch deren Bildungsbeitrag zur Kultur, lautet Niebergalls kulturprotestantische Prämisse.

Das nachfolgende Verdikt der Wort-Gottes-Theologie über den liberaltheologischen Kulturprotestantismus traf dann natürlich auch deren Bildungsbegriff; es wurde ursächlich für die teilweise bis heute anhaltende Eskamotierung des Bildungsgedankens aus der Praktischen Theologie. Blickt man beim Versuch einer bildungstheologischen Grundlegung der Praktischen Theologie auf diese - hier nicht referierbare - Diskussion zurück, so wird man auch nach dem positiven Gehalt der dialektisch-theologischen Bildungskritik fragen. Gegen die falsche kulturprotestantische Vorstellung von der unmittelbaren Kompatibilität von Christentum, Bildung und Kultur betont die dialektische Bildungskritik den *negierenden Charakter* von Bildung und Glaube gegenüber Kultur und Gesellschaft. Durch das Moment der Negativität wird nun aber gerade diese theologische Bildungskritik durchaus mit einer sich kritisch verstehenden Bildungstheorie vermittelbar. *Der bildungstheologische Gewinn der offenbarungstheologischen Kritik liegt insofern nicht in der abschließenden Preisgabe des Bildungsbegriffs überhaupt, sondern in der Entdeckung seiner konstitutiven Negativität.* Bildung hat - wie der Glaube, dem sie darin strukturverwandt ist, auch - stets ein negierendes

---

[11] Vgl. *K.E. Nipkow*, Bildung als Lebensbegleitung und Erneuerung. Kirchliche Bildungsverantwortung in Gemeinde, Schule und Gesellschaft, Gütersloh 1990.

[12] Vgl. *H. Luther*, aaO.

Moment, allerdings nicht - wie noch in der dialektisch-theologischen Fassung - im Sinne eines abstrakten, sondern im Sinne eines vermittelnden, konstruktiven Negierens. Der grundsätzliche eschatologische Vorbehalt gegenüber aller Wirklichkeit realisiert sich bildungspraktisch in der Betonung einer Distanznahme von gesellschaftlicher und kultureller Unmittelbarkeit einerseits und in der Selbstrelativierung des Bildungssubjektes in seiner konkreten Lebenswelt und Lebensgeschichte andererseits.

Die durch Bildung anvisierte Subjektwerdung des Menschen stellt theologisch gesehen eine konkrete Verheißung dar. *Verheißung* insofern, weil bei allen notwendigen Bildungsbemühungen letztendlich die Subjektwerdung nur antizipatorisch aber nie endgültig gelingen kann. *Konkret*, weil die im Rechtfertigungsgeschehen sich vollziehende Rekonstitution der Gottebenbildlichkeit als Potentialität die Subjektwerdung nicht nur als eine abstrakte Fiktion und Utopie, sondern als konkret vollziehbar erscheinen läßt. Daß die Rechtfertigungslehre als Konstitutionstheorie von Subjektivität zu verstehen ist, wurde in der neueren Theologie zu Recht mehrfach betont. Obwohl die Konstitution des Menschen als Subjekt durch das Handeln Gottes geschieht, bleibt Bildung letztlich insofern doch Selbstbildung, weil die Realisierung der durch Gott gesetzten Bestimmung stets der Akt des freien menschlichen Subjekts bleibt. Die öffentlich-rituelle Manifestation dieses Sachverhaltes bleibt die (Kinder-)Taufe, die insofern zu Recht am Anfang der Lebensgeschichte ihren biographischen Ort hat. Durch den öffentlichen Charakter der Taufe wird zudem die soziale Funktion von Bildung und Subjektwerdung symbolisiert, insofern hier der Aspekt der Integration und Vergesellschaftung eines Individuums betont wird. Die traditionell biblisch-theologische Rede von der Taufe als Wiedergeburt, Neuschöpfung u.ä. reflektiert die kritisch-negative Verhältnisbestimmung von jeweiliger konkreter Bestimmtheit des Menschen und der ihm verheißenen Bestimmung. Der negierend-kritische Charakter von Bildung wird insofern in ihrer tauf- und rechtfertigungstheologischen Begründung reflektiert.

Diesen Konstitutionszusammenhang kann der Mensch durch Bildung einsehen lernen, insofern beinhaltet jede echt verstandene Bildung auch das Moment religiöser Bildung. Allerdings nicht in der Weise, daß die Subjektwerdung des Menschen nur gelingen kann, wenn dieser zugleich sich auch als religiöses Individuum auslegt. Die Konstitution des Menschen als Subjekt gilt unabhängig davon, ob der Mensch den Begründungszusammenhang für seine Subjekthaftigkeit kennt oder nicht. Der Glaube kann schon deshalb nicht konstitutiv für Subjektivität sein, weil sonst ja der Gedanke der absolut voraussetzungsfreien Zuwendung Gottes zum Menschen im Rechtfertigungsgeschehen unterminiert wäre. Der Glaube gehört zum Menschsein des Menschen nur insofern hinzu, als dieser im Glauben sein Gesetztsein durch Gott erkennt und anerkennt. Dann allerdings versteht sich der gebildete Mensch zugleich als religiöses Subjekt. Weil dem so ist, kann sich die Bildungsverantwortung der Kirche nicht nur auf den Bereich expliziter christlicher Erziehung beschränken, sondern sie muß sich auf den ganzen Komplex von Bildung und insofern auf die gesellschaftliche Realisierung der Menschwerdung des Menschen beziehen. Angesichts des theologischen Konstitutionszusammenhanges von Bildung kann man sogar sagen, daß das Eintreten der Kirche für kritische, d.h. dem Subjekt dienende Bildung substantiell ist, während das

Interesse an religiöser Bildung demgegenüber eher akzidentiell bleiben müßte. Damit reicht der Bildungsauftrag von Religion und Kirche weit über den Bereich des expliziten religiösen Lernens - ja über den Bereich von Lernen, Lehren und Unterrichten überhaupt - hinaus. Das Ringen um und der Einsatz für die Möglichkeiten zur Subjektwerdung aller Menschen in unserer Gesellschaft ist ein Bildungsgesamtauftrag, der alle anderen praktisch-theologischen Funktionen in seinen Bann zieht. Insofern hat sich die Praktische Theologie als prinzipielle praktische Bildungstheorie zu entwerfen und von hier her ihre gesamttheologischen, enzyklopädischen Aufgaben zu erfüllen. Unter anderem liegen diese darin, andere Disziplinen zur Auseinandersetzung mit den subjektivitäts- und bildungsfeindlichen Bedingungen unserer Welt herauszufordern und - im Sinne konkreter Theologie - ihren Beitrag zur Befreiung des Menschen zu sich selbst zu leisten, damit - vermittelt über das Primat der Religionspädagogik in der Praktischen Theologie - die Theologie insgesamt bildungsrelevant wird.

# VI.

## Religionspädagogik und Katechetik - ein Zwischenbericht zu ihrem Nach- und Nebeneinander[1]

Wolfgang Nastainczyk

### 1. Unterschiedliche Sehweisen eines Entwicklungsprozesses

*1.1* Unterscheidung und Vergleich von Katechetik als der erheblich älteren und Religionspädagogik als einer zweifelsfrei später ausgestalteten wissenschaftlichen Disziplin sind logischerweise erst möglich und interessant, seit der letztgenannte Wissenschaftszweig neben den zuerst bezeichneten getreten ist. Sieht man von einer Vorgeschichte ab, die sich rekonstruieren und zumindest bis ins 16. Jh. zurückverfolgen läßt[2] und verfährt wissenschaftlich wie begriffslogisch exakt, stellt sich das in Haupt- und Untertitel angesprochene Problem erst seit 1889. In diesem Jahr hat nämlich nach heutigem Kenntnisstand der evangelische systematische Theologe *M. Reischle* Begriff und Sache einer Religionspädagogik in einer Buchveröffentlichung ins Gespräch gebracht und damit ungewöhnlichen Anklang gefunden.[3] Einen förmlichen Paradigmenwechsel

---

[1] Mit dem Sommersemester 1997 endet das dreißigste Jahr des Vorlesungsbetriebs der Universität Regensburg. Seit seiner Berufung nach Regensburg 1973 sind Herr Kollege *W. Sturm* und ich in räumlicher und ökumenischer Nähe an ihr tätig. Ein Zeichen für diese gutnachbarlichen Beziehungen war und ist mir der Festschriftbeitrag, den mir Kollege *Sturm* vor fünf Jahren gewidmet hat: vgl. *W. Sturm*: Falsche und echte Autorität, in: *H.-F. Angel/U. Hemel* (Hrsg.), Basiskurse im Christsein, FS *W. Nastainczyk*, Frankfurt u.a. 1992, 285-291. Gern bezeuge ich ihm meinerseits kollegiale Verbundenheit, indem ich an der Ehrengabe mitarbeite, die nunmehr ihm gewidmet wird. Das Thema, das mir dafür nahegelegt wurde, habe ich einerseits nur mit Zögern übernommen, weil mich andere Fachfragen stärker beschäftigen. Jedoch habe ich mich ihm auch gern gewidmet, im Blick auf den verehrten Jubilar *Sturm* und weil ich auf diese Weise Gelegenheit habe, gegen Ende meiner Lehrtätigkeit unter ökumenischem Betracht und vor einer breiteren Öffentlichkeit erneut auf Grundfragen unseres Fachgebietes einzugehen und frühere Darlegungen dazu weiterzuführen, vgl. bes. *W. Nastainczyk*, Die Aufgaben der Katechetik als Teilbereich der Praktischen Theologie, in: KatBl 93 (1968), 283-288; abgedruckt in: *K. Wegenast* (Hrsg.), Religionspädagogik, Bd. 2: Der katholische Weg, WdF 603, Darmstadt 1983, 269-276; *ders.,* Katechese. Grundfragen und Grundformen, Paderborn u.a. 1983, 72-76; *ders.*, Katechetik, in: LThK 5 ($^3$1996) 1305- 1307).

[2] Vgl. *K.E. Nipkow/F. Schweitzer* (Hrsg), Religionspädagogik. Texte zur evangelischen Erziehungs- und Bildungsverantwortung, Bd. 1, München 1991, 20.

[3] *M. Reischle,* Die Frage nach dem Wesen der Religion, Freiburg 1889, 91; vgl. dazu G. *Bockwoldt,* Religionspädagogik, Stuttgart u.a. 1977, 9; *U. Hemel*: Theorie der Religionspädagogik, München 1984, 22, 51; *K. Wegenast*, Religionspädagogik, Bd. 1: Der evangelische Weg, WdF 209, Darmstadt 1981, 4; *C. Grethlein*, Religionspädagogik - vor einem neuen Aufbruch?, in: ThLZ 121 (1996), 905-918, hier 905 Anm. 7.

hat diese Wortschöpfung allerdings nur im deutschen Sprachraum eingeläutet.[4] Da es in anderen Sprachfamilien keine einheitliche und genaue Entsprechung zur deutschen Bezeichnung 'Religionspädagogik' gibt, herrscht in deren Einflußbereichen bis heute der Begriff 'Katechetik' vor.[5] Nuancierungen, wie sie dieser Beitrag fokussiert, können daher in nicht deutschsprachigen Gegenden nur unter gewissen Schwierigkeiten nachvollzogen werden.

*1.2* Obwohl der deutsche Sprachraum seit Aufkommen des Begriffs 'Religionspädagogik' von epochalen Katastrophen erschüttert worden ist und soziokulturelle Umbrüche zu bewältigen hatte, sind Katechetik und Religionspädagogik in ihrer Eigenart und ihrem Wechselverhältnis in dieser Zeitspanne und Region oft und vielgestaltig erörtert worden. Einvernehmen über Entwicklung, derzeitigen Stand und Zukunftsbedeutung dieser Disziplinen konnte in diesem Diskurs jedoch nicht erzielt werden.[6] Bemerkenswert ist vor allem, daß "der Begriff der Katechetik im evangelischen Raum so gut wie verschwunden" ist,[7] während er auf katholischer Seite durchaus noch eine Rolle spielt. Ein Symptom für diese offene Situation ist es, daß *U. Hemel* im Jahr 1984 aus einer Vielzahl einschlägiger Veröffentlichungen sechs Idealtypen der Zuordnung von Katechetik und Religionspädagogik erheben konnte. Er hat diese "Modelle der logischen Verhältnisbestimmung" damals wie folgt bündig dargestellt:

*Übersicht 1:* *Typen der Verhältnisbestimmung zwischen*
*Katechetik und Religionspädagogik*

„1. Inklusionsmodell
Einschluß der einen Disziplin durch die andere als deren Teilbereich
1.1 Überordnung der Katechetik über die Religionspädagogik
1.2 Überordnung der Religionspädagogik über die Katechetik
2. Identifikationsmodell
Synonymität von Religionspädagogik und Katechetik
3. Unabhängigkeitsmodell
Disziplinäre Unabhängigkeit von Religionspädagogik und Katechetik
3.1 Innertheologische Unabhängigkeit beider Disziplinen
3.2 Interdisziplinäre Unabhängigkeit beider Disziplinen
4. Offenheitsmodell
Bewußt fließende Grenze zwischen Religionspädagogik und Katechetik."[8]

---

[4] *C. Grethlein*, aaO., 908 Anm. 14.

[5] Vgl. als exemplarische Belege dafür: Directorium Catechisticum Generale, ed.: Sacra Congregatio pro Clericis. Roma 1971, Nrn. 108-118 (dt.: Allgemeines Katechetisches Direktorium, in: Nachkonziliare Texte zu Katechese und Religionsunterricht, hrsg. vom Sekretariat der Deutschen Bischofskonferenz (Arbeitshilfen 66), Bonn 1989, 13-116.

[6] Vgl. als exemplarischen Hinweis dazu den Titel von: Nachkonziliare Texte zu Katechese und Religionsunterricht.

[7] *K.E. Nipkow/F. Schweitzer,* Religionspädagogik, Bd. 1, 20.

[8] *U. Hemel,* aaO., 247.

*1.3* Auch Kriterien, welche die von ihm untersuchten Autoren "zur Unterscheidung von Religionspädagogik und Katechetik" herangezogen haben, hat *U. Hemel* im gleichen Werk herausgearbeitet. Eine Übersicht dokumentierte folgende Positionen und Optionen:

*Übersicht 2: Grundmuster von Kriterien zur Unterscheidung zwischen Katechetik und Religionspädagogik*

| Kriterium | "Zuordnung von Formalaspekt oder Gegenstandsbereich zur | |
|---|---|---|
| | Katechetik | Religionspädagogik |
| 1. Institutionelle Orte und Bereiche | Kirche | Schule |
| 2. Alter der Adressaten | Erwachsene | Kinder und Jugendliche |
| 3. Ziel der jeweiligen Praxis | Erschließung der 'Glaubensdimension' | Erschließung der 'religiösen Dimension' des Daseins |
| 4. Methodisches Vorgehen | Systematischer Unterricht | Situationsorientiertes Vorgehen |
| 5. Voraussetzungen der Adressaten | Zumindest anfänglicher Glaube | Bereitschaft zu religiös qualifizierter Interaktion"[9] |

*1.4* Nach *U. Hemels* Dissertation von 1984 sind m.W. nur zwei deutschsprachige religionspädagogische Systemaufrisse vorgelegt worden. Beide Autoren gehen auch ausdrücklich und ausführlicher dem Gegenstandsbereich dieses Beitrags nach. In ihren historiographischen Abschnitten konzentrieren sich beide Verfasser auf Entwicklungen innerhalb der Praktischen Theologie ihrer jeweiligen Konfession. In vielen Trendbestimmungen und Einzelpositionen dieser geschichtlichen Abrisse stimmen sie jedoch weitgehend überein. Hingegen äußern sie sich zu Wirkungsgeschichte und Wechselbeziehungen von Katechetik und Religionspädagogik bemerkenswert unterschiedlich.
- Der evangelische Autor *H. Schmidt* (geb. 1943), als Praxis- wie als Wissenschaftstheoretiker ausgewiesen, sieht seiner Skizze zufolge[10] Katechetik im Verlauf des 19. Jh. als Teil-Disziplin in der Praktischen Theologie heraufkommen und Profil gewinnen. In der zweiten Hälfte des 19. Jh. verselbständigt sich die Katechetik nach *H. Schmidt*. Das geschieht insbesondere dadurch, daß ihre Vertreter eine fachspezifische Methodik für den Religionsunterricht der Volksschule (und deren Parallelen in weiterführenden Schulen) entwickeln, welchen sie als Katechese verstehen. Impulse für diese Innovationen empfingen sie von geisteswissenschaftlichen Strömungen und pädagogischen Schulrichtungen ihrer Epoche, vorab von der Aufklärung und vom Herbartianismus. Bis zum "Ende des Ersten Weltkriegs" hatte sich nach *H. Schmidt* jedoch der von *M. Reischle* 1889 erstmals verwendete Begriff Religions-

---

[9] *U. Hemel*, aaO., 248.

[10] *H. Schmidt*, Leitfaden Religionspädagogik, Stuttgart/Berlin/Köln 1991, 92-123.

pädagogik "allgemein durchgesetzt"[11]. Als Kernpunkt dieses Umbruchs wertet es der Autor, daß sich der "Fokus ... von den Glaubenswahrheiten weg hin zur Persönlichkeit des Schülers oder anders gesagt von der Dogmatik zur Anthropologie" verlagert hat bzw. daß kirchenamtliche Vermittlungsbemühungen zuvörderst nicht länger "den Satzwahrheiten" gelten, sondern der "geistig-sittlichen Ausstattung der Schüler" dienen sollten.[12]

Für den Zeitraum nach der von ihm konstatierten Aufhebung von Begriff und Sache einer primär instruktionsorientierten Katechetik in eine (evangelische) Religionspädagogik mit erheblich weiteren Horizonten sieht *H. Schmidt* keinen Anlaß mehr gegeben, einer Katechetik nochmals Erwähnung zu tun. Vollends unterläßt er es, eine solche zu postulieren oder zu rekonstruieren. Alle Innovationen in Praxis und Theorie christlich religiöser Erziehung und Bildung seit den zwanziger Jahren fügen sich *H. Schmidt* zufolge vielmehr nahtlos in jenes Konzept und System von Religionspädagogik ein, welches er wahrnimmt. Nach *U. Hemels* Typologie folgt der Autor also dem 'Inklusionsmodell 1.2'.

- Drei Jahre später widmet sich *N. Mette* (geb. 1943) im Rahmen seiner Buchveröffentlichung 'Religionspädagogik' dem gleichen Problemkreis. Dabei sieht und urteilt er aber in den hier interessierenden Details erheblich anders als *H. Schmidt*, wiewohl ihm dessen erwähnte Positionen bekannt waren und *Mette* seinerseits bekanntlich ungewöhnlich kompetent und wortgewandt ist. *Mette* sieht in seinem historischen Abriß[13] nach einer Phase reformpädagogisch inspirierter Religionspädagogik (wieder oder noch) eine Katechetik wirksam, als sich auf katholischer Seite eine Wende vollzieht. Diese stellt *N. Mette* "in den dreißiger Jahren" des 20. Jh. fest. Er meint damit die materialkerygmatische Bewegung, welche von Innsbrucker Verkündigungstheologen ausgelöst wurde und 1955 im Erscheinen des sogenannten 'grünen Katechismus' gipfelte.[14] In einem anschließenden Exkurs zur 'Verwissenschaftlichung' von Katechetik und Religionspädagogik definiert *N. Mette* Katechetik für deren Entstehungs- und Frühzeit im 18. und 19. Jh. "als wissenschaftlich reflektierte und fundierte Anweisung zur katechetischen Belehrung" (vorzüglich im schulischen Religionsunterricht). Gemäß "ihrem späteren Selbstverständnis", also wohl nach dem Ersten Weltkrieg, sieht *N. Mette* die 'Katechetik' dagegen 'grundlegender' ambitioniert und zur "Theorie dieses Bereiches kirchlich-pastoralen Handelns" ausgestaltet.[15] Auch die rund hundertjährige Vorherrschaft der Neuscholastik bis zur Mitte dieses Jahrhunderts sieht *N. Mette* "auf dem Feld der katholischen Katechetik und Katechese" angesiedelt.[16] Dagegen führt er innovative Entwicklungen "in den ersten zwei Jahrzehnten dieses Jahrhunderts" auf "die religi-

---

[11] *H. Schmidt*, aaO., 94.

[12] *H. Schmidt*, Ebd.

[13] *N. Mette*: Religionspädagogik, Leitfaden Theologie 24, Düsseldorf 1994, 56-77.

[14] AaO., 75; 83.

[15] AaO., 78.

[16] AaO., 80.

onspädagogische Diskussion" dieser Zeitspanne zurück. Als deren Hauptanliegen sieht *N. Mette* die Absicht, "die Heranwachsenden zu religiös sittlichen Persönlichkeiten zu erziehen". *N. Mette* zufolge "verdankt sich auch der Begriff" Religionspädagogik "diesem Kontext". Diesem Terminus haftet nach *N. Mette* nämlich "etwas Programmatisches" an. Er läßt ja in "Ergänzung bzw. Korrektur zu einer allzu lehrhaft ausgerichteten Katechetik" an eine "Wissenschaft von der religiösen Erziehung insgesamt" denken.[17] Als er auf vermutbare politische Kontexte des Bemühens katholischer Fachleute in den Jahren nach 1945 um materiale Konzentration eingeht, erklärt *N. Mette* dies als Arbeit an den "eigentlichen Grundlagen von religionspädagogischem -bzw. korrekter: katechetischem Handeln".[18] Erst nach dem Abklingen der von ihm als 'katechetisch' eingestuften Materialkerygmatik registriert *N. Mette* "mit der anthropologischen Wende" einen neuen Schub von Religionspädagogik.[19] (Vergleichbares hätte *N. Mette* auch zur 'Fundamentalkatechetik' von *H. Halbfas*) bemerken können. Dieses traditionell betitelte Werk trug maßgeblich zu Innovationen bei, welche die deutschsprachige katholische Religionspädagogik der Gegenwart kennzeichnen, vorab zu ihrer anthropologischen und ästhetischen Orientierung.[20] Aber auch noch für die Gegenwart glaubt *N. Mette*, von einer "katechetischen und religionspädagogischen Diskussion" sprechen zu dürfen oder zu sollen.[21] So ist *N. Mette*s Position zu der in diesem Beitrag verhandelten Fragestellung nach *U. Hemels* konzeptueller Typologie m.E. am treffendsten als Realform des 'Offenheitsmodells' (mit Anklängen an das 'Identifikationsmodell') zu kennzeichnen.

## 2. Grundzüge, treibende Kräfte und Kontexte der Entwicklung von Katechetik und Religionspädagogik

Wissenschaftstheoretische Zuordnungen und Urteile der Fachwelt über Entwicklungen im Bereich von Katechetik und Religionspädagogik gehen weit auseinander, wie schon die angeführten Beispiele erkennen lassen. Abläufe und Zusammenhänge dieser Prozesse sehen die Fachvertreter dagegen recht einheitlich, über unterschiedliche Ansätze und Gegenstände ihrer Forschung hinweg. Einige frühere Andeutungen aufnehmend und weiterführend, werden nachstehend sechs derartige Übereinstimmungen umrissen.

*2.1* Sowohl Katechetik wie Religionspädagogik (im engeren neuzeitlichen Sinn dieser Bezeichnungen) verdanken ihren Ursprung und Verlauf letztendlich der Aufklärung.

---

[17] AaO., 81 f.

[18] AaO., 83.

[19] AaO., 84.

[20] Vgl. *H. Halbfas*, Fundamentalkatechetik, Düsseldorf 1968; ²1969; dazu: *W. Nastainczyk*, Fundamentalkatechetik, in: LThK 4 (³1995), 226.

[21] *N. Mette*, aaO., 87.

Im Gegensatz zu ihren Erscheinungsformen in anderen Regionen Europas war Aufklärung in deutschsprachigen Ländern nämlich "nicht so sehr eine elitäre Philosophie als vielmehr ein geistiges und kulturelles Klima, das alle Lebensgebiete durchdrang und die Menschen mit der Zuversicht erfüllte, daß es in ihrer eigenen Macht stand, nach den Gesetzen der Natur und des Verstandes glücklich zu werden." Für ihre führenden Köpfe lag "das menschliche Heil" (wenn überhaupt noch, dann) nicht mehr ausschließlich im himmlischen Jenseits. Vielmehr ließ sich ihrer Überzeugung nach menschliche Glückseligkeit bereits "auf Erden" befördern und erreichen. Dazu schien ihnen nichts anderes erforderlich als der Gebrauch "der Vernunft und einiger Entschlossenheit".[22]

*2.2* Insofern konnte Aufklärung in ihrer 'deutschen' Variante auch geistige Heimat und Sache 'menschenfreundlicher' christlicher Kreise und Persönlichkeiten werden und sie zum Einsatz anspornen. Daher gestalteten sich im Deutschland des 18. Jh. nicht zuletzt unter dem Einfluß aufgeklärter Christen über konfessionelle und politische Grenzen hinweg ein Klima und Selbstbewußtsein, Bildungsbemühungen und sozial-caritative Initiativen von neuer Art aus. Dieser Aufbruch erfaßte breite Schichten. Starken Anklang fand er besonders bei "Beamten, Pfarrern, Professoren, Juristen, Lehrern, Ärzten, Buchhändlern und anderen gehobenen freien Berufen."[23] Diese Kräfte und Entwicklungen brachten eigentlich erst eine deutsche Kulturnation mit Einheitsbewußtsein und Einheitsbestrebungen hervor.

*2.3* In diesem Kontext bildete sich in beiden christlichen Großkirchen Praktische Theologie als universitätswissenschaftlich verantwortete Reflexion pastoralen Handelns heraus, als eine Teildisziplin davon auch Katechetik. Zwar läßt sich dieser Katechetik i.e.S. eine längere Vorgeschichte zuordnen, indem man Elemente von Theorie und Praxis christlich religiösen Lehrens und Lernens zurückverfolgt und zu einer pragmatisch-präskriptiven Praxistheorie zusammenführt.[24] Im neuzeitlichen Vollsinn dieser Bezeichnung aber ist Katechetik für alle Sachverständigen wie für ihren Chronisten *C. Bizer* "Frucht der späten Aufklärung in Deutschland. Am Ende des 18. Jh. hat sie eine erste Blütezeit."[25] Materialobjekt dieses Wissenschaftszweiges ist anfangs ausschließlich die kirchliche Unterweisung in Form von Katechismus-, Bibel-, Kirchengesangs- und evtl. noch Kirchengeschichts-Katechese am Lernort Schule. Leitendes Interesse dieser Katechetik ist es, den Glaubensunterricht nach damaligem Erkenntnisstand zu reflektieren und zu optimieren. Nach einem programmatischen Aufsatz von

---

[22] *H. Schulze*, Kleine deutsche Geschichte, München 1996, 80; vgl. dazu: *R. Ciafardone*, Aufklärung I, in: LThK 1 ($^3$1991), 1207-1211; *R. Reinhardt*, Aufklärung III, in: LThK 1 ($^3$1991), 1993.

[23] Nach *P. Baumgart, J.I. von Felbiger* (1724-1788), in: JSFWU 31 (1990), 121-140, hier: 121; *T. Freudenberger* (Hrsg.), *S. Merkle*, Ausgewählte Reden und Aufsätze, Würzburg 1965; *R. Reinhardt*, Aufklärung; *A. Schilson*, Aufklärung IV, in: LThK 1 ($^3$1993), 1213-1216.

[24] *H. Schulze*, aaO., 75.

[25] Vgl. dazu *C. Bizer*, Katechetik, in: TRE 17 (1988), 686-710, hier: 686-691; *W. Nastainczyk*, Katechetik, 1305-1307.

*F. Niebergall* aus dem Jahr 1911 und Kurzformeln zu diesem von *F. Schweitzer* weist diese 'klassische' Katechetik näherhin folgende fünf Merkmale auf: "1. geschichtliche statt psychologische Orientierung; 2. Lehre als Weg der Beeinflussung; 3. Vorordnung des Stoffes vor dem Kind; 4. Betonung von Lehre statt Leben; 5. kein Bewußtsein der Differenz zwischen kirchlichem und schulischem Unterricht."[26]

*2.4* Von diesem Interessenspektrum geleitet zeigt sich nicht minder, jedoch andersartig, auch die Katechetik beider christlicher Konfessionen in der zweiten Hälfte des 19. Jh. Im Kontext von Romantik und restaurativer Politik deutscher Länder vollzogen beide Großkirchen damals eine Innenwende. Sie entwickelten kirchenamtliche und theologische Präferenzen, die darauf hinausliefen, Einflüsse der Aufklärung zurückzudrängen und die je eigene konfessionelle Identität zu sichern. Treibende Kraft war dabei auf katholischer Seite die von der Kirchenleitung monopolisierte Neuscholastik. Im evangelischen Bereich wurde ein Neuluthertum ähnlich wegweisend. Diese Kräfte und Bestrebungen konzentrierten die katechetische Theorie und Praxis beider Konfessionen verstärkt auf die Vermittlung satzhaften orthodoxen Glaubenswissens an die nachwachsende Generation durch die kirchliche Unterweisung in der Schule.[27]

*2.5* Einfachhin binnenkirchlich orientiert darf diese Epoche der Katechetik im deutschen Sprachraum gleichwohl nicht genannt werden. Führende katechetische Autoren beider großen Kirchen rezipierten und rekonstruierten in dieser Zeit nämlich auch bestimmte Denkanstöße der damals maßgeblichen pädagogischen Strömung, des Herbartianismus. Das geschah allerdings merklich zeitversetzt und in unterschiedlichen Ausprägungen. Die Schulrichtung des Herbartianismus bildete sich "etwa ab der Mitte des 19. Jahrhunderts" heraus.[28] Sie suchte logischerweise Impulse ihres geistigen Vaters *J.F. Herbart* (1776-1841) auszuarbeiten. Insbesondere gelangte sie dabei zur Annahme einer "letztlich religiösen Fundierung aller wahrhaften Bildung", Konzepten von "Kulturstufen und didaktischer Konzentration" sowie zur Formalstufenmethodik für Planung und Gestaltung des Unterrichts im Gefolge der damals angesehenen Assoziationspsychologie. Nach leitenden Ideen und tragenden Kräften dem liberalen 'Kulturprotestantismus' jener Jahrzehnte kongenial, gewann der Herbartianismus bereits im späten 19. Jh. Einfluß auf die evangelische Katechetik. Deren Entfaltung zu einer bzw. Aufhebung in einer weiter reichenden Religionspädagogik wenig später gehen nicht zuletzt auf diese Herbart(ianismus)rezeption zurück. Bildungsethische Übernahmen spielten dabei eine bedeutende Rolle. Auf katholische Seite gewann der Herbartianismus dagegen erst "um die Jahrhundertwende" Wirkung. Maßgeblich trug dazu

---

[26] *C. Bizer*, aaO., 686.

[27] *F. Niebergall*, Die Entwicklung der Katechetik zur Religionspädagogik, in: MevRU 4 (1911), 33-43; vgl. dazu *F. Schweitzer*, Religionspädagogik als Projekt von Theologie nach der Aufklärung - Eine Skizze, in: PthI 11 (1992), 211-222; *K.E. Nipkow /F. Schweitzer* (Hrsg.), Religionspädagogik. Texte zur evangelischen Erziehungs- und Bildungsverantwortung, Bd. 2/1, München 1994, 195 f.

[28] Nach *F. Schweitzer/W. Simon*, Religionspädagogik im ökumenischen Vergleich, in: PthI 37 (1996), 39-58, hier 41 f.

*O. Willmann* (1839-1920) bei. Als wichtigste Einflußgröße diente hier die Formalstufenmethodik. Als Instrumentarium für Planung und Gestaltung des Religionsunterrichts genommen, bildete dieses Artikulationsschema einen der Kernpunkte katholischer glaubensdidaktischer Theoriediskussion, und dies rund drei Jahrzehnte lang, bis zu Erscheinen und Verbreitung des "Katholischen Katechismus der Bistümer Deutschlands" von 1955.[29]

*2.6* Allerdings war damals längst jener Siegeszug einer Religionspädagogik im Gang, welcher bereits erwähnt und datiert wurde. Mittlerweile kann diese Disziplin als etabliert und ausgereift bezeichnet werden. Ein Indiz dafür ist es, daß dieser Wissenschaftszweig immer neuen Ansätzen Raum gegeben hat, den zahlreichen Konzepten, mit welchen Religionspädagogen beider großen Konfessionen des deutschen Sprachraums Herausforderungen der letzten Jahrzehnte zu bearbeiten gesucht haben. Weitgespannte Horizonte zeigt die gegenwärtige Religionspädagogik, indem sie lebensbegleitend orientiert ist und alle Lernorte und religiös relevanten Lehr-Lern-Prozesse wahrzunehmen sucht. Dazu untersuchen ihre Vertreter sowohl individuelle Entwicklungen wie kollektive Such- und Klärungsprozesse, die religiöse Orientierung mitbestimmen. Curriculare Optionen, die für alle Einrichtungen intentionalen Bemühens um das Christsein in rascher Folge erarbeitet werden, weiten die Horizonte 'klassischer' Katechetik beider Konfessionen auf immer neue Weise aus. Interreligiöse Beziehungen der Gegenwart lassen noch einmal weitere Entwicklungen ahnen. Alle diese Innovationen sprengen jedoch den systemischen Bezugsrahmen einer christlich bzw. je konfessionell orientierten Religionspädagogik nicht. Vielmehr rechtfertigen sie erst deren Anspruch, welcher bereits in ihrer Bezeichnung anklingt.

*2.7* In der rund zweihundertjährigen Geschichte neuzeitlicher Wissenschaft(en) vom christlich orientierten religiösen Lehren und Lernen ist also ein ein- oder mehrmaliger Paradigmenwechsel zu verzeichnen. Kernpunkt dieser Entwicklung ist ein Spannungs- oder Ablösungsprozeß. Ein Pol und Leitmotiv dieser Entwicklung ist ein 'instruktionstheoretisches' Konzept. Es nimmt sowohl die Selbstoffenbarung des Gottes Israels und Jesu Christi wie die kirchliche 'Glaubensweitergabe' als Formen autoritativer Belehrung wahr, die letztlich bereitwillige und vollständige Annahme verlangen. Diesem klassischen 'katechetischen' Verständnis christlicher 'Glaubensvermittlung' steht ein andersartiges Grundmuster von christlich verantworteter (religiöser) Erziehung und Bildung gegenüber, seit sich Selbstwertbewußtsein und Weltverantwortung der Menschen im Gefolge der Aufklärung weiterentwickelt haben. Diesem Argumentationstyp zufolge zielen evangelisatorisch-erzieherische Angebote von Christen nach *G. Bitter* und *R. Englert* (primär) Identität und Glaubensreife an.[30] Im Blick auf die heutige Weltlage und verdeutlichte christliche Verantwortung für "Frieden, Ge-

---

[29] Vgl. *J.F. Herbart,* Pädagogische Schriften, 3 Bde., hrsg. von *W. Asmus,* Stuttgart ²1982; *F. Jacobs,* Die religionspädagogische Wende im Herbartianismus, PF 44, Heidelberg 1969.

[30] *G. Bitter/R. Englert,* Religionspädagogik, in: *J. Wohlmut* (Hrsg.), Katholische Theologie heute, Würzburg 1990, 351-363, hier 353 f; vgl. dazu *N. Mette,* aaO., 125-127.

rechtigkeit und Bewahrung der Schöpfung" stellt sich mir christlich orientiertes Lehren und Lernen aber als noch weitreichender verpflichtet und ambitioniert dar. Als Kurzformel für dieses neuzeitliche 'religionspädagogische' Konzept eignet sich m.E. die Kennzeichnung 'inspirationsorientiert'. Diese Typisierung läßt die diakonische und kommunikative Interaktion zwischen Lehrenden und Lernenden im Interesse gelingenden Lebens der einzelnen und umfassender Weltverantwortung deutlich werden.[31]

*2.8* Trotz dieser Entwicklungen ist Katechetik weder völlig abgetan noch vollends aufgehoben. Vielmehr zeigt sie sich bemerkenswert resistent, sowohl als Begriff wie als Vorstellung. Auch deskriptiven und wertenden Darlegungen zu religiöser Erziehung und Bildung von Christen im späteren 19. und im 20. Jh. legt sich nicht selten ein Rückgriff auf die Bezeichnung 'Katechetik' bzw. deren Wortfeld nahe. Einige Passagen dieses Beitrags machen das beispielhaft deutlich. Daß Katechetik als Disziplinbegriff und zur Beschreibung bestimmter Phänomene der Christentumsgeschichte als heuristisch-hermeneutische Kategorie nützlich, wenn nicht unentbehrlich ist, beruht einmal auf der diachronen und synchronen Akzeptanz dieser Wortprägung. Der andauernde Gebrauchswert dieses Begriffs erklärt sich aber auch aus dessen ursprünglichem Materialobjekt, der kirchenamtlich organisierten Glaubensunterweisung (in elementaren Formen). Da sich Aufgaben dieser Art zu jeder Zeit stellen, ist es jedenfalls verständlich und nicht schlechthin unangebracht, deren Theorie insgesamt oder Momente daraus auch hier und heute noch als Katechetik zu bezeichnen. Beachtenswert ist in diesem Zusammenhang, daß der genuine Begriffsinhalt von 'Katechetik' Gemeinsamkeiten mit jenen Sachbereichen aufweist, die heute mehr und mehr als "Didaktik des Religionsunterrichts" definiert und von (allgemeiner) Religionspädagogik abgegrenzt werden. Aber auch intentionale und materiale Gesichtspunkte können auf den Terminus Katechetik zurückgreifen lassen, insofern dieser seiner Wirkungsgeschichte wegen deutlich für Sendung und Handeln der (verfaßten und hierarchisch strukturierten) Kirche steht. Schließlich können auch noch Erfahrungen der Christenheit mit totalitären Herrschaftssystemen und Ideologien zugunsten eines Lebendighaltens von Katechetik ins Feld geführt werden, kommt diesem Begriff doch auch eine gewisse Schutzfunktion für eigenrechtliche Erziehungs- und Bildungsmaßnahmen zu, welche sich die christlichen Kirchen klugerweise stets vorbehalten werden.

*2.9* Fragen zu Struktur und Beziehung von Katechetik und Religionspädagogik berühren sich schließlich auch mit einer didaktisch-lernpsychologischen Alternative. In seiner 'Katechetik' unterschied bereits *J.B. von Hirscher* (1788-1865) zwischen einer 'mitteilenden' und einer 'heuristischen' Methode in christlichen Lehr-Lern-Prozessen. Diese Zweiteilung begründete Hirscher wie folgt: "Will Jemand einem Anderen eine

---

[31] Vgl. dazu bes.: Für eine Zukunft in Solidarität und Gerechtigkeit. Wort des Rates der Evangelischen Kirche in Deutschland und der Deutschen Bischofskonferenz zur sozialen Lage in Deutschland. Hrsg. vom Kirchenamt der Evangelischen Kirche in Deutschland und vom Sekretariat der Deutschen Bischofskonferenz (Gemeinsame Texte), Hannover-Bonn 1997; *W. Nastainczyk*, Kinderpastoral, in: LThK 5 ($^3$1996), 1445.

Kenntniß beybringen, so kann er es überhaupt auf zweierlei Weise: entweder dadurch, daß er sie ihm mitteilt und von ihm auffassen läßt, oder dadurch, daß er seine Erkenntnißkraft in der Art lenkt, daß er solche selbst findet."[32] Neuerdings werden Grundmuster christlich religiösen Lehrens und Lernens auf evangelischer Seite wieder in vergleichbarer Weise unterschieden und als 'Aneignung' bzw. 'Vermittlung' diskutiert.[33] Zweifelsfrei besitzen Lehr-Lern-Formen von 'Mitteilung' bzw. 'Vermittlung' aber eine gewisse Affinität zu einer Bezugswissenschaft Katechetik mit ihren autoritativen Implikationen, während 'heuristische' Methoden bzw. Verfahren zur 'Aneignung' eher einer 'offeneren' Religionspädagogik entsprechen. Die genannten komplementären Methodenpaare für (christlich religiöses) Lehren und Lernen verdeutlichen also gegenläufige Strukturmerkmale von Katechetik und Religionspädagogik. In gewisser Hinsicht sprechen sie sogar für deren Koexistenz.

### 3. Anstöße zu Weiterarbeit und relecture

*3.1* Selbst ein knapper Rückblick auf die rund zweihundertjährige Geschichte der Disziplinen Katechetik und Religionspädagogik wie der hier gebotene läßt Energie und spekulative Kraft bewundern, mit denen Fachvertreter und andere Autoren in dieser Zeitspanne immer neue Systementwürfe für diese Wissenschaften und Analysen dazu vorgelegt haben. Anderseits kann mit einem gewissen Recht eine "im ganzen unzureichende religionspädagogische Forschungslage" festgestellt werden.[34] Zumindest zeigen sich derzeit zwei Forschungsansätze, die auch Erkenntniszuwachs für den Fragenkreis dieses Beitrags erhoffen lassen. Zunächst ist dies ökumenisch vergleichende Forschung, für die ansatzweise bearbeitete Projekte vorliegen. Unter diesem Blickwinkel dürfen beispielsweise Aufschlüsse über konfessionsspezifische Motivationen und Positionen katechetischer und religionspädagogischer Publikationen des 19. und 20. Jh. erhofft werden. Solche Einsichten dürften wiederum manche begriflichen und wissenschaftstheoretischen Optionen der Autoren dieser Werke differenzierter als bisher sehen lassen.[35] Diese Spur kann im Rahmen dieses Beitrags aber nicht verfolgt werden.

*3.2* Unschwer kann hier dagegen ein anderer Forschungsansatz als hoffnungsvoll für die Historiographie von Katechetik und Religionspädagogik erwiesen werden. Ge-

---

[32] *J.B. Hirscher*, Katechetik. Oder: der Beruf des Seelsorgers, die ihm anvertraute Jugend im Christenthum zu unterrichten und zu erziehen, nach seinem ganzen Umfange dargestellt, Tübingen ³1834, 215; vgl. dazu *W. Simon*, "... und haben mich einen subjektiven Theologen genannt". *J.B. Hirschers* 'Katechetik': eine "subjektorientierte Theorie des katechetischen Handelns in der ersten Hälfte des 19. Jahrhunderts, in: PthI 17 (1997), 3-12, hier 7.

[33] Vgl. dazu *U. Becker/C.T. Scheilke (Hrsg.)*, Aneignung und Vermittlung, FS *K. Goßmann*, Gütersloh 1995, bes. 43-66.

[34] *K.E. Nipkow/F. Schweitzer*, Religionspädagogik Bd. 2/1, 32.

[35] Vgl. *F. Schweitzer/W. Simon*, Religionspädagogik im ökumenischen Vergleich, in: RpB 37/1996, 39-58.

meint ist zeitgeschichtliche Forschung. Arbeit an einschlägigen Projekten hat mittlerweile beispielsweise politische und theologische Zusammenhänge von Entwicklungen im Bereich christlich verantworteter Erziehung und Bildung unter dem NS- und dem DDR-Regime erhellt. Reaktionen beider Konfessionen auf Herausforderungen dieser Systeme wie etwa Kinderseelsorge- und Glaubensstunden, Innovationen in Kindergottesdiensten, Sakramentenkatechese, Christenlehre und Konfirmandenunterricht, Jugendbekenntnistage und Rüstzeiten, "Frohe Herrgottsstunden" und "Religiöse Kinderwochen", seinerzeit entwickelte Dienste und Einrichtungen wie jene von Katechet(inn)en im Kirchendienst, Jugendämtern und katechetischen bzw. religionspädagogischen Zentren zeigen sich daraufhin in differenzierterem Licht als zuvor. Sie erscheinen nicht länger nur als glückliche Einfälle oder Werke kreativer Persönlichkeiten. Vielmehr liegen nun auch Wurzeln und leitende Interessen zutage, aus denen solche Zeiterscheinungen erwachsen sind, beispielsweise politische und theologische Neigungen verantwortlicher Persönlichkeiten. Jedoch bleibt einer "Religionspädagogik im Kontext kirchlicher Zeitgeschichte"[36] noch vieles zu tun, was das Verständnis von Katechetik und Religionspädagogik weiterbringen könnte. Durch zwei kürzlich vorgelegte Dissertationen erscheint beispielsweise die Position in neuem Licht, welche *L. Bopp* (1888-1971) zum hier fokussierten Problem eingenommen hat. Obwohl ich diesen Altmeister der katholischen Praktischen Theologie zwanzig Jahre gekannt, bei ihm promoviert habe und mich zuletzt nach seinen Aussagen als sein Freund sehen durfte, werden mir manche ihrer Hintergründe erst durch diese neuen Untersuchungen bewußt. Seine weitgespannte 'Katechetik' von 1935 stellte *L. Bopp* auf folgende programmatische terminologische und sach-definitorische Aussagen ab: Katechetik "umfaßt nicht die ganze Religionspädagogik, geschweige denn die ganze Pädagogik. Sie ist anderseits mehr als Pädagogik, auch mehr als Religionspädagogik, sie greift über die Erziehungsprovinz hinaus; denn sie greift auch ins Gebiet der Seelsorgewissenschaft hinein."[37] Wenig später umreißt *L. Bopp* die Katechetik im gleichen Werk noch als "die Lehre vom erziehenden, gottesdienstlich (liturgisch) und seelsorglich ausgerichteten Religionsunterricht, den die Kirche den religiös Unmündigen (Kindern und Jugendlichen) erteilt."[38] An diesen Optionen überrascht bereits, daß sie sich nicht zwanglos in *U. Hemels* ausgefeilte Konzepttypologie einordnen lassen. Erstaunlicher sind aber noch die terminologischen gegenständlichen Grenzüberschreitungen, die *L. Bopp*, sonst recht präzise, in diesen doch definitorisch gemeinten Aussagen vornimmt. Diese Offenheiten oder Unklarheiten verweisen aber vielleicht nicht nur auf wissenschaftslogische Suchprozesse *L. Bopps* auf seinem weiträumigen Arbeitsfeld, das außer allen praktisch-theologischen Disziplinen von heute auch die Caritaswissenschaft sowie die 'Heilpädagogik' umfaßte. Vielmehr klingt in diesen Kompilationen zunächst eventuell eine Umorientierung nach, zu welcher sich *L. Bopp* wenige Jahre vor Er-

---

[36] Vgl. *J. Ohlemacher* (Hrsg.), Religionspädagogik im Kontext kirchlicher Zeitgeschichte, ARP 9, Göttingen 1993.

[37] *L. Bopp*, Katechetik (Handbuch der Erziehungswissenschaft., IV. Teil, Bd. 1). München 1935, 6.

[38] *L. Bopp*, aaO., 9.

scheinen seiner 'Katechetik' genötigt sah. Zu Beginn seiner Freiburger Professorentätigkeit ging er deutlich auf erziehungswissenschaftliche Fragestellungen und Strömungen jener pädagogisch fruchtbaren Jahre der Weimarer Demokratie ein und rezipierte kenntnisreich Ansätze der Verstehenspsychologie und der Psychoanalyse. 1928 aber wurde er seitens der erzbischöflichen Behörde dazu veranlaßt, in Lehre und Forschung der Widmung seines Lehrstuhls gemäß traditionellere Akzente zu setzen. Dieser Intervention hat sich *L. Bopp* erkennbar gebeugt.[39] Ferner zeigt *L. Bopp* vielleicht in den wiedergegebenen Auszügen wie auch sonst in seiner 'Katechetik' anders als in den beiden ersten Jahren nach der 'Machtergreifung' des NS-Regimes bereits Distanz und Abwehrstrategie gegenüber Nationalsozialismus. Er kreidet dem System in diesem Werk nämlich immerhin "auch starke Hemmungen" christlich religiöser Erziehung an und listet Beweismaterial dafür ebenso auf wie vorgeblich oder vermeintlich religiös verheißungsvolle Erklärungen und "Möglichkeiten des Führerstaates".[40] So lassen sich in katechetisch-religionspädagogischen Darlegungen und Optionen von *L. Bopp* Wirkspuren zeitgeschichtlicher Einflüsse erahnen.[41] Auch ist leicht vorstellbar, daß *L. Bopp* in seiner 'Katechetik' erheblich weniger traditionskonform katholisch-katechetisch und religionspädagogisch 'pünktlicher' argumentiert und optiert hätte, wären seine Lebensumstände andere gewesen.

## 4. Fazit

Unter dem enzyklopädisch-wissenschaftstheoretischen Betracht, welchen das Rahmenthema dieser Festschrift aufgibt, gestatten die gebotenen Durch-, Ein- und Ausblicke folgende Zusammenfassung und Weiterführung:

*4.1* Religionspädagogik wurde im deutschen Sprachraum seit 1898 als Wissenschaft von religiöser Entwicklung, Erziehung und Bildung und Teilbereich der Praktischen Theologie beider westlichen Großkirchen entwickelt und entfaltet. Begriff, Gegenstandsbereich und Forschungsmethoden dieser Verbund- und Handlungswissenschaft konnten im Diskurs der Fachwissenschaftler mittlerweile derart gesichert werden, daß grundstürzende Veränderungen dieses Systems mit seiner Logik und seinen Strukturen derzeit nicht zu erwarten sind. Von Konzept, Objekt und Praxisrelevanz her empfiehlt sich im deutschsprachigen Diskurs jetzt und künftig der exklusive Gebrauch von 'Religionspädagogik' als (Ober-)Begriff für das definierte Gesamtgebiet. Differenzierungen, die notwendig oder wünschenswert scheinen, etwa um konfessionelle Belange oder historische Entwicklungen präzise zu bezeichnen, können durch Adjektive oder andere Bestimmungen ausgedrückt werden. Diesem gegenstands- und wissenschafts-

---

[39] Vgl. *J. Lichtenberg*, Ein- und Durchblicke in Leben und Gesamtwerk des Freiburger Pastoraltheologen *L. Bopp* (1887-1871), 2 Bde (Diss. theol. comp.), Freiburg 1996, bes. 274; 282-285; 301; 313.

[40] *L. Bopp*, aaO., 57-60; Zitate: 59; 57.

[41] *P. Müller*, Dem Leben dienen. Das Seelsorgeverständnis von *L. Bopp* (1887-1971) im Kontext heutiger Seelsorgekonzeptionen, (Diss. theol. comp.), Freiburg 1997, bes. 232-251.

logisch begründeten terminologischen Idealzustand stehen derzeit jedoch noch Hindernisse entgegen, weil nichtdeutsche Sprachfamilien keine terminologischen Entsprechungen zum Begriff 'Religionspädagogik' besitzen bzw. benutzen und weil Fachwelt und Kirchen in nicht deutschsprachigen Regionen zahlreiche Entwicklungen nicht mit- oder nachvollzogen haben. Der scientific community deutschsprachiger Religionspädagogen fällt deshalb auch die Aufgabe zu, für Begriff und Sache moderner Religionspädagogik argumentativ einzutreten.

*4.2* Katechetik hat sich rund ein Jahrhundert vor Aufkommen der Religionspädagogik herausgebildet und Jahrhunderte ältere Traditionsstränge der Christentumsgeschichte aufgenommen. Als sie im 19. Jh. Monopolstellung innehatte, fokussierte Katechetik als Teildisziplin der Praktischen Theologie beider großen Kirchen des Westens die kirchenamtlich verantwortete Glaubensunterweisung in Schule und Gemeinde. Diese vergleichsweise engen Horizonte und Interessen beeinflussen infolge einer langen Begriffs- und Wirkungsgeschichte Denken und Handeln breiter und maßgeblicher kirchlicher Kreise. Stärker als in der evangelischen Christenheit zeigt sich diese Tendenz bei Katholiken mit ihrer weltkirchlichen Organisation, hierarchischen Struktur und kulturell-sprachlichen Vielfalt, welche eine gewisse Nähe zu einer Katechetik (und Katechese) mit den genannten Merkmalen und Grenzen mit sich bringen. Auch hat die katholische Kirche synchron wie diachron gesehen häufig Anlaß, sich auf ihre ureigenen Möglichkeiten zu besinnen und zurückzuziehen, nicht zuletzt auf katechetische Traditionen. Aus diesen Rücksichten sind Begriff und Sache einer 'Katechetik' für katholische Christen nach wie vor belangvoll.

*4.3* Wiewohl 'Katechetik' verständlicherweise und zumindest im katholischen Bereich zählebig und noch meinungsbildend ist, kann sie nach Begriff und Gegenstand nicht als zukunftsfähig gelten. Hoffnungen und Versuche, 'Katechetik' als Superwissenschaft anstelle oder unter Einschluß von 'Religionspädagogik' zu rekonstruieren, müssen daher als kontraproduktiv abgetan werden. Vielmehr ist 'Katechetik' (aus den in Absatz 3.1 angeführten Rücksichten) als prinzipiell antiquiert anzusehen und daher möglichst zügig und vollständig in die weiteren Horizonte von 'Religionspädagogik' hinein aufzuheben.

*4.4* Wie und weil andere 'Bindestrich-Pädagogiken' existieren, ist grundsätzlich eine Religionspädagogik vorstellbar, welche erziehungswissenschaftlich oder interdisziplinär humanwissenschaftlich konzipiert ist und verantwortet wird. Jedoch entziehen sich (echte) Religion mit ihren universalen Horizonten und Perspektiven wie Religiosität mit ihrer ganzmenschlichen Bedeutung letztlich allen humanwissenschaftlichen Zugriff. Aus diesen Gründen ist eine nicht theologisch orientierte Religionspädagogik in der wissenschaftlichen Welt von heute mit ihrer bewährten Arbeitsteilung kaum zu erwarten und zu etablieren, mögen ihr auch bestimmte politische Interessen entgegenkommen.

*4.5* Unter den genannten Umständen trifft es zu und ist es erforderlich, gleichzeitig ein Nacheinander und ein Nebeneinander von Katechetik und Religionspädagogik wahrzunehmen. Auf absehbare Zeit ist damit zu rechnen, daß diese Koexistenz zweier ungleicher Geschwisterdisziplinen fortdauert.

# VII.

## Religionspädagogik und Liturgik

Christian Grethlein

Seit einigen Jahren sind erste Versuche zu beobachten, die lange Zeit getrennten[1] praktisch-theologischen Disziplinen Religionspädagogik und Liturgik wieder in ein Verhältnis zu setzen bzw. sogar ihr gegenseitiges Aufeinanderverwiesensein herauszuarbeiten.[2] Allerdings sind dabei begriffliche Unschärfen gerade bei den zentralen Termini 'Religionspädagogik' und 'Liturgik' unübersehbar (1). Zudem sind es nur vereinzelte Stimmen; wichtige Handlungsfelder im Überschnitt von Religionspädagogik und Liturgik, etwa Kinder- und Schulgottesdienst, liegen nach wie vor im Windschatten sowohl der religionspädagogischen als auch der liturgischen Diskussion (2). In den letzten Jahren sich abzeichnende Veränderungen in beiden Fächern lassen jedoch hoffen, daß es zu einem für beide Seiten sowohl in theoretischer als auch handlungsorientierender Hinsicht förderlichen Austausch kommt (3). Dies soll exemplarisch an dem gleichermaßen in religionspädagogischer und liturgischer Sicht grundlegenden Problem des rechten Umgangs mit der Zeit illustriert werden (4). Abschließend mache ich auf zwei Projekte aufmerksam, in denen zwischen beiden Fächern bereits kooperiert wird bzw. in denen eine Zusammenarbeit unerläßlich erscheint (5).

---

[1] Vgl. zu den konfessionsbezogenen, berufsspezifischen und sachlichen Gründen für die Trennung C. *Grethlein*, Liturgische Elementarbildung als notwendige religionspädagogische Aufgabe im modernen Deutschland, in: International Journal of Practical Theology 1 (1997), 87-89.

[2] Vgl. z.B. C. *Bizer*, Liturgik und Didaktik, in: JRP 5 (1988), 83-111; R. *Degen*, Gottesdienst und Religionspädagogik, in: *H.-C. Schmidt-Lauber/K.-H. Bieritz* (Hrsg.), Handbuch der Liturgik, Leipzig u.a. ²1995, 626-636; C. *Grethlein*, Liturgische Bildung als grundlegende religionsdidaktische Aufgabe. Erste Annäherungen. In: *M. Ambrosy/C. Grethlein/J. Lähnemann* (Hrsg.), Divinum et Humanum. Religionspädagogische Herausforderungen in Vergangenheit und Gegenwart. FS *G.R. Schmidt*, Frankfurt u.a. 1996, 217-231; H.-G. *Heimbrock*, Ritual als religionspädagogisches Problem, in: JRP 5 (1988), 45-81; K. *König*, Liturgiedidaktische Grundregeln, in: *E. Groß/V. König* (Hrsg.), Religionsdidaktik in Grundregeln. Leitfaden für den Religionsunterricht, Regensburg 1996, 112-130; G. *Stachel*, Lernen und Feiern - Religionspädagogik und Liturgik, in: KatBl 109 (1984), 698-709; vgl. die umfangreiche Literaturzusammenstellung von *H.J. Limburg*, Liturgie in der Religionspädagogik, in: ALw 37 (1995), 162-225; vgl. aus der nordamerikanischen Diskussion R.L. *Browning/R.A. Reed*, The Sacraments in Religious Education and Liturgy, Birmingham/Al. 1985.

## 1. Begriffliche Probleme

Die begrifflichen Unschärfen von 'Religionspädagogik' und 'Liturgik' sind sowohl vom jeweiligen Sachgegenstand als auch aus wissenschaftstheoretischen Gründen bestimmt und nur um den Preis einer unzulässigen Problemreduktion durch eindeutige Definitionen zu vermeiden.

'Religionspädagogik', eine so nur in Deutschland übliche Begriffsbildung, findet sich - vor allem in der früheren Literatur - häufig als Bezeichnung für die Theorie schulischen Religionsunterrichts, bei genauerem Hinsehen z.T. sogar nur für die Theorie gymnasialen Religionsunterrichts. Das entspricht der Dominanz dieses schulischen Unterrichtsfach in der deutschen religionspädagogischen Theoriebildung. Inhaltlich ist eine so verstandene 'Religionspädagogik' durch die verschiedenen konzeptionellen Debatten zum schulischen Religionsunterricht geprägt. In letzter Zeit beschäftigt hier vor allem die konfessionelle Konstitution; Vorschläge zu einem 'ökumenischen Religionsunterricht'[3] oder gar zu einem 'Religionsunterricht für alle'[4] mit Religionswissenschaft als primärer Bezugswissenschaft werden unterbreitet und spiegeln die abnehmende Akzeptanz eines primär von je einer Kirche verantworteten schulischen Unterrichtsfachs wider. Das hier sich äußernde wissenschaftstheoretische Grundproblem der Bezugswissenschaft(en) von Religionspädagogik findet sich auch in breiter ansetzenden Entwürfen zur Religionspädagogik, die den Bereich des schulischen Unterrichts überschreiten. So wird z.B. zwischen einer pädagogisch begründeten 'allgemeinen Religionspädagogik' und einer die Wahrheit der christlichen Symbole voraussetzenden, primär theologisch fundierten 'christlichen Religionspädagogik' unterschieden.[5]

Es liegt unmittelbar auf der Hand, daß solche unterschiedlichen Begriffe von Religionspädagogik mit unmittelbaren Konsequenzen für eine Verhältnisbestimmung zur Liturgik verbunden sind. Während eine weithin auf einen kognitiv bestimmten gymnasialen Religionsunterricht konzentrierte, vor allem an einer schultheoretischen Legitimation des Religionsunterrichts interessierte Konzeption kaum zu engeren Berührungen führt,[6] ist dies bei einem inhaltlich auf die christliche Religion und deren Wahrheit bezogenen Verständnis von Religionspädagogik genau umgekehrt.[7]

---

[3] Einen gewissen Überblick geben die Beiträge im Themenheft „Religionsunterricht und Konfessionalität" des EvErz 45/1 (1993); vgl. auch die knappe, aber instruktive Literaturzusammenstellung von *N. Scholl*, Von den Kirchen gemeinsam verantworteter RU? Argumente aus der Literatur, in: KatBl 120 (1995), 621-624.

[4] Vgl. z.B. *U. Baltz-Otto/G. Otto*, Überlegungen zum Religionsunterricht von morgen, in: ThPr 26 (1991) 4-21; vgl. *H. Halbfas*, Religionsunterricht und Katechese. Zur wissenschaftlichen Ortsbestimmung, in: EvErz 25 (1973), 3-9.

[5] So begrifflich scharf *G.R. Schmidt*, Religionspädagogik zwischen Theologie und Pädagogik, in: ThPr 22 (1987), 21-33.

[6] Z.B. fehlt im weit verbreiteten „Religionspädagogischen Kompendium" (hrsg. von *G. Adam/R. Lachmann*, Göttingen 1984 u. ö.) das Stichwort 'Gottesdienst' vollständig.

[7] Vgl. z.B. *G.R. Schmidt*, Religionspädagogik. Ethos, Religiosität, Glaube in Sozialisation und Erziehung, Göttingen 1993, 172.

Für 'Liturgik' ist eine beträchtliche Bedeutungsbreite ebenfalls unübersehbar. Auf der einen Seite steht hier ein Verständnis, das Liturgik mit der Theorie des christlichen Kultus, ja sogar des evangelischen Gottesdienstes am Sonntagvormittag gleichsetzt.[8] Auf der anderen Seite findet sich eine weithin mit dem Begriff des Ritus deckungsgleiche Rede von 'Liturgien' in unterschiedlichsten Lebensbereichen.[9] Dazwischen liegen an Röm. 12,1f. orientierte Versuche eines theologisch bestimmten Liturgikverständnisses, das kultische und alltägliche Vollzüge umfaßt, aber inhaltlich dem Evangelium und dessen Kommunikation verpflichtet ist.[10]

Auch hier sind jeweils unterschiedliche Affinitäten zur Religionspädagogik, bei der wiederum im eben skizzierten Sinne differenziert werden muß, impliziert. Am weitesten ist der Abstand zwischen einer auf den Sonntagvormittaggottesdienst konzentrierten Liturgik und einem primär gymnasialdidaktisch orientierten 'Religionsunterricht für alle'; je weniger jedoch die spezifischen Orte kirchengemeindlicher Gottesdienst und schulischer Unterricht für das jeweilige Disziplinverständnis konstitutiv, vielmehr umgekehrt die potentiell sowohl Gottesdienste als auch Bildungsveranstaltungen besuchenden und gestaltenden Menschen im Blick sind, desto näher rücken beide Fächer zueinander.

## 2. Handlungsfelder im Überschnitt von Religionspädagogik und Liturgik

Daß das Gespräch zwischen Religionspädagogik und Liturgik erst am Anfang steht, geht deutlich daraus hervor, daß Handlungsfelder, die auf Grund ihrer Sachstruktur notwendigerweise von beiden Disziplinen bearbeitet werden müssen, nur wenig Beachtung finden. Dies läßt sich an den Beispielen Schul- und Kindergottesdienst zeigen. Zwar finden jährlich - bei insgesamt sogar wieder leicht steigender Tendenz - über 50.000 (evangelische) Schul- und Schülergottesdienste statt,[11] doch werden sie kaum in liturgischen oder religionspädagogischen Werken grundsätzlich, also über unmittelbar auf Praxis bezogene Modelle und Anregungen hinaus bedacht.[12] Ähnliches gilt für die fast 400.000 Kindergottesdienste jedes Jahr,[13] die von der durch sie angesprochenen Ziel-

---

[8] Vgl. z.B. *C. Mahrenholz*, Kompendium für Liturgik. Agende I für evangelisch-lutherische Kirchen und Gemeinden und Agende I für die Evangelische Kirche der Union, Kassel 1963.

[9] Vgl. z.B. *König*, Grundregeln, 113-117.

[10] Vgl. z.B. *C. Grethlein*, Abriß der Liturgik, Gütersloh ²1991, 17-77.

[11] Vgl. Statistik über Äußerungen des kirchlichen Lebens in den Gliedkirchen der EKD in den Jahren 1993 und 1994, veröffentlicht als Statistische Beilage Nr. 91 zum Amtsblatt der EKD, Heft 2 vom 15. Februar 1997, 19.

[12] Vgl. jetzt mit starkem Praxisbezug *W. Neuser*, Gottesdienst in der Schule. Grundlagen - Erfahrungen - Anregungen, Stuttgart 1994, und *E. Goßmann/R. Bäcker*, Schul-Gottesdienst. Situationen wahrnehmen und gestalten, Gütersloh 1992.

[13] Vgl. zu einem ersten historischen Überblick *C. Berg*, Gottesdienst mit Kindern. Von der Sonntagsschule zum Kindergottesdienst, Gütersloh 1987; vgl. grundsätzlicher systematisch *H.-C. Schmidt-Lauber*, Der Kindergottesdienst im Spannungsfeld zwischen Gottesdienst und Pädagogik, in: *ders.* Die Zukunft des Gottesdienstes. Von der Notwendigkeit lebendiger Liturgie, Stuttgart 1990, 374-394.

gruppe in deutlich höherem Maße als die Erwachsenengottesdienste besucht werden.[14] Eine genauere Analyse kleinerer Beiträge zur Konzeptionsbildung beider Veranstaltungen erinnert an die anstehende Aufgabe einer religionspädagogisch und liturgisch begründeten und also eine Vermittlung beider Disziplinen voraussetzenden Theoriebildung.

Dies läßt sich beim Kindergottesdienst an der ungelösten Verhältnisbestimmung zum sonstigen Gemeindegottesdienst sehen. War traditionell die Hinführung der Kinder zur Teilnahme am sog. Hauptgottesdienst ein wichtiges, wenn nicht das wichtigste Ziel des Kindergottesdienstes, das sich in dessen agendarischer Struktur widerspiegelte,[15] so wurde im Gegenzug hiervon völlig abgesehen.[16] Dahinter stand ein entweder an der traditionellen Liturgik oder an der Sozialpädagogik orientierter Ausgangspunkt. Erst langsam beginnen diese beiden Positionen sich gegenseitig zu öffnen. Die Einsicht in die Bedeutung ritueller Vollzüge für Kinder und in die Problematik der Agende I auch für die meisten Erwachsenen schaffen eine neue Ausgangsbasis, ohne daß schon eine befriedigende Gesamtkonzeption, die sowohl aus theologischen[17] als auch sozialisationstheoretischen[18] Gründen jedenfalls punktuell gemeinsame Gottesdienste von Kindern und Erwachsenen anstreben müßte, ausgearbeitet worden ist.[19]

Litt der Kindergottesdienst lange Zeit unter der Einordnung in primär der Liturgiegeschichte verpflichtete Konzepte, so drohte dem Schulgottesdienst umgekehrt eine pädagogische Funktionalisierung.[20] Zudem war er lange Zeit handgreiflicher Ausdruck der Unterordnung der Lehrerschaft unter die Geistlichen. Die zunehmende Trennung von Kirche und Schule, zuerst in der Emanzipation der Lehrer und zuletzt im weitgehenden Wegfall der Bekenntnisschulen greifbar, brachte erhebliche Schwierigkeiten für eine theologisch hinreichende Ortsbestimmung dieser Institution. Auf pädagogischer Seite wurde die Lage durch das zunehmende Desinteresse von Schülerinnen und Schülern, aber auch Lehrerinnen und Lehrern verschärft.

Grundsätzlich stehen Kinder- und Schulgottesdienst in vielen Gegenden Deutschlands dem Problem gegenüber, daß den meisten Kindern (und Jugendlichen) christlicher Gottesdienst und die in ihm traditionell vorausgesetzten Verhaltensweisen wie gemeinsames Singen, Beten, Zuhören oder Stillsein fremd sind. Dieses Dilemma ist weder allein religionspädagogisch noch liturgisch zu bearbeiten, geschweige denn zu lösen.

---

[14] Vgl. Statistik (EKD), 17.
[15] Vgl. z.B. *W. Thiel*, Art. Kindergottesdienst, in: ³RGG Bd. 3, Sp. 1282 f.
[16] Vgl. z.B. *G. Otto*, Art. Kindergottesdienst, in: *ders.* (Hrsg.), Praktisch-theologisches Handbuch, Hamburg ²1975, 336f.
[17] Vgl. *C. Möller*, Bekehrung der Väter zu den Kindern, in: EK 12 (1979), 34.
[18] Vgl. *G.R. Schmidt*, Religionspädagogik, 239.
[19] Eine gewisse Richtung versuche ich in den Beiträgen: *C. Grethlein*, Kindergottesdienst heute, in: PTh 77 (1988), 353-357, und *C. Grethlein*, Leben mit Kindern - auch im Gottesdienst, in: PTh 83 (1994), 509-518, zu weisen.
[20] Vgl. die knappen historischen Hinweise bei *Goßmann/Bäcker*, Schul-Gottesdienst, 52-61.

## 3. Aufbrüche in Religionspädagogik und Liturgik

Eine neue Möglichkeit für einen Dialog zwischen Religionspädagogik und Liturgik eröffnen sowohl allgemein gesellschaftliche als auch - damit eng verbunden - wissenschaftliche Veränderungen.
Es ist wohl keine Übertreibung, wenn man für beide Disziplinen in den letzten Jahren eine sich zuspitzende Krise konstatiert. Für die Religionspädagogik diagnostiziert z.B. N. Mette - unter Rückgriff auf soziologische Analysen von *F.-X. Kaufmann* - eine „tiefgreifende Identitäts-Relevanz-Krise"[21]. *R. Köcher* faßt entsprechende Umfrageergebnisse zusammen: „Die Schwächung des Kontakts zur Kirche und der Rückzug der meisten Elternhäuser aus der religiösen Erziehung haben gravierende Folgen: Die Chancen von Kindern und Jugendlichen, gelebte Religiosität zu erfahren, sind stark gesunken; für viele ist der Glaube wahrhaft 'unsichtbar' geworden." Und sie stellt sofort anschließend den Zusammenhang dieser religionspädagogischen Krise mit der Krise des Gottesdienstes her: „Von der ungünstigen, völlig überalterten Zusammensetzung der Gottesdienstbesucher und demonstrativ Gläubigen gehen - unbeabsichtigt und unvermeidlich - negative Signale aus"[22]. Auch in der liturgischen Diskussion ist mittlerweile die Rede von der 'liturgischen Not' Allgemeingut geworden.[23] Nicht nur der geringe Besuch vieler Sonntagsgottesdienste verbunden mit einer abnehmenden Kenntnis liturgischer Vollzüge und damit der Partizipationsmöglichkeit am Gottesdienst, sondern auch die marginale Stellung der Liturgik in der Ausbildung evangelischer Theologen geben Anlaß zu Klage und Sorge. Insgesamt läßt sich ein sowohl religionspädagogische als auch liturgische Bemühungen betreffender Rückgang der Traditionsleitung und eine vor allem bei jüngeren Menschen verbreitete Distanzierung von Kirche und ihren Angeboten und Vollzügen beobachten, die ein einfaches Fortschreiben bisheriger vorzüglich auf den schulischen Religionsunterricht bezogener Religionspädagogik bzw. vor allem an der Rekonstruktion historischer Zusammenhänge interessierter Liturgik verbieten. Die sich anbahnenden Neuprofilierungen der beiden Fächer führen sie gerade in ihrer Arbeit an den Modernisierungsfolgen[24] in Kontakt zueinander.
Religionspädagogisch ist spätestens seit der politischen Vereinigung Deutschlands und dem Versuch, Religionsunterricht an ostdeutschen Schulen einzuführen, unübersehbar, daß - bislang kaum beachtet - der schulische Religionsunterricht bei Schülern und Schülerinnen eine gewisse religiöse Praxis oder wenigstens Anschauung erfordert, soll er nicht zu einer abstrakten Veranstaltung ohne Lebensbezug werden. Dazu gehören vorzüglich - entsprechend dem besonderen Charakter von Religion - Ausdrucks- und Gestaltungsformen, die traditionell im Gottesdienst gepflegt werden. Wie kann z.B. im

---

[21] *N. Mette*, Religionspädagogik, Leitfaden Theologie 24, Düsseldorf 1994, 13.
[22] *N. Mette*, aaO., 17 f.
[23] Vgl. *H.-C. Schmidt-Lauber*, Begriff, Geschichte und Stand der Forschung, in: *ders./K.-H. Bieritz*, (Hrsg.), Handbuch der Liturgik, Leipzig u.a. ²1995, 15.
[24] Vgl. als Überblick zum Konzept der Moderne die einzelnen Beiträge bei *F.-X. Kaufmann*, Religion und Modernität, Tübingen 1989.

Religionsunterricht Wirken und Leiden Jesu sachgemäß behandelt werden, wenn den Schülerinnen und Schülern die Kommunikationsform des Gebets, ein wesentlicher Bestandteil der Lebenspraxis Jesu als eines frommen Juden, unbekannt ist? Wie kann das Wunder der Schöpfung bedacht werden, wenn elementare Formen sinnlicher Wahrnehmung und des Stillseins[25] als Voraussetzungen hierfür nicht geübt sind?

Dem entspricht auf der wissenschaftlichen Ebene, daß in den zuletzt erschienen Lehrbüchern der Religionspädagogik[26] nicht mehr der Lernort Schule und hier der Religionsunterricht im Vordergrund stehen. Vielmehr behandeln sie weitausholend verschiedene andere Lernorte und wenden sich vor allem der grundsätzlichen Frage nach der religionspädagogischen Relevanz einzelner Angebote zu. *K.E. Nipkow* versucht dies durch Rückgriff auf den Bildungsbegriff,[27] *H. Schmidt* durch die Betonung der neuzeitlichen Herausforderung für die anstehenden Transformationsprozesse,[28] *N. Mette* durch Hinweis auf das befreiungstheologisch profilierte Konzept der 'Konvivenz'[29], *G.R. Schmidt* durch Unterstreichung der sozialisatorischen Bedeutung von Gemeinschaft und hier besonders des Gottesdienstes.[30] Dabei tritt deutlich hervor:[31] Religionspädagogik ist offensichtlich unter gegenwärtigen gesellschaftlichen und speziell sozialisatorischen Bedingungen auf den Kontakt zu nicht pädagogisch intentionaler religiöser Praxis bzw. der Theoriebildung hierüber angewiesen. Dies erweitert das traditionell von der Religionspädagogik bearbeitete Gebiet erheblich. Neben Schule, Familie und Gemeinde werden jetzt Gemeinschaften von Menschen religionspädagogisch höchst bedeutsam, die selbst keine religionspädagogische Absicht haben, aber als Christen zu leben versuchen und so sozialisatorisch relevante Impulse geben (können), die dann wiederum Grundlage für religionspädagogisch intendierte Lernprozesse an den herkömmlichen Lernorten sind. Hier besteht eine offene Stelle innerhalb religionspädagogischer Theoriebildung, an die liturgische Beiträge passen, und zwar auf Grund der religiösen Inhalten mit ihrem Transzendenzbezug besonders angemessenen rituell verdichteten Form symbolischer[32] Kommunikation außerordentlich gut passen.

---

[25] Vgl. *G. Faust-Siehl,* Stille und Stilleübungen - Pädagogische Grundlagen einer Methode des Religionsunterrichts, in: *G. Adam/R. Lachmann* (Hrsg.), Methodisches Kompendium, Göttingen ²1996, 366-376.

[26] Vgl. *K.E. Nipkow,* Bildung als Lebensbegleitung und Erneuerung. Kirchliche Bildungsverantwortung in Gemeinde, Schule und Gesellschaft, Gütersloh 1990 u.ö.; *H. Schmidt,* Leitfaden Religionspädagogik, Stuttgart u.a. 1991, *G.R. Schmidt,* Religionspädagogik, *N. Mette,* Religionspädagogik.

[27] Vgl. *K.E. Nipkow,* aaO., 25-61.

[28] Vgl. *H. Schmidt,* Leitfaden, 39 f.

[29] Vgl. *N. Mette,* aaO., 153-155.

[30] Vgl. *G.R. Schmidt,* Religionspädagogik, 171 f.

[31] Vgl. genauer *C. Grethlein,* Religionspädagogik - vor einem neuen Aufbruch?, in: ThLZ 121 (1996), 914-916.

[32] Dabei ist allerdings vorausgesetzt, daß die im Gottesdienst verwendete symbolische Kommunikation verständlich ist, eine wichtige liturgische Herausforderung (für die Gestaltung des Gottesdienstes) und zugleich eine wichtige religionspädagogische Aufgabe (für die Bildung der Fähigkeit zum Verstehen symbolischer Kommunikation).

In dieser Situation ist es günstig, daß auch die Liturgik als die Theorie einer solchen grundsätzlich zweckfreien Religionspraxis, wie sie in entsprechenden rituellen Vollzügen am Evangelium orientierter symbolischer Kommunikation ihren Ausdruck findet, 'im Aufbruch'[33] zu sein scheint. Entgegen früheren Werken fällt z.B. im neuen 'Handbuch der Liturgik', das - in der verlegerischen Tradition von *G. Rietschels* 'Lehrbuch der Liturgik' (bzw. dessen Überarbeitung durch *P. Graff*) mit seiner rein historischen Ausrichtung stehend - wohl eine gewisse Zwischenstation vornehmlich evangelischer liturgischer Forschung markiert, der erhebliche Umfang der nicht-historischen Beiträge auf. Von besonderer Bedeutung ist für die Religionspädagogik, daß jetzt auch pädagogische Perspektiven manchmal Berücksichtigung finden.

Dies gilt zum einen für einzelne Artikel[34], die speziell pädagogischen bzw. pädagogisch relevanten Fragen gewidmet sind. *R. Degen* gibt dabei wichtige Hinweise für einen möglichen religionspädagogischen Beitrag zur Liturgik. Als 'Grundfrage' formuliert er hierfür: „wie es zu gottesdienstlichen Erfahrungen in unserer Zeit generell kommt und wie diese lebensrelevant werden können"[35]. Gottesdienst wird in dieser Perspektive „zur 'gestalteten Religion' als Prozeß. Inhalte begegnen als Handlung, in der nicht lediglich Informationen über Inhalte zu erfahren sind, sondern diese sich im Prozeß kundtun, betroffen machen und als Erfahrung erschließen. Die Religionspädagogik ist dabei an der Frage interessiert, wie der Gottesdienst das zur Wirklichkeit macht, wovon er redet."[36] Zur Bearbeitung dieser liturgischen Aufgabe kann Religionspädagogik Beobachtungen zum Alltag heutiger Menschen und den hier praktizierten rituellen Handlungsabläufen, die zumindest verständliche Gestaltungsformen darstellen, sowie Einsichten zur alters- und geschlechtsspezifischen Differenzierung solcher Praxis beitragen.

Zum anderen eröffnet auch die im Handbuch vertretene anthropologische Grundlegung der Liturgik vielfältige Begegnungsorte mit der Religionspädagogik. Exemplarisch sei auf zwei hingewiesen: Die in der Liturgik auszuarbeitende geschöpfliche Dimension[37] berührt sich unmittelbar mit gegenwärtigen religionspädagogischen Bemühungen. In diesem Zusammenhang ist es interessant, daß zumindest in manchen symboldidaktischen Arbeiten liturgisch zentrale Elemente, wie z.B. Brot, Wasser oder Kreuz,[38] bearbeitet werden. Dazu tritt die grundsätzliche Kulturbezogenheit liturgischer Arbeit deutlich hervor.[39] Auch hier besteht ein unmittelbarer Berührungspunkt mit der Religi-

---

[33] So der Literaturbericht über das Handbuch der Liturgik von *P. Cornehl,* Liturgiewissenschaft im Aufbruch, in: ThLZ 121 (1996) 223-239.

[34] Vgl. besonders Degen, Gottesdienst und *R. Kirste,* Jugend und Schulgottesdienst, in: *H.-C. Schmidt/K.-H. Bieritz* (Hrsg.), Handbuch der Liturgik, Leipzig u.a. ²1995, 801-816.

[35] *R. Degen,* Gottesdienst, 627.

[36] Ebd.

[37] Vgl. *K.-H. Bieritz,* Anthropologische Grundlegung, in: *H.-C. Schmidt-Lauber/K.-H. Bieritz* (Hrsg.), Handbuch der Liturgik, Leipzig u.a. ²1995, 98-103.

[38] Diesen drei Symbolen geht z.B. *P. Biehl,* Symbole geben zu lernen II, Neukirchen-Vluyn 1993, unter ausdrücklichem Hinweis auf die Aufgabe einer 'Sakramentendidaktik' nach.

[39] Vgl. *K.-H. Bieritz,* Grundlegung, 103-106.

onspädagogik, insofern religionspädagogische Theorie und Praxis ohne Auseinandersetzung mit der sie umgebenden Kultur undenkbar sind.

Die Reihe solcher Berührungspunkte ließe sich ohne Schwierigkeiten weiter fortsetzen. Die dabei mögliche wechselseitige Förderung beider Disziplinen soll an einem Beispiel im Folgenden demonstriert werden, das eine, vielleicht sogar die fundamentale Aufgabe menschlicher Lebensgestaltung betrifft, nämlich den Umgang mit Zeit.

### 4. Umgang mit Zeit als religionspädagogische und liturgische Aufgabe

Pädagoginnen machen seit einiger Zeit auf vermutlich weitreichende Veränderungen in der Kindheit und Jugend aufmerksam, die wesentlich mit dem - in der allgemeinen Verbreitung der Armbanduhren unmittelbar greifbaren - Siegeszug der linearen Zeitstruktur in der Moderne[40] zusammenhängen. „Wenn moderne Zeitorganisation ... vermehrt in das Leben der Kinder eindringt, so verändert sich dadurch das Mischungsverhältnis zwischen dem Anteil der Lebenszeit, in dem Kinder in vorab und von außen disponierter Zeit handeln und dem Lebenszeitanteil, in dem freier Zeitgebrauch möglich ist. Es könnte ein Zustand erreicht werden, in dem quantitative Veränderungen zu einer neuen Qualität werden. Die nahezu ausschließlichen Erfahrungen von Unterbrechungen, von zeitlichen Fremddispositionen und von zeitökonomischer Kontrolle des Handelns von früher Kindheit an könnten dazu führen, daß solche Kinder kaum noch in der Lage wären, Möglichkeiten zu eigenaktiver Zeitbestimmung und damit zur aktiven Gestaltung der eigenen Lebensverhältnisse zu ergreifen."[41] Besondere Brisanz enthält diese Entwicklung durch die Rationalisierungen in der Arbeitswelt. Denn sie werden zukünftig in wohl noch höherem Maß dazu führen, daß ein nicht unbeträchtlicher Teil der Bevölkerung in radikalisierter Weise vor das Problem eines sinnvollen Umgangs mit Zeit gestellt wird, weil er nicht oder nur in geringer Weise durch Erwerbsarbeit gebunden ist.

---

[40] Vgl. zu den mit der Ausbreitung von Uhren gegebenen pädagogischen Voraussetzungen und Veränderungen sehr anschaulich *N. Neumann*, Lerngeschichte der Uhrzeit. Pädagogische Interpretationen zu Quellen von 1500 bis 1930, Weinheim 1993; vgl. als anschauliche Einführung in den kulturellen Problemzusammenhang *J. Rifkin*, Uhrwerk Universum. Die Zeit als Grundkonflikt des Menschen, München 1988 (am. 1987); vgl. zur möglichen religionsdidaktischen Aufarbeitung die Unterrichtsmodelle von *R. Wunderlich*, Umgang mit der Zeit. Ein Unterrichtsentwurf für die 8. Jahrgangsstufe. Arbeitshilfe für den evangelischen Religionsunterricht an Gymnasien Themenfolge 94, hrsg. von der Gymnasialpädagogischen Materialstelle der Evangelisch-Lutherischen Kirche in Bayern 1992 (Arbeitsheft, Didaktische Analyse und Kommentar zum Schülerheft) und *L. Kuhl* (Hrsg.), Mit Kindern das Kirchenjahr gestalten. Arbeitshilfen Grundschule 5 (rpi Loccum), Loccum 1997.

[41] *U. Rabe-Kleberg/H. Zeiher*, Kindheit und Zeit. Über das Eindringen moderner Zeitorganisation in die Lebensbedingungen von Kindern, in: Zeitschrift für Sozialisationsforschung und Erziehungssoziologie 1984, 41 f. Allerdings fahren sie fort: „Die frühe und häufige Notwendigkeit, eigenes Handeln in vorgegebene Terminpläne einzufügen, könnte aber auch Fähigkeiten zur selbständigen Organisation eigener Bedürfnisse und Ziele in sozialen Zusammenhängen fördern."(42)

Diese Beobachtungen und Prognosen sind religionspädagogisch u.a. deshalb von großer Bedeutung,[42] weil christliche Religion von einem Zeitverständnis geprägt ist, das der formalisierten linearen Zeit entgegensteht. Zeit ist biblisch wesentlich eine Gabe Gottes und dadurch - wie vor allem in der weisheitlichen Tradition zum Ausdruck kommt (Prediger 3,1-13), der sich auch Jesus anschließt (Mt 6,24-34) - jeweils inhaltlich geprägt. Dabei ist das - im Konzept der linearen Zeit geschickt verdrängte - Wissen um die Endlichkeit des Lebens konstitutiv. Aus dieser Spannung zwischen dem auch die meisten Bildungsveranstaltungen, vorzüglich die Schule, prägenden linearen Zeitverständnis und dem Wissen um eine inhaltlich von Gott qualifizierte, jeweils besondere Zeit führt die liturgische Gestaltung der Zeit, am deutlichsten heute im Kirchenjahr greifbar, heraus. Hier hat die Liturgik einen Reflexionsgegenstand, der heute unmittelbare pädagogische und religionspädagogische Relevanz hat. Die Beachtung des (im umfassenden, nicht nur den kognitiven Bereich betreffenden) liturgischen Wissens um die Zeit[43] könnte pädagogische und religionspädagogische Bemühungen um die Gestaltung des Kirchenjahres, wie sie vor allem in Kindergarten und Primarstufe gebräuchlich sind, vor einer Verflachung im Sinne der sich um Feste rankenden kommerziellen Werbekampagnen bewahren.

Umgekehrt setzt die liturgische Zeiteinteilung in ihrer Verbindung von biologisch-naturaler Rhythmik und heilsgeschichtlicher Spiritualität sowohl geschichtliche Kenntnisse als auch Erfahrungen im Umgang mit der Natur voraus, die nicht mehr selbstverständliche Bestandteile des Sozialisationsprozesses sind. Hier kommt religionspädagogischen Hilfen und Anregungen für Familie, Gemeinde und Schule eine wichtige Aufgabe zu, damit der besondere Charakter des Kirchenjahrs den Menschen bei der Gestaltung ihres Lebens, besonders beim Umgang mit der Zeit, helfen kann.[44]

Wissenschaftstheoretisch gewinnt die Religionspädagogik durch solch einen Austausch mit der Liturgik eine kritische Distanz gegenüber einer Pädagogik, die über der pauschalen Rede von 'Subjekt' und 'Mündigkeit' die Endlichkeit und Geprägtheit menschlichen Lebens aus dem Blick zu verlieren droht. Sie kann durch entsprechende Kritik pädagogischer Überlegungen dazu beitragen, daß diese die zeitliche Grundkonstitution menschlichen Lebens adäquater aufnehmen.

Umgekehrt kann die Liturgik durch den Kontakt mit dem pädagogischen Diskurs zur Zeitfrage und den dabei aufgeworfenen Problemen davor bewahrt werden, sich einseitig durch ihre eigene Geschichte und deren Fragen und Gestaltungsformen prägen zu lassen. Traditionelle und heute allenfalls in einem kleinen binnenkirchlichen Bereich plausible Konstrukte, wie regelmäßiger sonntäglicher Gottesdienstbesuch, können

---

[42] Vgl. zum Folgenden ausführlicher *C. Grethlein*, Momo - oder die religionspädagogische Bedeutung der neuen Frage nach der Zeit, in: Loccumer Pelikan 1996/2, 59-64.

[43] Vgl. zu einer ersten mehr historischen Orientierung *K.-H. Bieritz*, Das Kirchenjahr, in: *H.-C. Schmidt-Lauber/K.-H. Bieritz* (Hrsg.), Handbuch der Liturgik, Leipzig u.a. ²1995, 453-489; vgl. aus systematischer Perspektive *H.M. Dober*, Erfahrbare Kirche: dimensionale Zeit und symbolische Ordnung im Kirchenjahr, in: ZThK 89 (1992), 222-248.

[44] Nicht von ungefähr präsentiert das erste speziell für den ostdeutschen Religionsunterricht veröffentlichte und damit besonders um Elementarisierung bemühte Religionsbuch von *H. Hanisch*, u.a. Den Glauben feiern, Frankfurt u.a. 1994, nur das Thema „Feste im Kirchenjahr".

dann nicht mehr wie bisher die liturgische Arbeit bestimmen. Dagegen verdient für eine pädagogischen Fragen aufgeschlossene Liturgik z.B. die Gestaltung der - von der Bevölkerung in Deutschland zunehmend besuchten - Heiligabendgottesdienste und der sog. Kasualien[45] höheres Interesse.

## 5. Modelle der Kooperation

Ohne daß im einzelnen genau die Priorität von theoretischen Überlegungen oder praktischen Erprobungen auszumachen ist, wurden in den letzten Jahren verschiedene Projekte in Schule und Gemeinde konzipiert, die sowohl religionspädagogische als auch liturgische Überlegungen erfordern. Abschließend möchte ich auf zwei solche Versuche hinweisen, wobei beim ersten die Initiative vor allem vom schulischen Bereich, konkret von Lehrerinnen und Lehrern, ausging, beim zweiten der Ausgangspunkt (meist) im Bereich der Kirchengemeinde lag. Beide Modelle können auch Beiträge für die dringend entstehende konzeptionelle und handlungsorientierende Arbeit an Kinder- und Schulgottesdienst sein. Denn sie eröffnen zum einen den heute nicht mehr hintergehbaren (im Wortsinn) ökumenischen Horizont, der sowohl Menschen früherer Zeiten als auch anderer Bekenntnisse einbezieht, und machen zum anderen auf den besonderen Lernort Gemeinde (auch für Schule) aufmerksam.

Ende der achtziger Jahre arbeiteten an unterschiedlichen Stellen[46] Arbeitsgemeinschaften von LehrerInnen und PfarrerInnen an Projekten, die mit dem Begriff der „Nachbarschaft von Schule und Gemeinde" wohl am zutreffendsten erfaßt werden.[47] Auf der einen Seite stand die schulpädagogische Erkenntnis,[48] daß sich Schule außerschulischen Aktivitäten öffnen muß, um die lernfeindliche Isolation vom sonstigen Leben zu überwinden. Auf der anderen Seite erschien die vielerorts beklagte Krise gemeindlicher Jugendarbeit nur in Kooperation mit Schule als dem - zunehmend mehr Lebenszeit der Kinder und Jugendlichen beanspruchenden - Lebensraum bearbeitbar. Unter den Projekten zur „Nachbarschaft von Schule und Gemeinde" finden sich auch Vorhaben mit mehr oder weniger deutlichen liturgischen Implikationen. Nicht zuletzt bei Bemühungen um interkulturelle Bildungarbeit gerieten liturgische Vollzüge ins Blickfeld. So wurde das gemeinsame Feiern christlicher und islamischer Feste als eine Möglichkeit entdeckt, jungen Menschen aus unterschiedlichen Kulturkreisen zu einer gegenseitig bereichernden Begegnung zu verhelfen.[49] Das dabei notwendige Ineinan-

---

[45] Vgl. *M.B. Merz*, Gottesdienst und 'Leutereligion'. Fragen für die Liturgiewissenschaft aus der Interpretation einer Umfrage, in: LJ 33 (1983), 153-164.

[46] Publizistisch traten dabei das Comenius-Institut Münster und das Religionspädagogische Institut Loccum besonders hervor, indem sie z.T. aus der Praxis stammende Versuche bündelten bzw. entsprechende Erprobungen anregten.

[47] Vgl. zum Begriff 'Nachbarschaft' in diesem Zusammenhang *H.B. Kaufmann*, Nachbarschaft von Schule und Gemeinde, Gütersloh 1990, 26.

[48] Programmatisch (allerdings fast ohne Bezug auf die Kirchengemeinde) vorgetragen im vom Kultusminister des Landes Nordrhein-Westfalen herausgegebenen Rahmenkonzept „Gestaltung des Schullebens und Öffnung von Schule" (1988).

[49] Vgl. den knappen Praxisbericht, in: *Kaufmann*, Nachbarschaft, 77 f.; vgl. auch die vom Evangeli-

der von aktiver Partizipation und teilweiser Distanz[50] - bei bestimmten Festriten, die Ausdruck des jeweiligen religiösen Bekenntnisses sind - sowie kritischer Reflexion erfordert sowohl eingehende religionspädagogische als auch liturgische Arbeit, insofern gerade die religiöse Festpraxis wesentlich durch in der Liturgik reflektierte Vollzüge geprägt ist.

Das zweite Modell initiierten wesentlich Kirchenleute. Im Zuge von Überlegungen zu einem den gegenwärtigen Herausforderungen angemessenen Gemeindeaufbau begannen sie in den achtziger Jahren an unterschiedlichen kirchlichen Stellen Projekte zu entwickeln, um baulich attraktive Kirchen als Zeugen christlichen Glaubens für interessierte Menschen zu erschließen. Ursprünglich sollte dies - im Sinne der sog. missionarischen Doppelstrategie[51] - sowohl missionarisch nach außen wirken, etwa bei Kirchenführungen für Touristen, als auch bei der Identitätsfindung von Gemeinden helfen.[52] Hierzu waren sowohl erwachsenenpädagogische als auch liturgische Vorarbeiten notwendig. Sehr schnell wurden die Kirchen - u.a. in der Rezeption museumspädagogischer Neuansätze - im weiteren als Anschauungs- und Erlebnisraum für Schulklassen entdeckt.[53] Schülerinnen und Schüler können hier - in gleichsam didaktisch geschickter Verfremdung - wichtigen Aussagen christlichen Glaubens beim 'Begehen'[54] einer Kirche auf die Spur kommen. Der liturgische Raum erschließt religionspädagogischem Arrangement einen Zugang zur Anschauung von Religion.

Beide Beispiele machen auf die große Chance aufmerksam, die in der verstärkten Kooperation für die Religionspädagogik mit der Liturgik liegt: Sie kann bei der Überwindung einer - durch den zunehmenden Wegfall explizit christlicher Sozialisation in den Familien - zum abstrakten Unterrichtsgegenstand geronnenen (Schul-)Religion helfen und den Weg zur Begegnung mit der den ganzen Menschen umfassenden Religionspraxis in symbolischer Verdichtung eröffnen.

---

schen Landesverband für Einrichtungen der Jugendhilfe im Elementarbereich e.V. herausgegebene Arbeitshilfe und Materialsammlung: Muslimische Kinder in ev.-luth. Kindergärten, Hannover 1987.

[50] Vgl. aus religionspädagogischer Perspektive sorgfältig abwägend H. Zirker, Interkulturelles Lernen - im Verhältnis zum Islam, in: RpB 28 (1991), besonders 35-40.

[51] Vgl. z.B. die grundsätzlichen Überlegungen in dem für einen Strang der Gemeindeaufbau-Diskussion wichtigen Text 21/1983 aus der VELKD: Zur Entwicklung von Kirchenmitgliedschaft. Aspekte einer missionarischen Doppelstrategie, 41-45.

[52] Besonders nahm sich das Gemeindekolleg der VELKD, Celle, dieses Ansatzes mit seinem Projekt „Kirchen erzählen vom Glauben" an (vgl. hierzu knapp A. Seiferlein, Projektorientierter Gemeindeaufbau, Gütersloh 1996, 60-62, 218 f.).

[53] Religionspädagogisch ausgearbeitet wurde das Konzept der 'Kirchenbegehung' z.B. im Themenheft von ru Zeitschrift für die Praxis des Religionsunterrichts 1/1994: Kirchen erkunden - Kirchen erleben, oder im Themenheft von Relipax Nr. 19 (1996): Erlebnisraum Kirche. Handlungsorientiertes Lernen in und um Kirche; vgl. auch den Materialbrief 1/96. Bausteine für den Religionsunterricht (5.-10 Klasse). Beiheft KatBl: Kirchen - Stein gewordene Zeugen ihrer Zeit. Das Selbstverständnis der Kirche im Kirchenbau.

[54] Vgl. zum konzeptionellen Hintergrund dieses Begriffs C. Bizer, Begehung als eine religionspädagogische Kategorie für den schulischen Religionsunterricht, in: ders., Kirchgänge im Unterricht und anderswo. Zur Gestaltwerdung von Religion, Göttingen 1995, 167-184.

# VIII.

# Theologie und Psychologie

Hans-Jürgen Fraas

## 1. Zum Gegenstand von Psychologie und Theologie

### 1.1 Die 'Seele' als Personkern des Menschen

Psychologie, altertümlich mit „Lehre von der Seele" übersetzt, steht offenkundig in einer unmittelbaren Beziehung zur Religion bzw. zur Religiosität des Menschen: „Meine Seele erhebt den Herrn" - „Du meine Seele, singe!" - „Seele, was betrübst du dich" - die Seele ist gewissermaßen das Organ der Gottesbeziehung bzw. der Religiosität. Was ist die Seele? In den Ursprüngen des Begriffs lassen sich eine dualistische und eine monistische Erklärungsweise unterscheiden. Die dualistische geht von der Stofflichkeit der Seele aus und stellt sie dem Körper gegenüber. Anders Aristoteles, der als erster den Begriff 'Psyche' wissenschaftlich gebrauchte. Er versteht darunter das geistige Prinzip, das Formprinzip (Entelechie), das das Wesen der Person bestimmt. Auch im Alten Testament wird die Seele (naephesch) eher monistisch verstanden als das Lebensprinzip, das Leben schlechthin. Im 19. Jahrhundert emanzipieren sich die empirischen Wissenschaften von der Philosophie, die Neurophysiologie tritt in den Vordergrund, es kommt zur „Psychologie ohne Seele" (*A.H. Lange*), und *Nietzsche* kann feststellen: „Wir haben ein Nervenkostüm, keine Seele". So beschränkt man sich denn auf Einzelaspekte im Sinn einer Psychologie des Denkens, des Fühlens, des Wollens (als Vermögenspsychologie bezeichnet) oder auf das empirisch Faßbare, extrem im Behaviorismus als die beobachtbare Folge von Reiz und Reaktion unter Verzicht auf die Erklärung dessen, was im Menschen vorgeht (black-box-Modell). Anders wird das durch die Tiefenpsychologie, die wieder den Menschen als Ganzen sieht und das Psychische als Triebdynamik (*S. Freud*) bzw. als Organisationsprinzip des personalen Lebens (*C.G. Jung*) versteht. So gewinnt *Aristoteles* Gedanke der Entelechie neue Bedeutung: „Wo Es war, soll Ich werden" (*S. Freud*) - der Individuationsprozeß (*C.G. Jung*) drängt den Menschen zur vollen Verwirklichung seines Selbst bzw. seiner selbst. 'Seele' wird zum Ausdruck für das Innerste des handelnden Subjekts, für den Personkern des Menschen, für die Person in ihrer Selbstverwirklichung. Damit stößt die Psychologie, die sich dieserart mit dem Menschen befaßt, auf die Religion als ein das individuelle wie das soziale Leben gestaltendes Phänomen, mithin ein grundlegendes Kulturphänomen.

*1.2 Der konkret existierende Mensch als Gegenstand der Theologie*

Theologie ist die Selbstreflexion des christlichen Glaubens. Der Glaube, theologisch verstanden als Werk des Hl. Geistes am Menschen, wird faßbar nur in seiner inkarnatorischen Gestalt, in Gestalt des glaubenden Menschen. Darum muß die Theologie nach dem Menschen fragen. Der Mensch findet sich als Beziehungswesen vor, in einer dreifachen Beziehungshaftigkeit als Körperwesen, als soziales Wesen und als geistiges Wesen, d. h. als Wesen, das sich selbst in seiner Einheit erfaßt in Bezug zu dem, wovon es sich abgrenzt und was sein Besonderssein, seine Personalität, sein Subjektsein konstituiert. Die bewußte Ausgestaltung dieser Beziehungshaftigkeit macht die Kultur aus. Expliziter Gegenstand der Theologie ist die dritte Beziehungsebene in Gestalt der Wirkungsgeschichte der in der Bibel aufgezeichneten, Glauben gründenden Ursprungs- oder Schlüsselerfahrungen von Menschen hinsichtlich der Grundbedingtheit ihrer Existenz. Theologie ist in diesem Sinn eine Erfahrungswissenschaft.[1] Sie steht unter der neuzeitlichen Verschiebung der metaphysischen Fragerichtung vom Seienden hin zum Erfahrbaren, gleichwohl aber so, daß sie nach den Voraussetzungen der Selbsterfahrung, nach der Bedingungsstruktur der Personalität fragt, durchaus im Sinn *F.W. Schleiermachers*, der mit dem Gefühl schlechthinniger Abhängigkeit einsetzt, einer Frage, die 'Gott' als das 'Woher' dieser Abhängigkeit impliziert. Im inkarnatorischen Sinn von Gott sprechen heißt darum, vom Menschen in seiner Bedingtheit sprechen. Theologie fragt nach dem strukturanthropologischen Grund der religiösen Phänomene, auf die die Psychologie ihrerseits von außen her stößt. Darum ist der konkret existierende Mensch Gegenstand der Theologie. „Religion als Auslegung der Grunderfahrung menschlichen Daseins" (*D. Rössler*) verweist auf die Anthropologie, auf die Persönlichkeitstheorie. So sind andererseits die Ausdrucksformen der Religiosität, ist die in Symbolen als der Sprache des Glaubens sich ausdrückende Frömmigkeitsgeschichte ein weites Feld psychologischer Forschung. Persönlichkeitstheorie und Symboltheorie erweisen sich als geeignet, den integrativen Prozeß zwischen beiden Wissenschaften voranzutreiben. Das heißt aber, daß die Theologie die psychologische Fragestellung immer schon impliziert, auch dort, wo sie dies unter einem dogmatischen Vorverständnis verleugnet oder verdrängt.

*1.3 Theologie als Erfahrungswissenschaft.*

Theologie ist von ihrem Wesen her immer auf Erfahrung bezogen. Erst in der Neuzeit aber, unter entsprechenden erkenntnistheoretischen Voraussetzungen, wird die religiöse Selbsterfahrung, die „Entdeckung der religiösen Subjektivität" (*A. Vergote*) zum expliziten Thema des theologischen Denkens. *F.W. Schleiermacher* ist derjenige, der diesen Ansatz auf eine theologisch-reflexive Grundlage stellt, wenn er Religion als Gefühl oder Bewußtsein beschreibt. Nach *F.W. Schleiermacher* sind christliche Glaubenssätze „Auffassungen der christlich frommen Gemütszustände, in der Rede darge-

---

[1] *E. Herms*, Die Fähigkeit zu religiöser Kommunikation und ihre systematischen Bedingungen in hochentwickelten Gesellschaften, in: ZEE 21 (1977), 276-299.

stellt"[2]. In der Erfahrungstheologie wird dieser Ansatz fortgesetzt und schließlich von G. *Wobbermin* als systematisch-theologisches Konstitutivum ad absurdum geführt. Das liegt daran, daß Erfahrung hier nicht im empirisch-psychologischen, sondern in einem dogmatischen Sinn verstanden ist und damit die empirische Materie des Erfahrungsbegriffs und seine die Empirie leitende kategoriale Struktur nicht unterschieden werden. Die empirisch-deskriptive und die kategorial-normierende Ebene können nur dann sinnvoll aufeinander bezogen werden, wenn ihre Unterschiedlichkeit nicht nivelliert wird. Insofern hat die strikte Ablehnung der Erfahrungstheologie durch die Dialektische Theologie die Voraussetzungen für ein differenzierendes Gespräch zwischen Theologie und Psychologie neu geschaffen.

## 2. Die Nähe der Theologie zu den Sozialwissenschaften

### 2.1 Zur Neuorientierung der Praktischen Theologie

Immerhin hat die Theologie dort, wo sie ihrer praktischen Intention entsprach, nie ganz von der Psychologie absehen können. Zum Problem wurde dieser Praxisbezug freilich erst im 19. Jahrhundert mit zunehmender Differenzierung des Lebens und der Lebensbereiche, wie denn 1886 *W. Bornemann* massive Kritik an der 'unpraktischen praktischen Theologie' übt. Seit 1890 setzt in der praktischen Theologie unter *F. Niebergall*, *P. Drews*, *O. Baumgarten* eine Wende im Sinn einer Berücksichtigung der empirischen Wissenschaften ein. *R. Kabisch* begründet seine Religionspädagogik 1910 psychologisch im ausdrücklichen Anschluß an *F.W. Schleiermacher* und unter Anknüpfung an *W. Wundt* und *W. James*.

Die Verkündigungstheologie lehnt die Psychologie als Erkenntnisquelle jeglicher Art radikal ab und sieht ständig die Gefahr des Psychologismus dort, wo der Glaube nicht konsequent von der Religiosität getrennt gedacht wird, fordert aber gleichwohl in der Katechetik (auch im Rahmen der Evangelischen Unterweisung) entwicklungspsychologische Erwägungen allgemeiner Art[3] und setzt in der Seelsorge die Psychologie als 'Hilfswissenschaft' voraus.[4]

Ein zweiter empirischer Impuls geschah in den siebziger Jahren nach der eigentlichen 'empirischen Wende' in der Pädagogik bzw. in den Sozialwissenschaften, in der die Mittelpunktstellung einer historischen, durch den Begriff des Klassischen und der Tradition bestimmten Orientierung durch die Orientierung an den Sozialwissenschaften bzw. an der Lebenswelt des konkreten Menschen abgelöst wurde.

Diese Neuorientierung hat sich innerhalb der Praktischen Theologie weitgehend durchgesetzt, während die Gesamttheologie in ihrem Selbstverständnis bislang stark dem historisch-philologischen Organisationsprinzip verhaftet ist. In der Seelsorge ge-

---

[2] *F. Schleiermacher*, Der christliche Glaube nach den Grundsätzen der Evangelischen Kirche im Zusammenhang dargestellt, Halle a.S. ²1830, § 5.

[3] Vgl. *A. Burkert*, Methodik des kirchlichen Unterrichts, München 1962, 70 ff.

[4] Vgl. *E. Thurneysen*, Die Lehre von der Seelsorge, München 1948, 176.

schah das durch die Rezeption der Psychoanalyse und die amerikanische Seelsorgebewegung, in der Homiletik durch die Aufwertung der Rhetorik und die Reflexion der Kommunikationsprozesse, in der Liturgiewissenschaft durch die Hinwendung zum Ritual, und in der Religionspädagogik in Gestalt der Schülerorientierung, wenngleich dabei - wie auch in den anderen praktischen Disziplinen - anfängliche Einseitigkeiten zu überwinden waren, die etwa darin bestanden, daß der Seelsorge-Suchende, der Schüler, der Predigt-Hörer nunmehr als ausschließliches oder doch maßgebliches inhaltliches Kriterium verabsolutiert bzw. überbewertet wurden. Denn es kann nicht darum gehen, den Menschen zum inhaltlichen Maßstab von Glaubensaussagen zu machen (*Barths* Kritik ist bei alledem weiterhin ernstzunehmen). Wohl aber geht es darum, stärker zu berücksichtigen, wie die Glaubensaussagen von Mensch zu Mensch vermittelbar sind - es geht darum, die Rezeptionsbedingungen und die daraus sich ergebenden Interdependenzen zu eruieren.

## 2.2 Der anthropologische Bezug der Theologie als Herausforderung

Inzwischen ist der anthropologische Bezug der Theologie zu einem fundamentalanthropologischen Thema avanciert. Denn Religiosität beschreibt nicht nur ein explizit religiöses Vermögen des Menschen im Sinn der genannten Vermögenspsychologie, was das Problem auf die Anwendung bestimmter psychologischer Erkenntnisse in der Praxis und somit auf die Praktische Theologie beschränken, d.h. diese zur Anwendungswissenschaft degradieren würde. Religiosität steht vielmehr in Zusammenhang mit der Persönlichkeit des konkreten Menschen und deren Konstitutionsbedingungen. Der konkrete Mensch, das ist das Kind oder der alte Mensch, der Mensch als Frau oder als Mann, der Verhaltensauffällige, der geistig Retardierte, der angepaßte oder der durchschnittliche Schüler oder eben und gerade auch die Schülerin - die theologische wie die philosophische Anthropologie arbeiten in der Regel mit einem abstrakten und weitgehend idealtypischen Menschenbild, das der konkrete Mensch kaum unmittelbar auf sich zu beziehen vermag. Insofern ist die 'empirische Wende' ein Aufruf an die Theologie als solche, das Interesse am real existierenden Menschen zum erkenntnisleitenden Interesse zu erheben. Hier könnten von der Religionspädagogik wichtige Impulse zu einer didaktischen Neu-Strukturierung des Lehrstoffs im Theologiestudium ausgehen.

## 2.3 Die Religionspsychologie als Schnittpunkt von Theologie und Sozialwissenschaft

Der Ort, an dem Theologie und Psychologie miteinander wissenschaftstheoretisch ins Gespräch zu bringen sind, ist die Religionspsychologie. Er kann von unterschiedlichen Seiten her betreten werden:
Religionspsychologie ist ein spezieller Zweig der Psychologie. In der Psychologie stehen Fragen nach individuellem religiösem Verhalten innerhalb des psychischen Gesamtsystems zur Debatte. Die Anfänge der psychologisch betriebenen Religionspsychologie liegen in den USA der Jahrhundertwende und beziehen sich zunächst wesentlich auf diejenigen religiösen Erscheinungen, die sich empirisch aufdrängen und leicht zu erheben sind, Bekehrungsvorgänge, Wiedergeburtserlebnisse, Gebetsverhalten,

später auf Gottesbilder, Teilnahme am kirchlichen Leben, krankhafte Erscheinungen usw.

Ein anderer Zugang zur Religionspsychologie eröffnet sich über die Religionswissenschaft. Innerhalb der Religionswissenschaft untersucht die Religionspsychologie die Wechselbeziehung zwischen den objektivierten kollektiven Strukturen der Religionssysteme und der Religiosität in den individuellen Biographien.

Aber auch die Theologie ist an dieser Forschungsarbeit interessiert, seit der Einfluß der Dialektischen Theologie gebrochen ist (nicht zuletzt diesem Einfluß ist es zu verdanken, daß sich zumindest im deutschsprachigen Raum die Psychologen heute stärker für die Religionspsychologie interessieren als bislang noch die Theologen). Religiöse Praxis ist immer auch psychische Praxis; darum stößt Theologie auf die Psychologie, wenn sie Praxis reflektiert, und sie kann auf Psychologie nur verzichten, wenn sie den Praxis-Bezug vermeidet. Aber Theologie ist nicht nur (und zwar nicht erst und nicht nur als Praktische Theologie) auf Lebenspraxis bezogen, sie ist selbst Reflexionspraxis, muß also auch selbst zum Gegenstand psychologischer Reflexion werden, indem sie nach ihren eigenen Motiven, Interessen, Strukturen fragt.

Theologisch betriebene Religionspsychologie arbeitet nach hermeneutischer Methode, die die Beobachtung und Beschreibung einzelner Phänomene verstehend in ein Gesamtbild vom Menschen zu integrieren versucht. Das Ansinnen der Theologie, ihrerseits selbständig Religionspsychologie zu betreiben, wird von außen mit Mißtrauen betrachtet: Ist sie nicht einer bestimmten Positionalität verhaftet, und bedeutet das nicht eine unwissenschaftliche Konfessionalität, die dann vermieden wäre, wenn die Religionswissenschaft die Hauptträgerin der Religionspsychologie wäre? Dient die theologisch betriebene Religionspsychologie vielleicht lediglich dazu, den Glauben zu stützen?

Allerdings ist mit dem hermeneutischen Ansatz Positionalität verbunden, die als solche benannt sein muß. Sie besteht im Eingebundensein in eine konkrete, spezifische religiöse Tradition. Sie nimmt diese Tradition damit aber nicht als unbefragbare Tatsache, sondern versucht im Sinn des hermeneutischen Zirkels die formalen und materiellen Strukturen des eigenen Selbstverständnisses zu erfassen und eröffnet damit zugleich die Möglichkeit des Fremdverstehens. Insofern ist gerade das existentielle Vor-Urteil auch im psychologischen Sinn eine notwendige Voraussetzung des Verstehens. Man könnte das bekannte Zitat *K. v. Hofmanns* wie folgt abwandeln: „Ich der Christ bin mir dem Religionspsychologen eigenster Gegenstand meiner Wissenschaft".

Die genannte Infragestellung einer theologisch betriebenen Religionspsychologie impliziert die Vorstellung, daß die Religionswissenschaft im Gegensatz zur Theologie einen objektiven Standpunkt einnehmen könnte. Das entspricht dem Wissenschaftsverständnis des 19. Jahrhunderts. In ihrem positivistischen Anfangsstadium um 1900 versucht die Religionspsychologie ausdrücklich, jede theologische Einbindung abzustreifen und Religiosität als beschreibbare Form menschlichen Verhaltens von der Frage nach dem Glauben und seinen Inhalten zu trennen. Sie versteht sich als empirisch arbeitende Tatsachenwissenschaft, die ein naturgetreues Bild des religiösen Erlebens geben will. Die Transzendenz soll ausgeklammert, Religion als ausschließlich innerweltliches Phänomen beschrieben werden. Sie ist gekennzeichnet durch einen konsequenten Empirismus (*G.S. Hall, W. James*), der ihr bis heute anhaftet, die tiefenpsychologischen Richtungen ausgenommen, wobei aber die Tiefenpsychologie wissenschaftstheoretisch einen schweren Stand hat, vor allem dann, wenn sie sich selbst als empirisch-objektive Wissenschaft ausgibt und ihre methodischen Voraussetzungen nicht ausreichend reflektiert. Es wird *S. Freud* zu Recht von den Empirikern vorgeworfen, daß er seinem eigenen Ideal einer naturwissenschaftlich-empirischen Methodologie nicht entspreche (von *C.G. Jung* ganz zu schweigen), wobei von den Empirikern übersehen wird, daß das Ideal als solches generell nicht haltbar ist.

## 3. Die wechselseitige Kontrollfunktion von Theologie und Psychologie

*3.1 Der kulturgeschichtliche Hintergrund der Begriffe 'Religion' und 'Psyche'*

Das vermeintliche naturwissenschaftliche Objektivitätsideal des 19. Jahrhunderts erweist sich als unhaltbar. Der philosophische Empirismus oder Positivismus stellt seinerseits selbst eine bestimmte Position dar, die nach heutiger Sicht durchaus problematisch ist: Jegliche Theoriebildung, die über das bloße Abbilden oder Aufzählen von Phänomenen verstehend hinausgeht, setzt bestimmte vorempirische Grund-Annahmen voraus, derer sich in vermeintlicher Objektivität nicht bewußt zu sein die eigentliche methodologische Gefahr ausmacht. Auch empirische psychologische Erkenntnisse sind grundsätzlich von ontologischen Leitbegriffen abhängig.[5] Empirische Einzeluntersuchungen religiöser Phänomene setzen schon eine Vorstellung dessen, was religiöse Phänomene seien, also eine implizite Definition von Religion voraus. Kann die Religionswissenschaft diese allgemeine Definition leisten?

Die Religionswissenschaft kann sich ebenso wenig wie die Psychologie von ihrer Entstehungsgeschichte lösen, die auf dem Boden des Christentums liegt. Erst die Aufklärung als ein junger Zweig der abendländischen Kulturtradition, die aus dem Zusammenfluß des griechisch-römischen und des israelitisch-jüdischen Denkens gespeist ist, hat als Folge der Konfessionalisierung des Christentums den Religionsbegriff im neuzeitlichen Sinn hervorgebracht. Indem die Religionswissenschaft sich im Rahmen des Rationalismus von der Theologie emanzipiert, macht sie den Rationalismus zu ihrem Bekenntnis; indem sie sich vom Rationalismus löst, gerät sie in die Gefahr der Gnosis, d.h. einer über den historischen Religionen liegenden das Gemeinsame im mystischen Erleben erfassenden Erkenntnis. Auf die Unableitbarkeit des geschichtlich Einmaligen und Individuellen aus allgemeinen Begriffen hat *E. Troeltsch* hingewiesen.[6] Insofern ist ein aus der Abstraktion gewonnener Religionsbegriff als Leitbegriff problematisch.

Auch der Begriff der Psyche als der Trägerin des personalen Lebens ebenso wie die Begriffe der Person oder des Subjekts entsprechen der abendländischen Kulturtradition. Der Erwählungsglaube des alten Israel hat einen wesentlichen Beitrag dafür ge-

---

[5] Vgl. *E. Herms*, Nachwort, 481-521, in: *W. James,* Die Vielfalt der religiösen Erfahrung (1902), hrsg. v. *E. Herms,* Olten u.a. 1979, 15 ff.

[6] *E. Troeltsch*, Die Absolutheit des Christentums und die Religionsgeschichte, Tübingen 1912, 25 ff.

leistet, den Menschen aus seiner Einbindung in die Natur und in einem zweiten Schritt aus seiner bloßen Teilhaberschaft an der Stammesgeschichte herauszulösen und als Individuum in eine Weltbeziehung zu stellen - „die Seele und Gott, Gott und die Seele" sind strukturell aufeinander bezogen. Die Religionspsychologie ist also in einem doppelten Sinn in einen geschichtlichen Verstehenszusammenhang eingebunden, der in einem hermeneutischen Zirkel mit der Wirkungsgeschichte der christlichen Weltdeutung verbunden ist. Das heißt nicht, daß sie sich nicht auf außerchristliche oder außerabendländische religiöse Phänomene beziehen könnte oder dürfte. Es geht aber hier um ein notwendig offenes Gespräch, denn sie kann und darf keine scheinbar objektive allgemein anwendbare Kategorialität beanspruchen, sondern muß unter Berücksichtigung ihrer eigenen Denkvoraussetzungen fragen, ob Fremdphänomene im Rahmen dieser Kategorialität angemessen verstanden werden können bzw. inwieweit sich diese Kategorialität schrittweise erweitern und verändern muß. So gewinnt der hermeneutische Zugang eine integrative Bedeutung für die Religionspsychologie als ganze, indem er auf der Reflexion der jeweiligen Verstehensvoraussetzungen auf dem Boden und Hintergrund ihrer historischen Bedingtheit insistiert.

Angesichts dessen sollten die unterschiedlichen Religionspsychologie betreibenden Disziplinen nicht im Monolog verharren, sondern zu einem umfassenden Dialog gelangen, denn sie sind aufeinander bezogen und aufeinander angewiesen.

### 3.2 Die Interpretationsfähigkeit unterschiedlicher psychologischer Modelle für religiöse Phänomene

Auf dieser Basis kann weitergehend gefragt und synoptisch betrachtet werden, was die unterschiedlichen psychologischen Forschungsrichtungen für die Interpretation religiöser Phänomene austragen. Ein Problem entsteht dann, wenn Theologen sich einer psychologischen Schule verschreiben und die Sicht der Phänomene damit einengen. Nachdem die psychologischen Schulen sich aber weitgehend gegenseitig ergänzen, muß diese kumulative Weise sich mit dem Gegenstand zu beschäftigen im Gespräch mit der Theologie zum Tragen gebracht werden, ein Vorgang, der zuerst im Jahr 1983 von *G. Theißen* in der Verbindung von Tiefenpsychologie, Behaviorismus und Kognitivismus vollzogen worden ist.[7]

Auch in der Therapie wird heute Flexibilität praktiziert in der Anwendung unterschiedlicher Methoden je nach den Erfordernissen des spezifischen Falls, eine pragmatische Entideologisierung der Diskussion. Es geht nicht um Ausschließlichkeitsansprüche, sondern darum, ein komplexes Phänomen von verschiedenen Seiten aus möglichst exakt beschreiben und verstehen zu können. Denn der Mensch ist ein hochgradig komplexes Wesen, so daß menschliches Verhalten als solches in einzelnen Modellen nicht aufgeht, wohl aber bestimmte menschliche Verhaltensweisen auf unterschiedlichen Wegen aspektbezogen zulänglich interpretierbar sind.

Ein Problem entsteht aber auch dann, wenn solche Pluralität zum beliebigen Eklektizismus führt bzw. zur unreflektierten Anwendung psychologischer Erkenntnisse oder

---

[7] *G. Theißen*, Psychologische Aspekte paulinischer Theologie, Göttingen 1983.

Methoden, deren anthropologische Prämissen nicht bedacht sind. Vielmehr ist der Nachweis notwendig, daß die kategorialen Leitannahmen, die den theologischen und den humanwissenschaftlichen Erkenntniszusammenhang steuern, miteinander kompatibel sind,[8] d.h. daß die als Einheit erlebte Wirklichkeit auch als solche begreifbar ist. Das Verständnis der unterschiedlichen psychologischen Denkansätze als Modelle der Wirklichkeit erlaubt es, nach der Interpretationsfähigkeit solcher Modelle für bestimmte Phänomene zu fragen, sofern eben diese Modelle bestimmten Grundvoraussetzungen entsprechen.

Das konstitutive kategoriale Element der Theologie ist nach *E. Herms*[9] die Aussage, daß erfahrbar Seiendes durch Gottes Tat existiert (Kriterium des Sich-Gegebenseins) und damit dem Zugriff menschlicher Initiative unverfügbar, aber durch den Menschen praktisch und theoretisch bestimmbar ist. Die kategorialen Leitannahmen der Humanwissenschaften sind damit insoweit kompatibel, wie der Sinnbegriff oder ein semantisches Äquivalent im Mittelpunkt stehen und eine grundsätzliche Offenheit der Weltinterpretation gewahrt ist.

Die empirischen Daten andererseits bestehen zum einen aus Elementen der Sinneswahrnehmung und zum anderen aus Erfahrung ermöglichenden kategorialen Begriffen, die selbst nicht aus der Erfahrung stammen, sondern aus der Selbstreflexion des Erfahrungswissens.[10]

### 3.3 Zur wechselseitigen Kontrollfunktion

Daraus ergibt sich eine wechselseitige Kontrollfunktion: Die Psychologie fragt die Theologie nach deren Wirklichkeitsbezug.

Theologische Aussagen sind immer auch unter dem funktionalen Aspekt zu sehen, bestimmte Wirkungen auszulösen, die empirisch überprüfbar sind, oder aber keine Wirkungen auszulösen, was diese Aussagen irrelevant machen würde. Religiöse Aussagen „sind als metaphysische Begriffe falsifiziert, sobald Erfahrungskonstellationen auftreten, die aus ihrem Rahmen nicht mehr zu begreifen sind"[11].

Umgekehrt ist zu fragen, ob die Leitannahmen der psychologischen Forschung mit den theologischen kategorialen Elementen in eine offene Diskussion zu bringen oder aber, ausdrücklich oder unausdrücklich, ideologisch verstellt sind.

Bei *S. Freud* z.B. findet sich die rationalistisch-reduktionistische Formel des 'nichts als': „Ich glaube in der Tat, daß ein großes Stück der mythologischen Weltauffassung, die weit bis in die modernen Religionen hinein reicht, nichts anderes ist als in die Außenwelt projizierte Psychologie"[12]. Nun ist nicht entscheidend, was *S. Freud* 'glaubt', sondern ob diese seine Grundannahme seine Methodenwahl und die katego-

---

[8] *E. Herms*, Kommunikation, 276 ff.

[9] Vgl. ebd.

[10] Vgl. *E. Herms*, Die Funktion der Realitätsauffassung in der Psychologie *S. Freuds*, in: *H. Fischer*, (Hrsg.) Anthropologie als Thema der Theologie, Göttingen 1978, 165-202, bes. 165 ff.

[11] *E. Herms*, Theologie - eine Erfahrungswissenschaft, München 1978, 60.

[12] *S. Freud*, Zur Psychopathologie des Alltagslebens, Berlin 1904, 287.

riale Anordnung seiner Erkenntnisbedingungen so präjudiziert, daß tatsächlich kein anderes Ergebnis erwartet werden kann. *E. Herms* hat aufgezeigt, daß der intentionale Charakter der Therapie („Wo Es war, soll Ich werden") den vermeintlich naturwissenschaftlich-kausalen Denkansatz *Freuds* bzw. sein rationalistisches Wirklichkeitsverständnis in Gestalt eines Selbstwiderspruchs sprengt und den Sinnbegriff im Rahmen des therapeutischen Geschehens einführt.[13]

Andererseits ist eine religiös eingefärbte Psychologie wie die *C.G. Jungs* in der Gefahr, die Grenzen nach der anderen Seite hin zu verwischen. *C.G. Jungs* zirkuläre Methode führt zu einer zirkulären Wechselbeziehung formaler und materialer Erkenntniselemente.[14] Diese Wechselbeziehung wirkt in Gestalt eines selbstregulativen Systems zwar intentional, also sinnbezogen, läßt aber die kritisch-reflexive Distanz, die die Ideologisierung ihrer Voraussetzungen vermeidet, vermissen.[15] Hier wird die Psychologie zur Heilslehre, womit sie sich selbst, aber auch der Theologie keinen Dienst tut.

Der Behaviorismus verkürzt die Wirklichkeitswahrnehmung auf ein in sich geschlossenes lineares Kausalsystem von Reiz und Reaktion; nicht beobachtbare Vorgänge werden als nicht existent angenommen - komplexeres menschliches Verhalten ist damit nicht angemessen erklärbar. Problematisch wird es, wann immer der Behaviorismus gerade diesen Anspruch erhebt.[16]

Am Kognitivismus ist zu überprüfen, ob das konstruktivistische Element möglicherweise die Einsicht kategorial ausschließt, „daß die elementare Auslegung von Wirklichkeit als diese oder jene sich gerade nicht menschlicher Aktivität verdankt, sondern einem alles menschliche Handeln übergreifenden fundamentalen Geschehen, an dem der Mensch nur rezeptiv partizipiert"[17]. Das Äquilibrationsprinzip *Piagets* impliziert ein rationalistisches Wirklichkeitsverständnis, das dem Finalismus, wie er (nicht nur) im frühkindlichen Denken auftritt, kein Recht abzugewinnen vermag. Indem Piaget aus den Erfahrungsinhalten die Bedingungen der Möglichkeit von Erfahrung und aus an sich sinnlosen Vorgängen die Entwicklung von Sinn begreifen will, gerät er nach

---

[13] Vgl. *E. Herms*, Realitätsauffassung, 165 ff.

[14] Die Methode der Amplifikation im Zusammenhang mit der Deutung äußerer Phänomene auf der 'Subjektstufe' führt dazu, daß Jung Eigenvorstellungen nach außen projiziert, wo sie ihm als Fremdvorstellungen begegnen, die ihm die Allgemeingültigkeit seiner Eigenvorstellungen bestätigen.

[15] *H.J. Herwig* deutet *Jung* zu Recht im Rahmen der Gnosis im Hinblick auf seinen zirkulären Erkenntnisbegriff. Andererseits steht *Jungs* antidualistisches System der neuplatonischen Mystik nahe, ohne darin aufzugehen. Er denkt im Gegensatz zu Freud wie auch der Bibel nicht personal, sondern essenziell, was zu einem geschlossenen sich selbst regulierenden psychischen System gerät, das die Grundlage gegenwärtiger Esoterik bzw. der transpersonalen Psychologie bildet, vgl. *H.J. Herwig*, Psychologie als Gnosis: *C.G. Jung*, in: *J. Taubes* (Hrsg.), Religionstheorie und politische Theologie, München 1984, 219-229.

[16] Zur Auseinandersetzung mit den Voraussetzungen dieses Systems vgl. *I. Vogt*, Ohne Freiheit und Würde. Anmerkungen zu *B.F. Skinners* Lernmodell, in: Kölner Zeitschrift für Soziologie und Sozialpsychologie 27 (1975), 112-140, bes. 122 ff.

[17] Vgl. die Polemik *A. Buchers* in seiner Rezension meiner Religionspsychologie, in: EvErz 43 (1991), 557.

E. *Herms* in einen Selbstwiderspruch; denn Sinn ist gerade nicht produzierbar, sondern konstruktives Geschehen setzt den Sinnbegriff schon voraus.

Es wäre ein grobes Mißverständnis, wenn aus diesen Überlegungen gefolgert würde, daß psychologische Erkenntnis zwangsläufig auf den Gottesglauben hinausgeführt werden solle;[18] es geht aber darum, ob und inwieweit eine psychologische Theoriebildung die Frage nach dem Wirklichkeitsanspruch religiöser Erfahrung von ihrem eigenen Realitätsverständnis her offen läßt oder aber eine Verkürzung des Wahrnehmungsraumes impliziert, der dem Eigenverständnis religiöser Phänomene prinzipiell nicht gerecht zu werden vermag. In diesem diskursiven Sinn sind theologische Aussagen nicht exklusiv, sondern offen auch für fremdreligiöse bzw. säkulare Denkansätze.

Aus dieser Begegnung mit der Psychologie darf die Theologie Nutzen ziehen auch im Hinblick auf Impulse für religiöse Handlungsfelder. Im Folgenden sollen einige Schnittfelder zwischen Psychologie und Religionspädagogik konkretisiert werden.

## 4. Die Relevanz der Psychologie für Teildisziplinen der Theologie

### 4.1 Psychologie und Religionspädagogik

In der religiösen Praxis bzw. im Glauben geht es grundsätzlich um Veränderungsprozesse (um Buße, Umkehr, Wachstum, Bewußtseinserweiterung), also um Lernvorgänge. Damit wird die Psychologie generell relevant. Die religionspädagogische Praxis beschränkt sich nicht auf schulisches Lernen, sondern spricht die Lerndimension aller Lebensvollzüge an. Sie untersucht die Entwicklung bzw. Sozialisation der Persönlichkeit, d.h. die genetisch-biologisch wie sozial bzw. gesellschaftlich bedingten Prozesse, die Gewinnung von Rollenidentität, die Neustrukturierung der Persönlichkeit durch kognitive Dissonanzen/Bekehrungserlebnisse, durch provokative und konfrontative Therapie.[19] Der Behaviorismus ist mit dem theologischen Menschenbild nicht kompatibel, aber es ist nicht zu leugnen, daß das komplexe Wesen 'Mensch' auch basale Lernvorgänge vollzieht, die im Schema des Erfolgs- bzw. Verstärkungslernens interpretierbar sind. Er erklärt, warum beispielsweise bestimmte Verhaltensweisen vom einzelnen übernommen bzw. nicht übernommen oder vorhandene Verhaltensdispositionen extinguiert werden. Die Verstärkungsprozesse (Gewöhnung/Gewohnheit, Vorbild, Modell) sind beim Aufbau religiöser Verhaltensdispositionen durchaus von Bedeutung, wenngleich nicht in dem zwanghaften Sinn, wie es das reduzierte Menschenbild des Behaviorismus nahelegt, sondern eben nur als Bausteine eines komplexeren Zusammenhangs. Im Bereich von Gewöhnungslernen, Modell-Lernen, Gestalterkennen liegen einzelne Forschungsergebnisse, aber noch keine Gesamtdarstellungen vor.

Der Kognitivismus hat innerhalb der Entwicklungspsychologie in den letzten Jahrzehnten den Behaviorismus ebenso wie die *Erikson*'sche Phasentheorie abgelöst. Er ist

---

[18] Vgl. die Polemik *A. Buchers* in seiner Rezension meiner Religionspsychologie, in: EvErz 43 (1991), 555-557, bes. 557.

[19] Vgl. *W. Rebell*, Psychologisches Grundwissen für Theologen, München 1988, 115 ff.

für die Entwicklungstheorie unverzichtbar. Theologische Kritik muß aber zugleich auf die Unmittelbarkeit jeder Phase zu Gott hinweisen, die jegliche Wertung verweigert, während Stufentheorien aller Art eine konsequente und irreversible aufsteigende Tendenz suggerieren und damit ein bestimmtes Zielbild des Menschen voraussetzen, das seinerseits zu problematisieren ist.

Schülerorientierung erfordert die genaue Kenntnis der psychischen Situation des Lernenden. Dazu gehören die ihm verfügbaren kognitiven Strukturen, dazu gehört aber auch seine Motivationsstruktur, die eher von der Psychoanalyse her deutlich zu machen ist. Lernhemmungen lassen sich nicht nur im Rahmen des Stufenmodells, sondern auch durch die kognitive Dissonanz-Theorie bzw. die analytischen Theorien der Verdrängung und des Widerstandes verständlich machen. Ob und inwieweit der Unterricht sozialisationsbegleitend bzw. entwicklungsfördernd in dem Sinn sein kann, daß er frühere problematische Lernprozesse therapeutisch aufarbeitet, ist nur individuell zu beantworten.

Was den Erziehungsprozeß betrifft, so ist es wichtig, daß Erziehungspersonen ihre eigene Sozialisation aufgearbeitet haben. Vom egozentrischen Ansatz seiner Erkenntnisfähigkeit und von der Selbstbehauptungstendenz der Motivationsstruktur her hat der Mensch die Neigung, die Selbstverständlichkeit und Allgemeingültigkeit seiner eigenen Weltsicht vorauszusetzen. Diese Selbstverständlichkeit muß im Blick auf die spezifischen Entstehungsbedingungen relativiert werden, um so Verständnis und Toleranz für andere Entwicklungsgänge zu entwickeln und erst damit in die Lage zu kommen, den anderen zu fördern, ohne ihm das eigene Selbstverständnis aufoktroyieren zu wollen. Das gilt gerade auch für Glaubensvorstellungen und relativiert die missionierende Haltung, die die Frage der (immer erst im Prozeß befindlichen) Wahrheit mit der selbst erworbenen Eigenüberzeugung verwechselt. Dabei spielen auch Vorgänge von Übertragung und Gegenübertragung für das Verhältnis zwischen Lehrenden und Lernenden eine Rolle, unbewußte Erwartungshaltungen, die eigenen Bedürfnissen oder Konflikten entsprechen. Innerhalb der Lerngruppe sind sozialpsychologische und kommunikationstheoretische Erkenntnisse zu beachten.[20] Auf den religiösen Charakter der Struktur gruppendynamischer Abläufe, die damit in unmittelbare Konkurrenz zu religiöser Praxis treten, hat *W. Rebell* hingewiesen.[21]

Was kann die Religionspsychologie für einzelne theologische Disziplinen innerhalb religionspädagogischer Vermittlungsprozesse leisten?

*4.2 Psychologie und Bibelwissenschaften*

Im Mittelpunkt des Religionsunterrichts steht die Texterschließung. Für das Verstehen biblischer Texte oder historischer Gestalten gilt mutatis mutandis das oben Gesagte über das zwischenmenschliche Verstehen bzw. das Verhältnis von Lehrenden und Lernenden. Denn der Text tritt dem Leser mit einem personalen Anspruch entgegen. Die

---

[20] Zur Sozialpsychologie in der Exegese vgl. *W. Rebell*, Psychologische Bibelauslegung, in: BuK 44 (1989), 111-117, bes. 114 mit Literaturangabe, Anm. 8.

[21] *W. Rebell*, Grundwissen, 204.

historisch-kritische Exegese wird durch eine psychologische Interpretation niemals überflüssig, denn sie hat die Aufgabe, die Stimme, die den Leser anspricht, authentisch zu Gehör zu bringen; nach *J. Habermas* macht *Diltheys* Hermeneutik Textentstellungen rückgängig, während die psychoanalytische Hermeneutik die Motive dafür aufzudecken suche. Die psychologische Reflexion eröffnet innerhalb des Kommunikationsprozesses Einblick in die Struktur/den psychischen Code des Erlebens, das im zu interpretierenden Text, Symbol oder rituellen Verhalten manifest ist, und in die Verstehensvoraussetzungen bei der Decodierung und Re-Subjektivierung dieser geschichtlichen Manifestationen.

Innerhalb der Exegese reicht die Spannweite von *G. Theißen* bis zu *E. Drewermann*. Dabei ist der plurale Ansatz *Theißens* aus den oben genannten Gründen dem methoden-monistischen vorzuziehen, von der Eigenproblematik der *Jung*'schen Methode ganz abgesehen. Es ist kein Zufall, daß die Tiefenpsychologie für die Exegese besonders ertragreich ist, weil in der Symbolik als der Sprache des Glaubens in starkem Maß rational nicht voll auflösbare unbewußte Elemente mitschwingen. Dabei ist ein mehr methodisch-formaler (*S. Freud*) und ein mehr inhaltlicher (*C.G. Jung* und die verbreitete *Jung*-Schule) Aspekt der Anwendung zu unterscheiden.

Methodisch gilt, daß auch hier hermeneutische Prozesse mit Übertragung und Gegenübertragung stattfinden. Vor allem phasen- und situationsbedingte Widerstände bei den Schülern können so bewußt gemacht werden. Inhaltlich geht es darum, daß in Bildern und Symbolen die Erfahrung im Glauben gelungenen Lebens aufbewahrt wird und der Mensch auf Symbole ansprechbar ist. Besonders im pädagogischen und seelsorgerlichen Umgang mit Geistig-Behinderten ist die Wichtigkeit dieses Zugangs offensichtlich. Dabei bleibt die Frage der Symboldidaktik offen, ob der Mensch auf die Symbole auf der Basis der Ontologie *C.G. Jungs* in unbewußter Zwangsläufigkeit anspricht, oder ob Symbole der reflexiven Vermittlung im Sinn kritischer Symboldidaktik bedürfen.[22] Ähnliches gilt für die Beurteilung des Bibliodramas. *H. Weder* gibt zu bedenken, daß die psychologische Exegese sich auf das konzentriere, was im Text verschwiegen wird, zwischen den Zeilen lesen wolle. Außerdem könne die psychologische Exegese dazu führen, daß nicht mehr die Sache des Textes, sondern nur noch seine Entstehungsbedingungen untersucht werden.[23] Andererseits hat *W. Rebell* aufgezeigt, wie selbst Theologen, die ausdrücklich psychologiefeindlich auftreten, einer vorwissenschaftlich-unreflektierten 'Alltagspsychologie' unterliegen.[24] *W. Rebell* stellt fest, daß sich im praktischen Umgang mit Bibeltexten ein totaler Verzicht auf Psychologie überhaupt nicht durchhalten lasse.[25]

---

[22] *H. Saal*, Das Symbol als Leitmotiv für religiöses Verstehen, Göttingen 1995.

[23] *H. Weder*, Exegese und Psychologie, in: VuF 33 (1988), 57-63, bes. 57.

[24] *W. Rebell*, aaO., 111.

[25] Ebd.

## 4.3 Psychologie und Systematische Theologie

Wenn die gelingendes Leben stiftende Glaubenserfahrung erschlossen werden soll, dann ist die Persönlichkeit des Menschen, die Personalität angesprochen, dann konkretisiert sich an dieser Stelle die Anthropologie. Sofern die Feministische Theologie beispielhaft diese Perspektive einbringen (und nicht eine neue, andere Theologie entwerfen) will, ist sie in vollem Recht und damit auf die Psychologie verwiesen, etwa in der Frage einer geschlechterspezifischen Religiosität.

Gleichzeitig ist es hilfreich zu zeigen, wie bestimmte Theologumena (etwa die Rechtfertigungslehre als Ausdruck des Sich-Empfangens des Menschen, des Bestimmtseins seiner Identität von außen her, oder die Trinitätslehre als Ausdruck des kommunikativen Geschehens als Definition des Wesens Gottes und damit zugleich als Bestimmung des Menschen zur Kommunikation) ihre alltagsweltlich-psychologische Entsprechung haben. Dabei soll die Psychologie nicht als Beweismittel für die Richtigkeit von Glaubenssätzen mißbraucht werden; es gibt keinen psychologischen Satz, der nicht von anderen bestritten würde bzw. revisionsfähig wäre. Es geht aber darum, Glaubenssätze in ihrer Intention verständlich zu machen und von ihrer Struktur her ihre Nähe auch zum säkularen menschlichen Selbstverständnis aufzuzeigen, wenn denn Gottesbewußtsein und Selbstbewußtsein des Menschen in Wechselbeziehung zueinander stehen. Von daher kann der Sinn von Glaubenssätzen neu erschlossen werden.

## 4.4 Psychologie und Kirchengeschichte

In die Kirchengeschichte ist die Psychologie bisher nur insofern hineingetragen worden, als bestimmte Gestalten von ihrem psychischen Kontext her interpretiert wurden. Beispielhaft war *Eriksons* Lutherstudie 1964; inzwischen sind andere auf diesem Weg gefolgt. Auch hier können bestimmte historische Phänomene dem Menschen näher gebracht werden, wenn sie von ihrer Motivation, ihrer Triebstruktur oder ihren kognitiven Voraussetzungen her zu verstehen gesucht werden. Mittels der Sozialisationsforschung kann die einzelne Persönlichkeit, der einzelne Theologe, Dichter, Staatsmann immer auch aus dem Kontext seiner/ihrer Sozialisationsbedingungen heraus verstanden werden. Auch hier geht es nicht um psychologischen Reduktionismus - die theologische Wahrheit in Luthers Frage nach dem gnädigen Gott leidet keine Einbuße, wenn man erkennt, daß diese für ihn vorrangige Problemfrage in einer gewissen Beziehung zu seiner frühkindlichen Elternerfahrung steht.

Diese Betrachtungsmöglichkeit gilt gleichzeitig auch für eine bestimmte Epoche als ganze oder eine geistige Bewegung. Das macht eine sozialisationstheoretische Feldforschung nötig, die die kollektiven Motive und ihre Auswirkungen auf verschiedene Bereiche der Lebenspraxis untersucht, Motive, die beispielsweise zum Hexenwahn, zur Erweckungsbewegung, zur gegenwärtigen Esoterik usw. geführt haben. Schließlich ist auf den auch säkularisierten Gebrauch von Riten und Symbolen zu verweisen, auf den Mißbrauch von Religion, auf pathologische Erscheinungen, auf die Ambivalenz religiöser Symbole als persönlichkeitsbildender bzw. psychostruktureller Elemente, die zu spezifischen Frömmigkeitsformen und Gruppenbeziehungen tendieren. Hier ist z.B. die Bedeutung narzißtischer Symptome für die Interpretation fundamentalistischer oder bestimmter neureligiöser Verhaltensweisen interessant. Die Religionspädagogik kann auf solche Untersuchungen nicht verzichten. Ohne die Diskussion mit psychologischen Denkmodellen unter Einbezug empirischer Einzeluntersuchungen wird man den Aufgaben der Religionspädagogik nicht mehr gerecht werden können.

Zweiter Teil
# Perspektiven

IX.

# Pluralität und Selbstbegrenzung -
# die enzyklopädische Frage in der Postmoderne

Reinhard Wunderlich

## 1. Einstimmung

„Es ist länger als ein Jahrzehnt her. An einem heiteren Sommerabend war ich auf dem Schloß meines Freundes in Klein-Oels angekommen. Und, wie es immer zwischen ihm und mir war, währte unser philosophisches Gespräch tief in die Nacht. Es klang noch in mir nach, als ich in dem altvertrauten Schlafgemach mich auskleidete. Lange stand ich dabei noch, wie so manches Mal schon, vor dem schönen Stich der Schule von Athen von Volpato über meinem Bette. Ich genoß an diesem Abend ganz besonders, wie der harmonische Geist des göttlichen *Raphael* den Streit der auf Tod und Leben sich bekämpfenden Systeme gesänftigt hat zu einem friedlichen Gespräch. ... Schlafmüde, wie ich war, legte ich mich nieder. Auch schlief ich sogleich ein. Und alsbald bemächtigte sich ein geschäftiges Traumleben des *Raphael*'schen Bildes und der Gespräche, die wir geführt hatten. In ihm wurden die Gestalten der Philosophen zu Wirklichkeiten."[1]

*W. Dilthey* (1833-1911) erzählt anläßlich eines Symposions zu seinem siebzigsten Geburtstag 1903 von einem „Traum", um seinem „Lebensgefühl", wonach jede „Weltanschauung ... historisch bedingt, sonach begrenzt, relativ" ist (224) „ein wenig poetisch Ausdruck zu geben." (221)

Das Fresko des *Raffaelo Santi* (1483-1520) ist wohl der bekannteste Ausschnitt eines ausgeklügelten Bildprogramms der sog. Stanza della Segnatura, eines der Gemächer im Vatikanischen Palast. Erst rund 100 Jahre nach seiner Entstehung erhielt es auf entsprechenden Stichen um 1620 seinen jetzigen Namen (Scuola, Liceo oder Ginnaio d' Athene). Diese Bildkomposition der Vergangenheit wird für *Dilthey* zu einem *Leit-Bild* seiner Lebensphilosophie, für sein Bildungsverständnis und eben für die enzyklopädische Frage der Wissenschaften.

In dramatischen Wendungen bringt *Diltheys* Traum verschiedene Typen der Weltanschauungen und ihre Vertreter vor und nach Raffael zum Tanzen. Figuren der Aufforderung zum Tanz in der Schule von Athen sind Archimedes und Ptolemäus, sodann *Sokrates* und Platon und schließlich Pythagoras und Herakleitos. Und beim Aufeinanderprallen der *naturwissenschaftlichen* Welterklärer, der Bekenner *übersinnlicher* bzw. auch *geschichtlicher* Weltordnung und der Verkünder einer *synthetischen Harmonie* zwischen Natur und Kultur scheint es *Dilthey* die Einheit seines eigenen Wesens zu

---

[1] *W. Dilthey*, Traum, in: Gesammelte Schriften, Bd. VIII., Stuttgart (1960) ³1962, 220-226, hier 221.

zerreißen. „Unter diesem Aufstreben meiner Gedanken wurde die Decke des Schlafes dünner, leichter, die Gestalten des Traumes verblaßten, und ich erwachte." (223 f.)
Ohne jetzt auf die gedanklich wache Aufarbeitung durch *Dilthey* einzugehen, kann doch zweierlei festgehalten werden:
1. Die enzyklopädische Frage der Wissenschaften rumorte bereits am Anfang dieses Jahrhunderts als tendenziell systemsprengend.
2. Präzision der Gedankenführung muß nicht immer über wissenschaftliche *Beweise* erfolgen, sie kann auch über - in diesem Falle bildliche - *Hinweise* gelingen.

Wenn wir als gegenwärtige Theologen und Religionspädagogen uns unserer Zeitgenossenschaft stellen, dann hat sich (ob wir nun träumen oder wachen) die Situation seit *Dilthey* verschärft. Allein der Tanz der für uns relevanten Paradigmen in Theologie, Pädagogik und Religionspädagogik ist schneller, bunter, schriller geworden. Eine Intention auf „umfassende Erziehung", also eine enkyklios paideia, sieht sich heute einerseits einem explodierenden Wissen gegenüber, das seine Strukturierung vielleicht gerade noch in einer (CD-Rom gestützten) alphabetisierenden, positivistischen Auflistung findet. Anderseits aber scheint die systematisierende Mitte, das didaktische Relevanzgitter, zu fehlen. Solches aber wäre notwendig für eine den Welt- und Daseins-*Kreis umlaufenden* Erziehung: enkyklios paideia. *Die* Ordnung der jeweiligen Sachverhalte scheint endgültig zerbrochen, Pluralität als Signatur unserer Zeit ist angesagt. Und die Religionsdidaktik als reflektiert auswählende Vermittlungswissenschaft im Spannungsfeld zwischen Theologie und Pädagogik bzw. anderen Humanwissenschaften gerät dabei in ein dreifaches Dilemma:

1. Was *die theologischen Inhalte* betrifft, so kann etwa die nunmehr 26-bändige *Theologische Realenzyklopädie* zwar beanspruchen, eine „Repräsentation der theologischen Forschung im Ganzen" zu leisten, muß sich jedoch bei aller problemorientierten und zukunftsoffenen Darstellung im Einzelnen der Tatsache stellen, daß auch sie „kein Endpunkt" ist, sondern sich „als ein Anfang" versteht.[2] Und solch ein Anfangen sieht sich heute von Anfang an mindestens zwei unterschiedlichen Denkrichtungen ausgesetzt, einer „mehr sozial- oder kommunikationstheoretisch und eine(r) mehr geschichtstheoretisch begründeten Theorie der Theologie"[3]. Von dem ja durchaus umstrittenen Wissenschaftsstatus der Theologie ist dabei noch gar nicht die Rede.
Wo liegen für die Religionsdidaktik dann aber die Kriterien einer unabdingbaren Auswahl, um das ausgebreitete Wissen *sinnvoll* nutzen zu können?
2. Ähnlich gelagert ist es im Feld pädagogischer Systembildung. Im Nachwort zur 8000seitigen Enzyklopädie Erziehungswissenschaft reklamiert der Herausgeber *D. Lenzen* für dieses Werk einerseits den Anspruch einer 'Zwischenbilanz' der Pädagogik für das ausgehende 20. Jh. „des Kindes". Gleichzeitig aber relativiert er sofort diese „enzyklopädische Dokumentation" zu einer Art endgültiger „Schlußbilanz", da die Bedeutung der Pädagogik insgesamt auf dem Spiel stünde

---

[2] *C.H. Ratschow*, Vorwort, in TRE I (1977), V-IX, bes. V und VIII.

[3] *G. Hummel*, Artikel 'Enzyklopädie', in: TRE IX (1982), 716-742, hier 738.

und man prüfen müsse, ob es überhaupt noch eine „ungebrochene Referenz auf Wirklichkeit" geben könne.[4]

Wo liegen für die Religionsdidaktik dann aber die Kriterien einer notwendigen Auswahl, um das ausgebreitete pädagogische Wissen *überhaupt noch* nutzen zu können?

3. Und schließlich besteht ein Dilemma für die Religionsdidaktik selbst, die als eigenständige Wissenschaft ihre eigene Enzyklopädie auszubreiten hätte, bislang aber über das Selbstverständnis einer kritisch-integrativen Verbundwissenschaft als formaler Rahmen unterschiedlichster Paradigmen nicht hinausgelangt ist.

Wo also könnte Religionsdidaktik heute in die Schule gehen, um selber zu lernen, wie sie im Durchgang durch die gesamten enzyklopädischen Dilemmata ihre mehr als dringlichen Auswahlentscheidungen zugunsten eines christlich-religiösen Lehrens und Lernens an der demokratisch-pluralen und öffentlichen Schule zu fällen hat?

Meine metaphorische These lautet: In die Schule *zwischen* Athen und Jerusalem!

Dabei lasse ich mich inspirieren von der Bild-Wahl des Traum-Motivs *Diltheys*. Bei wacher und geschichtlicher Betrachtung fallen die *verdeckten theologischen Implikationen* sofort in die Augen. Die *aktuelle Relevanz*[5] dieser Bildmotivik und -metaphorik finde ich in der modern-postmodernen *Variation des Themas* „Schule von Athen" durch den Künstler *B. Willikens*, die im Stuttgarter „Haus der Wirtschaft" realisiert wurde und die die völlig veränderte *Situation* durch die *Tradition* hindurch hellsichtig wahrnimmt und auf Zukunft hin perspektiviert. (Vgl. die Abbildungen 2 und 3 am Ende dieses Beitrages)

Es handelt sich bei meinen Überlegungen also um *einen bildvergleichenden Versuch* zur enzyklopädischen Frage der Theologie/ Religionspädagogik.

## 2. Methodische Zwischenreflexion

Genügt aber - methodisch betrachtet - ein Bildvergleich den wissenschaftlichen Kriterien der Theologie bzw. der Pädagogik bzw. der Religionspädagogik? Es ist das unschätzbare Verdienst des Pädagogen *K. Mollenhauer*, einer „der wesentlichen Anreger" auf dem Felde einer exakten, phantasiereichen [...] pädagogischen Interpretation verschiedenster Kulturzeugnisse" zu sein.[6] *Mollenhauer* möchte die Potentiale der ästhetischen Hermeneutik für die Deutung der Erziehungswirklichkeit nutzen und sie

---

[4] D. Lenzen, Nachwort des Herausgebers, in: EE XII (1986), 9-12, bes. 9 u. 11.

[5] Bereits das originale Bildmotiv Raffaels hat bis vor kurzem eine enorme Breitenwirkung erzielt, indem es als Studio-Kulisse für *F. Küppersbuschs* WDR-Magazin ZAK sonntagabendlich über die Bildschirme flimmerte und so dem postmodernen Zitaten-Spiel ein ironisch gebrochenes Denk-Mal setzte.

[6] H.G. Herrlitz/C. Rittelmeyer (Hrsg.), Exakte Phantasie. Pädagogische Erkundungen bildender Wirkungen in Kunst und Kultur, Weinheim und München 1993, 12.

einer pädagogischen Hermeneutik zuführen.[7] In enger Anlehnung an Schleiermacher parallelisiert er die letztliche, theoretische Unauflöslichkeit des pädagogischen Ereignisses mit ästhetischen Gegenständen, weil diese eben auch „eine besondere Erkenntnisweise" repräsentierten.[8] *Mollenhauer* möchte sich ganz der pädagogischen Komplexität stellen, dabei nimmt er Anleihen beim ästhetischen Urteil, das seine theoretischen Kategorien oder seine praktischen Zwecke nur aus dem je eigenen „Begriff" des entsprechenden Objekts gewinnt.[9]

Die Begründungsargumentation für Bildinterpretationen in erziehungs- und bildungstheoretischer Absicht läßt sich folgendermaßen zusammenfassen:[10]

1. Die „Welt der Erziehung" ist mehrfach codiert durch mindestens drei Dimensionen: sprachlich, sinnlich und symbolisch. Der Aspekt des Visuellen ist damit notwendig zu berücksichtigen.
2. Das Defizit heutiger Pädagogik im Hinblick auf die Thematisierung dieses Aspektes muß Anlaß zu verstärkten methodischen Bemühungen sein.
3. Es kann durchaus sowohl in Bildern der Vergangenheit als auch solchen der Gegenwart ein „relevantes Bildungsproblem" deutlicher zum Ausdruck kommen als in vergleichbaren schriftlichen Dokumenten.
4. Bildinterpretationen erinnern die Pädagogik an ihre „Aufgabe der kritischen kulturellen Überlieferung", deren Ausblendung Resultat einer falsch verstandenen wissenschaftlichen Arbeitsteilung sei.

Insbesondere *Bildvergleiche* helfen dabei „durch Beobachtung des historisch Andersartigen, Charakteristika unserer eigenen Situation besser zu erkennen, und zwar besonders solche, die uns aus dem Bewußtsein geraten, etwa weil sie zum alltäglich Gewohnten gehören."[11]

Dieser Ansatz *Mollenhauers* hat in der Pädagogik bereits Schule gemacht.[12] Aber auch die Praktische Theologie kann sich - allerdings bedauerlicherweise völlig unberührt von den weitläufigen Ergebnissen der Pädagogik - neuerdings als „Kunst der Wahrnehmung" verstehen. Praktische Theologie im Sinne *Grözingers* ist dabei „weder reine Wissenschaft noch reine Technik, sondern siedelt sich exakt an der Schnittstelle zwischen Kunst und Wissenschaft an."[13]

Es ist m.E. an der Zeit, daß auch die Religionspädagogik und die Religionsdidaktik sich die Chance einer an Kunstwerken geschulten *präzisen* Beobachtung im Verbund mit produktiver Phantasie im Hinblick auf *fundierte* Theoriebildung nicht entgehen läßt. Das eigentümlich Changierende der so entstehenden „interpretierenden Spazier-

---

[7] *K. Mollenhauer*, Vergessene Zusammenhänge. Über Kultur und Erziehung, München 1983; *K. Mollenhauer*, Umwege. Über Bildung, Kunst und Interaktion, München 1986.

[8] *K. Mollenhauer*, Umwege, 134.

[9] *K. Mollenhauer*, Umwege, 134.

[10] *K. Mollenhauer*, Vergessene Zusammenhänge, 175 Anm. 2.

[11] *K. Mollenhauer*, Vergessene Zusammenhänge, 40.

[12] Vgl. *H.G. Herrlitz/C. Rittelmeyer*, aaO.

[13] *A. Grözinger*, Praktische Theologie als Kunst der Wahrnehmung, Gütersloh 1995.

gänge" und Gedankenflüge[14] könnte durch mehr Bodenhaftung und Erdung gekennzeichnet sein als sie durch so manche empirische Forschungsergebnisse vermeintlich suggeriert werden. Zur Erhellung von wissenschaftstheoretischen Fragestellungen, wie sie im Zusammenhang dieses Bandes etwa auf die enzyklopädische Frage hin fokussiert sind, scheint es mir äußerst hilfreich und kommunikativ förderlich, *Leit-Bilder* zu suchen und zu interpretieren, die nicht nur alles in Gedanken und Begriffe überführen, was bloß äußere Realität ist, sondern die vor allem auf der fiktionalen Ebene es vermögen, alles zur äußeren Realität werden zu lassen, was bloß Gedanke oder inneres Vermögen ist.[15] Solche Leitbilder braucht die Religionsdidaktik, um „leidenschaftlich an der Wendigkeit vom Detail zur Vision und von der Vision zum Detail" zu arbeiten und „in solchen Übergängen das Spezifische des christlichen Religionssystems wie auch das Spezifische christlicher Subjektivität" zu entdecken.[16]

## 3. Interpretierende Spaziergänge und Gedankenflüge

Wenn man die enzyklopädische Frage in der Theologie stellt, muß man sich auseinandersetzen mit dem allgemeinen Bildungsbegriff. Weltliche Bildung und Christlicher Glaube gehören im abendländischen Kontext zusammen. Dies ist spätestens seit dem 4. Jh. n.Chr. so, wo der „Konflikt zwischen Athen und Jerusalem" „in unsere kulturelle Tradition eingebaut wurde" - so der Althistoriker *E.A. Judge*.[17] Um christlich-religiös zu erziehen braucht man eine Verständigung mit allgemeiner Erziehung. Von den Spielarten dieser Verständigung bleibt der christlich-metaphorische Zielbegriff des „himmlischen Jerusalem" nicht unberührt, aber auch die „Schule von Athen" verändert im Lauf der Jahrhunderte ihre Räumlichkeiten.
Drei Modelle der Verhältnisbestimmung wollen wir *anschauen*, um eine gegenwartsrelevante religionsdidaktische Perspektive andeuten zu können.

*3.1 Durch die Schule von Athen ins himmlische Jerusalem: Die enzyklopädische Antwort des Mittelalters*

Geht man in Freiburg ins Münster, so durchschreitet man in der Vorhalle zum Hauptportal eine Figurengruppe von sieben Frauen, die mit allerlei Attributen ausgestattet sind. Nur dem Kundigen erschließt sich ihre Bedeutung - es handelt sich also um *Allegorien*. Macht man sich aber kundig, so befindet man sich leibhaftig in der Schule von Athen mit ihrem Bildungskanon der sog. sieben freien Künste, wie er bereits von den Sophisten 400 Jahre v.Chr. als Ausdruck der höheren, „runden" Bildung begründet

---

[14] *H.G. Herrlitz/C. Rittelmeyer* aaO., 12.

[15] *F. Schiller*, Über die ästhetische Erziehung des Menschen in einer Reihe von Briefen, Stuttgart 1973, 42 - 45.

[16] *R. Wunderlich*, Pluralität als religionspädagogische Herausforderung, Göttingen 1997, Kap. 5.1.2.

[17] *E.A. Judge*, The Conversion of Rome. Ancient Sources of Modern Social Tensions, North Ryde 1980, 1.

wurde[18] und bis zum Aufkommen der Moderne in Geltung blieb. Mit einer Rute in der Hand schaut die *Grammatik* ernst auf einen Schüler, dessen Ohr sie mit der anderen Hand sich genötigt fühlt zu ziehen, während ein anderer Schüler zu ihren Füßen fleißig in seinem Lehrbuch studiert. Der Appell an den Betrachter ist eindeutig... Eine mit Händen argumentierende Frau führt uns ein in die Kunst der *Dialektik*, während die Effizienz allen Vermittlungsgeschehens durch eine Frauengestalt mit Münzen auf die *Rhetorik* hinweist. Nachdem man sich in diesen drei *formalen* Künsten (Trivium) genügend geübt hat, geht es anschließend um vier *sachliche* Kenntnisbereiche (Quadrivium): Die Frau mit dem Winkelmaß lehrt uns die *Geometrie*, die Frau mit der Glocke tönt von der *Musik*, ohne irgendein Attribut kommt die *Arithmetik* aus und mit Hilfe einer Wasseruhr werden uns Gesetze der *Astronomie* in den Alltag hinein geläufig gemacht.[19]

Die spezifischen Bezüge der septem artes liberales zum christlichen Glauben wurden in den mittelalterlichen theologischen Enzyklopädien immer wieder deutlich zum Ausdruck gebracht.

Umgekehrt provozierte die Schule von Athen eine universalistische Tendenz in der Theologie selbst, wie sie etwa an den theologischen Summen abgelesen werden kann.[20] Religionsdidaktisch aber ist an diesem mittelalterlichen Modell vor allem eines interessant: *In der Schule von Athen bleibt man nicht steh'n*. Die klare Ordnung der Dinge führt unabdingbar zum eigentlichen Zentrum, nämlich in das Innere der Kirche und damit mitten hinein in das himmlische Jerusalem, als dessen irdisches Abbild sich der damalige Kirchenbau in sehr grundsätzlicher Weise verstand.[21]

Die Selbstverständlichkeit, mit der christliche Frömmigkeit geübt und ausgeführt wurde, konnte sich durch enzyklopädische Bildung vertiefend bereichern - wo und wann immer man aber die Schule von Athen betrat und ihre Orientierungsraster nutzte, Ausgang und Eingang blieb das Himmlische Jerusalem. Religionsdidaktik hatte im praktischen und symbolisch-religiösen Handeln, das voll in das Alltagsleben integriert war und „von Kindern beobachtet und initiiert werden"[22] konnte, seinen entscheidenden Bezugspunkt.

---

[18] *A. Reble*, Geschichte der Pädagogik, Stuttgart, [12]1975, 26.

[19] *H. Schiffler/R. Winkeler*, Tausend Jahre Schule. Eine Kulturgeschichte des Lernens in Bildern, Stuttgart und Zürich 1985, 18 - 23.

[20] *G. Hummel*, aaO., 727.

[21] *G. Bandmann*, Mittelalterliche Architektur als Bedeutungsträger, Berlin [6]1979, 62-70.

[22] *K.-H. Flechsig*, Beziehungen zwischen religiösen Denominationen und Pädagogiken im Modernisierungsprozeß Europas, in: *J. Ohlemacher*, Religion und Bildung in Europa. Herausforderungen - Chancen - Erfahrungen, Göttingen 1991, 56-74, hier 61.

## 3.2 In der Schule von Athen: Die enzyklopädische Antwort der Renaissance und ihre Folgen

Der Umweg über Freiburg war notwendig, um nun bei der Betrachtung der *Raffael*'schen „Schule von Athen"[23] nicht nur die veränderte Situation der enzyklopädischen Frage der Wissenschaften zu erkennen, sondern auch die theologischen Implikationen nicht zu vernachlässigen, wie dies *Dilthey* in seinem „Traum" ja getan hat. *Raffaels* Fresko wurde wirkungsgeschichtlich zunächst einmal rein theologisch bzw. religionspädagogisch gedeutet bzw. funktionalisiert.

1523 gibt es einen Stich, der *Raffaels* linke untere Bildhälfte zur Darstellung bringt - unter dem Titel „Die vier Evangelisten". 1550 dann stellt ein Stich die gesamte Szenerie *Raffaels* unter das Thema „Die Predigt des Paulus in Athen". Und auf einem Stich von 1617 verwandeln Heiligenscheine die beiden im Fluchtpunkt der Zentralperspektive erscheinenden Gestalten in Petrus und Paulus.[24] Solche schlichten religionspädagogischen Funktionalisierungen gleichen eher biblischen Illustrationen als einem kalkulierten Bildungsprogramm, wie es eigentlich erst im 19. Jahrhundert durch genaue kunsthistorische Überlegungen rekonstruierend herausgeschält werden konnte. Steht man vor *Raffaels* Fresko, so erkennt man auch als Kundiger nur langsam das uns bereits bekannte Thema der Sieben freie Künste wieder. Links unten die *Grammatiker* - und erneut tauchen hier an prononcierter Stelle Kinder auf. Daneben die *Musiker* bzw. auch die *Arithmetiker*: Zentrum ist die Harmonientafel des Pythagoras, die abgeschrieben wird. Rechts sieht man die *Geometer* über Zirkelprobleme gebeugt und die *Astronomen*, die einen Globus und eine Weltkugel in Händen halten. Auf der oberen Bühne disputieren links die *Dialektiker*, allen voraus *Sokrates*, mit Händen und Füßen, während man rechts die *Rhetoriker* vermutet. In der Mitte, im Fluchtpunkt des gewaltigen Hallengebäudes, überwölbt vom lichten Himmelsgewölk erscheinen die Vertreter der Philosophie, Platon und Aritoteles, die im Zusammenspiel ihrer 'Fingerzeige' Geistiges und Irdisches verbinden.[25]

Keine Frage - die formalen mittelalterlichen Allegorien sind bei *Raffael* dem prallen Leben gewichen. Frei gestaltete Gruppen von Menschen stehen miteinander im Gespräch und in den verschiedensten Beschäftigungen. Ein kultureller und wissenschaftlicher Pluralismus hat Platz gegriffen, erzeugt durch die praktische Kommunikation unter verschiedenen Menschen unterschiedlichster Herkünfte. Nur mehr lose und eher implizit orientiert man sich an der klassischen Enzyklopädie. Der Rückgriff auf sie ist eben keine puristische Repristination, sondern setzt im Geist der Renaissance ein „Ensemble von Veränderungen in der abendländischen Kultur" frei.[26] Entscheidend ist jetzt ein *Anthropozentrismus* in Verbindung mit *analytischem Denken*;[27] beide Kompo-

---

[23] Siehe die entsprechende Abbildung 1 am Ende dieses Beitrages aus *B. Geyer*, Scheinwelten. Die Geschichte der Perspektive, Leipzig 1994.

[24] *K. Oberhuber*, Polarität und Synthese in Raphaels „Schule von Athen", Stuttgart 1983, 53-55.

[25] *H. von Einem*, Das Programm der Stanza della Segnatura im Vatikan, Opladen 1971, 28 f.

[26] *P. Burke*, Die Renaissance, Berlin (1990) ²1991, 15.

[27] *K.-H. Flechsig*, aaO., 61.

nenten orientieren sich an der Sachhaltigkeit einer Welt, die durch immer neue Entdeckungen komplexer wird.

Gibt es aber angesichts eines solchen Curriculums, das scheinbar völlig autonom ist, noch irgendwelche Verbindungslinien zur Theologie? Kann Religionsdidaktik hier überhaupt noch Schule machen bzw. selber in die Schule gehen? Versperrt die Schule von Athen nicht geradezu den Horizont des himmlischen Jerusalems. Ein Übergang ist ja wohl ausgeschlossen.

Wie man bereits im Freiburger Münster allein durch die Raumdynamik dem eigentlichen Zusammenhang auf die Spur kommt, so auch in der Stanza della Segnatura. Der Besucher der Schule von Athen hat nämlich die Theologie im wahrsten Sinne des Wortes *im Rücken*! Und zwar in Gestalt des der Schule von Athen gegenüberliegenden Freskos, das gemeinhin als „Disputa" bezeichnet wird. Es handelt sich dabei um das Bildmotiv der Verherrlichung der Dreifaltigkeit im oberen Teil dieses Freskos, dem auf Erden das Altarsakrament und ein Neubau im Sinne der Erbauung des irdischen Jerusalem, entspricht.[28] Ohne jetzt auf die innere Systematik der hier vorgestellten Theologie einzugehen, ist doch eines klar: Die Bezugnahme auf die christliche Theologie blieb konstitutiv. Dabei entstanden selbstverständlich keine eindeutigen christlichen Bildungs-Zielformulierungen im Sinne kanonisch iustitiabler Entscheidungen und Urteile, vielmehr überwogen Synkretismen und durchaus neue kulturelle „Zwitter".[29] Dennoch verknüpften die christlichen Humanisten (wie *Erasmus von Rotterdam* oder *Philipp Melanchthon*) die relativ autonom behandelten Wissensbestände gerade auch über die septem artes hinaus mit christlichen Wertvorstellungen. Weil das himmlische Jerusalem in den Ausdrucksformen des irdischen Jerusalem antizipiert werden konnte, wurde ein neugieriger, aber auch ungeheuer selbstgewisser, fortschreitender, „fortschrittlicher" Gang in der Schule von Athen konsequent anempfohlen.

Religionsdidaktik war dabei nun allerdings wie die gesamte Pädagogik viel stärker auf abstrakte Repräsentationen angewiesen.[30] Dies ist ein klarer Gegensatz zur Präsentations-Form eines schlichten Ganges ins „Himmlische Jerusalem", wie das mittelalterlich noch selbstverständlich sein konnte. In der Schule von Athen deutet sich diese Entwicklung zur Repräsentation zunächst erst im Hinblick auf die Enzyklopädie der nichttheologischen Wissenschaften an. Doch auch die Theologie wurde - nicht zuletzt durch die entstehenden konfessionellen Gegensätze - genötigt, auf den wachsenden Pluralismus in Wissenschaft, Kultur und Erziehung einzugehen bzw. auch sich von ihm kontrafaktisch abzugrenzen. Damit aber wurde das religionsdidaktische Konzept einer affirmativen „Einübung im Christentum"[31] immer problematischer. „Christliche Religion war hinfort nicht mehr die einzige Quelle für erzieherisch bedeutsames Wissen."[32] Der Blick zurück (also das himmlische Jerusalem „im Rücken", wie es *Raffael* noch konzi-

---

[28] H. von Einem, aaO., 37 f.

[29] P. Burke, aaO., 38.

[30] K. Mollenhauer, Vergessene Zusammenhänge, 22-77.

[31] S. Kierkegaard, Einübung im Christentum, 1850.

[32] K.-H. Flechsig, aaO., 62.

pieren konnte) wurde allmählich aufgesogen von dem Blick nach vorne in die Schule von Athen. Zwei extreme religionsdidaktische Entwicklungen konnten sich anbahnen: Einmal der kontrafaktische fromme Rückzug aus der Schule von Athen ins Himmlische Jerusalem des Herzens; hier wären z.B. pietistische Pädagogiken zu nennen.[33] Zum anderen ist die religiöse Überhöhung der Schule von Athen durch die Wissenschaftsgläubigkeit besonders des 19. Jahrhunderts zu nennen.

*3.3 In der Schule zwischen Athen und Jerusalem: Die enzyklopädische Frage in der Postmoderne und ihre religionsdidaktische Perspektive*

Geht man in Stuttgart ins „Haus der Wirtschaft", so begegnet einem in der *König-Karl-Halle* gleich zweimal die Schule von Athen.[34] Der 1939 in Leipzig geborene Künstler *B. Willikens* hat in den Jahren 1987/88 seine Variationen des Themas ebenfalls als Raumprogramm installiert. Die enzyklopädische Situation unserer Gegenwart ist wie in einem Brennglas fokussiert und dennoch als Panorama entfaltet. Die Schule von Athen ist hier leergeräumt von Menschen, die in ihrer lebendigen Repräsentation noch irgendeine sinnliche Ahnung von enzyklopädischem Zusammenhang aufkommen lassen könnten (und sei es der wilde Tanz der Paradigmen wie in *Diltheys* Traum). Allerdings: Die genaue Einhaltung der Perspektive und die enzyklopädischen Requisiten der *Raffael'*schen Schule sind als Zitate noch vorhanden. Ein völliger Traditionsabbruch ist nicht zu erkennen. (Vgl. Abbildung 2) Andererseits: Das Überschießende, ja Verheißungsvolle der Tradition ist massiv durch reine Funktionalisierung bedroht und insofern ist ein Traditionsbruch unübersehbar. (Vgl. Abbildung 3) „Zwei Bilder stehen sich korrespondierend gegenüber; das eine, dem Ausgangspunkt noch nah, das andere, ganz aus dem Denken unserer Zeit gewonnen."[35] Doch selbst die reine Funktion ist bei *Willikens* ironisch gebrochen (etwa in den aufwendigen dreigestaffelten 'Keller'treppen oder in dem leeren Aufzugschacht): „Die Maßgaben der Raumarchitektur schaffen keine hinreichende Orientierung mehr."[36] Enzyklopädische Wissensbestände - so die einfache und doch komplexe Antwort des Künstlers *B. Willikens* - sind in ihrer Fülle geschweige denn Ordnung nicht einmal mehr repräsentierbar.

Was aber bleibt? Ist die Kühle der Leere die letzte Antwort? Das Spannende an *Willikens* Bildern ist, daß ihre Dynamik aus dem gleichsam objektiven Raumprogramm selbst in die Betrachter hinein verlegt wird, in die einzelnen Subjekte. Die sog. anthropologische Wende der Wissenschaften (einschließlich der Theologie) kann leibhaftig

---

[33] *J. Dyck*, Athen und Jerusalem. Die Tradition der argumentativen Verknüpfung von Bibel und Poesie im 17. und 18. Jahrhundert, München 1977.

[34] Siehe die entsprechenden Abbildungen 2 und 3 am Ende dieses Beitrages aus dem Verlagsprospekt Klett-Cotta zum nicht erschienenen Buch von *B. Willikens*, Schule von Athen, Stuttgart 1988.

[35] *B. Willikens*, Aphorismen zur Autonomie zweier Bereiche, in: Landesgewerbeamt Baden-Württemberg u.a. (Hrsg.), Haus der Wirtschaft, Stuttgart o. J. (1989), 53-55, hier 54.

[36] *L. Romain*, Dynamik der Leere, in: *B. Willikens*, Dynamik der Leere. Ausstellungskatalog, Galerie der Stadt Esslingen, Stuttgart 1989, 15-22, hier 18.

erfahren werden. Die Präsenz des Betrachters muß aktiv die enzyklopädischen Repräsentationen in die beiden Bilder hineinlegen. *Willikens* selbst formuliert das so: „Der einzelne Betrachter, das Individuum, ist die Figur, die zu meinem Bild gehört. Hier erhoffe ich einen Dialog."[37] *Willikens* Bilder fordern dabei „beim Betrachter nicht Einverständnis ein, sondern verstehen sich als Herausforderungen, als Anmutungen durch Vieldeutigkeit."[38] Gewiß, die Schule von Athen impliziert immer noch das Maß der Ordnung. Aber ihr „Schein von Unerschütterlichkeit, ja von Naturgegebenheit" kann durch den Betrachter genommen werden, „indem man sie buchstäblich abmißt, sie relativiert und auch relationiert, sie in Schwingung und also in Erwartung versetzt."[39]
Mit einer solchen Perspektive der Relativierung und Relationierung befinden wir uns nun aber auch bereits auf der Ebene von allgemeindidaktischen Erkenntnissen und Schlußfolgerungen, wie sie angesichts des Verlustes von ganzheitlich-harmonischen Enzyklopädie-Illusionen gegenwärtig immer deutlicher formuliert werden: „Der Lernprozeß, den wir Didaktiker zusammen mit den von uns zu Belehrenden durchlaufen sollten," schreibt *M. Meyer*, „wird von der didaktischen Gewißheit zu didaktischen Ungewißheiten führen, nicht von der Ungewißheit zur Gewißheit."[40] Didaktik hat sich danach in der Bildungsdiskussion der Kontingenz zu stellen, also radikal an die Unverfügbarkeit von Wissensbeständen wie auch Lernprozessen zu erinnern. Didaktik in der Schule von Athen - das bedeutet für die Gegenwart nicht nur auszuwählen, sondern auch sich radikal beschränken zu müssen. „Jeder Versuch" schrieb *H. Blankertz* schon 1972, „auf didaktischen Schleichwegen die Sehnsucht nach verlorenen Ganzheiten zu befriedigen, behindert, je länger, desto mehr, die Propädeutik und verstellt zugleich durch Ideologiebildung den heute möglichen und unbedingt notwendigen Blick für die übergreifenden Strukturen."[41]
Schaut man sich gegenwärtige Entwürfe einer Allgemeinen Pädagogik[42] oder einer Allgemeinen Didaktik[43] an, so kann man unschwer erkennen, daß das Kriterium der Selbstbegrenzung zur alles entscheidenden regulativen Idee geworden ist, um im Ansatz noch enzyklopädischen Ansprüchen in ihrer unhintergehbaren Pluralität gerecht werden zu können.[44] Die Variationen des *B. Willikens* fordern den Betrachter dazu auf,

---

[37] *B. Willikens* nach *L. Romain*, Maß aus Leidenschaft, in: *B. Willikens*, Metaphysik des Raumes, Stuttgart ²1988, (1985), 11-24, hier 18.

[38] *L. Romain*, Dynamik, 16.

[39] *L. Romain*, Leidenschaft, 17.

[40] Vgl. *M.A.* Meyer, aaO., 277.

[41] Vgl. *M.A. Meyer*, „Von der Gewißheit zur Ungewißheit" - Überlegungen bezüglich der Entwicklung der Allgemeinen Didaktik und der Fachdidaktik, in: *ders.* und *W. Plöger* (Hrsg.), Allgemeine Didaktik, Fachdidaktik und Fachunterricht, Weinheim/Basel 1994, 268-284, hier 277.

[42] *D. Benner*, Allgemeine Pädagogik. Eine systematisch-problemgeschichtliche Einführung in die Grundstrukturen pädagogischen Denkens und Handelns, Weinheim/München 1987.

[43] *J. Diederich*, Didaktisches Denken. Eine Einführung in Anspruch und Aufgaben, Möglichkeiten und Grenzen der Allgemeinen Didaktik, Weinheim/München 1988.

[44] Vgl. *R. Wunderlich*, aaO., Kap. 4.

die leeren Räume der einst lebendigen Schule von Athen zu füllen. Die dazu notwendigen Repräsentationen von Inhalten aber bleiben stets rückgebunden an das Selbstverhältnis des Betrachters und an das reflexive Verhältnis des Betrachters zum jeweils Repräsentierten. Pädagogik und Didaktik kommen deshalb ihrerseits um eine akzeptierte Endlichkeit nicht herum; wird sie produktiv genutzt - im Sinne einer damit gegebenen Selbstbegrenzung -, wird der wilde Tanz der Paradigmen, den *Dilthey* träumte, sich zu einer probehaften Annäherung an die Fülle des Lebens, an eine enkyklios paideia wandeln, ohne die "unwiderruflich" zerbrochene „Einheit von Leben und Lernen"[45] einfach zu überspringen.

Die geschichtliche Tiefendimension der Schule von Athen in der Fassung *B. Willikens* scheint die christlich-religiösen Implikationen, wie sie uns im Mittelalter und in der Renaissance so selbstverständlich begegneten, auszusparen. Das himmlische Jerusalem ist weder begehbar, noch bildet es den geheimen Bezugspunkt, von dem aus man mit dem Pathos der Neuzeit grenzenlos in der Schule von Athen voranschreiten könnte. Im Gegenteil: Die unendliche Weite bei *Raffael* ist einem diffusen weißen Schleier gewichen, der eigentümlich begrenzt. Und dennoch: Gerade bei *Willikens'* Kunst spricht man von der „Metaphysik des Raumes": „*B. Willikens* nutzt die Schärfe der Begrenzung und die Hermetik der Raumperspektiven, um die Endlichkeit seiner Voraussetzungen zu durchstoßen, den Schein des Dreidimensionalen zum Schein des Transzendenten zu vertiefen. Die Faßlichkeit dieser Räume wandelt sich in das Unfaßliche einer unendlichen Ferne des Lichts."[46]

Gibt es für die Religionsdidaktik also angesichts dieser unendlichen Ferne überhaupt eine Möglichkeit, auch in die Schule von Jerusalem zu gehen bzw. zu kommen, also christlich-religiöse Lernprozesse zu initiieren? Die Bildvariationen von *B. Willikens* und ihre Rezeptionsvorgaben der schwebenden Erwartung *und* der bestimmten geschichtlichen Erinnerung geben m.E. für diese Fragestellung ein deutliches, wegweisendes *Leit-Bild*.

Denn genau das, was gegenwärtig in der Schule von Athen zum entscheidenden Auswahlkriterium *formal* erhoben werden kann, nämlich die Selbstbegrenzung, erfährt religionsdidaktisch gewendet überraschenderweise seine *inhaltliche Füllung!*[47] Selbstbegrenzung nämlich erweist sich bei näherer christlich-trinitätstheologischer und geschichtstheologischer Betrachtung als möglicher, wenn nicht sogar notwendiger, entscheidender Schlüssel zur Fülle des Lebens - in Gott und bei Gott.

Das nämlich, was den Menschen Jesus von Nazareth ganz in die Einheit mit Gott bringt, in die Fülle des Lebens, ist seine konsequente Selbstunterscheidung von Gott, sein lebensförderliches Nicht-Sein-Wollen wie Gott und seine entsprechende Verkün-

---

[45] *K.-F. Göstemeyer*, Pädagogik nach der Moderne? Vom kritischen Umgang mit Pluralismus und Dogmatismus, in: ZfP. 39 (1993), 857-870, hier 836.

[46] *H. Klotz*, Metaphysik des Raumes, in: *B. Willikens*. Metaphysik des Raumes, Stuttgart (1985) ²1988, 7-10, hier 8.

[47] Vgl. *R. Wunderlich*, aaO.

Abbildung 1

Abbildung 2

Abbildung 3

digungsintention und sein entsprechendes Handeln. Das ist der mögliche Kern aller Christologie!

Und das, was der endlichen Schöpfung in ihrer Kontingenz und Pluralität ihre Dignität, ihre einzigartige Würde verleiht, ist, daß Gott sie so will, indem er sie als das Andere seiner selbst frei gibt, solange sie ihre eigene Geschöpflichkeit akzeptiert und sich insofern selbst begrenzt. Das ist der mögliche Kern aller Schöpfungstheologie!

Und überall da, wo man im Geiste solcher christlichen Selbstbegrenzung bezogen bleibt auf die Fülle des Lebens, wo man sich selbst nicht absolut setzt, sondern seine Endlichkeit akzeptiert und den Charme der Unvollkommenheit praktiziert, da ist man schon in der Dynamik des Heiligen Geistes, in der Dynamik des Reiches Gottes, da ist man schon auf dem Weg in das Himmlische Jerusalem. Gewiß: Es ist noch nicht erreicht. Aber es ist im Kommen. Das ist der mögliche Kern der Pneumatologie!

Religionsdidaktik sollte also in die Schule *zwischen* Athen und Jerusalem gehen. Und zwar mit der Aufforderung B. *Willikens* (*und* der gesamten christlichen Überlieferung): Durch die Tradition hindurch die Gegenwart im Horizont der Zukunft wahrzunehmen. Religionsdidaktik kann bei *Willikens* lernen, sensibel bei den Schülern deren eigene leibhaftige Selbstbegrenzungsvollzüge in der gegenwärtigen Kultur überhaupt zu entdecken und sodann deren lebensförderliche und religiöse Dimensionen zu entfalten. Sie kann dabei lernen, die entscheidenden christlichen Inhalte so zu repräsentieren, daß deren Wahrheitsmomente gerade im Vollzug von Selbstbegrenzung ersichtlich werden. Sie kann schließlich lernen, daß gerade auch religiöses Lehren und Lernen und vor allem ein Religionsunterricht an der öffentlichen Schule sich nicht abzuschotten brauchen von dem Kanon der schulischen Fächer und der Weite der Lebenswelt, weil eine enkyklios paideia gegenwärtig immer nur von der Grenze her zu repräsentieren ist, formal in der Schule von Athen, inhaltlich aber für die Religionsdidaktik in der Schule von Jerusalem!

# X.

## Der 'Erfahrungsbegriff'-
## Konsequenzen für die enzyklopädische Frage der Theologie

Werner H. Ritter

„Wo im Kontext gesellschaftlichen Lebens und theoretischer Arbeit hat ein bestimmtes wissenschaftliches Bemühen seinen Platz? Dies ist", schreibt *R. Englert*, „der enzyklopädische Aspekt einer Wissenschaftstheorie"[1]. Diese Frage an die Religionspädagogik als wissenschaftliche Disziplin gestellt, läßt zum einen die Lage der Theologie im Abstand der Zeiten gewahr werden: Konnte *A. von Harnack* in einem Aufsatz über „Die Bedeutung der Theologischen Fakultäten" 1919 ein eindrucksvolles Bekenntnis zum wissenschaftlichen Charakter protestantischer Theologie ablegen, so erscheint die Sache der Theologie heute eher - um mit einem Wort *W. Benjamins* (1940) zu reden - „klein und häßlich" und steht immer wieder im Verdacht, 'entbehrlich' zu sein. Wozu noch Theologie?

Zum anderen ist zu sagen: Wozu noch Religionspädagogik? Religionspädagogik und Theologie teilen hier bis zu einem gewissen Grade das Schicksal der Geisteswissenschaften, über deren Bedeutung und kulturelle Orientierungskraft gerade angesichts oft omnipotent sich gebender Naturwissenschaften seit einigen Jahren eine heftige Grundsatzdebatte geführt wird. Auf diesem Hintergrund wird hier gefragt: Welches gesellschaftliche oder menschliche, menschheitliche Interesse treibt denn eigentlich das theologisch-religionspädagogische Bemühen? Was leistet es für die Erkenntnis der Welt und die Erschließung der Wirklichkeit?

Solche Besinnung tut der religionspädagogischen Disziplin - ebenso wie anderen Geisteswissenschaften - not und gut, wenn und weil sie nicht Gefahr laufen will, ihre Sache für „schon immer gegeben" und „fraglos relevant" zu halten. Welches Sachanliegen also verfolgt sie? Und worin besteht die gesellschaftliche wie individuelle Relevanz der Religionspädagogik? Mit meinen Ausführungen zum Erfahrungsbegriff greife ich eine wichtige Kategorie neuzeitlich-moderner Lebenswelt und Wissenschaften auf, hinter die wir nicht zurückkönnen.

### 1. Erfahrung - Wirklichkeit - Theologie

*1.1* Was veranlaßt die Religionspädagogik im Speziellen, die Theologie im Allgemeinen, sich mit Erfahrung zu beschäftigen? Nun, Wirklichkeit gibt es nicht „an und für sich", sie steht weder einfach 'objektiv' noch a priori, noch für und schon immer fest,

---

[1] *R. Englert*, Wissenschaftstheorie der Religionspädagogik, in: H.-G. Ziebertz/W. Simon (Hrsg.), Bilanz der Religionspädagogik, Düsseldorf 1995, 147-174, hier 151.

vielmehr erscheint sie vieldimensional und vieldeutig, so daß um sie gerungen und 'gestritten'[2] werden muß. Phänomenale Wirklichkeit[3] meint pointiert formuliert den Inbegriff aller möglichen Erfahrung und ist Name „für alles, was ist oder sein kann"[4]. Den Modus, in dem sich uns Menschen Wirklichkeit erschließt und konstituiert, nennen wir gemeinhin Erfahrung. Sie bezeichnet eine subjektiv wie gesellschaftlich bedingte Maßnahme, Eindrücke und Wahrnehmungen mittels eines vorgegebenen Deute- und Traditionsrahmens in aller Regel sprachlich darstellbar zu machen. Erfahrung ist damit die „Gegebenheitsweise aller möglichen Wirklichkeit"[5]. Auf sie haben bereits *Luther* („sola experientia facit theologum") und auf seine Weise der Pietismus zur Begründung von Glaube und Theologie zurückgegriffen.

*1.2* In diesem Zusammenhang taucht seit langer Zeit immer wieder ein bestimmtes Problem auf: Erfahrung gilt nämlich in der Alltagsmeinung schon fast traditionell als Domäne von Natur- und Sozialwissenschaften, nicht aber von Religionspädagogik und Theologie. Für viele Menschen ist mit 'Wissenschaft', auch wenn das Vertrauen in sie seit geraumer Zeit nicht mehr ungebrochen ist, nach wie vor die Vorstellung verbunden, daß das Ganze unserer Wirklichkeit mit ihrer Hilfe letztlich total berechenbar, durchschaubar und verfügbar zu machen ist. Die Rede von 'Empirie' und 'experimenteller Erfahrung' hat eine imposante, suggestive Kraft. Denken und Alltag moderner Menschen sind stark vom rationalistisch-wissenschaftlichen Weltbild geprägt, fast ein Drittel unseres aktiven Lebens verbringen wir doch in Bildungseinrichtungen, die in ihrer Theorie und Praxis von eben diesem Weltbild durchdrungen sind. Auch viele Christen stehen anderen Ausprägungen heutiger Wirklichkeitserfahrung oft genug blind und 'unerfahren' gegenüber. Genau dies hat Glaube und Theologie in Geschichte und Gegenwart immer wieder veranlaßt, sich oft in aparte Gefilde der 'inneren' Erfahrung, des Gefühls oder von Sonder- und Offenbarungswirklichkeiten zurückzuziehen.[6] So gilt der durchschnittlichen, von der Säkularisierungsthese geprägten Welterfahrung häufig immer noch nur das als wirklich und 'erfahrbar', was sich im gezeigten Sinne dem Zugriff moderner Wissenschaften fügt. Freilich wird solche Vorstellung von Wirklichkeit und Erfahrung weder der Mannigfaltigkeit menschlicher Erfahrungen gerecht, noch ist sie vereinbar mit wesentlichen Vorstellungen des jüdisch-christlichen Glaubens. Das neuzeitlich naturwissenschaftlich-technisch eng geführte Wirklichkeitsverständnis bedarf dringend der Revision und Reformulierung.

Seit einiger Zeit wird dieses im Gegensatz zu einer 'transzendenz-offenen' Wissenschaft stehende sogenannte moderne Wirklichkeitsverständnis, das zu einem gravie-

---

[2] *G. Ebeling,* Glaube und Unglaube im Streit um die Wirklichkeit, in: *ders.,* Wort und Glaube, Bd. 1, Tübingen 1960, 393 ff.

[3] Vgl. *W. Schulz,* Philosophie in der veränderten Welt, Pfullingen 1972, 841 ff.; *W. Weischedel,* Wirklichkeit und Wirklichkeiten, Berlin 1960, 118 ff.

[4] *J. M. Bochenski,* Die zeitgenössischen Denkmethoden, Bern 1954, 12.

[5] *E. Herms,* Art. Erfahrung II philosophisch, in: TRE X (1982), 91, 97.

[6] Vgl. *W.H. Ritter,* Glaube und Erfahrung im religionspädagogischen Kontext, Göttingen 1989, 109 ff.

renden Glaubens- und Religionsverlust, zumindest aber zu einer Privatisierung von Religion nicht nur in den letzten beiden Jahrhunderten beigetragen hat, vor allem an zwei Stellen kritisch angefragt und aufgebrochen:
*Zum einen* haben (post-)moderne Menschen selbst vielfach schon längst das zu enge 'stahlharte Gehäuse' eines transzendenzverschlossenen Wirklichkeits- und Erfahrungsverständnisses verlassen: siehe neue religiöse Bewegungen, Esoterik, New Age, Okkultismus, Parapsychologie, Wiedererwachen der Religionen, Selbsterfahrungs-, Heil- und Therapie-Szene. *Zum anderen* haben sich durch die Grundlagenforschung und -diskussion in den Naturwissenschaften selbst erhebliche Veränderungen ergeben: Da wird erkannt, daß sich naturwissenschaftliche Wirklichkeit auf reproduzierbare Zusammenhänge beschränken und anderes außen vor bleiben muß, also nur Wirklichkeitssegmente thematisiert werden können; oder daß das wissenschaftliche Weltbild immer eine Möglichkeit unter anderen darstellt, also die ausgewählte Möglichkeit noch längst nicht mit dem identisch sein muß, was im Alltag möglich ist bzw. für möglich erachtet wird. Die Alleingültigkeit dieses rationalistisch-naturwissenschaftlichen Weltbildes wird also seit geraumer Zeit mit guten Gründen bestritten. Dies gilt unter der wissenschaftlich gesehen sehr exakten Voraussetzung, daß Wirklichkeit nie einfach Objektivität, sondern immer auch Sache der Interpretation ist. Daraus kann gefolgert werden, daß das rationalistische Weltbild des 19. Jh. nur eine bestimmte Deutung von Wahrnehmungen ist, aber nicht die einzig mögliche Deutung und keineswegs eine Deutung, die allen Erfahrungen in gleicher Weise gerecht wird. Von daher sollen wir unserer eigenen Wahrnehmung und Erfahrung gegenüber auch kritisch sein: Ist nicht das, was wir als Wirklichkeit und Erfahrung bezeichnen, oft nichts anderes als das, was wir zu sehen gewohnt sind,[7] ohne doch schon die ganze und umfassende und denkbare Wirklichkeit zu sein? Von daher sind unsere Erfahrungsweisen immer wieder auch kritisch zu sehen, zu relativieren, einzuordnen und offen zu halten für neue und andere Erfahrungen bzw. Erfahrungswelten.

*1.3 Erfahrung*, wie sie *in* Religionspädagogik *und Theologie* verstanden und thematisiert wird, ist einerseits abzugrenzen von einem modernen instrumentalen, technokratisch-naturwissenschaftlichem Verständnis, andererseits von einem rein intuitiven, subjektiven Erlebnisbegriff. Sie meint ein im Vergleich und im Unterschied zu Wahrnehmung und Erlebnis ins Bewußtsein gehobenes, in einen umfassenden Deutungs- oder Erfahrungshorizont integriertes, gedeutetes Erleben oder Wahrnehmen und ist damit Ergebnis menschlicher Vollzüge. Gebunden an eine Deutungs-, Interpretations- und Erfahrungsgemeinschaft entwirft sie ein 'Wirklichkeitsmodell' aus Interpretation und in subjektiver Verantwortung; Unmittelbarkeit und Vermittlung durch (bestimmte) Überlieferung spielen dabei zusammen. In der einen Erfahrungswirklichkeit können wir dabei grundsätzlich mit *K.-O. Apel* zwei Erfahrungs-Welten unterscheiden,

---

[7] Vgl. *L. Festinger*, Theorie der kognitiven Dissonanz, Bern 1978.

nämlich einmal die technisch-empirisch-naturwissenschaftliche und zum anderen eine moralisch-human-religiöse.[8]

*1.4* Für die Religionspädagogik (und auch die Theologie) ergeben sich hierbei zwei entscheidende Schlüsselfragen:
- Welcher Erfahrungs- und Wirklichkeitsentwurf erschließt und welcher verschließt Dimensionen der Welt?
- Welcher gibt Halt, Hoffnung und Zuversicht, welcher endet in Sinnlosigkeit, Chaos und Verzweiflung?

Kann das *B. Brechts* Wirklichkeitsentwurf sein, den er in seiner "Hymne an Gott" so ausgedrückt hat:
„Laßt euch nicht verführen!
Es gibt keine Wiederkehr.
Der Tag steht in den Türen;
Ihr könnt schon Nachtwind spüren:
Es kommt kein Morgen mehr.
Laßt euch nicht betrügen!
Das Leben wenig ist.
Schlürft es in schnellen Zügen!
Es wird euch nicht genügen, wenn ihr es lassen müßt!
Laßt euch nicht vertrösten!
Ihr habt nicht zu viel Zeit!
Laßt Moder den Erlösten!
Es steht nicht mehr bereit.
Laßt euch nicht verführen zu Fron und Ausgezehr!
Was kann euch Angst noch rühren?
Ihr sterbt mit allen Tieren und es kommt nichts nachher."

Oder soll man sich *E. Frieds* zynische Erfahrungsmaßstäbe samt ihren 'Maßnahmen' zu eigen machen?

„Die Maßnahmen: Die Faulen werden geschlachtet, die Welt wird fleißig. Die Häßlichen werden geschlachtet, die Welt wird schön. Die Narren werden geschlachtet, die Welt wird weise. Die Kranken werden geschlachtet, die Welt wird gesund. Die Traurigen werden geschlachtet, die Welt wird jung. Die Feinde werden geschlachtet, die Welt wird freundlich. Die Bösen werden geschlachtet, die Welt wird gut."

Ganz 'andere Töne' vernehmen wir dagegen in einem biblisch geprägten Erfahrungs- und Wirklichkeitsverständnis, wie es in *Martin Luther Kings* großer Rede vor dem Kapitol in Washington zum Ausdruck kommt: „Ich habe einen Traum", sagt er, „ich habe einen Traum, daß eines Tages auf den roten Hügeln Georgias die Söhne der früheren Sklaven und die Söhne der früheren Sklavenhalter sich zusammen an den Tisch

---

[8] *K.-O. Apel*, Szientistik, Hermeneutik und Ideologiekritik, in: *ders. u.a.* (Hrsg.), Hermeneutik und Ideologiekritik, Frankfurt a.M. 1971, 26.

der Brüderlichkeit setzen. Ich habe einen Traum, daß sich eines Tages selbst der Staat Mississippi in eine Oase der Freiheit und Gerechtigkeit verwandeln wird. Ich habe einen Traum, daß meine vier kleinen Kinder eines Tages in einer Nation leben werden, wo man sie nicht nach ihrer Hautfarbe, sondern nach ihrem Charakter beurteilen wird. Ich habe einen Traum, daß eines Tages jedes Tal erhöht und jeder Hügel und Berg abgetragen sein wird. Mit diesem Glauben kehre ich in den Süden zurück. Mit diesem Glauben werden wir fähig sein, aus den Bergen der Verzweiflung den Stein der Hoffnung zu hauen."
Und dann spricht er von dem Tag, an dem alle Kinder Gottes sich die Hände reichen und singen: „Endlich frei! Endlich frei! Großer allmächtiger Gott, wir sind endlich frei!"
Dies sind drei Beispiele für unterschiedliche Erschließungserfahrungen von Wirklichkeit, die ihre je verschiedenen Hintergründe und weltanschaulichen Positionierungen haben - welche erachten wir als wirklichkeitserschließend, lebenseröffnend und - förderlich?

## 2. Evangelium - Glaube - 'bildende' Erfahrung

Lange Zeit hielt sich, nicht zuletzt infolge der Dialektischen Theologie, die Überzeugung, Glaube habe nichts mit Erfahrung zu tun, allenfalls in aktualisierender Auslegung der christlichen Wahrheit könne sie einen relativen Stellenwert bekommen. Dann aber gewann seit den 70er Jahren der Erfahrungsbegriff zentrale Bedeutung als fundamentaltheologische Kategorie - übrigens zeitgleich mit dem Interesse der Kunstphilosophie am Begriff der ästhetischen Erfahrung.[9] Zunehmend kam in den Blick, daß Evangelium und Glaube wichtig für die Erfahrungs-Bildung sind. Sie enthalten und liefern Bilder, die uns und unsere Sicht der Dinge, der Wirklichkeit bilden - Überlieferungen und Bilder vom Menschen, von Gott, von Sünde und Gnade, von Verfehlung, von Glück, von Erlösung, von Christus; daß niemandem die Zukunft versperrt ist; daß die Toten nicht verloren sind; daß Gott richten wird.
Evangelium und christlicher Glaube bauen - mit anderen Worten - an unseren Vorstellungen, Perspektiven, Visionen und Träumen, wollen uns zur Wirklichkeit verhelfen und einen Wirklichkeitshorizont schaffen. Evangelium und christlicher Glaube schaffen Wirklichkeit und bilden (sie) uns. So sind sie für uns und unsere Wirklichkeits-Bildung unverzichtbar - sie entbergen 'Stoff', aus dem Wirklichkeitserfahrung ist und werden kann. Dabei lassen sie Wirklichkeit und Bildung nicht im Vorhandenen aufgehen, sondern zeigen ein 'mehr als': das, was ist, kann nicht alles sein.

---

[9] Vgl. *H. Jauß*, Kleine Apologie der ästhetischen Erfahrung, Konstanz 1972.

*2.1 Bibel und Erfahrung*: Mittels der Erfahrungskategorie läßt sich die Bibel neu lesen als ein Buch voller Erfahrungen von Menschen mit Gott in der Welt.[10] Geschichten und Texte des Alten und Neuen Testaments mit den in ihnen enthaltenen Erfahrungen können zu Wahrnehmungsmustern und Deutekategorien werden, mittels derer wir heutige Wirklichkeit erfahren können. Mit der Bibel kann man das „Buch der Welt" wieder und neu lesen und die Bibel als ein „Buch des Lernens"[11] entdecken, aus deren Geschichten und Erfahrungen wir lernen können.[12] Wichtig ist dabei, wie uns vor allem immer wieder *K. Berger* gezeigt hat, die Kraft der Fremderfahrung. Aus der Sterilität rein funktionaler Verwendung heraustretend, werden Texte zu Partnern im Gespräch um die Wirklichkeit, eröffnen neue und andere Weltsichten und Wirklichkeitserfahrungen, die über die Grenze des bisher Gedachten hinausgehen.[13] Wir lernen, „daß unsere Weise, uns selbst und die Welt zu erfahren, nicht die einzig mögliche ist"[14]. 'Spielraum' (ein Aspekt des Reiches Gottes) wird eröffnet. Dies kann Menschen von ihrem festgefügten Selbst- und Wirklichkeitsverständnis befreien und zeigen, was sein kann und soll (siehe *Martin Luther Kings* 'Traum').

*2.2 Dogmatische Vorstellungen*: Aber nicht nur biblische Texte, sondern auch Dogmen, theologische Tradition(en), dogmatische Vorstellungen und sonstige theologische Texte können als geronnene Niederschläge vielfältiger vorausliegender Erfahrungen von Glaubenden mit Gott in der Welt verstanden und wieder in ihren Erfahrungsgehalten verflüssigt und für die Gegenwart 'liquide' gemacht werden. In diesem Sinne ruft G. *Theißen* dazu auf, alle tradierten religiösen Aussagen „so um(zu)formulieren, daß sie als Gegenstände möglicher Erfahrung ausgewiesen werden können"[15].
So kann man theologische Texte aus Geschichte und Gegenwart - sei es in der Form theologischer Lehre und Argumentation, theologischer Prosa oder religiöser Poesie - sehr grundsätzlich als gespeicherte Erfahrungsimpulse aus der und für die weitere Wirkungsgeschichte verstehen. In bestimmten geschichtlichen Situationen und unter bestimmten Umständen, die den Bedingungen ihrer Entstehung strukturverwandt sind (*H.-T. Wrege*), können die in überlieferten Texten aufgehobenen Erfahrungen an anderem Ort und zu anderer Zeit wieder in Bewegung und zum Zug kommen, wirkmächtig werden. Eben darin, in ihrer Wirk- und Erschließungsmächtigkeit also, sind ihre Tradierung und 'Ansprüche' begründet, nicht aber etwa allein in einer rein formalen Berufung auf 'normative Tradition' und/oder 'hohes Alter'. Dabei ist die oft anstößige und sperrige Fremdheit theologischer Tradition(en) in Gehalt und Sprache längst noch kein

---

[10] Vgl. *H. Zahrnt*, Religiöse Aspekte gegenwärtiger Welt- und Lebenserfahrung, in: ZThK 71 (1974), 94 ff.; *ders.*, Warum ich glaube, München 1980; *E. Schillebeeckx*, Christus und die Christen, Freiburg 1977.

[11] *I. Baldermann*, Die Bibel - Buch des Lernens, Göttingen 1980.

[12] Vgl. *D. Baacke/T. Schulze* (Hrsg.), Aus Geschichten lernen, München 1979.

[13] *K. Berger*, Hermeneutik des Neuen Testaments, Gütersloh 1988, 132 ff.

[14] *Ders.*, Historische Psychologie des Neuen Testaments, Stuttgart 1991, 23 f.

[15] *G. Theißen*, Argumente für einen kritischen Glauben, München 1978, 16 f.

Erweis ihrer Blindheit und Untauglichkeit. Vielmehr kann und muß „die Überlieferung auf die in ihr verschlüsselten, manchmal vielleicht auch geronnenen oder gar versteinerten Erfahrungen hin befragt und aufgebrochen werden"[16].

*2.3 Theologie und Erfahrung*: So hat sich in der Evangelischen Theologie[17] und dann auch in der Katholischen Theologie[18] eine Entwicklung vollzogen, die es möglich machte, den Glauben selbst als eine (bestimmte) Erfahrung zu verstehen und zu formulieren. Theologen der Gegenwart können legitimerweise sagen, daß der christliche Glaube „eine Erfahrung (ist), die wir mit der Erfahrung machen und machen müssen"[19]. Die Erfahrung des Glaubens ist zweifellos eine 'neue Erfahrung'. Aber es geht nicht darum, sie „als ein argumentum ad absurdum gegenüber menschlicher Welt- und Selbsterfahrung zu behaupten. Es ist diese neue Erfahrung viel mehr als eine Erfahrung mit der Erfahrung zu verstehen. Der als Gotteserfahrung sich ereignende Glaube besteht auf jeden Fall darin, daß wir mit unseren alltäglichen Erfahrungen eine neue Erfahrung machen, die zwar aus unseren alltäglichen Erfahrungen nicht einfach entspringt (wie sollte sie sonst eine Erfahrung mit der Erfahrung sein?), die aber an unseren alltäglichen Erfahrungen sich als das ausweisen muß, was sie ist. Daß dabei unsere alltäglichen Erfahrungen zugleich in eine fundamentale Krise geraten können ... widerspricht dem Wesen der Erfahrung keineswegs"[20].

So kann *H. Zahrnt*[21] zu Recht von der „Notwendigkeit einer neuen Erfahrungstheologie" sprechen, *G. Hasenhüttl* „Erfahrung als Ort der Theologie"[22] begreifen, *E. Herms*[23] die Theologie insgesamt eine „Erfahrungswissenschaft" nennen. Das meint: Christliche Religion ist nicht bloß Metaphysik oder Moral, sondern „Welt-Anschauung aus dem Glauben"[24] bzw. Welterfahrung aus Glaubenserfahrung. Die Kategorie „Erfahrung" läßt Glauben sowohl „bei sich" (Identität) als auch „bei uns" (Relevanz) bleiben.

---

[16] *K. Lehmann*, Ideologien und Ideologiekritik, in: Handbuch der Religionspädagogik, Bd. 2, hrsg. v. E. Feifel u.a., Gütersloh u.a. 1974, 265.

[17] Vgl. *G. Ebeling*, Die Klage über das Erfahrungsdefizit in der Theologie als Frage nach ihrer Sache, in: *ders.*, Wort und Glaube, Bd. 3, Tübingen 1975, 3 ff.; *E. Jüngel*, Unterwegs zur Sache, München 1972; *ders.*, Das Dilemma der natürlichen Theologie und die Wahrheit ihres Problems, in: *ders.*, Entsprechungen: Gott - Wahrheit - Mensch, München 1980, 158 ff.

[18] *E. Schillebeeckx*, Menschliche Erfahrung und Glaube an Jesus Christus, Freiburg 1979; *ders.*, Erfahrung und Glaube, in: Christlicher Glaube in moderner Gesellschaft, hrsg. v. *F. Böckle* u.a., Bd. 25, Freiburg 1980, 74 ff.

[19] *E. Jüngel*, Unterwegs zur Sache 132.

[20] *Ders.*, Das Dilemma der natürlichen Theologie, 176.

[21] *H. Zahrnt*, Aspekte; *ders.*, Warum ich glaube.

[22] *G. Hasenhüttl*, Erfahrung als Ort der Theologie, in: Praktische Theologie heute, hrsg. v. *F. Klostermann/R. Zerfaß*, München/Mainz 1974, 624 ff.

[23] *E. Herms*, Theologie - Eine Erfahrungswissenschaft, München 1978.

[24] *K.E. Nipkow*, Bildung als Lebensbegleitung und Erneuerung, Gütersloh 1990, 532.

*2.4 Hermeneutisch* ist dabei zu unterscheiden zwischen
a) Erfahrungen, die wir heute auch so oder ähnlich wie im biblischen Kontext machen können: existentiell-anthropologische Erfahrungen wie Angst, Schuld, Hoffnung, Verzweiflung, Glück, Liebe, Krankheit, Not, Verfolgung etc.
b) Erfahrungen von Menschen, die wir in ihrer Tiefe, Schwere, 'Radikalität' so in aller Regel nicht einfach haben bzw. machen können - siehe *Mose, Abraham, Hiob*, manche Propheten, Jesus Christus -, Erfahrungen also, die uns 'voraus' bleiben, denen wir nach-denken können, die aber auch zu unserer jüdisch-christlichen Herkunftsgeschichte gehören.

*2.5* Wichtig ist schließlich die *metaphorische Potenz* religiös-theologischen Erfahrungs- und Wirklichkeitsverständnisses. Anknüpfend an *P. Ricoeur*, der die Metapher als Schöpferin neuer Bedeutungen in den Blick gerückt hat, hat *E. Jüngel* erkannt, daß und wie der Glaube Wirklichkeit anders und neu sehen läßt. Er schafft Zuwachs an Sinn und ermöglicht eine neue Deutung der Wirklichkeit, hat innovatorische Kraft und 'Mehrwertscharakter'. „Religiöse Rede spricht der Wirklichkeit notwendigerweise mehr zu, als das jeweils Wirkliche aufzuweisen hat und als Wirklichkeit überhaupt aufzuweisen vermag. Die Sprache des christlichen Glaubens teilt - bei aller Entgegensetzung - diese Eigenart religiöser Rede, die nur dann wahre religiöse Sprache ist, wenn sie, ohne am Wirklichen vorbeizureden, über es hinaus geht. Über das Wirkliche hinausgehend geht sie auf Wirklichkeit ein."[25] Nach *Jüngel* hat alle Wirklichkeit einen Überschuß, der in der Sprache artikuliert werden kann. Freilich ist die konkrete Gestalt dieses Überschusses zwischen den Religionen umstritten, was die Vielfalt der Religionen begründet. „Die Wahrheit dessen, was der Glaube zu sagen hat, erweist sich also nicht zuletzt daran, daß die Sprache des Glaubens nicht einfach mit der Wirklichkeit übereinstimmt."[26] Religiös-theologisches Wirklichkeits- und Erfahrungsverständnis entfernen sich anders gesagt „im Modus des Entwurfs" von gegebener Erfahrung und Wirklichkeit. Somit kann es Theologie von ihrer Sache her nicht bei einem eindimensionalen, materialen Wirklichkeits- und Erfahrungsverständnis bewenden lassen. Vielmehr ist entscheidend, inwieweit eine Theologie erfahrungs- und wirklichkeitsoffen ist. Die Tradierung überkommener dogmatischer Muster ist erst dann wirklich hilfreich, wenn sie zur Problemthematisierung und Wirklichkeitserschließung beitragen kann.

---

[25] *E. Jüngel*, Metaphorische Wahrheit, in: *P. Ricoeur/E. Jüngel*, Metapher, München 1974, 71.
[26] Ebd.

## 3. Religionspädagogik und Erfahrung

Seit Anfang bis Mitte der 70er Jahre nimmt zunächst vereinzelt, dann immer häufiger und gezielt, die wissenschaftliche Religionspädagogik die Erfahrungsthematik und den Erfahrungsbegriff bewußt in den Blick,[27] erkennt also durchaus zeitgleich mit anderen, ähnlich gerichteten Vorstößen aus Exegese und Systematischer Theologie die große Bedeutung dieses Themas und sucht sie im Gespräch mit ihnen zu profilieren und zu klären. 'Erfahrung' avanciert im Laufe der 70er und 80er Jahre in der Religionspädagogik zu einer, wenn nicht der leitenden Kategorie, weswegen *H. Grewel* 1983 schreiben kann, „daß das Erfahrungsprinzip ... grundsätzlich für alle Bereiche religiösen Lernens und Lehrens Gültigkeit beansprucht"[28]. Dabei ist die Entwicklung des Programms einer religionspädagogischen Erfahrungsorientierung aus der sachlichen Notwendigkeit der religionspädagogischen Problemgeschichte zu begründen. Mittels der Erfahrung bzw. des Erfahrungsbegriffs nämlich konnten Konzeptionen der Bibelorientierung sowie der Problem- bzw. Schülerorientierung, welche nacheinander die religionspädagogische Diskussion geprägt haben, in ein religionspädagogisches Gesamtkonzept überführt und integriert werden, eben weil sie sich gemeinsam auf die Kategorie der Erfahrung beziehen ließen. Seit dieser Zeit weisen legitimerweise viele religionspädagogische „Ansätze und Modelle eine gemeinsame erfahrungshermeneutische Grundlage auf"[29].

Im einzelnen ließen sich folgende drei Fragenkreise einer Klärung zuführen:

*3.1* Wie verhalten sich gegenwärtige und überlieferte Erfahrungen zueinander?
Für gewöhnlich argumentierte man in der evangelischen wie katholischen Religionspädagogik im Sinne des bewährten Frage-Antwort-Schemas, wonach die überlieferte Antwort das eigentliche, die heutige Erfahrung dagegen das uneigentliche Geschäft der Religionspädagogik sei. Im Hintergrund stand *P. Tillichs* Korrelationsdenken[30], demzufolge Wirklichkeit methodisch als 'Fragen' genutzt wird, worauf die Theologie 'Antworten' anbiete. *K.E. Nipkow* hat bereits 1971 in seinem religionspädagogischen Kontext-Modell dieses Schema deutlich kritisiert und für den Umgang mit 'Kontexten der Welt' abgewiesen: „Wenn biblische Texte und Kontexte der Welt aufeinanderbezogen werden, geht es nicht darum, sich von den Welterfahrungen nur die Fragen, von der Bibel nur die Antworten geben zu lassen. Das Schema Fragetext-Antworttext wäre ein falsches Schema."[31] Solche korrelative Stilisierung erscheint zu simpel: Wie nämlich die gegenwärtige Welterfahrung nicht nur aus 'Fragen' besteht, sondern auch Per-

---

[27] Vgl. *W.H. Ritter*, aaO., 34 ff, 194 ff.

[28] *H. Grewel*, Grundzüge einer religiösen Didaktik im Erfahrungsbezug, in: RpB 12 (1983), 95.

[29] *P. Biehl*, Didaktische Strukturen des Religionsunterrichts, in: JPR 12 (1995), 198.

[30] *P. Tillich*, Systematische Theologie, Bd. 1, Stuttgart ³1965, 73 ff.

[31] *K.E. Nipkow*, Problemorientierter Religionsunterricht nach dem „Kontexttypus", in: *ders.*, Religionsunterricht im Wandel, Heidelberg/Düsseldorf 1971, 277, vgl. *P.L. Berger*, Der Zwang zur Häresie, Frankfurt a.M. 1980.

spektiven, Orientierungen und 'Antworten' bereit hält, so ergeht sich umgekehrt der christliche Glaube nicht nur in Patent-'Antworten', hinterläßt und zeitigt vielmehr auch 'Fragen'.

Nun gibt es, wie *P.L. Berger*[32] gezeigt hat, im Bereich christlicher Religion drei unterschiedliche Weisen mit gegenwärtiger (pluraler) Situation und Welterfahrung umzugehen: Die deduktive Möglichkeit oder Neo-Orthodoxie hält um jeden Preis an der religiösen Tradition fest und bekräftigt ihre objektive Autorität. Daraus wird die traditionelle Handlungsanleitung für heute deduziert. Die reduktive Möglichkeit plädiert für die Anpassung an die jeweilige Zeit und den Zeitgeist. Das moderne Bewußtsein und seine Erfahrung wird zum Gültigkeits- und Auswahlkriterium für Religion. Die induktive Möglichkeit will Tradition und neuzeitliche Erfahrung zusammendenken und miteinander konstruktiv vermitteln. Grundlage religiöser Reflexion ist dabei die Erfahrung, die eigene zeitgenössische Erfahrung ebenso wie die traditional vermittelte. Mit *Berger* kann man im induktiven Modell die entwicklungsfähigste Möglichkeit für das Nachdenken im Zusammenhang von Religion und Welterfahrung sehen. Induktiv meint dabei zweierlei: Einmal wird die menschliche Erfahrung als Ausgangspunkt religiöser Reflexion verstanden, zum anderen werden mittels unterschiedlicher Methoden jene Erfahrungen thematisiert, welche sich in den verschiedenen Religionstraditionen verdichtet haben, damit sie zu gegenwärtigen Erfahrungen in eine produktive Beziehung gesetzt werden können.

Auf unseren Zusammenhang bezogen heißt das: Wie die christliche Theologie grundsätzlich, so schöpft auch die christliche Religionspädagogik aus zwei Quellen: „einerseits aus der ganzen Erfahrungstradition der großen jüdisch-christlichen Bewegung und andererseits aus heutigen, neuen menschlichen Erfahrungen von Christen und Nichtchristen"[33]. Prinzipiell gesehen sind überlieferte Glaubenserfahrungen und gegenwärtige Erfahrungen zwei gleich vermögende und berechtigte 'Quellen' der Theologie[34], was einschließt, daß im Falle des Falles gegenwärtige Erfahrungen die gebende und überlieferte Erfahrungen die nehmende Seite in einem Vermittlungsprozeß sein können.[35]

Damit kommt es im theoretischen wie praktischen Vollzug einer Theologie, die auf der Basis von Erfahrung konzipiert und gestaltet wird, zu einer Verschiebung und Neubestimmung der theologischen Vermittlungsaufgabe hin auf ein 'experimentierendes', 'probierendes' und 'suchendes' Erfahrungs-Lernen. Die Wahrnehmung dieser Aufgabe, im gezeigten Sinne erfahrungsorientierte Theologie zu treiben, obliegt dabei der ganzen Theologischen Fakultät mit allen ihren Disziplinen, also beileibe nicht nur der Praktischen Theologie, eben weil die Sache der Erfahrung unteilbar ist. Die Praktische

---

[32] Vgl. *P.L. Berger*, Der Zwang zur Häresie, Frankfurt a.M. 1980.

[33] *E. Schillebeeckx*, Die Auferstehung als Grund der Erlösung, Freiburg 1979, 13.

[34] Vgl. *G. Ebeling*, Schrift und Erfahrung als Quelle theologischer Aussagen, in: ZThK 75 (1978) 1, 99 ff.

[35] *W.H. Ritter*, aaO., bes. 314 ff.; *J. Lott*, Erfahrung - Religion - Glaube, Weinheim 1991, 203 ff., 214 ff.

Theologie kann also die übrigen theologischen Disziplinen nicht auf Dauer von der Notwendigkeit entlasten, selber praktisch-erfahrungsorientiert werden zu müssen.[36]

*3.2 Thematisiert erfahrungsorientierte Religionspädagogik nur Schülererfahrungen?*
Erfahrungsorientierte Religionspädagogik wurde anfänglich unterrichtlich so realisiert, daß vor allem, wenn nicht ausschließlich, gegenwärtige Erfahrungen aus der Lebenswelt der Schüler thematisiert, bestätigt und vertieft wurden,[37] diese aber selten oder gar nicht mit anderen biblischen und Glaubens-Erfahrungen kontrastiert, verfremdet und aufgebrochen wurden. So blieben die SchülerInnen bei ihren Erfahrungen. An die Stelle der 'Sache(n)' traten im Religionsunterricht die 'SchülerInnen' mit ihren Erfahrungen. Im Blick auf die dadurch entstehende Alternative 'Sache oder SchülerInnen' hat *I. Baldermann* beizeiten vermutet, es müsse „an der Unschärfe und Mehrdeutigkeit des Begriffs 'Orientierung'... liegen, daß solche falschen Alternativen entstehen", und zum produktiven Dialog zwischen den Ansprüchen unterschiedlicher Lehrplandeterminanten aufgefordert. Didaktisch reflektiert könne nämlich „die Forderung nach der Schülerorientierung nur bedeuten, daß sich der Unterricht konsequent auf das einzustellen hat, was für den Schüler wirklich notwendig ist"[38]. Was aber ist für ihn notwendig? Nun, ein Religionsunterricht, der nur Schülererfahrungen thematisiert und nur Antworten auf Schülerfragen gibt, führt nicht weiter, weil er zu wenig zu einer Erfahrungs-Weitung und Horizontbildung beiträgt. Er vermag nicht, SchülerInnnen zu neuen oder anderen Erfahrungshorizonten zu führen, ihnen Perspektiven und Handlungsräume zu eröffnen. Damit verfehlt er aber auch den Sinn unterrichtlicher Interaktionen, der ja gerade darin besteht, unterschiedliche Erfahrungen zuzumuten und zu verhandeln. Demgegenüber wird deutlich: Mit Erfahrung in religionspädagogischen Lern- und Bildungsprozessen ist nicht bloß die Kultivierung gemachter Erfahrungen im Sinne biographischer Regionalisierung gemeint - das wäre ja genau jene vermeintliche Lebens- und Erfahrungsnähe im Sinne falsch verstandener 'Kindertümlichkeit'. Religionspädagogisch ist es vielmehr entscheidend, daß auch andere, geschichtliche und geschichtlich vermittelte Erfahrungen zur Sprache gebracht werden. Religionspädagogik setzt dabei auf die bildende 'Kraft der Fremderfahrung': Diese kann „mich bestätigen, indem sie mir etwas bewußter macht, was bei mir da ist; sie kann mich zum kritischen Nachdenken anregen, indem ich etwas hinterfrage: Sie kann mich zu neuen Einsichten befähigen"[39]. Religionspädagogisch können durch solche andere, fremde Erfahrungen schon vorhandene Erfahrungen aufgebrochen, korrigiert, erweitert

---

[36] Gegen *E. Jüngel*, Das Verhältnis der theologischen Disziplinen untereinander, in: *ders., K. Rahner, M. Seitz*, Die Praktische Theologie zwischen Wissenschaft und Praxis, München 1968, 11 ff., bes. 44.

[37] Vgl. *P. Biehl*, Natürliche Theologie als religionspädagogisches Problem, in: *ders.*, Erfahrung, Glaube und Bildung, Gütersloh 1991, 65.

[38] *I. Baldermann*, Zum Verhältnis von Anthropologie und Theologie im Religionsunterricht, in: *ders., K.E. Nipkow/H. Stock*, Bibel und Elementarisierung, Frankfurt a.M. 1979, 12 f.

[39] *T. Brocher*, Sind wir verrückt? Stuttgart 1973, 205, 211; vgl. *T. Sundermeier*, Den Fremden verstehen: eine praktische Hermeneutik, Göttingen 1996.

und/oder aufgehoben werden. Erfahrung - gerade weil nicht einfach schon immer feststeht, was sie ist - gewinnt erst durch den Austausch und die Kommunikation mit Erfahrungen anderer Menschen und Populationen, also auch durch das kritische Erschließen von in Traditionen und Texten (Textwelten) überlieferten Erfahrungen ihren vollen Sinn und Bedeutung. Dementsprechend geht es in religionspädagogischen Lern- und Bildungsprozessen darum, relevante Erfahrungen zur Gestaltung und 'Bewältigung' von Leben, Welt und Wirklichkeit bereitzustellen, nicht im Sinne von zu übernehmenden dogmatisch-theologischen Lehrsätzen, sondern im Sinne von Modellen, Optionen, Hypothesen, Alternativen zur kommunikativen und diskursiven Erfahrungsauseinandersetzung.

*3.3* Was ist die Aufgabe einer erfahrungsorientierten Religionspädagogik?
Ihre Aufgabe besteht darin, aufeinander zu beziehen, miteinander kritisch zu vermitteln und gegenseitig zur Erschließung zu bringen
a) geschichtliche, geschichtlich vermittelte und gegenwärtige Glaubenserfahrungen von Menschen in Vergangenheit und Gegenwart, wie sie sich in Bibel, Tradition und heutigen Äußerungen zeigen, *und*
b) markante, relevante Selbst-, Welt- und Fremd-Erfahrungen von Menschen früher und heute, wie und wo sie sich manifestieren.
Erfahrungsorientierte Religionspädagogik achtet also konstitutiv auf zwei Erfahrungs-Welten: a) auf die Erfahrungen und Erfahrungsgehalte, die in den zu behandelnden 'Sachen' liegen oder geronnen sind, und b) auf die Erfahrungen von SchülerInnen und Menschen. Es sind mit anderen Worten die theologisch-glaubensgeschichtlichen und die lebens- und alltagsgeschichtlichen Erfahrungshorizonte zusammenzubringen, zusammenzulesen und zu verschmelzen. Es geht in einer erfahrungsorientierten Religionspädagogik nicht nur um das eine *oder* das andere, sondern um beides in kritischer Korrelation. Das heißt: Wer die Bibel, die Tradition als Niederschlag menschlicher Erfahrungen entdeckt und bedenkt, fragt unweigerlich auch immer wieder in die Gegenwart: Wo betrifft das uns heute, was erfahren wir heute? Sind die Erfahrungen der früheren und anderen auch unsere? Mit anderen Worten: Bibel und Überlieferung als Erfahrungs-Traditionen befragen gegenwärtige Erfahrungen. Wer umgekehrt von der Situation, der Gegenwart und ihren Erfahrungen ausgeht, fragt immer wieder, wenn er zu tragfähigen Erfahrungen und Aussagen kommen will, zurück nach in Tradition(en) enthaltenen Erfahrungs-Niederschlägen. Mit anderen Worten: Gegenwärtige Erfahrungen befragen Erfahrungs-Traditionen. Warum solche Bezugnahme? Es erscheint deutlich, daß in vielen Fragen unserer menschlichen Existenz und unseres Wirklichkeitsverständnisses zuverlässige, verbindliche Ziel- und Wertvorstellungen und Erfahrungen für gegenwärtiges und künftiges Leben nur zu gewinnen sind im Rückgriff auf und in Auseinandersetzung mit Erkenntnissen, Entdeckungen, Erfahrungen der Tradition, also derer, die vor uns gelebt haben. Nur so können wir die Fehlform einseitiger Zeitgeistorientierung vermeiden. Umgekehrt vermeiden wir einseitige Traditionslastigkeit nur, wenn und wo wir ganz bewußt die Gegenwart und ihre Erfahrungen konstitutiv mitthematisieren. Letztlich will erfahrungsorientierte Religionspäd-

agogik zum qualifizierten Erfahrungs-Austausch einladen und dazu anregen, diachron und synchron, in der Zeit und durch die Zeiten; dies sowohl in konfessorischem wie diskussorischem Engagement und entsprechendem religionspädagogischem Arrangement und unter Beachtung der affektiven, kognitiven wie pragmatischen Komponenten bzw. Dimensionen von Erfahrung. Theologisch und religionspädagogisch leitende Zielvorstellung im Hintergrund ist eine Art 'Horizontverschmelzung'[40] von Welterfahrung(en) und Glaubenserfahrung(en), welche pädagogisch angebahnt und gefördert, aber nicht 'gemacht' werden kann.

Insgesamt ist erfahrungsorientierte Religionspädagogik auch auf einen Zuwachs an Wirklichkeitserfahrung bei SchülerInnen aus, darauf also, Wirklichkeit immer - im Sinne eines eschatologischen und orientierenden Komparativs - 'mehr' und 'besser' (*E. Jüngel*) erfahren zu lassen.

Wichtig ist, daß sich erfahrungsorientierte Religionspädagogik sachgerecht, situationsgemäß und altersentsprechend vollzieht, also neben den Erfahrungsgehalten der Sache konstitutiv auf entwicklungspsychologische, sozialisatorische und lebensgeschichtliche wie lebenslaufspezifische Gegebenheiten mitreflektiert. SchülerInnen sind demnach nicht als defizitäre Wesen abzuqualifizieren, die so schnell wie möglich auf das theologische Denk- und Erfahrungsniveau von Erwachsenen gehievt werden sollen, vielmehr sind ihre Erfahrungen von eigener Dignität und in religiösen Lern- und Bildungsprozessen ernst- und aufzunehmen und schließlich weiterzuführen, wenn nicht unsachgemäße religiöse Vorstellungen den religiösen Verstehens- und Entwicklungsprozeß hemmen sollen. Dies verlangt zum einen - und hier besteht enormer religionspädagogischer Lern- und Nachholbedarf - eine religionspädagogische Erkundung und Exploration der Alltagserfahrungen, des Alltagslebens und der religiösen Erfahrungen von Kindern und jungen Menschen. Zum anderen müssen auch die Lerninhalte oder 'Stoffe' ihre bildende Kraft im Unterricht wieder erlangen können. Gerade weil Lerninhalte Wirklichkeit in einen neuen Sprach- und Erfahrungshorizont hereinholen und neue Perspektiven eröffnen können, ist die Wiedergewinnung bildender Erfahrung unabdingbar. Demgegenüber macht pure Anhäufung von Wissensstoff, welcher nicht auf (Lebens-)Erfahrung bezogen ist, SchülerInnen lediglich zu Viel- und Besserwissern. Mit *H. Rumpf* wird man an die 'liebevolle Zuwendung' zu den 'Sachen' erinnern müssen. Lern-Kultur meint ja dies: Ein sorgsames Umgehen mit den Kulturinhalten bei Respektieren ihrer Eigenqualität, ein vorsichtiges Sich-Einlassen und nachdenkliches Gewahrwerden, ein gelassenes wie intensives Verweilen, welches im Gegensatz zur üblichen 'zügigen Stoffdurchnahme', 'schleunigen Erledigung' und schnellen Beherrschung steht. Dabei geht liebevolle Zuwendung einher mit 'Verlangsamung'[41] und 'Entschleunigung'. Zudem erinnern 'Sachen' und 'Stoffe' in religiösen Lern- und Bil-

---

[40] Vgl. *H.-G. Gadamer*, Wahrheit und Methode, Tübingen ²1965.

[41] Vgl. *F. Bohnsack*, Veränderte Jugend, veränderte Schule?, in: *ders., K.E. Nipkow*, Verfehlt die Schule die Jugendlichen und die allgemeine Bildung? Münster 1991, 48 ff.

dungsprozessen heilsam daran, daß in der Religion erfahrungsmäßig keiner lediglich auf sich selber steht.[42]

Für die Arbeit der Religionspädagogik ergeben sich aus diesen Überlegungen zwei Aufgaben:

Zum einen sind die Lebens-, Welt- und die religiösen Erfahrungen von Kindern und SchülerInnen zu untersuchen, zum anderen gilt es korrektive und/oder fördernde christlich-religiöse Erfahrungs- und Bildungsangebote aufzuspüren und zu elementarisieren.

## 4. Erfahrung in praktisch-religiösen Lernprozessen

*4.1 Partizipation an der Gesamtaufgabe von Schule*

Erfahrungsorientierter Religionsunterricht als organisierter und institutionalisierter Lernprozeß nimmt zunächst einmal, wie aller andere Unterricht, an der bildenden Gesamtaufgabe von Schule teil, die man so definieren kann: Schule will den SchülerInnen in einer sinnorientierten und wertgebundenen Weise Wirklichkeit erschließen[43] mit dem Ziel zunehmender Selbstbestimmungsfähigkeit und Mündigkeit, denn die Schule ist mehr als eine Sozialisationsagentur.[44] Näherhin ist die Schule mit ihrer fachwissenschaftlich strukturierten Vermittlung von Wissen und Lernstoffen ein Ort der individuellen Erziehung und Bildung und dient darin der Persönlichkeitsentwicklung.[45] Dies erfordert, daß wir Lerninhalte und -stoffe wieder in ihrer erfahrungsbildenden Kraft im Unterricht entdecken lernen: Sie ermöglichen es, Wirklichkeit in einen neuen Horizont zu rücken. Schuldpädagogisch und bildungstheoretisch reicht es nämlich nicht aus, SchülerInnen für Prüfungen formal zu qualifizieren. Bildung meint ja vielmehr den „Weg, auf dem Kinder und Jugendliche in dieser Welt ihren Ort finden"; dies impliziert Veränderung und Erweiterung der Person durch „Entdecken, Erforschen, Entschlüsseln, Verstehen, Deuten von Welt"[46]. Bildende Schule hat also nicht nur Köpfe zu belehren, sondern „Kopf, Herz und Hand" (*Pestalozzi*) zu fördern und zu bilden. Dabei ist es ein Spezifikum des Religionsunterrichts, daß er 'mehr' sehen lassen will, als es die gewohnte, alltägliche Sicht der Dinge zunächst zuläßt. Er zeigt Wirklichkeit „in dem besonderen Licht ihrer letzten umfassenden Bestimmung", wobei er sich durchaus mit anderen Fächern anlegen kann, „wenn diese ihre Zuständigkeit über-

---

[42] *E. Troeltsch*, Religiöser Individualismus und Kirche (1911), in: Gesammelte Schriften, Bd. 2, (2. Neudruck der 2. Auflage, Tübingen 1922), Aalen 1981, 130.

[43] Vgl. *W. Klafki*, Studien zur Bildungstheorie und Didaktik, Weinheim/Basel 1975, 43; vgl. *ders.*, Das pädagogische Problem des Elementaren und die Kategorie der kategorialen Bildung, Weinheim ⁴1964.

[44] Vgl. *ders.*, Neue Studien zur Bildungstheorie und Didaktik, Weinheim/Basel 1985, 15 f.

[45] Vgl. Identität und Verständigung. Eine Denkschrift der Evangelischen Kirche in Deutschland, Gütersloh 1994, 83.

[46] *G. Becker*, Religionsunterricht in der allgemeinbildenden Schule, in: EvErz 45 (1993), 164 f.

schreiten und Wirklichkeit im ganzen abstrakt reduzieren, etwa auf physikalisch oder psychologisch oder soziologisch Zugängliches"[47]; Begrenzung auf Wirklichkeitssegmente ist seine Sache nicht. Religionsunterricht bezeichnet also ein Unterrichtsfach, das die Wirklichkeit noch einmal anders sieht; seine Devise heißt nicht: Das Gleiche noch einmal, sondern das Gleiche anders und neu.

Die Hauptschwierigkeit, auf die erfahrungsorientiert sich verstehender Religionsunterricht heute sehr schnell treffen kann, besteht in Folgendem: Erfahrungsorientierte religiöse Erschließungsversuche stoßen in der Regel auf Erfahrungen, die zum Teil oder erheblich oder gar gänzlich bereits von „anderen, gesellschaftlich plausibel erscheinenden Interpretationen besetzt sind"[48]. So sind vielfältige Welterfahrungen bereits psychologisch oder biologisch, physikalisch oder soziologisch gedeutet. Die Wirklichkeit ist mit anderen Worten, noch bevor religiöse Erschließungs- und Erfahrungsprozesse einsetzen, bereits interpretatorisch und erfahrungsmäßig 'besetzt'. Eine religiöse Neu-Erfahrung und -Interpretation von Wirklichkeit erscheint deswegen zunächst oft als störend und überflüssig. Diesbezüglich ist der Einfluß der modernen Medien nicht zu unterschätzen. Medien haben zwar unseren Erfahrungshorizont enorm erweitert und sind deswegen wichtige Bildungsfaktoren. Sie prägen Wirklichkeit, 'bilden' freilich sehr häufig nicht im Sinne einer Befähigung der jungen Menschen zu eigenständigem Denken und Handeln. Vielmehr schwächen Flut und Attraktivität von Fernsehbildern häufig genug die kritische Wahrnehmung, lassen authentische Erfahrungen zu Gunsten vermittelter und second-hand-Erfahrungen zurücktreten. Kinder und Jugendliche sind so zwar frühreif und 'informiert', bleiben aber arm an authentischen Erfahrungen. Persönliche Betroffenheit ist oft nur noch schwer zu erreichen. Zu viele Bilder können Menschen 'verbilden'. Erschwerend für religiöse Lern- und Erfahrungsprozesse kommt hinzu, daß die visuellen Medien oft scheinbar eindeutige Wirklichkeit zeigen, was seinerseits die menschliche Fähigkeit, verschiedene Interpretationen von Wirklichkeit und Vieldeutigkeit akzeptieren zu können, enorm reduziert.

*4.2 Praktisches erfahrungsförderndes Lernen*

Religionsunterricht und religiöses Lernen meinen heute weniger, überkommenes und feststehendes religiöses Wissen zu lernen im Sinne der alten Stoffvermittlung. Die Welt heute religiös zu erfahren, zu lehren und zu lernen, macht es vielmehr notwendig, religiöse Lernprozesse den Charakter *produktiver Unterbrechungen und Umorientierungen* der von SchülerInnen mitgebrachten Erfahrungs- und Wirklichkeitssichten annehmen zu lassen. *Rudolf Englert* hat eben dies als die „Dringlichkeit der ersten religionspädagogischen Grundaufgabe" bezeichnet: „Einer als Irritation heute besonders populärer Hinsichten zu verstehenden Provokation produktiver Unterbrechungen". Religiöses Erfahrungslernen muß demnach in unserer Situation „zunächst ganz beschei-

---

[47] *H. P. Siller*, Auf dem Weg zu einer theologischen Didaktik, in: KatBl 117 (1992) 11, 759 f.

[48] Die bildende Kraft des Religionsunterrichts. Zur Konfessionalität des katholischen Religionsunterrichts. Die deutschen Bischöfe 56, hrsg. vom Sekretariat der Deutschen Bischofskonferenz, Bonn 27. September 1996, 82.

den heißen: Anfangen, die Dinge von verschiedenen Seiten zu sehen, anfangen, die Grenzen des eigenen Wirklichkeitsverständnisses zu erfassen"[49], mit anderen Worten: Perspektivenwechsel und Perspektivenübernahmen anzubahnen und zu ermöglichen. Bei diesem religiösen Neuerschließungsvorgang bzw. dieser Neuinterpretation können, wie Englert gezeigt hat, die Gleichnisse Jesu als Modell für eine angemessene Beantwortung der Frage nach dem Zueinander von Glaube und Erfahrung eine hervorragende religionsunterrichtliche Bedeutung bekommen. Hier mag dann immer wieder einmal exemplarisch sichtbar und erfahrbar werden, was in anderen biologischen, soziologischen, physikalischen usw. Erfahrungsweisen, aus welchen Gründen auch immer, nicht sicht- und erfahrbar wurde. Sind der Religionsunterricht und religiöse Lernprozesse insgesamt aus auf einen Zuwachs an Fähigkeit, Wirklichkeit wahrzunehmen und zu deuten - Erfahrung 'resultiert' ja aus Wahrnehmung *und* Deutung -, dann werden hier die Kategorien „Wahrnehmung und ästhetische Erfahrung"[50] zentral wichtig. Gerade wenn es das Wesen der ästhetischen Erfahrung ist, daß plötzlich der gewohnte Lebenszusammenhang unterbrochen und die Alltagspragmatik für den Augenblick suspendiert wird,[51] verlangt dies nach religionsunterrichtlicher 'Wahrnehmungsfähigkeit' und 'Gestaltungskompetenz' - Religionsunterricht als Schulung der Wahrnehmungsfähigkeit und im Sinne der Gestaltpädagogik. Waren die verbreiteten Modelle curricularer Unterrichtsplanung und -vorbereitung mit ihren minutiös ausgearbeiteten Spaltenschemata am Erfolg der Planerfüllung interessiert, so erscheint in einem erfahrungsorientierten Religionsunterricht ein anderes Vorgehen sinnvoller: Unterricht sollte so geplant und durchgeführt werden, daß SchülerInnen ihre Erfahrungs- und Deutungsweisen einbringen und offenlegen *und* in eine Begegnungsauslegung mit anderen, kontrastiven Erfahrungen verwickelt werden.

Erfahrungsorientierter Religionsunterricht ist schließlich bewegt von der Frage, welche Erfahrungen Wirklichkeit eher erschließen und welche sie eher verschließen, sie erhellen oder verdunkeln. Welche Erfahrungsbilder sollen also im Religionsunterricht bei unseren SchülerInnen 'mächtig' werden und Wirkung entfalten und welche sollen abgebaut werden? Religionsunterrichtlich gilt es, „Bilder zu finden und anzubinden, welche die Erfahrung jeweils braucht. Junge Menschen müssen Bilder und Geschichten selbst 'anprobieren' (*M. Frisch*) und entdecken, ob ihre Erfahrung sie braucht"[52]. Religionspädagogisch anzustreben sind somit sinnerschließendes, wirklichkeitsbezogenes bzw. -eröffnendes und elementares Erfahrungs-Lernen sowie die Förderung von deut- und handlungsfähiger Erfahrungs-Kompetenz von SchülerInnnen, nicht nur im intellektuellen, sondern im umfassenden Sinne: Herz/Seele, Geist und Leib bzw. affektiv,

---

[49] *R. Englert*, Glaubensgeschichte und Bildungsprozeß, München 1985, 437 f.

[50] *P. Biehl*, Wahrnehmung und ästhetische Erfahrung, in: *A. Grözinger/J. Lott* (Hrsg.), Gelebte Religion, Rheinbach/Merzbach 1997, 380 ff.

[51] Vgl. *ders.*, Religionspädagogik und Ästhetik, in: JPR 5 (1988), 12.

[52] *Ders. u.a.*, Symbole geben zu lernen, Neukirchen/Vluyn 1989, 14.

kognitiv und pragmatisch;[53] eben weil sich so ganzheitlich 'in, mit und unter' Erfahrungen 'Kommunion' des Evangeliums in der Welt vollzieht.

*4.3* Biblischer oder thematisch-problemorientierter Religionsunterricht?
Die oft als einander ausschließende Gegensätze empfundenen beiden didaktischen Grundtypen von Religionsunterricht, nämlich der biblische Unterricht und der thematisch-problemorientierte Unterricht, erweisen sich von Erfahrung als Fundamentierungskategorie her verstanden bei genauerem Hinsehen nicht als zwingende Alternativen, vielmehr in Wahrheit als zwei unterschiedlich akzentuierte Modelle bzw. Zutritte auf Wirklichkeit und deren Erschließung hin. Biblisch orientierter Unterricht will biblische Texte so darbieten und verflüssigen, daß verständlich wird, wie sie sich konstitutiv mit menschlicher Lebenswirklichkeit und deren Erfahrung auseinandersetzen: Erfahrungsorientierte bzw. thematisch-problemorientierte Texterschließung.

Umgekehrt will thematisch-problemorientierter Religionsunterricht heutige Lebenswelt und Alltagswirklichkeit so zur Sprache bringen, daß der Einbezug von bzw. der Erfahrungsaustausch mit in biblischen Texten und der christlichen Wirkungsgeschichte aufbewahrten Erfahrungen weiterführend und gewinnbringend erscheint: Bibel- und wirkungsgeschichtlich orientierte Wirklichkeits- bzw. Problemerschließung.[54]

Mit welcher Erfahrung nun der religionsunterrichtliche Lernprozeß einzusetzen hat, ist nicht prinzipiell zu entscheiden, letztlich auch 'gleichgültig', was meint, daß man sowohl situativ als auch traditional einsetzen kann. Jede Verkürzung oder Vereinseitigung auf eine Erfahrung - als da wären: Darstellung nur der biblischen Erfahrungsgehalte oder nur gegenwärtige Erfahrungen - bliebe hinter dem oben gezeichneten Modell des erfahrungsorientierten Religionsunterrichts zurück. Von daher erweist sich auch die alte religionspädagogische bzw. religionsunterrichtliche Vexierfrage Bibel- *oder* Problemorientierung bzw. Situation *oder* Tradition als positiv 'überholt': Wo Religionsunterricht erfahrungsorientiert arbeitet, gibt es nur ein wechselseitiges, prozessuales In- und Miteinander von geschichtlichen und heutigen Erfahrungen.

*4.4* Christliche Erfahrungen und/oder interreligiöses Lernen?
Herkömmlicher Religionsunterricht sieht sich in erster und oft ausschließlicher Linie dazu verpflichtet, christliche bzw. genauer: konfessionell-christliche Erfahrungen zu vermitteln und/oder zu ihnen anzuleiten. Ist dann - so stellt man es sich jedenfalls in idealer Konstruktion vor - gewissermaßen christliche bzw. konfessionell-christliche Identität grundgelegt, kann die Öffnung auf Erfahrungsgehalte anderer Konfessionen und Religionen erfolgen.

Hier markiert erfahrungsorientierter Religionsunterricht eine gewisse Differenz zu dem eben beschriebenen überkommenen Modell: Die heute gegebenen gesellschaftlichen

---

[53] Vgl. *H. Rumpf*, Die übergangene Sinnlichkeit, München 1981.

[54] Vgl. *H.K. Berg*, Biblischer oder thematischer Unterricht?, in: *F. Schweitzer/G. Faust-Siehl* (Hrsg.), Religion in der Grundschule, Frankfurt a.M. 1994, 108 ff.

Verhältnisse und Schülervoraussetzungen nämlich lassen das herkömmliche Modell „erst Identität, dann Dialog und Dialogfähigkeit" bzw. erst christliche Erfahrungen und dann andere, fragwürdig werden. Erfahrungsorientierter Religionsunterricht präferiert vielmehr hier im Anschluß an entsprechende Tendenzen in der religionspädagogischen Grundsatzdiskussion folgendes Modell: Unter gewandelten geschichtlichen, soziokulturellen und religiösen Verhältnissen bezeichnen die beiden religionspädagogischen bzw. religionsunterrichtlichen Grundaufgaben - a) SchülerInnen im Umkreis der Religion ihres geschichtlichen Kulturraums heimisch werden zu lassen und b) Förderung interreligiöser Erfahrungs- und Verständigungsfähigkeit - nicht länger ein Nacheinander, sondern zeitlich gesehen ein Nebeneinander und didaktisch gesehen ein Miteinander: „Das Vertrautwerden mit der eigenen religiösen Tradition hat zunächst natürlicherweise im Vordergrund zu stehen, mit einem eigenen Schwergewicht; aber auch die Aufgabe des interreligiösen Lernens kann und sollte gleichzeitig früh beginnen."[55] Dabei kann die Frage, in welchem Alter die Begegnung von SchülerInnen mit fremden und anderen Erfahrungen schwerpunktmäßig ihren Platz haben kann und soll, nicht generell und prinzipiell beantwortet werden, da die schulischen Situationen je und je plural und unterschiedlich sind. So wird in einer Schule, in der sehr wenige Schüler einer nichtchristlichen Glaubensrichtung angehören, die Öffnung auf andere und fremde religiöse Erfahrungen später statthaben können als in einer Schule, in der ein (sehr) großer Teil der SchülerInnen etwa dem muslimischen Glauben angehört; hier wird man, das Prinzip didaktischer Regionalisierung beachtend, die Begegnung mit anderen und fremden religiösen Erfahrungen früher und intensiver anzusetzen haben.

*Insgesamt* läßt sich damit für die enzyklopädische Frage der Theologie dies *festhalten*: Was hier v.a. für die Religionspädagogik dargestellt wurde, läßt Folgerungen für den enzyklopädischen Aspekt der Theologie zu: 'Erfahrung' erscheint als eine operationalisierbare und heuristische Grundkategorie für alle theologischen Fächer: Gerade weil sich die verschiedenen theologischen Disziplinen im Zeichen zunehmender Verwissenschaftlichung und Spezialisierung immer mehr voneinander entfernen, eröffnet die Kategorie der Erfahrung die Möglichkeit, sich auf einem gemeinsamen 'Nenner' wieder und neu zu 'vernetzen'.

---

[55] K.E. Nipkow, Ziele interreligiösen Lernens als mehrdimensionales Problem, in: *J. van der Ven/H.-G. Ziebertz* (Hrsg.), Religiöser Pluralismus und interreligiöses Lernen, Kampen/Weinheim 1994, 226.

# XI.

# Der Bildungsbegriff -
# Konsequenzen für die enzyklopädische Frage der Theologie

Horst F. Rupp

## 0. Einleitung

Zwei Beobachtungen vorweg:

Bildung ist nach wohl übereinstimmender Einschätzung der Zeitgenossen ein Begriff, der im pädagogischen und vielleicht noch gesellschaftspolitischen, nicht aber im religiösen und theologischen Bereich anzusiedeln ist.

Bildung ist aktuell in der Wissenschaft Theologie, in der protestantischen Theologie, von der hier nur zu reden ist, kaum ein Thema, vielleicht sogar ein Un-Thema - sieht man von wenigen Ausnahmen ab.[1]

Aber: Kann Theologie, kann damit auch christlicher Glaube nach protestantischem Verständnis sich das Nichtbeachten des mit dem Begriff der Bildung aufgeworfenen Problemfeldes überhaupt leisten, ohne einen substantiellen Qualitätsverlust zu riskieren?

Das damit ins Auge gefaßte Problem soll nachfolgend unter der Doppelfrage 'Braucht Glaube bzw. Theologie Bildung?' und 'Braucht Bildung Glaube bzw. Theologie' fokussiert werden. Ich beschäftige mich in meinen Überlegungen primär mit dem Verhältnis von Religion und Bildung, das dann aber natürlich auch Konsequenzen für das Verhältnis von Theologie und Bildung impliziert.

Methodisch gehe ich in einem Dreischritt vor: Zuerst sollen einige mehr oder weniger aktuelle Schlaglichter auf das zeitgenössische Verhältnis von Glaube, Religion, Frömmigkeit und Theologie auf der einen und Bildung und Kultur auf der anderen Seite geworfen werden, die jeweils einmünden in eine *provozierende Frage*, was das Verhältnis von Religion und Bildung anbelangt. Ich erhebe an dieser Stelle meiner Ausführungen nicht den Anspruch eines systematischen Vorgehens, sondern biete eine kontingente deskriptiv-phänomenologische Beschreibung. Ich will dann in einem zweiten und historischen Abschnitt zurück in die Geschichte des Verhältnisses von

---

[1] Eine wichtige Ausnahme von Seiten der systematischen Theologie bildet hier *W. Pannenbergs* Beitrag „Gottebenbildlichkeit und Bildung des Menschen", in: ThP 12 (1977), 259-273. Innerhalb der praktischen Theologie bzw. Religionspädagogik lenkt in den letzten Jahren insbesondere *K.E. Nipkow* die Aufmerksamkeit auf den Bildungsbegriff; vgl. *ders.*, Bildung als Lebensbegleitung und Erneuerung. Kirchliche Bildungsverantwortung in Gemeinde, Schule und Gesellschaft, Gütersloh 1990. - Zur negativen Bewertung des Bildungsbegriffs innerhalb der protestantischen Theologie siehe unten.

Religion und Bildung gehen und einige ausgewählte exemplarische Stationen beleuchten, die uns auch heute vielleicht noch hilfreich sein können bei einer aktuellen Verhältnisbestimmung von Theologie bzw. Religion und Bildung. Dies soll einmünden in einen dritten und letzten Abschnitt meiner Ausführungen, der einige systematische Eckwerte des Verhältnisses von Religion und Bildung festmacht und damit Antwortansätze auf die eingangs gestellte Doppelfrage anzubieten versucht: Braucht Theologie bzw. Glaube Bildung? - Braucht Bildung Glaube bzw. Theologie?

## 1. Schlaglichter zum Verhältnis Religion bzw. Theologie und Bildung

Bildung und Religion scheinen in unserer Zeit und Gesellschaft in einem ganz spezifischen Verhältnis zueinander zu stehen, wie die folgenden Phänomene zu verdeutlichen versuchen:

*1.1* Progressive gesellschaftliche Bewegungen der Moderne, etwa die Arbeiter- oder die Frauenbewegung, haben der Religion, der institutionalisierten Religion, d.h. der Kirche bzw. den Kirchen und auch der ihr jeweils zugeordneten Theologie nicht selten vorgeworfen, daß diese mit dafür verantwortlich seien, daß sie und die von ihnen repräsentierten Gruppierungen, also etwa die Arbeiter und die Frauen, von den Bildungsprivilegien ausgeschlossen wurden. So habe die - evangelische wie die katholische - Kirche sich auf die Seite des Besitz- und Bildungsbürgertums bzw. des Patriarchats geschlagen und so verhindert, daß für die Arbeiter respektive die Frauen das auch ihnen zustehende Recht auf Bildung realisiert werden konnte. Nicht selten sei dies dann sogar noch religiös überhöht und als geradezu gottgegeben interpretiert und damit als gleichsam unangreifbar und nicht mehr weiter hinterfragbar dargestellt worden.

Die sich in diesem Kontext stellende *provozierende Frage* lautet für mich: Kann Religion Bildung verhindern?

*1.2* Ein Dorn im Auge ist manchen auch die Mitwirkung der Kirche bzw. der Kirchen im Schul- und Bildungsbereich. Zwar gibt es keine sogenannte 'geistliche Schulaufsicht' mehr, in deren Rahmen die Kirchen und ihre Funktionsträger bis zum Ende des Kaiserreiches 1918 das gesamte staatliche Schulwesen unter ihrer Aufsicht hatten. Aber im Religionsunterricht, der ja nach Artikel 7 unseres Grundgesetzes „in Übereinstimmung mit den Grundsätzen der Religionsgemeinschaften" - und damit im 'Normalfall' der Kirchen - erteilt werden soll,[2] sehen manche nach wie vor ein „Relikt der Allianz von Thron und Altar"[3], das es lieber heute als morgen zu eliminieren gelte.

---

[2] Zur konzeptionellen Entwicklung des Religionsunterrichts vgl. *W. Sturm,* Religionsunterricht gestern - heute - morgen, Stuttgart 1971; sowie ders., Religionspädagogische Konzeptionen, in: *G. Adam/R. Lachmann* (Hrsg.), Religionspädagogisches Kompendium, Göttingen [5]1997, 37-87.

[3] So erst jüngst wieder ein Papier der Abgeordnetengruppe der Partei BÜNDNIS 90/DIE GRÜNEN (Hrsg.), Um Gottes willen, Bonn 1994.

Die Auseinandersetzungen um das sogenannte 'Brandenburger Modell', das ein vom kirchlichen Einfluß 'gereinigtes' Fach 'Lebensgestaltung - Ethik - Religion' fordert, ist wohl nur auf diesem Hintergrund angemessen zu verstehen.

Meine *provozierende Frage* in diesem Kontext lautet: Hat sich Religion, institutionalisierte Religion, hat sich Kirche aus dem Bereich der öffentlich organisierten Bildung in unserer Gesellschaft herauszuhalten?

*1.3* Von Bedeutung für das Verhältnis von Religion, von christlicher Religion und Bildung in unserem Jahrhundert innerhalb der protestantischen Theologie wurde die Haltung von weiten Teilen der sogenannten 'dialektischen' Theologie, insbesondere die theologische Schule *K. Barths*. *Barth* differenzierte ganz strikt zwischen christlichem Glauben und Religion. Der Glaube war ihm die für Christen einzig mögliche Haltung Gott gegenüber, die sich ohne alles 'Wenn und Aber' am Evangelium, an der biblischen Offenbarung in Jesus Christus zu orientieren hatte. Religion hingegen war in seinen Augen etwas ganz anderes - sie ist nach *Barth* der Versuch des Menschen, sich selbst zu erlösen, das Angebot Gottes in Jesus Christus auszuschlagen. Diesen Versuch sah *Barth* sowohl in den nichtchristlichen Religionen gegeben wie auch innerhalb des Christentums in den Kreisen des von der 'dialektischen Theologie' so bezeichneten 'Kulturprotestantismus' - und damit verfiel natürlich auch der Bildungsbegriff, der diesem Kulturprotestantismus ganz offensichtlich so wichtig war, als Versuch der Selbsterlösung des Menschen dem ablehnenden Verdikt der *Barth*'schen Theologie. Derjenige, der für *Barth* diesen 'Sündenfall' der neuzeitlich-modernen Theologie in Person verkörperte, war *F. Schleiermacher*, der 'Kirchenvater des 19. Jahrhunderts', für den die Religion zum 'Gefühl der schlechthinnigen Abhängigkeit des Menschen' von Gott bzw. zum 'Anschauen des Unendlichen' und damit zu einer Provinz im Gefühl des Menschen geworden war, wie er es etwa in seinem 1799 erstmals erschienenen Buch „Über die Religion. Reden an die Gebildeten unter ihren Verächtern" beschrieben hatte.[4] Und wie wichtig in diesem Zusammenhang für *Schleiermacher* in seinem theologischen und philosophischen Ansatz dann eben auch der Bildungsbegriff geworden war, der natürlich auch auf diesem Hintergrund *Barth* suspekt werden mußte,[5] dies soll unten noch genauer herausgearbeitet werden.

Die sich hier anschließende *provozierende Frage*: Ist also mit und nach *Barth* christlicher Glaube zwingend ein Antibegriff zu Kultur und Bildung?

*1.4* Festgestellt wurde etwa von empirisch arbeitenden Soziologen bzw. Religionssoziologen, daß die Neigung, der institutionalisierten Religion - sprich: der Kirche - den Abschied zu geben und auszutreten, bei unseren Zeitgenossen um so stärker ausgeprägt ist, je höher der Bildungsgrad ist. Man hat hier dann bisweilen von einer

---

[4] Vgl. dazu *H.F. Rupp*, Religion - Bildung - Schule. Studien zur Geschichte und Theorie einer komplexen Beziehung, Forum zur Pädagogik und Didaktik der Religion 7, Weinheim ²1996, 98-183.

[5] Vgl. hierzu insbesondere *K. Barth*, Evangelium und Bildung, Zollikon/Zürich ²1947.

„religionskritischen Imprägnierung der höheren Bildung"[6] und mit *E. Lange* vom sogenannten „Bildungsdilemma der Kirche"[7] gesprochen. Auf diesem Hintergrund erhebt sich natürlich bisweilen bei manchen Vertretern der Kirchenleitung die Frage, ob man sich als Kirche weiter für die Bildung stark machen und engagieren soll, wenn dies unter Umständen dann für die Kirche derart fatale Folgen haben kann, daß bei einer Forcierung der gesellschaftlichen Bildungsbemühungen die Zahl der Mitglieder einschneidend reduziert wird.

Meine sich daran anschließende *provozierende Frage*: Müssen Religion und Kirche etwa Angst vor der Bildung haben?

*1.5* Andererseits war und ist jedoch auch immer wieder zu beobachten, daß für Menschen Religion, christliche Religion Ferment bzw. Katalysator zur Gewinnung einer eigenen Identität, zur Entwicklung ihrer Personalität und damit abbreviiert formuliert zu ihrer Bildung werden kann und immer wieder geworden ist. Dies trifft für Phänomene in der sog. Dritten Welt - wo ja etwa die Alphabetisierungs- und Bildungsbemühungen der Kirchen eine eminent wichtige Bedeutung haben - ebenso zu wie in unserer entwickelten, industrialisierten modernen bzw. postmodernen Welt. Exemplarisch sei hier auf einen Forschungsbericht zweier Pädagogikgeschichtlerinnen zum Thema „Religion in Tagebüchern von Frauen - zwei Fallstudien"[8] hingewiesen. Hier wird anhand von autobiographischen Darstellungen die Rolle der Religion für die Entwicklung der Personalität und Identität, und damit der Bildung zweier Frauen dargestellt. Es ist höchst eindrücklich zu sehen, welche Bedeutung Religion, das Zwiegespräch mit Gott und die konkreten inhaltlichen Impulse des christlichen Glaubens für das Leben, die Bewältigung des Alltags und der Krisen des Lebens in der konkreten Existenz von Menschen unserer Zeit haben können und offensichtlich auch nach wie vor haben - trotz aller Thesen von einem Traditionsabbruch, von Säkularisierung und Marginalisierung der christlichen Religion in unserer Zeit und Gesellschaft!

Meine *provozierende Frage*: Kann es damit nicht doch auch einen wichtigen, vielleicht sogar unaufgebbar wichtigen Beitrag der Religion zur Bildung von Menschen geben?

*1.6* Ein letztes Schlaglicht in diesem ersten Teil meiner Überlegungen: Als Ende der 60er und Anfang der 70er Jahre unseres Jahrhunderts die sozial-liberalen Reformer die Situation unserer Gesellschaft analysierten und dabei ein nicht unerhebliches Defizit in der Bildung der deutschen Gegenwartsgesellschaft erkannten, suchten sie auch mit

---

[6] Vgl. *L. Hölscher,* „Weibliche Religiosität"? Der Einfluß von Religion und Kirche auf die Religiosität von Frauen im 19. Jahrhundert, in: *M. Kraul/C. Lüth* (Hrsg.), Erziehung der Menschen-Geschlechter. Studien zur Religion, Sozialisation und Bildung in Europa seit der Aufklärung, Weinheim 1996, 45-62, hier 49.

[7] *E. Lange,* Bildung als Problem und Funktion der Kirche, in: *J. Matthes* (Hrsg.), Erneuerung der Kirche. Stabilität als Chance. Konsequenzen aus einer Umfrage, Gelnhausen/Berlin 1975, 189-222, hier 196.

[8] Vgl. *I. Behnken/P. Schmidt,* Religion in Tagebüchern von Frauen - zwei Fallstudien, in: *M. Kraul/C. Lüth* (Hrsg.), aaO., 63-99.

empirischen Mitteln den Ursachen und Gründen dafür auf die Spur zu kommen. Es zeigte sich, daß bestimmte Gruppierungen in besonderer Weise durch ein Bildungsdefizit stigmatisiert waren. Man hat seinerzeit dann eine Art Kunstfigur kreiert, die unter Bildungsaspekten die verschiedenen Merkmale der Benachteiligung in sich kumulierte - dies ergab schließlich die Rede vom '*katholischen* Arbeiter-Mädchen vom Lande'. Wer also auf dem platten Lande lebte, Arbeitersprößling und weiblichen Geschlechts war und schließlich gleichsam zu allem Unglück auch noch der katholischen Konfession anhing, der hatte rein statistisch betrachtet keine sehr großen Chancen, die Stufen einer Bildungskarriere in unserer Gesellschaft problemlos zu erklimmen. So zeigte sich ganz offensichtlich auch in unserer Gegenwart noch, daß der Protestantismus - ganz im Gegensatz also zum Katholizismus - sich nach wie vor durch eine besondere Affinität zur Bildung auszeichnete.

Die sich hier an- und den ersten Teil meiner Überlegungen abschließende *provozierende Frage* lautet damit: Hat Bildung also vielleicht doch auch ein konfessionelles Gesicht, ein Gesicht mit eher protestantischen als katholischen Zügen?!

Ich denke, spätestens an dieser Stelle ist es nötig, im Blick auf das ganz offensichtlich recht komplexe Verhältnis von Religion und Bildung die historische Frage zu stellen. Denn es hat natürlich ganz bestimmte historische Wurzeln, wenn sich noch in unserer Zeit diese besondere Nähe von Protestantismus und Bildung nachweisen läßt. In einem zweiten Teil werden wir deshalb in exemplarischer Weise die Frage nach der Entstehung und der Geschichte dieses besonderen Verhältnisses von Protestantismus und Bildung stellen.

## 2. Der historische Protestantismus als Bildungsgröße

*2.1* Sieht man in die Darstellungen der Geschichte von Erziehung, Bildung und Schule hinein - ich denke etwa an *A. Rebles* weitverbreitete „Geschichte der Pädagogik"[9] -, so wurde und wird hier immer wieder auf die besondere Bedeutung hingewiesen, die die Zeit der Reformation und damit die Epoche der Entstehung der protestantischen Kirche(n) auch für die Entstehung eines öffentlichen Bildungs- und Schulwesens hatte. Die Reformation gilt mit *E. Spranger*[10] zu Recht als eine der bedeutsamen 'Wurzeln' bzw. mit *W. Flitner*[11] als eine der ganz wichtigen 'Quellen' des deutschen Bildungswesens, die überhaupt erst zu dessen Entstehung und dann schließlich zu seiner elaborierten Ausgestaltung beigetragen haben.

Worin liegt nun die historisch zu konstatierende Affinität von Bildung und Protestantismus begründet? Lassen sich hier vielleicht zwingende Verknüpfungen aufweisen, die den Protestantismus von seinen grundlegenden glaubensmäßigen und theologi-

---

[9] *A. Reble*, Geschichte der Pädagogik, Frankfurt a.M./Berlin/Wien 1981.

[10] *E. Spranger*, Zur Geschichte der deutschen Volksschule, Heidelberg 1949.

[11] *W. Flitner*, Die vier Quellen des Volksschulgedankens, Stuttgart ³1954.

schen Wurzeln unabdingbar an die Bildung verweisen? Dies gilt es nachfolgend zu untersuchen.

Zuerst ist hier auf die Wortstruktur evangelisch-protestantischen Glaubens sowie der darauf bezogenen Theologie hinzuweisen. Solus Christus und sola gratia begegnen dem Menschen nur in der Schrift, d.h. im verbum invisibile bzw. dann auch im verbum visibile des Sakraments. Das Wort der Schrift ist mit Luther dem Menschen gleichsam 'einzubilden', wie dies *G. Dohmen* in seiner Untersuchung zum Bildungsverständnis der Reformation aufgrund der Schriften Luthers herausgearbeitet hat.[12]

Sodann ist hier m.E. auf das evangelische Verständnis von Kirche und Amt aufmerksam zu machen. Die Reformation hat im Vergleich zur römischen Kirche die Bedeutung der Institution und des kirchlichen Amtes radikal relativiert. Das Heil des Christen war nicht mehr an die Teilnahme am Meßritus gebunden und ging nicht mehr über den Priester als den Mittler zwischen den Gläubigen und Gott, sondern jeder sollte und konnte sein eigener Priester sein, gemäß dem Theologumenon vom 'Priestertum aller Gläubigen'. Parallel zur radikalen Relativierung der Stellung des Priesters wurde diejenige des Laien fundamental aufgewertet.

Und da die göttliche Offenbarung sich gleichsam materialisiert hatte in der Heiligen Schrift, so war jeder Christ, jeder protestantische Gläubige unabdingbar an das Kennenlernen und Lesen dieser Schrift verwiesen. Das aber wiederum machte es notwendig, daß jeder tatsächlich auch diese Schrift lesen konnte - und dies hatte dann natürlich entsprechende Bildungsbemühungen in erst noch zu schaffenden Schulen zur Voraussetzung, wie wir dies aufgrund der intellektuell fundierten Struktur des protestantischen Glaubens oben schon aufgewiesen haben. Damit gilt: „Die Reformation ist eine *Bewegung des Wortes*, aus der notwendig eine *Bildungsbewegung* erwächst."[13] Und daß mit *Gutenbergs* Erfindung der Buchdruckerkunst auch von daher die biblischen Schriften einem breiten Publikum zugänglich gemacht werden konnten, dies scheint eine geradezu glücklich zu nennende historische Konstellation des Reformationszeitalters gewesen zu sein.

Dieses für uns heute ohne größere Probleme nachvollziehbare Gefälle des Protestantismus hin zu Bildung und Schule scheint den Reformatoren wohl erst im Laufe der Zeit in seiner vollen Schärfe und Bedeutung bewußt geworden zu sein, gab es doch innerhalb der neuen religiösen Bewegung durchaus auch andere Tendenzen. Neben radikal bildungskritischen Intentionen, die Bildung mit mittelalterlich-scholastischer und damit römischer Gelehrsamkeit gleichsetzten und deshalb ablehnten, gab es im Rahmen der neuen religiösen Bewegung auch noch schwärmerisch-spiritualistische Kreise, die eine Position vertraten, die die exklusive Offenbarungsqualität der Schrift bestritt und vor allem auf die in jedem Menschen vorhandene Geistbegabung setzte.

---

[12] Vgl. *G. Dohmen*, Bildung und Schule. Die Entstehung des deutschen Bildungsbegriffs und die Entwicklung seines Verhältnisses zur Schule, Bd. 1, Der religiöse und der organologische Bildungsbegriff, Weinheim 1964, bes. 33 ff.

[13] *W. Sturm*, Reformation und Schule in Regensburg, in: *H. Schwarz* (Hrsg.), Reformation und Reichsstadt. Protestantisches Leben in Regensburg, Regensburg 1994, 66-88, hier 70.

Beide Haltungen waren dem Auf- und Ausbau eines geordneten Bildungs- und Schulwesens nicht gerade förderlich und trugen dazu bei, daß zu Beginn der Reformation das seit dem Mittelalter bestehende Kloster- und Stadtschulwesen in Auflösung begriffen war und neue Strukturen, die deren Platz hätten einnehmen können, noch nicht zu erkennen waren. Hätte es die neue religiös-reformatorische Bewegung nicht verstanden, hier auch neue Schul- und Bildungsstrukturen aufzubauen, so wäre sie vermutlich in der deutschen Geschichte eine ephemere Erscheinung geblieben und hätte wahrscheinlich ihre Zukunft schon verspielt, bevor diese noch so richtig begonnen hatte.
*Luther* selbst hatte schon seit 1519/20 auf die Bedeutung von Unterricht und Schule aufmerksam gemacht. In einer seiner drei großen Reformschriften des Jahres 1520 mit dem Titel 'An den christlichen Adel deutscher Nation von des christlichen Standes Besserung' stellt er die Verbindung von christlichem Glauben und Bildung her. Unter der fünfundzwanzigsten seiner Gravamina schreibt er: „Vor allen Dingen sollte in den hohen und niederen Schulen die vornehmste und allgemeinste Lektion sein die Heilige Schrift und den jungen Knaben das Evangelium. Und wollte Gott, eine jegliche Stadt hätte auch eine Mädchenschule, darinnen täglich die Mägdlein eine Stunde das Evangelium hörten, es wäre deutsch oder lateinisch ... Sollte nicht billig ein jeglicher Christenmensch bei seinen neun oder zehn Jahren wissen das ganze heilige Evangelium, da sein Name und Leben drin steht?" (WA 6, 461) In nicht wenigen Hinsichten vertritt Luther hier geradezu revolutionäre Bildungsforderungen. Hinzuweisen ist etwa auf die radikale demokratische Tendenz, die *jedem* Christenmenschen die Fähigkeit zum Lesen zumutet und auch zuspricht, oder auf die ansatzweise sich hier zeigende Auflösung der Geschlechterhierarchie, die auch die Mädchen in den Genuß von Bildung kommen lassen möchte. So revolutionär sich diese Forderungen aber auch präsentieren, so eindeutig religiös zurückgebunden an die Schrift ist jegliches Bildungspostulat bei Luther. Nur in ihrer Funktion, die Menschen mit der Bibel vertraut zu machen, wird Bildung hier anerkannt und propagiert. Unterricht, Lernen, Bildung, die Beschäftigung mit den Wissenschaften, dies alles besaß für den Reformator keinen Eigenwert, sondern war ausschließlich bedeutsam in seiner instrumentell-dienenden Funktion für das Evangelium und seine Verbreitung unter den Menschen.
Derjenige, der jedoch noch in ganz anderer Weise und Qualität als Luther selbst zum Denker und Organisator eines neu zu schaffenden reformatorischen Bildungs- und Schulwesens wurde, war der junge Griechisch-Professor *Philipp Melanchthon* (1497-1560), der im August 1518, also ein knappes Jahr nach Luthers Ablaßthesen vom 31. Oktober 1517, nach Wittenberg übersiedelt und in Kürze in engsten Kontakt und intensive Kooperation mit Luther getreten war. Es darf, ja es muß m.E. hinterfragt werden, ob Luther von sich aus und ohne die seit 1518 gegebenen Anstöße durch Melanchthon die eminente Bedeutung von Unterricht, von Schule und Bildung für die neue Bewegung und ihren Fortbestand aufgegangen wäre. Daß Melanchthon seine humanistischen, pädagogischen und bildungsorganisatorischen Talente schon bald ganz uneingeschränkt in den Dienst der Reformation und der Vermittlung ihres Bekenntnisses an die Menschen und speziell die Jugend stellte, dies hat wohl ganz entscheidend zum geradezu durchschlagenden Erfolg dieser neuen Bewegung beigetra-

gen, die die Zukunft nur gewinnen konnte, wenn sie die Jugend für sich gewann - und diese Schlacht wurde nun einmal ganz klar und entscheidend auf dem Felde von Erziehung und Bildung geschlagen. Der ursprünglich vom christlich-humanistischen Geiste eines Erasmus von Rotterdam mit seiner Hinwendung zur antiken Literatur, Ethik und Kultur geprägte Melanchthon wurde seit 1518 durch den Kontakt mit Luther von dessen reformatorischer Erkenntnis und Theologie richtiggehend 'gepackt', so daß sein vordem exklusiv humanistisch fundierter und orientierter Ansatz in seinen ersten Wittenberger Jahren gleichsam theologisch, und zwar spezifisch reformatorisch-theologisch überformt wurde. In dialektischer Umkehrung läßt sich m.E. aber auch mit nicht weniger Berechtigung die These vertreten, daß die reformatorische Theologie Luthers Ende der zweiten und im Verlauf der dritten Dekade des 16. Jahrhunderts durch Melanchthons Wirken eine humanistische und auch pädagogische Formierung und Ausrichtung durchlaufen hat, die für die Weiterexistenz, die Zukunft und dann für die neuzeitlich-moderne Gestalt der Reformation eine eminente Bedeutung gewinnen sollte.

Die Reformation ist hier gleichsam aus dem Modus der spontanen und geisterfüllten Rede - wie sie Luthers Charisma entsprach - in den Modus des Lehrgesprächs überführt worden - wie es Melanchthons ureigenste Gabe war. War der eine Modus für die Begründung der neuen Bewegung die conditio sine qua non, so ist der andere Modus für das Weiterbestehen der einmal ins Leben gerufenen Bewegung nicht weniger elementar und lebens-, ja überlebensnotwendig geworden. Als historischer Glücksfall muß es wohl betrachtet werden, daß diese beiden personal in Luthers und Melanchthon repräsentierten Charismen in Wittenberg aufeinandertrafen und sich in ihrer je gegebenen Eigenart und Ausprägung sehr schnell zu akzeptieren, ja zu schätzen lernten und sich im Interesse der neuen Bewegung schließlich auf geradezu kongeniale Art und Weise ergänzten.

Melanchthon hat seit Beginn der zwanziger Jahre des 16. Jahrhunderts seine gesamte und nicht geringe Energie und Fähigkeit dieser pädagogischen und bildungspolitischen Seite der Absicherung der neuen religiös-reformatorischen Bewegung gewidmet. An drei zentralen Feldern seines Wirkens, deren in die nachfolgenden Jahrhunderte ausstrahlende Bedeutung gar nicht hoch genug eingeschätzt werden kann, sei dies hier schlaglichtartig verdeutlicht:

– Zum einen hat er im theologisch-anthropologischen Grundlagenbereich eine Theorie entfaltet, die dem Menschen etwas zutraute, ihm einen gewissen Handlungs- und Freiheitsspielraum zusprach, da Erziehung und Bildung nur so Sinn machten. Hätte man den Menschen, wie es an sich in Luthers Theologie strukturell angelegt war und wie er es dann auch in seiner Auseinandersetzung mit Erasmus und dessen humanistischer Behauptung des freien Willens des Menschen vertrat, für vollkommen unfähig zum Tun des Guten erklärt und alles durch göttliche Prädestination festgelegt gedacht, dann wäre auch erzieherisches und bildendes Einwirken auf den Menschen ad absurdum geführt worden. Melanchthon hat diese Position Luthers

modifiziert[14] und mit dem humanistischen Ansatz versöhnt. So schreibt er beispielsweise im Artikel 18 der Confessio Augustana von 1530:
„Der menschliche Wille hat eine gewisse Freiheit, bürgerliche Gerechtigkeit zu wirken und unter den der Vernunft unterworfenen Dingen frei zu wählen."[15]
Diese Freiheit des Willens ist aber nach Melanchthon tatsächlich auf den Bereich des irdischen Wohls beschränkt. Was das jenseitige Heil des Menschen anbelangt, so ist es auf diesem Felde mit der Freiheit des Menschen vorbei, hier ist ihm jegliche Selbstverwirklichung versagt, alles muß auf das Vertrauen zu Gott und seine Liebe zum Menschen gesetzt werden. In weltlichen und damit auch in Erziehungs- und Bildungsangelegenheiten aber war und ist dem Menschen ein relativ weites Feld des Handelns eröffnet, das von ihm verantwortlich zu gestalten ist.
Die hier konstatierte Spannung in den unterschiedlichen theologisch-anthropologischen Konzepten von Luther und Melanchthon ging jedoch nicht soweit, daß Melanchthon eine aus reformatorischer Sicht unzulässige theologische Grenzüberschreitung vollzogen hätte. Er war sich letztlich immer der relativen und sehr begrenzten Möglichkeiten des menschlichen Freiheitsspielraumes und vice versa der Bedeutung der souveränen Freiheit des göttlichen Willens bewußt.

– Zum zweiten bewährte sich Melanchthon als *der* bedeutende Organisator des neu zu errichtenden protestantischen Schul- und Bildungswesens. Wo immer in den Territorien und Städten, die sich der Reformation geöffnet hatten, Schulen und Universitäten neu zu errichten bzw. schon bestehende zu erneuern waren, wandte man sich nach Wittenberg und fragte bei Melanchthon um entsprechende Entwürfe und Ordnungen nach. Dieser lieferte bereitwillig die gewünschten Konzepte und vermittelte eine nicht geringe Zahl seiner Schüler in exponierte Positionen, nachdem er selbst nicht gewillt war, eine der vielen ihm angebotenen Stellen außerhalb Wittenbergs zu übernehmen.

– Und zum dritten lieferte er neben diesem Beitrag zum Aufbau der äußeren Strukturen eines neuen Schulwesens auch noch die didaktische intentional-inhaltliche Ausgestaltung mit. Melanchthon ist ganz sicher auch *der* klassische Schul- und Lehrbuchautor des 16. Jahrhunderts, dessen Werke noch weit über seine eigene Lebenszeit hinaus in den Schulen in Gebrauch blieben. Nur wenige wissenschaftliche Gebiete seiner Zeit hat er nicht in Lehrbuchform behandelt.

All dies hat ihm nicht umsonst schon zu seinen Lebzeiten den Ehrentitel eines 'Praeceptor Germaniae', des 'Lehrers Deutschlands' eingebracht, ein Titel, den außer ihm in der deutschen Bildungsgeschichte nur noch der mittelalterliche Klosterlehrer

---

[14] In seinen „Loci communes" von 1521 hatte *Melanchthon* noch genau diese streng lutherisch-reformatorische Position vertreten: „Si ad praedestinationem referas humanam voluntatem, nec in externis nec in internis operibus ulla est libertas, sed eveniunt omnia iuxta destinationem divinam." (zitiert nach *P. Melanchthon*, Loci communes 1521. Lateinisch - Deutsch. Übersetzt und mit kommentierenden Anmerkungen versehen von *H.G. Pöhlmann*, hrsg. vom Lutherischen Kirchenamt der Vereinigten Evangelisch-Lutherischen Kirche Deutschlands, Gütersloh 1993, 44.

[15] Zitiert nach *L. Grane*, Die Confessio Augustana. Einführung in die Hauptgedanken der lutherischen Reformation, Göttingen 1970, 135.

Hrabanus Maurus verliehen bekam. Vermutlich wäre ohne diese angestrengten und äußerst effektiven Bildungsbemühungen des Humanisten Melanchthon die neue religiöse Bewegung schon bald wieder aus dem historischen Geschehen verschwunden, wohl nur mit seinem Einsatz gelang es, diese Bewegung auf Dauer zu stellen. In einem etwas gewagten Vergleich sei hier an die sehr unterschiedliche Bedeutung von Jesus und Paulus für die Entstehung der christlichen Religion und auch Kirche erinnert. Immer wieder wird die These vertreten, daß der christliche Glaube vermutlich das isolierte Bekenntnis einer jüdischen Sekte geblieben und wohl schon bald wieder aus der Geschichte verschwunden wäre, wäre da nicht jener Paulus gewesen, der über die kleine und enge damalige jüdische Welt hinausdachte und -wirkte und damit ganz entscheidend dazu beigetragen hat, daß aus dem religiösen Bekenntnis einer kleinen Sondergruppe in Palästina die große Weltreligion wurde. In ganz ähnlicher, aber doch auch wieder gänzlich anderer Weise hat sich Melanchthon um das Überleben und Fortbestehen des Protestantismus verdient gemacht. Was Luther mit seinen aufwühlenden, im Tiefsten religiös-existentiell betroffenen Fragen angestoßen hat, dies wurde von Melanchthon auf Dauer gestellt, indem er ganz entscheidend dazu beitrug, die notwendigen Strukturen zu reflektieren und auch entstehen zu lassen. Das eine ist wohl so unabdingbar wie das andere, wenn eine solche Bewegung in die Zukunft hineinwirken soll. Melanchthon ist damit *die* prägende Gestalt am Beginn des deutschen Protestantismus geworden, was das Verhältnis und die gemeinsame Geschichte von Religion und Bildung anbelangte, mit einer Wirkungsgeschichte bis in die Gegenwart hinein, wie wir oben schon sehen konnten.

Mit Melanchthons Wirken war dem Protestantismus ein klar formuliertes *Postulat* mit auf seinen Weg durch die Geschichte gegeben: *Glaube braucht Bildung.*

2.2 In der Zeit vom 16. bis zum Ende des 18. Jahrhunderts konstituiert sich im europäischen Kulturraum so etwas wie eine eigenständige pädagogische Disziplin, pädagogisches Handeln und pädagogische Wissenschaft kommen zum Bewußtsein ihrer selbst. Und nicht zu Unrecht ist in der neueren pädagogischen Historiographie darauf hingewiesen worden, daß die 'moderne Pädagogik' eine Geburt aus dem christlichen bzw. genauer: dem protestantischen Dogma sei.[16] Namentlich wären hier natürlich zu nennen *J.A. Comenius*, *J.J. Rousseau*, die Philanthropen, die pietistische Pädagogik eines *A.H. Francke* und *Herders* Bildungs- und Humanitätsphilosophie[17]. Im deutschen Sprachraum arbeitet sich pädagogisches Denken und Handeln insbesondere am Begriff der 'Bildung' ab, der ursprünglich in einem religiösen Kontext zuhause war und erst im 18. Jahrhundert gleichsam einen Ortswechsel in die Pädagogik vollzog, ohne seine religiösen Wurzeln gänzlich verleugnen zu können, die er nach wie vor mit seinen anthropologischen, ethischen und utopisch-eschatologischen Konnotationen transportierte. Für viele jedoch war diese religiöse Herkunft des Bildungsbegriffs nicht mehr

---

[16] Vgl. *J. Oelkers*, Religion: Herausforderung für die Pädagogik, in: ZP 38 (1992), 185-192, bes. 185, in Anlehnung an F. Osterwalder.

[17] Vgl. hierzu *H. F. Rupp*, aaO., 44 ff.

erkennbar, zumal sich bestimmte Spielarten einer säkularisierten Pädagogik auch ganz explizit von Religion und Christentum absetzten.

F.D.E. *Schleiermacher* (1768-1834) war schließlich derjenige, der die religiösen und die pädagogischen Wurzeln des Bildungsbegriffs in gleicher Weise ästimierte und rezipierte und eine Bildungstheorie konzipierte, die paradigmatisch die neuzeitlichmoderne Existenz des Menschen in den Blick nahm, indem er eine dialektische Vermittlung von Religion und Bildung anstrebte. In grundlegender Weise reflektierte er diese Vermittlung von Religion und Bildung in seiner 1799 erstmalig erschienenen Schrift „Über die Religion. Reden an die Gebildeten unter ihren Verächtern". Er hatte mit dieser hier intendierten Verhältnisbestimmung von Religion bzw. Frömmigkeit und Bildung schon grundsätzlich sein 'Lebensthema' markiert.[18] In welchem Verhältnis stehen aber nun bei Schleiermacher die beiden Größen Religion und Bildung? Dies soll nachfolgend in knappen Strichen anhand seiner 'Reden' skizziert werden.

Schleiermacher grenzt sich gegenüber mehreren Mißverständnissen und Fehleinschätzungen ab: So verwahrt er sich gegenüber einem Kleinglauben der Vertreter des offiziellen und institutionellen Christentums, die das Ende der Religion herannahen sehen, ebenso wie gegenüber den Gebildeten, für die (christliche) Religion zu einem obsoleten und von der Geschichte überholten Phänomen geworden ist. Der Verfall der Religion hängt für Schleiermacher vielleicht auch mit einer Fehlinterpretation der Religion zusammen, die von manchen mit Metaphysik, von wieder anderen mit Moral verwechselt worden sei.

„Die Theoretiker in der Religion, die aufs Wissen über die Natur des Universums und eines höchsten Wesens, dessen Werk es ist, ausgehen, sind Metaphysiker, aber artig genug, auch etwas Moral nicht zu verschmähen. Die Praktiker, denen der Wille Gottes Hauptsache ist, sind Moralisten, aber ein wenig im Stile der Metaphysik. Die Idee des Guten nehmt Ihr und tragt sie in die Metaphysik als Naturgesetz eines unbeschränkten und unbedürftigen Wesens, und die Idee eines Urwesens nehmt Ihr aus der Metaphysik und tragt sie in die Moral ... Mengt aber und rührt, wie Ihr wollt, dies geht nie zusammen, Ihr treibt ein leeres Spiel mit Materien, die sich einander nie aneignen, Ihr behaltet immer nur Metaphysik und Moral. Dieses Gemisch von Meinungen über das höchste Wesen oder die Welt und von Geboten für ein menschliches Leben ... nennt Ihr Religion!"[19]

Demgegenüber hat Religion für Schleiermacher aber einen ganz anderen Charakter und einen ganz anderen Ort:

„Daß sie (sc. die Religion) aus dem Innern jeder bessern Seele notwendig von selbst entspringt, daß ihr eine eigne Provinz im Gemüte angehört, in welcher sie unum-

---

[18] Vgl. *G. Ebeling*, Frömmigkeit und Bildung, in: ders., Wort und Glaube, Bd. 3, Tübingen 1975, 60; *H. Schröer*, *F. Schleiermacher*, in: *ders./D. Zilleßen* (Hrsg.), Klassiker der Religionspädagogik, Frankfurt a.M. 1989, 115-135, hier 119.

[19] *F. Schleiermacher*, Über die Religion. Reden an die Gebildeten unter ihren Verächtern. In ihrer ursprünglichen Gestalt. Mit fortlaufender Übersicht des Gedankenganges, neu herausgegeben von *R. Otto*, Göttingen [6]1967, 44 f.

schränkt herrscht, daß sie es würdig ist, durch ihre innerste Kraft die Edelsten und Vortrefflichsten zu bewegen und von ihnen ihrem innersten Wesen nach gekannt zu werden: das ist es, was ich behaupte und was ich ihr gern sichern möchte ..."[20].

Wenn nun aber Religion weder im Denken noch im Handeln sich dem Menschen offenbart, so fragt sich, auf welchem Wege er dann der Religion inne werden könne. Und hier stellt Schleiermacher ganz eindeutig fest:

„Vom Anschauen muß alles ausgehen, und wem die Begierde fehlt, das Unendliche anzuschauen, der hat keinen Prüfstein und braucht freilich auch keinen, um zu wissen, ob er etwas Ordentliches darüber gedacht hat ... Anschauen des Universums, ich bitte, befreundet Euch mit diesem Begriff, er ist der Angel meiner ganzen Rede, er ist die allgemeinste und höchste Formel der Religion, woraus Ihr jeden Ort in derselben finden könnt, woraus sich ihr Wesen und ihre Grenzen aufs genaueste bestimmen lassen. Alles Anschauen geht aus von einem Einfluß des Angeschauten auf den Anschauenden, von einem ursprünglichen und unabhängigen Handeln des ersteren, welches dann von dem letzteren seiner Natur gemäß aufgenommen, zusammengefaßt und begriffen wird ... das Universum ist in einer ununterbrochenen Tätigkeit und offenbart sich uns jeden Augenblick. Jede Form, die es hervorbringt, jedes Wesen, dem es nach der Fülle des Lebens ein abgesondertes Dasein gibt, jede Begebenheit, die es aus seinem reichen, immer fruchtbaren Schoße herausschüttet, ist ein Handeln desselben auf uns, und so alles Einzelne als einen Teil des Ganzen, alles Beschränkte als eine Darstellung des Unendlichen hinnehmen, das ist Religion."[21]

Nun hat zwar Schleiermacher wie wohl kein anderer in seiner Epoche auch eine elaborierte und höchst komplexe pädagogische Theorie bzw. „Theorie der Erziehung"[22] entworfen, aber die Religion bleibt ausdrücklich von einem pädagogisch-didaktischen Zugriff ausgenommen, sie ist aufgrund ihrer Struktur und ihres Wesens nicht pädagogisierbar. Ein expliziter Religionsunterricht kann nach Schleiermachers Verständnis von Religion keinen Platz an der öffentlichen Schule haben.[23] Für Schleiermacher ist klar, daß der „Mensch ... mit der religiösen Anlage geboren (wird) wie mit jeder andern, und wenn nur sein Sinn nicht gewaltsam unterdrückt, wenn nur nicht jede Gemeinschaft zwischen ihm und dem Universum gesperrt und verrammelt wird ... so müßte sie sich auch in jedem unfehlbar auf seine eigne Art entwickeln"[24]. Denn: „Das Universum bildet sich selbst seine Betrachter und Bewunderer, und wie das geschehe, wollen wir nur anschauen, soweit es sich anschauen läßt."[25]

---

[20] AaO., 40.

[21] AaO., 52 f.

[22] *F. Schleiermacher*, Pädagogische Schriften I. Die Vorlesung aus dem Jahre 1826. Unter Mitwirkung von *T. Schulze*, hrsg. von *E. Weniger*, Frankfurt a.M./Berlin/Wien 1983. - Vgl. dazu *H.F. Rupp*, aaO., 128-183.

[23] Vgl. dazu *H.F. Rupp*, aaO., 159 ff.

[24] *F. Schleiermacher*, Über die Religion, 105 f.

[25] AaO., 105.

Auf diesem Hintergrund darf religiöse Erziehung nicht etwa degenerieren zu einer Vermittlung von bürgerlicher Moral, wie sie die Aufklärung in ihrer Fixierung auf moralische Geschichten so gern betrieb. Religiöser Sinn offenbart sich in anderen Stoffen, etwa in symbolisch-mythischen Erzählungen:
„Mit großer Andacht kann ich der Sehnsucht junger Gemüter nach dem Wunderbaren und Übernatürlichen zusehen. Schon mit dem Endlichen und Bestimmten zugleich suchen sie etwas andres, was sie ihm entgegensetzen können; auf allen Seiten greifen sie danach, ob nicht etwas über die sinnlichen Erscheinungen und ihre Gesetze hinausreiche; und wie sehr auch ihre Sinne mit irdischen Gegenständen angefüllt werden, es ist immer, als hätten sie außer diesen noch andre, welche ohne Nahrung vergehen müßten. Das ist die erste Regung der Religion. Eine geheime unverstandene Ahnung treibt sie über den Reichtum dieser Welt hinaus; daher ist ihnen jede Spur einer andern sehr willkommen; daher ergötzen sie sich an Dichtungen von überirdischen Wesen, und alles, wovon ihnen am klarsten ist, daß es hier nicht sein kann, umfassen sie mit aller der eifersüchtigsten Liebe, die man einem Gegenstande widmet, auf den man ein offenbares Recht hat, welches man aber nicht geltend machen kann."[26]
Für Schleiermacher ist mit all diesem klar, daß der Mensch, wenn er Anspruch auf den Status des Gebildetseins erheben möchte, sich auch zu seiner ihm innewohnenden Religiosität bekennen muß. Und als Schreckensvision erhebt sich für ihn die Alternative:
„Soll der Knoten der Geschichte so auseinandergehen: Das Christentum mit der Barbarei und die Wissenschaft mit dem Unglauben?"[27]
Daß dies nicht die Lösung der Geschichte sein darf, steht für Schleiermacher schon im Blick auf die protestantische Tradition fest:
„Wenn die Reformation, aus deren ersten Anfängen unsere Kirche hervorgegangen ist, nicht das Ziel hat, einen ewigen Vertrag zu stiften zwischen dem lebendigen Glauben und der nach allen Seiten freigelassenen, unabhängig für sich arbeitenden wissenschaftlichen Forschung, so daß jener nicht diese hindert, und diese nicht jenen ausschließt: so leistet sie den Bedürfnissen unserer Zeit nicht Genüge und wir bedürfen noch einer anderen, wie und aus was für Kämpfen sie sich auch gestalten möge. Meine feste Überzeugung aber ist, der Grund zu diesem Vertrage sei schon damals gelegt, und es tue nur not, daß wir zum bestimmteren Bewußtsein der Aufgabe kommen, um sie auch zu lösen"[28].
Als Fazit der Reflexionen Schleiermachers bleibt wohl festzuhalten: *Bildung braucht Religion bzw. Glaube.*

---

[26] AaO., 106 f.

[27] Zitiert nach *H. Mulert, Schleiermachers* Sendschreiben über seine Glaubenslehre an Lücke, Gießen 1908, 37.

[28] AaO., 40.

## 3. Ansätze einer systematischen Bestimmung des Verhältnisses von Religion und Bildung

Im Vorfeld der Melanchthon-Gedenkveranstaltungen des Jahres 1997 schrieb der Journalist *F. Aschka* im Wochenmagazin der 'Nürnberger Nachrichten' zur Bedeutung Melanchthons für unsere Zeit:

„Zu seiner Zeit genoß Melanchthon vielerorts höchste Achtung, man pries sein stupendes Wissen und seine Sprachgewalt, umwarb ihn, lernte von ihm, kurz: zählte ihn zu den fähigsten Gelehrtenköpfen der Epoche. Und von diesem Glanz ist nichts geblieben."[29]

Und im Blick auf die vor der Nürnberger Sebalduskirche stehende Melanchthon-Statue hält *Aschka* fest:

Damit „ ... sind wir endgültig bei der historischen Figur angelangt, die keinen lebendigen Anspruch mehr erhebt und für die sich auch niemand mehr interessieren muß. Melanchthon hat nichts mehr zu sagen, und so ist es - bei ehrlicher Betrachtung - geblieben bis heute."[30]

Auf dem Hintergrund solcher Überlegungen bleibt für den Autor schließlich nur noch ein fast schon apokalyptisch anmutendes, geradezu nihilistisch zu nennendes Fazit zu konstatieren:

„Leitbild seiner (sc. Melanchthons) Erziehung war der umfassend gebildete, seines geschichtlichen Ursprungs wie seiner Freiheit bewußte Mensch - ein Traum, verweht wie Melanchthons Gedächtnis."[31]

Dies ist nun starker Tobak, was *F. Aschka* hier in seinem Zeitungsbeitrag artikuliert. Bemerkenswert scheint mir immerhin zu sein, wie Melanchthons pädagogische Intention - wir könnten natürlich auch von seinem Bildungsideal sprechen - paraphrasiert wird: Es ging Melanchthon - nach *Aschka* - um den „umfassend gebildete(n), seines geschichtlichen Ursprungs wie seiner Freiheit bewußte(n) Mensch(en)". Melanchthon wird damit in die Geschichte der Moderne integriert, die den mit einem Bewußtsein seiner extraordinären Stellung in der Schöpfung - Stichwort: Freiheit bzw. Willensfreiheit - ausgestatteten Menschen in den Blick nimmt.

Vermutlich können wir hier sogar noch einen Schritt weiter gehen als unser Zeitungsautor es tut: Mentalitätsgeschichtlich betrachtet hat die Reformation - und haben damit ihre exponierten deutschen Repräsentanten Luther und Melanchthon - einen ganz substantiellen Beitrag zur Heraufführung der Moderne geleistet. Mit der alternativen Formierung und der schließlichen Etablierung des reformatorischen Bekenntnisses und der reformatorischen Kirchen neben dem bislang absolute Gültigkeit beanspruchenden, alleinseligmachenden katholischen Glauben und dessen Hüterin, der römischen Kirche, war die weltanschaulich-mentale bzw. religiöse Einheit des mittelalterlichen christlichen Abendlandes entscheidend getroffen und das Tor zu dem dann in den nachfol-

---

[29] Wochenmagazin der 'Nürnberger Nachrichten' vom 2./3. November 1996, 1.
[30] Ebd.
[31] Ebd.

genden Jahrhunderten sich herausschälenden religiös-weltanschaulichen Pluralismus weit aufgestoßen.

Luthers Haltung auf dem Reichstag zu Worms im Jahre 1521 mit seinem Rekurs auf das Gewissen - und damit auf die Individualität! - steht paradigmatisch und symbolisch für das autonome, auch nicht durch geradezu übermächtig erscheinende Instanzen wie die römische Kirche und die mit ihr verbündeten politischen Mächte zu beugende Individuum.

Das auch im Bereich des Glaubens Autonomie für sich reklamierende neuzeitliche Individuum wurde damit zum nicht hintergehbaren Maßstab der weiteren historischen Entwicklung.

Vermutlich wie kein anderer in seiner Zeit hat Melanchthon aber die Bedeutung der Bildung in diesem historischen Prozeß in ihren Grundzügen erkannt und reflektiert. Die Existenz nicht mehr nur eines religiös-weltanschaulichen Bekenntnisses, sondern zweier - und dann in der Folgezeit weiterer - solcher Optionen setzt die Beurteilungs- und Entscheidungsfähigkeit des Individuums zwingend voraus. Und dies wiederum hat die entsprechende Ausstattung des Individuums, um derartige Entscheidungen überhaupt auf gesicherter Grundlage treffen zu können, zur conditio sine qua non. Dieser Mechanismus läßt sich abgekürzt auch mit dem Terminus 'Bildung' umschreiben.

Protestantischer Glaube und protestantische Ekklesiologie weisen damit eine ganz bestimmte Struktur auf, die hier knapp zu skizzieren ist:

– Protestantischer Glaube birgt ein stark institutionenkritisches und amtskritisches Element in sich. Der Satz, der für die römisch-katholische Kirche das ganze Mittelalter hindurch Gültigkeit beansprucht hat und der auch noch im Katholizismus der Gegenwart uneingeschränkte Geltung für sich reklamiert, dieser Satz hat im Protestantismus keinen Platz und auch keine Berechtigung: Extra ecclesiam nulla salus est.

Will man für den Protestantismus ähnliche Essentials zu formulieren versuchen, so müßten sie wohl heißen: Solus Christus, sola gratia, sola scriptura. Die Kirche als eigenständige und absolute Gültigkeit beanspruchende Größe hat letztlich in diesem innersten Zentrum reformatorischen Bekenntnisses keinen Platz.

Und so wie die Kirche als Heilsanstalt richtiggehend 'entmachtet' worden ist durch die Reformation, so gilt dies in ganz ähnlicher Weise für das Priesteramt, das in der Ämterlehre des Protestantismus seiner extraordinären Stellung - seines 'character indelebilis', der es ganz kategorial von allen anderen Ämtern und Ständen abhob - entkleidet worden ist. Ein Handwerker, ein Bauer, ein Fürst, ja ein Scharfrichter galten coram deo nicht mehr und nicht weniger als ein Pfarrer auch, sie leisteten allesamt ihren Beitrag zum Funktionieren des gesellschaftlichen Ganzen und damit letztlich auch Gottesdienst, und sie waren in gleicher Weise an das Wort der Schrift verwiesen, sie waren - einschließlich also des Pfarrers! - in gleicher Weise Laien, da mit der Eliminierung des exponierten Priesteramtes die Differenzierung von Priester und Laie obsolet geworden war.

– Weiterhin: Protestantisches Bekenntnis ist aufgrund der ihm inhärenten Wortstruktur ohne intellektuelle Anstrengung, und damit ohne Bildung, nicht zu haben, auch wenn es sich natürlich in Hinblick auf die noch tiefer liegende christliche Struktur des Glaubens darin nicht erschöpft. Protestantischer Glaube ist an das biblische Wort verwiesen, kann ohne dieses Wort nicht existieren, und dazu bedarf es ganz unabweisbar eben auch der Bildungsanstrengung. Luther und Melanchthon haben diese beiden Strukturen - oben habe ich von zwei unterschiedlichen Modi gesprochen - in ihrer Person verkörpert, mit je unterschiedlicher Schwerpunktsetzung. Lag bei Luther der Schwerpunkt auf der existentiellen Betroffenheit durch das Wort Gottes, durch die Erkenntnis der Rechtfertigungsbotschaft, so ist bei Melanchthon eher das Schwergewicht gelegt auf die intellektuelle Annäherung, die Durchdringung des Wortes Gottes und seine Weitervermittlung. Beides gehört nach protestantischem Verständnis aber unzertrennlich zusammen, das eine gibt es gleichsam nicht ohne das andere.

- Auf eine weitere, mit diesem protestantischen Glaubensverständnis zwingend gegebene Struktur ist hier schließlich aufmerksam zu machen. Durch das elementare Verwiesensein protestantischen Glaubens an das Wort und den damit gegebenen intellektuellen Kompetenzgewinn des Lernens von Lesen und auch von Schreiben, um sich diesem Wort anzunähern, es sich 'einbilden' zu können, erwächst für den protestantischen Glauben unversehens auch eine seine ganze Existenz im letzten bedrohende Gefahr: Bildung kann sich zur formalen Struktur verflüchtigen, die sich löst von ihrer Bezogenheit auf das Wort Gottes, sich emanzipiert, gleichsam 'fremdgeht'! Bildung kann sich etwa rein auf wissenschaftlichen Erkenntnisgewinn verlegen und sich damit vollständig abkoppeln vom christlichen Glauben. Dieses Gefahr ist dem Protestantismus als bedrohliches Risiko inhärent.

Ich denke, dies bedeutet im letzten die Rede vom eingangs zitierten 'Bildungsdilemma' der Kirche, des Protestantismus. Dies ist wohl auch einer der einschlägigen Gründe, weshalb sich der Protestantismus, weshalb sich die protestantischen Kirchen in Zeiten eines expansiven Bildungsstrebens konfrontiert sehen mit einem Schwinden ihres Mitgliederbestandes. Mit seinem Verwiesensein an Bildung provoziert der Protestantismus - überspitzt formuliert - gleichsam die Gefahr seiner eigenen Eliminierung, wenn sich nämlich Bildung, einmal angestoßen, verselbständigt, absetzt von ihrer ursprünglichen Bezogenheit auf das Wort der Schrift. Bildung kann offensichtlich durchaus ohne Glaube existieren - Glaube, zumindest in seiner protestantischen Spielart, aber wohl nicht ohne Bildung.

Der Protestantismus ist mit seiner Synthese aus christlichem Glauben und Bildung zum Motor der Entwicklung der Moderne geworden, diese Moderne ist nicht denkbar ohne den Beitrag des Protestantismus. In ähnlicher Weise wie dies *M. Weber* mit seiner Protestantismus-Kapitalismus-These[32] in religionssoziologischer Interpretation getan hat, läßt sich vielleicht in einem mentalitätsgeschichtlichen Ansatz eine Protestantis-

---

[32] Vgl. *M. Weber*, Die protestantische Ethik und der 'Geist' des Kapitalismus. Textausgabe auf der Grundlage der ersten Fassung von 1904/05 mit einem Verzeichnis der wichtigsten Zusätze und Veränderungen aus der zweiten Fassung von 1920 hrsg. und eingeleitet von *K. Lichtblau* und *J. Weiß*, Bodenheim 1993.

mus-Bildungs-These formulieren, die das komplexe Verhältnis dieser beiden Größen zu einem zentralen Signum der Moderne erklärt.[33]

Über die Erkenntnis, daß Bildung offenbar auch ohne religiösen Glauben existieren kann, ist Schleiermacher zu seiner Zeit richtiggehend erschrocken, ja er wollte diese Erkenntnis so nicht akzeptieren. Auf diesem Hintergrund verankerte er die Religion als apriorisch-anthropologische Struktur in jedem Menschen, dem, wenn er sich nur nicht vollkommen blind abschottet gegen diese Einsicht, die Bedeutung der Religion als Anschauen des Ganzen, des Universums unbedingt aufgehen müsse.

Aber vermutlich ist er hier einen Schritt zu weit gegangen. Wir sehen heute wohl klarer, daß menschliche Existenz durchaus auch a-religiös definiert und geführt werden kann, auch wenn sie sich damit wohl selbst einer wichtigen anthropologischen Möglichkeit beraubt; aber die prinzipielle Möglichkeit eines Verzichtes auf die religiöse Dimension im menschlichen Leben kann wohl nicht bestritten werden. Allerdings, und dies muß auch festgehalten werden, ist dies nach genuin protestantischem und christlichem Verständnis dann amputierte, seine vollen Möglichkeiten nicht ausschöpfende menschliche Existenz.

Als Fazit unserer Überlegungen bleibt es wohl dabei: Der Satz „Religion bzw. Glaube braucht Bildung." gilt nach protestantischem Verständnis ebenso wie der Satz „Bildung braucht Religion bzw. Glaube."

---

[33] In seinem einleitenden Kapitel weist *M. Weber* selbst schon auf diese Zusammenhänge zwischen Konfession und dem Bildungsstand hin; vgl. aaO., 3 ff.

## XII.

## Der Spiritualitätsbegriff -
## Konsequenzen für die enzyklopädische Frage der Theologie

Werner Thiede

Von *M. Josuttis* stammt die These: „Die Entscheidung über den künftigen Weg von Kirche und Theologie fällt im Religionsverständnis."[1] Ich denke, dieser Satz läßt sich ebenso vertreten, wenn man anstelle von „Religionsverständnis" variierend von „Spiritualitätsverständnis" spricht - was sein sachliches Recht in der gegenwärtigen Situation hat, in der sich 'Religion' nach intensiven Säkularisierungsschüben zunehmend im Einflußfeld von Spiritualisierungstendenzen wiederfindet.[2] Was man unter dem Begriff der Spiritualität versteht - und in welcher Weise man ihn womöglich mißversteht -, ist also für heutige Theologie und Kirche um ihrer Zukunft willen alles andere als zweitrangig.

Mit dieser These verbinde ich einleitend den Hinweis auf ein merkwürdiges Defizit im bisherigen Verständnis des Spiritualitätsbegriffs. Nachdem er Anfang der 70er Jahre in Theologie und Kirche nicht nur gebräuchlich, sondern regelrecht in Mode gekommen war[3], stellte man schon bald fest: „In der Diskussion der letzten Jahre hat der Begriff Spiritualität eine erhebliche Ausweitung erfahren; dabei ist er freilich immer undeutlicher geworden."[4] Mitte der 80er Jahre konnte nur bestätigt werden: „Man fragt und sehnt sich nach einer 'Spiritualität' oder einer 'spirituellen Gruppe'; man möchte, daß die Kirche, ihr Erscheinungsbild und ihre Pastoral 'spiritueller' seien. Kein Wunder, daß in diesem vielfältigen Gebrauch der Begriff Spiritualität selbst sehr vage und die jeweils gemeinte Sache äußerst unscharf bleibt."[5] Als dann Ende der 80er Jahre als

---

[1] *M. Josuttis*, Religion - Gefahr der Postmoderne. Anmerkungen zur Lage der Praktischen Theologie, EK 21 (1988), 16-19, hier 19.

[2] Vgl. *H. Küng*, Projekt Weltethos, München ⁴1992; *W. Thiede*, Art. Erfahrung, in: Praktisches Lexikon der Spiritualität, Freiburg i.Br. 1988, 308-314; *H. Zahrnt*, Gotteswende. Christsein zwischen Atheismus und Neuer Religiosität, München ²1989 39 ff; *E. Jüngel*, Untergang oder Renaissance der Religion? Überlegungen zu einer schiefen Alternative, in: MEZW 59 (1996), 281-293, bes. 283; auch bereits *S. von Kortzfleisch*, Religion im Säkularismus, Stuttgart 1967, 32 ff.

[3] Vgl. *E. Cuskelly*, Spiritualität heute, Würzburg 1968. Die 5. Vollversammlung des Ökumenischen Rates der Kirchen formulierte 1975 in Nairobi: „Wir sehnen uns nach einer neuen Spiritualität, die unser Planen, Denken und Handeln durchdringt."

[4] Kirchenkanzlei i. A. des Rates der EKD (Hrsg.), Evangelische Spiritualität. Überlegungen und Anstöße zur Neuorientierung, vorgelegt von einer Arbeitsgruppe der Ev. Kirche in Deutschland, Gütersloh 1979.

[5] *G. Greshake*, Spiritualität, in: *U. Ruh* u.a., Handwörterbuch religiöser Gegenwartsfragen, Freiburg i.Br. 1986, 443-448, hier 443 f.

'Novum' das einbändige 'Praktische Lexikon der Spiritualität' (nicht zufällig in katholischer Verantwortung) erschien, hieß es lapidar: „Spiritualität ist ein dem Gebrauche nach neuerer Begriff mit nicht eindeutig umschreibbarem Inhalt."[6] Eine Diskussion von bis dahin in der 'Phase des Tastens und Fragens' erfolgten Definitionsversuchen hielt der Herausgeber für wenig sinnvoll und resümierte, „daß der Begriff Spiritualität auch weiterhin noch mit Mißverständnissen, Unklarheiten und Vorurteilen belegt sein wird."[7] Tatsächlich konnte 1996 das EKL[3] nur konstatieren: „In dem vielfältigen Sprachgebrauch bleiben der Begriff Spiritualität wie auch die jeweils gemeinte Sache äußerst unscharf."[8] Gemessen daran, daß der Begriff ebenda als 'wissenschaftlicher Fachausdruck' bezeichnet wird, aber auch angesichts seines häufigen populären Gebrauchs innerhalb und außerhalb der Christenheit ist dieser anhaltend defizitäre Befund eher als beklagens- denn als begrüßenswert einzustufen. Mag seine Konjunktur auch ein Stück weit gerade in seiner Unbestimmtheit begründet liegen, so wird sich doch mit ihr niemand, dem an möglichst präziser Ausdrucks- und Denkweise liegt, restlos abfinden wollen. Sicherlich werden einzelne Definitionsvorschläge das Problem nicht lösen. Aber ein systematisch-theologischer Versuch der - hier freilich nur ansatzweise möglichen - Beleuchtung von Begriff und Sache kann vielleicht doch zu einer reflektierteren, unterscheidenden Verwendung der so beliebten Vokabel beitragen.

## 1. Der Spiritualitätsbegriff als Gegenstand christlicher Apologetik

Ist der Spiritualitätsbegriff, wie das EKL besagt, an die Stelle des spezifisch deutschen Wortes 'Frömmigkeit'[9] getreten, so weist er indirekt auf jenen Systematiker der modernen Theologie zurück, der in seinen Reden 'Über die Religion' von 1799 deutlich Zeugnis von seiner spirituellen Auffassung abgelegt hatte, dem es später in seiner dogmatischen Arbeit zentral um die Selbstbesinnung christlicher Frömmigkeit gegangen war und der das Verhältnis von theologischer Wissenschaft und gelebtem Glauben enzyklopädisch in den Blick genommen hatte: Friedrich Daniel Ernst Schleiermacher.

---

[6] *P. Lippert*, Art. Ordensspiritualität/Ordensleben, in: *C. Schütz* (Hrsg.), Praktisches Lexikon der Spiritualität, Freiburg i.Br. 1988, Sp. 951-958, hier 951. Weiter wird betont, „daß sein semantisches Schicksal ungewiß erscheint" (ebd.).

[7] *Ch. Schütz*, Art. Spiritualität, christliche, in: Praktisches Lexikon der Spiritualität, Freiburg 1988, Sp. 1170-1180, hier 1171.

[8] *E. Fahlbusch*, Art. Spiritualität, in: EKL IV ([3]1996), 402 f; *G. Ruhbach* formuliert im gleichen Jahr: „Heute ist Spiritualität zu einem Containerbegriff mit vielen Sinngebungen geworden. Man spricht z.B. von Biospiritualität und feministischer Spiritualität, von der Spiritualität der Grünen und der Gewerkschaften". Geistlich leben. Wege zu einer Spiritualität im Alltag, Gießen 1996, 17.

[9] Vgl. auch *E. Fahlbusch,* Spiritualität oder Frömmigkeit? Bemerkungen zu einem zeitgenössischen Paradigmenwechsel, in: MdKl 41 (1990), 114-117. Der von *Fahlbusch* thematisierte Paradigmenwechsel hat sich in der Sache bereits seit langem angekündigt, wie das von *H.J. Schultz* hrsg. Buch „Frömmigkeit in einer weltlichen Welt" (Stuttgart 1959) und *W. Gruehns* Studie „Die Frömmigkeit der Gegenwart" ([2]1960) beweisen.

In seiner „Kurzen Darstellung des theologischen Studiums, zum Behuf einleitender Vorlesungen entworfen" (1811, erweiterte Auflage 1830) ordnete er die Aufgabe einer kritischen Bestimmung des Wesens des Christentums der 'philosophischen Theologie' zu - und zwar unter dem Stichwort 'Apologetik'. Diese Disziplin hatte in seinen Augen einen doppelten Zweck: einerseits den Anspruch auf 'abgesondertes geschichtliches Dasein' als eine der konkreten Religionen gegenüber einer rationalistisch-abstrakten Auffassung von 'Religion' zu verteidigen, andererseits dessen geschichtliche Erscheinung zusammen mit anderen Religionen als Verwirklichungen der Idee frommer Gemeinschaften zu betrachten. Die 'Sache' der Spiritualität kommt damit in zweifacher Weise in den Blick: als konkreter Ausdruck gelebter christlicher Religion sowie als alle Religionen verbindende Realisation gemeinschaftlich gelebter Frömmigkeit.

Apologetik richtet sich bei *Schleiermacher* also als religionsphilosophische Untermauerung der Dogmatik gegen einen aufklärerisch-abstrakten Religionsbegriff, um dann doch von einer allen konkreten Religionen zugrundeliegenden Idee auszugehen, die nach einer übergreifenden Verwirklichung von Frömmigkeit und insofern nach einem allgemeinen Begriff von 'Spiritualität'[10] zu fragen erlaubt. Damit stellt sich das Problem, ob beides tatsächlich konvergiert - oder ob 'Apologetik' konsequenterweise nicht nur einem abstrakten Begriff von Religion, sondern gleichfalls einem abstrakten, nämlich idealistisch verwurzelten Begriff von Spiritualität entgegenzutreten hätte. Ich möchte dieser Frage im folgenden nicht im Hinblick auf die historische Situation der *Schleiermacher'schen* Argumentation, wohl aber unter dem Aspekt der heutigen Problemlage nachgehen.

Bekommt dann gegenwärtige Apologetik als theologische Disziplin die Aufgabe zugewiesen, sich des Spiritualitätsbegriffs anzunehmen? Dies dürfte in der Tat heute ebenso geboten sein, wie es vor rund zwei Jahrhunderten angesichts des damals in bestimmter Weise gefärbten Religionsbegriffs notwendig war. Als „Verteidigungswissenschaft"[11] hat sie ein wenn auch nicht ganz scharf zu umreißendes Positivum - nämlich Spiritualität als Ausdruck weltweit gelebten, authentischen Christentums[12] in Vergangenheit und Gegenwart - vor Vereinnahmungsversuchen im Zuge einer tendenziö-

---

[10] So läßt sich zeigen, daß *Schleiermachers* Frömmigkeitsbegriff „letztlich gar nicht mehr von religiösen, sondern von philosophischen Voraussetzungen her bestimmt" ist (*F. Flückiger*, Philosophie und Theologie bei *Schleiermacher*, Zürich 1947, 77). Er repräsentiert einen spirituellen Monismus (vgl. aaO., 176); zu diesem Begriff s.u.

[11] So *H. Pöhlmann*, Art. Apologetik, in: EKL I (³1986), Sp. 213 ff. Vgl. auch *W. Thiede*, Apologetik und Dialog. Plädoyer für eine Synthese, in: MEZW 55 (1992), 281-296; *R. Slenczka*, Apologetik als Auftrag der Kirche in öffentlicher Verantwortung, in: KuD 41 (1995), 13-33.

[12] Christentum ist eine „Frage gelingender Kommunikation zwischen Christen in ihrer Identifikation mit dem Namen Jesu Christi und in der Kraft des Heiligen Geistes" (*W. Sparn*, Die Zukunft der Kirche, in: Arbeitshilfe für den evangelischen Religionsunterricht an Gymnasien I (1996), Erlangen 1996, 37-42, hier 42). - Daß Christentum gerade heute der Authenizität bedarf, wird selbst von Seiten außenstehender Unternehmensberatung (*McKinsey*) unterstrichen, die im Blick auf die Münchener Lage kritisch analysierte: „Das Explizite bleibt undeutlich." So der Bericht des bayer. Landesbischofs *H. von Loewenich*, Ein dreifaches Ja, in: Korrespondenzblatt 111 (1996), 166-172, der zugleich fragt: „Wie steht es mit unserer gemeinsamen spirituellen Praxis?"

sen Begriffsverwendung zu bewahren. Gerade angesichts der Diffusität des gängigen Spiritualitätsbegriffs muß apologetisch gefragt werden, ob nichtchristliche Spiritualitäten oder ein abstrakter Begriff von Spiritualität elementare Grundzüge christlicher Spiritualität zu verwischen oder zu unterminieren drohen. Der Rückbezug auf das Wesen des Positiv-Christlichen kann in diesem Zusammenhang - wie schon bei *Schleiermacher* intendiert - kein unkritischer sein. Signalisiert doch der Boom des die Grenzen des Christentums ja sprengenden Spiritualitätsbegriffs ein Defizit an gelebter Spiritualität in den Kirchen, ja in der kirchlicher Praxis zuarbeitenden Theologie. Es läßt sich nicht länger übersehen: Die Ambivalenz des vielgebrauchten Spiritualitätsbegriffs stellt eine eminente Herausforderung an die Theologien und Kirchen der Gegenwart dar.

## 2. Der funktionale Spiritualitätsbegriff

Der Begriff 'Spiritualität' basiert auf dem lateinischen Adjektiv 'spiritualis' (geistlich), dem auch unser Fremdwort 'spirituell' nachgebildet ist. Von seinem Kerngehalt her ist der Ausdruck so vieldeutig wie der traditionsbelastete Begriff des Geistigen/Geistlichen selbst. Formal gesehen, zählt 'Spiritualität' zu den Klassen- und Gegenstandsbezeichnungen mit fremdsprachlichen Suffixen (abgeleitet von lat. -itas), wie sie laut 'Duden' mit Vorliebe die 'Fach- und Werbesprache'[13] benutzt. In eben diesen beiden Verwendungszusammenhängen pflegt der Begriff aufzutauchen: einmal als theologischer und religionswissenschaftlicher Fachausdruck, ein andermal als Propaganda- und Signalwort monistischer Religiosität, insbesondere im Kontext moderner Esoterik und neureligiösen Sektierertums[14]. Zumal aber auch die Wissenschaft „ihren Anteil an den öffentlichen Wahrnehmungsprozessen"[15] hat, ihr mithin - gerade auf diesem geistig umkämpften Gebiet - keineswegs einfach 'Neutralität' oder 'Objektivität' zukommt, ist hier generell mit einer Vermischung von 'Fach- und Werbesprache' zu rechnen. Ich versuche zunächst, die Bedeutungs- und Verwendungsebenen voneinander abzuheben.

Analog zum vor allem wissenschaftlich beliebten Gebrauch eines funktionalen Religi-

---

[13] Der große Duden, Bd. 4: Grammatik, Mannheim ³1973, 384.

[14] Vgl. z.B. *W. von Rohr*, Karma und Reinkarnation. Einführung in die Spiritualität, Düsseldorf 1996; *R.S. Miller*, Handbuch der Neuen Spiritualität. Eine zusammenfassende Darstellung aller Strömungen des Neuen Bewußtseins, Bern-München-Wien 1994. Analytisch: *M. Haupt*, Sekten und Esoterische Bewegungen. Zur neuen „Auswahlspiritualität", in: *H.M. Baumgartner* (Hrsg.), Verführung statt Erleuchtung, Düsseldorf 1993, 67-89; *W. Thiede*, Erzengel Michael wohnt am Starnberger See. Eine Gemeinschaft zwischen neuapostolischer und esoterischer Spiritualität, in: MEZW 58 (1995), 363-368. Daß niemand zur „neuen Spiritualität" neutral steht, unterstreicht *J. Wichmann*, Die Renaissance der Esoterik. Eine kritische Orientierung, Stuttgart 1990, 12.

[15] *C. Bochinger*, Auf der Rückseite der Aufklärung. Gegenwärtige religiöse Bewegungen als Thema religionswissenschaftlicher Forschung, in: BTHZ 13 (1996), 229-249, hier 230.

onsbegriffs[16] läßt sich zunehmend eine *funktionale* Verwendung des Spiritualitätsbegriffs feststellen. Denn weder 'Religion' noch 'Spiritualität' lassen sich allgemeingültig definieren, es sei denn in funktionaler Absicht. Beispielsweise steht eine in New York erscheinende Buchreihe unter dem Titel „World Spirituality". Bezeichnet der Begriff in diesem Sinn eine interkulturelle Universalie? Wo immer er in einem entsprechenden Verwendungszusammenhang wissenschaftlich vorkommt, wird er losgelöst von seiner inhaltlich-pluralen Bedeutungsfülle formal verstanden als offener kulturanthropologischer Fachausdruck - mit allerdings oft subtilen fundamentalontologischen Implikationen. Im übrigen hat man es mit einem populären Begriff zu tun, der seine Faszination aus seiner „unendlichen Leichtigkeit" bezieht, mit der er mehr andeutet als prädiziert.[17]

Das wohl einzige, was inhaltlich vom funktionalen Spiritualitätsbegriff ausgesagt werden kann, ist die Bezogenheit von Geist und Erfahrung.[18] Der Erfahrungsbegriff selbst wird entsprechend im „Praktischen Lexikon der Spiritualität" von 1988 ausführlich[19] und im neuesten theologischen Lexikon (LThK$^3$)[20] sogar mit einem eigenen Abschnitt nach seiner spirituellen Seite hin gewürdigt. Spiritualität eignet immer einem Subjekt oder einer Gemeinschaft von Subjekten und beruht auf, ja besteht in dessen bzw. deren positiver Erfahrung mit dem eigenen Geist als einer zuinnerst auf übergreifenden, „transpersonalen"[21] oder transzendenten Geist bezogenen Größe, so daß das 'spirituelle Selbst' das Alltagssubjekt und die 'normalen' Erfahrungen überschreitet. Oft ist daher der Spiritualitätsbegriff so gefaßt, daß er nicht mit dem der 'Religiosität' im allgemeinen Sinn austauschbar ist; vielmehr pflegt er spezieller eine mehr oder weniger „mystische"[22] Religiosität zu bezeichnen, für die die besondere Erfahrung einer tiefen Einheit zwischen menschlichem Subjekt und der - wie immer verstandenen - göttlichen Transzendenz oder universaler Energie charakteristisch ist. Nachdem eine solche Erfahrbarkeit die Möglichkeiten methodischer Induzierbarkeit und empirischer Ausweis-

---

[16] Vgl. dazu die Überlegungen in meiner bei *W. Sturm* angefertigten Dissertation (*W. Thiede*, Auferstehung der Toten - Hoffnung ohne Attraktivität? Grundstrukturen christlicher Heilserwartung und ihre verkannte religionspädagogische Relevanz, FSÖTH 65, Göttingen 1991, bes. 399 ff).

[17] Vgl. z.B. *J. Godwin*, Musik und Spiritualität, Bern/München/Wien 1989.

[18] Ein „Grundsatz moderner und postmoderner Spiritualität" lautet deshalb: „Nur was ich selber als wahr erschaue, kann ich als Wahrheit gelten lassen" (*G. Schmid*, Im Dschungel der neuen Religiosität, Stuttgart 1992, 9).

[19] W. *Thiede*, Art. Erfahrung, in: aaO., 308-314.

[20] *W. Thiede*, Art. Erfahrung. V.: Spirituell, in: LThK III ($^3$1995), 757f.

[21] Gerade die sog. „Transpersonale Psychotherapie" versteht sich nicht nur als Vorbereitung auf „spirituelle Disziplinen", sondern will selbst „in die transpersonale Verwirklichung führen, das heißt in die Transzendenz" (so die Herausgeber *R. N. Walsh* und *F. Vaughan* in ihrem Buch „Psychologie in der Wende", Bern/München/Wien $^3$1987, 178).

[22] Zum Mystikbegriff sei auf die üblichen Lexika verwiesen und im übrigen *C. Butler* zitiert, der schon vor langer Zeit klagte: „Wahrscheinlich gibt es heute kein mißbrauchteres Wort als Mystik" (Western Mysticism, New York 1923, 2). Was damals vom Mystikbegriff galt, trifft in unserer Zeit auf den Spiritualitätsbegriff zu.

barkeit - wenn nicht postuliert, so doch durchaus nahelegt, verbindet sich mit dem Spiritualitätsbegriff häufig das Phänomen mit magischen[23] oder meditativen[24] Techniken einhergehender esoterischer Lehren bzw. Lehrer[25]. Es zeigt sich mithin, daß selbst eine bloß funktionale Betrachtung des Spiritualitätsbegriffs tendenziell schon in eine inhaltsbestimmte Richtung weist, was damit zusammenhängt, daß 'Erfahrung' von Erlebnissen handelt, die immer schon (gerade auch als mystische!)[26] im Zuge ihrer Konstitution im Subjekt mit deutenden Elementen verwoben werden.

Den funktionalen Spiritualitätsbegriff trifft weithin auch die bekannte Kritik an einem funktionalen Religionsbegriff; und beiden ist nur in sehr begrenztem religionswissenschaftlichem Fragehorizont ein gewisses Recht zuzugestehen. Von drei Haupteinwänden lautet der erste: Wie es „die Religion nur in den Religionen gibt"[27] und die Sprache des Menschen nur in den Sprachen, so kommt auch 'Spiritualität' nur in Gestalt mehr oder weniger konkreter Spiritualitäten vor. Man sollte sich daran gewöhnen, den Begriff auch im Plural zu verwenden. Der zur Mode gewordene singularische Gebrauch suggeriert eine Einheitlichkeit, die als solche - das muß gerade im wissenschaftlichen Gebrauch berücksichtigt werden - gar nicht existiert (allenfalls als fragwürdige Abstraktion)! Zweitens muß der Spiritualitätsbegriff seines Heiligenscheins beraubt werden: Wie sich unter den Religionen und 'spirituellen Bewegungen' nicht einfach nur gutzuheißende, sondern auch ethisch problematische finden[28], lassen sich genauso moralisch zwielichtige Ausgestaltungen von 'Spiritualität' benennen - namentlich im Bereich des Okkultismus, speziell des Satanismus. Und drittens ist der Illusion entgegenzutreten, als gäbe es einen interessen- oder ideologiefreien Oberbegriff von Spirituali-

---

[23] Vgl. z.B. *P. Neimark*, Die Kraft der Orischa. Traditionen und Rituale afrikanischer Spiritualität, Bern/München/Wien 1996.

[24] „Jede Technik, mit der man sich einen Freiraum von Stille, Klarheit und Offenheit schaffen kann, führt zum Verständnis der spirituellen Grundwahrheiten", meint *J. Kornfield,* Aspekte einer Theorie und Praxis der Meditation, in: *R.N. Walsh, F. Vaughan* (Hrsg.), Psychologie in der Wende, Bern/München/Wien ³1987, 172-176, hier 175. Zur Problematik dieser Fragen vgl. *G. Ruhbach*, Theologie und Spiritualität, Göttingen 1987, 140-186; *J. Sudbrack*, Meditative Erfahrung - Quellgrund der Religionen?, Stuttgart/Mainz 1994.

[25] Vgl. *G. Wehr*, Spirituelle Meister des Westens, München 1995, wo definiert wird: „Esoterik beruht auf Erfahrungen, die der innere Mensch (griech. 'eso anthropos') macht" (10); anders *W. Thiede,* „Humorlose Abwehr des metaphysischen Sinns". Esoterik als Phänomen der religiösen Gegenwartskultur, in: Grenzgebiete der Wissenschaft 45 (1996), 225-243. Siehe auch *R. Hummel*, Gurus, Meister, Scharlatane. Zwischen Faszination und Gefahr, Freiburg i.Br. 1996.

[26] Das hat die neuere Mystikforschung gezeigt (vgl. *B. McGinn*, Die Mystik im Abendland, Bd. 1, Usprünge, Freiburg i.Br. 1994, 455 f).

[27] So (analog zu Schleiermacher in der fünften seiner „Reden über die Religion") z.B. *C.H. Ratschow*, Die Rede von der Religion. Die Soziologie und die Entwicklungstendenzen der Religion in Europa, in: *R. Volp* (Hrsg.), Chancen der Religion, Gütersloh 1975, 129-156, hier 129.

[28] Man denke nur an die Diskussion um die „Scientology-Kirche" (dazu *W. Thiede,* Scientology - Religion oder Geistesmagie?, Neukirchen-Vluyn ²1995, wo schon im Titel die eigenartige „Spiritualität" dieser umstrittenen Organisation gekennzeichnet ist).

tät. Nachgerade die neueren Strebungen in Richtung eines synkretistischen[29] Religions- und Spiritualitätsverständnisses im Horizont von „New Age"[30] täuschen sich über die Fakten hinweg: Sie verkennen oder verbergen ihre eigene Verankerung in spezifischen religiösen Traditionen.[31]

Es fragt sich von daher, ob nicht die durch den funktionalen Verwendungszusammenhang methodisch geradezu notwendige Ausblendung oder Negligierung der geschichtlich-konkreten, positiv-singulären und damit jeweils authentischen Dimension von 'Spiritualität' im wissenschaftlich weithin üblich gewordenen Gebrauch des Begriffs in auffälliger Weise der Interessenleitung jenes monistischen Gebrauchs des Spiritualitätsbegriffs entgegenkommt, von dem im folgenden näher die Rede sein muß. Wenn dem so ist, trägt das nicht allein zur Erklärung der Popularität des Begriffs bei, sondern dann ist auch umso mehr von theologischer Seite her Differenzierungsbedarf angesagt.

## 3. Der monistische Spiritualitätsbegriff

Der monistische Spiritualitätsbegriff steht für spirituellen Monismus. Was hier zunächst wie eine Tautologie klingen mag, ist tatsächlich eine elementare und weitreichende, im folgenden gar nicht auszuschöpfende Bestimmung. Versteht man unter 'Monismus' die „traditionell metaphysische Lehre, daß die Totalität der Wirklichkeit auf ein einziges Prinzip der Erklärung zurückführbar bzw. als Manifestation einer ein-

---

[29] Der Synkretismusbegriff hat nicht zufällig im Gefolge der Konjunktur des Spiritualitätsbegriffs eine Aufwertung in der theologischen Diskussion erfahren: vgl. *V. Drehsen/W. Sparn* (Hrsg.), Im Schmelztiegel der Religionen. Konturen des modernen Synkretismus, Gütersloh 1996. Ich selbst habe mich zum Synkretismusbegriff differenzierend geäußert in: *W. Thiede*, Esoterik - die postreligiöse Dauerwelle, Neukirchen-Vluyn 1995, 4. Teil. Im Folgenden soll nur dort von „Synkretismus die Rede sein, wo die Elemente verschiedener Religionen als gleichberechtigt miteinander verbunden werden, nicht aber da, wo die Anschauungen einer früheren Religion noch irgendwie nachwirken oder einzelne Stücke aus verwandten oder bekämpften Religionen übernommen und einverleibt werden" (*M. Reischle*, Theologie und Religionsgeschichte, 1904, 36).

[30] „Spirituell" sei das „mit Abstand am häufigsten verwendete Wort im New Age", vermerkt *R. Kakuska* in „Psychologie heute" 7 (1996), 56. Das gilt offenbar auch für die Außenansicht, wie z.B. folgende Titelformulierungen zeigen: *G. Schiwy*: Der Geist des Neuen Zeitalters. New Age-Spiritualität und Christentum, München 1987; *H. Sebald*: New-Age-Spiritualität. Religiöse Synthese in der westlichen Welt von heute, in: *H.-P. Dürr/W. C. Zimmerli* (Hrsg.), Geist und Natur, Bern/München/Wien 1989, 313-341; *B. Haneke, K. Huttner* (Hrsg.), Spirituelle Aufbrüche, Regensburg 1991.

[31] Daß synkretistische Versuche, die Einheit der Religionen aufzuweisen, nicht in christlichen, sondern hinduistischen Traditionen wurzeln, zeigt mit religionspädagogischer Intention *C. Colpe*, Theologie, Ideologie, Religionswissenschaft, München 1980, 225. Der Religionswissenschaftler *M. von Brück* betont, daß wir selbst „die These von der Einheit der Religionen in der Mystik sehr kritisch befragen müssen. Denn alles, was wir davon wissen, - auch von den spezifischen Geistesschulungen, wie sie etwa im Buddhismus gelehrt werden -, zeigt an, daß die Unterschiede nicht unerheblich sind" („Tübinger Dialoggespräch: Die Pluralität der Religionen und der religiöse Pluralismus", in: Dialog der Religionen 1 (1991), 130-178, hier 173).

zigen Substanz des Wirklichen begreifbar sei"[32], so ist evident, daß der Streit um die Frage, ob denn die eine Substanz, auf die sich ontisch oder noetisch alle Wirklichkeit am Ende reduzieren lasse, Geist sei oder Materie, als Monismus-Problem weithin im Zentrum neuzeitlicher Diskurse stand und steht. Ich sage betont auch: steht; denn wer meint, metaphysische Fragen dieser Art seien durch die gesellschaftliche und auch in Philosophie und Theologie wirksam gewordene Säkularisierung längst überholt, der muß sich von den seit Ende der 60er Jahre im Abendland erstarkenden Spiritualisierungstendenzen - „New Age" wäre dafür nur ein Beispiel - eines Besseren belehren lassen. Mit erstaunlicher Vehemenz ist ein spiritueller Monismus zurückgekehrt, der - wie der Begriff sagt - „Geist" als Letztprinzip der Wirklichkeit unterstellt, ja als „evident", als empirisch erweisbare Transzendenz ausgibt. Der Spiritualitätsbegriff fungiert geradezu als Speerspitze dieses spirituellen Monismus.[33]

Seine engsten Analogien findet das Paradigma des spirituellen Monismus in verschiedenen Traditionen abendländischer Metaphysik, vor allem aber in der indischen Religiosität, die daher im Westen, teilweise auch im westlichen Christentum, zunehmend Anklang findet[34]. Nicht zufällig finden sich frühe Verwendungen des englischen Begriffs „spirituality"[35] 1889 bei der Mutter der modernen Theosophie, Madame *H.P. Blavatsky*[36], in deren Werken westliche und östliche Okkult-Metaphysik eine grandiose Synthese eingehen. Deshalb betont *R. Hummel* mit vollem Recht die Notwendigkeit einer kritischen Wahrnehmung des Spiritualitätsbegriffs: „Es wird heute häufig übersehen, daß der Begriff 'Spiritualität', wie er heutzutage verwendet wird, nicht aus der christlichen Tradition stammt, sondern gegen Ende des vorigen Jahrhunderts im englischsprechenden Reformhinduismus bei dem Bemühen entstanden ist, der westlichen Welt das geistige Erbe des Hinduismus zu vermitteln."[37] Einseitig ist dieser Hinweis

---

[32] *F.W. Graf*, Art. Monismus, in: Wörterbuch des Christentums, Gütersloh 1988, 833.

[33] Um ein aktuelles Beispiel anzuführen: Für den einstigen „New Age"-Propheten *F. Capra* meint der Spiritualitätsbegriff nach wie vor einen Bewußtseinszustand, „in dem der einzelne Mensch ein Gefühl der Zugehörigkeit, der Verbundenheit mit dem Kosmos als Ganzem empfindet" (*F. Capra*, Lebensnetz. Ein neues Verständnis der lebendigen Welt, Bern/München/Wien 1996, 20).

[34] Bereits Ende der 60er Jahre erwartete *A. Schult*: „Das johanneische Christentum der Zukunft wird die indische Esoterik in sich aufnehmen" (*A. Schult*, Evolution und Gottesidee in integral-christlicher Sicht, in: *P.J. Saher* (Hrsg.), Evolution und Gottesidee, Ratingen 1967, 229-238, hier 230). 1996 erschien in der neuen Fischer-Taschenbuch-Reihe „Spirit" (!) das Buch von *R. Ravindra* „Mystisches Christentum. Das Johannesevangelium im Licht östlicher Weisheit" (Frankfurt a. M.); Originaltitel: „The Yoga of the Christ".

[35] Vgl. *C. Bochinger*, „New Age" und moderne Religion. Religionswissenschaftliche Analysen, Gütersloh 1994: „'Spirituality' bezeichnet schon am Ende des vorigen Jahrhunderts eine sich auf innere Erfahrung berufende, vollmächtige und freigeistige Haltung gegenüber religiösen Fragen, die sich im Gegensatz zur 'dogmatischen Religion' traditioneller Christlichkeit sieht" (386).

[36] *H.P. Blavatsky*, The Key to Theosophy, London: The Theosophical Publishing Society 1893 ([3]1910), 98 und 194. Blavatsky setzt „spirituality" und „mysticism" terminologisch gleich.

[37] *R. Hummel*, Religiöser Pluralismus oder christliches Abendland? Herausforderung an Kirche und Gesellschaft, Darmstadt 1994, 94 f.

insofern, als er seinerseits anders herzuleitende Verwendungen des Begriffs, wie ich sie im vorigen und im nächsten Abschnitt aufzeige, vernachlässigt. Aber treffend ist er in seiner Hervorhebung des Umstands, daß der durch indische Religiosität geprägte Gebrauch des Spiritualitätsbegriffs in unserer Zeit zweifellos die Oberhand gewonnen hat. *S. Vivekanandas* Aufruf von 1896 „Auf, indische Spiritualität, erobere die Welt" muß ein Jahrhundert später als erfolgreich bezeichnet werden.

Dieser Aufruf verstand sich als Alternative zum westlichen Materialismus, steht also in der weitläufigen Tradition religiös oder metaphysisch ausgeprägter Spiritualismus-Strömungen. Das Gegenüber von materialistischem und spiritualistischem bzw. spirituellem Monismus pflegt nun aber prinzipiell synkretistisches Denken zu fördern, insofern damit alles Religiös-Besinnliche ungeachtet seiner unterschiedlichen Ausprägungen als 'Geistiges' gegen die geistlose Irreligiosität materialistischer Denkungsart hochgehalten wird. Bereits 1893 hatte Swami Vivekananda den Spiritualitätsbegriff gebraucht, und zwar programmatisch im „World Parliament of Religions" in Chicago. Initiiert wurde diese interreligiöse Zusammenkunft vor allem von *C.C. Bonney*, einem Mitglied der auf den abendländischen Spiritualisten *E. Swedenborg* zurückgehenden „New Jerusalem Church". Insgesamt versteht man daher, daß die Grundformel „Spiritualismus contra Materialismus" die geistige Basis des Treffens bildete, das sich ausdrücklich als „Bollwerk gegenüber dem um sich greifenden Unglauben" verstand. Das, was man als spirituellen Grundkonsens aller Religionen ausmachen zu können meinte, war seinerzeit zum einen von westlichen Einflüssen, konkret: vom nordamerikanischen Protestantismus, zum andern von der advaitischen Deutung indischer Philosophie bestimmt[38]. Seit damals begann die immer erfolgreicher werdende Mission östlicher Religionen im Abendland und zeitigte eine wachsende Offenheit für religiösen Synkretismus, verstanden weniger als Inkulturationsphänomen infolge der Globalisierung religiöser Kontakte als vielmehr als Frucht eines erfolgreich propagierten spirituellen Monismus.

In Chicago, in dessen Großraum mittlerweile mehr Hindus als Epikopalisten leben, trat 1993 ein zweites Parlament der Weltreligionen zusammen. *S. Ghahanananda* sagte dort im Sinne der meisten anwesenden Vertreter der Religionen: „Die Behälter sind verschieden, der Inhalt ist derselbe." Es gelte, „von Harmonie zur Einheit" voranzuschreiten."[39] Von diesem Geist ist der monistische Spiritualitätsbegriff bestimmt. Seine implizite Interessenleitung ist eine mitunter auch explizit synkretistische - nicht im Sinne einer unbedingten herzustellenden, sondern im Sinne einer bereits vorauszusetzenden, spirituellen Einheit aller Religionen, wie sie insbesondere von der modernen Theosophie gelehrt und ja schon seit langem unter dem Stichwort der „philosophia perennis"[40] gedacht wird.

---

[38] Vgl. *C. Bochinger*, „New Age", 387.

[39] Nach dem Bericht von *L. Lefebure*, Weltparlament der Religionen in Chicago, in: Dialog der Religionen 4 (1994), 104-110, hier 109.

[40] Vgl. z.B. *K. Wilber*, Das Spektrum des Bewußtseins, Bern/München/Wien 1987, 163-196, hier 196. *Wilber* spricht substanzontologisch vom „absoluten Geist".

Beispiele hierfür lassen sich auf unterschiedlichsten Ebenen anführen; wenigstens drei auf ihre Weise repräsentative will ich nennen. Sozusagen auf der untersten Ebene, nämlich der populärer Esoterik-Literatur, sei das erfolgreich verkaufte Buch „Erwache in Gott" der Schweizerin S. Wallimann angeführt. Die mit einem Heiler verheiratete Esoterikerin gibt darin Engeloffenbarungen zum Besten, die die „spirituelle Entwicklung"[41] der Leserschaft voranbringen wollen. Gleich auf der ersten Seite bringt sie das Konzept eines spirituellen Monismus zum Ausdruck: „Geist ist die Substanz allen Lebens, die universelle Einheit." Unmanifestierter Geist gilt ihr als „die Quelle aller Manifestation." Ihre Botschaft stellt ein synkretistisches Sammelsurium okkultistischer Weisheiten dar, in dem nicht zufällig der „kosmische Christus"[42] eine Rolle spielt. Der von ihm zu unterscheidende Jesus ist „vielen anderen zu Gottmenschen aufgestiegenen Meistern" zu vergleichen: „Als leuchtende Vorbilder gingen sie dir, du vielgeliebtes Menschenkind, in den verschiedenen Religionen voran."[43] Dieser monistischen Auffassung der Welt der Religionen und Spiritualitäten korrespondiert natürlich eine Kritik an der Exklusivität christlicher Erlösungslehre: „Jesus Christus kam nicht in diese Welt, um die Menschen zu erlösen, sondern um ihnen zu zeigen, wie sie sich selbst erlösen können." Innerhalb eines monistischen Spiritualismus hat diese Sichtweise ihre Logik.

Auf 'mittlerer' Ebene läßt sich als Beispiel für die synkretistischen Konsequenzen des monistischen Spiritualitätsbegriffs der promovierte deutsche Esoteriker W. Dahlberg anführen. Er ist seit 1986 vor allem durch seine Versuche einer Vermittlung von „New Age"-Spiritualität und Christentum hervorgetreten. Auf der Basis eines spirituellen Monismus bzw. „Non-Dualismus" gilt für ihn „einfach: die Pluralität der Glaubensformen, die Pluralität der religiösen Kultur ist Ausdruck der Einheit Gottes in allen Teilen des Menschen. Die Einheit findet man gerade dann, wenn man die Vielheit akzeptiert."[44] In einem Vortrag über „Kosmische Spiritualität" beschreibt er eine „spirituelle Sehnsucht", die in einer „Frömmigkeit im Wassermann-Zeitalter", ja in einer „möglichen 'Wassermann-Religion'" Erfüllung finden könnte: Diese sei zwar nicht eine „Religion der Einheit", stehe aber sehr wohl für die „Einheit der Religionen". Auf der Basis der Überzeugung, daß der „Wassermann" die „Wasser des Geistes" ausschütte und daß das „neue Zeitalter" eine „spirituelle Tatsache" sei, hält *Dahlberg* fest: „Die reine Form des Bewußtseins ist das einigende Band aller Esoterik, aller Religio-

---

[41] *S. Wallimann*, Erwache in Gott, Freiburg i.Br. [4]1994, 223 f.

[42] AaO., 269 u.ö. *A. Schult* schrieb bereits 1967: „Alle Religionen sind Dialekte der einen umfassenden Logos-Religion der Menschheit. Denn im Sinne des Johannesevangeliums ist der Logos das Licht der Welt... Dieses Licht der Welt ist der allumfassende kosmische Christus" (*A. Schult*, aaO., 232). Vgl. auch die „spiritualistischen" Bücher über den „kosmischen Christus" von *M. Fox*, Vision vom Kosmischen Christus, Stuttgart 1991, und *H.-W. Schroeder*, Der kosmische Christus, Stuttgart 1995.

[43] *S. Wallimann*, aaO., 25. Nächstes Zitat: 30 f.

[44] *W. Dahlberg*, New Age und Christentum. Skizzen eines Dialogs 1986-1991, München 1992, 287 f. Nächste Zitate: 366 und 371.

nen, aller Wirklichkeit..."⁴⁵. Andersherum formuliert: „Der innere Kern aller Religionen und Weisheitslehren ist, daß Bewußtsein die letzte Realität ist." Das heißt am Ende, daß „alle Religionen nur verschiedenartige Manifestationen der einen zugrundeliegenden Religion sind" - und mit ihr gemeint ist wiederum nichts anderes als die spiritualistische Perspektive, „daß Bewußtsein die letzte Realität ist." Auf der Grundlage dieser zwar nicht Synkretismus propagierenden, für ihn aber äußerst offenen Spiritualität läßt sich konsequent *Dahlbergs* Erlösungslehre auf einen Gnadenbegriff reduzieren, den er selbst mit den Worten umschreibt: „Wer sich selbst hilft, dem hilft auch Gott."⁴⁶ Das ist innerhalb des Paradigmas nur folgerichtig gedacht. Auf sozusagen höchster Ebene läßt sich schließlich als Beispiel für die synkretistischen Konsequenzen des monistischen Spiritualitätsbegriffs der Religionsphilosoph *R. Panikkar* nennen. Auch für ihn ist jenseits aller eschatologischen Vorbehalte klar, „daß der Geist alles durchdringt"⁴⁷. Sein Verständnis des „spirituellen Lebens" führt ihn zur Bejahung eines Pluralismus, den er ausdrücklich auf advaitischem Hintergrund versteht⁴⁸. Für ihn, den „spirituellen Meister"⁴⁹, gibt es daher gleichberechtigte Wege zum Heil auch ohne Christentum: „Ich meine das sehr ernst. Man muß existentiell seinen Weg gehen, und alle Wege führen zum Ziel, unter einer einzigen Bedingung: daß sie Wege sind..."⁵⁰ Der christliche Gnadenbegriff ist eingeebnet. Entsprechend offen für religiösen Synkretismus⁵¹, findet er den Begriff der Spiritualität „sehr hilfreich, weil er die doktrinären Aspekte umgeht, die mit dem Wort Religion gewöhnlich verbunden sind: Spiritualität ist nicht so gebrandmarkt durch dogmatische Unterschiede und doktrinäre Spitzfindigkeiten."⁵²

Hier benennt *Panikkar* die Konsequenz der „Synkretismus"-Affinität des monistischen

---

[45] W. *Dahlberg* (Hrsg.), Wege in ein Neues Bewußtsein, Frankfurt a.M. 1987, 56 und 58.

[46] W. *Dahlberg*, New Age und Christentum, 379. Ähnlich, wenn auch nicht ganz so platt, definiert das dtv-Brockhaus-Lexikon „Spiritualität" als Frömmigkeit, „insofern sie als Werk Gottes unter Mitwirkung des Menschen verstanden wird" (Bd. 17, Wiesbaden 1982, 168).

[47] R. *Panikkar*, Mythos und Logos. Mythologische und rationale Weltsichten, in: *H.-P. Dürr, W. C. Zimmerli* (Hrsg.), Geist und Natur, Bern-München-Wien 1989, 206-220, hier 208. Beiträge zur naturwissenschaftlichen Autorisierung dieses (scheinbar) „neuen Denkens" liefert z.B. *K. Wilber*, Sex, Ecology, Spirituality, Boston 1995 (deutsch: Eros - Kosmos - Logos, Frankfurt a. M. 1996).

[48] R. *Panikkar*, Der Weisheit eine Wohnung bereiten, hrsg. von *C. Bochinger*, München 1991, 186 und 178.

[49] So die Bezeichnung im Klappentext seines Weisheitsbuches.

[50] R. *Panikkar*, Weisheit, 1991, 195. Dasselbe gilt nach *Panikkar* für spirituelle Techniken (191). „Eine Wahrheit - viele Wege" - so lautet z.B. auch der bezeichnende Titel des 1993 in einem Esoterik-Verlag erschienenen Buches von *H. Smith*, das sich in Amerika bereits über 1 500 000 Mal verkaufte.

[51] R. *Panikkar* sieht synkretistisches Zusammenwachsen so, „daß das organische Wachstum innerhalb jeder Überlieferung gewahrt bleibt und die gegenseitige Befruchtung religiöser Überlieferungen zu einer echten Möglichkeit wird" (R. *Panikkar*, Der neue religiöse Weg. Im Dialog der Religionen leben, München 1990, 167 f.).

[52] R. *Panikkar*,Weisheit, 46.

Spiritualitätsbegriff, der nämlich die Tendenz impliziert, dogmatische Unterscheidungen auszugrenzen oder zu nivellieren. Das paßt zum 'meditativen' Charakter von 'Spiritualität'[53]. Zwar will spiritueller Monismus in der Regel keine 'Welteinheitsreligion', sondern weiß religiöse und spirituelle Pluralität durchaus zu bejahen - dies aber im subtilen Bewußtsein metaphysischer Komplementarität von Vielheit und Einheit. Ihm sind also Unterscheidungen keineswegs fremd; aber obschon er sie in ihrer Faktizität nicht negligiert[54], hält er sie in fundamentalontologischer Hinsicht doch für nachrangig. Diese Art von „Spiritualität bindet sich nicht an Dogmen und fixe Lehrinhalte. Religiöse Virtuosen können die Ethik der Bergpredigt hochhalten und gleichzeitig an das Karma als Lebensgesetz glauben... Die Wahrheitsfrage wird suspendiert."[55] Daß solch ein 'spiritueller', doch eher leise als laut sich vollziehender Umgang mit religiös fundierter Dogmatik selbst 'dogmatisch' fundiert ist (und seine eigene Ethik generiert)[56], wird gern unterschlagen.[57] Christliche Spiritualität muß deshalb gerade dogmatisch von monistisch geprägter unterschieden werden, ja sie hat selbst ein massives Interesse an solcher Differenzierung bereits im Begriff der Spiritualität.

## 4. Der christliche Spiritualitätsbegriff als 'charismatischer'

Im Unterschied zum 'monistischen' Spiritualitätsbegriff, der auf einem - in Anlehnung an die bekannte advaitische Bestimmung formuliert - nicht-dualistischen Seinsverständnis basiert, beruht der im engeren Sinn christliche auf einer nicht-monistischen Perspektive. Gedacht ist bei dieser Bestimmung freilich nicht etwa an eine dualistische Metaphysik[58], sondern an die für den christlichen Glauben unverzichtbare Unterscheidung von Schöpfer und Schöpfung, die sich in der trinitarischen Gotteslehre spiegelt

---

[53] „Das urteilende Denken wird verweigert", der „Strom der Logik" abgeschnitten, erklärt *C.F. von Weizsäcker* („Zeit und Wissen", München/Wien 1992, 501). Nichts anderes geschieht, wenn *R. Kakuska*, aaO., 57, behauptet: „Wahre Spiritualität entzieht sich der sprachlichen Beschreibung."

[54] So zeigt sich nach *G. Wehr* „mitunter, daß der Weg und die Art der Lehrmitteilung des einen Geisteslehrers oder Seelenführers ... abgrundtief von der Spiritualität anderer geschieden ist" (*G. Wehr*, Spirituelle Meister, 12).

[55] *H.-J. Höhn*, „Religiöse Virtuosen". Zur Pluralisierung und Individualisierung religiöser Sinnsysteme, in: *M. Krüggeler/F. Stolz* (Hrsg.), Ein jedes Herz in seiner Sprache... Religiöse Individualisierung als Herausforderung für die Kirchen, Zürich/Basel 1996, 55-68, hier 64.

[56] Politisch-kritisch gegenüber den „Variationen von Spiritualität und Naturmystik" äußert sich z.B. *J. Ditfurth*, Entspannt in die Barbarei. Esoterik, (Öko-)Faschismus und Biozentrismus, Hamburg 1996, 11.

[57] *R. Hummel* unterstreicht mit Recht, daß der Synkretismus des „New Age" eine „geheime Dogmatik" nicht aus-, sondern einschließt (*R. Hummel*, New Age und die Zukunft der Religion, in: LM 28 (1989), 489-492, bes. 490).

[58] *J. Moltmann* betont die eschatologische Komponente christlicher Spiritualität treffend: „Der Zug und die innere Triebkraft des Geistes der Neuschöpfung aller Dinge sind nicht jenseits-, sondern zukunftsorientiert" (*J. Moltmann*, Der Geist des Lebens. Eine ganzheitliche Pneumatologie, München 1991, 107).

und ihren originären Intentionen nach nicht metaphysisch einholen läßt[59]. Solch christlicher Spiritualität geht es daher in ihrer Grundlegung nicht um die Heilserfahrung der Einheit der (dann zutiefst doch göttlichen) Wirklichkeit, sondern um die Heilserfahrung der Begegnung mit der Wirklichkeit des „ganz Anderen" im Angesprochensein durch sein fleischgewordenes Wort.

Nicht alles, was sich im Horizont des Christentums spirituell ansiedelt, kann oder muß schon christliche Spiritualität im authentischen, nämlich in der Heiligen Schrift grundgelegten Sinn sein. Hier zu unterscheiden, ist nicht nur eine Möglichkeit, sondern eine Notwendigkeit - ähnlich wie z.B. die Differenzierung zwischen christlicher und nichtchristlicher Mystik[60]. Zu Recht mahnt der Religionswissenschaftler *P. Antes* mit Blick auf praktische Spiritualität: „Zu oft war man versucht, im Stile einer Werbeagentur, die für jedes Bedürfnis ein Angebot bereithält, das Christentum nach dem jeweiligen Gusto herzurichten."[61] Und gerade weil man dieser Versuchung schon häufig erlegen ist, ist es in Kirche und Theologie an der Zeit, wieder neu nach dem entscheidend und unterscheidend Christlichen in Sachen Spiritualität zu fragen.

Im Grunde kann man eine im engeren, d.h. nicht im kulturellen Sinn als christlich verstandene Spiritualität auch mit dem Adjektiv '*charismatisch*' charakterisieren. Dies ist hier nicht konfessionskundlich auf die „charismatische Bewegung"[62] gemünzt noch im populären Sinn als Fremdwort für 'begeisternd' gemeint, sondern bezieht sich auf griechisch-neutestamentliche Rede. Schon die Grundbedeutung des Wortes 'Charisma' als Gnadengabe, als „Konkretion und Individuation der Gnade"[63] impliziert ja das nichtmonistische Verhältnis von gebendem und empfangenden, von kreatürlichem und Schöpfer-Geist. Als Gabe des Heiligen Geistes bedeutet 'Charisma' im Neuen Testament neben der Vielfalt ihrer Ausprägungen primär - darauf hat *E. Käsemann* hingewiesen - die Gabe des „ewigen Lebens in Jesus Christus" (Röm 6,23) schlechthin. Eine von diesem Charisma beseelte, aus Wort[64] und Sakrament geschöpfte Spiritualität

---

[59] Vgl. *E. Brunner*, Die Mystik und das Wort, Tübingen ²1928, 384 f. Gott als überpolaren, „überseienden Grund des Universums" o.ä. zu beschreiben (so *L. Frambach* in seiner klugen Arbeit „Identität und Befreiung in Gestalttherapie, Zen und christlicher Spiritualität", Petersberg 1994, 380), trifft schwerlich die biblische Aussageabsicht, sondern weist in Richtung einer dialektischen Metaphysik.

[60] Vgl. *Sudbrack* in seiner Einführung in: *J. Sudbrack/G. Ruhbach,* Christliche Mystik. Texte aus zwei Jahrtausenden, München 1989, 18. „Erst in Jesus Christus, in dem die Mystiker Gott als Mensch, Ewigkeit als Zeit, Geistiges als Leib verehrten, ordnen sich die Aspekte" (23).

[61] *P. Antes*, Die Botschaft fremder Religionen, Mainz 1981, 146; ähnlich *H. Cox*, Licht aus Asien, Stuttgart 1978, 109.

[62] So spricht *H.-M. Barth,* Spiritualität, BenshH 74, Göttingen 1993, 58ff, von „charismatischer Spiritualität". Doch die sich in den Großkirchen immer weiter ausbreitende „Charismatische Bewegung" lehnt selber den Begriff der Spiritualität ab (*H.-D. Reimer,* Für eine Erneuerung der Kirche. Aufsätze, Berichte, Fagmente, Gießen 1996, 228).

[63] *E. Käsemann*, Amt und Gemeinde im Neuen Testament, in: Exegetische Versuche und Besinnungen I, Göttingen ⁶1970, hier 117.

[64] *J. Sudbrack* spricht von „christlicher Wortspiritualität" (Mystische Spuren. Auf der Suche nach der

weist in ihrer religiösen Voraussetzung und doxologisch motivierten Praxis grundsätzlich hin auf den auferstandenen Gekreuzigten - denn „ein jeglicher Geist, der Jesus nicht bekennt, der ist nicht von Gott" (1 Joh 4,3). *Chr. Schütz* betont: „Christliche Spiritualität, die dem Evangelium treu und den Herausforderungen des Heute gewachsen sein will, muß christozentrisch sein. Sie hat Ernst zu machen mit der Aussage: 'Einen anderen Grund kann niemand legen als den, der gelegt ist: Jesus Christus' (1 Kor 3,11)."[65]

Die so verstandene 'charismatische' Spiritualität christlicher Religion lebt von der Erkenntnis der Barmherzigkeit Gottes, die Versöhnung schenkt, Feindschaft überwindet, innere und äußere Wunden heilt - und solche Heilserfahrung mit der Verheißung verbindet, daß sie in kosmischer Erlösung universal werden wird. Wo auf diese Weise präsentische und futurische Eschatologie das Selbstbewußtsein durch den heiligen Geist durchsichtig in Gott gründet, ist es fähig, unheilen Entfremdungszuständen ins Auge zu schauen: Es kann darauf verzichten, sie religiös schönzureden, zu bagatellisieren oder zu harmonisieren. Charismatische Spiritualität besteht nicht im enthusiastischen Schauen, sondern sie reift in dankbarem Glauben und frohem Hoffen. Sie gründet nicht auf einem wie auch immer strukturierten Geist-Monismus mit seinen die Botschaft von der einzigartigen, radikalen Gnade Gottes notgedrungen relativierenden Tendenzen, sondern auf der dynamischen Erfahrung des Geistes Gottes, der Schöpfung als real Anderes bejaht, im Schmerz des Kreuzes aushält und mit sich versöhnt. Sie erwächst weder aus „selbstgewählter Geistlichkeit", die „in unser eigen Frömmigkeit" (Konkordienformel: Epitome XII) steht, noch gar aus jener schwärmerischen Selbstüberschätzung, die sich in gnostischer Manier ganz oder teilweise für befähigt hält, an der eigenen Erlösung mitzuwirken; vielmehr ist sie getragen vom Bewußtsein der unbedingten Liebe Gottes, die Christi Kommen, Sterben und Auferstehen offenbart hat und verbürgt. Sie glaubt daher nicht an die Notwendigkeit einer Seelen-Evolution durch Reinkarnationen oder durch Jenseitsdimensionen hindurch, sondern an die Auferstehung des Fleisches.[66] Sie weiß, daß das Kreuz „die synkretistischen Momente im Christentum ausscheidet"[67], und läßt sich deshalb nicht einspannen für die Zwecke eines Kampfes zwischen Spiritualismus und Materialismus[68]; vielmehr kämpft sie in

---

christlichen Lebensgestalt, Würzburg 1990, 138).

[65] *C. Schütz* (Hrsg.), Praktisches Lexikon der Spiritualität, Freiburg i.Br. 1988, 1178. Von daher kommt selbstredend die Pneumatologie in den Blick (vgl. z.B. *W. Vorländer*, Der Heilige Geist und die Kunst zu leben, Neukirchen-Vluyn 1991).

[66] Hierzu *W. Thiede*, Die mit dem Tod spielen. Okkultismus - Reinkarnation - Sterbeforschung, Gütersloh 1994.

[67] *J. Moltmann*, Der gekreuzigte Gott. Das Kreuz Christi als Grund und Kritik christlicher Theologie, München ³1976, 12. *H.-M. Barth* betont, daß die dem Spiritualitätsbegriff innewohnende „synkretistische Tendenz" sich „ökumenisch fruchtbar, aber auch gefährlich, weil verflachend und verfälschend, auswirken kann" (aaO., 15).

[68] *W.A. Visser't Hooft*, der langjährige Generalsekretär des Ökumenischen Rates der Kirchen, gibt zu bedenken: „Es ist nicht einzusehen, warum man eine Front bilden sollte, in der die Kirchen sich Seite an Seite mit Vertretern der Religion, von der hochgeistigsten bis zur abergläubischsten und

aller Sanftmut mit Worten und Taten für die Wahrheit, die sie in der Person Jesu Christi verehrt. In alledem erweist sie sich als zutiefst existentiell und ganzheitlich, indem sie Denkweisen, Lebensformen und Verhaltensmuster prägt.

Der Spiritualitätsbegriff als solcher erweist sich bereits seinem Ursprung nach als wahrscheinlich christlich, so daß kaum Veranlassung besteht, ihn angesichts seiner ihn neu einfärbenden Verwendung außerhalb christlicher Bereiche einfach aufzugeben. Er leitet sich doch wohl her von einer „christlichen Neuprägung der ersten Jahrhunderte zur Übersetzung des neutestamentlichen 'pneumatikós'. Das Abstraktum 'spiritualitas' findet sich bereits seit dem 5. Jahrhundert vereinzelt in unterschiedlichem Zusammenhang."[69] Das insbesondere von Paulus verwendete Wort „pneumatikós" ist nicht im Sinne eines spirituellen Monismus auf eine allumfassende, göttliche 'Geistsubstanz' bezogen, sondern hat den Geist Gottes als eine Kraft im Blick, die „nicht durch die Außergewöhnlichkeit ihrer Wirkung charakterisiert ist", vielmehr dem Menschen den Glauben schenkt und damit „die Möglichkeit gibt, bewußt und bejahend aus solcher ihm nicht eigenen Kraft zu leben"[70]. Solcher Glaube läßt sich im tiefen Sinn verstehen „als ein Ereignis spiritueller Ekstase, die uns über uns selbst hinaushebt."[71] Der Erkenntnis der Liebe Gottes verdankt, führt er gerade nicht in mystische Isolation, sondern in die Gemeinschaft der Glaubenden, die sich als „lebendige Steine zum geistlichen Haus" bauen sollen (1 Petr 2,5). Insofern weist der christliche Spiritualitätsbegriff immer auch auf kirchliche Verortung hin, inklusive der liturgischen Dimension.[72]

Sein kirchen- und dogmengeschichtlicher Werdegang - zu denken wäre u.a. an erste spätantike Prägungen[73], an seine Verwendung bezüglich der mittelalterlichen Diastase von 'weltlich' und 'geistlich' sowie an seine Verortung in der französischen Ordenstheologie des 17. und 18. Jahrhunderts - kann hier insofern vernachlässigt werden, als er zum einen längst durch den funktionalen und den monistischen Spiritualitätsbegriff überdeckt bzw. verdrängt und zum andern selbst grundsätzlich an den eigentlichen Ursprüngen im Neuen Testament zu messen ist. Wer angesichts der gegenwärtig

---

abgöttischsten, gegen Idealisten, Agnostiker und Humanisten vorfinden würden, die es vorziehen, sich nicht religiös zu nennen. Es gibt Formen des modernen Säkularismus, die im Lichte biblischer Kriterien eher einen geistlichen Fortschritt als einen Rückschritt bedeuten. Eine gemeinsame Front aller Religionen gegen die Nichtreligiösen könnte unsere gegenwärtige Verwirrung nur noch verschlimmern" (*W.A.Visser't Hooft*, Kein anderer Name. Synkretismus oder christlicher Universalismus?, Basel 1965, 13).

[69] *C. Bochinger*,"New Age", 378. Erstmals belegt ist der Begriff „spiritualitas" bei Pelagius oder bei einem seinem Schüler - ein Umstand, der theologisch zu denken gibt! Vgl. insgesamt *J. Sudbrack*, Zur Geschichte der christlichen Spiritualität, in: HTTL VII, Freiburg i.Br. 1973, 124-130.

[70] Vgl. *E. Schweizer*, Art. pneuma, pneumatikós, in: ThWNT VI (1959), 330-453, hier 419 und 425. In der Gnosis war (und ist) das substantielle Geistverständnis hingegen zentral (vgl. aaO. 449 f - sowie *G. Lüdemann*, Unterdrückte Gebete. Gnostische Spiritualität im frühen Christentum, Stuttgart 1997).

[71] *W. Pannenberg*, Christliche Spiritualität, Göttingen 1986, 88.

[72] Vgl. *K.-F. Wiggermann*, Was ist Spiritualität? 10 x 10 Stichwörter, Gütersloh 1997.

[73] Vgl. *M. Ville/K. Rahner*, Aszese und Mystik in der Väterzeit. Ein Abriß der frühchristlichen Spiritualität, Freiburg 1939.

weiter zunehmenden Angebote nichtchristlicher Spiritualität sich und andere weit zurückblickend daran erinnern zu müssen meint, daß „wir Christen ja selber auch so ein Ding haben", der sehe zu, daß er dabei nicht einfach auf Personen und Vorgänge in der Kirchen- und Häresiegeschichte zurückgreife, die ihrerseits bereits stark im Paradigma eines spirituellen Monismus gedacht und dessen Ideen synkretistisch einzubringen versucht haben. Nach Gestalten authentischer christlicher Spiritualität zu fragen, sich von ihr einen Begriff zu machen, das muß primär heißen: nicht nach den Rändern, sondern nach dem Zentrum kirchlich gelebten Christseins in Geschichte und Gegenwart Ausschau halten. Die Ränder interessieren dann eher um der von den Glaubenskonkretionen her notwendigen Unterscheidungen willen. So weist der christliche Spiritualitätsbegriff als 'charismatischer' grundsätzlich hin auf die Geistesgabe der „Unterscheidung der Geister" (1 Kor 12,10) bzw. auf die Pflicht: „Prüft die Geister, ob sie von Gott sind" (1 Joh 4,1). Wo notwendige Unterscheidungen als überflüssig, altmodisch, 'dogmatisch' usw. abgewertet, wo gebotene Prüfungen unterbunden oder 'gedämpft' werden, dort ist schwerlich christliche Spiritualität am Werke. *Es war, ist und bleibt ein unverzichtbares Lebenszeichen christlicher Spiritualität, die Spiritualitäten zu unterscheiden.* Und das gilt nicht nur apologetisch extra muros ecclesiae, vielmehr - wie es in 1 Kor 12,10 und 1 Joh 4,1 ja gemeint ist - zu allererst intra muros, also auch im Blick auf die eigene Geschichte (die einer ungeistlichen Unterscheidungspraxis eingeschlossen[74]). Solche Unterscheidung muß dabei keineswegs nur in kritischer Absicht erfolgen: Konfessionell oder 'dogmatisch' divergierende Spiritualitäten innerhalb der ökumenischen Christenheit (z.B. die franziskanische oder die feministische[75]) festzustellen und auszuhalten, gehört zur „versöhnten Verschiedenheit", die christliche Spiritualität als Lebensäußerung der einen Kirche Jesu Christi ermöglicht.[76]

## 5. Konsequenzen für die enzyklopädische Frage der Theologie

Es kann in diesem Schlußabschnitt nicht darum gehen, überhaupt von der - vorhandenen oder mangelnden - Spiritualität innerhalb der akademischen Theologie zu handeln; das wäre ein eigenes Thema.[77] Vielmehr soll der oben analytisch beleuchtete Spirituali-

---

[74] Dazu W. *Thiede*, Grenzbereich der Freiheit. Apologetik als Antwort, in: LM 35 (1996), 15 f.

[75] Wo freilich feministische Positionen auf einen spirituellen Monismus hinauslaufen (z.B. bei *E. Sorge*, Religion und Frau. Weibliche Spiritualität im Christentum, Stuttgart 1987), ist kritische Unterscheidung angesagt.

[76] Vgl. *H.-M. Barth* aaO., 171ff; *W. Sparn* aaO., 41. Hummel betont: „Der Geist führt von den falschen Monopolansprüchen zur Anerkennung der Vielfalt christlicher Spiritualitäten" (*R. Hummel*, Der Geist und die Geister, in: MEZW 53 (1990), 1-5, hier 5).

[77] Vgl. *W. Pannenberg*, Christliche Spiritualität, 5 f; *G. Ruhbach*, Theologie und Spiritualität, 9 ff. Wenn *G. Lüdemann* meint: „Theologie und Kirche leben heute vielfach davon, daß niemand sie mehr ernst nimmt" *(G. Lüdemann*, Das Unheilige in der Heiligen Schrift, Stuttgart 1996, 126), dann stellt sich in der Tat die Frage, ob dem mit einem Austreiben der Reste von spirituell verwur-

tätsbegriff in freilich bescheidenen Ansätzen auf die Frage hin reflektiert werden, welche Konsequenzen sich aus der dargelegten Differenzierung für die verschiedenen Disziplinen der theologischen Fakultät ergeben könnten.

Im Fach *Altes Testament* liegt es nahe, die geschichtliche Entwicklung von Spiritualität, ihre unterschiedlichen, teilweise kontroversen Ausprägungen von den Anfängen des alten Israel bis zum Frühjudentum in den Blick zu nehmen. Die heute so virulente Synkretismusfrage beispielsweise hat sich für die alttestamentlichen Propheten auch schon gestellt. Mit den hellenistischen Einflüssen, die in den spätesten Schriften erkennbar werden, erweitert sich die Palette spirituellen Denkens und Erfahrens erheblich. Kontinuität und Diskontinuität alttestamentlicher Spiritualitäten nachzuzeichnen, dürfte eine spannende, weil auch unsere gegenwärtige Situation beleuchtende Aufgabe biblischer Theologie[78] sein.

Im Fach *Neues Testament* hat die Debatte um die 'Entmythologisierung' das letzte halbe Jahrhundert stark geprägt bzw. beeinflußt - bis hinein in den neuen Streit um die Frage der von *G. Lüdemann*[79] radikal bestrittenen Historizität der Auferstehung Jesu. Gerade wenn nach *R. Bultmann* 'Entmythologisierung' nicht Eliminierung, sondern Interpretation des Mythos bedeuten soll, hat ja *R. Panikkar* recht: „Jede Entmythologisierung bringt eine Ummythologisierung mit sich."[80] Die Aufgabe der Erforschung des urchristlich-spirituellen Lebens und Denkens erweist sich daher aufs engste verknüpft mit der Frage, auf welchem spirituellen Hintergrund und mit welcher spirituellen Interessenleitung, aber auch, mit welchen faktischen Spiritualitätsresultaten sie selbst einhergeht. Nur wenn hermeneutische Reflexion diesen Problemhorizont ausschreitet, erfüllt sie ihren wissenschaftlichen Zweck hinreichend. Welch veränderte Wahrnehmung möglich wird, wenn dies geschieht, zeigt exemplarisch und in Ansätzen die neue Studie zur Wunder-Thematik im NT von *B. Kollmann*[81].

Heutige *Kirchen- und Dogmengeschichte* steht vor der Herausforderung, angesichts der Konjunktur des Spiritualitätsbegriffs den reichen Schatz christlicher Frömmigkeits- und Mystikgestalten[82] neu ins Visier zu nehmen. Daß es dabei nicht nur um eine an

---

zelter, nämlich kirchlicher Theologie aus den Fakultäten zu begegnen ist (vgl. aaO., 125) oder nicht vielmehr durch eine Neubesinnung auf Wesen und Kraft christlicher Spiritualität als Basis wissenschaftlicher Theologie.

[78] Vgl. *G. Stachel*, Art. Biblische Spiritualität, in: Praktisches Lexikon der Spiritualität, 1189-1192.

[79] *G. Lüdemann* beharrt auf dem „historischen Befund", daß „Jesus verweste und nicht leiblich auferstand" (*G. Lüdemann*, Das Unheilige, 124); dazu meine Überlegungen in MEZW 57 (1994), 97-99.

[80] *R. Panikkar*, Mythos und Logos, 215. In meiner Dissertation habe ich den Begriff der „Metamythologie" geprägt (*W. Thiede*, Auferstehung der Toten, 36 ff).

[81] *B. Kollmann*, Jesus und die Christen als Wundertäter. Studien zu Magie, Medizin und Schamanismus in Antike und Christentum, FRLANT 170, Göttingen 1996; vgl. dazu meine Rezension in MEZW 60 (1997), 123-125.

[82] Vgl. *J. Raitt* (Hrsg.), Geschichte der christlichen Spiritualität, Bd. 2: Hochmittelalter und Reformation, Würzburg 1995; *B. McGinn/J. Meyendorff* (Hrsg.), Geschichte der christlichen Reformation, Würzburg 1995; *G. Wehr*, Profile christlicher Spiritualität, Schaffhausen 1982 (über mystisch-theosophische Repräsentanten).

Personen und Schwerpunkten orientierte Befundserhebung, sondern um eine auf die Ursprünge der gesamten historischen Entwicklung zu beziehende Aufarbeitung gehen sollte, ist bereits gesagt worden.[83] Es ist zum Beispiel ein höchst problematisches Verfahren, wenn etwa *E. Cousins* unter dem Titel „Global Spirituality"[84] einen funktionalen Spiritualitätsbegriff für Studien über einige christliche Mystiker des Mittelalters zugrundelegt und auf dieser Basis eine „transkulturelle Mystikforschung" postuliert. Nachdem übrigens der Ketzer- und Häresiebegriff heute geradezu modisch zum Zweck geistvoll gemeinter Selbstbezichtigung autonomer Spiritualität geworden ist, lohnt es sich, das spirituelle Wesen von Schwärmertum und Enthusiasmus geschichtlich mit demselben kritischen Elan zu beleuchten wie die zum Teil schändlichen Formen ihrer Bekämpfung. Sinnvoll dürfte dies im Zusammenhang einer positiven Durchdringung des Gesamtphänomens christlicher Spiritualität sein, deren immer wieder intensives Aufleben die entscheidenden Neuaufbrüche im Laufe der Kirchengeschichte ermöglicht und geprägt hat. Zu den wichtigsten und bekanntesten Beispielen gehört hier Luthers Spiritualität mit ihrer existentiell höchst relevanten Unterscheidung von Gesetz und Evangelium. Im Blick auf die moderne Diskussion gilt es das Aufkommen des Spiritualismusbegriffs[85] zu bedenken, dessen kritisches Element - signalisiert durchs '-ismus'-Suffix - verlorenging, als er durch den Spiritualitätsbegriff weithin ersetzt wurde.

*Systematische Theologie* muß ihre Zeitgemäßheit durch verstärkte Reflexion auf das Phänomen und den Begriff von Spiritualität innerhalb und außerhalb der Christenheit erweisen. Namhafte Systematiker wie *W. Pannenberg, H.-M. Barth* und *J. Moltmann* haben die Aktualität des Problems erkannt und sich kritisch-konstruktiv zu ihm geäußert. Wie Pannenberg unterstreicht, ist die Beziehung zum Christusbekenntnis schon bei Paulus „einziges Kriterium für authentische Spiritualität" gewesen und in diesem Sinne für die christliche Kirche aller Zeiten maßgebend geblieben.[86] Systematische Theologie hat von daher die Aufgabe, die 'authentische Spiritualität' der ökumenischen Christenheit sowohl positiv in ihren Strukturen herauszuarbeiten als auch sie apologetisch von allerlei 'nicht-authentischen' abzuheben, wie sie bereits innerhalb des Christentums aufzutreten pflegen. Pannenberg weiß um die 'spirituellen Bedürfnisse' all jener, die eine „in unterschiedlichen Graden und Schattierungen auftretende kirchlich distanzierte Form individuellen Christseins" praktizieren[87]. Sie kirchlicherseits mit

---

[83] Der Spiritualitätsbegriff gehört „zur Auslegungs- und Wirkungsgeschichte des biblischen Zeugnisses, von dem her er darum auch immer wieder kritisch hinterfragt und präzisiert werden muß" (*H.-M. Barth*, aaO., 11).

[84] *E. Cousins*, Global Spirituality Towards the meetings of Mystical Paths, Madras: University of Madras, Radhakrishnan Institut for Advanced Study in Philosophy 1985.

[85] Vgl. *C. Bochinger*, "New Age", 244 ff.

[86] *W. Pannenberg*, Systematische Theologie, Bd. 3, Göttingen 1993, 30.

[87] *W. Pannenberg*, Systematische Theologie, 145. Gerade insofern sich solches Christsein im weithin unverbindlichen Kontext von „New Age" (dazu auch mein Buch W. Thiede, Esoterik, 86-123) angesiedelt hat, gilt das Verdikt von *C. Schorsch*: „Die populäre, jedoch oberflächliche und inkon-

dem Angebot nicht irgendeiner[88], sondern authentischer christlicher Spiritualität zu konfrontieren, setzt systematische Reflexion auf die Anknüpfungsmöglichkeiten an geistige Defiziterfahrungen, diffuse Sehnsüchte und spirituelle Befriedigungsmethoden auf dem religiösen Markt unserer Tage voraus. 'Natürliche Theologie' wird im Horizont der Konjunktur des Spiritualitätsbegriffs erneut zu einer dogmatischen Kernfrage. Die christliche Lehre von Gott rückt unter trinitätstheologischem Aspekt in den Mittelpunkt des Interesses an Spiritualität: Steht nicht Gott als 'Vater' als Symbol für das schlechthin Umgreifende? Wird er nicht als der 'Sohn' besonders gern dort zum Thema, wo spiritueller Monismus unter dem Leitbegriff des 'kosmischen Christus' (s.o.) zum Tragen kommt? Und als 'Heiliger Geist' ist er für Spiritualisten jedweder Couleur ohnehin relevant. Systematische Theologie steht hier vor der Aufgabe, Trinitätstheologien neu auf das jeweils hinter ihnen stehende 'Paradigma' zu durchleuchten. Gerade die Pneumatologie hat in den letzten beiden Jahrzehnten dogmatisch zunehmend an Beachtung gewonnen, ohne daß der Spiritualitätsbegriff dabei angemessen in den Blick genommen worden wäre. Hier bildet Moltmanns Entwurf eher eine Ausnahme. Gegen die Prägung 'abendländischer Spiritualität', die den 'abendländischen Individualismus' erzeugt habe, erhebt er die Frage: „Welche Umkehr in der Spiritualität entsteht, wenn wir die theologischen Voraussetzungen der abendländischen Mystik und Spiritualität auf ihre biblischen, d.h. auch auf ihre alttestamentlichen und hebräischen Wurzeln zurückführen?" Seine treffende Antwort lautet: „Nicht die mystische Selbsterfahrung, sondern die soziale Selbsterfahrung und die persönliche Gemeinschaftserfahrung sind dann der Ort der Gotteserfahrung."[89] Mit der in diesem Zusammenhang erfolgenden Betonung der „Spiritualität des Körpers" und „der Erde" ist *Moltmann* freilich weniger originell - sie ist ja auch Vertretern eines spirituellen Monismus naturgemäß nicht fremd.[90] Völlig zurecht unterstreicht er jedenfalls die ethischen[91] Implikationen des dogmatisch beleuchteten Spiritualitätsbegriffs.

Zunehmend gewinnt 'Spiritualität' auch für das Gebiet der *Ökumenik* an Bedeutung. So begrüßenswert dies im Rahmen eines christlich verstandenen Spiritualitätsbegriffs

---

sistente Amalgamierung von Quantenphysik, transpersonaler Psychologie, Ökologie, Taoismus und Wissenschaftskritik" ist „von begrifflichen Unklarheiten und Denkfehlern durchsetzt und muß sowohl das Niveau wissenschaftlicher Diskurse als auch authentischer spiritueller Traditionen verfehlen" (C. *Schorsch*, Art. New Age, in: Wörterbuch des Christentums, Gütersloh 1988, Sp. 881 f; Abkürzungen vom Vf. ausgeschrieben).

[88] Sonst degeneriert die Volkskirche „zu einem integrierten Religionsinstitut innerhalb der demokratischen Gesellschaft" (*R. Leuenberge*r, Paradigmawechsel in der Volkskirche? in: ThZ 43 (1987), FS W. Neidhart, 85-91, hier 88f.).

[89] *J. Moltmann*, Der Geist des Lebens, 105 ff. Die Relevanz des Spiritualitätsbegriffs für die Ekklesiologie liegt dabei auf der Hand; wäre er Mitte der 70er Jahre schon so populär gewesen wie heute, hätte ihn *Moltmann* in seiner „Kirche in der Kraft des Geistes" (München 1975) betitelten Ekklesiologie sicher verwendet (er sprach damals noch von „Frömmigkeit", z.B. 312 f)

[90] Vgl. z.B. *W. Dahlberg*, New Age und Christentum, 361 f.

[91] Trefflich formuliert *L. Frambach*: „Gerade eine christliche Spiritualität, die der radikal-solidarischen, geschwisterlichen Lebenspraxis Jesu von Nazareths verpflichtet ist, sollte zu einer wachen gesellschaftskritischen Sensibilität führen" (*L. Frambach*, aaO., 367).

ist, so bedenklich ist es in dem Moment, wo man ihn ausweitend gebraucht auf die „Ökumene der Religionen"[92] hin - womit bereits das Fach *Missions- und Religionswissenschaft* angesprochen ist. Hier steht das Thema des interreligiösen Dialogs etwa seit der Zeit der Konjunktur des Spiritualitätsbegriffs auf der Tagesordnung. In die laufende Diskussion hat *L. Swidler* das Plädoyer für ein „ökumenisches Esperanto" zugunsten eines „spirituellen Dialogs" der Religionen und Weltanschauungen eingebracht: „Diese spirituelle Dimension betrifft unsere Emotionen, unsere Phantasie, unser intuitives Bewußtsein. Versäumen wir es, einander auf dieser tiefsten Dimension unseres Selbst kennenzulernen, wird unser Dialog verhältnismäßig oberflächlich bleiben."[93] *Swidler* verdient hier Zustimmung - aber nur unter der Voraussetzung, daß mit der angesprochenen „tiefsten Dimension unseres Selbst" nicht ein spiritueller Monismus vorausgesetzt ist. Der freilich steht bei ihm[94] und bei etlichen anderen pluralitätstheologisch Engagierten tatsächlich im Hintergrund. Geradezu im Vordergrund steht er z.B. bei *P. Schwarzenau*[95], der im Untertitel seines Buches „Das nachchristliche Zeitalter" (1993) Elemente einer „planetarischen Religion" beschwört - mit der theosophisch eingefärbten Leitthese, „daß alle (sic!) Religionen auf Impulse aus der Gottheit hervorgehen, also Offenbarungsreligionen sind." Nicht eine „Superreligion" soll das sein, sondern eine „Religion ohne Namen" als „Einheitsbewußtsein aus der Tiefe der Ursprünge, aus Gott, der in Richtung einer multiformen Einheit des Menschengeschlechts durch alle Wege hindurch die getrennte Menschheit zusammenführt." Derlei Thesen beruhen auf einer monistischen Spiritualität, auch wenn sie im Horizont christlicher Kirche und Theologie vertreten und entfaltet werden. Es kann den missions- und religionswissenschaftlichen Diskurs und jede praktische Dialogizität nur voranbringen, wenn man sich über die religiösen bzw. religionsphilosophischen Grundlagen der jeweils gemeinten oder subtil im Hintergrund stehenden Spiritualität einen hinreichenden Begriff macht.[96] Erst wo die eigenen Voraussetzungen im Spiritualitätsbegriff hinreichend geklärt sind, ist man hermeneutisch befähigt, die Spiritualitäten fremder Gruppen oder Religionen zu erforschen. Im übrigen findet sich der Spiritualitätsbegriff auf dem Gebiet der missions- und religionswissenschaftlichen Forschung sowohl im phänomenologischen als auch im befreiungstheologischen[97] Kontext.

---

[92] Vgl. *H. Timm*, Zum Zauberstab der Analogie greifen, in: LM 28 (1989), 448-452, hier 452.

[93] *L. Swidler*, Die Zukunft der Theologie. Im Dialog der Religionen und Weltanschauungen, Regensburg 1992, 40.

[94] Vgl. aaO., z.B. 72. Entsprechend vertritt Swidler ein „relationales" Wahrheitsverständnis (14 f).

[95] *P. Schwarzenau*, Das nachchristliche Zeitalter. Elemente einer planetarischen Religion, Stuttgart 1993, 19 f und 172 f (der Begriff „Spiritualität" fällt hier nicht, ist aber der Sache nach präsent). Nächste Zitate: 9 und 46 f. Kaum religionswissenschaftlich, wohl aber theosophisch macht *Schwarzenaus* Behauptung Sinn, daß in allen Weltreligionen „ein gemeinsames Ziel angestrebt wird" (245). Nicht zufällig taucht der Begriff des „kosmischen Christus" hier wieder auf (247).

[96] Vgl. z.B. die Ansätze bei *C.-S. Song*, Theologie des Dritten Auges. Asiatische Spiritualität und christliche Theologie, Göttingen 1989.

[97] Vgl. z.B. *D. Schäffer*, Spiritualität der Befreiung, in: ZMiss 22 (1996), 126-131.

In der *Praktischen Theologie* spielt der Spiritualitätsbegriff vornehmlich dort eine Rolle, wo es in den einzelnen Disziplinen der Liturgik, der Homiletik[98], der Poimenik und der Religionspädagogik um die konkrete Spiritualität der kirchlichen Vollzugspersonen geht. Man erkennt heute zunehmend, daß die authentische Präsenz des jeweils spirituell Handelnden von kaum zu überschätzender Relevanz für das Gelingen religiöser Vermittlung ist. In diesen Bezügen, aber ebenso, wenn es um gemeinschaftliche oder individuelle Frömmigkeitsstile von Gemeindegliedern geht, ist es nicht unerheblich, ob mit einem bloß funktionalen, mit einem 'charismatischen' oder gar mit einem monistischen Spiritualitätsbegriff gearbeitet wird. Dies verdeutlicht beispielsweise die Frage, inwieweit die Pflege von Spiritualität in Gestalt von kontemplativen[99] Übungen zu fordern sei. Bei genauem Hinsehen mag der von bestimmten Meditationstechniken Begeisterte überrascht sein, daß im NT entsprechende Anweisungen fehlen. Aber nicht nur das! „Eine Durchsicht namentlich der abendländischen Tradition erbringt insgesamt ein entmutigendes Ergebnis: in den schätzungsweise 250.000 enggedruckten Spalten der 220 Bände von *Mignes* Patrologie, die der Substanz nach alle bedeutenden christlichen Autoren von den Anfängen bis im 13. Jahrhundert enthalten, findet sich keine Anleitung, die auch nur annähernd das darstellt, was uns *Y. Zen*, Transzendentale Meditation und viele andere Schulen heute gebrauchsfertig anbieten."[100] Was hingegen in vergleichbarer Hinsicht für christliche Spiritualität von jeher konstitutiv und charakteristisch war, das sind individuelles und gemeinschaftliches Gebet sowie die (gegenständliche) Meditation von wichtigen Aussagen der Heiligen Schrift. Solche praxis pietatis hat nichts 'Esoterisches': Sie zielt nicht auf 'Bewußtseinserweiterung', sondern auf Bereitschaft zur Bewußtseinsveränderung.

Echte Spiritualität hat nicht nur Ausstrahlung, sondern möchte andere bereichern, sich daher mitteilen, weitergeben. Von daher haben Spiritualität und Religionspädagogik wesenhaft miteinander zu tun. *B. Maurer* hat recht: „Wir haben vieles nachzuholen im Blick auf altersspezifische Lernprozesse im Rahmen eines Weges der Spiritualität". Für die Generation der heute und morgen Heranwachsenden spielt die „dem Religionslehrer eigene 'Spiritualität'"[101] insofern eine besondere Rolle, als die rasante Technologisierung in der Welt der Jugendlichen derzeit zu neuartigen Identitätsveränderungen führt, die auszuhalten dem Zukunftsforscher *G. Gerken*[102] zufolge „spirituelles" Training erfordert. Auch wenn Gerken hierbei nicht an christliche Spiritualität gedacht ha-

---

[98] Vgl. *Riess* 1981, 156 und 194 f; ferner *G. Ruhbach* u.a., Meditation und Gottesdienst, Göttingen 1989 (dieses instruktive Buch eröffnet die Reihe „Meditative Zugänge zu Gottesdienst und Predigt").

[99] *L. Frambach* z.B. plädiert für eine „im Bereich christlicher Glaubenspraxis" anzusiedelnde „kontemplative Spiritualität" und versteht dabei bezeichnenderweise „Kontemplation" als „spirituellen Übungsweg", durch dessen Beschreiten die Identität des Menschen „auf ihren *Grund* hin transparent wird" (*L. Frambach*, aaO., 363).

[100] *B. Schellenberger*, Ein anderes Leben. Was ein Mönch erfährt, Freiburg/Basel/Wien 1980, 68.

[101] *G. Bockwoldt*, Art. Religionslehrer, in: Wörterbuch des Christentums, Gütersloh 1988, 1060.

[102] Vgl. *G. Gerken*, Die Hyperrealisten kommen, in: Connection 6 (1996), 10-13.

ben dürfte, könnte gerade in ihrer Vermittlung die besondere Chance liegen, ganzheitlich-authentische Religiosität mit Wirklichkeitshaftung vorgelebt und angeboten zu bekommen.

Hingegen fragt sich sehr, ob ein unspezifischer Spiritualitätsbegriff der heutigen religions- und gemeindepädagogischen Herausforderung wirklich gerecht würde. Der Religionsdidaktiker *W. Weishaupt* hat einmal formuliert: „Je allgemeiner 'Religion' gefaßt wird, desto weniger kann christlicher Glaube damit sachgerecht erfaßt werden"[103]. Dasselbe gilt im Hinblick auf den Spiritualitätsbegriff. Will christlicher Glaube seine Authentizität, seine ihm eigene Spiritualität um ihres froh- und freimachenden Inhalts willen wahren, hat er allen Anlaß, die Spiritualitäten auf dem religiösen „Markt"[104] nach Begriff und Sache zu unterscheiden. Das hat nichts mit Intoleranz zu tun[105]; im Gegenteil erhebt christliche Spiritualität sowohl für andere Spiritualitäten als auch für sich selbst Anspruch auf Toleranz (die ihr von Seiten monistisch geprägter Spiritualität faktisch nicht selten verweigert wird)[106]. Zur gelingenden Konvivenz divergierender Spiritualitäten gehört die Fähigkeit, Konflikte und Fremdheiten auszuhalten, statt ihnen verdrängend oder vereinnahmend zu begegnen. Gerade für christliche Spiritualität ist, wie oben dargelegt, der Wille zur Unterscheidung der Spiritualitäten charakteristisch. Für diesen Sachverhalt auch auf breiterer Ebene zu sensibilisieren, ist eine wichtige Aufgabe christlich verantworteter Gemeinde- und Religionspädagogik[107]. Eine noch wichtigere aber ist das - im Rahmen bloßer „Religionskunde" ja schwerlich mögliche - vorbereitende Hinführen zur Praxis gelebter Spiritualität. An die inzwischen verbreitete religionspädagogische Berücksichtigung der Erfahrungskategorie kann und muß hier angeknüpft werden. Bei der Intensivierung entsprechender Bemühungen wird die notwendige Reflexion auf einen 'charismatischen' Spiritualitätsbegriff von der anhaltenden Konjunktur des Erfahrungs-, aber auch des Symbolbegriffs in der Religionsdidaktik profitieren.

---

[103] *W. Weishaupt*, Religionsbegriff und Religionsunterricht. Eine historisch- systematische Untersuchung zur Funktion des Religionsbegriffs in ausgewählten religionspädagogischen Entwürfen, Rph 3, Frankfurt a.M. 1980, 431.

[104] Instruktiv hierzu der Essay von *M. Nüchtern*, Was heißt religiöser Markt?, in: MEZW 59 (1996), 313-320.

[105] Dazu *H. Bürkle*, Toleranz und Sendungsauftrag. Die Bedeutung der nichtchristlichen Religionen im Blick auf die universale Gestalt der Kirche, in: *T. Rendtorff* (Hrsg.), Glaube und Toleranz, Gütersloh 1983, 138-144, bes. 143.

[106] Vgl. näherhin die Ausführungen in meinem „Esoterik"-Buch (*W. Thiede*, Esoterik, 131 ff).

[107] Nicht nur „neureligiöse Bewegungen" und Strömungen arbeiten gern mit einem „integralen" Begriff von Spiritualität (z.B. stammt das neue Freiburger Video „Kinder entdecken ihre Spiritualität. Kreative Übungen für Eltern und Kinder" von der Esoterikerin *C. Griscom*), sondern ebenso kirchliche Bildungs- und Lebenshilfe-Einrichtungen, und zwar häufig in bunter Vermischung von christlich-kirchlichem (z.B. *M. Seitz*, Erneuerung der Gemeinde. Gemeindeaufbau und Spiritualität, Göttingen 1985) und deutlich nichtchristlichem Begriffsverständnis.

XIII.

# Die 'Zwei-Regimente-Lehre' - ihre Bedeutung für die Religionspädagogik als theologischer Teildisziplin

Helmut Anselm

## 1. Ganzheit als Paradigma der Religionspädagogik

*1.1* Religionspädagogik als theologische Teildisziplin - diese Formulierung enthält ein wissenschaftstheoretisches Programm, und dieses Programm könnte für das Begründungsmodell der Evangelischen Unterweisung stehen, wie es von *H. Kittel* 1947 vorgelegt wurde.[1] Fünfzig Jahre sind seither vergangen. Ist es Zeit für eine Wiederkehr?
Zwischen damals und heute hat die evangelische Religionspädagogik - und nur von ihr soll hier die Rede sein - einen weiten Weg zurückgelegt.
Wichtige Marksteine waren: das Ausscheren der religionspädagogischen Theoriebildung aus dem Kreis der theologischen Disziplinen,[2] die Forderung eines Primats der Didaktik gegenüber der Theologie[3] und der Deutungswandel des Religionsunterrichtes vom 'Fremdling' in der Schule über eine 'res mixta' von Kirche und Schule bis hin zum Unterricht in rein schulischer Regie.[4]
Alle diese Veränderungen lösten die umfangreiche Konzeptionendiskussion der sechziger und siebziger Jahre aus. Teils nebeneinander, teils nacheinander und teils gegeneinander wurden die Modelle des hermeneutischen, problemorientierten, ideologiekritischen, konvergenztheoretischen und sozialisationsbegleitenden Religionsunterrichts entwickelt.[5] Daran waren nicht nur die religionspädagogischen Institute beteiligt. Wesentliche Impulse erhielt die Diskussion durch die Religionslehrerschaft. Sie diente ihnen nicht nur zur beruflichen Selbstvergewisserung. Sie war zugleich ein Antwortversuch auf die Herausforderungen, denen sich der Religionsunterricht nach 1968 zu stellen hatte.
Dabei spielte er zunächst eine spannungsvolle Doppelrolle. Auf der einen Seite wurde er als Symbol des reaktionären Ancien régime der *Adenauer*-Ära bekämpft, auf der anderen zur Speerspitze eben dieses Kampfes erhoben. Später geriet er in den Sog jener Entwick-

---

[1] In das auf der Aufklärung fußende kulturprotestantische Weltverständnis „ist nun die evangelische Theologie eingebrochen ... *K. Barth* und *F. Gogarten* sind die Namen, die diese neue evangelische Theologie in erster Linie charakterisieren.... Auch Theorie und Praxis des Religionsunterrichts erfuhren heilsame Einflüsse von dort her" (*H. Kittel,* Vom Religionsunterricht zur Evangelischen Unterweisung. Hannover [1947] ³1957, 8 f).

[2] Vgl. *G. Bockwoldt,* Religionspädagogik. Eine Problemgeschichte, Stuttgart 1977, 66 ff.

[3] Vgl. *G. Lämmermann,* Religionspädagogik im 20. Jahrhundert, München/Gütersloh 1994, 201 ff.

[4] Vgl. *H. Kittel,* aaO., 30.

[5] Vgl. *W. Sturm,* Religionspädagogische Konzeptionen, in: *G. Adam/R. Lachmann* (Hrsg.), Religionspädagogisches Kompendium, Göttingen ⁵1997, 37-86, bes. 55 ff.

lungen, die sich mit den Begriffen Säkularisierung, Pluralisierung und Subjektivierung beschreiben lassen. Im Verein mit der zunehmenden Globalisierung unseres Lebensraumes führten sie zu kritischen Anfragen an die Sonderstellung des Christentums im Spektrum der Religionen und - innerhalb des Christentums - an den Fortbestand der traditionellen Konfessionen. Gleichzeitig teilte sich die religionspädagogische Diskussion in mehrere Gesprächszirkel auf.

In der Theoriediskussion ging es nun weniger um Begründungsfragen als um fachdidaktische Teilaspekte. Bemühungen um Glaubens-Wahrheit und theologische Richtigkeit traten zurück, Symboldidaktik,[6] kommunikative und handlungsorientierte Lernmodelle immer stärker in den Vordergrund. Fragen interkulturellen und interreligiösen Lernens begannen das Feld zu beherrschen.[7]

In der religionspädagogischen Praxis ging man daran, Projekte zu erproben, das Lehrer-Selbstbild neu zu bestimmen und die Akzeptanz des Religionsunterrichts bei den Jugendlichen zu verbessern.[8]

Auf schulpolitischer Ebene schließlich galt es, den Auswirkungen der gesellschaftlichen Veränderungen nach 1989 Rechnung zu tragen und die Stellung des Religionsunterrichtes in der Diskussion um die neue Schule abzuklären.

Parallel dazu wurden Fachstruktur und Fachprofil zum Problem: Soll der Religionsunterricht eigenständiges Fach bleiben? Teil einer Fächergruppe werden?[9] Ist er zu einem Lernbereich bzw. einer Lerndimension umzugestalten?[10] Soll er seine konfessionelle Prägung beibehalten? Oder in Richtung interkonfessioneller oder interreligiöser Kooperationsformen weiterentwickelt werden?[11]

*1.2* Durch alle Diskussionen aber zieht sich *ein* Gedanke. Er besitzt für viele Pädagogen und Religionspädagogen an der neuen Jahrhundertwende mit ihren Unübersichtlichkeiten einen geradezu paradigmatischen Charakter: der Gedanke der Ganzheit, oder anders, der Einheit in der Vielfalt.

Seine Grundaussage lautet: Alles paßt zu allem, und: Alles braucht alles, jedem Teil sein Gegen-Teil. Dieser Gedanke bietet sich als Lösungspotential der religionspädagogischen Theoriediskussion an, sofern er einen Deutungshorizont eröffnet, der alle konzeptionel-

---

[6] Vgl. *W. Sturm*, Konzeptionen, 79 ff.

[7] Vgl. u.a. *F. Doedens/P. Schreiner*, Schwerpunkte und Fragestellungen der Diskussion, in: *dies.* (Hrsg.), Interkulturelles und Interreligiöses Lernen. Beiträge zu einer notwendigen Diskussion. Materialien und Berichte des Comenius Instituts e.V., Nr. 13, Münster 1996, 37-50.

[8] Vgl. *A. Bucher*, Religionsunterricht: Empirische Einblicke in ein umstrittenes Fach. Erste Ergebnisse einer österreichweiten SchülerInnenbefragung, in: KatBl 122 (1997), 4-8, bes. 5.

[9] Vgl. Identität und Verständigung. Standort und Perspektiven des Religionsunterrichts in der Pluralität. Eine Denkschrift der Evangelischen Kirche in Deutschland. Im Auftrag des Rates der Evangelischen Kirche in Deutschland, hrsg. vom Kirchenamt der EKG, Gütersloh 1994, 73 ff.

[10] Vgl. Zukunft der Bildung. Schule der Zukunft. Denkschrift der Kommission „Zukunft der Bildung - Schule der Zukunft" beim Ministerpräsidenten des Landes Nordrhein-Westfalen, Neuwied 1995, 106 ff.

[11] Vgl. Zukunft, aaO., 109; *F. Doedens/P. Schreiner*, aaO., 47 ff.

len, interreligiösen und multikulturellen Ansätze ebenso relativiert, wie er ihre relative Wahrheit sichert. Er erschließt der religionspädagogischen Praxis ein weites Feld didaktischer und methodischer Möglichkeiten, speziell auf dem Feld des sinnlichen Erlebens. Er scheint vor allem dafür geeignet, den Religionsunterricht im Zuge der Neuen Schulreform als 'Fach für alle' zu gestalten und ihn damit vor einer Isolation im gemeinsamen 'Haus des Lernens' zu bewahren.[12]

Nun fällt auf, daß Situationsanalysen der empirischen Religionspädagogik dem Ganzheitsgedanken oftmals widerstreiten.[13] Wie konnte er dennoch derart wirksam werden? Nicht zuletzt deshalb, weil er von zwei Seiten her gestützt wird.

Eine erste Unterstützung erfährt der Ganzheitsgedanke durch Wirklichkeitsdeutungen, in denen narzißtische Strukturen anklingen. Sie äußern sich u.a. in selbstreferentiellem Denken, also in einem Denken, das von subjektiver Befindlichkeit geprägt ist. Es ist verbunden mit dem Bedürfnis der Zusammengehörigkeit und, vor allem, mit dem Bestreben, Festlegungen und Konflikte zu vermeiden. Trennungen werden als Ausgrenzungen empfunden, ja, als existentielle Bedrohungen erfahren, und positionelle Gegensätze homogenisiert. Dabei lassen sich zwei Verhaltensweisen beobachten.

Die eine ist von der Perspektive des Teils geprägt, das sich dem Ganzen einzuordnen hat. Dementsprechend neigt man dazu, sich dem jeweils Anderen zu integrieren und das Eigene im Fremden zu suchen. Das bedeutet für den christlichen Glauben: „Die kritische und distanzierende Instanz des Evangeliums ist aufgegeben", seine „kritische Distanz zu den herrschenden Trends in einer Gesellschaft" verloren.[14] Er wird „von dieser Welt" und durch andere Religionen und Weltanschauungen substituierbar.

Die andere Verhaltensweise wird vom Ganzen her bestimmt. Aus seiner Sicht bilden die Teile nur unterschiedliche Erscheinungsformen des Selben. Hier nimmt man den Standpunkt einer 'Vogelperspektive' ein,[15] verstanden als ein „aufgeklärter Rahmen, der das Allgemeine und Wesentliche der in einer Gesellschaft koexistierenden Religionen umfaßt" und „Weltanschauungen in sich zu begreifen und die christliche Tradition beerben zu können" meint.[16]

Vor allem in *H. Küngs* Fassung der 'versöhnten Verschiedenheit' hat der Ganzheitsgedanke nicht nur eine Schlüsselfunktion im interkulturellen und interreligiösen Gespräch der Gegenwart. Er prägt auch den Gottesgedanken. Gottesvorstellungen der verschiedenen Religionen verschmelzen und verdichten sich zu jenem „Gott jenseits der Götter",

---

[12] Vgl. Zukunft, aaO., 77 ff.; P.M. Roeder, Der föderalisierte Bildungsrat. Reformprogramme aus den Bundesländern, in: ZfP 43 (1997), 131-148, hier 137.

[13] Das gilt auch für die verwendeten Untersuchungsmethoden. „Selbst wenn man die unterschiedlichen Methoden zusammennimmt, erhält man noch kein Ganzes" (*F. Schweitzer*, Lebensgeschichte und Religion. Religiöse Entwicklung und Erziehung im Kindes- und Jugendalter, München 1987, 55).

[14] Die bildende Kraft des Religionsunterrichts. Zur Konfessionalität des katholischen Religionsunterrichts. Die deutschen Bischöfe 56, hrsg. vom Sekretariat der Deutschen Bischofskonferenz, Bonn 27. September 1996, 24 bzw. 25.

[15] Vgl. aaO., 18.

[16] AaO., 23.

von dem schon *R. Niebuhr* spricht[17]. Gleichzeitig lassen sich pantheisierende Vorstellungen finden. Eine wesentliche Voraussetzung hierfür ist ein monistischer Geistbegriff. Ihm zufolge bilden Nous, Spiritus, Logos und Pneuma eine Einheit. Sie legt es nahe, den Gegensatz zwischen Schöpfer und Schöpfung einzuebnen. So betont seit 'geraumer Zeit' die Religionspädagogik „die Nähe und Menschenfreundlichkeit Gottes, der sich in Jesus von Nazareth als ein gütiger, den Menschen in Liebe zugewandter Gott gezeigt habe"[18].
Zum andern wird der Ganzheitsgedanke seit etwa 1970 gestützt durch eine Ausweitung des Religionsbegriffs. Dabei versteht man in Anlehnung an *P. Tillich* Religion als fundamental-anthropologisches Datum.[19] Deshalb sei sie nicht (mehr) an spezielle Offenbarung oder konkrete Glaubensgemeinschaften gebunden. Sie liege vielmehr allen Daseinsauslegungen zu Grunde.
Ein derart weitgefaßter Religionsbegriff tendiert dazu, seine Eigen-Art aufzugeben und mit dem der allgemeinen Vernunft identisch zu werden. Er hat zugleich zur Konsequenz, daß sich der Religionsunterricht nicht mehr auf einen 'Unterricht in Religion' und schon gleich nicht mehr auf einen konfessionellen Unterricht eingrenzen läßt. Er muß zum 'Unterricht für alle' werden, der ohne weltanschauliche oder religiöse Trennungen allgemeine Lebensauslegung und Lebensführung vermittelt. Anders gesagt: Er hat sich zum

---

[17] Vgl. *J.W. Fowler*, Die Berufung der Theorie der Glaubensentwicklung. Richtungen und Modifikationen seit 1981, in: *K.E Nipkow/F. Schweitzer/J.W. Fowler*, Glaubensentwicklung und Erziehung. Eine Veröffentlichung des Comenius-Instituts Münster/Gütersloh 1988, 29-47, bes. 31. Vgl. dazu auch das von Metropolit Gregorios/Indien für die „Weltkonferenz der Religionen für den Frieden" verfaßte Gebet. Es lautet in Auszügen:
„Herr der Welt, Herr voller Barmherzigkeit und Gnade,
Du Quell alles Guten,
Du Urgrund alles Seienden:
Wir Menschen rufen Dich an mit vielen Namen,
Dich Gott unsern Vater, unser aller Vater:
Allah [...], Parmeshwar [Anm.: Name Gottes in Sanskrit], Satchidandand [Anm.: Das Sein, das Bewußtsein und der Segen in Sanskrit],
Ahura Mazda [Anm.: 'Das gute Wesen' in der Sprache des Zoroaster], Adonai Elohenu [Anm.: 'Der Herr unser Gott' in hebräischer Sprache].
Du bist gut, Du bist ganz Güte. ...
Om, Shantih, Shanti, Shanti [Anm.: 'Friede' in Sanskrit und Pali],
Shalom [...], Salam [...], Friede.
Gewähre uns Deinen Frieden. ...
Sende uns Deinen Geist. ...
Bringe uns auf den Weg, der zu Dir führt. ...
Heile unsere Zerrissenheit und mache uns ganz. ...
Offenbare Dein Geheimnis ...
Dein Reich komme. ..."
Quelle: Verteilheft zur Gebetsstunde aller Religionen für den Frieden, hrsg. vom Deutschen Sekretariat der WCRP (Weltkonferenz der Religionen für den Frieden).

[18] *W. Ritter*, „Gott, der Allmächtige" im religionspädagogischen Kontext. Zur Problematik einer Glaubensaussage, in: *ders./R. Feldmeier/W. Schoberth/G. Altner*, Der Allmächtige. Annäherungen an ein umstrittenes Gottesprädikat. Biblisch-theologische Schwerpunkte 13, Göttingen 1997, 97-151, hier 104 Anm.

[19] Hierzu und zum Folgenden sehr instruktiv *W. Sturm*, Konzeptionen, 56 ff.

„einheitlichen(s) Fach 'Lebensgestaltung, Ethik, Religion'" zu wandeln, „bei dem 'zusammenwachsen kann, was zusammengehört'"[20].

*1.3* Was ist dann seine Bezugswissenschaft? Sicher nicht die Theologie. Aber auch nicht die Religionswissenschaft. Ja, es ist zu fragen, ob es sich überhaupt um eine *bestimmte* Wissenschaft handeln kann, oder ob nicht vielmehr ein Wissenschafts*verbund* erforderlich ist, dem das Modell des 'runden Tisches' zu Grunde liegt. Mit einem derartigen Verbundmodell aber wäre der Gegenpol, das 'Andere' der Evangelischen Unterweisung erreicht. An die Stelle abgrenzender Dialektik träte konsensorientierte Dialogik.
Doch hieße das nicht, *eine* Asymmetrie durch *eine* andere zu ersetzen?

## 2. Historische Aspekte zur Ganzheitsdiskussion

*2.1* Dialogik statt Dialektik? Die Frage fordert von der Religionspädagogik, in neuer Weise in die wissenschaftstheoretische Diskussion einzutreten. *W. Sturm* kann hierbei die Richtung weisen. Er fordert ein „reziprokes Modell von Synthese und Diastase, von Dialogik und Dialektik", in dem der Theologie zwar keine Dominanz zukomme, aber doch ein bleibender 'Vorrang', sofern sie „Normwissenschaft ('Standbein') bleiben" und leitende „Kriterien entwickeln" müsse.[21] Mit dieser Funktionsbeschreibung hat W. Sturm nicht nur die Aufgabe benannt. Er hat auch das damit gegebene Problem markiert. Zugleich schlägt er eine Brücke zu dessen historischer Dimension.
Seine auf den ersten Blick widerspruchsvolle Aussage, die Theologie besitze Normcharakter, dürfe jedoch im dialogisch-dialektischen 'Verbund RP'[22] keine Dominanz über andere Wissenschaften beanspruchen, erinnert an *F.D. Schleiermachers* Programm einer Ezyklopädie der Wissenschaften und läßt eine gewisse Strukturanalogie zu dessen dialektischem System erkennen. Ist doch in F. *Schleiermachers* „Gesamtschau" des *einen* „Wissensreiches"[23] die Wahrheit der Theologie und die Wahrheit der (anderen) Kulturwissenschaften auf eine Weise dialektisch verschränkt, daß zwischen ihnen „weder das Verhältnis prinzipieller Differenz noch das einfacher - oder vermittelter - Identität"[24] besteht, - und dennoch der Theologie als positiver Wissenschaft ein selbständiger 'Standpunkt' zukommt.[25]

---

[20] *C. Özdemir*, Brief an das Comenius-Institut vom 5. Juli 1995 zu einer Umfrage zu interkulturellem Lernen, abgedruckt in: *F. Doedens* und *P. Schreiner* (Hrsg.), aaO., 80-82, hier 82.

[21] *W. Sturm*, Konzeptionen, 85 f.

[22] AaO., 83 f.

[23] *H.-J. Birkner*, Schleiermachers Christliche Sittenlehre im Zusammenhang seines philosophisch-theologischen Systems, Berlin 1964, 30; vgl. 30 ff.; *H. Scholz*, Einleitung, in: *F. Schleiermacher*, Kurze Darstellung des theologischen Studiums zum Behuf einleitender Vorlesungen. (Kritische Ausgabe, hrsg. von *H. Scholz*. Unveränderter Nachdruck der 3. kritischen Ausgabe, Leipzig 1910), 5. unveränderte Auflage, Darmstadt o. J., XII-XXXVII, bes. XXIV ff.

[24] *H.-J. Birkner*, aaO., 64; vgl. 33 ff.

[25] Vgl. aaO., 61; vgl. 50 ff; *F. Schleiermacher*, Kurze Darstellung des theologischen Studiums, 1.

**2.2** Die Rückbesinnung auf das enzyklopädische System *F. Schleiermachers* kann für die Frage nach dem Standort der Religionspädagogik an der neuen Jahrhundertwende wichtige Hinweise geben.

*F. Schleiermacher* verweist die Religionspädagogik an die Kirche, Kirche im umfassenden Sinn verstanden als interaktives Beziehungsfeld von Person (*„frommes Selbstbewußtsein"*), Kommunion (*„Gemeinschaft"*[26]) und Institution (*„Kirchenregiment"*[27]). Er nimmt damit vorweg, was es heute wieder zu entdecken gilt: Religionspädagogik kann nicht abstrakt verhandelt werden. Sie ist auf einen Bezugsrahmen angewiesen, und in ihm auf den Kommunikationszusammenhang mit einer konkreten Glaubensgemeinschaft, wie sie sich in einer Konfessionsgemeinschaft Ausdruck gibt.[28]

Darüber hinaus bildet *F. Schleiermachers* Differenz-Korrespondenz-Modell ein Widerlager zu zwei Asymmetrien in der aktuellen Diskussion. Der Differenzgedanke steht gegen harmonistische Tendenzen, die dazu verleiten, im jeweils Anderen lediglich eine Spielart des Eigenen zu sehen - und es in seiner Eigenart nicht wahr- und ernstzunehmen.[29] Der Korrespondenzgedanke warnt davor, den „Zusammenhang mit den übrigen Tätigkeiten des menschlichen Geistes"[30] aufzukündigen und sich auf ein „Sonderwissen gänzlich eigener Art"[31] zurückzuziehen.

Religionspädagogik ist also weder Solistin im Konzert der Wissenschaften, noch ein Verbundmodell *zwischen* Humanwissenschaften und Theologie. Sie bildet vielmehr als Glied der Praktischen Theologie eine Teildisziplin im „Organismus der theologischen Wissenschaften"[32]. Die Theologie aber ist ein Moment des umfassenden „Gesamtzusammenhang(s) des Wissens"[33], ist Ausdruck der „Einheit der geistigen Welt"[34], deren

---

[26] *F. Schleiermacher,* Der christliche Glaube nach den Grundsätzen der evangelischen Kirche im Zusammenhange dargestellt (Sämtliche Werke, 1834 ff. 1. Abteilung. Zur Theologie Bd. 3); Bd. 1, 3. unveränderte Ausgabe, Berlin 1835, 32, § 6: „Das fromme Selbstbewußtsein wird wie jedes wesentliche Element der menschlichen Natur in seiner Entwicklung notwendig auch Gemeinschaft, und zwar einerseits ungleichmäßige fließende andererseits bestimmt begrenzte, d.h. Kirche."

[27] *F. Schleiermacher*, Kurze Darstellung des theologischen Studiums, 2 u.ö.; zum Kirchenbegriff vgl. *H. Anselm,* Religionsunterricht und Kirche. Thesen zur Ekklesiologie in der evangelischen Religionspädagogik der Gegenwart, in: *M Ambrosy/C. Grethlein/J. Lähnemann* (Hrsg.), Divinum et Humanum, Frankfurt a.M. 1996, 185-191, bes. 188.

[28] Vgl. *J. Fischer*, Pluralismus, Wahrheit und die Krise der Dogmatik, in: ZThK 91 (1994), 487-539 bes. 492 ff., 512 ff., a.a.O., 500, Anm. 24. Auseinandersetzung mit *F. Schleiermacher*. Vgl. *F. Schleiermacher*, Kurze Darstellung des theologischen Studiums, 107 ff. *Daneben* freilich und mit *gleichem Rang* steht die Religionspädagogik in einem Kommunikationszusammenhang mit der Gesellschaft, wie sie sich im Staatswesen konkretisiert.

[29] Vgl. Die bildende Kraft des Religionsunterrichts, aaO., 29.

[30] *F. Schleiermacher*, Kurze Darstellung des theologischen Studiums, aaO., 8 f.

[31] *H.-J. Birkner*, aaO., 59.

[32] *H.-J. Birkner*, aaO., 50; vgl. 50 ff., *Schleiermacher*, Kurze Darstellung des theologischen Studiums, 107 ff. - Aber auch hier hat die Religionspädagogik Doppelstruktur: Sie ist ganz und zugleich *Pädagogik*.

[33] *H.-J. Birkner*, aaO., 30.

[34] *H. Scholz*, aaO., XXXVI, vgl. XXXVI f.

Momente „fest entschlossen" sind, „sich nicht zu widersprechen"[35].
Mit dieser Aussage reiht sich *F. Schleiermachers* enzyklopädisches Programm in die lange Reihe theologischer Versuche ein, die Welt als Ganzes zu begreifen, in eine Reihe, die in der Scholastik einen ersten, in der 'synoptischen Weltansicht' des Deutschen Idealismus[36] einen zweiten Höhepunkt erreichte.
Speziell das philosophische System *G.W.F. Hegels* kann den Weg zu einer vertieften Auseinandersetzung mit den Ganzheitsvorstellungen in der gegenwärtigen Religionspädagogik eröffnen.[37] Wer sich in welcher Form auch immer *G.W.F. Hegels* Satz zu eigen macht: „Das Wahre ist das Ganze"[38], der sollte auch dazu bereit sein, den diesem Satz zugrunde liegenden Denkbewegungen zu folgen. Dann fallen nicht nur Dialektik und Dialogik zusammen. Dann bedeutet das 'Setzen' des Ganzen auch jeweils seine 'Aufhebung', bis es am Ende - und eben erst am Ende - der Bewegungen des Geistes das sein wird, was es 'in Wahrheit' ist.[39]

2.3 Doch selbst, wenn man das Ganze als ein unter unseren Reflexionsbedingungen unverfügbares Werden versteht, muß man sich mit kritischen Fragen auseinandersetzen:
Ist der Gedanke der Ganzheit nicht nur das Produkt von Denkbemühungen, die Wirklichkeit nach einem, näherhin: nach *eigenem* Bild zusammenzuschauen? Ist es überhaupt ausgemacht, daß es ein Ganzes gibt? Kann es nicht mehrere Ganze geben? Oder keines? Ja, spricht nicht viel dafür, daß sich die von uns wahrgenommenen Momente der Wirklichkeit gerade *nicht* zu einem Ganzen zusammenfügen lassen? Und man muß sich fragen: Was qualifiziert das Ganze? Setzt seine Definition nicht in Abwandlung des Plessner'schen Gedankens eine 'exzentrische Positionalität' voraus?[40] Muß man also einen Standort außerhalb beziehen können, um zu erkennen, 'was die Welt im Innersten zusammenhält'?
Dann aber ist davon auszugehen, daß das 'Ganze' resp. die 'Ganzheit' transzendente Begriffe sind, somit Begriffe, die sich von unserer Vernunft nicht verifizieren lassen.

---

[35] *H.-J. Birkner, aaO.*, 61, Zitat über *F. Schleiermachers* Standort aus seinem Brief an *Jacobi* (*L. Jonas/L.W. Dilthey* (Hrsg.), Aus Schleiermachers Leben. In Briefen, 4 Bde., Berlin 1858 - 1863, Bd. 2, 343).

[36] Vgl. *H. Scholz*, aaO., XXXVI; vgl. *H.-J. Birkner*, aaO., 30.

[37] Vgl. auch: Die bildende Kraft des Religionsunterrichts, aaO., 23 f.

[38] *G.W.F. Hegel*, Phänomenologie des Geistes. Nach dem Texte der Originalausgabe hrsg. von *J. Hoffmeister*, in: *G.W.F. Hegel*, Sämtliche Werke. Neue kritische Ausgabe, begr. von *G. Lasson*, Bd. 5, Philosophische Bibliothek 114, Hamburg (1907) $^6$1952, 21.

[39] Vgl. ebd.; vgl. auch aaO., 74 f. u.ö.

[40] Vgl. *C. Frey*, Arbeitsbuch Anthropologie, Stuttgart 1979, 216.

## 3. Martin Luthers Hermeneutik der Wirklichkeit

*3.1* Auch *M. Luther* ging es um das Ganze der Wirklichkeit, doch auf ganz eigene Weise. Für sie hat seine Vorstellung von den zwei Reichen und den beiden Regimenten eine Schlüsselfunktion.[41] Das erste Begriffspaar ist antagonistisch und steht in Weiterführung der eschatologisch-augustinischen Tradition für den mit der Inkarnation anhebenden endzeitlichen Kampf des Regnum Christi mit dem Regnum Satanae.[42] Dabei bezeichnet der Symbolbegriff Regnum Satanae das Nichtige, die Welt der Bosheit, der Sünde und der Auflehnung gegen Gottes Willen,[43] der Begriff Regnum Christi den sub Cruce verborgenen 'Herrschaftsverband' des Erhöhten,[44] in dem Liebe, Gerechtigkeit und Wahrheit regieren.[45] Wichtig ist für *M. Luther* dabei, daß beide Verbände nicht einander folgen. Beide bestimmen vielmehr die Wirklichkeit *gleichermaßen*. Dabei gibt es keine festen Grenzziehungen. Der unsichtbare und stets neue Frontverlauf erfaßt Menschen, Institutionen und Strukturen. Und: Es gibt keine sicheren Räume, auch und gerade nicht in der Kirche. Auch sie ist dem Kampf der beiden Reiche nicht entnommen.[46] Das zweite Begriffspaar ist komplementär und steht in Fortschreibung der eusebianisch-mittelalterlichen Schwerter- oder Gewaltenlehre für die beiden Herrschaftsweisen und -bereiche des Dreieinen Gottes.[47] Das weltliche Regiment umfaßt „das ganze Spektrum von Tätigkeiten und Institutionen, durch die die Menschen ihr Verhältnis untereinander und zur Welt regeln", d.h. „alle sozialen und politischen Ebenen und Berufe". Hierbei bedient sich Gott „der vollen Aktivität und Verantwortung der Menschen"[48], daher bezeichnet *M. Luther* dieses Regiment auch als den „Herrschaftsbereich des Menschen oder der Vernunft".[49] Zum geistlichen Regiment zählen das Wort des Evangeliums, alle geistlichen Gaben, das allgemeine und besondere Amt sowie die Communio sanctorum als Leib Christi.[50]

---

[41] 'Klassisch' dazu *M. Luther*, Von weltlicher Oberkeit, wie weit man ihr Gehorsam schuldig sei (1523), WA Bd. 11, 1900, 229-281, bes. 249 ff. Zum Folgenden Näheres und Textbelege bei *H. Anselm*, Perspektiven des Religionsunterrichts. Theologische Religionspädagogik als Fragment, Münster/Gütersloh 1989, 58-107. Vgl. ferner (ebenfalls mit Textbelegen) *U. Duchrow*, Christenheit und Weltverantwortung. Traditionsgeschichte und systematische Struktur der Zweireichelehre, Forschungen und Berichte der Evangelischen Studiengemeinschaft 25, Stuttgart 1970, sowie *G. Müller*, Luthers Zwei-Reiche-Lehre in der deutschen Reformation, in: *ders.*, Causa Reformationis. Beiträge zur Reformationsgeschichte und zur Theologie Martin Luthers, hrsg. von *G. Maron*, und *G. Seebaß*, Gütersloh 1989, 417-437.

[42] Vgl. *U. Duchrow*, aaO., 441 ff.

[43] Vgl. aaO., 451, 464, Anm. 93.

[44] Vgl. aaO., 458 bzw. 445; vgl. 463, 477 u. ö.

[45] Vgl. aaO., 465, Anm. 93.

[46] Vgl. u.a. *U. Duchrow*, aaO., 456 f., 473 ff., 477. Zum Ganzen: *H. Anselm,*, Perspektiven, 68 f.

[47] Vgl. *U. Duchrow*, aaO., 322 ff., 363, 479 ff.

[48] AaO., 10.

[49] *U. Duchrow/H. Hoffmann* (Hrsg.), Die Vorstellung von Zwei Reichen und Regimenten bis Luther. Texte zur Kirchen- und Theologiegeschichte 17, hrsg. von *G. Ruhbach u.a.*, Gütersloh 1972, 9 f.

[50] Vgl. u.a. *H. Anselm*, Perspektiven, 69; *U. Duchrow*, aaO., 483 f., 553, ebd. Anm. 437.

Beide Regimente müssen einerseits „so weith voneinander" geschieden werden „als himel und Erden"[51]. Doch üben sie ein gegenseitiges Wächteramt aus, - nicht, um einander hineinzuregieren, sondern um die Eigen-Art des jeweils Anderen zu sichern. So wünscht M. Luther den Repräsentanten des weltlichen Regimentes am Ende seiner Adelsschrift „einenn rechtenn geystlichen mut, der armen kirchen das beste zuthun"[52] und fordert von den Gliedern des geistlichen Regimentes, daß sie auf allen Ebenen politischer Entscheidungen: in Dorf, Stadt, Land und Reich gegen Unrecht Einspruch erheben, für das Recht des Nächsten eintreten und zu partnerschaftlicher Mitarbeit bereit sind.[53]

3.2 Die Begriffspaare der Reiche und Regimente bringen also sehr Unterschiedliches, ja Gegensätzliches zum Ausdruck. Um so verwirrender mag es erscheinen, daß man in den Schriften M. Luthers auf einen wechselweisen Gebrauch stößt. Dabei gehen nicht nur mehrere Deutungsebenen ineinander über.[54] Zugleich kann M. Luther das Gemeinte auch mit triadischen Aussagen wie der 'Drei-Stände-Lehre' und mit weiteren, vielfältigen Formulierungen umschreiben.[55]

Dieser Sachverhalt hat in der Rezeptionsgeschichte von M. Luthers Vorstellung der Reiche und Regimente zu gegensätzlichen Reaktionen geführt: Auf der einen Seite kann man von einem 'Irrgarten' sprechen und die Frage aufwerfen, ob M. Luthers systematische Kraft ausreichte, die Wirklichkeit denkend zu erfassen.[56] Auf der anderen versucht man, in seinem Denken ein übergreifendes hermeneutisches System nachzuweisen, in dem sich die unterschiedlichen Äußerungen zu einem Ganzen zusammenfügen lassen.[57]

In beiden Fällen geht es wohl um ein Mißverständnis. M. Luther ist Systematiker, jedoch kein generalisierender 'Synthetiker'[58], und es geht ihm nicht um den 'Totalaspekt' der

---

[51] *M. Luther*, Matth. 18-24 in Predigten ausgelegt (1537-1540), WA Bd. 47, 1912, 232-627, hier 284, Z. 12 f.

[52] *M. Luther*, An den christlichen Adel deutscher Nation von des christlichen Standes Besserung (1520), WA Bd. 6, 1888, 381-469, hier 469, Z. 16 f.

[53] *U. Duchrow*, aaO., 552 ff.; *H. Anselm*, Perspektiven, 73 f.

[54] Vgl. *H. Anselm, Perspektiven*, 63 ff.: Die pragmatisch-situative, lehrhaft-systematische, seelsorgerlich-appellative und die konfessorische Ebene.

[55] Vgl. *G. Ebeling*, Leitsätze zur Zweireichelehre, in: ZThK 69 (1972), 331-349; abgedr. in: *ders.*, Wort und Glaube, Bd. 3, Tübingen 1975, 574-592, bes. 578; *H. Anselm*, Perspektiven, 64.

[56] Vgl. *J. Heckel*, Im Irrgarten der Zwei-Reiche-Lehre. Zwei Abhandlungen zum Reichs- und Kirchenbegriff M. Luthers, TEH 55, München 1957. Sein programmatischer Eröffnungssatz lautet: „Luthers Lehre von den beiden Reichen gleicht in der Wiedergabe durch die evangelische Theologie einem kunstvoll angelegten Irrgarten, dessen Schöpfer mitten im Werk den Plan verloren hat, so daß nicht mehr herausfindet, wer sich ihm anvertraut."(aaO., 3). Auch verweist *J. Heckel* auf „die Rede von dem 'unsystematischen' Luther" (aaO. 39).

[57] Vgl. *J. Heckel*, aaO., 39; *U. Duchrow*, aaO., 440.

[58] *G. Müller*, „Was Christum treibet" - Luther als Ärgernis und Anstoß, in: *U. Hahn/M. Mügge* (Hrsg.), M. Luther - Vorbild im Glauben. Die Bedeutung des Reformators im ökumenischen Gespräch, Neukirchen-Vluyn 1996, 64-75, bes. 65.

Wirklichkeit.[59] Sein Denken folgt, im nominalistischen Erbe, einer Systematik eigener Art. Sie meidet - hierin ein Gegenpol zu *G.W.F. Hegel* und auch zu *F. Schleiermacher*[60] - den Anspruch, das „An-sich" der Wirklichkeit zu wissen und darüber methodisch zu verfügen. Sie gilt jeweils nur „für mich", ist „Systematik im Vollzug", die sich im Reflexionsprozess auf immer neue Weise konstituiert, „aussz freyem synn" daherkommt und nicht „mitt buchstaben gefangen" werden kann.[61]

3.3 Charakteristisch ist für diese 'Systematik im Vollzug', daß sie sich nicht an objektiven Entitäten orientiert. *M. Luthers* Hermeneutik der Wirklichkeit wird vielmehr durch 'coram'-Relationen bestimmt,[62] mithin durch ein relationales Gefüge. Es ist ausgespannt zwischen zwei Bezugspunkten, und vor ihnen verschmelzen theologische Reflexivität und unmittelbare Frömmigkeit zu einer je und je existentiell erfahrenen Einheit, die geradezu mystische Züge trägt.[63]

Der eine Bezugspunkt ist der Glaube an „Jesus Christus als den alleinigen Heiland und Herren"[64]. Dabei gilt, daß *Luther* 'nicht über den Gottessohn' theoretisiert. Er 'macht mit der Inkarnation ernst, indem er rät: „Wer heilsam von Gott denken oder spekulieren will, der setze alles miteinander hintan, außer der Menschheit Christi. Diese stelle er sich vor Augen, wie sie entweder an den Brüsten säugt oder leidet, bis dessen Gütigkeit süße werde."[65]

Der Glauben an Jesus Christus aber - und das ist der zweite Bezugspunkt - erschließt sich nur in der Communio sanctorum. *M. Luther* empfand zu ihr deshalb lebenslang herzliche Zuneigung, ja Liebe.[66] Er schreibt: „Darumb wer Christum finden soll, der muß die kirchen am ersten finden. Wie wollt man wissen, wo Christus were und seyn glawbe [Glaube], wenn man nit wiste, wo seyne glawbigen sind? wnd wer ettwas von Christo wissen wil, der muß nit yhm selb trawen noch eyn eygen bruck ynn den hymel bawen durch seyn eygen vornunfft, ßondernn tzu der kirchen gehen, dieselb besuchen und fragen. Nu ist die kirch nit holtz vnd steyn, ßondernn der hauff Christglewbiger leutt; tzu der muß

---

[59] Vgl. *U. Duchrow*, aaO., 468.

[60] Vgl. *H. Scholz*, aaO., XXXVII: „Dies ist der tiefste und letzte Grund der ... Zurüstungen, durch die sich *Schleiermacher*, in der Enzyklopädie und in der Einleitung der Glaubenslehre, den Weg zu seinem Objekt gebahnt hat. Er wollte, was er innerlich schaute und als Mark seines Lebens empfand, auch in der begrifflichen Darstellung ausprägen, *er wollte das große Problem der Synthesen nicht, wie die meisten vor ihm und nach ihm, der Virtuosität des Subjekts überlassen, sondern an dem Objekte selbst wirksam und mit überzeugender Besonnenheit einer probehaltigen Lösung entgegenführen.* Die ganze *Schleiermacher*'sche Theologie ist schließlich nichts anderes, als der begriffliche Ausdruck dieses Lebensgefühls. Wer ihn von hier aus nicht begreift, wird ihn niemals ganz verstehen."

[61] *M. Luther*, Gehorsam, 279, Z. 32 bzw. 280, Z.18 f.; hierzu *H. Anselm,* Perspektiven, 70.

[62] Vgl. *H. Anselm*, Perspektiven, 75 (mit Literaturverweisen).

[63] Vgl. u.a. *G. Müller*, „Was Christum treibet", 68, 71.

[64] *G. Müller*, Luthers Zweireichelehre, 67; vgl. 66 ff.: Jesus Christus allein.

[65] *M. Luther*, Briefwechsel, WA Bd. 1, 1930, 329, Z. 50-53 (Übersetzung *G. Müller* 1996, 68).

[66] Vgl. *G. Müller*, „Was Christum treibet", 70 ff.

man sich hallten und sehen, wie die glewben, leben und leren; die haben Christum gewißlich bey sich, denn außer der Christlichen kirchen ist keyn wahrheytt, keyn Christus, keyn selickeyt."[67]

Doch sind beide Bezugspunkte für *M. Luther* keine feststehenden Garanten des Glaubens. So sehr sie ihm Halt geben, so sehr sind sie stets neu von Anfechtung und Verlust bedroht.[68] Dementsprechend vollzieht sich für ihn menschliche Existenz stets im Zwielicht von Gelingen und Scheitern. Und deshalb denkt er in harten Antagonismen. *H. Oberman* weist darauf ebenso hin wie, vor allem, schon *P. Schempp*.[69] Die zwei Reiche und die beiden Regimente widerfahren *M. Luther* 'unvermischt und ungetrennt', 'simul' und 'totus et totus'[70]. Sie harmonisieren und zu einem Ganzen zusammenordnen zu wollen, würde seine Hermeneutik der Wirklichkeit in ihrem Kern verfehlen. Geht es ihm doch gerade darum, die gleichwirksame Geltung zu betonen und ihre Unabgleichbarkeit auszuhalten.[71]

*3.4* Es gehört zu den Verdiensten *W. Sturms*, in der Nachfolge seines Lehrers *K. Frör* auf die Bedeutung dieser Reiche- und Regimente-Vorstellung für die heutige Diskussion aufmerksam zu machen. Er nennt sie für eine Pädagogik und Religionspädagogik, die an der Zeit ist, „wegweisend und anregend"[72]. - Man wird noch einen Schritt weiter gehen müssen.

## 4. Religionspädagogik im Horizont Martin Luthers

*4.1* Im Licht *M. Luthers* gestaltet sich die religionspädagogische Diskussion als offener, dialogischer Prozeß von Korrespondenz und Differenz, Satz und Gegensatz, Konstanz und Variabilität. In ihn sind alle relevanten Momente der Reiche und Regimente einzubeziehen, ohne sie zu einem objektivierbaren, 'ganzheitlichen' System zusammenfügen

---

[67] *M. Luther*, Kirchenpostille 1522. Das Euangelium ynn der frue Christmeß. Luce 11, WA Bd. 10 I, 1, 1910, 140, Z. 8-17.

[68] Vgl. *J. Heckel*, aaO., 6 ff.

[69] Vgl. *H. Obermann*, Luther. Mensch zwischen Gott und Teufel, Berlin 1982, 109 f., 163 ff.; *P. Schempp*, Der Mensch Luther als theologisches Problem. Vortrag vor der evangelisch-theologischen Fakultät in Bonn, aus Anlaß zur Verleihung der Würde eines Doktors der Theologie (1957), veröffentlicht in: *ders.*, Gesammelte Aufsätze, hrsg. von *E. Bizer*, Theologische Bücherei. Systematische Theologie 10, München 1960, 258-295.

[70] Vgl. dazu u.a. *U. Duchrow*, aaO., 466 ff.; *H. Anselm*, Perspektiven, 80 f. u. ö.; *W. Sturm*, Luthers Sicht von der Erziehung, in: *H. Bungert* (Hrsg.), Martin Luther. Eine Spiritualität und ihre Folgen. Vortragsreihe der Universität Regensburg zum Lutherjahr 1983, Regensburg 1983, 57-71, bes. 57 ff.

[71] Vgl. *H. Anselm*, Perspektiven, 77 ff.

[72] *W. Sturm*, Erziehung, 57. - *W. Sturm* spricht hier explizit zwar nur vom pädagogischen Bereich, die Gesamtanlage seines Aufsatzes läßt jedoch erkennen, daß die Aussage auch für das religionspädagogische Feld gilt; vgl. dazu vor allem *K. Frör*, Erziehung und Kerygma. Ein Beitrag zum Gespräch zwischen Erziehungswissenschaft und Theologie. Hilfsbücher für den kirchlichen Unterricht 7, München 1952; dazu: *H. Anselm*, Perspektiven, 82 ff., aber auch schon *H. Kittel*, aaO., 8.

zu können. Gesprächsbasis ist dabei das spannungsvolle Mit- und Gegeneinander von theologischer Reflexivität und persönlicher Frömmigkeit. Beide haben in der Widerfahrnis bzw. Erfahrung des Christusgeschehens und in der Zugehörigkeit zur Communio sanctorum ihre Außenhalte.[73]

Mit ihrer Verschränkung von offenem Dialog und doppelter Bindung ist *M. Luthers* Hermeneutik für die aktuelle religionspädagogische Diskussion anstößig, und das in doppeltem Sinn.[74] Sie gibt weiterführende Impulse und sie fordert zu kritischer Überprüfung gegenwärtiger Begründungsmodelle heraus. Allerdings muß sie sich zwei Rückfragen gefallen lassen: Wird mit ihrer Orientierung an Frömmigkeit und Kirche nicht die universitäre Existenz der Religionspädagogik aufs Spiel gesetzt? Und, weitergehend: Wird nicht deren Wissenschaftscharakter gefährdet?

Das Gegenteil ist der Fall. Erst das 'Zugleich und Ganz' all jener Momente und Deute-Perspektiven *M. Luthers* qualifiziert die Religionspädagogik zur theologischen Wissenschaft im Vollsinn. Für die Theologie - für *jede* theologische Disziplin - ist persönliche Positionalität 'coram Christo' ebenso konstitutiv wie der kirchliche Horizont.[75] Andernfalls würde Theologie zu Religionswissenschaft, Religionspädagogik zu Religionenpädagogik mutieren.

Damit aber entstünde eine gefährliche Konkurrenzsituation mit jenen Fachdisziplinen, die, so scheint es wenigstens, im Zuge einer flächendeckenden Einführung des Ethikunterrichts, der Erprobung des neuen Schulfaches Lebensgestaltung-Ethik-Religionskunde und der zunehmenden Modellversuche eines 'Religionsunterrichts für alle' neu eingerichtet werden. Sie machen es erforderlich, daß sich die Religionspädagogik in einer bislang nicht erforderlichen Weise profiliert und dabei das nicht durch andere Wissenschaftsbereiche substituierbare Eigene herausstellt.

Das schließt ein, daß die Religionspädagogik ihr Wesen als theologische Teil-Disziplin offensiv vertritt. Als solche ist sie notwendig auf den institutionalisierten Dialog mit den anderen theologischen Teildisziplinen angewiesen, vor allem auf das Gespräch mit der systematischen Theologie.[76] Als 'Wirklichkeitswissenschaft', also als hermeneutische Wissenschaft, ist sie zugleich an die fundamentaltheologische Aufgabe der Wirklichkeitsdeutung coram Deo gewiesen und kann sich hierin durch andere theologische Diszi-

---

[73] Zum Folgenden vgl. *H. Anselm*, Perspektiven, 29 ff., 84 ff.

[74] Vgl. *G. Müller*, „Was Christum treibet", 64.

[75] Vgl. *F. Wagner*, Systematisch-theologische und sozialethische Erwägungen zu Frieden und Gewalt, in: *C. Bäumler u.a.* (Hrsg.), Friedenserziehung als Problem von Theologie und Religionspädagogik, München 1981, 59-121, bes. 59 ff.; *G. Ebeling*, Wort Gottes und kirchliche Lehre, in: Materialdienst des Konfessionskundlichen Instituts, Bensheim, 13 (1962), Nr. 2, 21-28, u.a. abgedr. in *H. Ristow/H. Burgert*, (Hrsg.): Konfession und Ökumene. Aspekte - Probleme - Aufgaben, Berlin (1965), 55-71., bes. 55: 'Theologie' ist 'wesenhaft kirchliche Theologie'.

[76] Vgl. *H. Schmidt*, Religionspädagogische Konstruktionen. Wie Jugendliche glauben können, Calwer theologische Monographien 3, Stuttgart 1977, 98 f.; *R. Lachmann*, Systematische Theologie als Bezugswissenschaft religionsunterrichtlicher Fachdidaktik?, in: ZEE 26 (1982), 400-429; *ders.*, Verständnis und Aufgaben religionsunterrichtlicher Fachdidaktik, in: *G. Adam/R. Lachmann* (Hrsg.), Religionspädagogisches Kompendium, Göttingen [5]1997, 17-36, bes. 19-23.

plinen weder vertreten noch verdrängen lassen.[77] Gleichzeitig muß religionspädagogische Forschung und Lehre in ständigem Kontakt mit allen für ihren Gegenstandsbereich relevanten nichttheologischen Wissenschaften stehen, vorrangig mit jenen wissenschaftlichen Disziplinen, die sich mit den Heranwachsenden und ihrem soziokulturellen Umfeld befassen. Von diesem Kontakt profitieren jeweils beide Seiten, sofern er dem Verhältnis der beiden Regimente entsprechend die Möglichkeit zu wechselseitiger Förderung und kritischer Begleitung eröffnet.

*4.2* Diese Ortsbeschreibung des religionspädagogischen Feldes zeigt: Der offene interdisziplinäre Dialog und die individuelle bzw. überindividuelle Positionalität stehen sich nicht fremd gegenüber. Sie bedingen sich gegenseitig. Erst ihr Zusammenspiel macht die Religionspädagogik auf dem Forum der Wissenschaften stimmfähig und stimmberechtigt. *M. Luthers* Hermeneutik wird dabei zum Aufruf, dem Trend einseitiger Verständigungsorientierung entgegenzutreten, die 'narzißtische Wunde' von Auseinander-Setzungen und Trennungen offenzuhalten,[78] Konflikte anzunehmen und auszutragen. Hierzu scheint es derzeit nötig, die Streit*kultur* und Streit*fähigkeit* zu schulen, um innerhalb des eigenen Bereiches, im Dialog mit den anderen Wissenschaftsbereichen und darüber hinaus intrakonfessionell, interkonfessionell und interreligiös in neuer Weise um Wahrheit und Richtigkeit zu ringen.

Leitmotiv in diesem Streit sollte im Sinne *M. Luthers* die grundsätzliche Symmetrie im Verhältnis der Reiche und Regimente zueinander, aber auch innerhalb der Reiche und Regimente sein. Dabei kommt es darauf an, den Begriff Symmetrie nicht falsch zu verstehen. Er bedeutet keine Abgleichung der jeweiligen Perspektiven zu einem harmonischen Ganzen. Das gerade nicht. Er markiert vielmehr die gleichmäßige, das heißt: die stets zugleich und in gleichem Maß gegebene Wirksamkeit aller 'in, mit und unter' den Reichen und Regimenten gesetzten 'Gegenperspektiven'. So verstanden gilt die Symmetrie für jeden Ort des religionspädagogischen Feldes.

Dieser Sachverhalt soll am eng begrenzten Bereich *einer* 'Gegenperspektive' konkretisiert werden, und zwar an einer Frage, die neuerdings und nicht zuletzt anläßlich der Klage gegen das Fach LER vor dem Bundesverfassungsgericht stark diskutiert wird.

## 5. Religionsunterricht im Zeichen der Symmetrie von Kirche und Staat

*5.1* Die Beziehungen zwischen Staat und Kirche waren in der deutschen Geschichte nicht so konfliktbelastet, wie es im Rückblick manchmal scheinen mag. Dennoch gab es Widerstände, vor allem im zwanzigsten Jahrhundert. Selbst wenn man die Jahre der Hitlerdiktatur ausklammert, - sowohl vor ihr als auch nach ihr waren Fragen zwischen beiden Seiten strittig. Man denke nur an die Auseinandersetzungen um den Weimarer Schulkompromiß in den zwanziger Jahren und um die Bremer Klausel während der Ver-

---

[77] Vgl. *H. Anselm*, Perspektiven, 42.

[78] Vgl. *H.-J. Fraas*, Mann mit Eigenschaften, Düsseldorf 1995, 102 ff., 126 ff.

handlungen des Bonner Parlamentarischen Rates.[79] Schließlich aber hat sich mit dem Grundgesetz bzw. durch seine verfassungsgerichtliche Auslegung ein Staats-Kirchen-Verhältnis ausgebildet, das in wesentlichen Zügen der Regimentenlehre *M. Luthers* analog ist und von gegenseitiger freundlicher Zugewandtheit bestimmt wird. Demzufolge - das wird manchmal übersehen - ist der Staat zwar *konfessions*neutral, jedoch nicht *religions*neutral.

Dieses Verhältnis spiegelt sich in Artikel 7/3 des Grundgesetzes wider, also in der Konstruktion des Religionsunterrichts als res mixta von Staat und Kirche. Hierbei - so wird üblicherweise der Sachverhalt beschrieben - stellt der Staat den Bedingungsrahmen des Religionsunterrichts und wacht über die Verfassungsgemäßheit, die Kirche gestaltet seinen Inhalt. Exemplarisch für dieses Modell ist die Doppelfunktion des Religionslehrers im Dienst von Staat *und* Kirche.

*5.2* Dieses Staats-Kirchen-Modell ist in Europa singulär. Es ist jedoch zu beobachten, daß sich andere Länder daraufzubewegen. Das gilt, um zwei Extrempositionen zu nennen, für Frankreich mit seinem bisherigen Trennungsmodell ebenso wie für Großbritannien mit seinem Staatskirchentum. Um so auffallender ist es, daß sich in Deutschland selbst seit einigen Jahren Stimmen mehren, das bisherige Modell aufzugeben. Symptome dafür sind der Streit um das Kreuz-Urteil des Bundesverfassungsgerichts und um das 'Brandenburger Modell'. Mehrere Parteien, oder doch zumindest Gruppierungen in ihnen, fordern die strikte bis unfreundliche Trennung von Staat und Kirche. Konsequenterweise verlangen sie die Abschaffung des kirchlich-konfessionellen Religionsunterrichts und statt dessen die Einrichtung eines rein staatlichen Religions- bzw. Ethikunterrichts für alle.[80] Ähnliche Tendenzen, die Symmetrie von Staat und Kirche im Blick auf den Religionsunterricht aufzulösen, kehren in der religionspädagogischen Diskussion und in Kirchenkreisen wieder, und zwar aus sehr unterschiedlichen Motiven. Einerseits gibt es vor allem in den östlichen Bundesländern Rückzugsbewegungen aus den öffentlichen Bildungseinrichtungen in den Binnenraum der Kirche, sei es im Gefühl zu geringer eigener Kräfte, sei es im Sinn bewußten Trennungsdenkens angesichts eines als inhuman empfundenen Schulsystems. Andererseits behauptet man, der konfessionelle Religionsunterricht diene der Kirche letztlich nur als „Besitzstandswahrung" und zur „Rekrutierung von Nachwuchs"[81]. Es sei deshalb Pflicht, sich von solchen Intentionen loszusagen. Statt dessen solle man einen 'Allgemeinen Religionsunterricht für alle' einrichten, der in ausschließlich staatlicher Regie zu einem vertieften Selbstverständnis des Menschen führe[82] und zur Humanisierung der Gesellschaft beitrage.

---

[79] Vgl. u.a. Parlamentarischer Rat, Verhandlungen des Hauptausschusses, Bonn o. J., 683 f.

[80] Vgl. aber schon *J. Brechtken*, Ist der schulische Religionsunterricht noch zu retten?, in: KatBl 113 (1988), 776-784.

[81] *H.F. Rupp*, Dienst am Menschen. Religionsunterricht als diakonische Aufgabe, in: Nachrichten der Evangelisch-Lutherischen Kirche in Bayern 50 (1995), 261-263, bes. 262 (wohl in Anklang an *D. Bonhoeffers* Kritik kirchlicher Bestandssicherung und Selbstverteidigung) bzw. 263.

[82] Initiativ wurde vor allem der frühere Mainzer Religionspädagoge *G. Otto*, vgl. *ders.*, 'Religion' contra 'Ethik'? Religionspädagogische Perspektiven. Unter Mitwirkung von *U.* Baltz, Neukirchen-Vluyn 1985; *ders.*, Religion in der Schule der DDR! Aber wie?, in: Dialoge 90 (1990), 53-56; vgl. auch *M.*

Nun könnte man fragen, ob hier nicht ein ebenso erstaunliches *Ver*trauen in die Selbstlosigkeit des Staates zum Ausdruck kommt wie *Miß*trauen gegenüber den Intentionen der Kirche. Vor allem aber ist an das '*Böckenförde*-Theorem' zu erinnern, also an die Feststellung des Verfassungsrechtlers E.-W. Böckenförde, es gehöre „zur Struktur des freiheitlichen Rechtsstaates", „daß er von Voraussetzungen lebe(t), die er selbst nicht garantieren könne (kann)", weil er, „bewußt ... im vorletzten Raum" bleibe und „deshalb ... seine Bürger nicht mit der Unbedingtheit und Kraft einer offenbaren Wahrheit verbinden dürfe"[83]. Dieses Theorem ist als Reflex der Religionszugewandtheit des Staates in dreifacher Hinsicht von Bedeutung:

Zum einen gegenüber Verfechtern eines *laizistischen Staatsverständnisses*. Sie sollten bedenken, daß alle Staaten nicht nur an individueller Religiosität, sondern darüber hinaus an institutionalisierter Religion interessiert sein müssen und auch interessiert *sind*. Mehr als nur interessiert! Der Staat ist auf institutionalisierte 'religiöse Gemeinschaften' angewiesen (*M. Walzer*). Sollte Religion wirklich zur Privatsache werden, so wäre das für ein Staatswesen à la longue selbstzerstörerisch.

Der Staat kann deshalb dem von den Kirchen gestalteten Religionsunterricht nicht nur passive Toleranz erweisen. Er kann sich auch nicht nur darauf beschränken, die Rahmenbedingungen des Religionsunterrichtes bereit zu stellen. Er muß sich um *seines eigenen Bestandes willen für ihn aktiv* einsetzen. Das heißt konkret: Er muß bemüht sein um seine personelle Versorgung, um seine Raum- und Sach-Ausstattung, um sein Niveau, um seine schulische Integration als 'Fach unter Fächern', um die Schülerbeteiligung und um die wissenschaftliche bzw. praktische Ausbildung der Lehrer. Es heißt zugleich: Der Staat muß hohes Interesse daran haben, daß der Religionsunterricht zum Fortbestand der Glaubensgemeinschaften in seinem Staatsgebiet und damit eben: zur *institutionellen Bestandssicherung der Religionsgemeinschaften* beiträgt.

Zum anderen ist das '*Böckenförde*theorem' gegenüber einem *paternalistischen Staatsverständnis* geltend zu machen, also gegenüber der Brandenburger Interpretation, nach der es zu den Aufgaben des Staates gehört, den religiös-weltanschaulichen Unterricht in eigene Regie zu nehmen. Nach schrecklichen Irrwegen wurde der deutsche Staat der religiösen, väterlichen oder mütterlichen Dimensionen entkleidet und abgerüstet zum bloßen Administrator des individuellen und gesellschaftlichen Lebensraumes.

Diese Abrüstung wurde zu teuer erkauft, als daß man mit dem Feuer eines staatlichen Pflichtfaches 'Religions- bzw. Weltanschauungsunterricht für alle' spielen sollte. Sie sperrt sich auch gegen das von Bündnis 90/Die Grünen propagierte Modell eines *weltanschauungsneutralen*, aber nicht *wertneutralen* Pflichtfaches Lebensgestaltung-Ethik-Religionskunde. Beide Wege würden letztlich dazu führen, daß die beiden Regimente, also politische Macht und religiös-ethische Autorität verschmelzen.

---

*Hahn/M. Linke/H. Noormann*, Welchen Religionsunterricht braucht die öffentliche Schule?, in: Rh, Heft 2, 1991, 88-93, bes. 90f.

[83] *H.-D. Bastian*, Erziehung des Gewissens. Wider die politische Unterwerfung der Schule, in: EK 9 (1995), 507-510, hier 509, zit. *E.W. Böckenförde*, Die Entstehung des Staates als Vorgang der Säkularisation (1967), in: *ders.*, Recht, Staat, Freiheit. Studien zur Rechtsphilosophie, Staatstheorie und Verfassungsgeschichte, Frankfurt a.M. 1991, 112.

ligionskunde. Beide Wege würden letztlich dazu führen, daß die beiden Regimente, also politische Macht und religiös-ethische Autorität verschmelzen.

Schließlich hat das *'Böckenförde*theorem' Bedeutung auch für *die Kirchen*.[84] Die Korrespondenz der beiden Regimente nimmt sie in die Pflicht, für die Bereiche von Glaube, Religion und Ethik eine Bildungs- und Erziehungsverantwortung an der öffentlichen Schule wahrnehmen. Hierzu ist es nicht nur nötig, daß sie in der inhaltlichen Gestaltung des Religionsunterrichtes von aller staatlichen Einflußnahme unabhängig *sind* und *bleiben*. Gerade im Rahmen ihrer öffentlichen Verantwortung ist es notwendig, daß sie miteinander konkurrieren und je ihren eigenen Religionsunterricht anbieten. Nur im konfessionellen Unterricht begegnen den Jugendlichen jenen authentischen Positionen, die jene Kommunikation und jenen Streit ermöglichen, die eine Segmentierung, somit das Auseinanderfallen, unserer Gesellschaft verhindern (*P. Glotz*).

*5.3* Die Symmetrie der beiden Regimente verwehrt es jedoch, den Religionsunterricht ausschließlich von den Interessen des Staates und der Gesellschaft her zu definieren. Ganz und zugleich ist es in Wahrnehmung ihres Öffentlichkeitsauftrags das Recht und die Pflicht der Kirchen, sich in Religionsunterricht 'selbst zu erbauen'. Dies geschieht in einem offenen, interaktiven und gegenläufigen Lernzirkel. Er besteht aus den drei Stationen Selbst-Bewußtsein ('Identität'), Begegnung mit dem Anderen und reflexive Auseinandersetzung mit dem Eigenen und Fremden. Die Momente dieses Lernzirkels sind doctrina, leiturgia, martyria, diakonia und koinonia, also:

– die Kenntnis und kritische Aneignung der Grunddaten des christlichen Glaubens in ihrer konfessionellen Prägung,
– die Teilhabe an schulbezogener Frömmigkeits- und Gottesdienstpraxis,
– die missionarische, d.h. einladende Bezeugung des eigenen Bekenntnisses in der Begegnung und Auseinandersetzung mit anderen Konfessionen, Religionen und Weltanschauungen,
– die seelsorgerliche Begleitung als 'mutua consolatio sororum et fratrum' und schließlich
– die Erfahrung kommunikativen Lebens in einer konkreten Glaubensgemeinschaft sowie in kritischer Solidarität mit der Welt als Gottes Schöpfung.

## 6. Zur Struktur künftiger Religionspädagogik

*6.1* Es steht außer Frage: Sieht man den Religionsunterricht lediglich als isoliertes Beispiel der Symmetrie von Kirche und Staat, und skizziert man dabei nur zwei der 'Gegenperspektiven' *M. Luthers*, dann kann der Beitrag der Zwei-Reiche- und Regimentevorstellung zur Religionspädagogik als theologischer Teildisziplin nur fragmentarisch und unzureichend deutlich werden.

---

[84] Vgl. zum Folgenden *H. Anselm*, Religionsunterricht und Kirche, 1987 ff.

Aber es geht hier gerade *nicht* darum, das 'Ganze' darzustellen. Es geht um etwas anderes. Für *M. Luther* ist die Welt kein Bild, das klar und fertig vor uns stünde. Deshalb ist es für ihn auch nicht entscheidend, das jeweilige Regiment oder Reich und seinen Geltungsrahmen genau zu definieren, also exakt festzulegen, was dem einen und dem anderen eigen ist. Seine wichtigste Botschaft an die Religionspädagogik der Zukunft lautet: „Die Differenzen sind das Wichtige, die Fragen, das Uneindeutige". Im Widerstreit der Reiche und Regimente drückt sich „die Verlorenheit und Schwäche des Menschen vor Gott in radikaler Weise aus."[85]

*6.2* Mit diesem Interpretament der Wirklichkeit kann *M. Luthers* Ansatz einen wichtigen Beitrag zur Klärung unserer Zeit leisten, einer Zeit, die vom Gedanken der 'Welt in Stücken'[86] und damit von Fraktalen und Fragmenten geprägt ist. Zugleich bietet er einen Orientierungsrahmen an, für die zentrale Aufgabe der Schule, „jungen Menschen Wirklichkeit zu erschließen"[87].
Darum ist evangelische Religionspädagogik wie alle reformatorische Theologie keine Wissenschaft des 'Rechthabens'. Nur wenn sie „von Widersprüchen redet, ist" sie „auf der Suche nach Wahrheit". Zugleich ist sie dann „ganz beim Menschen, bei der konkreten Situation, beim wirklichen Leben"[88]. Hier, im Aufzeigen der „Widersprüchlichkeit unseres Lebens" vor Gott und gegen Gott liegt ihr wesentlicher Beitrag zur Kommunikationsstruktur an der Schwelle zum einundzwanzigsten Jahrhundert, an der Schwelle zu einem Zeitalter zweiter, post-moderner Moderne, die „vom Wissen durchtränkt" ist, „daß die Zukunft nicht im Begriffsrahmen" der ersten Moderne „verstanden und bestanden werden kann"[89].
Aus einer solchen Hermeneutik der Wirklichkeit ergeben sich auch Ziele und Struktur für einen neuen Gesprächszirkel zwischen Religionspädagogik und Schulpädagogik, darüber hinaus zwischen Theologie und Pädagogik allgemein.[90] *M. Luthers* Vorstellung der Reiche und Regimente macht es nicht nur *möglich*, auf feste Positionen und abschließende Dikta zu verzichten. Sie *verbietet es geradezu* und fordert alle Teilnehmer interdisziplinärer Gespräche dazu auf, offen zu sein und gemeinsam und im Streit (bzw. vice versa) um die jeweils zukunftsgerechteren Lösungen zu ringen.

---

[85] *J.H. Claussen*, Metaphysisches Gähnen. Wider das sprachliche Reinheitsgebot in der Kirche, in: EK 12 (1996), 724-727, hier 726.

[86] Vgl. *C. Geertz*, Welt in Stücken. Kultur und Politik am Ende des 20. Jahrhunderts. Aus dem Englischen von *H. Engelmann*. IWM-Vorlesungen zur modernen Philosophie 1995, Wien 1996; vgl. ebd. 19: „... die vielleicht folgenreichste Entwicklung besteht in der Verwandlung der Welt in jenes allgegenwärtige Flickwerk, mit dem wir jetzt so plötzlich konfrontiert sind. ... Die Splitter sind es, an die wir uns in einer zersplitterten Welt halten müssen."

[87] Die bildende Kraft des Religionsunterrichts, 27; vgl. 26 ff.

[88] *J.H. Claussen*, aaO., 726.

[89] *U. Beck*, Das Zeitalter der Nebenfolgen und die Politisierung der Moderne, in: ders./A. Giddens/S. Lash, Reflexive Modernisierung, Frankfurt a.M., 1996, 19-128, hier 25; vgl. 19 ff.

[90] Vgl. Zukunft der Bildung, aaO., 80.

6.3 In diesem Ringen ist der Religionspädagogik die Rückwendung zur Konzeption der Evangelischen Unterweisung versperrt. Unverändert gültig bleibt jedoch, was 1947 *H. Kittel* zum Programm erhob[91] und der erste Präsident des *Luther*ischen Weltbundes, Anders *Nygren*, forderte: „Vorwärts zu *Luther!*"[92]

---

[91] Vgl. *H. Kittel*, aaO., 54 ff.

[92] *A. Nygren*, The Testimony of the Lutheran Church, in: Proceedings of The Lutheran World Federation Assembly Lind, Sweden June 30-July 6, 1947, Philadelphia, Pa. 1948, 139 f. (Hinweis bei *G. Müller*, „Was Christum treibet", 75).

Dritter Teil

# Praxisrelevanz

# XIV.

## Im Kern verrottet?
## Fachdidaktik als Chance für deutsche Universitäten

*Martin Rothgangel*

Der Titel dieses Beitrages mag vielleicht ein Lächeln oder verständnisloses Kopfschütteln hervorrufen. Er mag selbst für manche Fachdidaktiker übertrieben oder angesichts des gegenwärtigen ‚hochschulpolitischen Gegenwindes' realitätsfremd klingen. Entscheidend sind aber die Argumente, die für oder gegen eine These vorgebracht werden - und mag diese auf den ersten Blick noch so ungewöhnlich erscheinen.
Den Hintergrund dieses Titels bildet die „Streitschrift" [1] von *Peter Glotz* 'Im Kern verrottet? Fünf vor zwölf an Deutschlands Universitäten'. Das ernüchternde Urteil des früheren SPD-Geschäftsführers und jetzt frisch gekürten Rektors der Universität Erfurt lautet: „Wenn wir noch ein Jahrzehnt so weitermachen ..., ist das deutsche Hochschulwesen international nicht mehr konkurrenzfähig" (S. 10).
Zieht man neben dieser Streitschrift auch gegenwärtige hochschulpolitische Reformbestrebungen in Betracht, dann scheint die Devise „Im Kern verrottet" insbesondere für die Fachdidaktiken an den Universitäten zu gelten. Sie sind Gegenstand gegenwärtiger Kritik und Kürzungspläne.
Den nachstehenden Ausführungen liegt folgender Argumentationsgang zugrunde: In einem ersten Schritt werden Kritikpunkte an den Fachdidaktiken sowie diesbezügliche Reform- und Kürzungsvorschläge erörtert (1. 'Die in der Fachwissenschaft nichts wurden'. Infragestellungen der Fachdidaktik). Diese Diskussion um die Fachdidaktiken steht gegenwärtig im Zusammenhang allgemeiner hochschulpolitischer Reformbestrebungen. Aus diesem Grund kann über Sinn und Unsinn der Fachdidaktiken an Universitäten nur dann angemessen geurteilt werden, wenn insgesamt die gegenwärtige Situation deutscher Universitäten berücksichtigt wird (2. 'Im Kern verrottet?' Zur Reformbedürftigkeit deutscher Universitäten). Gerade auf diesem Hintergrund zeigt sich aber, - und das ist die Hauptthese dieses Artikels - daß eine Stärkung der Fachdidaktiken einen wesentlichen Beitrag für eine zukunftsweisende Reform deutscher Universitäten leisten würde (3. Lebensweltbezug und Interdisziplinarität. Fachdidaktik als Chance). Abschließend erfolgt eine Konkretion dieser Gedanken am Verhältnis von Religionspädagogik und Theologie (4. Wider eine 'ex-klusive' Theologie. Verkannte Chancen der Religionspädagogik).

---

[1] *P. Glotz*, Im Kern verrottet? Fünf vor zwölf an Deutschlands Universitäten, Stuttgart 1996, 136. [Im Folgenden werden die Seitenzahlen aus diesem Buch im Haupttext angeführt]

## 1. 'Die in der Fachwissenschaft nichts wurden'. Infragestellungen der Fachdidaktik

Ohne den Anspruch auf Vollständigkeit erheben zu wollen, können drei Kritikpunkte gegen Fachdidaktiken hervorgehoben werden.

### 1.1 'Die in der Fachwissenschaft nichts wurden'. Zur Kritik universitärer Kollegen

Bestimmte Vorwürfe werden nur selten in schriftlicher Form publiziert und sind dennoch sehr verbreitet. So verhält es sich auch mit der Behauptung, daß Fachdidaktikern oftmals in ihrer ursprünglichen fachwissenschaftlichen Disziplin kein Erfolg beschieden war und sie daraufhin zur (einfacheren) Fachdidaktik gewechselt seien.
In der Tat gibt es in den Fachdidaktiken nicht wenige ‚Nebeneinsteiger'. Ein wohl nicht geringer Teil von ihnen verspricht sich nach einer Habilitation in der Fachdidaktik bessere Chancen auf einen Lehrstuhl. Ein durchaus pragmatischer und keineswegs illegitimer[2] Gedanke. Dieser Trend wird durch zwei Aspekte unterstützt: Zum einen wurden z.B. in Bayern „erst nach Inkrafttreten des neuen Lehrerbildungsgesetzes im Herbst 1978 ... die fachdidaktischen Studien für alle Lehrämter verbindlich"[3]. Zwangsläufig mußte sich aufgrund der zahlreichen neu geschaffenen Lehrstühle ein Nachwuchsproblem ergeben, das wiederum den ‚Nebeneinstieg' für Fachwissenschaftler begünstigte. Zum anderen ist jedoch auch die in der Regel von Fachwissenschaftlern dominierte Zusammensetzung von Berufungskommissionen an dieser Situation keineswegs unschuldig, da sie gelegentlich einen ‚verkappten Fachwissenschaftler' als ihren ‚fachdidaktischen' Kollegen vorziehen. Aus diesem Grund wäre es wünschenswert, wenn Mitglieder der Didaktischen Kommissionen stärker bei Berufungsausschüssen beteiligt würden. Entscheidend ist aber ohnehin, daß gegenwärtig in den Fachdidaktiken selbst für genügend qualifizierten Nachwuchs gesorgt wird.[4]

---

[2] Schließlich ist zu bedenken, daß eine fachwissenschaftliche Qualifikation einen (aber keineswegs den einzigen) Aspekt fachdidaktischer Qualifikation darstellt. Bedenklich ist m.E. diese Konstellation, wenn für ‚Nebeneinsteiger' die Fachwissenschaft weiterhin die ‚erste Liebe' bleibt und dementsprechend fachdidaktische Lehre und Forschung vernachlässigt werden.

[3] H. Zimmermann, Die Fachdidaktiken an den bayerischen Universitäten. Bayer. Staatsministerium für Unterricht, Kultus, Wissenschaft und Kunst im Ausschuß für Hochschule, Forschung und Kultur, Bericht am 19. Juni 1996, 1-21, hier 5.

[4] Aus einer Antwort des *Staatsministeriums für Unterricht, Kultus, Wissenschaft und Kunst* (Bayerischer Landtag, Drucksache 13/4470) zur schriftlichen Anfrage der Abgeordneten Radermacher und Hering (SPD) geht hervor, daß in Bayern 46 fachdidaktische Habilitationen bislang durchgeführt wurden. Die zunehmende Etablierung der Fachdidaktik als Wissenschaft wird einem deutlich, wenn man sich vor Augen führt, daß 1996 allein 27 laufende fachdidaktische Habilitationsverfahren zu verzeichnen waren.
Vgl. dazu auch *Arbeitsgemeinschaft der Vorsitzenden der Gemeinsamen Kommissionen für Fragen der Didaktik an bayerischen Universitäten*, Situation und Notwendigkeit der Fachdidaktik, Brief an Staatsminister H. Zehetmair vom 7. Juli 1995, 1-7, bes. 1f. Diese erfolgreiche Nachwuchsförderung geschieht trotz der gegenüber Fachwissenschaftlern zusätzlichen Qualifikation als Lehrer (2. Staatsexamen und 3 Jahre Schulpraxis). Zur Kritik an einer rigiden Handhabung der Praxiskriterien vgl. *Konferenz der Vorsitzenden der Fachdidaktischen Fachgesellschaften* (*KVFF*), Sicherung und Förderung des wissenschaftlichen Nachwuchses in den Fachdidaktiken, Typoskript vom 3. Mai 1996,

*1.2 „Zu theoretisch". Zur Kritik schulischer Pragmatiker*

Der mangelnde Praxisbezug sowie die ‚Kopflastigkeit' der ersten Ausbildungsphase wird von den verschiedensten Seiten kritisiert: Von Studierenden, die mit dem Beginn ihres Referendariats einen sogenannten Praxisschock erleben, von LehrerInnen, die ihre persönlichen Lehrerfahrungen als ausreichend ansehen, um im Schulalltag bestehen zu können, und schließlich von all denen, die mit der Fachdidaktik ohnehin nur eine Vermittlung methodischer Fertigkeiten berührt sehen – gleich einem ‚Handwerk', das keiner Theorie, sondern nur der praktischen Einübung bedarf.

Zunächst ist ein berechtigter Aspekt dieses Vorwurfes zu benennen, welcher die Fachdidaktiken betrifft: Gelegentlich kann man sich des Eindrucks nicht erwehren, daß manche Fachdidaktiker bis in ihre Lehrveranstaltungen hinein beinahe profilneurotisch die Wissenschaftlichkeit ihrer Disziplin derart betonen, daß dabei der Praxisbezug für die Studierenden nicht mehr erkennbar ist. Hier ist in Vergessenheit geraten, daß fachdidaktische Theorie von der Praxis ausgeht und letztlich ihrer Verbesserung dienen soll.

Andere legitime Gesichtspunkte dieses Vorwurfes beziehen sich weniger auf die Fachdidaktiken, sondern generell auf die gegenwärtige Gesamtkonzeption des Lehramtsstudiums: Es ist auch im Studium für Medizin, Pharmazie, Architektur, Jura, Theologie etc. der Fall, daß in der ersten Ausbildungsphase ein theoretischer Schwerpunkt gelegt wird. Obwohl diese theoretische Akzentuierung m.E. prinzipiell sinnvoll ist, wäre dennoch im Lehramtsstudium ein stärkerer Bezug zur zweiten Ausbildungsphase sowie zur späteren Berufstätigkeit wünschenswert. Medizinstudenten wird dies etwa dadurch ermöglicht, daß sie an Universitätskliniken ausgebildet werden. Leider gibt es keine vergleichbaren Einrichtungen (z.B. ‚Universitätsschulen') für Lehramtsstudierende. Da eine Einrichtung von Universitätsschulen o.ä. gegenwärtig illusorisch ist[5], muß ein besonderes Augenmerk den Praktika in der ersten Ausbildungsphase gelten. Hier können Studierende ansatzweise erfahren, ob sie nicht nur für fachwissenschaftliche, pädagogische und fachdidaktische Theorie, sondern auch für die spätere Berufspraxis geeignet sind. Des weiteren ist es auch erstrebenswert, daß erfahrene LehrerInnen an der Lehr- und Forschungstätigkeit pädagogischer und fachdidaktischer Lehrstühle noch stärker als bisher eingebunden werden. In diesem Sinne sind bestimmte Reformvorhaben, wie sie z.B. in Bayern gegenwärtig durchdacht und diskutiert werden, durchaus wünschenswert.[6]

Und dennoch darf man in Anbetracht eines mangelnden Praxisbezuges nicht in die einleitend genannten Extreme verfallen. Studierende können sicherlich von erfahrenen LehrerInnen profitieren. Eine Konzentration der Ausbildung auf solche Lehrkräfte wäre jedoch vollkommen unzureichend. Für eine effektive Ausbildung ist fachdidaktische Theorie, in der u.a. die Erfahrungen vieler LehrerInnen ‚aufgehoben' ist, unent-

---

1-3, bes. 2f.

[5] Vgl. aber die entsprechende Forderung in einem Grundlagenpapier des BLLV: Fachdidaktiken - Wege aus der Krise. Bedeutung und Notwendigkeit der Fachdidaktik, *Hochschulreferat des BLLV*, 1-3, bes. 3.

[6] Vgl. dazu den folgenden Abschnitt 1.3.

behrlich. „Eine auf Forschung basierende wissenschaftliche Reflexion des unterrichtlichen Geschehens und der Lehrtätigkeit bliebe aus und darauf gegründete Innovationen würden nicht gefördert."[7] Des weiteren ist es völlig unzureichend, die Ausbildung zukünftiger LehrerInnen auf ein methodisches Handwerk reduziert zu sehen, mit dem sie möglichst geschickt fachwissenschaftliche Ergebnisse auf ihre SchülerInnen abbilden können. Gerade dieses ‚abbilddidaktische' oder ‚anwendungswissenschaftliche' Mißverständnis prägt aber m.E. entgegen anderslautender Beteuerungen nach wie vor das Bild von Fachdidaktik. „Daß Lehrer zu Beginn der Referendarzeit einen ‚Praxisschock' erleiden, ist durchaus normal: so geht es jedem Mediziner, Juristen, Betriebswirt usw. – nur käme dort niemand auf die Idee, die Ausbildung auf die Vermittlung praktischer Fähigkeiten zu reduzieren."[8]

*1.3 ‚Zu teuer'. Ministerielle Reform- und Kürzungsvorschläge*

Nicht selten hört man das Argument, daß die Fachdidaktiken in den 70er Jahren mit einer gewissen Euphorie an den Universitäten eingerichtet worden seien. In der gegenwärtigen Zeit, in der finanzielle Ressourcen knapper werden, müssen die Universitäten einer generellen Strukturprüfung unterzogen werden. Es bestehe das Problem, daß neue Lehrstühle für zukunftsweisende Bereiche zu etablieren seien, obwohl insgesamt den Hochschulen kein höhere Etat zur Verfügung stünde. Aus diesem Grund müßten alle bestehenden Fachbereiche und Institute evaluiert werden. Davon dürften auch die Fachdidaktiken nicht ausgenommen werden.

Exemplarisch für die gegenwärtige Situation soll das Augenmerk auf bayerische Reformvorhaben gerichtet werden. Hier wurden bereits in München, Bamberg und Regensburg Fachdidaktiklehrstühle für Biologie, Geographie und Anglistik gestrichen. Gegenwärtig sind v.a. folgende Maßnahmen im Gespräch, die sowohl den Praxisbezug verbessern als auch finanziell letztlich zu Einsparungen führen sollen:

- Zeitweise Abordnung promovierter LehrerInnen an die Universität[9]
- Lehraufträge an besonders qualifizierte Lehrer[10]
- Promotions- und Habilitationsförderprogramme für LehrerInnen[11]
- Geprüft wird die Einrichtung eines Zentralinstitutes für Fachdidaktik[12]
- Geprüft wird die Einführung sogenannter Bereichsdidaktiken für die Didaktik der

---

[7] Vgl. *Konferenz der Vorsitzenden Fachdidaktischer Fachgesellschaften*, Zur Lehrerbildung an Universitäten und wissenschaftlichen Hochschulen. Positionspapier der Konferenz der Vorsitzenden der Fachdidaktischen Fachgesellschaften(KVFF) vom 6.12.1996, 1-4, bes. 3; *Hochschulreferat des BLLV*, Fachdidaktiken, 1.

[8] *Arbeitsgemeinschaft der Vorsitzenden der Gemeinsamen Kommissionen für Fragen der Didaktik an bayerischen Universitäten*, aaO., 3.

[9] Im bayerischen Staatsetat sind 30 Abordnungsstellen vorgesehen, vgl. *H. Zimmermann*, aaO., 12.

[10] AaO., 14.

[11] AaO., 17.

[12] AaO., 20.

Naturwissenschaften und Fremdsprachenvermittlung[13].
- Abgesehen von den Kerndidaktiken Deutsch und Mathematik ist insbesondere für ‚kleinere' Unterrichtsfächer nur mehr eine Mindestausstattung von zwei Lehrstühlen vorgesehen.[14]

Letztgenanntes Reformvorhaben deckt sich mit Vorstellungen einer Tischvorlage zur 75. Sitzung der Hochschulrektorenkonferenz (HRK) am 30. Mai 1995 (Drucksache S 75/200i). Auch hier wird die Ansicht geäußert, „daß die Fachdidaktiken nicht durch Professoren auf Lebenszeit vertreten werden, sondern wissenschaftlich qualifizierte, d.h. promovierte, Schulpraktiker nach Ausschreibung und Auswahl durch die Hochschulen für Lehre und Forschung in der Fachdidaktik zeitlich befristet in die Hochschule wechseln".

Dagegen löste gerade die 'Zurückstufung' fachdidaktischer Lehrstühle nicht nur bei fachdidaktischen Interessensgemeinschaften, sondern auch bei Studierenden[15] und Lehrerverbänden[16] entschiedenen Protest aus. Es ist zu bedenken, daß selbst abwägende Stellungnahmen, die grundsätzlich die intendierte Stärkung des Praxisbezuges begrüßen, insbesondere kritisieren, daß fachdidaktische Lehrstühle nicht mit promovierten Lehrern ergänzt, sondern durch diese ersetzt werden sollen. Gerade dieser Punkt steht natürlich im Zusammenhang der finanziellen Einsparungswünsche des Staatsministeriums und wohl auch der geringen Lobby, die Fachdidaktiker als relativ neu etablierte 'Minderheit' in den jeweiligen Fachbereichen besitzen. Der Protest gegen diese Einsparungsmaßnahmen wird durch zahlreiche Argumente gestützt:

- Im Kontext einer Informationsgesellschaft, einer immer schnelleren Veralterung des Wissens besitzt die Schule und damit die Lehrerbildung einen hohen Stellenwert für die Gesellschaft.[17] „Eine bloße Wissensvermittlung wird den Anforderungen nicht gerecht"[18], da sie von den ständigen gesellschaftlichen, fachlichen und

---

[13] AaO., 20f.

[14] Vgl. *F. Fischer*, Fachdidaktik, in: Bayerische Schule 7/8 (1996), 23.

[15] Am 12. März 1996 wurden von der Landesstudentengruppe (LSG) im Bayerischen Lehrer- und Lehrerinnenverband (BLLV) 5.500 Unterschriften an die Landtagsvizepräsidentin A. Fischer übergeben.

[16] Vgl. dazu zwei entsprechende Tagungsberichte des BLLV: *T. Gschrei*, Fachdidaktik - Wege aus der Krise. BLLV veranstaltet Anhörung zur Fachdidaktik mit Professoren, Mittelbauleuten und Studentenvertretern, in: Bayerische Schule 1996 H. 3, 120-123; *ders*., Fachdidaktik hat für den BLLV oberste Priorität. BLLV führte Expertengespräch zur Fachdidaktik durch, in: Bayerische Schule 1996, H. 10, 400f.

[17] Vgl. dazu treffend *Beilner*, Fachdidaktiken - wissenschaftlich im Aufwind, hochschulpolitisch gefährdet, unveröffentlichtes Typoskript, 1-5, hier 5: „Die Entscheidung, ob didaktische Lehrstühle und Professuren besetzt bzw. neu eingerichtet oder abgestuft bzw. umgewidmet werden, wird in Zukunft ganz wesentlich davon abhängen, welchen Stellenwert Kultusbehörden, Universitätsleitungen und Fakultäten den zentralen gesellschaftlichen Bereichen Lehrerbildung und Schule beimessen. In einem Staat, in dem die Zukunft mehr denn je in den geistigen Ressourcen künftiger Generationen liegt, sollte diese Entscheidung nicht schwerfallen."

[18] *Arbeitsgemeinschaft der Vorsitzenden der Gemeinsamen Kommissionen für Fragen der Didaktik an bayerischen Universitäten*, aaO., 3.

pädagogischen Weiterentwicklungen überfordert wäre.
- In den USA und Japan werden aus diesen Gründen die Fachdidaktiken verstärkt ausgebaut.[19] „Die Lehrerbildung ist heute international weit vorangeschritten: nicht nur in den Industrieländern, selbst in den Entwicklungsländern gibt es fachdidaktische Professuren. Der 'Standort Deutschland' ist hochgradig gefährdet, wenn - anders als in der übrigen Welt - der berufsbezogene Teil der Ausbildung auf eine 'Meisterlehre' der Vermittlung bereits erprobter Methoden reduziert wird."[20]
- Eine Streichung fachdidaktischer Professuren bedeutet das „Ende der wissenschaftlichen Lehrerausbildung"[21]. „Sie wäre die einzige Ausbildung an einer Hochschule, bei der ein Berufsbezug nur durch zeitweilig Abgeordnete erfolgen würde."[22]
- „Auch für die Fachdidaktik ist die Verzahnung von Lehre und Forschung, speziell fachdidaktischer Forschung, unabdingbar"[23], weil durch sie die Grundlagen des fachspezifischen Lehrens und Lernens von der Grundschule bis zur Erwachsenenbildung erschlossen werden.[24]
- Fachdidaktische Professuren sind die Voraussetzung für qualifizierten fachdidaktischen Nachwuchs. Ansonsten würden Fachdidaktiker langfristig wieder fachfremd qualifiziert sein.[25]
- Promovierte LehrerInnen sind überwiegend an den Gymnasien tätig. Demnach erhielten an den Universitäten auch Lehramtsstudierende der anderen Schularten meistens von gymnasialen LehrerInnen fachdidaktischen Unterricht. „Dies widerspräche der spezifischen pädagogischen Ausrichtung der verschiedenen Schultypen"[26].
- Die Überlegungen, die Fächer in ‚große' (=wichtige) und ‚kleine' (=unwichtige)

---

[19] Vgl. *Konferenz der Vorsitzenden Fachdidaktischer Fachgesllschaften*, Stellungnahme der Vorsitzenden der Fachdidaktischen Fachgesellschaften zum Positionspapier der Hochschulrektorenkonferenz (HRK) zu Abitur - allgemeiner Hochschulreife/Studierfähigkeit, Typoskript vom 7. September 1995, 1-5, bes. 2; Stellungnahme der *Gemeinsamen Kommissionen für Fragen der Didaktik* zu den Überlegungen des Bayerischen Staatsministeriums für Unterricht, Kultus, Wissenschaft und Kunst über die Zukunft der Fachdidaktik, Typoskript vom 18.9.1996, 1-3, bes. 2.

[20] D. *Böhn*, Situation der Fachdidaktik: Lehrer auf Zeit als Fachdidaktiker, Tischvorlage zur 75. Sitzung der Hochschulrektorenkonferenz am 30.05.1995 (Drucksache S 75/200 i, Auszug), unveröffentlichtes Typoskript vom 24.7.1995, 1-3, hier 2; *Arbeitsgemeinschaft der Vorsitzenden der Gemeinsamen Kommissionen für Fragen der Didaktik an bayerischen Universitäten*, aaO., 6.

[21] *Konferenz der Vorsitzenden Fachdidaktischer Fachgesellschaften*, Stellungnahme, 1.

[22] D. *Böhn*, aaO., 1.

[23] *Konferenz der Vorsitzenden Fachdidaktischer Fachgesellschaften*, Lehrerbildung, 4.

[24] Vgl. *Konferenz der Vorsitzenden Fachdidaktischer Fachgesellschaften*, Stellungnahme, 3; Stellungnahme der *Gemeinsamen Kommissionen für Fragen der Didaktik*, aaO., 1; *Böhn*, aaO., 2.

[25] Vgl. *Konferenz der Vorsitzenden Fachdidaktischer Fachgesellschaften*, Stellungnahme, 3; *Konferenz der Vorsitzenden Fachdidaktischer Fachgesellschaften*, Lehrerbildung, 4.

[26] *Konferenz der Vorsitzenden Fachdidaktischer Fachgesellschaften*, Stellungnahme, 3; Stellungnahme der *Gemeinsamen Kommissionen für Fragen der Didaktik*, aaO., 1. Nur am Rande sei hier erwähnt, daß gerade LehrerInnen für das Gymnasien in der Regel nur eine fachdidaktische 'Schmalspurausbildung' besitzen.

einzuteilen, entspricht nicht den Qualifikationen, welche unsere Schülerinnen und Schüler brauchen. Gerade die Erfahrungen seit den 70er Jahren haben gezeigt, wie wichtig Fächer wie Sport, Musik und Kunst für Kinder sind, deren Alltag durch Reizüberflutung, unzureichenden Kommunikation und fehlendes Selbstvertrauen geprägt sind."[27]

- Eine „wissenschaftliche(n) Lehrerbildung entspricht dem ‚Konzept zur Entwicklung der Hochschulen in Deutschland' der HRK (1992). Danach soll ‚die universitäre Lehre (...) auch im Bereich der Berufsvorbereitung vorrangig theorieorientiert – im Sinne theoretischer Durchdringung insbesondere der Grundlagen des Faches – ausgerichtet sein'."[28]

Überblickt man die zugrundeliegende Diskussion, dann bestätigt sich, daß „eine solche Reduktion der Fachdidaktik ... von allen mit der Lehrerbildung vertrauten Gruppen abgelehnt [wird]: vor allem von den Seminarlehrern, den Studierenden, den erfahrenen Fachwissenschaftlern."[29] Eine breite Front von Studierenden, Praktikern (BLLV) und entsprechenden fachdidaktischen Verbänden begrüßt zwar die Abordnung von Lehrerinnen und Lehrern an fachdidaktische Lehrstühle als Mitarbeiter für die Lehrerbildung. „Sie ist ein Weg unter mehreren, den Praxisbezug zu vertiefen. Sie ergänzt die Kontakte, die die Fachdidaktiker mit der Schule halten."[30] Gegen die intendierte Streichung fachdidaktischer Professuren werden jedoch gewichtige Argumente vorgebracht. Sie gerade in der gegenwärtigen Entwicklung hin zur Informationsgesellschaft zu streichen, hieße in der Tat vor lauter Praxisbezug das 'Kind mit dem Bade auszuschütten': in einer Informationsgesellschaft erlangt die Schulbildung eine noch größere Bedeutung als in Industriegesellschaften. Eine professionelle, wissenschaftlich fundierte Lehrerbildung ist dafür eine unentbehrliche Voraussetzung und Grundlage.

## 2. 'Im Kern verrottet?' Zur Reformbedürftigkeit deutscher Universitäten

Die Lage der deutschen Universitäten soll im folgenden anhand eines kritischen Nachgangs der Analyse von Peter Glotz „Im Kern verrottet? Fünf vor zwölf an Deutschlands Universitäten" skizziert werden. Ein großes Plus dieses Buches ist seine schonungslose Diagnose („Zerstörung und Selbstzerstörung der deutschen Universität" (17-62), in der ein SPD-Politiker auch vor 'bitteren Pillen' wie Studiengebühren nicht zurückschreckt (vgl. 98ff). Aber Glotz beläßt es keineswegs bei einem einzigen Lamento. Er diskutiert verschiedene Wege aus der Krise und deckt Grenzen gegenwärtiger Reformversuche auf („Ist Humboldt tot?", 63-86). Bemerkenswert ist schließlich sein Vorschlag zur Therapie, nämlich „die Strategie der Entkoppelung" (87-133). Aller-

---

[27] Stellungnahme der *Gemeinsamen Kommissionen für Fragen der Didaktik*, aaO., 2.

[28] Konferenz *der Vorsitzenden Fachdidaktischer Fachgesellschaften*, Lehrerbildung, 4.

[29] Böhn, aaO., 1; *Arbeitsgemeinschaft der Vorsitzenden der Gemeinsamen Kommissionen für Fragen der Didaktik an bayerischen Universitäten*, aaO., 1.

[30] *Konferenz* der *Vorsitzenden Fachdidaktischer Fachgesellschaften*, Stellungnahme, 3.

dings läßt sich zeigen, daß gerade auf dem Hintergrund der Glotzschen Diagnose die Fachdidaktiken an Deutschlands Universitäten eine konsequente und wichtige Ergänzung seiner Therapie darstellen.

## 2.1 Diagnose: Unterfinanzierung und Spezialistentum

Bereits einleitend weist Glotz darauf hin, daß deutsche Universitäten in einer tiefen Krise stecken, wie sich selbst im europäischen Vergleich an der mangelnden Attraktivität deutscher Universitäten bei Austauschprogrammen zeigt (14). Ein weiteres Absinken des Niveaus deutscher Universitäten wird aber fatale Konsequenzen für den Standort Deutschland nach sich ziehen: Bei der gegenwärtigen Mutation der Industrie- zur Informationsgesellschaften gehören „die Hochschule zu den wichtigsten Knotenpunkten dieses neuartigen Gesellschaftstyps" (22). „Und Deutschland, ein Land mit wenig Bodenschätzen, ein Volk mit geringer Geburtenrate und ein Sozialstaat mit notwendigerweise hohen Kosten ist auf nichts so angewiesen wie auf Intelligenz, Phantasie, Kreativität, also die Qualität von Bildung und Forschung" (23). Die Grundthese seiner Publikation lautet mit den Worten Karl Jaspers: „Mit der Universität sinken auch Gesellschaft und Staat ab" (137).

Glotz diagnostiziert vor allem zwei Krankheitsursachen: Erstens die "verbreitete(n) Lustlosigkeit gegenüber der Bildungspolitik an hohen und niederen Stellen" (134), die sich besonders in der Unterfinanzierung der dreihundertachtzehn deutschen Hochschulen äußert. „Heute liegt die Bundesrepublik Deutschland im internationalen Vergleich der Anteile der Gesamtausgaben für die Hochschulen am Bruttoinlandsprodukt nach einer OECD-Studie unter den betrachteten einundzwanzig Saaten auf dem viertletzten Platz, bei einem Vergleich der Anteile der Bildungsausgaben an den gesamten Staatsausgaben sogar auf letzten. Das ist ein Skandal!" (25). Selbst nach "Berechnungen der Finanz- und Kultusminister betrug die Finanzierungslücke im Jahr 1993 vier Milliarden DM jährlich für die laufenden Ausgaben ohne Investitionen. Seitdem wächst die Unterfinanzierung. ... 1975 war an den deutschen Universitäten eine wissenschaftliche Kraft für dreizehn Studierende zuständig; heute für vierundzwanzig" (94). Aus dieser entscheidenden Misere stellen weder Effizienzgewinne noch die in Bayern favorisierte Privatisierung eine entscheidende Abhilfe dar. Die Argumentation von Glotz ist auch hier realistisch und überzeugend: "Selbst im urkapitalistischen und in den letzten Jahrzehnten weiter deregulierten Amerika [werden] achtzig Prozent aller Studenten von staatlichen Einrichtungen ausgebildet" (93).

Die zweite Krankheitsursache kommt aus der Hochschule selbst. Es ist, wie Glotz im Anschluß an Karl Jaspers formuliert, die „Bodenlosigkeit des Spezialistischen" (33). Natürlich ist die Notwendigkeit wissenschaftlicher Spezialisierung nicht mehr hintergehbar. In Anbetracht der etwa viertausend Hochschulfächer und deren oft willkürlicher Zusammensetzung zu Fachbereichen stellt Glotz jedoch fest: „Die Unüberschaubarkeit der Wissenschaft, die in Forschungsdingen ihre produktive Unendlichkeit ausmacht, setzt sich völlig unnötigerweise in ihre organisatorischen und institutionellen Formen hinein fort" (36). Gerade weil aber gegenwärtig gesellschaftlich akute Fragen wie Umweltforschung, Arbeitslosigkeit und Nationalismus (vgl. dazu 37-40) jeweils

Schnittmengen verschiedener Disziplinen bilden, stellt sich nach Glotz die Frage, „was
– institutionell – getan wird, um Isolierung, Erstarrung, Atomisierung der Fächer zu
verhindern" (35).

*2.2 Therapie: Universitätsidee und Strategie der Entkoppelung*

Ganz entschieden tritt Glotz für die humboldtsche Universitätsidee ein, „das ist die
Formel Bildung durch Wissenschaft, die Verbindung von Forschung und Lehre, die
Idee einer (unabschließbaren) Einheit der Wissenschaft, das dialogische Prinzip, der
sich immer wieder erneuernde Streit der Fakultäten." (69, vgl. auch 8, 32f) Diese Universitätsidee ist nach Glotz auch heute noch allen anderen Totalreformversuchen wie
‚Privatisierung', ‚Elitehochschule', ‚Zweiteilung des Studiums', dominierende Fachhochschulen' überlegen (vgl. 9).

Mit seiner Strategie der Entkoppelung zielt Glotz darauf ab, daß die Hochschulen vom
Staat soweit losgebunden werden, „daß sich dort Kreativität, neue Ideen, intelligente
Profilierungen entwickeln können, daß wettbewerbliche Hochschulen entstehen. Politik und Verwaltung müssen auf Macht verzichten. In den Hochschulen selbst müssen
neue Machtkerne gebildet werden." (135f) Die Glotzsche Therapie der Entkoppelung
beinhaltet ein Bündel von Maßnahmen und Forderungen:

- Verbesserte Zusammenarbeit zwischen Bund und Ländern
- „Erschließung neuer Finanzquellen"
- „Umstellung der staatlichen Kontrolle auf staatliche Aufsicht"
- „Wiederentdeckung der kommunikativen Dimension der Universitäten" (136)

Für den vorliegenden Beitrag verdient der letztgenannte Aspekt weiteres Interesse. In
einem gepflegten Kommunikationsethos an deutschen Hochschulen sieht Glotz das
entscheidende Mittel gegen die Krankheitsursache des Spezialistischen. Die zunehmende Spezialisierung und Pluralisierung der Hochschulfächer wurde nämlich keineswegs von einer entsprechenden Pflege der Kommunikation an Hochschulen begleitet.
Sie wurde im Gegenteil vollkommen vernachlässigt. Dieses Defizit äußert sich in fehlenden hochschulischen Einrichtungen für gesellschaftliche Begegnungen sowie vor
allem in der mangelnden Kommunikationshaltung von Dozenten. Dabei ist die deutsche Universität mit ihren Grundaufgaben von Forschung und Lehre gerade als Kommunikationsraum konzipiert (vgl. 118f). Die Pointe der Universitätsidee besteht nach
Glotz gerade im "Dialog - egal, ob der in wohlgeplanten Sonderforschungsbereichen
entsteht oder in archaischen Doktorandenkolloquien, beim Mittagessen von zwei Fakultätskollegen, bei einer gemeinsamen Lehrveranstaltung für Juristen und Informatiker oder bei der Betreuung eines Graduiertenkollegs." (119) Für die folgenden zwei
Jahrzehnte sieht Glotz in der virtuellen Universität die größte Herausforderung. Das entscheidende Schlagwort dafür lautet Multimedia. Die Auswirkung auf Forschung und
Lehre ist gravierend: „Lehren und Lernen sind Kommunikationsprozesse. Die Universität muß sich klarmachen, daß diese Prozesse gerade rationalisiert, optimiert und in ihrer
Logik verändert werden" (123).

## 2.3 Therapiedefizit: Vermittlung von Wissenschaft und Lebenswelt

Obwohl die genannten therapeutischen Vorschläge von Glotz anregend und weiterführend sind, bleiben sie gegenüber der Krankheitsursache des Spezialistischen unterbestimmt. Mit der Kritik an fehlenden hochschulischen Kommunikationsräumen, den Appell an eine verbesserte Kommunikationshaltung von Dozenten sowie der Multimedia-Universität werden sicherlich ganz wesentliche Punkte gegenüber dem Spezialistischen genannt. Jedoch geben diese Vorschläge nur eine teilweise Therapie für das angezeigte Krankheitsbild. Letzteres wird deutlich, wenn man sich vor Augen führt, was Glotz in seiner Diagnose unter Kommunikation versteht. Es geht ihm „um die Bereitschaft der Disziplinen, Forschungsprozesse und Forschungsergebnisse mit der Lebenspraxis handelnder Menschen in Beziehung zu setzen, also den zukünftigen Arzt, Juristen, Kaufmann oder Lehrer auf das konsensfähige Argumentieren vorzubereiten" (34) Glotz fordert diese Fähigkeit keineswegs nur für die Weitervermittlung wissenschaftlicher Resultate, sondern auch dann, wenn man selbst forscht (vgl. 34). Mit einem Zitat von *Jürgen Habermas* verdeutlicht *Glotz* seine Sichtweise: „Es geht ... um jene ‚Rückübersetzungen von wissenschaftlichen Resultaten in den Horizont der Lebenswelt, die es erlauben würden, den Informationsgehalt technischer Empfehlungen in Diskussionen über das im allgemeinen Interesse praktisch Notwendige einzubringen. ... Es geht darum, einen praktisch folgenreichen Wissensstand nicht nur in die Verfügungsgewalt der technisch hantierenden Menschen weiterzugeben, sondern auch in den Sprachbesitz der kommunizierenden Gesellschaft zurückzuholen. Das ist heute die Aufgabe einer akademischen Bildung, die nach wie vor von einer der Selbstreflexion fähigen Wissenschaft übernommen werden muß." (34).

Demgegenüber ist der Horizont der Lebenswelt, der Bezug auf die Lebenspraxis handelnder Menschen in seiner Strategie der Entkoppelung weitgehend aus den Blick geraten. Glotz reflektiert unter dem Stichwort ‚Kommunikation' hier primär die Verbesserung des Dialogs innerhalb der scientific community, nicht aber die Vermittlung von wissenschaftlichen Resultaten mit den Sprachbesitz der kommunizierenden Gesellschaft. Hier liegt m.E. ein entscheidendes Defizit dieser Studie. Bleibt dieses Problem nämlich ungelöst, dann verkommt das für Glotz unaufgebbare universitäre Grundprinzip „Bildung durch Wissenschaft" (vgl. 72) zur Leerformel. Zum Beleg dafür muß nicht einmal auf die kontroverse pädagogische Diskussion um die Berechtigung der Formel „Bildung durch Wissenschaft" eingegangen werden.[31] Es genügt hier bereits eine Anknüpfung an das von Glotz favorisierte Bildungsverständnis. Bildung ist für ihn ein „‚Handeln können' in Beziehung auf ein gelingendes Leben der Menschen untereinander, nicht nur als technische Verfügungsgewalt." (72) Gerade auf der Grundlage dieses Bildungsverständnisses verkommt aber der Grundsatz „Bildung durch Wissenschaft" zur Leerformel, da „das Handeln können in Beziehung auf ein gelingendes Leben" die von Glotz nicht weiter reflektierte Vermittlung von Wissenschaft und Lebenswelt voraussetzt.

---

[31] Aus der zahlreichen Literatur vgl. J.-E. Pleines, Bildung durch Wissenschaft? Herkunft und Problem einer Entfremdung, in: ders., Studien zur Bildungstheorie (1971-1988), Darmstadt 1989, 224-243.

## 3. Lebensweltbezug und Interdisziplinarität. Fachdidaktik als Chance

Unter Absehung von anderen Aspekten, welche die Bedeutung der Fachdidaktik für Universitäten weiter unterstreichen könnten (Berufsbezogenheit, Hochschuldidaktik etc.), soll im Duktus der voranstehenden Ausführungen eine Konzentration auf den Lebensweltbezug sowie die Interdisziplinarität der Fachdidaktiken erfolgen. Diese Gedanken werden abschließend am Verhältnis von Religionspädagogik und Theologie konkretisiert.

*3.1 Subjekt- und Lebensweltbezug*
„Fachdidaktik ist die Wissenschaft vom fachspezifischen Lehren und Lernen"[32]. Sie untersucht demnach Lehr- Lernprozesse bzw. Bildungsprozesse in ganz bestimmten Wissensbereichen (Mathematik, Physik, Deutsch, Geschichte, Theologie, Musik etc.).[33] Im Rahmen der Lehrerbildung kommt ihr „die wichtige Aufgabe der inhaltlichen Verbindung von Fachwissenschaft, Erziehungswissenschaft und Schulpraxis zu."[34] Insbesondere sollen zukünftige LehrerInnen Kompetenzen erwerben, um zwischen dem wissenschaftlichen ‚Objekt' ihrer jeweiligen Fachwissenschaft einerseits und dem Schüler als Subjekt des Bildungs- bzw. Lernprozesses andererseits effizient ‚vermitteln' zu können.

Viele - darin liegt m.E. nach wie vor ein verbreitetes Mißverständnis - verstehen diesen Vermittlungsprozeß so, daß das fachwissenschaftliche Wissen gleichsam durch eine geschickte methodische Vereinfachung auf den Schüler bzw. Studierenden ‚abgebildet' wird. Hier liegt letztlich ein technizistisches Verständnis von Vermittlung nach der Art des ‚Nürnberger Trichters' vor. Allerdings weisen so unterschiedliche pädagogische Ansätze wie die angloamerikanische Lehr-Lernforschung sowie die kritisch-konstruktive Didaktik von Wolfgang Klafki in eine andere Richtung. Für Klafki ist Bildung ein prinzipiell unabschließbarer Vermittlungsprozeß von Subjekt und Objekt, der in der didaktischen Reflexion beim Subjekt und seiner Lebenswelt seinen Ausgangspunkt nimmt.[35] In diesem Sinn löst Klafki das sogenannte Kanonproblem, d.h. die klassische Frage nach dem „verbindlichen Kreis von Kulturinhalten", auf eine neue Weise, da für ihn Allgemeinbildung heute durch eine Konzentration auf

---

[32] *Konferenz der Vorsitzenden Fachdidaktischer Fachgesellschaften*, Stellungnahme, 1f. Mit guten Gründen wird hier Fachdidaktik nicht auf die Schule eingeengt. Sie schließt nämlich auch außerschulische Bereiche ein ('lebenslanges Lernen', 'Wahrnehmung und Beurteilung von Wissenschaft in der Gesellschaft', 'kritische Begleitung von Bildungspolitik').

[33] Differenzierter lassen sich die Aufgaben der Fachdidaktik so beschreiben: „Im Rahmen ihrer Forschungsarbeiten befaßt sie sich mit der Auswahl, Legitimation und der didaktischen Rekonstruktion von Lerngegenständen, der Festlegung und Begründung von Zielen des Unterrichts, der methodischen Strukturierung von Lernprozessen sowie der angemessenen Berücksichtigung der psychischen und sozialen Ausgangsbedingungen von Lehrenden und Lernenden. Außerdem befaßt sie sich mit der Entwicklung und Evaluation von Lehr-Lernmaterialien." (aaO., 1 f)

[34] *Konferenz der Vorsitzenden Fachdidaktischer Fachgesellschaften*, Lehrerbildung, 2.

[35] *W. Klafki*, Neue Studien zur Bildungstheorie und Didaktik. Zeitgemäße Allgemeinbildung und kritisch-konstruktive Didaktik, Weinheim/Basel, ³1993, 20-23.

"epochaltypische Schlüsselprobleme unserer Gegenwart und der vermutlichen Zukunft"[36] (z.B. Friedenserziehung, Umweltfrage etc.) zu bestimmen ist. Diese von einem kritischen Bildungsbegriff her gewonnen Annahmen werden durch empirische Untersuchungen im Rahmen konstruktivistischer Lehr-Lernforschung unterstützt.[37] Auch sie dokumentieren, daß Lehrende den ‚Ausgangszustand' von Lernenden berücksichtigen müssen, wenn sie kein ‚träges Wissen'[38] vermitteln wollen. So finden z.B. dann effektivere Lernprozesse im Physikunterricht statt, wenn das alltagsweltliche Wissen des Schülers zu einem Themenbereich (z.B. Wärme) erhoben und konstitutiv bei der Vermittlung der physikalischen Wärmelehre berücksichtigt wird.[39] Dies ist deshalb der Fall, weil sie ausgehend von ihren lebensweltlichen Kategorien den wissenschaftlichen Code wahrnehmen und rekonstruieren. Gerade aus diesem Grund ist Fachdidaktik mehr als nur die richtige methodische Umsetzung fachwissenschaftlicher Erkenntnisse. Fachdidaktik muß gleichsam eine andere Perspektive einnehmen und ausgehend vom Subjekt und seiner Lebenswelt fachwissenschaftliche Inhalte in den Blick nehmen. Dies ist mit dem Primat des Subjekts bzw. einer subjekt- und lebensweltbezogenen Didaktik gemeint.

Aus dem Gesagten geht aber nun ein erstes Argument hervor, warum die Fachdidaktiken eine wesentliche Ergänzung der Glotzschen Therapie sind. Gerade die Fachdidaktiken leisten den von Glotz geforderten, aber nicht eingelösten Brückenschlag von Wissenschaft und Lebenswelt[40]. Die besondere Leistung der Fachdidaktiken besteht darin, daß zwischen dem Alltagswissen und dem wissenschaftlichen Sonderwissen[41] aus ganz bestimmten Bereichen (Mathematik, Physik, Deutsch, Religion etc.) vermit-

---

[36] AaO., 56.

[37] Vgl. z.B. *R. Dubs*, Konstruktivismus: Einige Überlegungen aus der Sicht der Unterrichtsgestaltung, in: ZP 41 (1995), 889-903, bes. 7f; *R. Duit*, The Constructivist View: A Fashionable and Fruitful Paradigm for Science Education Research and Practice, in: *L.P. Steffe/J. Gale* (Hrsg.), Constructivism in education, Hillsdale (NJ) 1995, 271-285, bes. 275-278; *A. Renkl/H. Gruber/H. Mandl*, Kooperatives problemorientiertes Lernen in der Hochschule, Forschungsbericht 46, Ludwig-Maximilians-Universität München, Lehrstuhl für Empirische Pädagogik und Pädagogische Psychologie (1995), 7-9.

[38] Vgl. *A. Renk*, Träges Wissen: Wenn Erlerntes nicht genutzt wird, in: Psychologische Rundschau 47 (1996), 78-92.

[39] Vgl. z.B. *R. Duit*, An Schülervorstellungen anknüpfend Physik lehren und lernen, in: Naturwissenschaft im Unterricht Physik 5 (1994), 48-50.

[40] Es ist dabei unerheblich, daß in der Fachdidaktik in der Regel weniger der Lebensweltbegriff von *J. Habermas*, wie es bei *Glotz* der Fall zu sein scheint, als vielmehr der Lebensweltbegriff von *A. Schütz* und *T. Luckmann* rezipiert wird. Letztgenannte bestimmen Lebenswelt als den „Inbegriff einer Wirklichkeit, die erlebt, erfahren und erlitten wird" (*dies.*, Strukturen der Lebenswelt, Bd. 2, Frankfurt a.M. 1984, 11). Die Lebenswelt kann folglich nach verschiedenen Wirklichkeitsbereichen differenziert werden, wobei die Lebenswelt des Alltags den „vornehmlichste(n) Wirklichkeitsbereich" darstellt (*dies.*, Strukturen der Lebenswelt, Bd. 1, Frankfurt a.M. 1979, 47).

[41] Sonderwissen unterscheidet sich formal betrachtet vom alltäglichen Wissen dadurch, daß es nicht „routinemäßig an jedermann vermittelt wird, ... [sondern] routinemäßig an klar unterschiedene gesellschaftliche Typen" (*T. Luckmann*, Einige Überlegungen zu Alltagswissen und Wissenschaft, in: PR 35 (1981), 91-109, hier 100f).

telt wird. Für diesen Vermittlungsprozeß ist neben der fachwissenschaftlichen Kompetenz eine differenzierte Wahrnehmungskompetenz für das Subjekt und seiner alltäglichen Lebenswelt wichtig. Der Physikdidaktiker wird dabei eruieren, welche lebensweltlichen Erfahrungen in Beziehung zur Physik stehen, der Religionsdidaktiker, welche lebensweltlichen Erfahrungen in Beziehung zur Theologie usw.[42] Die in der Fachdidaktik intendierte Vermittlung von Fachwissenschaft und Lebenswelt ist genau das, was Glotz mit dem Stichwort Kommunikation einfordert. Dies scheint nicht zufällig zu sein. Nach W. Gebhard ist es „systematisch unabdingbar, daß sich nach der Hochspezialisierung der Fächer ‚Spezialisten für das Allgemeine' finden, welche die Rückbindung an die Gesellschaft und die Verständigung unter den Wissenschaften selbst als Kommunikationsprozeß beschreiben, analysieren und garantieren."[43]

*3.2 Interdisziplinarität*

Verschiedene Gründe führen dazu, daß für Fachdidaktiken der interdisziplinäre Dialog grundlegend ist:
- Die primären Bezugswissenschaften der Fachdidaktik sind die jeweilige Fachwissenschaft (gleichsam als Anwalt des Objekts) und die Pädagogik (gleichsam als Anwalt des Subjekts und seiner Lebenswelt).
- Fachdidaktiken arbeiteten interdisziplinär, wenn sie mit Hilfe pädagogischer, psychologischer und soziologischer Erkenntnisse und Methoden das Alltagswissen und die Lebenswelt von SchülerInnen und Erwachsenen erheben.
- Nimmt man im Sinne kritisch-konstruktiver Didaktik den Ausgangspunkt bei epochaltypischen Schlüsselproblemen wie z.B. Arbeitslosigkeit, dann ist für Fachdidaktiken ein interdisziplinärer Dialog mit den dafür relevanten Fachwissenschaften konstitutiv.

Auch innerhalb eines Fachbereiches (z.B. Theologie) stiftet die Fachdidaktik (Religionsdidaktik) insofern Zusammenhänge zwischen den einzelnen Teildisziplinen (Altes und Neues Testament, Kirchengeschichte, Systematische Theologie etc.) als sie ausgehend von einem bestimmten lebensweltlichen Schlüsselproblem die dafür rele-

---

[42] Vgl. *G. Hilger/M. Rothgangel*, Wahrnehmungskompetenz für die Religiosität von SchülerInnen. Ein Beitrag zum religionspädagogischen Perspektivenwechsel, in: KatBl 4 (1997), 276-282.

[43] *W. Gebhard*, hausinterner Brief der Universität Bayreuth vom 31. Mai 1995, 1-3, hier 2.
Sehr polemisch schreibt der KEG-Bundesvorsitzende *K. Macht*, Uni-Rektoren und Kultusminister wollen Fachdidaktiken killen, in: CB 3 (1996), 11f: „Gerade in einer Welt, in der immer deutlicher wird, daß enge Fachidiotie keine Zukunft hat und daß die Besinnung auf den Gesamtkodex der Fachinhalte entscheidend ist, erscheint die kollektive Demontage der wissenschaftlich betriebenen Fachdidaktiken als ein wahrer Schildbürgerstreich. Mit Zähneknirschen haben die Ordinarien-Universitäten in den 60er und 70er Jahren hinnehmen müssen, daß die Lehrerbildung auch eine professionelle Komponente bekam - so wie es für Mediziner, Juristen, Architekten, etc. schon immer selbstverständlich war. ... Der Gegenschlag wurde durch die Wende 1989 ermöglicht. Die Re-Organisation der Universitäten in den Neuen Bundesländern wurde größtenteils konservativen Ordinarien aus dem Westen anvertraut. ... Die wissenschaftlichen Fachdidaktiken wurden in den 'neuen' Universitäten praktisch systematisch ausgerottet. Und nun sind die Universitäten der alten Bundesländer an der Reihe."

vanten Teildisziplinen in den Blick nimmt. Fachdidaktiker müssen demnach, was ihre Fachwissenschaft anbelangt, ‚Generalisten'[44] sein. Dies ist zweifellos ambivalent: Einerseits bedeutet dies ein weniger an Spezialkenntnissen aus den einzelnen Teildisziplinen einer Fachwissenschaft, andererseits erfordert dies eine besondere Kompetenz zum interdisziplinären Dialog mit den verschiedenen Teildisziplinen einer Fachwissenschaft sowie den darüber hinaus relevanten Bezugsdisziplinen. Es handelt sich dabei eine notwendige Reaktion auf die Ausdifferenzierung und Spezialisierung der Fachwissenschaften. Diese „bilden teilweise nur noch für Spezialgebiete aus. Hier kann und muß die Fachdidaktik vermittelnd eingreifen."[45] Dieses notwendige Erfordernis für eine professionelle Lehrbildung im ausgehenden 20. Jahrhundert ist aber zugleich ein Forschungsbeitrag für den Lebensweltbezug sowie den interdisziplinären Dialog im jeweiligen Fachbereich.

Wenn sich also nach Glotz die Frage stellt, „was – institutionell – getan wird, um Isolierung, Erstarrung, Atomisierung der Fächer zu verhindern" (35), dann liegt es nahe, die Fachdidaktiken gerade in dieser Funktion bewußt wahrzunehmen und institutionell diesbezüglich zu verankern. Es bedürfte keiner großen institutionellen Veränderungen. Allein es wäre eine konsequente Zuordnung der Fachdidaktiken zu ihrem jeweiligen Fachbereich notwendig, wie dies gegenwärtig ohnehin schon zum Teil geschieht.[46]

Daß sich aus dieser Zuordnung auch Probleme (der Fachdidaktiker als vermeintlicher Fremdkörper und Minderheit unter Fachwissenschaftlern) ergeben können, ist bekannt.[47] Allerdings können diese partiell auftretenden Probleme behoben werden, wenn erstens die Fachdidaktiken insofern institutionell gestärkt würden, als sie neben der Zuordnung zu Fachbereichen auch noch in „Zentren für fachdidaktische Forschung und Lehrerbildung"[48] strukturell zusammengefaßt würden. Diese könnten dann neben der gegenseitigen Anregung in Forschungsvorhaben auch eine besondere Rolle in fachdidaktischen Berufungen einnehmen. Zweitens wäre dem Gros der Fachwissenschaftler die Bedeutung und Notwendigkeit einer ‚kommunikativen' Vermittlung von wissenschaftlichen Resultaten und Lebenswelt" bewußt zu machen und die daraus resultierende wichtige Funktion der Fachdidaktiken. Und drittens müßten Fachdidaktiker im Sinne einer subjekt- und lebensweltbezogenen Fachdidaktik im Kontext des jeweiligen Fachbereichs konsequent ihren entsprechenden Forschungsbeitrag leisten.

Natürlich erschöpft sich die Rolle des Fachdidaktikers nicht auf den ‚Lebensweltspezialisten' des jeweiligen Fachbereichs sowie des ‚theoretischen' Vermittlers zwischen Fachwissenschaft und Lebenswelt. Es darf nicht aus den Blick geraten, daß eine

---

[44] Gerade bei diesem Stichwort denke ich an den Jubilar Professor Dr. *W. Sturm*, den man mit besten Gründen als einen 'Generalisten' bezeichnen kann.

[45] Hochschulreferat *des BLLV*, Fachdidaktiken, 1.

[46] Voll integriert in die jeweiligen Fachbereiche sind die Fachdidaktiken in Bayern. In Hessen sowie Nordrhein-Westfalen sind sie an die fachwissenschaftlichen Bezugsdisziplinen eher angegliedert und in Hamburg gehören alle Fachdidaktiken zu den Erziehungswissenschaften.

[47] Vgl. z.B. *Hochschulreferat des BLLV*, Fachdidaktiken, 2.

[48] *Konferenz der Vorsitzenden Fachdidaktischer Fachgesellschaften*, Lehrerbildung, 3; *Hochschulreferat des BLLV*, Fachdidaktiken, 3.

solche fachdidaktische Forschung notwendig ist, um letztlich eine effektive berufsbezogene Ausbildung zukünftiger LehrerInnen zu gewährleisten. Ganz in diesem Sinne wird in den 'Empfehlungen der Gemischten Kommission' zur Reform des Lehramtsstudiums Evangelische Theologie/Religionspädagogik festgestellt: „Die Grundlagen dafür, daß Lehrerinnen und Lehrer diese [Schüler-]Wirklichkeit mit den geeigneten methodischen Hilfsmitteln erschließen können, müssen bereits im Studium gelegt werden. Daher müssen Studierende möglichst umfassend Methoden und Ergebnisse der Religionssoziologie und Religionspsychologie und der Forschungen zur Lebens- und Glaubensgeschichte der Kinder und Jugendlichen kennenlernen"[49].

Dieser Berufsbezug ist für Fachdidaktiker bis in die Lehre hinein ein ‚heilsames' Korrektiv. Bedenkt man nämlich, daß Studierende in ihrer späteren Lehrtätigkeit stark davon geprägt sind, wie sie im Studium selbst gelehrt wurden, dann impliziert eine berufsbezogene Ausbildung nicht zuletzt auch eine qualifizierte hochschuldidaktische Lehre. Es kann nicht angehen, daß – wie der Autor selbst im Studium erfahren mußte – ein Fachdidaktiker mit einer katastrophalen Lehre ‚glänzt'. Im Gegenteil. Es wäre zu wünschen, daß er Vorbild und Experte in der Hochschuldidaktik ist.

Mit den Ausführungen dieses Abschnittes sollte deutlich werden, daß fachdidaktische Forschung nicht nur für die notwendige wissenschaftliche Ausbildung von LehrerInnen unabdingbar ist, sondern gerade auch für deutsche Universitäten einen wichtigen Reformimpuls darstellen kann. Mit den Worten von *Glotz* soll abschließend zusammengefaßt werden, worin das Potential der Fachdidaktiken für deutsche Universitäten besteht: „Alle Reformversuche bleiben sinnlos, „wenn aus der Universität selbst Verknüpfung, Lebensbedeutsamkeit der Forschung, Transdisziplinarität und Synthese für obsolet erklärt würden." (75)

## 4. Wider eine 'ex-klusive' Theologie.
## Verkannte Chancen der Religionspädagogik

### 4.1 Zum Bedeutungsverlust deutscher Theologie

Die Relevanz der voranstehenden Ausführungen für das Verhältnis von Religionspädagogik und Theologie besteht keineswegs nur darin, daß die Religionspädagogik zum Teil mit denselben Infragestellungen konfrontiert wird, wie sie im ersten Abschnitt dargelegt wurden. Auch hier droht ein 'finanzielles Damoklesschwert': Zwar sind religionspädagogische Lehrstühle aufgrund entsprechender Konkordatsverträge meistens nicht so leicht 'abzuwickeln' wie andere fachdidaktische Lehrstühle. Jedoch sind die theologischen Fakultäten bereits jetzt mit massiven Einsparungs- und Kürzungsplänen konfrontiert, wie dies z.B. erst kürzlich durch eine Evaluation der theologischen Fakultäten und Lehrstühle in Bayern sichtbar wurde.

---

[49] Im Dialog über Glauben und Leben. Zur Reform des Lehramtsstudiums Evangelische Theologie/ Religionspädagogik. Empfehlungen der Gemischten Kommission. Im Auftr. des Rates der Evangelischen Kirche in Deutschland hrsg. vom Kirchenamt der EKD, Gütersloh 1997, 50.

Des weiteren partizipiert die deutsche Theologie auch an der ‚Krise' deutscher Universitäten. Lange Zeit war die deutschsprachige Theologie der Maßstab im internationalen Kontext. Theologen wie der Schweizer Systematiker *K. Barth* und der Marburger Neutestamentler *R. Bultmann* sorgten mit ihren pointierten theologischen Entwürfen dafür, daß diese exponierte Stellung deutschsprachiger Theologie zumindest bis Ende der 60er Jahre erhalten blieb. Demgegenüber muß heute konstatiert werden, daß die für Theologen lange Zeit im Vordergrund stehende deutsche 'Wissenschaftssprache' zunehmend an Bedeutung verliert - ‚man spricht Englisch'. Wer einmal den sogenannten europäischen Theologenkongress erlebt hat, unter dessen etwa 400 TeilnehmerInnen primär deutsche Theologen zu finden sind, und dann in den Vereinigten Staaten am Kongress der American Academy of Religion teilnimmt, der verspürt, wo gegenwärtig das Herz wissenschaftlicher Theologie kräftiger schlägt: Es sind nicht allein die etwa 6.000 TeilnehmerInnen aus aller Welt, die diesen Kongress alljährlich besuchen und ihn zu einem besonderen wissenschaftlichen Ereignis werden lassen, sondern es ist gerade auch das von *Glotz* vermißte kommunikative Ethos und die Fülle an lebensweltlichen Bezügen, welche allein durch die verschiedensten kontextuellen Theologien eingebracht werden.

Natürlich ist ein kritisches Augenmerk darauf zu richten, wie in der Theologie der Wirklichkeitsbezug geleistet wird. Mit Recht wird z.B. davor gewarnt, daß biblische Aussagen nicht einfach als Antwortgeber einer lebensweltlichen Frage funktionalisiert werden dürfen, wie dies im Sinne einer naiven Korrelationstheologie geschieht. Und kontextuelle Theologien müssen sich fragen lassen, ob hier nicht eine unnötige Verengung auf ein lebensweltliches Schlüsselproblem (Unterdrückung von Frauen, landlosen Bauern in Brasilien, Schwarzen, Indianern etc.) stattfindet. Und dennoch: Die 'Zeitgemäßheit' ist neben der 'Schriftgemäßheit' ein wesentliches Kriterium für die Angemessenheit (systematisch-, praktisch-)theologischer Aussagen.

Glaubt man den Referenten einer kürzlich an der Tutzinger Akademie abgehaltenen Tagung, dann scheint das Defizit deutscher Theologie gerade in ihrem Realitätsverlust begründet zu liegen. So stellt der Münchner Systematiker *H. Timm* fest, daß die akademische Theologie ins Ghetto geraten sei. Und sein Wiener Kollege *F. Wagner* moniert, daß die Lebenswelt von der akademischen Theologie gegenwärtig praktisch ausgeblendet wird. Der diesbezügliche Bericht im ‚Sonntagsblatt' vom 5.1.1997 stellt ergänzend fest: „Die Medien ihrerseits bringen verstärkt Religion und Glauben ins Gespräch: Das Nachrichtenmagazin ‚Focus' hob vergangene Woche ‚Gott und die Wissenschaft' auf Seite 1, der ‚Spiegel' titelte mit ‚Lust am Bösen – der göttliche Teufel'. Religiöse Themen werden vermehrt außerhalb der Kirche formuliert, während sich die Theologie in einer akademisch abgekapselten Sonderwelt Spezialproblemen widmet."[50]

Meine provozierende These lautet an dieser Stelle: Angesichts ihres Bedeutungsverlustes besteht eine Reformchance deutscher Theologie darin, daß Forschungsergebnisse aus der Religionspädagogik insbesondere von Systematischen Theologen stärker als

---

[50] *Helmut Frank*, Theologie und Religion, in: Sonntagsblatt. Evangelische Wochenzeitung für Bayern, 5. 1. 1997, 2.

bisher rezipiert werden. Wenn dies geschehen würde, dann hätte Theologie nicht nur inhaltlich qualifiziert etwas zu sagen, sondern würde auch an Breitenwirksamkeit gewinnen.

Um diese These zu stützen, soll der Blick auf ein Interview mit *W. Pannenberg* gerichtet werden, bekanntlich einem herausragenden Vertreter deutscher Systematischer Theologie. Auf die Frage, wie kontextuell die Theologie sein kann und darf, antwortet er: „Die Vermittlung des Glaubens ist zunächst die Aufgabe der Predigt und nicht die der Theologie. Die Theologie hat in erster Linie nach der Wahrheit des Glaubens und seiner Inhalte zu fragen."[51] Dieses Statement ist m.E. gerade in seiner 'ungeschützten' Interviewform erhellend. Hier wird gegenüber *Pannenbergs* differenzierten, aber wohl z.T. auch verklausulierten Ausführungen seiner Wissenschaftstheorie deutlich, daß er eigentlich der Praktischen Theologie und insbesondere der Religionspädagogik keinen Ort an der theologischen Fakultät zuweisen kann, da seines Erachtens die Vermittlung keine oder allenfalls eine untergeordnete wissenschaftliche Aufgabe der Theologie ist. Jedoch kann zwischen der wissenschaftlichen Wahrheits- und Inhaltsfrage sowie der Vermittlung keineswegs in der Weise geschieden werden, wie *Pannenberg* das meint. Ein erster Einwand ist wissenschaftstheoretisch motiviert. Warum sollten sich nur 'Inhalte' und nicht auch 'Vermittlungsvorgänge' wissenschaftlich untersuchen lassen? Zweitens erheben sich auch theologische Bedenken. Mit Recht betont etwa der Systematiker *W. Joest* die Vermittlung als eine Grundaufgabe der Theologie, da der Vermittlungsaspekt im Wesen des Glaubens selbst begründet liegt.[52] Drittens zeigen entsprechende (religions-)pädagogische Forschungsarbeiten, daß der Inhalts- und der Vermittlungsaspekt sich wechselseitig bedingen. Viertens wäre zu fragen, ob nicht im Grunde genommen *Pannenberg* selbst eine Vermittlung vornimmt, wenn er der Frage nach der Wahrheit des christlichen Glaubens besonders im Gespräch mit dem 'elaborierten sprachlichen Code' ganz bestimmter Philosophen nachgeht.

Die Strenge des Begriffs ist für theologische 'Systembildungen' sicherlich unabdingbar und auch für die Religionspädagogik unverzichtbar. Hier leistet Systematische Theologie für die Religionspädagogik sowie die anderen Teildisziplinen der Theologie in der Tat eine wesentliche *Vorarbeit*. Die problematischen Konsequenzen einer *Vorrangstellung* der Systematischen Theologie einerseits und einer Unterbewertung der Religionspädagogik andererseits sind jedoch eine 'Ex-klusivität' und mangelnde Breitenwirksamkeit. Im Folgenden sollen drei Symptome einer exklusiven Theologie thematisiert sowie dazu das 'heilsame' Potential der Religionspädagogik herausgestellt werden.

### 4.2 Wider eine 'intellektualistische' Exklusivität

Die Schattenseiten einer ersten Form von Exklusivität zeigen sich spätestens dann, wenn *Pannenberg* moniert, daß zu „wenig Systematische Theologie studiert [wird], wo es ja zentral um die Wahrheit des Glaubens geht", und als Grund dafür angibt, daß dies

---

[51] Geist gegen Zeitgeist. Gespräch mit dem Theologen *Wolfhart Pannenberg*, in: EK 28 (1995), 265-269.

[52] Vgl. *W. Joest*, Dogmatik, Bd. 1, Die Wirklichkeit Gottes, Göttingen ²1987, 90ff.

„auch mit dem Intelligenzlevel der durchschnittlichen Studierenden"[53] zusammenhängt. Wohlgemerkt: *Pannenberg* spricht von Theologiestudierenden, zukünftige ReligionslehrerInnen sind hier gar nicht im Blick. Ist die Wahrheit des christlichen Glaubens also ganz exklusiv erst ab dem Intelligenzquotienten überdurchschnittlicher TheologiestudentInnen begreifbar? Muß man sich angesichts solcher Aussagen um den Bedeutungsverlust deutscher Theologie noch wundern?

Religionspädagogen begeben sich demgegenüber nicht nur in die 'Höhenluft' elaborierter sprachlicher Codes, sondern auch in vermeintliche 'Niederungen' und widmen sich einem breiteren Publikum; und doch ist ihre Aufgabe der Systematischen Theologie ähnlicher als viele glauben:[54] Religionspädagogen gehen der Frage nach der Wahrheit des christlichen Glaubens im Gespräch mit den alltagsweltlichen sprachlichen Codes von Kindern, Jugendlichen und Erwachsenen nach. In gewisser Hinsicht nimmt eine solche lebenswelt- und subjektorientierte Religionspädagogik unter veränderten wissenschaftlichen und gesellschaftlichen Bedingungen eine vergleichbare Aufgabe wahr, wie sie *M. Luther* im Sendbrief vom Dolmetschen formulierte: „man mus die mutter ihm hause, die kinder auff der gassen, den gemeinen man auff dem marckt drumb fragen, und den selbigen auff das maul sehen, wie sie reden, und darnach dolmetschen, so verstehen sie es den"[55].

*4.3 Wider eine 'ekklesialistische' Exklusivität*

Eine weitere Beobachtung führt zu einer zweiten Form theologischer Exklusivität: Bezüglich der Vermittlungsaufgabe kann *Pannenberg* in dem besagten Interview erst an späterer Stelle neben der Predigt auch noch den kirchlichen (sic!) Unterricht bei der Vermittlungsaufgabe benennen. Vermutlich meint Pannenberg damit den schulischen Religionsunterricht, der gemeinsam von Kirche und Staat verantwortet wird. Gerade dieser schulische Religionsunterricht ist jedoch im (post-)modernen Kontext eine interessante Probe für den Wirklichkeitsbezug der Theologie generell. Nach *D. Rössler* ist nämlich davon auszugehen, daß das Christentum gegenwärtig in einer kirchlichen, individuellen und gesellschaftlichen Gestalt seinen Ausdruck findet.[56] Im Grunde genommen zeigen die religionsunterrichtliche Praxis sowie empirische Studien zu den Lebenswelten von Kindern und Jugendlichen, daß selbst die hilfreiche Heuristik von *Rössler* kaum dem gerecht werden kann, was gegenwärtig mit Individualisierung und Pluralisierung von Religion[57] beschrieben wird. Insbesondere werden hier auch jene religiösen Fragen vernehmbar, die außerhalb der Kirche gestellt werden. Auf dem

---

[53] Geist gegen Zeitgeist, aaO., 266.

[54] Vgl. dazu auch *R. Lachmann*, Systematische Theologie als Bezugswissenschaft religionsunterrichtlicher Fachdidaktik, in: ZEE 26 (1982), 400-429.

[55] WA 30 II, 637, 19-22.

[56] Vgl. *D. Rössler*, Grundriß der Praktischen Theologie, Berlin/New York ²1994, bes. 90-94.

[57] Vgl. *G. Hilger*, Jugendliche und ihre Religiosität. Individualisierung und Pluralisierung als religionsdidaktische Herausforderung, in: *H. Petri* u.a., Glaubensvermittlung im Umbruch, FS Bischof M. Müller, Regensburg 1996, 334-361.

Hintergrund der Theologiekritik, wie sie oben im Zusamme(n)
Tagung genannt wurde, wird damit das Potential deutlich, das d(ie)
gegenwärtig für die Theologie besitzt. Eine sensibilisierte Wah(rnehmung rele-)
vanter Äußerungen ist sowohl eine wichtige Berufsqualifikati(on für Religionslehrerin-)
nen[58] als auch ein unverzichtbarer Aspekt für eine lebenswelt(orientierte Theologie,)
die sich nicht exklusiv auf die kirchliche Gestalt des Christentum(s bezieht.)

*4.4 Wider eine 'spezialistische' Exklusivität*

Die 'heilsamen' Konsequenzen einer subjekt- und lebensweltorientierten ReligionslehrerInnenausbildung für die Theologie generell werden auch in den Empfehlungen der Gemischten Kommission zur Reform des Lehramtsstudiums Evangelische Theologie/Religionspädagogik vernehmbar. Hier wird ein dritter Aspekt von Exklusivität kritisch hinterfragt, nämlich die isolierte Existenz verschiedenster theologischer Teildisziplinen: „Sowohl Problemorientierung als auch Erfahrungsorientierung tragen zum Erwerb religionspädagogischer Kompetenz bei und stehen daher im Dienst einer didaktischen Profilierung der Lehramtsstudiengänge. Die Zersplitterung der theologischen Wissenschaft in unverbunden nebeneinander stehende Disziplinen und Forschungssegmente erweist sich dagegen im Blick auf das angestrebte Studienziel als hinderlich. Aus theologischer und didaktischer Perspektive ist daher eine Kooperation aller Disziplinen erforderlich, die sich von der organisierbaren Leitfrage nach dem Verbindenden theologischer Arbeit bestimmen läßt."[59]
Darüber hinaus erfordert 'die neue Unübersichtlichkeit' in religiösen Fragen für die Theologie nicht nur eine verbesserte Kommunikation der theologischen Teildisziplinen untereinander, sondern auch den interdisziplinären Dialog mit human- und sozialwissenschaftlichen Erkenntnissen und Methoden, um die religiös relevanten Aspekte der Lebenswelt von SchülerInnen, Jugendlichen und Erwachsenen differenziert und kompetent wahrnehmen und verstehen zu können. Selbstredend kann diese Aufgabe in Anbetracht der Ausdifferenzierung in die verschiedensten theologischen Teildisziplinen weniger für den alttestamentlichen oder neutestamentlichen Kollegen gelten. Die Ausdifferenzierung in verschiedene theologische Teildisziplinen, wie sie durch das Auseinandertreten von systematischer und historischer Theologie ihren Anfang nahm, ist nicht revidierbar. Jedoch darf für die Theologie insgesamt der Lebensweltbezug und der interdisziplinäre Dialog nicht aus den Blick geraten. Gerade für diese Aufgabe können die anderen Teildisziplinen der Theologie aber von ReligionspädagogInnen als 'Lebenswelt- und Vermittlungsspezialisten' profitieren.

---

[58] Vgl. Im Dialog über Glauben und Leben, aaO., 50.

[59] AaO., 81; vgl. auch 59f, 72f, 82.

# Wahrnehmungsschulung für die Religiosität Jugendlicher.
## Ein religionsdidaktisches Projekt im Horizont der enzyklopädischen Frage

G. Hilger

### 1. Religiöse Deutungsmuster von Jugendlichen und die enzyklopädische Frage

Zum Selbstverständnis des Christentums und christlicher Theologie gehört es, den Menschen als Subjekt und Person anzunehmen und zu bejahen.[1] Person ist der Mensch von Gott her in unverfügbarer und unableitbarer Weise. Das begründet seine Freiheit und auch seine Verantwortung, in einem lebenslangen Bildungsprozeß Subjekt zu werden.

Gehen das christliche Selbstverständnis und die christliche Theologie außerdem davon aus, daß es das Proprium des Menschen ausmacht, Subjekt auch am Du Gottes zu werden, so gilt es nachzufragen, wie sich diese Relation des Menschen zu Gott heute ausdrückt, und wo man ihr auf die Spur kommen kann.

Muß sich also die Theologie und die Praktische Theologie im besonderen mit der Frage nach der gelebten Religiosität konfrontieren, muß es vor einem solchen theologisch-anthropologischen Hintergrund andererseits zum erkenntnisleitenden Interesse der Religionspädagogik gehören, die Kontexte zu untersuchen, in denen Subjektwerdung heute geschieht, bzw. nachzufragen, wie sie sich artikuliert und von welchen Faktoren sie beeinflußt wird. Schon aus theologisch-anthropologischen Gründen ergibt sich somit die religionspädagogische Aufgabe, die Heranwachsenden mit einem nicht vereinnahmenden Sehen in ihrem unverwechselbaren Personsein anzunehmen und in ihrem Prozeß der religiösen Subjektwerdung wahrzunehmen.[2]

Auch wenn Theologie als ganze in ihrem Interesse am umfassenden Heil der Menschen grundsätzlich praxisbezogen ist, sehen sich ihre praktisch-theologischen Disziplinen in besonderer Weise interessiert an den empirisch wahrnehmbaren Phänomenen des gelebten Glaubens und Unglaubens, an den immer wieder neuen, unvermuteten und nicht vorhersehbaren Fragen der Menschen nach dem Grund, Sinn und Ziel ihres Lebens. Religionspädagogik als praktisch-theologische Disziplin versteht sich darum nicht im Sinne eines einlinigen theologischen Dominanzmodells als Anwendungswis-

---

[1] Vgl. u.a. *K. Rahner,* Grundkurs des Glaubens. Einführung in den Begriff des Christentums, Freiburg 1976, 37.

[2] Vgl. u.a. *P. Biehl,* Wahrnehmung und ästhetische Erfahrung. Zur Bedeutung ästhetischen Denkens für eine Religionspädagogik als Wahrnehmungslehre, in: *A. Grözinger/J. Lott* (Hrsg.), Gelebte Religion. Im Brennpunkt praktisch-theologischen Denkens und Handelns, Rheinbach/Merzbach 1991, 380 - 411, hier 405.

senschaft etwa der Dogmatik. Ein solches 'theologisches Deduktionsmodell'[3] würde zu einer Blickverengung und zu einem theologischen Substanzverlust führen.
Für die religiöse Bildung bedeutet das, daß es z.B. im Religionsunterricht nicht darum gehen kann, den kirchlich gelehrten Glauben systematisch geordnet in Stoffpaketen 'weiterzugeben' und dabei die Differenz zwischen gelehrtem und gelebtem Glauben zu übersehen. Religionsdidaktische Bemühungen haben ihren theologischen Ort in der kritisch-produktiven Vermittlung zwischen gelebter Religiosität und gelebtem Glauben (bzw. Areligiosität und Unglauben) auf der einen und dem gelebten und gelehrten Glauben der Kirchen.
Vor diesem Hintergrund muß danach gesucht werden, was das für die Praxis christlichen Glaubens und für das Theorie-Praxis-Verhältnis bedeuten kann.
Praxis gehört zum Entdeckungszusammenhang für theologische Einsichten neben den nach wie vor unverzichtbaren historischen und systematischen Fragestellungen und Perspektiven. Religionspädagogik (und mit ihr Religionsdidaktik) ist als theologische Disziplin auf die Wahrnehmung von Praxis angewiesen.[4] Sie ist Voraussetzung für religionspädagogisches Handeln. Es ist darum sinnvoll, Religionspädagogik in einer Nähe zu einem bildungstheoretischen Kontext als 'Wahrnehmungslehre' zu verstehen. *P. Biehl* hat kürzlich diesen Vorschlag in die Fachdiskussion eingebracht: die bisherigen Varianten religionspädagogischer Grundlagentheorie (religionstheoretische, handlungstheoretische und bildungstheoretische) seien zu erweitern um den phänomenologischen Ansatz einer Wahrnehmungslehre.[5] Unter dem Vorzeichen einer ästhetisch inspirierten Religionsdidaktik[6] bekommt dann die Frage, wie Lehrende Wahrnehmungskompetenz für die Phänomene subjektiver Religiosität von Jugendlichen gewinnen können, eine hohe Bedeutung. Es handelt sich hierbei um einen Ernstfall religionsdidaktischer Ästhetik als Wahrnehmungslehre, für die es keine theologische Hermeneutik und erst recht keine theologischen Deutungen gibt, gilt es doch weithin unbekannte und vor allem äußerst komplexe Phänomene der Alltagsreligiosität wahrzunehmen, die nicht nur für die Religionspädagogik, sondern auch für die Theologie insgesamt relevant sind.
Mit dem Interesse an der Wahrnehmung und der Vermittlung von Wahrnehmungskompetenz für Phänomene der Alltagsreligiosität, auch einer nicht-kirchlichen und nicht explizit christlichen, betritt die Religionspädagogik als praktisch-theologische Disziplin ein Feld, das von anderen theologischen Disziplinen nicht bearbeitet wird.

---

[3] Vgl. *W. Sturm*, Religionspädgogik und Erfahrung - Neuere Tendenzen in der Fachdidaktik des Religionsunterrichts, in: *M. Zenner* (Hrsg.), Fachdidaktik zwischen Fachdisziplin und Erziehungswissenschaft, Regensburger Beiträge zur Fachdidaktik 2, Bochum 1990, 131 - 155, hier 150.

[4] Vgl. *R. Englert*, Wissenschaftstheorie der Religionspädagogik, in: *H.-G. Ziebertz/W. Simon* (Hrsg.), Bilanz der Religionspädagogik, Düsseldorf 1995, 147-174, hier 154.

[5] *Biehl*, Wahrnehmung, 400.

[6] Vgl. *G. Hilger*, Religionsunterricht als Wahrnehmungsschule. Überlegungen zu einer ästhetisch inspirierten Religionsdidaktik, in: *G. Schmuttermayr* u.a. (Hrsg.), Im Spannungsfeld von Tradition und Innovation. FS Kardinal *J. Ratzinger*, Regensburg 1997, 399 - 420.

Dieser Zielsetzung versuchte ein hochschuldidaktisches Projekt an der Universität Regensburg nachzugehen, das in den Wintersemestern 1995/96 und 1996/97 von den Lehrstühlen der Katholisch-Theologischen Fakultät (Didaktik der Katholischen Religionslehre, *G. Hilger*) und der Evangelischen Theologie (Religionspädagogik und Didaktik des Religionsunterrichts, *W. Sturm*, vertreten durch *M. Rothgangel*) durchgeführt wurde.

## 2. 'Was Jugendlichen heilig ist'. Wahrnehmungskompetenz für die Religiosität Jugendlicher - ein hochschuldidaktisches Projekt

Im WS 95/96 und WS 96/97 wurden als Pilotprojekt Intervallseminare mit zukünftigen evangelischen und katholischen Religionslehrerinnen und Religionslehrern durchgeführt mit der Zielsetzung, die Wahrnehmungsfähigkeit der Studierenden für die individuelle Religiosität von Schülern zu sensibilisieren.

Bei der Lernform haben wir uns von Kriterien der jüngeren Lehr-/Lernforschung leiten lassen. Es ging uns dabei um Lernstrategien, die vermeiden wollen, lediglich Wissen zu vermitteln, das in der Anwendungssituation des Religionsunterrichts nicht angewendet werden kann, höchstens noch als Prüfungswissen abrufbar ist: sogenanntes träges Wissen.[7] Es sollte eine unserer Meinung nach grundlegende berufsvorbereitende Kompetenz vermittelt werden: sprachliche Äußerungen von Schülern von religionsdidaktischer Relevanz möglichst phänomengerecht und gegenstandsnah interpretieren zu können, um so Einblicke in die Lebenswelt von heutigen Jugendlichen im Schulalter bzw. in ihr subjektives Verhältnis zur Religiosität zu gewinnen.

Der Aufbau der Seminare soll hier nur in Stichworten angedeutet werden: zwei Vorbereitungssitzungen, bei denen Zielsetzungen und Arbeitsformen vorgestellt, didaktische Arrangements erklärt und erprobt wurden, wie Schüler mit Hilfe von Methoden des Kreativen Schreibens zu möglichst authentischen Texten zu dem Impuls 'heilig ist mir' angeregt werden, Unterrichtssituationen zur Erhebung der Schüleraussagen, ein Blockseminar, das sich konzentrierte auf interpretative Verfahren der Interpretation der mitgebrachten Texte, Einüben und Reflexion dieser Verfahren, Literaturstudium zu den gelernten qualitativen Methoden der empirischen Sozialforschung. Ein weiteres Blockseminar diente der Anwendung dieser Methoden unter einer neuen Fragestellung und der Konfrontation der bisher gemachten Entdeckungen mit theologischen, religionspädagogischen und pädagogischen Deutungsversuchen zu Phänomenen individueller Religiosität bei heutigen Jugendlichen.[8]

Im Vordergrund des hochschuldidaktischen Forschungsprojekts stand also die Erprobung und Optimierung von Lehr-/Lernformen, mit denen künftige ReligionslehrerInnen möglichst effektiv eine wichtige berufsvorbereitende Kompetenz erwerben sollen.

---

[7] *A. Renkl*, Träges Wissen. Wenn Erlerntes nicht genutzt wird, in: Psychologische Rundschau 47 (1996), 78 - 92.

[8] Vgl. *G. Hilger/M. Rothgangel*, Wahrnehmungskompetenz für die Religiosität von SchülerInnen - ein Beitrag zum religionspädagogischen Perspektivenwechsel, in: KatBl 122 (1997), 276 - 282.

Es sind von den Studierenden im Rahmen dieses Projekts etwa 300 Texte gesammelt worden, in denen SchülerInnen im Alter von 12 bis 17 Jahren geschrieben haben, was ihnen heilig ist.

Warum ausgerechnet dieser Impuls?

Wenn die Lebenswelten von Kindern und Jugendlichen den primären Kontext beschreiben, in dem sich Subjektwerdung artikuliert, dann ist es auch die vorrangige Aufgabe der Theologie und der Praktischen Theologie im besonderen, die jeweiligen Lebenswelten von Kindern und Jugendlichen als Orte ihrer Subjektäußerungen und ihrer Subjektwerdung zu untersuchen, um von hier aus Rückfragen auf das Selbstverständnis und die Artikulationsweise des Christentums und der christlichen Theologie zu stellen. Religionsdidaktik ist dann nicht einfach 'Anwendung' von Biblisch-Historischer und Systematischer Theologie, bei der sie als 'Anwenderin' einer jeweiligen 'Theologie von gestern'[9] nacheilen muß, sondern profiliert sich als theologische Disziplin, die auch Beiträge zu einer innovativen theologischen Forschung und Lehre leistet, welche ihrerseits zu einem interdisziplinären Gespräch mit anderen theologischen und außertheologischen Disziplinen herausfordern.

Zum anderen forciert der Impuls 'Was ist mir heilig', die religiöse Dimension der Lebenswelten von Kindern und Jugendlichen im ursprünglichen Sinn des Wortes transparent zu machen.

Inhaltlich trifft der Begriff 'heilig' das Herz jeder Religion und ist auch ein theologisch bedeutungsvoller Begriff. Das soll hier wenigstens angedeutet werden, wie es auch gilt, eine Skizze zu liefern, in welcher Perspektive das Phänomen des Heiligen für die Frage nach dem Theorie-Praxis-Verhältnis interessiert.

Es kann an dieser Stelle nicht darum gehen, die Diskussion um das Heilige, über den vermeintlichen Untergang bzw. die unvermutete Wiederkehr des Heiligen, die ja gerade angesichts der Modernitätskritik hochaktuell ist, darzustellen. Daß die 'Heiligkeit des Lebens' in der ökologischen und bioethischen Diskussion eine bedeutsame Rolle spielt, und daß auch die 'Heiligkeit der Natur' (bei manchmal bedenklicher Abwertung des Menschen als Verantwortungsträger) wieder ein Thema ist, das soll hier nur angedeutet werden.

*P. Tillich* rückt zu Beginn unseres Jahrhunderts den Begriff des Heiligen in das Zentrum der Theologie. Ihr Gegenstand ist das, was uns unbedingt angeht,[10] was über Sein und Nicht-Sein entscheidet. Nur das, was heilig ist, kann den Menschen unbedingt angehen, und nur das, was den Menschen unbedingt angeht, hat die Qualität der Heiligkeit. Auch er sieht, wie z.B. *R. Otto*, daß das Heilige der Erfahrung zugänglich ist, als höchste und zugleich tiefste Erfahrung.

Spätestens seit *R. Otto* ist das 'Heilige' ein Grundwort der Religionswissenschaft. Mit seinem 1917 in 1. Auflage erschienen Buch 'Das Heilige' hat er eine disziplinübergreifende Diskussion über den Begriff des Heiligen ausgelöst. *R. Otto* sucht das Religiöse dort, wo es gelebt und erlebt wird, in der religiösen Erfahrung. Er schaut als Religi-

---

[9] Vgl. *E. Paul/H. Steinkamp*, Praktische Theologie, in: Kommission 'Curricula in Theologie' des Westdeutschen Fakultätentags, hrsg. von *E. Feifel*, Zürich/Einsiedeln/Köln 1975, 136 - 144.

[10] Vgl. *P. Tillich*, Systematische Theologie, Bd. 1, Stuttgart ³1956.

onsphänomenologe auf das religiöse Leben, so wie es ist und sich ausspricht, und weist auf die psychische Erlebnisfähigkeit des Heiligen hin. Das Heilige als das Numinose läßt sich erfahren als erschreckendes, schauervolles Geheimnis und in der Spannung zum geheimnisvoll Anziehenden: als 'mysterium tremendum' und zugleich 'fascinans'.[11]

Diese Polarität von 'mysterium tremendum et fascinosum' greift 50 Jahre nach *R. Otto* auch *K. Hemmerle* auf, wenn er vom 'Schauernd-Beseligenden', von Abstoßung und Anziehung in einem spricht.[12] In einer phänomenologischen Denktradition der Religionsphilosophie läßt sich Religion allgemein als Umgang und Begegnung mit dem Heiligen bezeichnen, wobei das 'Heilige' in theologischer Formulierung mit dem Namen 'Gott' genannt werden kann. Religionsphänomenologisch gesehen gibt sich das Heilige zu erfahren, ist so der Erfahrung des Menschen und auch seiner reflexiven Selbstvergewisserung zugänglich.

Eine grundlegende Frage, die die Fundamentaltheologie und im gleichen Maße auch die Praktische Theologie tangiert, ist in diesem Zusammenhang, ob sich das Heilige heute der Erfahrbarkeit entzogen hat, ob die prinzipiell gegebene Offenheit des Menschen für das Heilige 'nur' verschüttet ist, daß es nicht mehr vernehmbar ist, oder ob das Heilige eine neue Gestalt angenommen hat, die von Theologen und Religionswissenschaftlern (noch) nicht wahrgenommen worden ist.[13]

Das Heilige setzt eine Vernehmbarkeit und einen Horizont voraus. Dieser ist nicht nur im Kult und im Mythos gegeben, also nicht nur zu finden im Sakralen als einem vom Profanen abgegrenzten Raum. Zumindest in der christlichen Tradition sind Sakralität und Profanität keine Abgrenzungsmerkmale von Heiligem und Nicht-Heiligem. Wesentlicher scheint mir, die Unverfügbarkeit des Heiligen zu betonen in Abgrenzung zu einem Verfügen-Wollen. Heiliges ist nicht mehr heilig, wenn es - sei es in theologischen Formeln oder in der Grundhaltung des Haben-Wollens - verfügbar und beherrschbar wird. Offenheit für das Heilige setzt also auch eine bestimmte Denkform voraus: eine Achtsamkeit auf das, was ist. Es ist ein Denken, das zuläßt, daß sich etwas zeigt. *K. Hemmerle* unterscheidet in diesem Sinne ein 'fassendes' von einem 'lassenden' Denken, das offen sein kann für das, was sich gibt.[14]

Um das Denken des Heiligen bewegen sich auch die Reflexionen *C. Colpes* 'Über das Heilige'. 'Das Heilige' ist für ihn ein 'Zauberwort', das imstande ist, unsere Welt, vielleicht sogar die Welt zu verzaubern.[15]

---

[11] Vgl. *R. Otto,* Über das Irrationale in der Idee des Göttlichen und sein Verhältnis zum Rationalen. München 1963, 5 - 37.

[12] Vgl. *K. Hemmerle,* Das Heilige. II. Die Frage nach dem Heiligen, in: Sacramentum Mundi, hrsg. v. *K. Rahner/A. Darlapp* u.a., Freiburg 1968, II, 577-582, hier 579 f.

[13] Vgl. *J. Splett,* Das Heilige I. Problemgeschichte, in: Sacramentum Mundi, hrsg. v. *K. Rahner/A. Darlapp* u.a., Freiburg 1968, II, 576 f, hier 577.

[14] *K. Hemmerle,* Das Heilige und das Denken. Zur philosophischen Phänomenologie des Heiligen, in: *B. Casper/K. Hemmerle/P. Hünermann,* Besinnung auf das Heilige, Freiburg 1976, 9 - 123, hier 22 ff.

[15] Vgl. *C. Colpe,* Über das Heilige. Versuch, seiner Verkennung kritisch vorzubeugen, Frankfurt a.M., 1990, 7.

Von der erkenntnistheoretischen Position *I. Kants* ausgehend ist für *Colpe* 'das Heilige' ein Begriff, der a priori, also vor aller Erfahrung, es dem Menschen ermöglicht, eine Wirklichkeit oder Wahrnehmung als 'heilig' bzw. 'das Heilige' zu benennen.[16] Diese Annahme ermöglicht ihm auch die Verbreiterung der Phänomenbasis der Wahrnehmung von Heiligem, das sich in vielerlei Zusammenhängen und auf neue Weise darstellt: nicht nur das Erhabene und Numinose, auch das Interessante und der Ernstfall,[17] Ekstase und Trance, Sexualität und Askese, Unschuld und Weisheit, das Charismatische und magische Begabungen können heilig sein.[18]

Auch wenn man die (erkenntnistheoretischen) Festlegungen des Heiligen als Begriff a priori nicht teilen kann, erlaubt es die scharfsinnige Argumentation von *Colpe*, daß 'das Heilige' selbst noch als vorhanden angenommen werden kann, wenn es nicht mehr zur Benennung aktueller Erfahrungen dient. Es ist sicher noch zu klären, was das in letzter Konsequenz für eine erfahrungsbezogene Theologie bedeutet.[19]

Versucht man also der Frage nachzugehen, ob und wie das Heilige heute zu erfahren ist, muß sich christliche Theologie und ihre praktischen Disziplinen im besonderen darum bemühen, Möglichkeiten zu finden, die die Vernehmbarkeit des Heiligen aufspüren.

Mit dem Impuls 'heilig ist mir' haben wir den SchülerInnen eine Kategorie vorgegeben, die für viele von ihnen wahrscheinlich so etwas wie eine potentielle Kategorie war, mit deren Hilfe sie aber wieder etwas in ihr Bewußtsein heben konnten, was sie vorher vielleicht noch nie als 'heilig' bezeichnet haben.

Der Impuls 'heilig ist mir' hat sich, wie weiter oben angeklungen ist, schon mehrfach bewährt als Zugang zur Lebenswelt von Kindern und Jugendlichen und zu ihrem subjektiven Verhältnis zur Religiosität im weitesten Sinne. Zum einen zeigt das die folgenreiche Ausstellung in der Neuen Galerie - Sammlung *Ludwig*, Aachen anläßlich des 89. Deutschen Katholikentages und der Aachener Heiligtumsfahrt unter dem Titel 'Das ist mir Heilig'(BDKJ 1983). Die Initiatoren wollten mit dieser Ausstellung Verständnis wecken für die Lebenswelten von Jugendlichen. Es wurden in dem Museum parallel zu einer Ausstellung mit avantgardistischer Malerei (*A. Saura, A. Rainer*) 50 Objekte von Jugendlichen ausgestellt: vom Teddybären bis zum Rosenkranz. Diese Ausstellung mit den Heiligtümern Jugendlicher fand eine überraschende Resonanz, löste heftige Debatten zwischen den Generationen aus über das, was Jugendlichen heilig ist, und zur Angemessenheit des Begriffs 'heilig'.

---

[16] Vgl. aaO., 19 - 24.

[17] Vgl. aaO., 50 - 54.

[18] Vgl. aaO., Heilige, 67 - 71.

[19] Einen informativen Einblick in die differenzierte Argumentation *Colpes* gibt *E. Feil*, Neues Interesse am 'Heiligen'. Heutige Annäherungsversuche an eine religiöse Grundkategorie, in: Herderkorrespondenz 47 (1993), 423 - 428.

Im Jahre 1993, zur nächsten Heiligtumsfahrt, wurde dieser Impuls Anlaß für viele Schulklassen und Jugendliche, Gegenstände zusammenzutragen, Bilder zu malen und Texte zu schreiben.[20]
Die Abteilung Religion in Hörfunk und Fernsehen des ORF führte im November 1991 bis April 1992 eine Aktion 'Was mir heilig ist' durch: 'Schreib uns, beschreib uns, schick uns ein Foto von dem, was Dir heilig ist.' Die Redaktion bekam über dreitausend Rücksendungen.
Das wiederum regte eine Befragung durch *L. Neuhold* und *A. Schnider* unter steirischen SchülerInnen zwischen 14 und 19 Jahren zum selben Thema an. Auch hier zeigte sich eine erstaunliche Resonanz: über 20 000 Fragebögen kamen ausführlich beantwortet zurück.[21]
Das hochschuldidaktische Projekt, das im WS 95/96 und 96/97 gestartet wurde, versuchte deshalb mit demselben Impuls, noch einmal nach Ausdrucksformen von Religiosität von Kindern und Jugendlichen in den Kontexten ihrer Subjektwerdung zu fragen, um auf diesem Hintergrund die Frage stellen zu können, was Christentum und Religion zur Subjektwerdung des einzelnen beitragen kann.

## 3. Ansätze zu einer Phänomenologie des Heiligen aus der alltagstheoretischen Perspektive von Jugendlichen

In seinem Aufsatz „Auf der Suche nach dem 'Religiösen'. Reflexionen zu Theorie und Empirie religionssoziologischer Forschung" fordert *J. Matthes*, Religion und Religiosität als diskursive Tatbestände zu betrachten, als Tatbestände also, die sich im gesellschaftlichen Diskurs erst konstituieren. Das bedeutet, daß Religion und Religiöses nicht als etwas zu untersuchen ist, was es als eindeutig Identifizierbares gibt, sondern was sich im Gespräch, im Nachdenken, z.B. der Befragten, als etwas herausstellt, was von ihnen als religiös betrachtet werden kann.[22]
Übertragen auf unsere Befragung mit dem Impuls 'Heilig ist mir', bedeutet das, daß damit gerechnet werden kann und darf, daß erst im Nachdenken über diesen Impuls von Jugendlichen etwas als 'heilig' betrachtet wird, was vorher vielleicht noch nie von ihnen in diese thematische Bezüglichkeit gebracht worden ist. Es ist durch den Impuls vielleicht etwas evoziert worden, was die Schüler als 'heilig' zu benennen sich dann veranlaßt sahen.
Es gibt gute Gründe, anzunehmen, daß sich ihr Umgang mit dem Modus des Heiligen zumindest teilweise unterscheidet von dem, was im innerkirchlichen und im theologi-

---

[20] Vgl. *G. Reilly*, Was (jungen) Menschen heilig ist, in: ru. Ökumenische Zeitschrift für den Religionsunterricht, Editorial zum Themenheft 1 (1995): 'Was Menschen heilig ist', 1 - 3.

[21] *L. Neuhold*, u a.: Wurzeln & Wachsen. Was Menschen in Österreich heilig ist, Graz u.a. 1993. *A. Schnider*, Wurzeln & Wachsen. Die Ergebnisse der steirischen Jugendumfrage zeichnen ein Bild, in: Österreichisches Religionspädagogisches Forum 3 (1993), 67 - 72.

[22] *J. Matthes*, Auf der Suche nach dem Religiösen. Reflexionen zu Theorie und Empirie religionssoziologischer Forschung, in: Sociologia Internationalis 30 (1992), 129 - 175.

schen Kontext und in der Religionswissenschaft üblicherweise als heilig gilt. Wir nehmen auch an, daß den Befragern und auch den Religionslehrern und Religionslehrerinnen weithin unbekannt ist, was Schüler als heilig bezeichnen und was sich wohl auch unterscheidet von dem, was sie selber als solches ansehen. Es ging uns um eine möglichst phänomennahe Wahrnehmung, wie sich Heiliges lebensgeschichtlich und lebensweltlich im Alltag der Schüler und in ihrer Perspektive zeigt. Lebenswelt meint hier die soziale Eingebundenheit des Individuums in die Vollzüge des alltäglichen Lebens und Lebensgeschichte, die biographisch-persönlichen Zusammenhänge des individuellen Lebens.[23]

Mit dem Impuls wurde ein 'Möglichkeitsraum' aufgesucht und abgesteckt, was m.E. auch von der Sache her legitim ist. Es gibt darum aus explorativem Interesse an der Wahrnehmung weithin unbekannte Phänomene und keine eindeutig feststehenden Indikatoren für 'heilig'.[24] Uns interessierte aus religionsdidaktischen Interessen, wie Jugendliche heute heilig konnotieren. Deshalb haben wir auch darauf verzichtet, ihnen Items vorzulegen, wie es z.B. *L. Neuhold* und *A. Schnider* in ihrer groß angelegten Befragung von über 20 000 steirischen Schülern getan haben.[25]

---

[23] Vgl. *F. Schweitzer*, Die Suche nach eigenem Glauben. Einführung in die Religionspädagogik des Jugendalters, Gütersloh 1996, 41.

[24] Es war wohl nicht nur Zufall, daß *K. Hemmerle*, Schüler und Nachfolger des großen Religionsphilosophen *B. Welte*, als Bischof von Aachen anläßlich des 89. Deutschen Katholikentages 1986 in der Neuen Galerie - Sammlung *Ludwig* in Aachen - die schon erwähnte Ausstellung zu eröffnen hatte, in der Exponate und Texte von Jugendlichen präsentiert wurden, die unter dem Vorzeichen 'Das ist mir heilig' zusammengetragen worden waren. Hier sah sich der Fundamentaltheologe und Kirchenmann nun herausgefordert, das zu deuten, was Jugendliche als ihre Heiligtümer bezeichneten: vom Teddybär, Besen und Bett bis zum Rosenkranz und Kreuz. Konnte dort in den Exponaten und kann in den von den Studierenden gesammelten Texten angesichts der Krise von rein innerweltlich orientierten Sinngebungsversuchen vielleicht so etwas wie eine 'Wiederkehr des Heiligen' geortet werden? *K. Hemmerle* meint, einen durchaus vorhandenen 'Ursinn für das Heilige' behaupten zu können. Offenheit und Empfänglichkeit für einen solchen Ursinn für das Heilige habe jeder Mensch, der zugibt, er habe Heiligtümer. Wer das zugibt, drückt aus, daß er eine tiefere Erfahrung mit Menschen und den Dingen seiner Welt gemacht hat. Wer etwas als 'heilig' bezeichnet, setzt sich damit in eigentümlicher Weise in Beziehung zu etwas und setzt sich auch selbstreflexiv zu sich in Beziehung. Vgl. *K. Hemmerle*: Geleitwort zur Eröffnung der Ausstellung 'Heiligtümer Jugendlicher' in der Aachener Neuen Galerie am 2.9.1986, in: BDKJ im Bistum Aachen u. Abtlg. für kirchliche Jugendarbeit in der HA Gemeindearbeit des Bischöflichen Generalvikariates Aachen (Hrsg.), 'Das ist mir heilig'. Ausstellung Heiligtümer Jugendlicher, Aachen u. Altenberg o.J. (1986), 3 - 6, hier 3 f.
Nach *K. Hemmerle* sind es folgende Größen, die etwas zu einem persönlichen Heiligtum machen können, gewissermaßen als 'Einstiege zum Heiligen' (Vgl. *K. Hemmerle*, Geleitwort, 5.): Geschichte als *Mut zur Erinnerung*, die sich abhebt von der Zufälligkeit des Augenblicks und das Ja zur Unverfügbarkeit der eigenen Geschichte. Einen weiteren 'Einstieg zum Heiligen' sieht *K. Hemmerle* in den *Knotenpunkten gelebter Beziehung*, in der Beziehung zu etwas, zu jemandem. Beziehung kann ich aufnehmen zu etwas, was sich von mir unterscheidet, schließlich kann Beziehung zur Begegnung werden, die den anderen heilt und heiligt und die mich heilt und heiligt. Als dritten 'Einstieg zum Heiligen' sieht *K. Hemmerle* die Kategorie *Maßstab-Werte*, die zeigen, daß nicht alles gleich gültig, egal ist.

[25] *L. Neuhold u.a.*, aaO.

Die Studierenden an der Universität Regensburg sind mit dem offenen Impuls 'heilig ist mir' (manche haben ihn abgewandelt in 'heilig ist für mich') in die Schulen gegangen. Sie sollten alles vermeiden, was ein Religionsstunden-Ich aktivieren könnte, und hatten häufig die Gelegenheit, die Schüler auch außerhalb des Religionsunterrichts zu befragen. Vor dem Gang in die verschiedenen Schulen erlernten und erprobten die Studierenden eine Methode des Kreativen Schreibens,[26] mit der sie in der konkreten Unterrichtssituation die Schüler anregen sollten, möglichst authentische Texte zu dem vorgegebenen Impuls zu schreiben.

Um sie für Differenzen sensibel zu machen, die Differenzen zwischen den eigenen Bedeutungszuschreibungen und denen der Schüler, hatten sie sich vor ihren Erhebungen von Schüleräußerungen ihres eigenen Vorverständnisses zu vergewissern. Sie haben Texte darüber geschrieben, was ihnen selber heilig ist. Dies sollte eine Hilfe sein, das eigene Vorverständnis bei der Wahrnehmung und Interpretation von Schüleräußerungen weitgehend einklammern zu können.

Was ist nun in der Perspektive der von uns befragten Schülerinnen und Schüler 'heilig'?

Ein mehrfacher Durchgang durch die Texte im Sinne eines 'offenen Kodierens' der 'Grounded Theory', einer qualitativen Methode empirischer Sozialforschung,[27] führte in der Reihenfolge der Häufigkeiten zu folgenden Kategorien:

1. Familie, 2. Freunde/Freundin, 3. Gegenstände, 4. Werte, 5. explizit Religiöses, 6. Freie Zeiten, 7. Orte, 8. Tiere, 9. Mein Leben, 10. Sonstiges.

Diese Kategorien berühren sich weitgehend mit denen, die *Neuhold* und *Schnider* ermittelten.[28] Es fehlen bei diesen aber die in unseren Texten stark vertretenen Kategorien 'Freie Zeiten' (Freizeit, Wochenende, Ferien, Partys, Feste) und Orte (Zimmer, Bett, Wohnung, Heimat).

Auf fünf dieser Kategorien will ich kurz eingehen: 'Familie', 'Freunde', 'Freie Zeiten', 'Orte' und - für einen Religionsdidaktiker besonders aufschlußreich - 'explizit Religiöses'.

*Familie: die, die immer für mich da sind*
Familie und Freunde werden von den Jugendlichen am häufigsten als 'heilig' hervorgehoben. Die eigene Familie ist heilig als Lebensbasis, als die Ermöglichung, überhaupt da zu sein und nicht nichts zu sein. Ihr verdankt man das, was man ist („Ohne Familie wäre ich nicht da"). Familie ist auch Lebensbasis in der Gewährung basaler Bedürfnisse („... weil ich ohne sie nicht leben kann"), vor allem aber wird sie als heilig hervorgehoben, weil sie Geborgenheit, Vertrauen, Halt und Hilfe gewährt: „Heilig ist mir meine Familie, denn sie ist immer für mich da, und ich liebe meine Familie." - „Meine Eltern (vor allem meine Mutter) sind für mich heilig, weil sie immer für mich

---

[26] Vgl. z.B. Clustering nach *G. Rico*, Garantiert schreiben lernen, Reinbek bei Hamburg 1987, 27 - 49.

[27] *B.G. Glaser/A.L. Strauss*, The Discovery of Grounded Theory. Strategies for Qualitativ Research, Chicago 1967. *A.L. Strauss/J. Corbin*, Grounded Theory. Grundlagen qualitativer Sozialforschung, Weinheim 1996.

[28] Vgl. *L. Neuhold u.a.*, aaO.

da sind, wenn ich Probleme habe, ohne Geschwister wäre das Leben auch langweiliger." Auffällig oft werden Qualitäten des biblischen Gottesnamens Jahwe, als der 'Ich bin da für Euch' auf die Familie oder Familienangehörige bezogen. („Geschwister sind immer für mich da, und ohne sie wäre ich auf der Straße.")
In den Aussagen zu Familie und später auch zu den Freunden oder der Freundin und dem Freund drückt sich auch ein großes Bedürfnis nach unmittelbarer Begegnung und Annahme aus. Dieses kann als Antwort auf die Erfahrung einer fragmentarisierten, zusammenhanglosen Welt gedeutet werden. Je unübersichtlicher und komplizierter die gesellschaftlichen Makrostrukturen werden, je stärker der Sog einer Globalisierung und Ökonomisierung die gesellschaftliche Verkehrsform prägt, desto bedeutungsvoller werden Erfahrungsmöglichkeiten von unmittelbar erfahrbarer und auch leiblich erlebbarer Beziehung. Jugend - so scheint mir - reagiert besonders sensibel auf die Erfahrung, in einer fragmentarisierten und für sie unübersichtlichen Welt zu leben, der sie weitgehend schutzlos ausgeliefert ist. In der Familie und in freundschaftlichen Beziehungen, in diesen noch überschaubaren kleinen Welten, wird Sicherheit und Halt gesucht - und hier auch mehr gefunden, als es manche Kulturpessimisten und Propheten des Wertverfalls bisher wahrgenommen haben. Auch die von manchen Soziologen im Zusammenhang der Individualisierungsthese vertretene Annahme eines Zerfalls traditioneller Milieus und Familienzusammenhänge muß wohl differenzierter dargestellt werden.[29] Anstelle eines Bedeutungsschwundes der Familienbindung registrieren wir - zu unserer Überraschung - eher einen Bedeutungszuwachs von Familie. Individualisierungsprozesse und Familienbindung scheinen sich - nach unseren Texten - nicht zu widersprechen.

*Freunde/Freundin: denen ich vertrauen kann und mit denen ich über alles sprechen kann*
Auch bei den Freunden, den Freundschaftscliquen oder beim andersgeschlechtlichen Freund oder der Freundin spiegelt sich ihre Heiligkeit in der Erfahrung von Vertrauen und Verläßlichkeit wider. Aber zwei Qualitäten von Beziehungserfahrungen konzentrieren sich hier in auffälliger Weise: Freunde werden immer wieder hervorgehoben als Gesprächspartner, mit denen man „über alles reden kann" („... mit ihnen kann ich über vieles reden, was ich vor meinen Eltern nicht trau, darüber zu sprechen, sei es Jungs usw."), und man kann mit ihnen zusammen Spaß haben („Meine Freunde und der Spaß sind mir heilig, weil ich finde, daß man ohne Freunde keinen Spaß haben kann, und ohne Spaß wäre mir das Leben zu traurig.").
Der andersgeschlechtliche Freund ist heilig, ganz schlicht, „weil er über alles geliebt wird". Und hier verdichten sich in besonderer Weise Erfahrungen von Vertrauen, Liebe, Zärtlichkeit und Spaß: „Mein Freund ist mir heilig. Er schenkt mir Vertrauen, Liebe, Zärtlichkeit und Spaß."
Überhaupt: Spaß, Spaß am Leben, ist ein Schlüsselwort für Jugendliche. Hier zeigt sich vielleicht ein wichtiges Abgrenzungsmerkmal von der gallig-ernsten Erwachsenenwelt, dem nachzugehen sich lohnt.

---

[29] Vgl. *U. Popp*, Individualisierung. Das „jugendtheoretische" Konzept auf dem Prüfstand, in: Pädagogik (1996), H. 11, 31 - 35, hier 35.

*Freie Zeiten: abschalten, frei sein und ekstatische Erfahrungen machen*
Mit 'Freunden' eng verbunden sind die Erfahrungsqualitäten der freien Zeiten. Sie sind heilige Zeiten, nicht im Sinne eines religiösen Festkalenders, sie sind heilig, weil man hier mit Freunden zusammenkommen und Spaß haben kann, weil man hier einmal abschalten und sich erholen kann (z.B. vom Schulstreß), weil hier Freiheit erfahren werden kann, auch von den an sich wohltuenden Familienbindungen („Das Fortgehen ist mir auch heilig, weil ich da endlich von zu Hause weg bin und machen kann, was ich will."). In den freien Zeiten werden ekstatische Erfahrungen gemacht, welche die Eintönigkeit und Banalität des Alltags durchbrechen: „... speziell Inline-Skating gibt mir einen besonderen Kick im Alltag"; „die Disco ist mir heilig, weil ich irgendwo abtanzen kann"; „Musik ist einfach geil. Da kann ich alles aus mir rauslassen".
Ekstatische Erfahrungen werden auch gemacht durch das Austoben im Sport oder einfach nur „die Sau rauslassen". Hier spielt auch der Alkohol und der Sex eine - in der Häufigkeit untergeordnete - Rolle („Sex ist spitze, Liebe ist wie lauter Schmetterlinge im Bauch, irres Gefühl.").

*Orte: Mein Zimmer, Schutzraum für das innerste Selbst*
In einer gewissen Spannung bzw. Polarität zu den intensiven Beziehungs- und Begegnungserfahrungen in Familie und im Freundeskreis stehen die am häufigsten genannten heiligen Orte: „mein Zimmer" und „Bett".
Das Zimmer ist heilig: „Weil ich oft einen Ort brauche, um mich zurückziehen zu können"; „... denn hier möchte ich alleine sein"; „...weil ich dort machen kann, was ich will". Das Zimmer ist für die Jugendlichen ein wichtiger Rückzugsort. Ferner ist das eigene Zimmer ein heiliger Ort, weil hier „meine persönlichen Sachen sind, die nicht jeden etwas angehen." Hier kann man sich abgrenzen, hier ist ein Schutzraum für das innerste Selbst, und hier kann Ich zu mir kommen.
Die häufige Nennung des Betts verwundert dann gar nicht: „Mein Bett ist mir heilig, weil ich mich immer reinlegen kann, wenn ich müde bin."
Wenn dann öfters auch die Wohnung und das Zuhause genannt werden, dann verweisen diese Texte wieder auf die Geborgenheitserfahrungen im Raum der Familie.

*Explizit Religiöses: Gott - Beten - Kirche*
Je nachdem, wie man die Nähe von Jugendlichen zu explizit Religiösem einschätzt (in den Texten sind es vor allem Aussagen zu Gott/Jesus, zum Beten, zur Kirche, zu Festen und zur Bibel) finden sich bemerkenswert viele Aussagen zu dieser Kategorie in den im Dezember und Januar 1996/97 erhobenen Texten. Nicht selten wird Heiligkeit explizit auf die Heiligkeit Gottes bezogen. Klassisch theologisch klingt folgender Text: „Bei Gott denke ich, er ist heilig, d.h. ich glaube an ihn und habe vielleicht auch eine gewisse Ehrfurcht." Hervorgehoben wird Gott als Schöpfer („Ohne Gott würden wir alle nicht leben") und als Helfer („weil er mir oft hilft").
„Heilig ist mir Gott, denn auch wenn es mir keiner glaubt, ich setze (fast) alles auf Gott, d.h. wenn ich weiß, etwas wird nicht funktionieren, spreche ich am Sonntag oder am Morgen mit Gott." Solche Glaubensbekenntnisse sind nicht selten.

Charakteristischer ist - auch im Hinblick auf andere qualitative Untersuchungen zum Gottesglauben Jugendlicher - eine häufig anzutreffende Unbestimmtheit, ein 'Vielleicht' oder 'Sowohl-als-auch': „Gott und Jesus sind Wörter, sie sind sehr rätselhaft. Ich weiß nicht, ob es sie gibt." „Bei dem Glauben weiß ich nicht so genau, ob er so wichtig ist für mich, ..., ich weiß nämlich nicht, ob das ganz stimmt." Gott wird selten explizit verneint, er ist aber auch nicht Gegenstand einer positiv-sicheren Gewißheit, der Glaube an Gott bleibt in der Schwebe.[30]

Oft wird in den Texten 'Gott' in Beziehung zu 'Kirche' gesetzt, in bestätigender und auch in abgrenzender Weise: „Gott und die Kirche ist mir heilig, weil ich denke, daß jeder Mensch etwas hat, an das er glauben kann." „Die Kirche ist mir heilig, weil ich zu Gott beten kann." Anders verhält es sich mit folgender Aussage: „Heilig ist für mich Gott, aber nicht die Kirche und das ganze religiöse Gesappel." „Natürlich glaube ich noch an Gott, aber muß man dazu in die Kirche gehen? Glaubt man wirklich nicht an Gott, wenn man nicht in die Kirche geht? Natürlich bedeutet mir Kirche auch etwas, aber mit der Zeit verliert es für mich an Bedeutung, da ich mir die Geschehnisse, wie sie in der Bibel beschrieben sind, teilweise nicht vorstellen kann." Der letzte Satz weist auf ein Problem hin, das in der religionspädagogischen Diskussion nicht unterschätzt werden darf: Die biblische Semantik und Metaphorik ist für viele Jugendliche trotz aller symboldidaktischen Anstrengungen weiterhin eine gedankliche Zumutung und stößt auf Unverständnis.[31]

Für Jugendliche spielt der Gottesglaube und die Gottesfrage eine wichtigere Rolle als viele Religionslehrer wahrscheinlich wahrnehmen.

'Beten' wird nach Gott am häufigsten genannt. Einmal fast so, wie man es in Religionsbüchern als Erwartung an Jugendliche finden kann: „Ich bete jeden Abend, und es ist wie Dank an Gott, diesen Tag erlebt zu haben. Beten ist eine wichtige Sache." Typischer aber ist eine selbstkritische Problematisierung des Betens: „Ich bete oft, aber leider meistens nur, wenn ich etwas brauche, oder für etwas danken will. Das klingt ziemlich egoistisch."

„Manchmal, wenn ich traurig bin, oder irgendwelche Probleme habe, bete ich auch zu Gott (oder Jesus). Ich weiß, daß er immer da ist und mir zuhört."

'Kirche' löst weniger und recht unterschiedliche Konnotationen aus unter dem Vorzeichen 'heilig ist mir'. Kirche ist heiliger Ort, „... weil man dort in Ruhe und Frieden beten und nachdenken kann." Öfter wird Kirche aber in bewußter Opposition zu 'heilig' gesehen: „Heilig ist für mich nicht die Kirche."

Kirche ist positiv besetzt, wenn man dort als Jugendlicher angenommen, aufgenommen ist und auch bedeutungsvoll ist (z.B. als Ministrant, Leiter einer Jugendgruppe); Kirche wird vor allem dann äußerst kritisch gesehen, wenn keine eigenen (positiven) Erfahrungen in und mit ihr gemacht wurden, wenn sie sich festbeißt in 'veraltete Ansichten',

---

[30] Vgl. auch *D. Fischer/A. Schöll*, Glauben Jugendliche anders? Zur Bedeutung von Religion in der Lebenspraxis Jugendlicher, in: KatBl 121 (1996), 4 - 14, hier 7.

[31] Vgl. *K.E. Nipkow*, Religion in Kindheit und Jugendalter. Forschungsperspektiven und -ergebnisse unter religionspädagogischen Interessen, in: *G. Hilger/G. Reilly,* Religionsunterricht im Abseits? Das Spannungsfeld Jugend - Schule - Religion, München 1993, 183 - 223, hier 193 ff.

wenn dort 'Doppelmoral' ausgemacht wird, wenn sie etwas verlangt, 'ohne sich selbst dafür zu engagieren'. Wie sieht es aber aus in jenem 16jährigen Jungen, der einem Studierenden folgenden Text gegeben hat:
„Mir ist nichts heilig, weil mir nichts wichtig ist! Weder Gegenstände (weltlicher Besitz), noch Gefühle! Nichts auf dieser Welt ist mir heilig oder wichtig, selbst mein eigenes Leben, denn das habe ich abgeschlossen. Wenn man in dieser Welt voller Aggressionen und Dummheit von uns Menschen lebt, ist es besser, keine Gefühle zu haben oder überhaupt zu existieren. Ich will nicht sagen, daß mir alles egal ist, sondern 'nur', daß mir *nichts* wichtig ist! Heilig ist ein Ausdruck der Kirche, den ich für 'Irreal' halte, wie alles, was mit Kirche oder Glauben zu tun hat."
Welche Verbitterung und Enttäuschung spricht aus diesem Text? Ich klammere mich aber daran fest, daß dieser Junge nicht sagen will, daß ihm alles egal sei. Immerhin, dieser Junge signalisiert, daß er ins Gespräch kommen will. Vielleicht sehnt er sich doch nach jemandem, der oder die ihm die Erfahrung ermöglicht, daß es gut sein kann und beglückend sein kann, Gefühle zu haben und zu existieren. Dieser Text wäre nicht geschrieben und übergeben worden, wenn der Junge es aufgegeben hätte, in Beziehungen und Kommunikation zu jemandem zu treten. Es ist wohl noch nicht entschieden, ob diesem Jungen der 'Ursinn für das Heilige' gänzlich abgeht.
Rückblickend kann man sagen, daß es gute Gründe gibt, die Texte der Jugendlichen als ihre subjektiven Perspektiven, ihren persönlichen Zugang zum Heiligen bzw. als Ausdruck eines 'Ursinns für das Heilige' anzusehen. Dies auch wegen ihrer Redeform. Sie reden von eigener Erfahrung im Unterschied zu einer objektiv-distanzierenden Beschreibung von Feststellbarem. Die Jugendlichen haben aufgeschrieben, was sie angeht, vielleicht sogar zutiefst und unbedingt angeht, es sind Zeugnisse ihrer Erfahrungen.
Mir scheint auch, daß schon die Erhebungsmethode des Kreativen Schreibens ein Sprachspiel gefördert hat, das im Sinne einer religiösen Sprachpropädeutik relevant ist. Indem die Schüler ihren ganz persönlichen Erfahrungen Ausdruck und Gestalt gegeben haben, indem sie Gegenstände mit Bedeutung versehen haben, sind sie zu symbolisierendem Sprechen angeregt worden. Jugendliche haben mehr Sinn für Symbole und symbolisieren in ihrem Alltag mehr, als es oft von vielen wahrgenommen wird.
Bei einer interdisziplinären Diskussion um das Heilige wird die Religionspädagogik vor allem zu erforschen haben, was junge Menschen heute als ihren tragenden Grund ansehen, der ihr Leben 'heiligt' und was für sie zu einer sinnvollen humanen Existenz gehört. Es zeigte sich bei der Pilotstudie 'Was Jugendlichen heilig ist', daß das, was ihr Leben heilig macht, Geschenkcharakter hat und eine letztlich unverfügbare und ereignishafte Qualität kennzeichnet. Es läßt sich zwar nicht mehr eindeutig als 'sacrum' vom 'profanum' abgrenzen, und es mag manchen befremden, wie das für sie 'Heilige' verflochten ist mit Alltagserfahrungen. Doch bleibt das Heilige für die Jugendlichen in einer Distanz zur Banalität eines bloß funktionierenden Alltags: Sie finden es in verdichteten existentiellen Erfahrungen in der Familie, in der Freundschaft, in freien Zeiten und in abgrenzbaren Räumen als Erfahrungen des Angenommenseins, Aufgehobenseins und des Herausgehobenseins ('Spaß', 'Ekstase'), so gesehen als Unalltägliches im Alltäglichen.

Das ist sicherlich nicht die 'ganz andere' Wirklichkeit, wie sie bei manchen Aussagen zum explizit Religiösen noch zum Ausdruck kommt, doch eine 'andere' Wirklichkeit, eine die eindimensionale Banalität des Alltags unterbrechende. Hier finden die Jugendlichen etwas von der Heiligkeit und Kostbarkeit ihres Lebens, hier finden sie Sinn. Eine solche 'Wiederkehr des Heiligen' ereignet sich also keineswegs spektakulär und gibt sich fast beiläufig als Sinnsuche zu erkennen aber als etwas, was die Jugendlichen existentiell angeht und über das sie nicht beliebig verfügen können. Selbst der 'Spaß' miteinander ist etwas, was sich ereignet und nicht produziert werden kann.

## 4. Lernchancen und Handlungsperspektiven

Aus religionsdidaktischer Perspektive will ich einige Lernchancen und Handlungsperspektiven aufzeigen, die sich im Kontext des Projekts 'Was Jugendlichen heilig ist' zur Diskussion anbieten:

### 4.1 Wahrnehmungskompetenz für die sprachlichen Äußerungen

Religionsunterricht mit Jugendlichen, nicht für oder gegen Jugendliche, muß sich in einem wesentlich stärkeren Maße, als es üblich ist, an der lebensgeschichtlichen und lebensweltlichen Erfahrung von religiöser Relevanz orientieren. Ich stelle mir deshalb den Religionsunterricht als einen Lernort vor, an dem junge Menschen lernen, ihre Religion und ihren Glauben wahrzunehmen, anzunehmen, zu entwickeln, ihn kommunikationsfähig zu machen, also soziale Gestalt zu geben und ihn reflektierend zu verantworten. Aufgabe der Lehrenden ist es dann, Kinder und Jugendliche bei ihrer religiösen Entwicklung in diakonischer Selbstlosigkeit zu begleiten, zu unterstützen und auch herauszufordern.[32] Ein solcher Religionsunterricht setzt LehrerInnen voraus, welche die Schüler als aktive Subjekte ihrer religiösen Biographie wahrnehmen können. Zur Professionalisierung von ReligionslehrerInnen sind also nicht nur hermeneutische Kompetenzen für Inhalte der verschiedenen theologischen Disziplinen, sondern auch phänomenologische Kompetenzen für die gelebte (bzw. 'unsichtbare') Religiosität von Kindern und Jugendlichen zu vermitteln.

Dabei ist eine besonders respektvolle Behutsamkeit gegenüber dem Eigenen, Fremden und eventuell Unverständlichen der individuellen Äußerungen von Kindern und Jugendlichen geboten, die in ihrer Würde geachtet und vor einem zu schnellen und eventuell vereinnahmenden Verstehen geschützt werden müssen. Auch hier gilt im Interesse einer phänomennahen Wahrnehmung das Prinzip der Verlangsamung.[33]

---

[32] Vgl. *G. Hilger,* Prinzipielle religionsdidaktische Grundregeln I. Grundregel 1: Schüler und Schülerinnen als aktive Subjekte ihrer religiösen Biographie ernst nehmen können, in: *E. Groß/K. König* (Hrsg.), Religionsdidaktik in Grundregeln. Leitfaden für den Religionsunterricht, Regensburg 1996, 9 - 19, hier 11.

[33] Vgl. u.a. *G. Hilger,* Für eine religionspädagogische Entdeckung der Langsamkeit, in: *G. Hilger/ G. Reilly* (Hrsg.), Religionsunterricht im Abseits? Das Spannungsfeld Jugend - Schule - Religion, München 1993, 261 - 279.

Eine gewollte, methodisch kontrollierte Verlangsamung, z.B. durch einen mehrstufigen und schrittweisen Wahrnehmungs- und Interpretationsprozeß,[34] kann die phänomengerichtete Wahrnehmung des Eigenen und Fremden der lebensweltlichen Äußerungen fördern.[35]

Zur religionsdidaktischen Ausbildung gehört es darum, die subjektiven Theologumena von SchülerInnen z.B. in Texten und Aussagen sprachlicher und nicht-sprachlicher Art genauso sorgfältig und sachgerecht wahrnehmen und auslegen zu lernen wie biblische Texte, Dokumente aus der Kirchengeschichte, der Systematischen Theologie und Religionswissenschaft,[36] wie Kunstwerke, Bauten, liturgische Formen und Brauchtum. Das erfordert Kompetenzen bei den Unterrichtenden, Kommunikationssituationen zu schaffen, in denen sich Jugendliche auch in ihrer Sprache und in ihrem Denken, Fühlen und Werten äußern können und dürfen. Nur so kann ein Gespräch entstehen über das, was ihnen heilig, was ihnen religiös und was ihnen glaubwürdig und sinnstiftend ist. Es geht ja an erster Stelle um ihre Religiosität und ihren Glauben und nicht darum, was sie zu glauben haben. Nicht nur über Religion und Glauben reden, sondern von eigener Religiosität und eigenem Glauben sprechen! Das wird begünstigt durch die Kultur einer Sprache, die lebensgeschichtlich und lebensweltlich mit eigenen Erfahrungen gesättigt ist. Religiöses Sprechen ist auf performative, selbstimplizierende und expressive Sprechakte angewiesen.

Performative und selbstimplizierende Sprechakte vollziehen Handlungen z.B. des Bekennens, des Lebens, in denen der Sprecher mit seiner Person selbst involviert ist: „Für mich aber ist das Allerheiligste die Liebe, denn Leben und Liebe gehören zusammen und durch Liebe entsteht das Leben!" (m, 15 J.). Ein solches Sprechen ist erfahrungsgesättigt und drückt innere Affinitäten des Sprechenden zum Gesagten bzw. Geschriebenen aus.

Religiöses Sprechen ist auch auf expressive Sprechakte angewiesen, in denen der Sprecher/Schreiber seinen Gefühlen Ausdruck gibt: „Ich hasse den Tod, denn er bringt nur Zerstörung und Angst, manchmal auch Erlösung..."; „... Liebe ist wie lauter Schmetterlinge im Bauch, irres Gefühl."

Ich betone die theologische Würde solcher Sprechakte hier so sehr, weil der Religionsunterricht sich m.E. zu oft festlegt auf konstatierendes, auf lehramtliches oder auf fachtheologisches Sprechen. Diese Sprechakte behalten gewiß eine relative Bedeutung. Ohne einen inneren Bezug zu den alltagssprachlichen Äußerungen Jugendlicher

---

[34] Vgl. hierzu *H. Schmid*, „Was Dir das Leichteste dünket ..." Erschließung der Lebenswelt - Korrelation - Religionsunterricht, in: *G. Hilger/G. Reilly* (Hrsg.), aaO., 224 - 237.

[35] Zugunsten einer solchen Achtsamkeit plädiert *P. Biehl* mit m.E. guten Argumenten dafür, die Identifizierung von phänomenologischer Methode und Hermeneutik rückgängig zu machen und jene als eigenständige Zugangsweise zu religionspädagogisch relevanter Wirklichkeit neben Empirie, Hermeneutik und Ideologiekritik in Anspruch zu nehmen. Vgl. *Biehl*, Wahrnehmung, 406 f.; *A. Grözinger* fordert einen Paradigmenwechsel der Praktischen Theologie von ihrem primären Selbstverständnis als Handlungswissenschaft hin zu einer Praktischen Theologie als Kunst der Wahrnehmung (*ders.*, Praktische Theologie als Kunst der Wahrnehmung, Gütersloh 1995).

[36] Vgl. *K.E. Nipkow*, Religion, 210 f.

können sie, theologisch gesprochen, aber nicht 'heilskräftig' oder 'wirklichkeitsschaffend' werden.[37] Aus den Texten der Schüler spricht eine erstaunliche Bereitschaft, sich auf religiös-relevante Sprechakte einzulassen und mit anderen ins Gespräch zu kommen, was für sie lebensgeschichtlich und lebensweltlich bedeutungsvoll und sinnstiftend ist. Wer in dieses Gespräch eintreten will, muß gelernt haben und immer wieder neu lernen, die Schüler anzunehmen und wahrzunehmen. Wahrnehmungskompetenz für die lebensweltlichen Äußerungen von Jugendlichen und für ihre individuelle Religiosität ist eine unverzichtbare religionsdidaktische Herausforderung für die Aus- und Fortbildung von LehrerInnen.[38]

*4.2 Individuelle Religiosität und religiöse Bildung*

F. *Schweitzer* setzt in seiner Religionspädagogik des Jugendalters folgende Handlungsperspektive an die erste Stelle: „Religion der Jugend wahrnehmen und anerkennen, herausfordern und begleiten"[39].

Ich habe mich bisher auf das 'Wahrnehmen' und das 'Anerkennen' beschränkt, will aber zumindest angedeutet haben, daß ein bildender Religionsunterricht auch die Jugendlichen herausfordern und begleiten will bei ihrer religiösen Entwicklung. Dazu gehört auch der Aufbau von religiösem Wissen, Informiertheit, Reflexionsfähigkeit und die Kommunikationsfähigkeit mit den Religionen, denen die Jugendlichen heute begegnen. Ich halte viel davon, daß die Jugendlichen sich auch abarbeiten an den Positionen derer, die zu einer Kirche bzw. einer Religion gehören und einer theologisch reflektierten Positionalität begegnen im institutionellen Kontext eines theologisch reflektierten und positionellen Religionsunterrichts. Eine, aber nicht die geringste religionsdidaktische Herausforderung, mit der uns die Prozesse auch religiöser Individualisierung und Pluralisierung konfrontiert, ist es, die Jugendlichen als Subjekte ihrer religiösen Biographie wahrzunehmen und anzunehmen.[40]

In welchem Verhältnis gelebte Religiosität der Schüler und Schülerinnen zum gelehrten Glauben der Kirche stehen, wie sich die Theologie der Jugendlichen und die Amtstheologie zueinander verhalten, das sind theologische Grundsatzfragen, die die Theologie insgesamt betreffen. Im Gespräch mit den anderen theologischen Disziplinen wird sich die Religionspädagogik vor allem als Anwalt der Subjekte ins Spiel bringen und darf dabei - die Kritik der anderen Disziplinen voraussetzend - Einseitigkeiten riskieren.

---

[37] Vgl. *S. Leimgruber,* Das Sprechen vom Geist. Religiöse Sprache und Erfahrung am Beispiel der Firmung, Studien zur Praktischen Theologie 16, Zürich 1978, 19 - 79.

[38] Vgl. *G. Hilger*: Jugendliche und ihre Religiosität. Individualisierung und Pluralisierung als religionsdidaktische Herausforderung, in: *H. Petri* u.a., Glaubensvermittlung im Umbruch, FS Bischof M. Müller, Regensburg 1996, 334 - 361, hier 353 ff.

[39] *F. Schweitzer*, Suche, 153.

[40] Vgl. *Hilger*, Grundregeln, 9 - 19.

*4.3 Religionsdidaktische Kompetenz für die Inhaltsfrage des Religionsunterrichts*

Der Blick in die Texte der Jugendlichen zeigt, daß sie hoch motiviert sind, über die Bedeutung ihres eigenen Lebens nachzudenken, daß Sinnfragen nach dem, was ihr Leben trägt und hält, für sie brennend sind; vielleicht ist das eine jugendspezifische Reaktion darauf, daß sie die Bevölkerungsgruppe sind, die am stärksten dem Gefühl ausgesetzt ist, in einer fragmentierten Welt ohne Zusammenhalt zu leben.[41] Der Impuls 'heilig ist mir' hat überraschend viele religiöse Themen als Themen der Jugendlichen ans Tageslicht gebracht: die Erfahrung von Kontingenz, die Gottesfrage, Fragen nach dem Ursprung und Sinn des Lebens, Bedeutung des Betens, Beziehung zur Kirche, die subjektive Bedeutung eines irgendwie gearteten Glaubens und vor allem die Frage nach dem Grund von Vertrauen und Liebe.

Mehr als es bisher der Fall ist, müssen Lehrende lernen, die theologische Dignität solcher Themen der Schüler zu erkennen, auch dann, wenn diese nicht in der theologisch vertrauten Gestalt vorkommen.[42] Jugendliche interessieren sich für theologische Themen, wenn diese nach dem Prinzip der Passung von ihnen in ihrem lebensweltlichen Bezug erkannt werden können. Wir stehen erst am Anfang, die lebensgeschichtliche und lebensweltliche Religiosität der Schüler in eine produktive Wechselbeziehung zu den Angeboten und Herausforderungen jüdisch-christlicher Religion und Tradition zu bringen. Religionsdidaktik ist hier auf die Unterstützung durch andere Disziplinen angewiesen. Für diese können die Anfragen der Jugendlichen vielleicht sogar einen zeitdiagnostischen oder prophetischen Gehalt haben. Das analytisch Erhobene theologisch interpretieren zu können, erfordert eine Wissenschaftspraxis des interdisziplinären theologischen Gesprächs, bei dem sich die Einheit der Theologie bewähren muß und bei dem keine theologische Disziplin Dominanzansprüche erhebt.

## 5. Zur Praxisrelevanz der enzyklopädischen Fragestellung

Aus dem hier skizzenhaft dargestellten religionsdidaktischen Projekt im Rahmen der Lehrerausbildung lassen sich einige Konturen des Verhältnisses der Religionspädagogik zu anderen theologischen Disziplinen und nicht-theologischen Wissenschaften erkennen, die etwas zum Selbstverständnis der Religionspädagogik aussagen:

1. Religionspädagogik ist zwar auf Kenntnisse, Kategorien, Fragestellungen, auf Inspiration und Kritik anderer theologischer Disziplinen angewiesen, sie versteht sich aber nicht als bloße 'Anwendungswissenschaft' der Biblisch-Historischen und der Systematischen Theologie. Religionspädagogik hat als praktisch-theologische Disziplin nämlich Fragestellungen und Erkenntnisinteressen, die zumindest in dieser Zuspitzung ihr eigen sind: die Praxis gelebter Religiosität und Gläubigkeit (bzw. Areligiosität und Unglaube) in den Entdeckungszusammenhang theologischen Fra-

---

[41] Vgl. *A. Dubach/R.J. Campiche*, Jeder ein Sonderfall? Religion in der Schweiz. Ergebnisse einer Repräsentativbefragung, Zürich/Basel 1993, 323.

[42] Vgl. *F. Schweitzer*, Suche, 172.

gens und Forschens einzubringen, und dies im praktischen Interesse am umfassenden Heil des Menschen, soweit religiöse Bildung - auch außerhalb eines kirchlichen Kontextes - dazu beitragen kann. Weil und insofern es der Religionspädagogik nicht nur um die binnenkirchliche Vermittlung christlichen Glaubens geht, sondern um theologisch-inspirierte Wahrnehmung und Arbeit an den religiösen Deutungsmustern von Menschen,[43] hat Religionspädagogik einen eigenen theologischen Gegenstandsbereich, der auch für andere Disziplinen fruchtbar werden kann.

2. Wenn sich die Religionspädagogik komplexen Phänomenen wie z.B. Ausdrucksformen subjektiver Religiosität annähern und sie deuten will, dann benötigt sie neben empirischen, hermeneutischen und ideologiekritischen auch phänomenologische Erkenntniswege. Religionspädagogik ist somit auch auf phänomenologische Analysen angewiesen. Im Dialog mit anderen theologischen Disziplinen ist Religionspädagogik als praktisch-theologische Disziplin in besonderer Weise Anwalt einer empirisch fundierten Analyse religiös relevanter Phänomene in heutigen Lebenswelten und einer situationsbezogenen Theologie. Sie läßt sich dabei von dem Vorurteil der theologischen Dignität der lebensweltlichen Äußerungen von Kindern und Jugendlichen leiten.

3. Religionspädagogik ist ferner angewiesen auf interdisziplinären Dialog mit anderen Human- und Sozialwissenschaften, auf unser Beispiel bezogen z.B. auf die Methodologie einer qualitativen Sozialforschung und Erkenntnisse der Jugendforschung. Aber auch im Verhältnis etwa zur sozialwissenschaftlichen Jugendforschung oder zur Pädagogik ist Religionspädagogik nicht nur 'Anwender' oder Rezipient. Religionspädagogisch inspirierte Forschung zur Religiosität Jugendlicher kann Engführungen und blinde Flecken herkömmlicher Jugendforschung aufdecken,[44] und für die Pädagogik könnte Religionspädagogik wieder ein interdisziplinärer Gesprächspartner werden, wenn jene bereit ist, ihre Hilflosigkeit vor der religiösen Frage[45] zuzugeben.

---

[43] Vgl. *R. Englert*, Wissenschaftstheorie, 154.

[44] Vgl. *K.E. Nipkow*, Religion, 206 f, *F. Schweitzer*, Suche, 150 - 153.

[45] Vgl. *U. Frost*, Erziehungswissenschaft, in: *G. Bitter/G. Müller*, Handbuch religionspädagogischer Grundbegriffe, Bd. 2, München: 1986, 560 - 567.

# XVI.

## Gottesbilder im Vorschulalter. Eine empirische Studie mit enzyklopädischen Aspekten für den Elementarbereich

Martin Schreiner

### 1. Kinderfragen wahrnehmen und verstehen lernen - Zur Entdeckung des Kindes in der Praktischen Theologie

In „Geschichten mit Kindern", einem von *A. Becker* und *H. von Hentig* zum 60. Geburtstag des Pädagogen und langjährigen Leiters der Odenwaldschule *G. Becker* herausgegebenen Band, berichtet *R. Kahl* von einem äußerst interessanten Gespräch zwischen drei Kindergartenkindern über Gott und die Welt. Dort heißt es:

„Mit fünf - Mascha, Fabian und Sarah gingen bereits ein Jahr zusammen in den Kindergarten - unterhielten sie sich häufig über Gott und andere erste und letzte Dinge. Nur wenige Male stellte ich das Mikrophon dazu. Ich hatte erlebt, wie das Aufnahmegerät eine Bühne entstehen läßt, auf der sich die Poesie ihrer Gespräche nicht hält. An einem Nachmittag hatte ich das Mikrophon versteckt:

*Mascha*: „Der sieht bunt aus ..."

*Fabian*: „... und hat Arme. Und hat ..."

*Mascha*: „... Beine".

*Fabian*: "Beine. Und hat alles normal wie ein Mensch. Aber das ist dran, daß er viele Menschen in seinem Körper hat und er die immer wieder lebendig bringen kann. Aber bloß keinen Mensch, der tot gegangen ist, kann er wieder lebendig bringen".

*Mascha*: "Und er kann keine Autos lebendig bringen".

*Fabian*: "Gott hat ja alles erfunden. Gott hat die Menschen erfunden und Gott hat ja auch das erfunden, daß in Echt keiner zaubern kann. - aber das kann sich niemand vorstellen".

*Sarah:* "Auch wenn man's sich nicht vorstellen kann - aber das kann sich niemand vorstellen, ob das echt stimmt oder nicht. Das kann niemand wissen".

*Mascha*: "Der Gott sitzt auch in der Apfelsine. Das könnte doch sein, daß Gott in einer Apfelsine sitzt. Und ich glaube auch, daß Gott immer da im Tuch sitzt. Man kann's nicht sehen. Leider, leider".

*Fabian*: "Und wenn Gott in einem Lampenschirm sitzen würde und wenn der Lampenschirm ins Wasser fällt, was meint ihr dann? Dann könnte Gott ja nur die Fische ernähren. Der hat nicht so lange Arme, daß er übers Meer reichen kann. Gott ist nämlich in der Luft oder unter der Erde. Man weiß es nie, aber ich glaube, er ist in der Luft, weil Gott ja nicht von unten die Bäume festhalten kann".

*Mascha*: "Man kann das nicht wissen. Man kann auch nicht wissen, ob man die ganze Zeit träumt. Man kann nicht wissen, ob man jetzt auf ist oder nicht. Vielleicht träumt man ja - immer"[1]

„Mascha, Fabian und Sarah unterhielten sich häufig über Gott und andere erste und letzte Dinge". Nicht nur dieses Zitat belegt einmal mehr anschaulich, daß sich Kinder schon im Vorschulalter mit den existentiellen Fragen nach dem *Woher*, *Wozu* und *Wohin* unseres Lebens beschäftigen und sich tiefsinnige Gedanken über Existenz und Wirklichkeit Gottes machen. In den letzten Jahren sind darüber, wie Kinder wichtigen Lebensfragen auf die Spur kommen, eine Vielzahl von interessanten Veröffentlichungen erschienen.[2] Mit *R. Oberthür* lassen sich überblicksartig als zentrale Themenbereiche von Kinderfragen nennen: Fragen nach der (eigenen) Identität; Geheimnisse des Unendlichen / Unvorstellbaren (Welt, Natur, Universum, Raum, Zeit); Probleme des Zusammenlebens (Geschwister, MitschülerInnen, Jungen und Mädchen, Eltern, Lehrkraft); Zukunftsängste, Kriege, Umweltkatastrophen; Trauer, Krankheit, Leiden, Sterben und Tod; Leben nach dem Tod; die Entstehung von Sprache und insbesondere: die Existenz und Wirklichkeit Gottes. Die Kinder wollen unter anderem wissen: wie sieht Gott aus? Warum kann man Gott nicht sehen? Wo kommt Gott her? Ist Gott noch auf der Welt? Wie groß ist Gott? Gibt es überhaupt Gott? Kann Gott überhaupt sprechen? Gibt es Gott wirklich?[3]

Wenn die Religionspädagogik nicht nur von einer „Hermeneutik der Vermittlung", sondern in zunehmendem Maße auch von einer „Hermeneutik der Aneignung" her zu konzipieren ist,[4] dann ist die genauere Kenntnis von Art, Entwicklung und Bedeutung der Gottesbilder im Kindesalter und zwar schon im Kindergartenalter - eine Grundvoraussetzung nicht nur jeglicher religionspädagogischer Arbeit mit Kindern, sondern auch mit Jugendlichen. Wer mit Kindern in Kindergarten, Kindergottesdienst oder Seelsorgesituationen, in Kindergruppen und später im Religionsunterricht über Gott reden will, sollte zunächst in Erfahrung bringen, wie deren jeweiliger 'eigener Gott'

---

[1] *R. Kahl*, Laufen, sprechen, lutschen. Mascha, Fabian, Sarah, in: *A. Becker* und *H. v. Hentig*, (Hrsg.), Geschichten mit Kindern, Velber 1996, 117-122.

[2] Vgl. *B. Brüning*, Mit dem Kompaß durch das Labyrinth der Welt. Wie Kinder wichtigen Lebensfragen auf die Spur kommen, Bad Münder 1990; *H.-L. Freese*, Kinder sind Philosophen, Berlin 1989; *E. Martens*, Sich im Denken orientieren. Philosophische Anfangsschritte mit Kindern, Hannover 1990; *G.B. Matthews*, Denkproben. Philosophische Ideen jüngerer Kinder, Berlin 1991; *R. Oberthür*, Kinder und die großen Fragen. Ein Praxisbuch für den Religionsunterricht, München 1995; *R. Reed*, Kinder möchten mit uns sprechen, Hamburg 1990; *G. Ritz-Fröhlich*, Kinderfragen im Unterricht, Bad Heilbrunn 1992; *H. Schreier*, Über das Philosophieren mit Geschichten für Kinder und Jugendliche, Heinsberg 1993; *E. Zoller*, Die kleinen Philosophen, Zürich 1991.

[3] *R. Oberthür*, aaO., 14-16.

[4] Vgl. exemplarisch *U. Becker/C.Th. Scheilke* (Hrsg.), Aneignung und Vermittlung. Beiträge zu Theorie und Praxis einer religionspädagogischen Hermeneutik, Gütersloh 1995.

aussieht[5]. Nur aufgrund dieser Kenntnis kann das theologische Verstehen des Kindes empathisch nachvollzogen werden, nur dann können sinnvoll Antworten auf Fragen im Zusammenhang religiöser Entwicklung gesucht werden und nur dann scheint eine gelingende 'religionspädagogische Kairologie' (*R. Englert*) möglich.

Neben der dadurch gegebenen Möglichkeit einer angemessenen Anknüpfung an die Vorstellungswelt der Kinder ist den kindlichen Bildern und Äußerungen eine eigene theologische Dignität zuzuerkennen. Wird nicht schon in der biblischen Tradition die Religiosität der Kinder, die gemäß Mk 10, 13-16 in der Teilhabe am Reich Gottes besteht, als die eigentlich wahre Religiosität hingestellt, wobei beachtenswert ist, daß in den beiden wichtigsten Perikopen, Mk 9, 36 f und 10, 13 ff, nichts über eine inhaltliche Qualifikation von Kindlichkeit ausgesagt wird? Könnten nicht auch Untersuchungen der kindlichen Gottesbilder nähere Hinweise darüber ergeben, was mit 'Zu werden wie die Kinder' beziehungsweise 'Teilhabe am Reich Gottes' gemeint ist? Vermögen die Kinder als Theologinnen und Theologen sogar zu unseren Lehrerinnen und Lehrern zu werden?[6]

Innerhalb der Praktischen Theologie wird der spezifischen 'Religion des Kindes' erst in jüngster Zeit vermehrt Aufmerksamkeit geschenkt. Exemplarisch sei das gleichnamige opus magnum von *F. Schweitzer* genannt, das das aktuelle Problemfeld Kind und Religion ideengeschichtlich äußerst differenziert analysiert und auf dieser Basis systematisch Kriterien für einen angemessenen Umgang mit der Religion des Kindes entfaltet.[7] Auch wenn seit Ende der 1950er Jahre die Beiträge von *A. Flitner* (1958) und *M.J. Langeveld* (1959) sowie vor allem *W. Lochs* Verdikt von der „Verleugnung des Kindes in der evangelischen Religionspädagogik" (1964) zu einer breiteren Wahrnehmung der kindlichen Religiosität besonders in der religionspädagogischen Theorie und Praxis geführt haben, so blieb die Auffassung des Kindes als reinem Empfänger religiöser Lerninhalte vorherrschend. Die Frage nach der Gottesbeziehung und den Gottesbildern von Kindern wurde von der akademischen Theologie weitgehend vernachlässigt. Erst in jüngerer Zeit sind einige wenige empirische Untersuchungen entstanden.[8] Es gilt die Gottesbilder von Kindern, speziell die von Kindergartenkindern, in

---

[5] Vgl. *A.-M. Rizzuto*, The Birth of the Living God. A Psychoanalytic Study, Chicago 1979, und *E. Robinson*, The original vision. A Study of Religious Experience of Childhood, Oxford 1977.

[6] Vgl. zum Hintergrund dieser Grundannahme insbesondere *K. Schori*, Lasset die Kinder... Ein theologischer Beitrag zur Frage der Religiosität von Kindern, in: EvErz 44 (1992), 247-260 sowie *A. Bucher*, Kinder als Theologen?, in: RL 21 (1992), 19-22.

[7] *F. Schweitzer*, Die Religion des Kindes. Zur Problemgeschichte einer religionspädagogischen Grundfrage, Gütersloh 1992.

[8] Vgl. u.a. *A. Vergote/A. Tamayo*, The Parental Figures and the Representation of God. A Psychological and Cross-Cultural Study, The Hague/Paris/New York 1981; *D. Boßmann/ G. Sauer*, Wann wird der Teufel in Ketten gelegt? Kinder und Jugendliche stellen Fragen an Gott, Lahr/München 1984; *F. Oser/P. Gmünder*, Der Mensch - Stufen seiner religiösen Entwicklung. Ein strukturgenetischer Ansatz, Zürich 1984, *D. Heller*, The Childrens' God, Chicago 1986; *K. Tamminen*, Religiöse Entwicklung in Kindheit und Jugend, Frankfurt a.M. u.a. 1993; *A. Bucher*, Alter Gott zu neuen Kindern? Neuer Gott von alten Kindern? Was sich 343 Kinder unter Gott vorstellen, in: *V. Merz* (Hrsg.), Alter Gott für neue Kinder? Das traditionelle Gottesbild und die nachwachsende Genera-

mancher, bisher offen gebliebener Perspektive erst noch zu entdecken und zu verstehen lernen. Insgesamt weiß sich ein solches Interesse an der Ermittlung kindlicher Gottesbilder der sogenannten 'konzeptorientierten' Erforschung religiöser Entwicklung verbunden und geht davon aus, daß das Gottesbild der Angelpunkt für jegliches Konzept von Religion, zumindest in unserem Kulturraum, ist.[9]

## 2. Methodische Vorüberlegungen zur Auslegung von Kinderzeichnungen

Es besteht in der Forschung zur religiösen Entwicklung in Kindheit und Jugend weitgehend darin Konsens, daß das Gotteskonzept von Kindern und Jugendlichen äußerst komplex ist und unterschiedliche Methoden unterschiedliche Aspekte davon zu Tage bringen sowie, daß zu keiner Phase der Entwicklung das Gotteskonzept von Kindern durch nur ein oder zwei spezifische Züge charakterisiert werden kann.[10] Dies dürfte auch für die Gottesbilder von Kindergartenkindern zutreffen. Empfiehlt sich deshalb für ältere Kinder die Wahl mehrdimensionaler Befragungsansätze (unter anderem eignen sich: Bildersymbolauswahl, Satzergänzungsaufgaben, Farbkartenwahl, freies Assoziieren, Kinderzeichnungen, Fragebögen zur freien Stellungnahme, Einzelinterviews und Gruppengespräche), so sind in erster Linie Kinderzeichnungen eine gut geeignete Methode zur Erschließung kleinkindlicher Gottesbilder. Von Gott kann nicht anders als in Bildern gesprochen werden. Gottesbilder sind nach christlichem Verständnis in der alttestamentlichen Tradition des Bilderverbots von Ex 20, 4 und Dtn 5, 8 immer in gebrochener Analogie zu verstehen, Gott und Gottesbilder sind stets unter dem Vorbehalt des Mehr- und Andersseins Gottes zu unterscheiden. Sie stellen niemals Gott selbst dar, weshalb sie sich auch gegenseitig relativieren, ändern und situationsbezogen sind. Gott bleibt immer unfaßbar und unverfügbar. Auch in sprachlichen und gezeichneten Bildern kann er nicht angemessen ausgedrückt werden. Diese Überlegungen sind sowohl bei der Reflexion jeglicher religionspädagogischen Zielsetzung zu berücksichtigen als auch bei dem Verfahren, Kinder ihre Vorstellungen von Gott zeichnen zu lassen. Es sollen zudem keine Gottesbilder verfestigt werden, sondern die hermeneutischen Voraussetzungen geschaffen werden, durch die die mit Kindern in den verschiedenen religionspädagogischen Handlungsfeldern Arbeitenden und Lernenden in die Lage gesetzt werden, das Nichtdarstellbare darzustellen und die gegenseitige Erläuterung von Wort und Bild zu verbessern.[11]

---

tion, Freiburg (Schweiz) 1994, 79-100.

[9] Vgl. *F. Schweitzer*, Art. Religiöse Entwicklung, in: EKL I ($^3$1986), 1044 f.

[10] Vgl. etwa *C. Reents*, Was wird aus dem Kinderglauben? Gottesbilder im Wandel, Gütersloh 1987, 10 ff. und *K. Tamminen*, aaO., 203 f.

[11] Vgl. hierzu exemplarisch *C. Dohmen*, Das Bilderverbot. Seine Entstehung und seine Entwicklung im AT, 2. erw. Auflage, Frankfurt a.M. 1987; *ders.*, Vom Gottesbild zum Menschenbild. Aspekte der innerbiblischen Dynamik des Bilderverbotes, in: Lebendiges Zeugnis 50 (1995), 245-252 und *S. Schroer*, In Israel gab es Bilder, Freiburg (Schweiz)/Göttingen 1987.

Wie kann nun im Rahmen religionspädagogischer Fragestellungen produktiv mit diesen Bildern umgegangen werden? Hilfreich zur Benennung der Art und Weise des Umgangs mit Bildern ist der Begriff der Auslegung, wie er von *M.* und *G. Otto* in die Diskussion über eine Theorie ästhetischer Erziehung eingebracht wurde: „Unter Auslegung werden Prozesse des Bildermachens und Prozesse des Bilderverstehens zusammengesehen"[12]. 'Bilder machen', 'über Bilder machen sprechen' und 'Bilder sammeln' gelten dabei als Auslegungsprozeduren, deren gemeinsame Grundlage Wahrnehmen im *Husserl*'schen Sinne als 'Urmodus der Erkenntnis' ist und deren gemeinsames Ziel Verstehen ist.

Zunächst gilt es, die Kinderzeichnung als ein sehr komplexes, kindliches Bildungsgeschehen wahrzunehmen, das auf inneren und äußeren Strukturierungsprozessen basiert. Einleuchtend beschreibt der Augsburger Elementarpädagoge *G.E. Schäfer* die verschiedenen Dimensionen der Kinderzeichnung: „In ihr werden nicht nur Bilder von der Welt gebildet, sondern ebenso vom Subjekt selbst. Diese Bildung innerer und äußerer Bilder kommt jedoch nicht aus dem Nichts, sondern bedient sich elementarer Ausgangsmuster, psychischer wie sozialer Möglichkeiten der Erfahrungsstrukturierung"[13]. Die Kinderzeichnungen sind also keine 'Zufallsprodukte', bei denen sich Kinder 'irgendetwas' ausdenken, sondern haben immer mit deren eigener Lebenswelt zu tun, mit Erfahrungen, mit Erinnerungen und mit Handlungen.[14] Insbesondere das ästhetisch-religiöse Gestalten und Erleben von Kindern wird dadurch deutlicher faßbar.[15] Die Bilder der vorliegenden Untersuchung bringen etwas von dem zum Ausdruck, was die betreffenden Kinder an inneren Bildern mit dem Wort 'Gott' verbinden beziehungsweise in sich erzeugen. Dabei wird mit Otto auf die wechselseitige Erschließung des

---

[12] *G. Otto/M. Otto*, Auslegen. Ästhetische Erziehung als Praxis des Auslegens in Bildern und des Auslegens von Bildern, Seelze 1987, 10.

[13] *G.E. Schäfer*, Bildungsprozesse im Kindesalter. Selbstbildung, Erfahrung und Lernen in der frühen Kindheit, Weinheim 1995, 211. Mit Schäfer ist davon auszugehen, daß die bildhaften Gestaltungen von Kindern etwas erzählen, „nicht nur von real erlebten Szenen, sondern auch von imaginären, phantastischen. Diese wiederum sind verbunden mit dem inneren Leben, den Phantasien, Wünschen, Selbst- und Weltdeutungen des Kindes. Auf der anderen Seite stehen die individuellen Phantasien aber auch nicht für sich alleine. Sie finden Anschluß an sozial geteilte Phantasien, die sich in kollektiv ausgearbeiteten Mythen niedergeschlagen haben. Indem das Kind in seinen Zeichnungen diese kollektiven Formen aufgreift, gewinnt es für seine eigenen Phantasien ein Formenrepertoire, das ihm erlaubt, seinen Phantasien eine bildhafte Gestalt zu geben, die auch von anderen (den Teilnehmern des gleichen Kulturkreises) bewußt oder unbewußt verstanden werden" (aaO., 207).

[14] Vgl. *A. Krenz*, Was Kinderzeichnungen erzählen. Kinder in ihrer Bildsprache verstehen, Freiburg u.a. 1996, 24 ff.

[15] *F. Schweitzer* erwägt allerdings zu Recht, daß die Begrenzung auf die statische Form zweidimensionaler Bilder eine Einengung sein könnte, die es dem Kind kaum mehr erlaubt, etwa ein lebendiges, bewegungs- und beziehungsreiches Gottesbild zum Ausdruck zu bringen. Zudem ist zu berücksichtigen, daß solche Bilder meist erst auf besondere Aufforderung seitens Erwachsener hin - in unserem Falle der Erzieherinnen - gemalt werden und also keine spontane Produktion des Kindes sind (*F. Schweitzer*, Bilder zwischen Angst und Hoffnung. Religiöse Vorstellungen in der Kindheit, in: *L. Duncker/F. Maurer/G.E. Schäfer* (Hrsg.), Kindliche Phantasie und ästhetische Erfahrung. Wirklichkeiten zwischen Ich und Welt, Langenau-Ulm 1990, 79-94, hier 89).

Materials und auf die Entstehung von Aufmerksamkeitsrichtungen durch das Material vertraut. Insgesamt sind es freilich Bilder des Augenblicks, die im günstigen Fall eventuelle Tendenzen zeigen und die nicht nach ihrer 'theologischen Richtigkeit' beurteilt werden dürfen.[16]

## 3. Forschungsprojekt konkret und Vorstellung ausgewählter Bilder

Mitte/Ende Juli 1996[17] wurden 285 Kinderzeichnungen erstellt in fünf städtischen Kindergärten und in einem privaten Kindergarten im Münchner Osten (gemischte Stadtviertel hinsichtlich sozialer Herkunft), in denen keine oder nur eine sehr rudimentäre religiöse Erziehung stattfindet (Weihnachten als Lichterfest, Ostern als Frühlingsfest) sowie je in einem Münchner Kindergarten in katholischer und evangelischer Trägerschaft. Ergänzt wurde das Material durch 19 Bilder aus einem ländlichen Kindergarten in evangelischer Trägerschaft in Nußbaum, im Gebiet zwischen Nahe und Soonwald. Ziel des Forschungsprojekts ist die Wahrnehmung der religiösen Dimension im Vorschulalter am Beispiel von Kinderzeichnungen. Untersucht werden sollte in einer ersten Studie das Gotteskonzept von Kindern im Alter von drei bis sechs Jahren. Folgende Fragen waren dabei erkenntnisleitend:[18] Verfügen heutige Kinder im Vorschulalter über Vorstellungen von Gott? Wenn ja, welche Vorstellungen von Gott existieren bei den Kindern? Läßt sich eine altersspezifische Entwicklung feststellen? Welche Attribuierungen Gottes werden vorgenommen (Bart?, Wolke? ... )? Wird eher ein strafender/aggressiver oder ein freundlicher/liebender Gott gezeichnet? Unterscheidet sich das Gottesbild religiös erzogener Kinder von dem anderer? Hängt eventuell das Gottesbild signifikant vom Elternbild ab?

Die Kinder sollten im Rahmen ihrer vertrauten Kindergartenatmosphäre ungefähr zehn bis fünfzehn Minuten lang mit kräftigen Farbstiften die Bilder gestalten auf den gleichbleibenden Impuls der jeweiligen Erzieherin hin: „Weißt du, was ein Forscher tut? ... So ein Forscher ist zu uns gekommen und möchte von dir wissen, wie du dir Gott vorstellst. Male jetzt in Ruhe auf das Blatt, wie du dir Gott vorstellst!". Die Erzieherinnen wurden gebeten, auf der Rückseite jeden Blattes Alter, Geschlecht und soweit bekannt auch Familiensituation und 'religiöse Situation' anzugeben sowie nach Fertigstellung der einzelnen Kinderzeichnungen (in der Pause oder am nächsten Tag) das eine oder andere interessante Bild persönlich mit dem Kind zu besprechen („Wenn ich

---

[16] Vgl. zur mehrdimensionalen Funktionalität von Kinderzeichnungen *E. Meili-Schneebeli*, Wenn Kinder zeichnen. Bedeutung, Entwicklung und Verlust des bildnerischen Ausdrucks, Zürich 1993, 18-26, sowie insgesamt *H. Richter*, Die Kinderzeichnung. Entwicklung Interpretation - Ästhetik, Düsseldorf 1987.

[17] Der Termin vor den großen Sommerferien wurde sehr bewußt gewählt, um eine eventuelle Dominanz adventszeitlicher oder weihnachtlicher bzw. österlicher Symbole und Motive in den Zeichnungen zu vermeiden.

[18] Vgl. *H. Hanisch*, Die zeichnerische Entwicklung des Gottesbildes bei Kindern und Jugendlichen. Eine empirische Vergleichsuntersuchung mit religiös und nicht-religiös Erzogenen im Alter von 7-16 Jahren, Stuttgart/Leipzig 1996.

dem Forscher dein Bild gebe, was sage ich ihm, was du damit gemeint hast?" „Kannst du mir dein Bild noch etwas erklären?" „Warum hast du dies so gemalt?" „Ich sehe auf deinem Bild dies und das; sehe ich das richtig?" ... ).
Insgesamt weiß sich das Forschungsprojekt dem zuletzt von der Synode der Evangelischen Kirche in Deutschland 1994 in Halle/Saale geforderten Perspektivenwechsel verpflichtet und bemüht sich, das den Kindern eigene Verständnis von Leben, Gott und Welt zu erfragen und ernst zu nehmen.[19]

Im Rahmen des vorliegenden Beitrags ist es unmöglich, eine annähernd erschöpfende Analyse der über 270 Kinderzeichnungen zu bieten. Anhand einiger ausgewählter Bilder können allerdings exemplarisch Beispiele für eine phänomenologische Annäherung gegeben und die häufigsten Bildmotive, Symbole und Attribuierungen zum Gotteskonzept vorgestellt werden:

*Abb. 1: Das Motiv des Kreuzes* [20]

Ein mächtiger dunkelroter Quader erhebt sich rechtsseitig der Mittelachse vom unteren Blattrand und ragt fast bis an die mit wenigen blauen Strichen markierte Fläche (Himmel ?) am oberen Blattrand hin. Quer über das ganze Bild - am linken Bildrand nicht ganz direkt beginnend - ist ab der Mittelachse des Blattes nach oben ein ebenso breiter hellgrüner Quader gemalt, der zusammen mit der roten Fläche ein großes Kreuz bildet. Der linke Querbalken des Kreuzes ist etwas länger als der rechte. Auf ihm sitzt in der Mitte eine menschenähnliche Figur mit einem in schwarzen Strichen eingefaßten kastenförmigen, rotausgemaltem und braunem Körper, scheinbar ohne Arme, zwei dünnen langen blauen Strichen als herunterhängenden Beinen und einem runden gelben Kopf mit zwei grünlichen Augen mit je zwei langen Wimpern, einer rötlichen Knollnase und einem grünlich gemalten lächelnden Mund. Auffällig ist, daß die Zeichnerin, ein 4,10 Jahre altes Mädchen, zwei Farben, und zwar Komplementärfarben für das Kreuz wählt und diese auf der 'Kreuzung' sorgfältig übereinandermalt. So entsteht ein neuer Farbton: braun. Auch die freundlich lächelnde Gestalt, die das Mädchen im kurzen Nachgespräch als 'lieben Gott' identifiziert, wird über das Grün des Kreuzquerbalkens mit roten Farbwachsstiften gemalt, so daß auch hier Braun gemischt wird. Das braune Quadrat des Kreuzes und der Körper der Gottesfigur nähern sich also farblich an. Das Kind malt am oberen Blattrand mit kräftigen Strichen einen blauen Himmel und wählt das gleiche Blau für die Beine der Gottesgestalt, die vor dem Kreuz schwebt oder sogar auf ihm sitzt. Das gelbe Gesicht der Figur strahlt wie die Sonne und ist auch da auf dem Blatt plaziert, wo viele Kinder die Sonne anordnen. Der Raum unter dem Kreuz bleibt vollkommen frei.

Wie bei über zwanzig Prozent aller erhaltenen Kinderzeichnungen ist deutlich das Bildmotiv des Kreuzes zu erkennen, hier zentral neben der freundlich lächelnden Gestalt, dem 'lieben Gott'. Ausnahmslos taucht das Kreuz immer in Verbindung mit einer

---

[19] Vgl. Aufwachsen in schwieriger Zeit. Kinder in Gemeinde und Gesellschaft, hrsg. v. Kirchenamt der EKD, Gütersloh 1995.

[20] Die entsprechenden Abbildungen 1-6 finden sich am Ende dieses Beitrages.

anthropomorphen Gottesgestalt auf: Fünfmal malen Kinder ein Kreuz etwa gleichgroß neben die Figur und zweimal als Attribut auf Kopf beziehungsweise Bauch der Figur; einmal steht die Figur mit hocherhobenen Armen unter dem rechten Querbalken des Kreuzes und in einem anderen Bild mit dem Titel „Der liebe Gott trägt sein Kreuz" steht neben einem bunten Strichmännchen mit Hut und ausgebreiteten Armen ein blaues quadratisches Schild mit einem dicken blauen Kreuz. Die weitaus überwiegende Zahl der Kinder, die Gott mit dem Symbol des Kreuzes in Verbindung bringen, bezieht sich allerdings explizit auf das Kreuzesgeschehen Jesu. Je nach Niveau ihrer religiösen Sozialisation malen sie Bilder mit einem kleinen einfarbigen Kruzifix mit dem Gekreuzigten in der unteren Bildhälfte („Gott am Kreuz") bis hin zu ganzseitig farbenprächtigen Trauerszenarien mit weinenden Maria, Kind und Josef („Sogar die Sonne weint").

*Abb. 2: Jesus am Kreuz und Gott*

Ein 5,5jähriges Mädchen zeichnet ebenfalls spontan ein Kreuz. Das Kreuz ist groß, mit einem dicken schwarzen Filzstift wie ein Rahmen ummalt. Der aufrechte und der horizontale Balken sind fast gleich lang, der horizontale ist etwas schmaler, dafür durchgehend braun ausgemalt, der vertikale ist breiter, wird unten dann schmaler und ist nicht ausgemalt. In dem sich dadurch ergebenden oberen 'Rahmen' ist sorgfältig eine Jesusgestalt gemalt - „im Kreuz ist Jesus!". Sie ragt nicht über den Rahmen hinaus. Jesu Körpergrenzen sind grün gezeichnet, der Bauch und ein Strahlenkranz um den Kopf gelb. Der Kopf hat einen roten Rahmen mit grünen Strichelhaaren, die Nase ist blau, der Bauchnabel ebenfalls, Augen und Mund Jesu sind rot. Die Arme ohne Hände sind violett ausgemalt, die Beine grün. Jesus scheint zu lächeln. Lotrecht zur linken und zur rechten Seite wachsen am Kreuz Blumen mit grünen Stengeln und orange und violett angedeuteten Blütenblättern. Weiter findet sich auf dem Kreuzesbild eine lachende Sonne in orange und gelb. Gott ist sehr klein, eher unscheinbar und unvollständig unter dem Kreuz stehend oder (zufällig) hängend - „unterm Kreuz ist Gott". Gott hat Haare in der Farbe der Sonne, ein rosa lachendes Gesicht und einen violetten Körper mit Bauchnabel. Arme und Beine sind schnell angedeutet und nicht ausgemalt.
Festzuhalten bleibt bei diesem Bild insbesondere die enge Relation zwischen Jesus, Kreuz und Gott, die auch die Bilder eines 6,11 Jahre alten Jungen und eines 6,11 Jahre alten Mädchens dominiert. Während der Junge am unteren Blattrand einen weinenden Jesus am Kreuz mit blutenden Wundmalen und darüber - unter einer blauen Himmelslinie hängend - eine farbidentische, freundlich lächelnde Gottesfigur zeichnet, schwebt auf dem Bild des Mädchens die Gottesgestalt - ebenfalls freundlich lächelnd wie die große gelbe Sonne im rechten oberen Bildeck - vergleichbar einer Flaschengeistfigur über einem schlichten braunen Marterl ohne Korpus. Man könnte mutmaßen, daß diese beiden Kinder mit den christlichen Symbolen des Kreuzes und der Auferstehung etwas vertrauter sind. Wünschenswert wären allerdings zur Bestätigung dieser These und zur besseren Analyse der Entstehung kindlicher Gottesvorstellungen Vergleiche mit Bildern derselben Kinder aus früheren Lebensjahren.

Wenigstens im Hinblick auf das oben ausführlicher beschriebene Bild des 5,5 Jahre alten Mädchens ist dies möglich. Ein Jahr zuvor malte dieses Mädchen im Alter von 4,5 Jahren bei einer Teststichprobe Gott in einem Blumenkranz. Möglicherweise stammt von damals noch die Erinnerung an eine Darstellung Gottes mit Blumen, die nun ein Jahr später rudimentär am Kreuz wachsen. Diese Beobachtung entspricht den Untersuchungen des Kölner Entwicklungspsychologen *M. Schuster*, der festgestellt hat, daß der erste Zeichenversuch oft eine Weiterentwicklung verhindert oder zumindest das Kind zunächst zeichnerisch festlegt.[21] Aus der kognitiven Psychologie entlehnt *Schuster* den Begriff 'Schema' oder 'Skript' als Bezeichnung für Organisationsformen des gespeicherten Wissens. Untersuchungen belegen, daß das Wissen von Kindern bereits ab dem dritten Lebensjahr in großem Umfang in Skripts organisiert ist.[22] Dieses Wissen über die Gegenstände ist besonders wichtig, wenn der Gegenstand zum ersten Mal gezeichnet wird. Geht es bei Schuster um die Darstellung von Fächern, Kaminen oder Turnschuhen, so scheint dieses Phänomen auch für die Darstellung von nichtgegenständlichem Wissen zu gelten, im vorliegenden Zusammenhang für die Kinderzeichnungen von Gott.

*Abb. 3: Gott und sein Haus*

Ein 5,10 Jahre altes Mädchen stellt sich Gott in enger Verbindung mit einem Haus ('Kirche') und dem Regenbogen vor. Sie hat zunächst mit verschiedenartigen Buntstiften vorgemalt und dann mit Wachsstiften ausgemalt. Das Haus steht in der rechten Hälfte des Blattes. Sein Hauptteil rechts ist schwarz ausgemalt, die Tür, orange umrandet und mit orangem Griff gelb ausgemalt. Das Dach ist grasgrün, bei schwarzem Rand, hat ein gelbes rundes Fenster, wie die Tür, orange umrandet und mit Fenster-Kreuz. Aus dem schwarz-braunen Schornstein raucht es golden. Der linke Teil des Hauses ist in vier Dreiecke gegliedert (grün, braun, blau), wobei gleichsam aus dem Haus heraus ein goldenes Dreieck mit Gottes Körper und/oder Mantel wächst beziehungsweise hinausdrängt. Gottes Umrisse sind zuvor viel kleiner in rosa vorskizziert worden. Die Realisierung des Bildes wächst über diese zunächst geplanten Umrisse hinaus. Gottes Gesicht ist schwer zu beschreiben. Es ist schwarz, Augen und Nase sind braun aufgemalt. Rundherum ist es grün, vielleicht sind damit die Haare gemeint, der Bart ist gelb. Darüber wachsen Gott noch einmal lange braune, fliegende Haare.

Links im Bild gibt es einen Regenbogen in Form einer Blumenzwiebel. Statt violett hat das Mädchen dunkelgrün ergänzt. Gott und der Regenbogen bewegen sich aufeinander zu, wie überhaupt das Bild einen dynamischen Eindruck macht. Mehrere Kinder - überwiegend diejenigen, deren Kindergarten in enger Nachbarschaft zu einer Kirche liegt - malen ein Kirchengebäude, einige von außen (mit Kirchturmspitzen, Schornsteinen und Kreuzen), einige von innen (mit Kruzifix, Maria und 'Baby im Bett'). Bei

---

[21] *M. Schuster*, Die Psychologie der Kinderzeichnung, Berlin u.a. ²1993, 64 ff.

[22] Vgl. exemplarisch *K. Nelson*, Remembering: A functinal development perspective, in: *P.R. Soloman* et. al., Memory: Interdisciplinary approaches, Heidelberg 1989, 127-150.

einer Kindergartengruppe taucht ein Kirchengebäude deshalb auffällig oft auf, weil fast alle Kinder dieser Gruppe das Wort 'Gott' mit dem Besuch einer Votivkapelle am Starnberger See anläßlich eines drei Wochen zurückliegenden Tagesausfluges erinnerten und gestalterisch verknüpften.

Besonders erwähnenswert in der Gruppe von Bildern mit ekklesiologischen Aspekten ist ferner das Bild eines 4,2 Jahre alten Mädchens, das ein übergroßes gelbes 'Mondgesicht' inmitten unzähliger, flüchtig gezeichneter kleinerer roter Kreise mit Punkten oder Strichen zeigt. Das Kind begründet sein Bildmotiv im Nachgespräch mit dem Hinweis auf die Taufe seiner jüngeren Schwester, bei der die Frau, die der Schwester Wasser über den Kopf getan habe, etwas von Gott erzählt habe.

*Abb. 4: Gott lebt nicht allein*

Ein überraschendes Ergebnis der vorliegenden Untersuchung ist die Tatsache, daß von vielen Kindern Gott - neben dem schon angesprochenen engen Verhältnis zu Jesus am Kreuz - in mannigfaltigen Beziehungen gezeichnet wird. Bilderklärungen der Kinder mit den Aussagen „Gott schläft und träumt von den Kindern", „Gott und die Gotteskinder", „Gott, Maria und Jesus", „Gott und seine Mutter", „Viele Götter, die arbeiten", „Gott, sein Bruder und Jesus am Kreuz" und „Gott und seine Frau" belegen den kommunikativen Aspekt der jeweiligen Gotteskonzepte. Vor allem können sich viele Kinder nicht vorstellen, daß Gott keine Familie hat. Dies sei exemplarisch an dem Bild eines vierjährigen Jungen aufgezeigt. Man erkennt darauf drei mit kräftigen schmalen Strichen gezeichnete Kopffüßlergestalten. Die mittlere, größte Figur stellt Gott dar. Sie hat einen großen, mit schwarzem Wachsstift gezeichneten und mit gelb ausgemalten Kopf. Die Haare sind schwungvoll blau gelockt, die Augen schwarz, der Mund nur ein Strich. Die Beine Gottes reichen bis zum unteren Blattrand, ein Fuß ist nur skizziert, so als ob Gott eigentlich über das Papier hinausreichen müßte. Die Hände sind mit drei Fingern angedeutet. Rechts neben Gott steht eine Frau, der Kopf, mit den gleichen Farben wie die Gottesfigur gezeichnet, ist kleiner und hat viele lange blaue Haare. Die Arme der Frau sind sehr lang. Das zeichnende Kind erläutert, daß die Frau Gott die Hände putzt. So wie in der Familie des Kindes gehören zu dem Mann und der (oder seiner ?) Frau noch ein Kind, das links gezeichnet ist. Das Kind ist ganz gelb, hat grüne und gelbe Lockenhaare, grüne Augen und Strichmund und ist deutlich die kleinste Figur. Es scheint Gott bei der Hand zu fassen. Neben der Frauengestalt sind die drei gelben Großbuchstaben E, A und I zu erkennen, möglicherweise Initialen des zeichnenden Kindes.

*Abb. 5: Gott ist freundlich*

Ein weiteres äußerst signifikantes Ergebnis der Untersuchung liegt darin, daß mit Ausnahme zweier Jungen (5,4 und 6,3), die von ihren Erzieherinnen seinerzeit jeweils als sehr gehemmt und traurig geschildert wurden, und ohne Berücksichtigung der wenigen Kreuzigungsszenen mit weinenden Gestalten fast alle Kinder eine freundliche und lächelnde Gottesgestalt zeichnen. Das Bild eines vierjährigen Mädchens drückt diese Facette der Gottesvorstellung in exemplarischer Weise aus: In der Mitte des Blattes befindet sich ein gelbumrandeter großer Kopf, vergleichbar einer Sonne, mit einem grünen und einem blauen Auge, einer gelben Nase, zwei roten Backen und einem großen lächelnden orangenen Mund. Von diesem Kopf gehen drei Strahlenbündel in je unterschiedlichen Farben (braun, orange und violett) und Längen aus. In Höhe der Backen entspringt jeweils ein langer schwarzer Strich, der sich am Ende des Strahlenkranzes nach unten hin zum Blattrand zu Händen formt, in deren Mitte sich wiederum ein roter Kreis (Wundmale ?) befindet. In Höhe der Augen schweben rechts und links des Kopfes jeweils zwei blaue (wolken- oder ohrenähnliche?) Gebilde, darüber je ein kleiner violetter Strahlenkranz mit grünem Innenkreis, vage verbunden durch eine braune Schlängellinie. Das sehr farbenfrohe, symmetrisch aufgebaute und lebensbejahend wirkende Bild bekam von seiner Zeichnerin den ausdrücklichen Titel „Gott lacht". Es wird in seiner positiven Aussagekraft nur noch von dem Bild eines knapp siebenjährigen, religiös-kirchlich sozialisierten Mädchens eingeholt beziehungsweise übertroffen, das die Überschrift trägt „Gott ist am Kreuz, aber er lacht".

*Abb. 6: Gott ist nicht nur männlich*

Zwölf Kinder malen explizit eine weibliche Gottesfigur. Sie erklären im Nachgespräch unter anderem: „Gott ist ein Mädchen", „Gott ist eine Frau", „Gott ist eine Frau mit langen Haaren", „Gott ist eine Frau mit Krone" und „Ich male einen Mädchengott" (dem „noch eine Mama, ein Kind und ein Mann und Sterne und Mond" zugesellt werden). An dieser Stelle soll das Bild eines 5,2 Jahre alten Jungen näher beschrieben werden, da es das einzige weibliche Gottesbild aus der Hand eines Jungen bei dieser empirischen Untersuchung ist:
Zwischen hell- und dunkelgrün gestricheltem unteren Blattrand und teils schraffiertem, teils gekräuseltem blauem oberen Blattrand schwebt die Gottesfigur, deren Körper mit rotem Wachsmalstift eingefaßt ist. Auf zwei Kreisen, von denen zwei Striche als Beine nach schräg rechts unten wegführen, sitzt ein übergroßer Kopf, der bis auf die beiden roten unterschiedlich großen Augen mit jeweils drei roten Wimpern mit anderen bunten Farben ausgemalt ist. Dabei dominieren die auch schon für den Himmel verwendeten Blautöne. Der Mund ist mit einem violetten und einem dunkelgrünen Strich angedeutet. Das Gesicht hat grüne und gelbe Flecken (Backen?). Neben der Gottesgestalt schwebt links, einem Luftballon gleich, ein schwarzer kopfähnlicher Kreis mit zwei schwarzen Kugelaugen an einem langem Strich. Im Nachgespräch erklärt der Junge: „Der Gott ist lieb und wohnt im Himmel. Gott ist eine Frau."

## 4. Religionspädagogische Perspektiven

Erinnert man die erkenntnisleitenden Fragen der vorliegenden Untersuchung, so lassen sich nach Auslegung der 270 erhaltenen Kinderzeichnungen[23] - zunächst folgende Antworten geben:
1. Heutige Kinder im Vorschulalter verfügen fast ausnahmslos über Vorstellungen von Gott, und zwar in einer verblüffend vielfältigen und facettenreichen Art und Weise. Dabei spielen in den Bildern erkennbar biblisch-theologische, systematische und religionswissenschaftliche Aspekte eine große Rolle.
2. Jedes Bild ist Auslegung eines eigenen Gotteskonzeptes. Die meisten Kinder zeichnen Gott als Mensch oder als menschenähnliche Gestalt. Neben 'herkömmlichen' Gottesbildern („Gott im Himmel auf einer Wolke") bringen viele Kinder Gott in Verbindung mit dem Motiv des Kreuzes, mit Jesus am Kreuz oder mit einem Kirchengebäude. Auffallend ist die Tatsache, daß sehr viele 'Beziehungsbilder' entstanden sind, die Gott als Familie, mit anderen Göttern, mit Kindern oder in enger Nähe zu biblischen Gestalten zeigen. Überraschenderweise gestalten zwölf Kinder, darunter ein Junge, explizit weibliche Gottesbilder.
3. Eine alterspezifische Entwicklung läßt sich angesichts des phantasievollen Spektrums an Gottesvorstellungen in allen untersuchten Jahrgangsstufen nicht feststellen.
4. Signifikante Attribuierungen sind mit Ausnahme des Kreuzes nicht erkennbar.
5. Abgesehen von zwei Bildern wird Gott stets als freundlicher, fröhlicher, lachender Gott gezeichnet. Auch bei der Farbgebung dominieren helle, warme, freundliche Farben.
6. Inwiefern sich das Gottesbild religiös sozialisierter Kinder von dem anderer unterscheidet und ob das Gottesbild eventuell vom Elternbild beziehungsweise von der familiären Situation abhängt, läßt sich aufgrund der schmalen Kenntnisse und Angaben der Erzieherinnen nicht beantworten.

Über diese eindrucksvollen und beachtenswerten Ergebnisse hinaus wirft die Studie eine Reihe von weiterführenden Fragestellungen auf. Wie können die Konstruktionsschemata oder 'Skripts' der einzelnen Gottesvorstellungen näher erschlossen werden? In welchen zeitlichen und räumlichen Zusammenhängen begegnen Kindergartenkinder heute dem Begriff 'Gott'? Neben der erneuten, vertieften Annäherung an die unbeantwortet gebliebenen Leitfragen wäre eine größere Untersuchung wünschenswert, die ein Hauptaugenmerk auch auf geschlechtsspezifische Aspekte wirft. Ist es Zufall, daß die beiden einzigen traurigen Gottesbilder von Jungen stammen? Malen überwiegend Mädchen bevorzugt 'Beziehungsbilder'? Ferner wären die Kinderzeichnungen im Hinblick auf die Theorie der Stufen des Glaubens (*Fowler*) und des religiösen Urteils (*Oser/Gmünder*) auszulegen.[24]

---

[23] Zehn Kinder weigerten sich aus unterschiedlichen Gründen, ein Gottesbild zu malen; ein Kind malte einen Dinosaurier, zwei malten den Forscher und sein Haus - ein Mißverständnis infolge der einleitenden Bemerkungen der Erzieherinnen; zwei Zeichnungen waren 'unlesbar'.

[24] Aufschlußreich erscheinen vor allem Bilder mit Kommentaren, wie zum Beispiel „Man muß zu ihm beten, sonst wird er böse" (J 5,6), „Gott paßt an der Ampel auf, wenn ein Kind vielleicht nicht

Auf der Basis der vorliegenden Untersuchung ergibt sich - mit *H.-J. Fraas* formuliert - insbesondere die religionspädagogische Aufgabe, „den Phantasie-Gott des Kindes weder durch die atheistische Realität noch die autoritär eingetragene biblische Gottesvorstellung konfrontativ zu ersetzen, sondern die eigenen Projektionen und Vorstellungen mittels geschichtlich bewährter Deutungsmuster in eine schrittweise Bearbeitung und Korrektur zu überführen, ... wobei die projektiven Elemente durchaus erhalten bleiben, aber in der Kommunikation mit den vorgegebenen Inhalten sich fortschreitend differenzieren"[25]. Dies wird etwa exemplarisch deutlich anhand der Frage nach dem Umgang mit den 'dunklen Seiten Gottes' oder auch mit trinitätstheologischen Inhalten.

---

richtig schaut" (J 6,1), „Gott ist ganz mächtig, er kann alles machen" (J 6,8), „Gott mit seinen zwei Engelchen bringt viele Geschenke" (M 5,10), „Gott ist auf der Erde, hört alles mit großen Ohren" (M 6,7), „Gott mit Fernbedienung, der alles steuern kann" (J 6,0), „In der Hand hält Gott einen Zauberstab, weil er ja Wünsche erfüllen kann" (J 6,7), „Gott schaut auf alles runter. Er hält alles in den Händen. Da kommt Blitz und Regen raus aus der Hand" (J 4,11) und „Gott ist stark und groß, weil er viel schaffen muß ... alles mit den Menschen und Kindern, daß sie nicht streiten" (J 6,2).

[25] *H.-J. Fraas*, Das Gottessymbol als Hilfe kindlicher Konfliktbearbeitung, in: *E. Groß*, Der Kinderglaube. Perspektiven aus der Forschung für die Praxis, Donauwörth 1995, 45.

Abb. 1: Das Motiv des Kreuzes

Abb. 2: Jesus am Kreuz und Gott

*Abb. 3: Gott und sein Haus*

*Abb. 4: Gott lebt nicht allein*

*Abb. 5: Gott ist freundlich*

*Abb. 6: Gott ist nicht nur männlich*

XVII.

# Theologische Kompetenz für den Religionsunterricht – Systematische Theologie in der Ausbildung von Religionslehrern

Ingrid und Wolfgang Schoberth

Die folgenden Überlegungen fragen nach der Bedeutung der Systematischen Theologie für die Ausbildung von Religionslehrern. Dabei gehen wir von der Voraussetzung aus, daß es nicht zureicht, die Stellung der Systematischen Theologie, wie sie etwa in den Lehramtsprüfungsordnungen gegeben ist, von ihrem traditionellen Rang innerhalb der theologischen Disziplinen her zu begründen. Vielmehr bedarf es einer Begründung, die im Ziel der Ausbildung von Religionslehrern verwurzelt ist, und selbst wieder die Gestalt systematisch-theologischer Lehre bestimmen muß: Wir umschreiben sie mit dem Begriff der 'theologischen Kompetenz', die nach unserer Überzeugung die zentrale Qualifikation für den Religionsunterricht darstellt. Das soll im Folgenden erläutert werden. Zu einer ersten Bestimmung dessen, was als theologische Kompetenz verstanden werden soll, ist zunächst festzuhalten, daß sie gerade nicht in der Kenntnis der theologischen loci besteht, so unverzichtbar elementares theologisches Wissen für die Ausbildung theologischer Kompetenz auch ist. Das läßt sich zeigen sowohl bei Themen, die explizit der christlichen Tradition erwachsen, als auch bei solchen Fragen, die diese Tradition negieren oder als irrelevant übergehen wollen. So kann etwa die im Unterricht nicht selten gestellte Frage, ob denn Gott und Jesus Christus identisch seien, keine angemessene Antwort finden, wenn versucht würde, dogmatisch korrekte Aussagen zu vermitteln. In ihr steht anderes zur Debatte als die Kenntnis der theologischen loci. Darum ist eben nicht die Applikation theologischer Wissenschaft gefordert, sondern ein gemeinsames Bemühen um die Fragen der Schüler mitsamt der in ihnen enthaltenen Meinungen und Einstellungen, die eine Antwort oder eine gemeinsame Auseinandersetzung brauchen. Religionslehrerin und Religionslehrer brauchen dazu die Fähigkeit, selbständig und verantwortlich die christliche Tradition mit den Fragen, die Lehrer und Schüler bewegen, ins Gespräch zu bringen.

Die Fähigkeit eigenständigen Umgangs mit den Themen der systematischen Tradition ist gerade auch da notwendig, wo die Sache des christlichen Glaubens schlechthin bestritten wird. Wenn etwa ein 13jähriger Schüler die populäre Formulierung aufnimmt und behauptet: „ich bin mein eigener Gott, ich brauche keinen Gott, der mich erforscht und mich kennt", dann macht das solange sprachlos, solange man sich entweder von den Schülererfahrungen das Thema und den Horizont vorgeben lassen will oder aber versucht, den theologischen Kanon zu vermitteln. Die Aufgabe ist hier die genaue Balance, in der einerseits die Eigenverantwortlichkeit des Schülers nicht beeinträchtigt und er ermutigt wird, zu sich selbst zu kommen, also der zu sein, der er geworden ist, und zu entdecken was er alles kann und was alles aus ihm werden kann. Andererseits sind aber gerade jene überzogenen Ansprüche an die eigene Fähigkeit zur Konstitution des Lebens zu relativieren, ohne daß dabei der Glaube als heterogene Beeinträchtigung der eigenen Entfaltung erfahren würde. Diese Balance kann wiederum nur dann gelingen, wenn der ReligionslehrerInnen in der Lage sind, mit dem Schüler die christliche Tradition kritisch zu befragen und gleichzeitig deren Anspruch souverän einzubringen.

## 1. Theologische Kompetenz

Die Situation an der Schule verlangt somit eine theologische Kompetenz, die nicht in einem systematisch-theologischen Spezialwissen aufgehen kann. Vielmehr geht es um die Fähigkeit zu einem spezifischen Umgang mit Systematischer Theologie, wie er sich zunächst in drei Thesen festhalten läßt:
a) Theologische Kompetenz erfordert die Fähigkeit zur Auseinandersetzung mit den Erfahrungen der christlichen Tradition, wie sie in der Systematischen Theologie formuliert und interpretiert worden sind. Das impliziert die Kenntnis grundlegender theologischer Entscheidungen und Argumentationsstrukturen, zielt aber vor allem auf die eigenständige Artikulation und Beurteilung der Gehalte dieser Tradition.
b) Diese Auseinandersetzung wird geführt durch Lernende, durch Lehrer wie Schüler, die – auch wenn sie unterschiedliches Wissen in ihren Diskurs einbringen – in der Auseinandersetzung erfahren, daß es nicht einfach richtige Antworten gibt, keine allgemein gültigen Antworten, die in jeder Problemlage wiederholt werden können. Die Erfahrung des Diskurses läßt Schüler wie Lehrende zu gemeinsam Lernenden werden.
c) Es geht also nicht um ein möglichst umfangreiches Wissen über die Systematische Theologie, sondern um den Einstieg in solche Formen systematischer Argumentation, die zugleich davor befreien, über alles Bescheid wissen zu müssen. Vielmehr geht es darum, Erfahrung in den Diskursen zu gewinnen, in denen christlicher Glaube sich bewegt: Diese Erfahrung befreit von Besserwisserei, weil sie darum weiß, daß es die definitiv richtige Auslegung des christlichen Glaubens nicht gibt, sondern vielmehr durch jeden selbst geleistet und verantwortet werden muß. Die gerade unter Lehramtsstudenten verbreitete Angst vor der Systematischen Theologie kann auf diese Weise verringert werden: Wenn primär die Erfahrung des kritischen Gesprächs Systematische Theologie bestimmt, dann ist sie kein heterogenes Geschäft, sondern eine Aufgabe, in der jeder Christ sich immer schon bewegt.
Die Betonung solchen Umgangs mit der Systematischen Theologie ermäßigt nicht deren Anspruch und Komplexität. Mit dieser besonderen Betonung des Umgangs mit Systematischer Theologie ist vielmehr zum einen vorausgesetzt, daß die Systematische Theologie eine wichtige Stellung beanspruchen muß in der Ausbildung der künftigen Religionslehrer; zum anderen aber macht dieser Umgang, der den Diskurs pflegt und auf die kreative Kraft von Menschen vertraut deutlich, in welcher Weise Systematische Theologie ihren Platz in der Ausbildung künftiger Religionslehrer haben kann und wie

sie zu einer theologischen Kompetenz gelangen können, die sie zum Unterrichten befreit.[1]

## 2. Mit Theologie umgehen lernen

Mit dieser Frage nach dem Umgang mit Systematischer Theologie kommt zugleich der Bereich in den Blick, der in der nach Disziplinen aufgespaltenen theologischen Wissenschaft der Praktischen Theologie zugewiesen ist. Diese Trennung der Disziplinen enthält jedoch die Gefahr, daß nicht die theologische Kompetenz, sondern das disziplinäre Fachwissen die Ausbildung dominiert. Mit dem Wort ‚Umgang' ist dagegen eine charakteristische Dynamik bezeichnet, die es in unserem Zusammenhang ermöglicht, im ganz eminenten Sinne vom 'Praktisch-Werden' der Systematischen Theologie zu sprechen. Umgang mit der Systematischen Theologie ist um die Fragen zentriert, die dann auch im Unterricht thematisch werden und für den Diskurs unverzichtbar sind, wie er an der Schule zu führen ist.[2] Auf diese Weise wird die Bedeutung der Systematischen Theologie in der Ausbildung der Religionslehrer[3] zu einer grundsätzlichen Anfrage an die akademische Theologie ebenso wie an den Religionsunterricht: Ist die akademische Theologie in der Lage, in solchen Umgang einzuüben und ist der Religionsunterricht so strukturiert, daß solcher Diskurs möglich wird?

Dabei ist es von grundsätzlicher Bedeutung, daß die Systematische Theologie praktisch-theologisch nicht länger als ein Korpus von Lehrsätzen und die Theologie insgesamt als ein System wissenschaftlicher Sätze verstanden wird, wobei es die Aufgabe der Religionslehrer und -lehrerinnen wäre, solche fertig angeeignete Theologie zu vermitteln.[4] Wird Systematische Theologie derart verdinglicht wahrgenommen, muß

---

[1] Dieser Perspektivenwechsel ermöglicht es auch, ausgehend von der Situation des Lernens auch die Wissenschaftlichkeit der Theologie neu in den Blick zu nehmen: Sie bestimmt sich als die Reflexion des Umgangs mit Glauben, bzw. als Gebrauch der Sprache des Glaubens, als Sprachschule und kritische Überprüfung des Sprechens zugleich; vgl. dazu *H.G. Ulrich*, Was heißt: Von Gott reden lernen? Zugleich Bemerkungen über die Beziehung von Dogmatik und Ethik; in: Einfach von Gott reden. Ein theologischer Diskurs. FS *F. Mildenberger*, hrsg. von *J. Roloff/H.G. Ulrich*, Stuttgart/Berlin/Köln 1994, 172–189.

[2] Es versteht sich von selbst, daß Diskurs hier verstanden wird als die gemeinsame Auseinandersetzung mit solchen Themen, deren Relevanz von den Beteiligten wahrgenommen wird. Die Wege solcher Diskursivität sind keineswegs beschränkt auf die intellektuelle Bemühung, sondern fordert geradezu die Aufmerksamkeit auf die affektiven, ästhetischen etc. Dimensionen.

[3] Dabei darf nicht übersehen werden, daß die Theologie auch und gerade im Bereich des Erziehungswissenschaftlichen Studiums gefordert ist, das als ein Testfall der Artikulation der Theologie in einer nicht kirchlich bestimmten Öffentlichkeit gelten kann.

[4] Diese irreführende Bestimmung der Aufgabe des Religionsunterrichts im Verhältnis zur Theologie findet sich auch bei *U. Schwab*, "Das muß ich mir doch von keinem vorschreiben lassen ..." Subjektorientierter Religionsunterricht im Kontext gegenwärtiger Religiosität; in: PTh 85/1996, 506–521, 517, wenn er formuliert, daß "fachliche Kompetenz keineswegs ausschließlich in der Beherr-

eine Bestimmung ihres Verhältnisses zur Aufgabe des Religionsunterrichts aporetisch bleiben; eine Diastase von Religionspädagogik und Theologie wäre die Folge, in der Sachbezug und Schülerbezug in unhaltbarer Weise in einen Gegensatz gebracht werden – mit fragwürdigen Folgen für den Unterricht. Wie soll Religionspädagogik dazu helfen, die „Angst des Lehrer vor seinem Schüler"[5] zu verringern, wenn der Gegenstand des Unterrichts zunehmend undeutlich wird?

Die Klärung dessen, was den Gegenstand des Religionsunterrichts ausmacht, ist nun keineswegs schlicht die Rückkehr zu einer angeblichen Dominanz der Fachtheologie über Pädagogik und Didaktik, wie sie in der Religionspädagogik nicht selten programmatisch beklagt und ebenso programmatisch überwunden werden soll. Vielmehr bedarf es der genauen systematischen Reflexion auf die Praxisfelder, für die das Studium der Theologie vorbereiten soll. Solche Aufmerksamkeit auf die Praxis findet aber gerade dort nicht statt, wo an die Stelle der theologischen Reflexion auf das, was die spezifische Sachlichkeit des Religionsunterrichts ausmacht, die Haltung tritt, die sich auf die *Moderation* der von den Schülern eingebrachten Religiosität beschränkt. Darum ist es auch zu kurz gegriffen, wenn man die im Rahmen des schulischen Bildungsauftrags zu leistende Aufgabe des Religionsunterrichts als Begleitung der religiösen Sozialisation bzw. der religiösen Orientierung fassen will: Wie die Sache des Religionsunterrichts nur im offenen Diskurs mit dem zu erfassen ist, was die Schüler an Haltungen und Orientierungen einbringen, so ist sie aber auch notwendig darauf angewiesen, daß versucht wird zu zeigen, wie christlicher Glaube ‚funktioniert'.

In diesem Umgang mit der christlichen Tradition an der Hochschule erwerben sich die künftigen Lehrer eine Kompetenz, die sie zu Lernenden macht und nicht zu Verwaltern von Lehrsätzen. *P. Freire* karikiert die Vorstellung von der Wissensübermittlung als "'Bankiers-Konzept' der Erziehung, in dem der den Schülern zugestandene Aktionsradius nur so weit geht, die Einlagen entgegenzunehmen, zu ordnen und aufzustapeln."[6] Gerade der Religionsunterricht ist aber darauf angewiesen, daß die Schüler als kompetente Dialogpartner agieren können und ernst genommen werden. Zum Dialog gehört aber unverzichtbar die Auseinandersetzung um den Gegenstand, der nicht nur vertraut ist und letztlich das wiederholt, was die Schüler bereits mitbringen – langweilig ist der Religionsunterricht nicht nur, wenn er sich auf leblosen Stoff reduziert, sondern vor allem auch dann, wenn er keine Sache zeigen kann, die die Begegnung lohnt. Dies läßt sich auch als ein gemeinsames ‚Erproben'[7] verstehen: Der Unterricht soll ein

---

schung und Vermittlung des relevanten Stoffgebietes" bestehe. Wie kann der ‚Stoff' der Theologie außerhalb seiner diskursiven Kontexte, zu denen gerade der Religionsunterricht zählt, überhaupt beherrscht werden?

[5] *H. Brück*, Die Angst des Lehrers vor seinem Schüler, Reinbek 1978.

[6] *P. Freire*, Pädagogik der Unterdrückten. Bildung als Praxis der Freiheit, mit einer Einführung von *E. Lange*, Reinbek, 1973, 57.

[7] Vgl. dazu *C. Bizer*, Begehung als eine religionspädagogische Kategorie für den schulischen Unterricht, in: Kirchgänge, 167-184, 183: "Aufklärender Unterricht zeigt, wie Christen mit der Religion umgehen, sie sich aufbauen. Die Schüler bauen mit, weil man nur im Probieren lernt. Das Probie-

gemeinsames Lernen von Lehrern und Schülern eröffnen, das eine erkennbare und verstehbare Gestalt christlichen Glaubens anvisiert, zugleich aber auch diese Gestalt immer wieder auf die Probe stellt.

### 3. Erfahrung

Es ist die spezifische Aufgabe der Systematischen Theologie zu zeigen und methodisch durchzuführen, daß solche Sachlichkeit des Religionsunterrichts gerade nicht im Gegensatz zum Bezug auf die Erfahrungen der Schüler steht: im Gegenteil. Die Sache des Religionsunterrichts läßt sich vielmehr vorläufig so bestimmen, daß sie nicht schon im Studium der Theologie angeeignet würde und dann didaktisch zu vermitteln wäre, sondern allererst wahrzunehmen gelingt in der gemeinsamen Auseinandersetzung um den christlichen Glauben im Kontext der schulischen Begegnung. Es geht eben gerade darum, das zur Sprache zu bringen, was den Wahrheitsanspruch des Glaubens in der Gegenwart ausmacht, wobei dieser Wahrheitsanspruch eben kein überzeitlicher sein kann, sondern in der je neuen Bemühung erst sichtbar werden kann. Eben diese irreduzible innere Bewegung hätte Systematische Theologie einzuschärfen.

Systematische Theologie vollzieht sich demnach in der unabschließbaren und also offenen Selbstverständigung über den Glauben. Diese gilt es mit den Studierenden einzuüben. Das bedeutet aber, daß die Themen des systematisch-theologischen Curriculums nicht einfach Gegenstände der Lehre sind, sondern als Kristallisationen der Fragen kenntlich werden, die sich aus der Selbstreflexion des christlichen Glaubens ergeben: Dogmatische Sätze sind nur zu verstehen als Antwortversuche auf die Fragen, die sich in der Begegnung mit dem Glauben ergeben; als Antworten der Tradition muß ihnen wiederum zugebilligt werden, daß sie sich in der Erfahrung von Christen bewährt haben. Als Selbstverständigung über den christlichen Glauben hinsichtlich seiner Gehalte und seiner Lebensformen geht es der Systematischen Theologie also um die Befähigung der künftigen Lehrer, die Fragen der Schüler so aufzunehmen und weiterzuführen, daß sie im Zusammenhang des christlichen Glaubens verortet werden und wie immer vorläufig Antworten finden. Systematische Theologie ist so weniger ein Wissen als eine Fähigkeit des Umgangs mit der systematischen Reichweite des Glaubens, die auch die Kenntnis derjenigen Antworten einschließen muß, die in der christlichen Tradition auf diese Fragen erarbeitet wurden. Diese Fragen sind selbst der Stoff der Theologie; in ihnen vollzieht sich, was theologische Praxis ausmacht. Als Selbstverständigung über den Glauben existiert Systematische Theologie daher nur in actu, d.h. im Umgang mit diesen Fragen; die Antworten der theologischen Tradition und ihrer gegenwärtigen wissenschaftlichen Reflexion sind so nicht Lehrsätze im Sinne geron-

---

ren bleibt ein Probieren, in Freiheit. Oder, wie wir in Charakterisierung der Begehung vorweg gesagt hatten: jeder, jede bestimmt, wie nah oder wie fern er innerlich der Begehung bleiben will. Begehung können auch aus großem Abstand inszeniert werden."

nenen und akkumulierbaren Wissens, sondern stehen in der je neuen Befragung, und müssen dem je neuen Diskurs ausgesetzt werden.[8]

## 4. Sprache des Glaubens

Die Systematische Theologie zielt demnach auf die Auflösung des starren Gegensatzes von einer ‚Dogmatik', der in Verkennung dessen, was dogmatische Theologie ausmacht, gern das Beiwort ‚starr' angehängt wird, und ‚Erfahrungsbezug', weil in diesem Gegensatz weder die dogmatische Tradition noch die Erfahrung zu ihrem Recht kommen können. Beide sind eben nie unabhängig von einander: Vielmehr ist Tradition undenkbar ohne das Fortschreiben des Gelernten in der Auseinandersetzung mit gegenwärtiger und gerade auch fremder Erfahrung;[9] zugleich ist Erfahrung immer konstituiert durch einen Referenzrahmen, von dessen vorausgesetzter Geltung schon die Möglichkeit von Erfahrung abhängt.[10] Diese Einsicht, die die moderne Sprachphilosophie im Anschluß an *Wittgenstein* zur Geltung gebracht hat, markiert nicht nur die Überwindung eines subjektphilosophischen Apriorismus wie eines szientivistischen Objektivismus; sie hat auch weitreichende theologische und religionspädagogische Konsequenzen.[11] Für die hier unternommene Frage nach der theologischen Kompetenz, die das Ziel der theologischen Ausbildung künftiger ReligionslehrerInnen sein muß, führt sie zu der These, daß es die Aufgabe solcher Ausbildung sein muß, die Studierenden in der Kompetenz zu fördern, die *Sprache des Glaubens* zu sprechen.

Indem Glaube hier mit dem Modell der Sprache beschrieben wird, kann die aporetische Alternative vermieden werden eines objektivistischen Verständnisses einerseits, das den Glauben als ein System von Lehrsätzen auffaßt und damit von der Erfahrungswelt tendenziell ablöst, eines subjektivistischen andererseits, das den Glauben auf eine darstellende, symbolische Funktion hin auslegt, mit der Tendenz, daß dieser letztlich entbehrlich wird, weil in ihm nur das zur Erscheinung kommen könnte, was das

---

[8] Vgl. dazu *J. Pelikan*, The Vindication of Tradition. The 1983 *Jefferson* Lecture in the Humanities; New Haven / London 1984; *A. MacIntyre*, Three Rival Versions of Moral Enquiry. Encyclopaedia, Genealogy, and Tradition, being Gifford Lectures delivered in the University of Edinburgh in 1988; London 1990.

[9] Tradition ist also selbst schon mißverstanden, wo sie im Sinne eines unveränderbaren Systems von Lehrsätzen aufgefaßt wird. Sie ist vielmehr präzise als ein Vorgang zu verstehen: Tradition ist immer ein Tradieren.

[10] Vgl. dazu *C. Taylor*, Quellen des Selbst. Die Entstehung der neuzeitlichen Identität; übersetzt von *J. Schulte* (Sources of the Self), Frankfurt a.M. ¹1994. Schon für den elementaren Wahrnehmungsakt gilt schon, "daß es die isolierte Wahrnehmung eines einzelnen Sinneseindruckes gar nicht gibt, sondern daß in jedem Wahrnehmungsakt schon ein Weltverständnis und Weltverhältnis vorausgesetzt ist" (*G. Picht*, Die Fundamente der griechischen Ontologie, mit einer Einführung von *H. Flashar*, Stuttgart 1996, 104).

[11] Vgl. *F. Kerr*, Theology after Wittgenstein, Oxford/New York ¹1988.

Subjekt ohnehin schon präsent hat. *G.A. Lindbeck*, dessen 1984 erschienenes Buch "The Nature of Doctrine"[12] als Bündelung und Weiterführung zu einem Zentrum der Diskussion um den ‚linguistischen' Ansatz in der Theologie gelten kann,[13] faßt diese Alternative, die die Theologie gegenwärtig weithin bestimmt und in ein grundsätzliches Dilemma führt, in zwei Modellen theologischer Theorie über Religion: Der erste Ansatz betont die kognitiven Aspekte der Religion und versteht ihre Lehrsätze "als Mitteilungssätze (Propositionen) oder Wahrheitsansprüche über objektive Realitäten"[14]. Die zweite Theorie, die nicht nur gegenwärtig in der Theologie wesentlich weiter verbreitet sein dürfte, sondern in der Praktischen Theologie fast ausschließlich vertreten wird, wird von Lindbeck als ‚erfahrungs- und ausdrucksorientiert' bezeichnet: "Sie versteht Lehrsätze als nicht mitteilungsbezogene und nichtdiskursive Symbole innerer Gefühle, Haltungen oder existenzieller Orientierungen."[15] Beide Modelle sind aber nicht nur, was *Lindbeck* besonders betont, in ökumenischer Hinsicht außerordentlich problematisch; sie sind auch, wie hier nicht weiter ausgeführt werden kann, systematisch inkonsistent, weil die kognitive wie die expressive Dimensionen nicht gegeneinander ausgespielt werden können, sondern einander wechselseitig voraussetzen. *Lindbeck* schlägt zur Überwindung dieses unfruchtbaren Gegensatzes ein Modell vor, das er ‚kulturell-sprachlich' (cultural linguistic) nennt: "Die Funktion von kirchlichen Lehraussagen, die in dieser Hinsicht besonders hervortreten wird, ist ihr Gebrauch nicht als expressive Symbole oder als Wahrheitsbehauptungen, sondern ihr Gebrauch als für eine Gemeinschaft gültige autoritative Regeln des Diskurses, ihrer Haltungen und Handlungsweisen."[16]

Dieses Modell kann nun über seine Erklärungskraft für die Frage nach der ökumenischen Legitimität der Lehraussagen der verschiedenen Traditionen hinaus ausgeweitet werden auf ein Verständnis dessen, wie Glauben die Erfahrungen und das Leben der Gläubigen konstituiert. Das Modell einer genuinen Sprache des Glaubens ist dabei nicht nur hilfreich zur Bearbeitung zentraler theologischer Fragestellungen, sondern eignet sich auch, die Aufgabe des Religionsunterrichts neu wahrzunehmen und zu-

---

[12] Deutsch: *G.A. Lindbeck*, Christliche Lehre als Grammatik des Glaubens. Religion und Theologie im postliberalen Zeitalter; mit einer Einleitung von *H.G. Ulrich* und *R. Hütter*, aus dem Englischen von *M. Müller*, Gütersloh 1994.

[13] Die Übersetzung enthält ein Vorwort *Lindbecks* zur deutschen Ausgabe, das Kontext und Intention des Buches verdeutlicht; aaO., 16–22. *Lindbecks* Buch ist entgegen seiner ursprünglichen Intention zum Zentrum einer fundamentaltheologischen Debatte geworden. Seine eigentliche Absicht war ein methodischer Vorschlag, um den ökumenischen Diskurs durch eine neue Sicht auf die vorausgesetzten Grundlagen neu in Bewegung zu bringen. Dabei ist die Frage nach dem "Ineinander von Veränderbarkeit und Unveränderbarkeit christlicher Lehre" (18) grundlegend, die auch als Frage nach der Beziehung von Identität und Aktualität des Glaubens gefaßt werden kann. Dies aber ist nach der Kern dessen, was wir Tradition nennen.

[14] AaO., 34.

[15] Ebd.

[16] AaO., 37.

gleich die Gestalt Systematischer Theologie zu klären, die in der Ausbildung von Lehrern eine ihrer wichtigen Aufgaben erkennt.

Nach der gerade in ihrer bewußten Paradoxie präzisen Formulierung *Lindbecks* müssen Christen bestrebt sein, "ohne traditionalistische Starrheit ihre ‚Muttersprache' zu pflegen und entsprechend handeln zu lernen."[17] Es ist demnach die Aufgabe theologischer Lehre, zur Pflege dieser Muttersprache beizutragen, als einem Erlernen des Umgangs mit dieser Sprache des Glaubens. Das impliziert nicht nur das Erlernen der tradierten Grammatik und des tradierten Vokabulars, so unverzichtbar beides ist, sondern vor allem auch das Fortschreiben dieser Sprache. Läßt sich so Theologie als Sprachlehre des Glaubens bestimmen, so ist es die besondere Aufgabe der Systematischen Theologie, die Sprache des Glaubens auf ihre Kohärenz und Angemessenheit zu überprüfen und Sprachformen zu entfalten, die die je neuen Erfahrungen ebenso zeitgemäß wie im Zusammenhang des Glaubens kohärent zur Sprache bringen. Das angeführte linguistische Modell schließt einen Bezug zur Schülererfahrung also gerade nicht aus. Erfahrung ist nicht einfach vorgegebenes Datum, sondern wird allererst konstituiert durch Sprache: eben auch die Sprache des Glaubens. Umgang mit Systematischer Theologie heißt demnach vor allem auch, daß gemeinsam die Orte gesucht und diskursiv aufgesucht werden, an denen die Erfahrung allererst entsteht, die dem christlichen Glauben entspricht.[18]

## 5. Fremdes

Das linguistische Modell des Glaubens hat darüber hinaus den Vorzug, einerseits die spezifische Fremdheit des Glaubens erfassen zu können, wie sie nicht nur in der schulischen Wirklichkeit unmittelbar zur Erscheinung kommt, andererseits Glauben nicht zu einem Objektivum werden zu lassen, das in einem fixierbaren Kanon von Lehrsätzen besteht. Das Bild der Sprache enthält eben diese Dialektik, daß Glaube nicht anders lebt als im Sprechen durch einzelne, in diesem Sprechen aber zugleich nicht aufgeht. Dabei stehen Lehrer und Lehrerinnen keineswegs einfach auf der Seite der christlichen Tradition und sind nicht die ‚Besitzer' der Sprache des Glaubens; vielmehr ist diese Sprache auch ihnen immer schon voraus, so daß sie gemeinsam mit den Schülern diese Sprache erproben und erlernen.

Es liegt in der Logik dieser Überlegungen, daß die Unterscheidung von Drinnen und Draußen in Bezug auf den Glauben theologisch nicht letztlich stichhaltig sein kann.

---

[17] AaO., 196.

[18] Darum lassen sich Erfahrungs- und Wahrheitsbezug einerseits und der Rekurs auf die ‚Regeln im Reden von Gott' andererseits nicht gegeneinander ausspielen, wie dies bei *K.F. Haag* geschieht; K.F. Haag, Im Religionsunterricht von Gott reden? Überlegung zum Reden von Gott in der öffentlichen Schule einer pluralen Gesellschaft; in: Kirchengeschichte und Schule. FS *G. Schröttel*, hrsg. von *W. Haußmann/I. Schröttel/W. Schröttel*, Neuendettelsau 1997, 35–48, bes. 38. In der Intention und Durchführung sind wir freilich mit Haag weitgehend einig.

Weil es niemanden gibt, der die Sprache des Glaubens fertig gelernt hat und also eine allein Lehrender des Glaubens ist, muß jeder diese Sprache immer noch lernen: Zum Bild der Sprache gehört eben auch, daß sie nicht von einem Sprecher repräsentiert werden kann, sondern auf die in steter Veränderung begriffene Sprachgemeinschaft verweist. ‚Sprache des Glaubens' ist demnach kein Äquivalent zum klassischen Korpus theologischer Lehrsätze, die von Lehrern und Schülern zu übernehmen wären. Was der Religionsunterricht zur Sprache zu bringen hat, ist weder unabhängig von den Vorerfahrungen der Lehrer und Schüler noch in diese aufzulösen bzw. als sekundäre Deutungsmuster für diese Erfahrungen anzubieten. Vielmehr steht die Sprache des christlichen Glaubens immer wieder auch in notwendiger Spannung zu den vorgängigen Erfahrungen: Glaube impliziert auch eine spezifische Weise der Erfahrung von Welt. *So* verweist der Religionsunterricht auf die Dogmatik der christlichen Tradition, indem er gerade auch das zu zeigen versucht, was die jeweils vorgängige Weltsicht unterbricht oder ihr auch widerspricht. Insofern ‚verwandelt' das, was Glaube zur Sprache bringt, gängige Erfahrungen von Wirklichkeit und kann nicht einfach in Bekanntem untergebracht werden. Diese Diskrepanz zur vorgängigen Wirklichkeit der Lernenden *und* der Lehrenden ist demnach kein neues Problem, sondern für den Glauben geradezu konstitutiv. Diese Differenz muß nun aber nicht ausgeglichen oder verringert werden, sondern ist Anlaß für die Lebendigkeit von Religionsunterricht und befreit somit von vorschnellen Übereinstimmungen, die den Gegenstand des Religionsunterricht unbestimmt und blaß werden lassen. Mit dieser Differenz wird zugleich möglich, daß Menschen etwas erahnen und erspüren von dem Glauben, der nicht offensichtlich ist, sondern als das Fremde des Glaubens beschrieben werden kann; dieses wird als *mein* Fremdes erfahrbar und als die Wirklichkeit empfindbar, die *mich* befreit. In solcher empfindsamen Erfahrung des Glaubens ist die Erfahrung von Differenz nicht das Ende, sondern zielt auf die Erweiterung und Befreiung zu einem Leben, das aus Gott ist und gerade darin als das unverwechselbar eigene erfahren werden kann. In solche Wahrnehmung muß Systematische Theologie einführen und zu einem Umgang mit dem anleiten, was Menschen von Gott zukommen soll.

Dabei ist deutlich zu sehen, daß es nicht um die Differenz geht zwischen Schülererfahrung und Dogmatik, sondern um den notwendigen Konflikt zwischen verschiedenen Dogmatiken, Lebenshaltungen und auch Einstellungen, die zugleich verschiedene Vorstellungen von dem implizieren, wie wir leben wollen. Von hier aus erweist sich in der eingangs angeführten Schüleräußerung, ‚ich bin mein eigener Gott', daß hier in einer Weise von Gott die Rede ist, die die Regeln christlichen Redens von Gott verletzt. Denn von Gott ist nicht so zu reden, daß er Menschen die Verantwortung abnimmt, sondern vielmehr so, daß er sie davor in Schutz nimmt, sich zu überfordern. Die Regeln des Redens von Gott implizieren so auch heilsame Grenzen für die Wahrnehmung des eigenen Lebens. Aus dem Umgang mit Systematischer Theologie kann so die Einsicht erwachsen und pädagogisch fruchtbar gemacht werden, daß ich als gerechtfertigter Sünder um meine Grenzen wissen kann; daraus folgt aber wiederum, daß ich auch nicht alles richtig gemacht haben muß.

## 6. Improvisation und Intuition

Die hier beschriebene theologische Kompetenz ist die Voraussetzung der Fähigkeit zur Improvisation, die nach unserer Überzeugung für das Gelingen des Diskurses im Religionsunterricht unabdingbar ist. Dazu führt auch die Bewegung des Umgangs mit Theologie, der es erlaubt, etwa im Unterrichtsgespräch sich auf das jeweilige gemeinsame Thema und seine Implikationen ganz einzulassen. Improvisation braucht die Geschichte, die das bisherige Spiel bestimmt hat, muß aber in der Gegenwärtigkeit des Geschehens Neues daraus formulieren und erarbeiten. Diese Wege der Improvisation bedeuten für das unterrichtliche Geschehen, daß versucht werden muß, eine eigene Antwort mit dem Schüler zu finden, die jetzt für dieses Gespräch die angemessene ist. Und diese Antwort muß improvisiert werden, denn es geht nicht um eine richtige oder falsche Antwort, sondern eine aus dem Umgang mit der Sprache des Glaubens zu gewinnende Antwort. Insofern sind Schüler wie Lehrer an einem Unterricht beteiligt, der eben nicht aus überkommenen Inhalten lebt und auf irgendeine Form von Vermittlung angelegt ist, sondern die Aufmerksamkeit für die Schüler im Unterricht auch strukturell und inhaltlich zur Geltung bringt. Die Schülerwirklichkeit wird hier nicht zur Voraussetzung des Unterrichts, sondern sie ist wie die Wirklichkeit der Lehrer der Raum, in dem allein eine Artikulation der Fragen des Glaubens sich vollziehen kann. Gleichwohl bleibt diese Wirklichkeit und bleiben diese Wirklichkeiten nicht in sich selbst verschlossen, sondern werden in der Begegnung mit dem, was Religionsunterricht zur Sprache zu bringen hat, sowohl ernst genommen als auch in heilsamer Weise unterbrochen.[19]

Der amerikanische Ethiker *P. Lehmann* hat mit dem Begriff der ‚Intuition' eine grundlegende Ausrichtung christlichen Lebens benannt, die sich gerade für den Religionsunterricht als sehr hilfreich erweist.[20] Intuition ist nicht einfach ein Privileg, das manche haben, und manche nicht, sondern Intuition steht für die Bewegung im Religionsunterricht ein, die ihn zu einem lebendigen Geschehen macht, in dem der Glaube auf dem Spiel steht. Solche Intuition ist daher Sache des Lehrers wie der Schüler, die sich hier im gemeinsamen Diskurs schulen können. Befreit von der Sorge darum, was der Schüler alles wissen und lernen muß und befähigt zur Intuition, führt die Intuition zum Umgang mit Systematischer Theologie, die aus dem Vertrauen zu eigener theologischer Kompetenz erwächst, die sich dann mit den Schülern gemeinsam bewähren muß, in dem Wissen "sich über etwas bewußt zu sein und doch nicht zu wissen, wie man zu diesem Wissen gelangt."[21]

---

[19] Vgl. dazu Baptist *J. Metz*, Unterbrechungen. Theologisch-politische Perspektiven und Profile, Gütersloh 1981, 86: "VI. Kürzeste Definition von Religion: Unterbrechung."

[20] Vgl. dazu auch ausführlich *I. Schoberth*, Glauben-lernen. Grundlegung einer katechetischen Theologie, unveröffentlichte Habilitationsschrift, Erlangen 1996.

[21] *P.L. Lehmann*, Sollen wir die Gebote 'halten'?, in: Rechtfertigung und Erfahrung. FS *G. Sauter*, hrsg. von *M. Beintker* u.a., Gütersloh 1995, 328–341, bes. 337.

# XVIII.

# Ethische Bildung als Herausforderung von Religionspädagogik und Theologischer Ethik

Gottfried Adam

Im Zusammenhang der gesellschaftlichen und bildungspolitischen Entwicklungen Ende der sechziger/Anfang der siebziger Jahre dieses Jahrhunderts kam es im evangelischen Religionsunterricht[1] zu einer deutlichen Erweiterung des Themenspektrums hinsichtlich der ethischen Themen. Gegenüber der vorherigen Zeitspanne von 1945 bis 1965, die man gemeinhin als die Phase der Evangelischen Unterweisung und der hermeneutischen Konzeption bezeichnet, stellt dies einen geradezu revolutionären Vorgang dar. Diese inhaltliche Umstrukturierung im konkreten Unterricht wie auf der Lehrplanebene verbindet sich mit dem Konzept des problemorientierten Religionsunterrichts.[2]

Im Zusammenhang mit der Wende des Jahres 1989 und den sich daraus ergebenden gesamtgesellschaftlichen Veränderungsprozessen steht die Religionspädagogik erneut vor der Frage nach dem künftigen Profil des Religionsunterrichts. Dabei spielen die Fragen nach ethischer Bildung und moralischer Erziehung und ihrem künftigen Stellenwert eine besondere Rolle. Freilich stellen sich die Fragen jetzt noch einmal in einem umfassenderen Horizont als das Anfang der siebziger Jahre der Fall war. Diese Auskunft gilt auch dann, wenn man nicht der Meinung ist, die gegenwärtig mannigfach vertreten wird, daß nämlich Theologie heute nur noch auf der Basis der Ethik zu konzipieren sei. Im Folgenden wollen wir Fragen folgender Art nachgehen: Ist ethische Bildung und Erziehung heute überhaupt noch eine Aufgabe der Schule? Daran schließt sich die Frage an: Wie und in welcher Weise kann und will der Religionsunterricht die Aufgabe ethischer Bildung und Erziehung wahrnehmen? Welche Herausforderung stellt die Wiederkehr der Tugenden im Blick auf das leitende Konzept von Theologischer Ethik dar? Schließlich: Welche Perspektiven bieten sich an hinsichtlich der Zielvorstellungen im Blick auf ethische Bildung und Erziehung?

---

[1] Wenn im Folgenden von Religionsunterricht die Rede ist, so ist zunächst der evangelische Religionsunterricht im Blick. Freilich gelten viele Überlegungen in analoger Weise auch für den katholischen Religionsunterricht.

[2] Siehe die Problemanalyse bei *G. Adam*, Religionspädagogik und Theologische Ethik, in: forum religion 6, 1980, Heft 3, 13 ff. (Leicht modifizierter Abdruck in: *G. Adam*, Religiöse Bildung und Lebensgeschichte. Beiträge zur Religionspädagogik II, Würzburg 1994, 189 ff). Erneut habe ich mich dieser Fragestellung zugewandt in meinem Beitrag „Ethische Bildung als Herausforderung für die Schule", in: Österreichisches Religionspädagogisches Forum 5, 1995, 15-20 sowie durch die Herausgabe und Mitarbeit an dem in Anm. 2 genannten Sammelband.

## 1. Ethische Bildung als gesamtschulische Aufgabe

Soll die Schule ethisch erziehen?[3] Kann sie es? Darf sie es? Fragen wir einmal umgekehrt: Kann die Schule es überhaupt vermeiden, Normen und Werte zu vermitteln? Offensichtlich nicht. Schule erzieht immer auch in einem normativen Sinne. Dies läßt sich aus der schulpädagogischen und bildungstheoretischen Diskussion in vielfältiger Weise belegen. Auch bildungspolitisch ist die Sachlage eindeutig: In den geltenden Schulgesetzen der Länder, in einschlägigen Verordnungen und Erlassen der Kultusverwaltungen sowie in Präambeln von Lehrplanen wird - mit gutem Grund - der Schule die Mitwirkung an der Aufgabe ethischer Bildung und Erziehung zugeschrieben, wie immer das im einzelnen formuliert sein mag.[4] Für unseren Zusammenhang genügt zunächst die allgemeine Beobachtung, daß der Schule grundsätzlich die Aufgabe, an der ethischen Bildung und moralischen Erziehung mitzuwirken, zugeschrieben wird.

Nun stellt sich aber sogleich die Frage: Wie und wo geschieht das in der schulischen Realität konkret? Hier muß man zumindest drei Ebenen unterscheiden. Da sind einerseits die schulischen Fächer insgesamt. Da der Kern unseres Schulwesens in den Fächern liegt, wäre es fatal, würde die Wahrnehmung dieser Aufgabe außerhalb dieser Fächer, sozusagen an den Rändern der Schule, angesiedelt. Die Fächer sind nicht aus ihrer Verantwortung bei dieser Aufgabe zu entlassen.[5] Da ist zum andern das Schulleben, das durch seine Atmosphäre, die Art und Weise des Zusammenlebens (z.B. die Wege der Konfliktlösung), die Gestaltung von schulischen Ritualen, Feiern etc. Modelle bietet, Lebensweisen demonstriert und Gestaltungen ermöglicht. Und da sind drittens die Fächer, denen insbesondere die ethische Aufgabe zugeschrieben wird: Religion und Ethik.

Nun sind für den modernen Staat die Fragen der Normen und Werte sehr heikel. Er lebt hier sozusagen von einer Basis, die er selbst nicht herstellen kann. Von besonderer Bedeutung ist in diesem Zusammenhang, daß seit der Aufklärung dem modernen Staat in religiösen Fragen Grenzen der Betätigung gesetzt sind. So bediente und bedient er

---

[3] Zum Folgenden vgl. G. *Adam/F. Schweitzer*, Ethische Erziehung als Aufgabe und Möglichkeit der Schule, in: dies. (Hrsg.), Ethisch erziehen in der Schule, Göttingen 1996, 19-37.

[4] Läßt man die einschlägigen Veröffentlichungen der letzten Jahre Revue passieren, so begegnen einem sehr unterschiedliche Begriffe. Vor allem sind es folgende Begriffe: ethisches Lernen, ethisch handeln lernen, sittliche Bildung, sittliche Erziehung, Ethikunterricht, Moralerziehung, Moralpädagogik, Gewissenserziehung, Gewissensbildung, ethische Urteilsbildung, Werte und Normen. Besonders häufig taucht der Begriff der 'Werte' und der Werteerziehung oder Werte-Erziehung auf. Aber auch dieser Begriff ist unscharf und erweist sich mehr als ein Sammelbecken für ganz unterschiedliche Vorstellungen. Bisweilen wird von 'objektiven Werten', von 'Werten an sich' gesprochen. Es erhebt sich sogleich die Frage: Wie verhalten sich die Werte zu den Haltungen, Gesinnungen und den Tugenden? Diese Zusammenhänge wären eine eigene Untersuchung wert; aber die Klärung all dieser Begrifflichkeiten kann und soll hier nicht ins Auge gefaßt werden.

[5] Zur weiteren Konkretisierung vgl. *H. Schmidt*, Ethische Erziehung als fächerübergreifende und fächerverbindende Aufgabe, in: G. Adam/F. Schweitzer (Hrsg.), Ethisch erziehen in der Schule, Göttingen 1996, 313-331.

sich für die Durchführung religiöser und ethischer Bildung der in der Gesellschaft dafür kompetenten Institutionen/Gruppen: der Religionsgemeinschaften. In diesem Sinne nahm und nimmt der Religionsunterricht die Aufgabe religiöser *und* ethischer Bildung wahr.

Wir erleben gegenwärtig in verstärktem Maße, daß im Zuge der gesellschaftlichen Ausdifferenzierung ein Teil der Menschen zu den vorhandenen, geschichtlich gewordenen Religionsgemeinschaften auf Distanz geht. Folglich wächst auch die Zahl der Schülerinnen und Schüler ohne religiöses Bekenntnis. Teilweise nehmen diese am Religionsunterricht teil, teilweise bleiben sie dem Religionsunterricht fern. Eine ganzheitliche Persönlichkeitsbildung schließt die ethische (und religiöse) Bildung ein. Wenn das so ist, kann es nicht sein, daß dieser Teil der Bildung für einen Teil der Schülerinnen und Schüler nicht verpflichtend ist, sondern dem Belieben freier Wahl anheimgestellt ist. Von daher liegt es in der Sachlogik, daß für alle (und ich meine wirklich: alle!) Schülerinnen und Schüler, die - aus welchen Gründen auch immer - nicht am konfessionsbezogenen Religionsunterricht teilnehmen, die Möglichkeit geschaffen wird, daß sie sich mit Fragen von Ethik (und Religion) beschäftigen können und so zu eigener Urteilsbildung befähigt werden. Es kann der Gesellschaft keineswegs gleichgültig sein, wenn es in ihr eine größere Gruppe von 'ethisch-religiösen Analphabeten' gibt.

Die Etablierung des (neuen) Faches Ethik[6], das in diesem Sinne die Möglichkeit zu (langfristig gesehen) verpflichtender ethischer Bildung bietet, hat für die Schule und den Religionsunterricht weitreichende Konsequenzen, auch in organisatorischer Hinsicht. Was die inhaltliche Gestaltung dieses Faches betrifft, wird es sich nicht nur auf die ethischen Fragen beschränken können, sondern wird auch Fragen der Religion einschließen müssen, was man an der bisherigen Entwicklung des Faches bereits sehen kann. So spielt z.B. die religiöse Dimension bei der Begründung von Ethik und bei der Frage nach der Motivation zum Handeln eine wichtige Rolle.

Der konfessionsgebundene Religionsunterricht verfügt durch die Theologie über eine klare wissenschaftliche Basis. Er erschließt die christliche Überlieferung und die Lebensformen christlichen Lebens und Handelns. Er zeigt, wie die ethische Verantwortung mit der religiösen Identität, dem Glauben, verbunden ist. Er will eine reflektierte Aneignung ohne Zwang ermöglichen. Dabei befindet er sich im Gespräch mit anderen Orientierungen.

Der Ethikunterricht kann demgegenüber Ethik und Religion im Rahmen der Möglichkeiten und Grenzen der Vernunft bedenken. Ein nach wie vor offenes Problem des Ethikunterrichts ist die Frage nach der/den Bezugswissenschaft/en. Man kann wohl nicht nach dem Motto verfahren: ein bißchen Pädagogik, ein bißchen Psychologie, ein bißchen Philosophie, ein bißchen Religionswissenschaft, ein bißchen Theologie etc. Das Brandenburger Modell Lebensgestaltung-Ethik-Religionskunde verfährt bislang weitgehend nach dieser Methode. M.E. kommt als Bezugswissenschaft(en) für das

---

[6] Dieser Begriff wird hier als Sammelausdruck verwendet. Damit ist das Fach sowohl hinsichtlich seiner Stellung als Ersatz-, Alternativ- wie Wahlpflichtfach gemeint als auch die Bezeichnung als 'Philosophie' oder 'Werte und Normen'.

Fach Ethik neben Pädagogik primär ein Verbund von Religionswissenschaft, Philosophie und Theologie in Frage. Weiterhin ist die Frage offen, wer eigentlich die Ziele und Inhalte des Ethikunterrichts festlegt und für den Lehrplan zuständig ist. Es stellt sich die Frage, wie kann man Sicherheiten einbauen, daß das Fach weder zum politischen Spielball noch zum ideologischen Instrument irgendeiner Gruppe verkommen kann? Hier besteht Handlungsbedarf um des Faches willen.[7]

Die religiöse und ethische Bildung unserer Kinder und Jugendlichen ist ein hohes Gut und wichtiges Ziel einer Schule, der es um eine ganzheitliche Persönlichkeitsbildung geht. Das Fach Ethik kann helfen, diese Aufgabe in einem Bereich wahrzunehmen, der gegenwärtig so etwas wie einen weißen Fleck in der Schule darstellt. So gesehen braucht es nicht zu einem Konkurrenzverhältnis der Fächer Religion und Ethik kommen, sondern ein gemeinsames Miteinander ist angesagt - im Interesse der Persönlichkeitsbildung unserer Schülerinnen und Schüler.

Der angedeuteten, sich ausdifferenzierenden religiösen Situation in Deutschland hat die Kammer der EKD für Bildung und Erziehung in vorausblickender Weise Rechnung getragen. Man kann nur begrüßen, daß in der Denkschrift „Identität und Verständigung"[8] ein Gesamtrahmen zu „Standort und Perspektiven des Religionsunterrichts in der Pluralität" konzipiert wurde, in dem einerseits wesentliche Essentials fixiert wurden, andererseits genug Flexibilität vorgesehen wurde, um regionale Varianten zu ermöglichen.

Der Vorschlag, daß Religionsunterricht und Ethikunterricht in einer eigenständigen Fächergruppe zusammengefaßt werden sollen, ist ausgesprochen sinnvoll. In dieser Fächergruppe darf es im Interesse der Befähigung der Schülerinnen und Schüler nicht zu einer Konkurrenzsituation, sondern muß es zu einem Modus gegenseitiger Kooperation kommen. Die Denkschrift spricht explizit davon, daß Religionsunterricht und Ethikunterricht als 'Dialogpartner' zu verstehen seien, wobei Religionsunterricht und Ethikunterricht jeweils ein eigenes Profil aufzuweisen haben.[9] Es wird ausdrücklich betont, daß die Fächer für die „allgemeine wie die individuelle Bildung so wichtig (sind), daß es gerechtfertigt ist, sie als eigenständige Fächergruppe anzusehen, für die der Staat Verantwortung trägt, im Falle des Religionsunterrichts laut Grundgesetz unter Mitwirkung der Religionsgemeinschaften, im Falle des Ethikunterrichts (bzw. je nach

---

[7] Ich schlage folgende Lösung vor: Es wird ein unabhängiges Gremium etabliert; dies wird mit Vertretern aller gesellschaftlich relevanten Gruppierungen und einigen pädagogischen Experten besetzt; dies Gremium fungiert als Lehrplankommission mit letzter Entscheidungsvollmacht.

[8] Identität und Verständigung: Standort und Perspektiven des Religionsunterrichts in der Pluralität. Eine Denkschrift der EKD. Im Auftrag des Rates der EKD hrsg. vom Kirchenamt der EKD, Gütersloh 1994.

[9] „Die *unverwechselbare Eigenständigkeit jedes Faches* ist besonders angesichts der inhaltlichen Überschneidungen zu betonen. Der Religionsunterricht hat es im Rahmen des Christentums ebenso mit Ethik zu tun, wie es der Ethikunterricht im Rahmen der ethischen Thematik mit der christlichen Religion zu tun hat" (AaO., 78).

Bezeichnung 'Werte und Normen', 'Philosophie') gemäß den jeweils erlassenen Schulgesetzen."[10]

Die Zukunft wird zeigen, ob und wie sich die Zusammenarbeit konkret gestalten kann und wird. Es ist bemerkenswert und begrüßenswert, in welcher Weise in der Denkschrift ein positives Verhältnis gegenseitiger Achtung zwischen Religionsunterricht und Ethikunterricht anvisiert wird. Möglich ist das auf dem Hintergrund, daß der Religionsunterricht konsequent aus seiner Bedeutung für Kinder und Jugendliche begründet wird. Einem solchen Ansatz kann nur ein pädagogisch und bildungstheoretisch verantworteter Unterricht gerecht werden. Daraus ergibt sich, daß für einen Religionsunterricht, der Kinder und Jugendliche bei der Identitäts- und Sinnfindung begleiten und unterstützen möchte, der lebendige Umgang mit der christlichen Überlieferung und die Begegnung mit authentischen Lehrern und Lehrerinnen wesentlich sind.

## 2. Ethische Bildung als Aufgabe des Religionsunterrichts

Nun ist eine religionspädagogische Aufgabenbeschreibung eines.[11] Das, was Eltern, Schulverwaltung, Gesellschaft und Bildungspolitiker erwarten, ist nicht notwendigerweise deckungsgleich mit dem, was religionspädagogisch und bildungstheoretisch wünschenswert erscheint. Doch wenden wir uns zunächst einer skeptischen Position zu, die dem Religionsunterricht keine größere ethische Kompetenz zubilligt.

### 2.1 Infragestellung: mangelnde ethische Kompetenz

In der bayerischen Bildungspolitik wurde und wird den Fragen ethischer Erziehung seit jeher große Aufmerksamkeit geschenkt. Ethikunterricht als schulisches Ersatzfach wurde dort bereits zu einem sehr frühen Zeitpunkt eingerichtet. Am Staatsinstitut für Schulpädagogik und Bildungsforschung in München wurde vor einiger Zeit ein neues Referat eingerichtet. Des Referenten Aufgabengebiet ist die 'ethische Erziehung'. Zunächst denkt man daran, daß damit das Referat für das Fach Ethik, also den schulischen Ethikunterricht, bezeichnet ist. Doch dies ist nicht der Fall. Es handelt sich vielmehr um die Aufgabe der fächerübergreifenden 'ethischen Erziehung'. Das Aufgabengebiet des Referenten sind die Fächer insgesamt, die alle etwas zur ethischen Erziehung beitragen sollen. Nun formuliert *H. Huber* im Blick auf diese Aufgabe sehr eingängig: „Sittliche Bildung und ethische Erziehung überliefern die Substanz der Humanität."[12] Was besagen sittliche Bildung und ethische Erziehung und wie unterscheiden sie sich? *Huber* geht bei seiner Konzeption von einem Ethos aus, das zu allen Zeiten gilt, nämlich von „eine(r) Zeiten und Kulturen übergreifenden Allgemeingültigkeit der sittlichen Grundüberzeu-

---

[10] AaO., 79 f.
[11] Für diesen Teil verdanke ich wichtige Hinweise einem ungedruckten Vortrag von *K.F. Haag*, Ruf nach neuer Werterziehung? (1994).
[12] *H. Huber*, Vorwort, in: *ders.* (Hrsg.), Sittliche Bildung. Ethik in Erziehung und Unterricht, Asendorf 1993, 9.

gungen."[13] Dies wird weiterhin folgendermaßen konkretisiert: „Achtung, Gerechtigkeit, Verantwortlichkeit, Aufrichtigkeit, Wohlwollen, Selbstbehauptung, Mitleid, Hilfsbereitschaft, Großmut, Treue und dergleichen. Soweit wir in das Dunkel der Vergangenheit zurückblicken, finden wir keine Kultur, in der diese Tugenden keine Geltung gehabt hätten."[14] Er meint, daß dieser Kanon von humanen Erziehungszielen der Natur selbst als Wesensgesetz innewohne.

Interessant wird es nun dort, wo der Autor sich zum christlichen Religionsunterricht äußert. Er meint, daß dieser für die intendierte ethische Erziehung nicht in besonderem Maße zuständig sei: „Das Spezifische am Christentum scheint mir ... nicht in der Ethik zu liegen, sondern in der Dogmatik - also etwa in den Aussagen, daß Gott dreifaltig sei; daß er die Welt geschaffen habe; daß er Mensch geworden sei; daß er uns durch das Blut seines Sohnes erlöst hat; daß er Christus von den Toten auferweckt habe; daß wir in der Erbsünde geboren seien; daß Christus die Sakramente eingesetzt habe; daß Christus die Kirche gegründet und den Petrusfelsen des Papsttums eingerichtet habe." Er hält es darum für falsch, „von einer besonderen 'christlichen Ethik' zu reden". Die Aufforderung ehrlich, treu, großmütig, barmherzig, friedensbereit und tapfer zu sein, „ist nicht die spezfische Botschaft des Christentums, sondern ein Ethos, das praktisch allen Völkern eigen ist"[15].

Diese Position ist gepaart mit konservativer Gesellschaftskritik. Sie traut dem Religionsunterricht und den Religionslehrkräften offensichtlich wenig zu und möchte die ethische Erziehung/Werteerziehung eigentlich lieber in andere Händen geben. Einige Äußerungen von Bildungspolitikern weisen ebenso in die Richtung, daß im Religionsunterricht nicht genügend ethisch erzogen werde. Nun ist die inhaltliche Ausrichtung des Religionsunterrichts nicht Sache des Staates, sondern der Religionsgemeinschaften. Freilich: Wie wird es künftig dem Fach Ethik in dieser Hinsicht gehen? Wie muß die rechtliche Konstruktion für die Lehrplan-Gestaltung dieses Faches geordnet werden, damit das Fach nicht zum Spielball bestimmter politischer Interessen wird, sondern der Persönlichkeitsbildung der Kinder und Jugendlichen in optimaler Weise dient?[16]

Verfasser dieser Zeilen teilt die referierte skeptische Position nicht, zumal sie von einem Verständnis von Theologie ausgeht, das zwar der Dogmatik Heimatrecht im Hause der Theologie zugesteht, aber nicht so der Ethik. Allein ein Blick in die Geschichte des Christentums kann einsichtig machen, in wie starkem Maße immer auch das verantwortliche Handeln mit dem Glauben einherging. Mit der referierten Position verbindet uns aber die Einsicht, daß die Fragen der ethischen Bildung und moralischen Erziehung im Blick auf die Schülerinnen und Schüler im gesamten Bildungssystem an Dringlichkeit gewinnen und künftig besondere Beachtung verdienen.

---

[13] *H. Huber*, Tao oder Mehrheit? Über den Grund moralischer Geltung, in: *ders./H. Zehetmair/H. Zöpfl*, Ethik in der Schule. Grundlagen ethischer Bildung und Erziehung, München 1993, 17 ff, hier 20.

[14] AaO., hier 21.

[15] AaO., hier 24 u. 25.

[16] Vgl. Anm. 7.

## 2.2 Erwartungen und Aufgaben

Freilich werden in diesem Zusammenhang in überwiegendem Maße deutlich positive Erwartungen an den evangelischen und katholischen Religionsunterricht formuliert. Es spricht mancherlei dafür, daß angesichts der gesellschaftlichen Entwicklung mit ihrer zunehmenden Gewalttätigkeit, des Anwachsens das Aggressionspotentials und der wachsenden Zahl von Delikten die Erwartungen an den ethischen Beitrag des Religionsunterrichts noch zunehmen werden.

Die Frage ist, wie damit religionspädagogisch umzugehen ist. Meines Erachtens brauchen wir im Religionsunterricht an dieser Stelle keinerlei Berührungsängste zu haben. Es ist daran zu erinnern, daß Glaube und Handeln in christlicher Theologie und einer dementsprechenden Lebenspraxis stets eng zusammengehörten und -gehören. Glaube und Handeln sind sozusagen Geschwister. Insofern ist ein Religionsunterricht, der sich nur auf Dogmatik beschränken und die Ethik ausklammern würde, kein 'vollständiger' christlicher Religionsunterricht. Religionsunterricht hat auch immer seinen Beitrag zur ethischen Bildung und Erziehung in der und für die Gesellschaft geleistet. Es gibt keinen Grund, warum er das nicht auch zukünftig tun sollte. Freilich muß dabei gewahrt bleiben, daß das, was in Sachen Ethik im Religionsunterricht passiert, letztlich verantwortet und geleitet wird von der genuinen Selbstinterpretation des christlichen Glaubens, d.h. von den Grundmotivationen des christlichen Glaubens, nicht aber primär von Ansprüchen her, die von außen an den christlichen Glauben herangetragen werden.

Wenn dem so ist, ist freilich die Aufgabe gestellt, daß ein guter Unterricht in Sachen Ethik erteilt wird, der den Schülerinnen und Schülern eine gediegene ethische Kompetenz vermittelt. Es ist in der Vergangenheit zweifellos gute ethische Bildung ermöglicht worden. Aber sicher wird die Qualität des Unterrichtens in dieser Hinsicht verbessert werden können. Ich bin persönlich der Meinung, daß wir das sogar tun müssen. Nur so kann auf Dauer - angesichts komplexer gewordener Lebensverhältnisse - der für unsere Zeit notwendige Standard ethischer Bildung und Erziehung im Religionsunterricht gewahrt werden.

Ein Satz wie „Sittliche Bildung und ethische Erziehung überliefern die Substanz der Humanität" scheint auf den ersten Blick, beim ersten Hören klar und verständlich zu sein. Ist er das aber wirklich? In seinem Plädoyer für die einfache ethische Bildung bezieht sich *Huber* bemerkenswerterweise auch auf Tugenden. Er nennt folgende zehn Tugenden: Achtung, Gerechtigkeit, Verantwortlichkeit, Aufrichtigkeit, Wohlwollen, Selbstbehauptung, Mitleid, Hilfsbereitschaft, Großmut, Treue.[17] Damit liegt er aber in einem Trend der länder- und kontinenteübergreifend ist.

---

[17] Interessant wäre auch ein Vergleich mit jenem Ruf nach dem 'Vorrang des Erzieherischen' in der Schule, der in der zweiten Hälfte der 70er Jahre laut wurde. Dabei ging es den Verfechtern auch um eine Wiedergewinnung ethischer Erziehung. *K.E. Nipkow* hat seinerzeit die neue Pragmatik kritisch analysiert und ist ihr entgegengetreten in dem Sinne, daß es sich dabei um einen allzu einfachen Lösungsweg neokonservativer Provenienz handele, der dem Ernst der verhandelten Sache nicht angemessen sei. (Vgl. dazu *K.E. Nipkow*, Moralerziehung. Pädagogische und theologische Antworten, Gütersloh 1981.)

## 3. Die Wiederkehr der Tugenden

Es sei hingewiesen auf eine entsprechende Veröffentlichung des französischen Philosophen *A. Comte-Sponville*, die in der Auflagenhöhe bereits jenseits der 100.000 Exemplare angelangt ist und die nun auch in deutscher Fassung vorliegt: „Ermutigung zum unzeitgemäßen Leben. Ein kleines Brevier der Tugenden und Werte"[18]. Auf die Losung „Zurück zu den guten, alten Tugenden!" als Problemlöser für die Fragen ethischer Erziehung stieß ich am deutlichsten bei einem Besuch in den Vereinigten Staaten von Amerika. Im April 1996 hielt ich mich zwecks Bibliotheksarbeiten in Chicago auf. Als ich eine große Buchhandlung aufsuchte, staunte ich nicht schlecht. Ich fand eine Reihe von Büchern, die den Tugenden galten.

Als erstes stieß ich auf „The Book of Virtues", das von *W.J. Bennett* im Jahre 1993 erstmals herausgegeben wurde.[19] Der Verfasser hat Philosophie und Jura studiert und war lange Zeit in der Politik tätig. Als ich im April 1996 ein Exemplar erstand, bekam ich bereits die 36. Auflage (in Worten: sechsunddreißigste Auflage!) in die Hand. Die Geschichten des umfänglichen Werkes sind nach folgenden zehn Tugenden sortiert: Selbstdisziplin, Mitleid, Verantwortlichkeit, Freundschaft, Arbeit, Zivilcourage, Standhaftigkeit, Wahrhaftigkeit, Loyalität, Glaubensfähigkeit. Das hinter diesem Buch stehende Konzept ist einfach. Es läßt sich folgendermaßen umschreiben: Es gibt Züge, die für einen guten Charakter essentiell sind. Damit die Kinder solche guten Charakterzüge entwickeln können, haben wir Ihnen Beispiele für gut und böse, richtig und falsch anzubieten. Diese Geschichten findet man am besten in den großen Werken der Weltliteratur und in exemplarischen Geschichten aus der Historie. Weitere Begründungen werden nicht geliefert. Das Buch bietet eine Sammlung solcher Texte. Es handelt sich zweifellos um ein sehr einfaches Erziehungskonzept!

Da der Absatz sich günstig gestaltete, schob *W.J. Bennett* im Jahre 1995 sogleich eine zweite Veröffentlichung nach „The Moral Compass. Stories for a Life's Journey"[20]. Dies Buch ist ebenfalls sehr umfänglich. Es ist den „amerikanischen Lehrern in den Häusern, Schulen und christlichen Gemeinden" gewidmet. Waren die Texte des ersten Bandes vor allem aus der amerikanischen und europäischen Tradition genommen, so geht der Bestand des zweiten Bandes darüber hinaus und enthält Texte aus aller Welt. Doch damit nicht genug, ebenfalls im Jahre 1995 erscheint als Buch für jüngere Kinder „The Children's Book of Virtues"[21], von dem ich auch bereits im April 1996 eine 4. Auflage erstehen konnte.

Aufmerksam geworden suchte ich weiter. Ich stieß ich auf weitere Veröffentlichungen, die sich der gleichen Grundströmung verdanken. *W. Kilpatrick* brachte zusammen mit *G. und S.M. Wolfe* „Eine Anleitung, Deinem Kind moralische Werte durch Geschich-

---

[18] *A. Comte-Sponville*, Ermutigung zum unzeitgemäßen Leben. Ein kleines Brevier der Tugend und Werte, Hamburg 1996.

[19] *W.J. Bennett* (Hrsg.), The Book of Virtues. A Treasury of Great Moral Stories, New York 1993.

[20] *W.J. Benett*, The Moral Compass. Stories for a Life's Journey, New York 1995.

[21] *W.J. Benett*, The Children's Book of Virtues, New York (1995) ⁴1996.

tenerzählen zu vermitteln" (so der Untertitel) heraus unter dem Titel: „Books That Build Character"[22]. Als Bausteine der Charakterbildung werden hier u.a. besonders Imagination, Vorbild und Empathie betont. Im übrigen besteht die Veröffentlichung vor allem aus einer Sammlung von halbseitigen Buchbeschreibungen zum Thema der Charakterbildung.

Die nächste Autorengruppe, *B.C. Unell* und *J.L. Wyckoff*, bringt es gleich auf zwanzig lehrbare Tugenden „20 Teachable Virtues. Practical Ways to Pass on Lessons of Virtue and Character to Your Children"[23]. Die Herausgeber wollen klar instruieren statt zu 'moralisieren'. Ihre Beschreibung dessen, was Tugenden sind, entnehmen sie einfach einem gängigen Lexikon, indem sie ohne weiteren Kommentar und ohne Quellenangabe folgende Zitation an den Anfang des Vorwortes stellen: „virtue *n.* 1. moral excellence; goodness; righteousness 2. conformity in life and conduct to moral and ethical principles 3. a particular moral excellence 4. a good or admirable quality as of a person, thing, etc. 5. inherent power to produce effects; potency."

Die Kinder werden als Ton bezeichnet, die Eltern und Erzieher als Töpfer, die den Ton formen. Empfohlen wird das Lernen im Sinne eines behavioristischen Lernprozesses, bei dem mit Lob und Belohnung gearbeitet wird. Es wird nirgends begründet, wieso gerade die folgenden zwanzig Tugenden ausgewählt wurden: Empathie, Hilfestellung, Fairneß, Toleranz, Fürsorge, Zivilcourage, Humor, Respekt, Loyalität, Höflichkeit, Geduld, Problemlösungsfähigkeit, Friedfertigkeit, Selbstvertrauen, Selbstmotivation, Verantwortungsbewußtsein, Wahrhaftigkeit, Vertrauenswürdigkeit, Selbstdisziplin, Kooperationsfähigkeit.

Schließlich ist noch das Werk des jüdischen Rabbis *W. Dosick* „Golden Rules. The Ten Ethical Values Parents Need to Teach their Children"[24] zu nennen, das erheblich reflektierter ist als das zuvor genannte Werk. Dieser Text liegt inzwischen auch in deutscher Übersetzung vor „Kinder brauchen Werte. 10 Lebensregeln, die Kindern Halt und Orientierung geben"[25]. Hier handelt es sich um eine klar religiös motivierte Anleitung zu ethischer Erziehung. Die Regeln des moralischen Verhaltens werden aus den „Kernlehren der großen Weltreligionen" (S. 14) gewonnen. Es sind: Respekt, Wahrhaftigkeit, Fairneß, Verantwortungsbewußtsein, Mitgefühl, Dankbarkeit, Freundschaft, Friedfertigkeit, Streben nach persönlicher Reife, Glaubensfähigkeit.

Auch die Veröffentlichung von *C. Greer* und *H. Kohl* ist deutlich reflektierter als die eingangs genannten Veröffentlichungen. Sein Titel lautet „A Call to Character. A Family Treasury of stories, poems, plays, proverbs, and fables to guide the development

---

[22] *W. Kilparick/G. u. S.M. Wolfe*, Books That Build Character, New York 1994.

[23] *B.C. Unell/J.L. Wyckoff* (Hrsg.), 20 Teachable Virtues. Practical Ways to Pass on Lessons of Virtue and Character to your Children, New York 1995.

[24] *W. Dosick*, Golden Rules. The Ten Ethical Values Parents Need to Teach their Children, San Francisco 1995.

[25] W. Dosick, Kinder brauchen Werte. 10 Lebensregeln, die Kindern Halt und Orientierung geben, München 1996.

of values for you and your children"[26]. Im einführenden Text wird darauf verwiesen, daß Geschichten hilfreich sind, um moralische Handlungsweisen und ethische Dilemmas zu bedenken. Sortiert werden die Ausführungen in vierfacher Weise: (1) Werte, die sich auf die eigenen Person beziehen: Zivilcourage, Selbstdisziplin, Integrität, Kreativität und 'Playfulness', (2) Werte, die sich auf bekannte Menschen beziehen: Loyalität, Großzügigkeit, Empathie, Ehrlichkeit, Anpassungsfähigkeit, (3) Werte, die sich auf unbekannte Menschen und die natürliche Umwelt beziehen: Idealismus, Mitleid, Verantwortlichkeit, Balance und Fairneß und schließlich (4) Werte, die sich auf Liebe beziehen: Liebe.

Was wir hier im Ganzen erleben, ist die Wiederkehr des normativ traditionellen Ansatzes der Charaktererziehung. Da in den Vereinigten Staaten die neuen Trends jeweils deutlicher zutagetreten, bleibe ich bei diesen Beispielen.[27] Nun geht es bei diesen Beispielen keineswegs darum, die entwicklungsorientierte ethische Erziehung und den traditionellen Ansatz der Charaktererziehung mit seinen Tugenden miteinander in Verbindung zu bringen. Nein, es handelt sich um eine dezidierte und bewußte neokonservative Rückwendung zum traditionellen Modell moralischer Erziehung qua Anpassung und Einpassung. Die Charakterzüge werden solange geübt, bis man sie internalisiert hat.

Einer der Co-Autoren eines oben genannten Buches, *W. Kilpatrick*, hat dies in seiner Veröffentlichung „Why Johnny can't tell right from wrong and what we can do about it"[28] ganz unmißverständlich formuliert. Er führt aus, daß die Krisis der Moralerziehung genau darin ihren Grund habe, daß man der Charaktererziehung den Abschied gegeben habe und zum „decision-making model" übergegangen sei. Hierunter versteht der Autor alles, was sich mit dem entwicklungsorientierten Ansatz, mit Namen wie *L. Kohlberg, C. Gilligan* und dem Value-Clarification-Konzept verbindet. Er plädiert für eine uneingeschränkte Rückkehr zur Charaktererziehung. Das entwicklungsorientierte Konzept ethischer Erziehung sei gut gemeint gewesen, habe aber das Gegenteil von dem bewirkt, was es erreichen wollte, weil ihm die Inhalte verloren gegangen seien. Auch hier ist die Lösung ganz einfach: Zurück zu den alten Tugenden.

---

[26] C. *Greer* und H. *Kohl*, A Call to - Character. A Family Treasury of stories, poems, plays, proverbs, and fables to guide the development of values for you and your children, New York 1995.

[27] Zur Illustration der deutschen Situation sei auf die Zeitschrift „Focus. Das moderne Nachrichtenmagazin" verwiesen. Auf dem Titelblatt der Ausgabe vom 17. März 1997 wird als Thema angekündigt: „Die ratlose Gesellschaft. Sehnsucht nach Werten. Die Rückkehr der Tugenden" (Focus Nr. 12 vom 17. März 1997). Die Titelgeschichte von *K. Herbert* „Sehnsucht nach Werten" findet sich auf den Seiten 203-208.

[28] *W. Kilpatrick*, Why Johnny can't tell right from wrong and what we can do about it, New York u.a. (1992) $^4$1993.

## 4. Verantwortungsethik und Tugendlehre

Angesichts solcher einfachen Formen ethischer Erziehung sollte man denken, daß *W. Brezinka* darauf hinweist, daß der Begriff Werte-Erziehung problematisch sei und daß die Forderung nach Werte-Erziehung nicht mehr bedeute, „als daß den Erziehern eine vage Gesamtaufgabe gestellt wird, die ein ganzes Bündel schwieriger Teilaufgaben einschließt. Die Parole sagt nichts darüber, wie diese Erziehungsaufgaben durchgeführt werden können. Sie ist häufig verknüpft mit naiven Vorstellungen über die einschlägigen Kausalverhältnisse und mit Illusionen über die Macht der Erziehung." Und weiter: „Es gibt keine einfachen und sicheren Mittel zur Förderung wertvoller Gesinnungen beziehungsweise zum Abbau schlechter Gesinnungen. Die Bedingungen für das Entstehen und Beibehalten von Werteinstellungen sind komplex und im Einzelfall mehr oder weniger unbekannt. Deshalb können für 'Werte-Erziehung' nur Strategien erfolgversprechend sein, die viele Faktoren berücksichtigen."[29] Diese Sätze mögen uns vor den einfachen Lösungen warnen, auch vor einfachen Tugend-Lösungen.

Freilich stellen die dargestellten Entwicklungen vor die Frage nach den Tugenden: Wie gehen wir damit um? Sollen sie überhaupt eine Rolle spielen? Wenn ja, welche? Fragen über Fragen. Im Blick auf die ethischen Grundfragen gilt heute der Begriff der Verantwortung als entscheidender Begriff für eine Ethik, die heute zeitgemäß und zugleich zukunftsorientiert ist. Der Verfasser dieser Zeilen ist der Auffassung, daß nur eine Ethik der Verantwortung der Bezugspunkt für ein Konzept ethischer Bildung und Erziehung im Religionsunterricht sein kann.

Bei diesem Konzept wird vorausgesetzt, daß der Mensch ein Wesen der Freiheit und der Verantwortung ist. Sehenden Auges und mit entscheidender Vernunft trifft er seine Entscheidungen, indem er sich leiten läßt vom christlichen Grundkriterium der Agape. Die Frage geht an den Vertreter der Theologischen Ethik, genauer: der Verantwortungsethik, ob und gegebenenfalls wie Verantwortungsethik und Tugendlehre miteinander in Beziehung zu setzen sein könnten: Immerhin wird man daran erinnern dürfen, daß in der Geschichte der Ethik die Tugenden durchaus eine wichtige Rolle gespielt haben. Es sei nur an die Tugendlehre der griechischen Philosophie, an die drei christlichen Kardinaltugenden von Glaube, Hoffnung und Liebe, und an die Tugendformulierungen der bürgerlichen Epoche erinnert.

Nun hat jüngst *U. Körtner* in seinem Beitrag dem „Risiko trotzen. Grundzüge einer zeitgemäßen Verantwortungsethik"[30] eben diese Frage aufgenommen. Er spricht explizit davon, daß es gelte, eine Tugendlehre zu formulieren. „Zur Entwicklung eines moralischen Verantwortungsbegriffs gehört mit anderen Worten auch die Formulierung einer Tugendlehre"[31]. *Körtner* schlägt vor, zwischen Verantwortung als Zurechnungsgeschehen und dem Zustand der Verantwortlichkeit zu unterscheiden. Mit *F.-X.*

---

[29] *W. Brezinka*, „Werte-Erziehung" in einer wertunsicheren Gesellschaft, in: *H. Huber* (Hrsg.), Sittliche Bildung, 71.

[30] In: EK 29 (1996), 581 ff.

[31] AaO., 585.

*Kaufmann* lasse sich Verantwortlichkeit als ein „Bündel personbezogener Fähigkeiten", als eine Verbindung von kognitiven moralischen und kommunikativen Fähigkeiten bestimmen, die nur gemeinsam hinreichende Bedingungen verantwortlichen Handelns seien. *Körtner* sieht die Aufgabe einer Verantwortungsethik darin, die aus der ethischen Tradition bekannten Aspekte einer Pflichtenlehre, einer Güterlehre und einer Tugendlehre unter der Perspektive zukunftsbezogener Rechenschaftspflicht zu integrieren. Für den Zusammenhang unserer Überlegungen ist damit zweierlei deutlich. Erstens: es ist offenbar möglich und sinnvoll, die Tugendfrage im Kontext einer Verantwortungsethik zu verorten. Zweitens: damit erhalten aber die Tugenden einen ganz anderen Stellenwert. Sie können unmöglich die umfassenden Kriterien, also die Grundkriterien einer theologischen Ethik sein, sondern sie sind im Zusammenhang der personenbezogenen Fähigkeiten zu reflektieren und anzusiedeln. Damit können sie als ein Bestandteil ethisch-moralischer Kompetenz bestimmt werden. Das ist im einzelnen weiter zu konkretisieren. Die Überlegungen haben gewiß deutlich gemacht, daß es keinesfalls darum gehen kann, den Einsichten der entwicklungsorientierten ethischen Erziehung den Abschied zu geben, wie das bei den amerikanischen Beispielen impliziert war bzw. explizit ausgesprochen wurde. Es geht vielmehr um ein positives In-Beziehung-setzen. Dabei wird man *W. Brezinkas* Hinweis beherzigen müssen, daß nur Strategien erfolgversprechend sein können, die viele Faktoren berücksichtigen.

## 5. Ausblick

Ich denke, daß wir in der Frage der ethischen Bildung und Erziehung Schule in der Tat neu vermessen müssen angesichts der Herausforderung, welche die ethische Bildung für die Schule als Ganzes wie für die einzelnen Fächer, insbesondere für Ethik und Religion bedeutet. Exemplarisch seien einige Zielvorstellungen für den Religionsunterricht benannt. Es gilt:
1. Die Wahrnehmungsfähigkeit zu fördern, indem die Aufmerksamkeit auf bestimmte Fragen gelenkt und die ethische Dimension von Problemen herausgearbeitet wird.
2. Das ethische Reflektieren und Argumentieren zu verbessern.
3. Die Einsicht zu fördern, daß es Verbindlichkeit gebe und daß nicht alles relativ sei.
4. Normen und Werte verstehbar zu machen und zu zeigen, in welcher Weise sie vernünftig begründbar sind und wie Handlungsmöglichkeiten auf ihre Begründung und deren Tragfähigkeit hin überprüfbar sind.
5. Die Beschäftigung mit ethischen Fragen in der Schule bewegt sich schwerpunktmäßig auf der kognitiven Ebene. Gleichwohl trägt sie dazu bei, daß das Vertrauen der Schülerinnen und Schüler in die Möglichkeit fairen Streitens und rücksichtsvollen Umgangs miteinander entstehen und wachsen kann.
6. Es ist wichtig, daß Handlung und Reflexion, Erfahrung und Verarbeitung der Erfahrung im Verstehen miteinander korrelieren. Von daher ergibt sich eine Tendenz zur Änderung und Ausgestaltung der Institution Schule zu einem sozialen und ethischen Erfahrungsraum. Hier ist etwa zu denken an die Schülermitverantwortung, das

Schulleben, das Schulethos, die Schule als gerechte Gemeinschaft sowie das Lernen am Modell.
7. Zentrales Ziel bei der ethischen Erziehung in der Schule ist die Entwicklung der ethischen Urteilsbildung, das Erarbeiten eines selbstverantworteten Ethos durch die Schülerinnen und Schüler.

Wichtig ist es, daß die Schülerinnen und Schüler, sei es durch das Praktizieren der „gerechten Gemeinschaft" (*L. Kohlberg*), sei es durch das Lernen und Arbeiten in Projekten, sei es durch praktisches Lernen, in die Situation versetzt werden, daß sich Lernen durch Erfahrung und Handeln vollziehen kann. Damit ist ein Weg gezeigt, wie möglicherweise die Differenz zwischen moralischem Urteil und moralischem Handeln, zwischen kognitiver Urteilsbildung und Handlungsmotivation ein Stück weit überbrückt werden kann.

Die Kenntnis von ethischen Problemen und eine Kenntnis von Grundeinstellungen, Tugenden und Entscheidungsmöglichkeiten, mithin also die Vermittlung von ethischem Wissen, ist für das, was man eine ethische Bildung nennen kann, auf der einen Seite wichtig, sicherlich aber nicht ausreichend. Auf der anderen Seite kann es nicht darum gehen, nur eine ganz bestimmte Moral, ein ganz bestimmtes Ethos, ein Set von Tugenden, den Schülern und Schülerinnen zu vermitteln. Ziel ethischer Erziehung kann es ja nicht sein, auf eine ganz bestimmte Moral festzulegen, sondern die Fähigkeit zu entwickeln, das eigene Leben und das Leben in der Gesellschaft als Aufgabe wahrzunehmen und bewußt zu gestalten.

„Wenn 'Moralerziehung' mehr ist als nur distanziert-theoretische Auseinandersetzung mit ethischen Systemen und ethischen Problemen, wenn Moralerziehung mehr ist als Vermittlung von 'ethischem Wissen', sondern eben auch dazu dienen soll, ein eigenverantwortetes Ethos zu entwickeln, muß man fragen, wie solche 'Moral-Entwicklung' vor sich geht. Allem Erziehen, auch allem Nachdenken (z.B. über Erziehung und Moral) ist das Leben grundlegend vorgegeben. Wir finden uns immer schon in einem konkreten Leben vor; zu diesem menschlichen Leben gehört allerdings das Nachdenken über das Leben."[32]

---

[32] Zum Folgenden vgl. *K.F. Haag*, Bausteine für eine christliche Ethik. Verantwortlich leben I, Themenfolge 99, Erlangen 1993, 49 f.

# XIX.

# Der Stellenwert der Bibelwissenschaft in der universitären Religionslehrerausbildung

Hans-Christoph Schmitt

## 1. Thesen

*1.1* Religionspädagogische Ausbildung hat als ein zentrales Lernziel die Fähigkeit zu vermitteln, den 'sensus historicus' (= 'sensus literalis') des Bibeltextes in den im Rahmen der Schule stattfindenden theologischen Diskurs einzubringen.

*1.2* Evangelische Religionspädagogik geht dabei davon aus, daß der 'sensus historicus' der biblischen Texte die 'norma normans' der kirchlichen Lehre und des kirchlichen Lebens bildet. Sowohl eine primär rezeptionsästhetische Interpretation als auch eine primär tiefenpsychologische Exegese biblischer Texte ist daher im Rahmen Evangelischer Theologie nicht vertretbar.

*1.3* Zwar hat sich die Bibelwissenschaft den Fragen zu stellen, die sich sowohl durch die Wirkungsgeschichte der biblischen Texte als auch durch einen selbsterfahrungsbezogenen Umgang mit diesen Texten ergeben. Theologisch normativ bleibt jedoch der 'sensus historicus' der Texte.

*1.4* Der 'sensus historicus' eines biblischen Textes darf dabei nicht im Sinne einer 'Textarchäologie' mißverstanden werden. Vielmehr zeigt die Bibelwissenschaft (vor allem die in den letzten Jahrzehnten entwickelte 'redaktionsgeschichtliche Methode') an dem Wachstum der Texte die „lebendige Bewegung des (biblischen) Glaubensdenkens"[1] auf. Dabei wird deutlich, daß schon der 'historische Sinn' des Bibeltextes mehrere - allerdings aufeinander bezogene - Aussageintentionen enthält und dabei ein Großteil der heutigen Auslegungsprobleme bereits im biblischen Text reflektiert ist.

*1.5* Bei der Rezeption bibelwissenschaftlicher Forschung in der religionspädagogischen Ausbildung muß die Textnähe der exegetischen Forschungsergebnisse oberstes Kriterium sein. So wird man beispielsweise die Rekonstruktion einer frühen israelitischen Religionsgeschichte, die sich kaum noch in den alttestamentlichen Texten spiegelt, nicht als primären Gegenstand eines religionspädagogischen Studiums des Alten Testaments ansehen dürfen.

*1.6* Für die Erfassung der theologischen Intention der biblischen Texte, die im Mittelpunkt der religionspädagogischen Ausbildung stehen sollte, sind vor allem zwei Fragehinsichten von zentraler Bedeutung: Zum einen ist ein Text nur zu verstehen, wenn die

---

[1] *O. Kaiser*, Einleitung in das Alte Testament, Gütersloh ⁵1984, 11.

Form des Textes und deren 'soziologischer Sitz' im Leben geklärt ist. Zum andern erweist sich die Behandlung der Entstehungssituation der biblischen Texte als unverzichtbar: Biblische Texte enthalten nämlich keine 'theologia perennis', vielmehr stellen sie theologische Antworten auf die in einer bestimmten historischen Situation gestellten Grundfragen dar. Für eine Vergegenwärtigung der biblischen Texte ist dabei die Berücksichtigung der den jeweiligen Text bestimmenden geistig-politischen Situation und ihrer Grundfragestellungen unerläßlich.

*1.7* In der Situation des Religionsunterrichts haben die biblischen Texte zum einen als Grundlagentexte unserer christlich beeinflußten Kultur und ihres Menschenverständnisses Bedeutung. Bei der religionspädagogischen Ausbildung muß daher vor allem die Anthropologie der biblischen Texte beachtet werden. Besonders zu thematisieren sind dabei die im Laufe der christlichen Wirkungsgeschichte entstandenen Fehlinterpretationen des biblischen Menschenverständnisses.

*1.8* Zum andern sind die biblischen Texte jedoch auch in der Schule als Angebot für gegenwärtige Sinnorientierung und damit als Hinweis auf Möglichkeiten gegenwärtigen Existenzverständnisses zu interpretieren. Religionspädagogische Ausbildung muß daher dazu befähigen, das Gottesverständnis der biblischen Texte als Antwort auf die Gottesfrage der Gegenwart zu begreifen.

*1.9* Zu verstehen ist der existentielle Anspruch der biblischen Texte allerdings nur, wenn ihr kirchlicher Bezug berücksichtigt wird. Daher hat die religionspädagogische Ausbildung die Beziehung der einzelnen biblischen Texte auf das Zentrum der kirchlichen Botschaft ständig zu thematisieren. Angesichts der grundlegenden Gemeinsamkeiten mit dem jüdischen biblischen Gottesverständnis muß diese Frage nach der Mitte der Schrift dabei im Dialog mit dem Judentum und seinem Bibelverständnis beantwortet werden.

*1.10* Das biblische Verständnis Gottes als eines personal begegnenden Gegenübers und als des Schöpfers der ganzen Welt ermöglicht ein Existenzverständnis, das den Grundforderungen unserer heutigen gesellschaftlichen Situation entspricht: Es läßt in der personalen Begegnung mit Gott einerseits Identität gewinnen. Andererseits erinnert es daran, daß in Gott als dem einzigen Herrn der ganzen Wirklichkeit alle unsere menschlichen Gegensätze miteinander versöhnt sind. Da - wie die Kirchengeschichte zeigt - christliche Theologie diese Gleichzeitigkeit von personaler Identität und von Offenheit für den Andersdenkenden nur im Dialog mit den biblischen Texten gewinnen kann, ist auch in der gegenwärtigen Religionslehrerausbildung auf eine Mittelpunktstellung der Bibel nicht zu verzichten.

## 2. Die Orientierung am 'sensus historicus' des Bibeltextes (zu These 1)

„Muß die Bibel im Mittelpunkt der Religionslehrerausbildung stehen?" Der Streit um die Frage *H.B. Kaufmanns*[2], ob die Bibel im Mittelpunkt des Religionsunterrichts stehen müsse, dürfte ausgekämpft sein. Problemorientierter und bibelorientierter Religionsunterricht haben sich in Vermittlungsmodellen arrangiert, und so scheint auch die Frage nach der Stellung der Bibelwissenschaft in der Religionslehrerausbildung von solchen Vermittlungsmodellen her zu beantworten zu sein. Wer die Bibel verstehen will, muß verstehen, daß ihre Botschaft situationsbezogen ist und daher auch nur in ihrer Bezogenheit auf die heutige Zeitsituation und ihre Probleme vergegenwärtigt werden kann. Andererseits kann es christliche Orientierung über die gegenwärtige Situation nur im Rückgriff auf die biblische Tradition geben.

Ist diese Vermittlungsposition insoweit plausibel, so ergeben sich bei ihrer konkreten Umsetzung doch weitere Fragen: In wie starkem Maße gehört zur religionspädagogischen Kompetenz eines Religionslehrers die Beherrschung bibelwissenschaftlicher Methodik unter Einbeziehung der in der Bibelwissenschaft gewonnenen - teilweise sehr speziellen - Forschungsergebnisse? Muß der Religionspädagoge vom bibelwissenschaftlichen Verständnis des biblischen Textes ausgehen und darf er erst von dort her sich den Gegenwartsproblemen zuwenden, wie es die klassische Form der Unterrichtsvorbereitung gefordert hatte: 'Vom Text zum Unterrichtsentwurf'? Oder sind die Probleme der Gegenwart und der Schüler in den Mittelpunkt zu stellen und erst dann nach dem biblischen Text zurückzufragen?

Beides sind zweifellos Möglichkeiten einer Religionsdidaktik, die der Bibelorientierung und auch der bibelwissenschaftlichen Vorgehensweise gerecht werden. Dies zeigt sich vor allem an der bibelwissenschaftlichen Diskussion über eine Theologie des Alten bzw. Neuen Testaments. Neben Entwürfen von Theologien, die von den Texten zu den theologischen Problemen voranschreiten, gibt es gleichzeitig andere Entwürfe, die versuchen, theologische Problemstellungen zum Ausgangspunkt zu nehmen und von ihnen her nach Texten zu suchen, die die jeweiligen Probleme thematisieren.

Allerdings hat sich in der Diskussion über die Struktur einer Theologie des Alten Testaments in den letzten Jahrzehnten die Auffassung durchgesetzt, daß in beiden Fällen unbedingt die Orientierung an den konkreten biblischen Texten gewahrt werden muß. Und auch die neueren Theologien des Neuen Testaments sind durchweg so aufgebaut, daß sie zum Ausgangspunkt zentrale biblische Textkomplexe wählen wie beispielsweise die echten Paulusbriefe, das Lukanische Geschichtswerk und die Johanneische Literatur.

Der Grund für diese Entwicklung besteht darin, daß die Versuche, die biblischen Befunde von Gegenwartsfragen her zu strukturieren, die Gefahr einer Mißdeutung der biblischen Texte nahelegen. Sehr deutlich zeigt sich dies am Beispiel eines Lehrbuchs der alttestamentlichen Theologie, nämlich an der von 1936-1966 in vier Auflagen erschienenen „Theologie des Alten Testaments" von *L. Köhler*. Hier werden in Anlehnung an die

---

[2] *H.B. Kaufmann*, Muß die Bibel im Mittelpunkt des Religionsunterrichts stehen?, in: *H.-B. Kaufmann* (Hrsg.), Streit um den problemorientierten Unterricht in Schule und Kirche, Frankfurt a.M. 1973, 23-27.

Problemstellungen der christlichen Dogmatik zunächst Wesen, Handeln und Offenbarung Gottes, dann Wesen und Sünde des Menschen und schließlich die Aussagen über Gericht und Heil behandelt. Bei einer solchen Gliederung werden allerdings die komplexen Aussagen der biblischen Texte zum Gottes- und Menschenverständnis auseinandergerissen: Die alttestamentlichen Texte werden so stark von dogmatischen Wertungen und Vorverständnissen her betrachtet, daß sie ihre eigene Botschaft nicht mehr vermitteln können. Wie stark hier ein dogmatisches protestantisches Selbstverständnis sich der alttestamentlichen Texte bemächtigt, wird z.B. daran deutlich, daß L. *Köhler* die alttestamentlichen Aussagen über den Gottesdienst unter der Überschrift zusammenfaßt: „Die Selbsterlösung der Menschen: der Kultus"[3]. Hier zeigt sich, daß eine sachgemäße Bibelorientierung dann nicht mehr gewährleistet ist, wenn das Gegenwartsinteresse an den biblischen Texten so dominiert, daß die Texte ihr eigenes Selbstverständnis nicht mehr vermitteln können.

In der neueren hermeneutischen Diskussion hat sich daher die Forderung des Primats der Texte durchgesetzt, was m.E. auch für die religionspädagogische Rezeption biblischer Texte Konsequenzen nach sich ziehen muß. Nach den Erfahrungen der Bibelwissenschaft wird bei der Erhebung der Theologie des Alten und Neuen Testaments nur ein solches hermeneutisches Verständnis den biblischen Befunden gerecht, das es den Texten ermöglicht, ihr eigenes - uns fremdes - 'historisches' Selbstverständnis mitzuteilen. Dies hat zur Konsequenz, daß die Grundlage einer Begegnung von Bibel und Gegenwart im 'historischen' Verständnis des Textes zu bestehen hat und die Gegenwartsbedeutung des Textes von diesem 'sensus historicus' her zu gewinnen ist.

Dies klingt zunächst einmal wie die Forderung der Rückkehr zum Biblizismus. Allerdings erscheint dies nur so, wenn man den 'historischen Sinn' des biblischen Textes als einlinig versteht. Daher wird im Folgenden in einem ersten Teil zunächst zu klären sein, was als 'sensus historicus' des biblischen Textes zu bezeichnen ist.

Ein zweiter Teil wird sich dann damit beschäftigen, welche der vielen Fragestellungen historisch-kritischer Forschung rezipiert werden müssen, um dem 'sensus historicus' des biblischen Textes gerecht zu werden. Daß nicht jedes Detailproblem historischer Bibelforschung für die Erhebung des 'sensus historicus' des biblischen Textes von Bedeutung ist, dürfte angesichts der selbst vom Spezialisten nicht mehr überschaubaren Verästelungen der Bibelwissenschaft inzwischen selbstverständlich sein. Allerdings ist gerade im Hinblick auf die Lehrerbildung zu fragen, welche 'historischen' Problemstellungen unverzichtbar sind und welche demgegenüber zurücktreten können.

In einem dritten Teil wird es schließlich um die Frage gehen, wie der 'sensus historicus' der biblischen Texte für die Probleme unserer Gegenwart und somit für die Erziehungsaufgabe der Schule Bedeutung gewinnt. Dabei ist vor allem zu klären, welche elementaren Erkenntnisse Bibeltexte vermitteln. Zu bestimmen ist hierbei auch die Beziehung, die zwischen der kirchlichen Bedeutung des biblischen Textes und seiner schulisch-kulturellen besteht.

---

[3] L. *Köhler,* Theologie des Alten Testaments, Tübingen, [4]1966, 171.

Da ich nur als in der Lehrerbildung tätiger Alttestamentler Erfahrung besitze, möchte ich mich in meinem Referat auf die Vermittlung der Bibel*wissenschaft* an Lehramtsstudierende beschränken. Fragen der bibel*didaktischen* Ausbildung werden daher nur am Rande zur Sprache kommen.

## 3. Der 'sensus historicus' des Bibeltextes als 'norma normans' der Theologie (zu den Thesen 2-4)

Wir beginnen mit der Frage nach dem sachgemäßen Vorverständnis, mit dem in der Schule und damit auch in der Lehrerbildung an die biblischen Befunde heranzugehen ist. Evangelische Religionspädagogik kann dabei nicht absehen von der Bedeutung, die nach den grundlegenden reformatorischen Bekenntnisschriften die Bibel für die Kirche besitzt: Bibel muß hier verstanden werden als „einig Richter, Regel und Richtschnur, nach welcher als dem einigen Probierstein sollen und müssen alle Lehren erkannt und geurteilt werden, ob sie gut oder böse, recht oder unrecht seien", wie dies die lutherische Konkordienformel (Epitome: Von dem summarischen Begriff, Regel und Richtschnur)[4] auf den Begriff gebracht hat. So schwer dies in einer pluralistischen Gesellschaft und in einer pluralistischen Schule zu vermitteln ist, so wird dies doch die Voraussetzung jeder evangelischen religionspädagogischen Auseinandersetzung mit der Bibel sein müssen.

Beim Festhalten an dieser kirchlichen Bedeutung der Bibel geht es allerdings nicht um einen Fundamentalismus, der die Geschichtlichkeit der biblischen Überlieferung zu überspielen versucht. Vielmehr kann m.E. die Bedeutung, die die Bibel für unsere Kultur bekommen hat, nur verstanden werden, wenn diese Bedeutung der Bibel als 'norma normans' aller kirchlichen Lehre und allen kirchlichen Lebens mitvermittelt wird.

Ein solches Verständnis der Bibel als 'norma normans' der Kirche schließt aber eine Reihe von Bibelverwendungen aus, wie sie heute auch im religionspädagogischen Raum im Schwange sind: Bibel kann in Theologie und Religionspädagogik nicht, wie dies im Bereich der Literaturwissenschaft die rezeptionsästhetische Interpretationsmethode mit der klassischen Literaturüberlieferung tut, zu einem nahezu grenzenlos offenen Sinnvermittlungspotential gemacht werden, dem Assoziationen zu nahezu allen Gegenwartsproblemen zu entnehmen sind. Inwieweit sich ein solches rezeptionsästhetisches Verständnis im Bereich der klassischen Literatur als sachgemäß erweist, mag dahingestellt bleiben. Manche allzu modernistischen Interpretationen lassen einen auch hier gelegentlich daran zweifeln. Auf jeden Fall kann die Bibel im kirchlichen Bereich wegen ihrer normativen Funktion so nicht vergegenwärtigt werden. Sie kann nicht zu einem Potential unterschiedlichster und widersprüchlichster Aussagen werden, das es ermöglicht, sie für alles und jedes in Anspruch zu nehmen. Vielmehr müssen von dem genannten evangelischen Grundverständnis her der Bibel eindeutige theologische Aussagen entnommen werden können.

---

[4] Bekenntnisschriften der evangelisch-lutherischen Kirche, hrsg. vom Deutschen Evangelischen Kirchenausschuß, Berlin: Deutsches Evangelisches Kirchenamt 1930, 769.

Dies heißt allerdings nicht, daß mit der Bibel kein Dialog über die Probleme der Gegenwart geführt werden kann. Vielmehr geht es hier gerade darum, daß es sich um einen wirklichen Dialog handelt, bei dem man den Gesprächspartner ausreden läßt. Voraussetzung für einen solchen Dialog ist, daß das Wort der Bibel zunächst einmal in seiner historischen Anders- und Fremdartigkeit anerkannt und nicht für unsere Gegenwartsinteressen funktionalisiert wird. Nur so kann die Bibel in diesem Dialog zu einem kritischen Gegenüber werden, das in der Lage ist, gegenwärtige kirchliche Entwicklungen und Tendenzen in Frage zu stellen. Damit die Bibel so als Gegenüber, als Dialogpartner ernst genommen werden kann, benötigen wir eine historische Auslegung der Bibel: Verbindlich ist am Bibeltext, was die Autoren und die ursprünglichen Tradenten des Bibeltextes mit ihm aussagen wollen, nicht das, was die kirchliche Wirkungsgeschichte aus ihm gemacht hat.

Gegen ein solches Verständnis von Exegese hat allerdings in jüngster Zeit *E. Drewermann* Protest erhoben. Er fordert, daß die Bibelauslegung nicht die Vergangenheitsbedeutung des Textes in den Mittelpunkt stellen dürfe. Vielmehr komme es darauf an, „den Akzent der Betrachtung ... von der Historie weg auf das Typische ... zu richten"[5]. *Drewermann* meint damit das, was an den biblischen Texten über die Zeiten hinweg gültig geblieben ist und was seiner Meinung nach in den Elementen zu suchen ist, die die Bibel mit den anderen Religionen gemeinsam hat. Um dies zu erreichen, ist nach *Drewermann* eine tiefenpsychologische Auslegung notwendig, die „das überzeitlich Gültige, das allgemein Menschliche, das zu allen Zeiten und Zonen Gegenwärtige und Verbindliche in den biblischen Texten"[6] aufspürt.

Welche problematischen Konsequenzen diese Entwertung historischer Bibelauslegung durch Drewermann hat, zeigt sich vor allem darin, daß bei ihm die Bibel zu einem Dokument allgemein menschlicher Religiosität wird. Gegenwartsbedeutung gewinnen biblische Texte seiner Meinung nach nämlich nur insofern, als sie Gemeinsamkeiten mit außerbiblischen religiösen Erfahrungen aufweisen. Hieran werde deutlich, daß die menschliche Seele immer und überall die gleichen Grundstrukturen besitzt und sowohl in der Bibel als auch in den nichtbiblischen Religionen die gleichen religiösen Grunderfahrungen hervorbringe.

Verloren geht bei *Drewermanns* Überwindung der historischen Bibelauslegung somit das spezifisch biblische Verständnis von Offenbarung, nach dem Gott in einer bestimmten historischen Situation zu konkreten historischen Menschen spricht. Hier zeigt sich, daß primär wegen dieses biblischen Offenbarungsverständnisses nicht auf ein historisches Verständnis der biblischen Texte verzichtet werden kann. Mit dem Aufgeben des historischen Textbezugs ginge nämlich auch der Bezug auf den immer in geschichtlichen Zusammenhängen begegnenden biblischen Gott verloren.

Die Forderung nach historischer Bibelauslegung stellt somit nicht Anpassung an das historische Denken der Moderne dar. Vielmehr ist sie darin begründet, daß Gott nach biblischer Auffassung seine Offenbarung durch Menschen in konkreten geschichtlichen Si-

---

[5] *E. Drewermann*, Tiefenpsychologie und Exegese, Bd. 2, Olten 1985, 784.

[6] AaO., 786.

tuationen in der Sprache der jeweiligen Zeit hat geschehen lassen. Wer Gottes Offenbarung verstehen will, muß sich daher um die Sprache und die geschichtliche Situation dieser Menschen bemühen, um so die Aussageintention der Menschen der Bibel zu erfassen. Gottes Wort ist immer nur als 'historisches' Wort faßbar. Deshalb sind für das sachgemäße Verständnis der Bibel die Methoden der historischen Kritik unentbehrlich und müssen - trotz der Konjunktur alternativer Bibelauslegungsmethoden - auch im Bereich der Religionspädagogik weiterhin als grundlegend angesehen werden.

Zweierlei ist dabei allerdings zu beachten. Zum einen, und damit komme ich zu These 3, darf Orientierung am historischen Sinn des Bibeltextes nicht in dem Sinne mißverstanden werden, daß man sich dem Bibeltext einzig und allein mit Methoden der historischen Bibelwissenschaft nähern dürfe. Methoden, die Selbsterfahrung und biblischen Text miteinander in Beziehung setzen, sind durchaus sinnvoll. Solche affektiven Auseinandersetzungen mit biblischen Texten können auf Textdimensionen hinweisen, die die historische Auslegung bisher vernachlässigt hat. Dabei muß jedoch am 'sensus historicus' des Textes festgehalten werden. Verbindlichen Charakter im Sinne der 'norma normans' des christlichen Glaubens erhalten solche affektiv gewonnenen Beobachtungen am biblischen Text erst dann, wenn sie als 'historischer Sinn' des biblischen Textes nachgewiesen werden können.

So kann man sich in einem 'Bibliodrama' durchaus mit den Gefühlen identifizieren, die Abraham und Isaak in Genesis 22 angesichts der *Abraham* befohlenen Opferung Isaaks bestimmt haben. Anders als die bisherige kirchliche Auslegungsgeschichte, die vor allem den bedingungslosen Gehorsam Abrahams betont hat, kann man dabei stärker die Nuancen des Textes von Genesis 22 erfassen, die die Angst Isaaks und Abrahams bei diesem Opfergang zum Ausdruck zu bringen versuchen. Man wird feststellen, daß im Zentrum des biblischen Textes von Genesis 22 ein Gespräch zwischen Isaak und Abraham (V. 6-8) steht und daß der Mittelpunkt dieser zentralen Szene unserer Erzählung die angstvolle Frage Isaaks nach dem Opfertier und die auf Gott verweisende Antwort Abrahams bilden: „Gott wird sich das Schaf für das Brandopfer ersehen, mein Sohn" (V. 8). Diese Antwort Abrahams ist zwar in der Auslegungsgeschichte als theologisch bedeutungslose Notlüge klassifiziert worden. Doch deutet nichts im Text auf eine bloß ausweichende Antwort Abrahams hin. Da dieser Satz am Ende der Erzählung in der Benennung des Opferortes durch Abraham mit „Jahwe ersieht" bzw. „Berg, da Jahwe ersieht" aufgegriffen wird, kann es sich hier vom Leitwortstil der hebräischen Erzählung her nur um eine zentrale Aussage des Textes handeln, mit der eine Hoffnung Abrahams angedeutet werden soll. Abraham bringt mit ihr trotz seiner Angst und Verzweiflung sein Vertrauen in die Führung Gottes zum Ausdruck: Trotz des an Abraham ergangenen Gottesbefehls ist Gott für ihn kein unabänderliches Fatum. Gott kann sich ein anderes Opfertier ersehen! Bemerkenswert ist schließlich auch, daß dieses gemeinsame Gottvertrauen Abrahams und Isaaks nach Meinung des Erzählers von Genesis 22 die Voraussetzung für das gegenseitige mitmenschliche Vertrauen bildet: So werden Abraham und Isaak als Menschen dargestellt, die weiterhin „miteinander gehen" (22,8).[7] Hier zeigt sich deutlich die große Bedeutung, die eine Orientierung am historischen Wortsinn der biblischen Texte besitzt. Es kann nicht darum gehen, Genesis 22 aufgrund seiner Wirkungsgeschichte von Vorstellungen wie 'bedingungsloser Gehorsam gegenüber Gott' her zu verstehen. Vielmehr muß dem historischen Wortsinn des Textes Gelegenheit gegeben werden, sich gegen unsere üblichen Assoziationen durchzusetzen.

Zum zweiten - und damit stehe ich bei These 4 - darf allerdings 'der historische Sinn' der biblischen Texte nicht 'archäologisch' verstanden werden. Es geht nicht darum, die älteste rekonstruierbare Schicht der biblischen Überlieferung zur Richtschnur zu machen. Nicht allein das, was der historische Mose, der historische Jesaja, der historische Jesus gesagt haben, ist verbindlich und als göttliche Offenbarung anzusehen. Vielmehr stellt nach biblischer Auffassung der gesamte Prozeß des Zusammenwachsens und der Kanonisierung der biblischen Überlieferungen Wirken des Heiligen Geistes dar. Auch die theologischen Interpretationen, die späte Redaktoren den vorgegebenen biblischen Überlieferungen zum Teil nur andeutungsweise zugefügt haben, gehören zum 'sensus historicus' der Bibel hinzu.

Diese Form der theologischen Neuinterpretation durch späte Redaktoren möchte ich hier nur durch eine weitere Beobachtung an Genesis 22 illustrieren: In der ursprünglichen Erzählung von der 'Opferung Isaaks' ist Isaak als noch unmündiges Kind dargestellt, dessen Leben seinem Vater Abraham in die Hände gegeben ist. Daß eine solche Darstellung in gefährlicher Weise mißverstanden werden kann, ist nicht erst eine Beobachtung gegenwärtiger Auslegung, vielmehr hat dies bereits die biblische Überlieferung des Textes festgestellt. Sieht man sich diese Erzählung nämlich im Zusammenhang der Endredaktion des Pentateuch an, so weisen hier die priesterschriftlichen chronologischen Notizen, die unmittelbar nach Gen 22 in Gen 23,1 Sara im Alter von 127 Jahren, d.h. 37 Jahre nach der Geburt Isaaks (Gen 17, 17; 21,5) sterben lassen, auf ein anderes Verständnis. Sie wollen eine Interpretation der Erzählung vermitteln, nach der Isaak ein erwachsener Mann ist und sich daher durchaus freiwillig Gott geopfert hat: Die jüdische und z.T. auch die mittelalterliche und reformatorische Auslegung hat diese redaktionellen Zusammenhänge noch aufgenommen und hat daher nicht Abraham, sondern Isaak im Mittelpunkt dieser Erzählung gesehen und ihn als 'Prototyp des Märtyrers' verstanden.[8] Hier wird deutlich, daß die Bemühung um den 'sensus historicus' der biblischen Texte nicht zu einem eindimensionalen Bibelverständnis führt, sondern durchaus zeigt, daß bereits der 'historische Sinn' des Bibeltextes mehrere Aussageintentionen enthält und in den redaktionellen Textzusätzen schon ein Teil unserer heutigen Auslegungsprobleme mitreflektiert ist.

Verbindlich ist somit der biblische Text in der ganzen Breite seiner theologischen Aussageintentionen und nicht die historischen Konstruktionen einzelner Forscher oder For-

---

[7] Vgl. zu diesem Verständnis von Gen 22 *C. Westermann,* Genesis II: Gen 12-36, BKAT 1/2, Neukirchen-Vluyn 1981, 429-447.

[8] Vgl. *D. Lerch*, Isaaks Opferung christlich gedeutet, Beiträge zur historischen Theologie 12, Tübingen 1950, 25-26, 190.

scherschulen. Schon R. Bultmann[9] hat in seiner Theologie des Neuen Testaments zwischen den exegetischen Aufgaben der historischen Rekonstruktion und der theologischen Textinterpretation differenziert und dabei auf die bloß dienende Funktion der historischen Rekonstruktion für die *Textinterpretation* hingewiesen. Die historischen Rekonstruktionen, wie beispielsweise die Pentateuchquellen Jahwist, Elohist, Priesterschrift, stellen keinen Selbstzweck dar, sondern sind nur insofern wichtig, als sie für eine sachgemäßere theologische Interpretation der einzelnen Texte hilfreich sind. Gleiches gilt für religionsgeschichtliche Rekonstruktionen wie die Darstellung der Entwicklung des biblischen Gottesverständnisses aus unterschiedlichen heidnischen Vorstufen.

Von zentraler Bedeutung ist hierbei, daß bei diesen historischen und religionsgeschichtlichen Rekonstruktionen der theologische Anspruch der biblischen Texte, noch heute gültige Zeugnisse von einer Begegnung mit dem biblischen Gott zu sein, gewahrt bleibt. 'Historischer Sinn' des Bibeltextes meint somit gerade nicht ein Textverständnis, in dem der Text zu einem rein zeitbedingten literarischen Produkt gemacht wird, der durch die spätere religiöse oder auch geistesgeschichtliche Entwicklung inzwischen überholt ist. Das historische Selbstverständnis der biblischen Texte ist nämlich nur dann gewahrt, wenn der Text trotz seiner historisch bedingten Sprachgestalt Zeugnis von dem auch gegenwärtig erfahrbaren Gott gibt.

## 4. Die zentralen bibelwissenschaftlichen Ziele der Religionslehrerausbildung (zu den Thesen 5-6)

Hat die historisch-kritische Forschung an der Bibel dienende Funktion für die theologische Interpretation der biblischen Texte, so muß dies Konsequenzen haben für die Art und Weise, wie bibelwissenschaftliche Forschung in der universitären Lehrerbildung rezipiert werden soll.

Schon bei der sog. Volltheologenausbildung zeigt sich, daß eine unstrukturierte Rezeption der exegetischen Forschung eine sinnvolle Orientierung verhindert. Um so mehr gilt dies für die Lehrerbildung, bei der weniger als halb so viel Studienzeit für das Studium der Exegese zur Verfügung steht.

Die Entscheidung darüber, welche Bereiche der exegetischen Forschung in der universitären Lehrerbildung Berücksichtigung finden sollen und welche nicht, sollte jedoch nicht ausschließlich den individuellen Neigungen der Studierenden oder ihrer akademischen Lehrer überlassen werden. Vielmehr sollte man sich bei der Entscheidung von *M. Buber*[10] leiten lassen, der die Bibelwissenschaft zu Recht an die Erkenntnis erinnert: „Theorien kommen und gehen, die Texte bleiben."

Konkret bedeutet der Grundsatz 'Texte vor Theorien', daß nur solche exegetische Theorien im Lehramtsstudium vermittelt werden sollten, die in unmittelbarer Beziehung zur

---

[9] R. Bultmann, Theologie des Neuen Testaments, Tübingen [9]1984, 600: „die Rekonstruktion steht im Dienste der Interpretation der Schriften des NT unter der Voraussetzung, daß diese der Gegenwart etwas zu sagen haben".

[10] M. Buber, Ein Hinweis für Bibelkurse (1936), in: Werke, Bd. II, Heidelberg 1964, 1183-1186.

Interpretation biblischer Texte stehen. Unter diesem Gesichtspunkt wird man beispielsweise auf Rekonstruktionen frühester Stufen der israelitischen Religionsgeschichte, die sich kaum noch in den alttestamentlichen Texten spiegeln, verzichten müssen. Dies bedeutet wiederum nicht, daß religionsgeschichtliche Fragestellungen aus dem Lehramtsstudium ausgeblendet werden sollen. Solche Fragen sollten jedoch an konkreten Texten, in denen die theologische Auseinandersetzung mit den religionsgeschichtlichen Vorstufen noch deutlich wird, erörtert werden. Bei solchen Texten kann nämlich nachvollzogen werden, wie eine religionsgeschichtliche Theorie zu einem sachgemäßeren Verstehen des Profils des biblischen Textes verhilft und eine überzeugende theologische Interpretation ermöglicht. So kann es beispielsweise bei der Interpretation der schon mehrfach erwähnten Erzählung von 'Isaaks Opferung' hilfreich sein, sich daran zu erinnern, daß ihr eine ätiologische Sage von der Ersetzung eines Menschenopfers durch ein Tieropfer zugrundeliegt.[11] Allerdings darf dieser Bezug auf eine religionsgeschichtliche Vorstufe nicht zum zentralen Inhalt der Erzählung gemacht werden, so daß die vorhin angedeuteten sehr komplexen theologischen Aussagen von Genesis 22 nicht mehr wahrgenommen werden.

Ist deshalb eine von der israelitischen Religionsgeschichte her gewonnene Strukturierung des bibelwissenschaftlichen Teils des Lehramtsstudiums abzulehnen, so gilt dies in gleicher Weise für eine - von Religionspädagogen gelegentlich geforderte - Aufbereitung alttestamentlicher Befunde im Horizont gegenwärtiger sozialer oder religiöser Problemstellungen. Auch hier können solche Fragen nur dadurch sinnvoll und nachvollziehbar exegetisch bearbeitet werden, wenn man von der Textaussage her auf diese Probleme stößt. Strukturierungsprinzip des Bibelstudiums im Rahmen der Lehrerbildung können daher nicht die gegenwärtigen religiösen und sozialethischen Probleme, vielmehr müssen es die zentralen Textkomplexe des Alten und Neuen Testaments sein. Im Bereich des Lehramtsstudiums für Grund-, Haupt- und Realschulen sind dies im Alten Testament die klassischen Texte des Pentateuch und der Prophetie und im Bereich des Neuen Testaments die Jesusüberlieferung der synoptischen Evangelien und die Hauptbriefe des *Paulus* wie Römerbrief, 1. und 2. Korintherbrief und Galaterbrief. Aus der exegetischen Forschung zu diesen Grundtexten des Alten und Neuen Testaments sind vor allem die Ergebnisse aufzunehmen, die für eine Entfaltung der Theologie dieser Texte unmittelbare Bedeutung haben. Die Kenntnis biblischer Sprachen ist nur insoweit zu fordern, als in der religionspädagogischen Ausbildung regelmäßig am biblischen Urtext gearbeitet werden kann. Dies ist - soweit ich sehe - nur der Fall bei der Gymnasiallehrerausbildung an Theologischen Fakultäten und betrifft ausschließlich die Lektüre des griechischen Neuen Testaments.

Dabei sind für die Erfassung der theologischen Intention der biblischen Texte primär die zwei Frageinsichten, von denen These 6 spricht, von entscheidender Bedeutung: Zum einen ist ein Text nur dann zu verstehen, wenn die Textform und deren soziologischer 'Sitz im Leben' geklärt ist. Von daher ist eine gründliche Einführung in die form- und

---

[11] Vgl. hierzu vor allem *R. Kilian*, Isaaks Opferung, Stuttgart 1970, 68-123.

gattungsgeschichtliche Erforschung der zentralen Überlieferungen des Alten und Neuen Testaments unverzichtbar. So kann die theologische Aussage eines Textes der Urgeschichte Gen 1 - 11 nur dann richtig verstanden werden, wenn beispielsweise die Erzählungen vom Sündenfall und von Kain und Abel nicht als historische Überlieferungen interpretiert werden. Vielmehr muß vermittelt werden, daß es sich hier um ätiologische Ursagen handelt, die in weisheitlichen Kreisen tradiert wurden und Antworten auf Grundfragen gegenwärtiger Erfahrung menschlicher Existenz geben wollen.
Auch das in diesen Sprachformen zum Ausdruck kommende besondere Wirklichkeitsverständnis, wie es vor allem *I. Baldermann*[12], zuletzt in seiner 'Einführung in die Bibel', herausgearbeitet hat, wird bei der Vermittlung der formgeschichtlichen Forschung im Mittelpunkt stehen müssen. Dabei kann *Baldermann* zeigen, daß es in den meisten biblischen Texten nicht um theoretische Lehre geht, sondern daß biblische Texte nur als Ausdruck elementarer Grunderfahrungen sachgemäß verstanden sind.
Die besondere Bedeutung der Analyse solcher biblischer Sprachformen für die Religionslehrerausbildung besteht jedoch im Folgenden: In ihnen kommt ein Wirklichkeitsverständnis zum Ausdruck, das in Alternative zu unserer naturwissenschaftlich-technischen Sicht der Realität steht. So zeigt beispielsweise die Sprachform eines alttestamentlichen Krankenpsalms, daß Krankheit nicht - wie für uns heute - primär als ein biologisch-medizinisch determinierter kausaler Prozeß dargestellt wird, den ich als Kranker wie ein naturwissenschaftliches Objekt zu erleiden habe. Vielmehr wird hier Krankheit primär in ein personales Geschehen eingeordnet, in dem es zunächst einmal um mein Verhältnis zu Gott und zu meinen Mitmenschen geht. In der formgeschichtlichen Bibelauslegung muß somit deutlich werden, daß es sich in der Bibel nicht um überholte antike Sprachformen handelt, die allseits bekannte christliche Allerweltsweisheiten vermitteln, sondern um ein komplexes Wirklichkeitsverständnis, das in unserer technisierten Welt verloren gegangene Erfahrungen neu beleben kann und daher eine Alternative zu unserer eindimensionalen naturwissenschaftlichen Weltsicht darstellt.
Ebenso unverzichtbar ist zum anderen die Frage nach der Entstehungssituation der biblischen Texte, die in *Baldermanns* 'Einführung in die Bibel' etwas zu kurz kommt. Hier muß erkannt werden, daß es in der Bibel keine 'theologia perennis' gibt, sondern daß die biblischen Texte immer Antworten auf religiöse und gesellschaftliche Problemstellungen ihrer Gegenwart vermitteln wollen. Somit erweist sich auch eine Einführung in die Entstehungsgeschichte der zentralen biblischen Texte, d.h. eine Einführung in die sogenannten Einleitungsfragen, als unbedingt notwendig. Um für diese zeitgeschichtlichen, sozialgeschichtlichen und religionsgeschichtlichen Bezüge der biblischen Texte ein Raster zu haben, ist gleichzeitig eine Zusammenfassung dieser Bezüge in einer 'Geschichte Israels' bzw. in einer 'Geschichte des apostolischen Zeitalters' notwendig, bei denen allerdings politische, soziale und religiöse Entwicklungen miteinander verzahnt dargestellt werden sollten. Gelegentlich habe ich in diesem Zusammenhang auch Lehrveranstaltungen angeboten, in der die zentralen theologischen Texte einer Epoche eingeordnet in die Darstellung der religiösen und politischen Entwicklungen ihrer Zeit behandelt werden.

---

[12] *I. Baldermann*, Einführung in die Bibel, 3. neubearb. Aufl. von „Die Bibel - Buch des Lernens", Göttingen 1988, bes. 30-59.

Ziel dieser Inbeziehungsetzung von biblischem Text und Zeitsituation sollte allerdings wieder nicht primär die Relativierung des Textes durch die historische Situation sein. Vielmehr muß gezeigt werden, wie die in einer bestimmten historischen Situation entstehenden existentiellen Fragen von der biblischen Gotteserfahrung her beantwortet werden.

Bewährt hat sich hierbei, die Einzeltexte im Zusammenhang der Texte zu deuten, die zur gleichen literarischen Schicht gehören. So empfiehlt es sich, zur Interpretation eines Paulustextes andere Paulustexte mit ähnlicher Thematik heranzuziehen, um so beispielsweise das Verständnis des Paulus vom Gesetz umfassend darzustellen und gleichzeitig die besonderen Akzente, die der vorliegende Paulustext innerhalb des gesamtpaulinischen Verständnisses setzen will, herauszuarbeiten. In gleicher Weise gilt dies für die Interpretation von Texten der verschiedenen Evangelien und von Texten der alttestamentlichen Propheten.

Als schwieriger erweist sich allerdings die theologische Interpretation von Pentateuchtexten, zumal angesichts der Krise, in der sich gegenwärtig die Pentateuchforschung befindet.[13] Von der traditionellen Dreiquellentheorie her legte es sich nahe, die zu interpretierenden Texte jeweils im Rahmen der theologischen Aussagen anderer jahwistischer, elohistischer oder priesterschriftlicher Texte zu verstehen. Nachdem die Dreiquellentheorie in der alttestamentlichen Forschung mit beachtlichen Argumenten in Frage gestellt worden ist, muß diskutiert werden, ob man die Pentateuchtexte weiterhin im Zusammenhang einer jahwistischen oder priesterlichen Theologie interpretieren kann. Ich persönlich habe mich - obwohl ich kein Anhänger der traditionellen Quellentheorie mehr bin - entschieden, dies zu tun. Umstritten sind in der neueren Pentateuchforschung nämlich vor allem die Datierung und die Art der Komposition der Pentateuchtexte. Die der Quellentheorie zugrunde liegenden Beobachtungen zu unterschiedlichen theologischen Profilen im Pentateuch erweisen sich demgegenüber weiterhin als gültig. So erscheinen beispielsweise die theologischen Besonderheiten der priesterschriftlichen Quelle im Modell von *R. Rendtorff*[14] und *E. Blum*[15] als theologische Besonderheiten seiner priesterlichen Komposition. In gleicher Weise tauchen entscheidende Elemente des theologischen Profils der bisher als jahwistisch oder elohistisch bezeichneten Texte in Pentateuchschichten auf, die man als jahwistische bzw. elohistische Kompositionsschichten verstehen kann.

M.E. hat die Elementarisierung der bibelwissenschaftlichen Ergebnisse, die der Religionslehrerausbildung als Aufgabe gestellt ist, auch eine positive Wirkung auf die bibelwissenschaftliche Forschung. Sie zwingt nämlich dazu, zwischen wesentlichen Beobachtungen zum theologischen Profil der biblischen Texte und wechselnden theoretischen Erklärungsmodellen für diese Befunde zu unterscheiden. Trotz der Krise der Pentateuchquellentheorie muß daher im Bereich der Pentateuchinterpretation weiterhin mit dem Vorliegen priesterlicher, jahwistischer und elohistischer Profile von Pentateuchtexten ge-

---

[13] Vgl. hierzu *H.-C. Schmitt*, Die Hintergründe der 'neuesten Pentateuchkritik' und der literarische Befund der Josefsgeschichte Gen 37-50, in: ZAW 97 (1985), 161-178, bes. 161-171.

[14] Vgl. zuletzt *R. Rendtorff*, Das Alte Testament, Neukirchen-Vluyn 1983, 139-174.

[15] *E. Blum*, Die Komposition der Vätergeschichte, Neukirchen-Vluyn 1984; *ders.*, Studien zur Komposition des Pentateuch, Berlin/New York 1990.

rechnet werden. Dies gilt vor allem deswegen, weil die in ihnen sichtbar werdenden unterschiedlichen theologischen Akzentsetzungen Idealtypen biblischer Theologie darstellen, die sich in ähnlicher Form im Neuen Testament und dann auch in der synagogalen und kirchlichen Wirkungsgeschichte der biblischen Tradition wiederholen. So ergeben sich beispielsweise Zusammenhänge zwischen dem Sündenverständnis des Jahwisten und dem des Paulus und der Theologie Luthers. Die von der traditionellen Pentateuchforschung erarbeiteten Ergebnisse zu den Theologien dieser Pentateuchschichten sollten daher in der Lehrerbildung nicht zu schnell durch andere Rekonstruktionen ersetzt werden, die die Beziehung der Pentateuchtexte zu Grundfragen der biblischen Tradition weniger elementar erschließen.

## 5. Die Bedeutung des Gottes- und Menschenverständnisses des biblischen Textes für die Kultur der Gegenwart (zu den Thesen 7 - 10)

Nachdem wir gesehen haben, wie durch eine historische Methodik, die gleichzeitig auf elementare menschliche Erfahrungen bezogen bleibt, der biblische Text in seinem theologischen Anspruch vergegenwärtigt werden kann, so stellt sich als letztes die Frage, inwiefern der Dialog mit den biblischen Texten Aufgabe der Schule sein kann. Unmittelbar verbunden ist damit die Frage, inwieweit der Erwerb von Grundkenntnissen in biblischer Theologie nicht nur im Rahmen einer kirchlichen, sondern auch im Rahmen einer schulischen Aufgabenstellung sinnvoll ist.
Daher wird man im Hinblick auf die schulische Religionspädagogik sich nicht mit Überlegungen zur innerkirchlichen Hermeneutik der biblischen Texte begnügen können. Vielmehr wird zu zeigen sein, inwiefern die Aussagen der biblischen Texte auch im Rahmen des Bildungsauftrags der Schule eine sinnvolle Funktion besitzen. D.h. es muß deutlich gemacht werden, daß die biblischen Texte auch für gegenwärtige Identitätsfindung einerseits und gegenwärtige Weltverantwortung andererseits fundamentale Bedeutung haben. Diese Bedeutung der biblischen Texte im Rahmen des schulischen Bildungsauftrags wird nun auch bei der Behandlung der Texte in der universitären Religionslehrerausbildung Berücksichtigung finden müssen.
Hierfür ist - ich komme damit zu These 7 - zunächst die Wirkungsgeschichte der alt- und neutestamentlichen Texte auf die abendländische Kultur zu berücksichtigen, wie dies auch die EKD-Denkschrift zum Religionsunterricht[16] von 1994 fordert. Vorstellungen wie die Unantastbarkeit der 'Würde des Menschen' und von 'unverletzlichen und unveräußerlichen Menschenrechten als Grundlage jeder menschlichen Gemeinschaft', wie sie dem Art. 1 des deutschen Grundgesetzes zugrunde liegen, sind ohne die biblische Grundaussage über den Menschen als 'Ebenbild Gottes' nicht in ihrer religiösen Tiefendimension verstehbar. Die mit dieser Aussage verbundene Anschauung von der Beauftragung des Menschen zur Herrschaft über die Schöpfung hat entsprechend die für un-

---

[16] Identität und Verständigung. Standort und Perspektiven des Religionsunterrichts in der Pluralität. Eine Denkschrift der Evangelischen Kirche in Deutschland, Im Auftrag des Rates der Evangelischen Kirche in Deutschland, Gütersloh 1994, 33.

sere Kultur grundlegende Auffassung von der Verantwortlichkeit des Menschen für seine Welt hervorgerufen. Schließlich sind die ethischen Vorstellungen unserer Zeit weiterhin durch den alttestamentlichen Dekalog geprägt.

Die Wirkung der biblischen Texte auf unser heutiges Denken bezieht sich dabei - wie auch die angeführten Beispiele gezeigt haben - vor allem auf unser gegenwärtiges Menschen- und Wirklichkeitsverständnis. Um die Wirkungsgeschichte der biblischen Texte auf unsere Kultur deutlich im Blick behalten zu können, empfiehlt es sich daher, in den Mittelpunkt der theologischen Interpretation der biblischen Texte im Rahmen der Lehrerausbildung die Fragen der biblischen Anthropologie und ihrer Auswirkung auf das Selbstverständnis des modernen Menschen zu stellen.

So werden die in der Neuzeit entwickelten Verständnisse des menschlichen 'dominium terrae' mit den biblischen Vorstellungen vom Menschen als Ebenbild Gottes und Herrscher über die Schöpfung konfrontiert werden müssen. Dabei wird sich zeigen, wie die sehr differenzierten biblischen Aussagen von Genesis 1 in der modernen Rezeption eine vereinseitigende Interpretation zur Legitimation der schrankenlosen Ausbeutung der Erde erfahren haben. Entsprechendes zeigt sich bei einem Vergleich zwischen dem modernen Arbeitsethos und seinen biblischen Wurzeln in den Aussagen von Genesis 1 und Genesis 2. Auch das in Genesis 2 beschriebene Verhältnis von Mann und Frau erweist sich als wesentlich unpatriarchalischer als das, was die christliche Tradition über die Jahrtausende hinweg aus der Erzählung von der Erschaffung der Frau herausgelesen hat, wobei vor allem 1 Kor 11 und 1 Tim 2 falsche Interpretationshinweise geliefert haben. Ein ganz besonderes Desiderat stellt schließlich die Aufarbeitung des sog. christlichen Sündenverständnisses im Lichte der einschlägigen Texte des Pentateuch, der Prophetenbücher und der Paulusbriefe dar.

Biblische Texte verhelfen jedoch nicht nur zur Klärung der historischen Herkunft unseres gegenwärtigen Menschenverständnisses und der damit zusammenhängenden gegenwärtigen ethischen Grundvorstellungen. Vielmehr ist - worauf These 8 hinweist - die biblische Anthropologie erst dann voll verstanden, wenn sie auch als Angebot gegenwärtigen Selbstverständnisses wahrgenommen wird. Biblische Texte wollen dazu auffordern, menschliches Leben vom biblischen Menschenverständnis her zu gestalten. Sie wollen dazu auffordern, zu erproben, ob man mit diesem biblischen Existenzverständnis leben und sterben kann.

Lehrerbildung, die auf den schulischen Religionsunterricht vorbereiten will, muß daher auch befähigen, diesen existentiellen Aspekt der biblischen Texte wahrzunehmen und das Gottesverständnis der biblischen Texte als Antwort auf die Gottesfrage der Gegenwart zu interpretieren. Bemerkenswert ist, daß auch der ganz und gar säkular verstandene Bibelunterricht im modernen Staat Israel vor dem Problem des existentiellen Anspruchs der biblischen Texte steht. *J. Schoneveld*[17] hat in seiner 1987 in deutscher Übersetzung erschienenen Arbeit „Die Bibel in der israelischen Erziehung" auf die unbefriedigenden Versuche israelischer Pädagogen aufmerksam gemacht, „die religiösen Aussagen der Bi-

---

[17] *J. Schoneveld*, Die Bibel in der israelischen Erziehung, Neukirchen-Vluyn 1987, 233.

bel säkular zu interpretieren". Besonders die hier vorgenommene Deutung der hebräischen Bibel als Ausdruck israelischen Nationalgeistes, bei dem die Bibel nach einem Wort *Ben Gurions* jetzt den Ruhm Israels und nicht mehr den Ruhm Gottes verkünden soll, trägt deutlich die Gefahr einer chauvinistischen Ideologie in sich. Hier zeigt sich die Unverzichtbarkeit einer religiös-existentiellen Auslegung der Bibel, wie sie für uns Christen nur im Bezug auf die Verkündigung der Kirche möglich ist. Damit stehe ich bei These 9.

Wichtig ist allerdings, daß es hierbei nicht um Verkündigung im Unterricht, um Kirche in der Schule oder Hochschule geht. Vielmehr geht es hier um eine Dimension schulischer Bildung, wie sie beispielsweise auch ein schulischer Philosophie- oder Deutschunterricht wahrzunehmen hat: Schule hat Orientierungshilfen zu geben über Möglichkeiten gegenwärtigen Existenzverständnisses und darf dabei das biblisch-kirchliche Verständnis von Gott und Mensch nicht ausklammern. Daß die Frage nach Gott die Mitte des Religionsunterrichts bildet - wie dies die EKD-Denkschrift zum Religionsunterricht[18] zu Recht herausgestellt hat -, darf daher auch beim Studium der Bibelwissenschaft in der Religionslehrerausbildung nicht unberücksichtigt bleiben. Angesichts der großen Nähe, die die biblische Überlieferung zum jüdischen und islamischen Gottesverständnis besitzt, zwingt dabei die Klärung des biblischen Gottesverständnisses auch zum Gespräch mit Judentum und Islam.

Besonders komplex ist in diesem Zusammenhang die Beziehung, die zwischen den biblischen Texten und dem Judentum besteht. Vor allem ist in Betracht zu ziehen, daß die alttestamentlichen Texte nicht nur einen Teil der Heiligen Schrift des Christentums darstellen, sondern gleichzeitig Heilige Schrift des Judentums sind. Die einzigartige Beziehung zum Judentum besteht nämlich darin, daß in der christlichen Bibel sich nicht nur Texte finden, die das Bekenntnis zu Jesus von Nazareth als dem Messias, dem eschatologischen Erlöser der Welt, zum zentralen Inhalt haben, sondern auch Texte, die die vorchristliche Gotteserfahrung des jüdischen Glaubens vermitteln. Sowohl bei der Auslegung alttestamentlicher als auch bei der neutestamentlicher Texte wird man sich daher dieser Grundspannung zwischen neutestamentlichen und vorneutestamentlichen biblischen Texten bewußt sein müssen - eine Spannung, die weder durch die traditionelle einseitige Bevorzugung des Neuen Testaments noch durch eine Nivellierung auf Kosten der neutestamentlichen Christologie aufgelöst werden darf.

Von zentraler Bedeutung ist allerdings, daß die Spannung zwischen unterschiedlichen, ja sogar widersprüchlichen Aussagen der Bibel nicht zu einem Relativismus gegenüber der biblischen Botschaft führt. Der heute so verbreiteten Auffassung zu wehren, daß man mit der Bibel eben alles legitimieren könne, ist eine der Hauptaufgaben theologischer Bibelexegese, die auch im Mittelpunkt der Religionslehrerausbildung stehen muß. Theologische Bibelauslegung soll daher zeigen, daß die Spannung zwischen unterschiedlichen biblischen Texten nicht Beliebigkeit bedeutet, sondern auf ein nur polar zu beschreibendes Wirklichkeitsverständnis hindeutet, das auf eine Mitte der Schrift bezogen ist.

---

[18] Identität, 30.

Nach evangelischer Auffassung besteht die Mitte der Schrift in der Rechtfertigungslehre, wie sie Paulus begrifflich formuliert hat, wie sie aber auch der Sache nach bereits in der alttestamentlichen Prophetie und im Pentateuch zu erkennen ist. Kirchliche evangelische Auslegung - wahrscheinlich wird hier auch die katholische Bibelwissenschaft zustimmen können[19] - wird also immer den Bezug des zu exegesierenden Textes auf die Erfahrung der Rechtfertigung durch Gott zu reflektieren und somit die wesenhafte Einheit der Schrift darzustellen haben.

Beachtenswert ist, daß es sich bei dieser Mitte der Schrift nicht wie bei den religiösen Dokumenten anderer Religionen um eine Lehre, sondern um eine menschliche Existenzerfahrung handelt.[20] Das Zentrum der Bibel läßt sich somit als spezifisches von anderen Existenzdeutungen klar abgrenzbares Existenzverständnis formulieren, wie vor allem *R. Bultmann* in seinen Arbeiten zur „Existentialen Bibelinterpretation" gezeigt hat. Zwar wird man stärker als *Bultmann* den Zusammenhang von Existenz-, Gottes- und Weltverständnis herausstellen müssen. Doch ansonsten wird man *Bultmanns* Auffassung,[21] daß sich die Einheit der Schrift anhand des gemeinsamen von der Rechtfertigungslehre bestimmten Menschen- und Existenzverständnisses deutlich machen läßt, ohne weiteres zustimmen können.

Zu beachten ist hier jedoch, daß diese die biblischen Texte zentrierende Existenzerfahrung der Rechtfertigung des Sünders durch Gott für uns Christen nur im Raum der *Kirche* erlebt werden kann. Die alt- und neutestamentlichen Texte sind von ihrem Sitz im Leben in der alttestamentlichen und neutestamentlichen Gemeinde nicht zu trennen. Ein Leben aus der Erfahrung heraus, daß Gott den Sünder rechtfertigt, ist nur möglich, wenn diese Rechtfertigung in Wort und Sakrament täglich neu zugesprochen wird. Schulischer Religionsunterricht ebenso wie akademische Religionslehrerausbildung geschehen zwar nicht - wie gesagt - im Raum der Kirche. Sie können jedoch den Dialog mit den alt- und neutestamentlichen Texten nur sachgemäß führen, wenn sie den Anspruch dieser Texte und d.h. gleichzeitig den 'kirchlichen' Sitz im Leben dieser Texte berücksichtigen.

---

[19] Vgl. aaO., 64.

[20] *K. Wegenast*, Religionspädagogik und Exegetische Wissenschaft, in: RpB 26 (1990), 62-82, bes. 67, macht zu Recht darauf aufmerksam, daß biblische Überlieferung nur in ihrem Bezug auf Gegenwartserfahrung normative Bedeutung gewinnen kann: „Zwar besitzt das Ursprungsgeschehen, in dem der Glaube und seine Ur-Kunde wurzeln, für uns als Christen nach wie vor normative Bedeutung, dies aber nur unter der Voraussetzung, daß die das Ursprungsgeschehen repräsentierende Ur-Kunde nicht das Ursprungsgeschehen selbst ist, sondern stets ein Zweites, das ... von heutiger Erfahrung her befragt werden muß, wenn es heute wieder 'Wort' werden soll". Vgl. auch *F. Mildenberger*, Biblische Dogmatik, Bd. 1, Stuttgart 1991, 116-135, bes. 135, der betont, daß die Schrift „nur von Jesus her und auf ihn hin richtig verstanden werden kann. Damit ist aber gerade für dieses Verstehen die christologische und die pneumatologische Zeitbestimmung in ihrem Miteinander unabdingbar. Wirksames Hören auf die Schrift muß dann als das Zusammentreffen mit gegenwärtigem Leben beschrieben werden, das so die Qualität eines Zukommens von Gott her gewinnt".

[21] Vgl. *R. Bultmann, aaO.*, 588: Die Bibelauslegung „muß die theologischen Gedanken als Explikation des durch das Kerygma geweckten Selbstverständnisses interpretieren, wenn sie sie nicht als vom 'Lebensakt' gelöstes objektivierendes Denken begreifen will".

Der Anspruch dieser Texte kann daher nicht von einer neutralen religionskundlichen Grundeinstellung gegenüber dem biblischen Glauben her vermittelt werden. Religionslehrerausbildung setzt eine Offenheit gegenüber dem kirchlichen Anspruch voraus, um die biblischen Texte sachgemäß vergegenwärtigen zu können. Auch hier zeigt sich, daß kirchlicher und schulischer Anspruch sich nicht gegenseitig ausschließen, sondern daß - solange die Kirche ihr Handeln im Sinne des reformatorischen 'non vi, sed verbo' versteht - Offenheit für kirchlich-biblische Ansprüche durchaus mit der Aufgabe der Schule vereinbar ist. Ja man wird sogar sagen können, daß es gerade das biblische Gottesverständnis ist, das die für unsere demokratische Gesellschaft grundlegende Offenheit für individuelle religiöse Entscheidungen mitbegründet. Die besondere Bedeutung des biblischen Gottesverständnisses soll abschließend noch kurz betrachtet werden.

Die EKD-Denkschrift von 1994 zu „Standort und Perspektiven des Religionsunterrichts" mit dem Titel „Identität und Verständigung" hat in diesem Zusammenhang als das 'epochale Thema' der heutigen Gesellschaft das 'Pluralismusproblem' herausgestellt:[22] Wie sind angesichts einer Vielfalt von widersprüchlichsten Sinnorientierungsangeboten Identität und die Möglichkeit gegenseitiger Verständigung zu gewinnen?
Angesichts dieser Pluralismusproblematik haben biblische Texte gegenüber anderen christlichen Dokumenten den Vorzug, eine Situation zu reflektieren, die unserer pluralistischen Gesellschaft weitgehend entspricht. Das Neue Testament ist in der geistigen Situation des Hellenismus entstanden, der im Hinblick auf Traditionsabbrüche und verwirrender Vielfalt von Heilslehren wahrscheinlich die stärkste historische Analogie zu unserer gegenwärtigen weltanschaulichen Lage zur Verfügung stellt. Entsprechendes gilt auch schon für die zahlreichen exilisch-nachexilischen alttestamentlichen Texte.
In den biblischen Texten ist daher bereits das Problem reflektiert, das uns heute auf den Nägeln brennt: Wie kann ich einerseits Offenheit für andere und gleichzeitig Identität gewinnen? Die Bibel sieht diese Frage in der biblischen Gotteserfahrung beantwortet: Gott ist in der Bibel einerseits der Schöpfergott, der Gott aller Menschen und sogar aller Geschöpfe. Weil Gott der Schöpfer ist, deshalb kann biblischer Glaube offen für alle Mitmenschen und alle Mitgeschöpfe sein. Andererseits ist in der Bibel Gott als personales transzendentes Gegenüber verstanden, das nicht in ein Bild gefaßt werden darf. Identität gewinnt man in den biblischen Texten daher nicht im Verfügen über eine von anderen abgrenzbare Gotteslehre, sondern nur in der personalen Begegnung mit Gott, die gleichzeitig den biblischen Gläubigen auf seine Verantwortung für Mitmensch und Welt verweist.
Diese Offenheit kann sich unsere Kultur - wie ein Rückblick auf die Kirchengeschichte zeigt - nur dadurch bewahren, daß sie sich an der biblischen Gottesfahrung orientiert. Daher muß sowohl in der Schule als auch in der Lehrerbildung gewährleistet werden, daß diese Grunderfahrung der biblischen Texte Grundlage des Religionsunterrichts und der Religionslehrerausbildung bleibt. Insofern möchte ich abschließend auf die eingangs gestellte Frage eine klare Antwort geben: *H.B. Kaufmann* mag zwar Recht haben, daß

---

[22] Identität, 32.

„die traditionelle Mittelpunktstellung der Bibel als Gegenstand und Stoff des Religionsunterrichts ... ein Selbstmißverständnis" darstellt.[23] Doch aus dieser Erkenntnis darf keine kurzschlüssige Konsequenz für die Ausbildung der Religionslehrer gezogen werden. Damit der Religionsunterricht seine Aufgabe weiterhin erfüllen kann, 'Identität und Offenheit zur Verständigung' zu vermitteln, ist in der Religionslehrerbildung auf eine Mittelpunktstellung der Bibel nicht zu verzichten.[24]

---

[23] *H.-B. Kaufmann*, aaO., 23.

[24] Der vorliegende Beitrag geht auf einen Vortrag zurück, der auf einer gemeinsamen Tagung der an der Lehrerbildung in Bayern beteiligten katholischen und evangelischen Theologen am 1. März 1995 in Wildbad Kreuth gehalten wurde. Er soll den Jublilar in Erinnerung an viele Gespräche über nicht nur bibeldidaktische Fragen zu seinem 65. Geburtstag herzlich grüßen.

# XX.

# Die Bibel verstehen lernen - Anregungen zu einer religionspädagogisch verantworteten Rezeption historisch-kritischer Forschung

Frieder Harz

## 1. Biblische Texte verstehen lernen - eine religionspädagogische Herausforderung

*1.1 Vom exegetischen Arbeiten im Hermeneutischen Religionsunterricht zur neuen religionspädagogischen Aufgabe, das Verstehen biblischer Texte zu fördern*

Der Rückblick auf vergangene Jahrzehnte religionspädagogischen Denkens und Handelns zeigt, wie unterschiedliche Konzeptionen jeweils auf aktuelle Herausforderungen reagierten.[1] Dabei wurden sowohl hermeneutische Klärungen vorgenommen als auch der Praxis weiterführende Impulse gegeben. In den 60er Jahren antwortete der sog. Hermeneutische Religionsunterricht auf Herausforderungen, die sich aus einem großen Interesse am angemessenen Verstehen biblischer Texte ergaben. In der Presse wurden damals in mehrteiligen Serien breite Leserkreise mit Existenz und Ergebnissen der historisch-kritischen Forschung bekannt gemacht, und das mit dem kritisch-anklagendem Unterton: Was die Repräsentanten der Kirchen lange Zeit dem Kirchenvolk verschwiegen und als 'Geheimwissen' behandelt hätten, das sollte jetzt endlich allgemein bekanntgemacht werden. Religionspädagogische Aktivitäten konnten damals ganz unmittelbar an Ergebnisse alt- und neutestamentlicher Forschung anknüpfen und deren Arbeitsweisen übernehmen. Für den Religionsunterricht wurden Unterrichtsprogramme zur Einführung in das historisch-kritische Arbeiten entwickelt, vornehmlich für die höheren Jahrgänge.[2] Unterrichtsstunden waren biblisch-theologischen Proseminaren oft zum Verwechseln ähnlich. Da wurde intensiv an synoptischen Vergleichen gearbeitet, die Unterscheidung zwischen 'gesagt' und 'gemeint' in der Analyse biblischer Texte eingeübt. Eigene Lernprogramme führten in die Formen und Gattungen biblischer Sprache ein.[3]

Zu Beginn der 70er Jahre war es allerdings mit solchem direkten Anschluß religionspädagogischen Arbeitens an biblisch-theologische Arbeitsweisen vorbei. Die neuen

---

[1] Vgl. die Zusammenschau von *W. Sturm*, Religionsunterricht gestern - heute - morgen, Stuttgart 1971; *P. Biehl*, Symbole geben zu lernen, Bd. 1 und 2, Neukirchen 1989 und 1993, 197 ff.; *K.E. Nipkow* betont, daß im Religionsunterricht Kirche ihre Argumentationsfähigkeit im Blick auf aktuelle Herausforderungen erprobt, *K.E. Nipkow*, Bildung als Lebensbegleitung und Erneuerung. Kirchliche Bildungsverantwortung in Gemeinde, Schule und Gesellschaft, Gütersloh 1990, 450.

[2] Auf die breite Diskussion zur Aufgabe des Religionsunterrichts innerhalb des Bildungsauftrags der öffentlichen Schule kann hier nur hingewiesen werden.

[3] Vgl. z.B. *H. Heinemann*, Wie lesen wir das Neue Testament? Lernprogramm, Hannover u.a. 1970.

Konzeptionen des sog. Problemorientierten Religionsunterrichts reagierten auf die damalige heftige Umbruchsituation. Die bisherige Konzentration auf die biblische Tradition, auf das Verstehen ihres Gewordenseins wurde von einem engagierten Sich-Zuwenden zu Gegenwartsfragen abgelöst.[4] Religionspädagogische Forschung mußte eigenständig ihre hermeneutischen Grundfragen klären. Anregungen für die Praxis überzeugten nur dann, wenn das wechselseitige Durchdringen von theologischen Denkweisen und der Orientierung an den Fragen der Kinder und Jugendlichen gelang. In den 80er Jahren zeigte sich dann - entgegen manchen Prognosen - ein wachsendes Bedürfnis nach Religiosität. Erfahrungsorientierung und Symboldidaktik waren die neuen Stichworte, unter denen erneut die Verschränkung theologischer Aspekte mit den Alltagserfahrungen der Schülerinnen und Schüler leitend war. Religiöse Erfahrungen, auch solche, die nicht mehr christlich geprägt waren, fanden auf diese Weise neue religionspädagogische Beachtung. Sie galt es in Beziehung zu bringen zu den befreienden Erfahrungen des christlichen Glaubens.[5] Für die 90er Jahre zeichnete sich dann eine neue Herausforderung ab: der Blick über die Grenzen der eigenen religiösen Bindungen hinaus. Die Diskussionen kreisen seither um die Fragen des interreligiösen Lernens, des ökumenischen Religionsunterrichts, des Zusammenwirkens von Religions- und Ethikunterricht.[6]

Zugleich regen sich die Fragen nach dem angemessenen Verständnis biblischer Texte von neuem. Immer mehr Studierende sind überrascht von der Information, daß biblische Texte nicht als Tatsachenberichte zu verstehen seien, sondern als Verkündigung, Predigt. Ähnlich wie früher erleben dies die einen als Befreiung von der Nötigung, die Bibel 'wortwörtlich' glauben zu müssen, andere als tiefe Verunsicherung ihrer Orientierung an der Bibel als 'Wort Gottes'. Erwachsene fragen wieder: Warum hat man uns das bisher nicht mitgeteilt? Warum wurde uns dieses theologische Wissen vorenthalten? Glaubenskurse und Bibelseminare, in denen das Erschließen biblischer Texte mit Hilfe exegetischer Verfahren praktiziert wird, stoßen wieder auf größeres Interesse.

---

[4] Für den Bereich der Grundschule und Orientierungsstufe gilt dies allerdings nur eingeschränkt, sofern hier im Sinne einer Doppelpoligkeit von Situations- und Traditionsorientierung weiterhin biblische Überlieferungen erarbeitet wurden. Allerdings trat das Arbeiten am angemessenen Verstehen biblischer Texte zugunsten der Orientierung an Grund- und Glaubenserfahrungen zurück.

[5] *A. Bucher* meinte 1990: „Symbolorientierte Phase" - so dürfte in einem zukünftigen Geschichtswerk über die Religionspädagogik das Kapitel über die 80er Jahre dieses Jahrhunderts überschrieben werden, *A. Bucher*, Symbol - Symbolbildung - Symbolerziehung. Philosophische und entwicklungspsychologische Grundlagen, St. Ottilien 1990, 15; Vgl. auch *P. Biehl*, Erfahrung als hermeneutische, theologische und religionspädagogische Kategorie. Überlegungen zum Verhältnis von Alltagserfahrung und religiöser Sprache, in: *H.-G. Heimbrock* (Hrsg.), Erfahrungen in religiösen Lernprozessen, Göttingen 1983, 13 ff.

[6] Vgl. *J.A. van der Ven/H.-G. Ziebertz* (Hrsg.), Religiöser Pluralismus und interreligiöses Lernen, Weinheim 1994; *R. Lachmann*, Ökumenischer Religionsunterricht für Jugendliche der Sekundarstufe I, in: *F. Harz/M. Schreiner* (Hrsg.), Glauben im Lebenszyklus, München 1994, 187 ff.; Themenheft Religionsunterricht und Konfessionalität, EvErz 45 (1993), Heft 1.

## 1.2 Religionspädagogische Beiträge

Was bedeutet dies für den Religionsunterricht? Gilt es jetzt wieder den direkten Anschluß an exegetische Arbeitsweisen zu praktizieren und die Unterrichtsvorschläge aus den 60er Jahren hervorzuholen? Das hätte sicherlich wenig Aussicht auf Erfolg, denn zu viel hat sich seither verändert. Das gilt zum einen im Blick auf den biblisch-theologischen Forschungsstand. Die Frage nach dem historischen Jesus erscheint in anderem Licht als damals. Neben die historisch-kritische Methode sind andere exegetische Auslegungsmethoden getreten, die in vielfältiger Weise darauf gerichtet sind, die Texte von damals heute neu zum Sprechen zu bringen.[7] Zum anderen gilt es die grundlegende religionspädagogische Aufgabe weiterzuführen, biblische Tradition und Lebenssituationen der Kinder und Jugendlichen aufeinander zu beziehen. Wichtige Anstöße dazu geben die inzwischen entwickelten Anregungen zum Elementarisieren.[8] Dabei sollen keineswegs nur theologische Sachzusammenhänge durch Vereinfachung verstehbarer gemacht werden. Sondern es geht vielmehr um das Aufsuchen elementarer Erfahrungen, in denen sich heutige Kinder und Jugendliche wiederfinden, und die dann auch in biblischen Erfahrungen wiedererkannt werden können. Im Sinne solchen Elementarisierens etwa spricht *H.K. Berg* von sog. Grundbescheiden: Gott schenkt Leben, Gott stiftet Gemeinschaft, Gott leidet mit und an seinem Volk, Gott befreit die Unterdrückten, Gott gibt seinen Hl. Geist, Gott herrscht in Ewigkeit.[9] Hier ist theologisch-religionspädagogische Arbeit spürbar, grundlegende Bedürfnisse nach Leben in weitem Sinne in Beziehung zu setzen zu Lebensmöglichkeiten, die Gott uns Menschen eröffnet hat. Zu solchem Suchen nach elementaren Erfahrungen kann auch die Orientierung an den von *Erikson* beschriebenen Krisen der Identitätsbildung beitragen, sofern auch sie die Zusammenschau menschlicher Grunderfahrungen mit biblischen Glaubenserfahrungen fördern.[10] Urvertrauen gegen Urmißtrauen; Autonomie gegen Scham und Zweifel; Initiative gegen Schuldgefühl; Identität gegen Identitätsdiffusion - mit diesen zentralen Lebensthemen und Herausforderungen, die es nicht nur bei ihrem erstmaligen Auftreten, sondern auch später immer wieder in krisenhaften Lebenssituationen neu zu bewältigen gilt, leuchten zugleich Erfahrungen biblisch überlieferter Personen auf, von denen erzählt wird, daß sie in solchen Situationen Gottes befreiende Kraft spürten.[11]

Energisch vorangetrieben wurde seither auch das Ernstnehmen entwicklungspsychologischer Befunde, wie sie in den Forschungsergebnissen *Piagets* und *Kohlbergs* vorlie-

---

[7] Eine gute Übersicht bietet *H.K. Berg*, Ein Wort wie Feuer. Wege lebendiger Bibelauslegung, München und Stuttgart 1991.

[8] Vgl. *K.E. Nipkow*, Grundfragen der Religionspädagogik, Bd. 3. Gemeinsam leben und glauben lernen. Gütersloh 1982, 191 ff.; *ders.*, Sinnerschließendes, elementares Lernen - Handlungsperspektiven für die Schule angesichts der Lage der Jugend, in: *F. Schweitzer/H. Thiersch*, (Hrsg) Jugendzeit - Schulzeit, Weinheim/Basel 1983, 154 ff.

[9] *H.K. Berg*, Grundriß der Bibeldidaktik. Konzepte - Modelle - Methoden, München/Stuttgart 1993, 76 ff.

[10] *E. Erikson*, Identität und Lebenszyklus, Frankfurt a.M. 1973.

[11] Vgl. auch *F. Harz*, Biblische Geschichten. Eine Anleitung zum Erzählen, hrsg. vom Diakonischen Werk, Landesverband Evang. Kindertagesstätten, Nürnberg 1990.

gen und dann von *F. Oser* und *J. Fowler* auf den Bereich der religiösen Fragen und Erfahrungen bezogen wurden.[12] Mit der Unterscheidung des formal-operationalen Denken vom konkret-operationalen v. a. des Grundschulalters werden zurückliegende Warnungen vor einer verfrühten Erschließung exegetischer Einsichten nachdrücklich unterstrichen. Arbeitsformen, welche das Unterscheiden zwischen den biblischen Texten selbst und dem Autor-Adressaten-Verhältnis voraussetzen, fordern so viel an formal-operationalen Fähigkeiten, daß sie nur in den höheren Jahrgangsstufen sinnvoll erscheinen. Damit wird auch rückblickend deutlich, warum den in den 70er Jahren weitergeführten Versuchen, im Religionsunterricht der Grundschule biblische Geschichten auf die in ihnen vermittelten Botschaften und Interessen der Autoren hin zu beleuchten, letztlich doch nur wenig Erfolg beschieden war.[13] Das gilt zum einen schon hinsichtlich der Unterscheidung zwischen Inhalt und Bedeutung von Gleichnissen. *A. Bucher* hat darauf hingewiesen, wie schwer sich Kinder damit tun, vom konkreten Gleichnisinhalt zu abstrahieren, ihn daraufhin zu befragen, was er an Botschaften transportieren könnte.[14] Noch schwieriger wird es, wenn in Textvergleichen redaktionelle Veränderungen von dem Anliegen her erfaßt werden sollen, in einer neuen Situation die Botschaft des Glaubens angemessen zur Sprache zu bringen. Unter den Bedingungen des konkret-operationalen Denkens ist es schwer zu verstehen, daß Geschichten verändert wurden, um in späterer Zeit noch glaubhaft zu sein. Rückblenden aus nachösterlicher Sicht auf die Wundergeschichten des irdischen Jesus, Rückblenden auf die Königszeit Israels und Judas vom babylonischen Exil her - exegetisch gehört das zu den vertrauten Vorgängen, aber Kinder sind damit in der Regel noch überfordert, weil solches Analysieren von Texten von dem Erfahrungshintergrund einer ganz anderen Zeit her die gebotene Anschaulichkeit in den Denkoperationen übersteigt. Aus diesen Gründen scheint es also nicht ratsam zu sein, exegetische Arbeitsweisen im Unterricht mit Kindern zu praktizieren.

In den höheren Jahrgängen aber fehlt weithin die Motivation, sich auf - doch auch anstrengende - Arbeit mit biblischen Texten einzulassen. Ihnen würde zugemutet, die für sie entscheidende Frage, ob ihnen die Beschäftigung mit der Bibel etwas für ihr Leben bringen kann, zunächst zurückzustellen, sich auf Arbeitsweisen einzulassen in der

---

[12] Vgl. *K.E. Nipkow*, Stufentheorien und Glaubensentwicklung als eine Herausforderung für Religionspädagogik und Praktische Theologie, in: *ders./F. Schweitzer/J.W. Fowler* (Hrsg.), Glaubensentwicklung und Erziehung, Gütersloh 1988, 270 ff.; *F. Schweitzer, K.E. Nipkow, G. Faust-Siehl*, und *B. Krupka*, Religionsunterricht und Entwicklungspsychologie. Elementarisierung in der Praxis, Gütersloh 1995.

[13] Im Bayerischen Lehrplan für die Grundschule (1972) ist für den 3. Jg. das Lernziel vorgesehen: „Die Fähigkeit entwickeln, zwischen Gesagtem und Gemeintem in der Sprache zu unterscheiden" und „Die Fähigkeit erwerben, biblische Bildsprache zu verstehen", Curricularer Lehrplan für den Evangelischen Religionsunterricht an der Grundschule in Bayern, München 1972, 122 ff. Im Bayerischen Lehrplan für den 6. Jg. der Hauptschule (1972) ist vorgesehen, Wundergeschichten von ihrer nachösterlichen Entstehung her zu erschließen („Erkennen, daß die nachösterliche Gemeinde die Wunderüberlieferungen verwendet hat, um ihre eigene Lage zu deuten"), Curricularer Rahmenplan für den Evangelischen Religionsunterricht an der Hauptschule in Bayern, München 1972, 108.

[14] *A. Bucher*, Eine bloße Geschichte - oder ein Gleichnis? Die Entwicklung des Gleichnisverständnisses als zentrale Komponente der Gleichnisdidaktik, in: EvErz 41 (1989), 429 ff.

Hoffnung, daß sie das Ergebnis für die geleistete Arbeit belohnen wird. Soviel Vertrauensvorschuß dürfte wohl die seltene Ausnahme sein.[15] Umfragen zeigen ja, daß die Bibel weithin als ein Buch angesehen wird, das mit heutigen Weltauffassungen kaum in Einklang zu bringen sei, daß es Geschichten enthalte, die für uns heute eigentlich keine Bedeutung mehr haben.[16] Im Sinne eines erfahrungsorientierten Religionsunterrichts muß es deshalb darum gehen, von der Erlebniswelt und den Erfahrungen der Jugendlichen auszugehen, von ihrer Religiosität, die sich von der traditionell-kirchlichen grundlegend unterscheidet. Dann mag es schon geschehen, daß sich punktuell überraschende und anregende Bezüge zu biblischen Erfahrungen ergeben. In ihnen kann dann aufblitzen, daß in den alten Texten etwas drinsteckt, das auch für uns heute wegweisend ist. Über Annäherungen von heutigen religiösen Fragen her können alte Bibelworte in ganz neuem Licht erscheinen, kann durchaus auch entdeckt werden, daß da viel 'zwischen den Zeilen' zu lesen ist. In seiner Symboldidaktik hat *P. Biehl* solche Zugänge zu biblischen Erfahrungen beschrieben.[17] In der Beschäftigung mit Symbolen können sich Alltagserfahrungen der Jugendlichen auf religiöse Bezüge verdichten, und biblische Bilder können in die eigenen Suchbewegungen hineingenommen und in ihrem bereichernden Zuspruch entdeckt werden. Aber solche Zugänge tragen wohl selten breiter angelegte hermeneutische Projekte, in denen der Überlieferungsgeschichte biblischer Textzusammenhänge nachgegangen werden kann.

*1.3 Der didaktische Ansatz beim Erzählen*

Solche Befunde nötigen dazu, doch noch einmal bei den früheren Jahrgängen anzusetzen. Was ist es, was bei ihnen das Interesse an biblischen Geschichten lebendig erhält? Läßt sich von ihm nicht doch eine Brücke schlagen zum Verstehen biblischer Texte in ihrem Gewordensein, zum Unterscheiden zwischen Inhalt und Bedeutung. Es können nicht mehr die rein exegetischen Arbeitsweisen sein, sondern gefordert sind religionspädagogische Verfahren, welche die Bedingungen und Möglichkeiten des erfahrungsorientierten Arbeitens nutzen und auf die Grenzen achten, die mit dem konkret-operationalen Denken, der gebotenen Anschaulichkeit, gesetzt sind. Zweifelsohne ist es die Freude an erzählten Geschichten, die Kindern die Bibel liebenswert macht. Und das Erzählen bietet sich folgerichtig auch als die gesuchte Brücke an. Wir folgen den Untersuchungen *Fowlers*, der dem Erzählen in der Kindheit hohe Bedeutung zumißt.[18] Er ordnet die früheren Schuljahrgänge der Phase zu, die er „mythisch-wörtlicher Glaube" nennt. Das Auffassen von Ereignissen ist noch einlinig, das Verständnis der Wirklichkeit ist bestimmt durch die Abfolge von Ereignissen. Das entspricht den bisherigen Be-

---

[15] *K.E. Nipkow* unterscheidet die Hermeneutik des schon gegebenen von der des erst zu suchenden Einverständnisses. Im ersten Fall ist die Einführung in exegetische Arbeitsweisen wohl kein Problem, der zweite aber dürfte im Unterricht eher die Regel sein. *K.E. Nipkow*, Bildung, 383 ff.

[16] *H. Schmid*, Religiosität der Schüler und Religionsunterricht. Empirischer Zugang und religionspädagogische Konsequenzen für die Berufsschule, Bad Heilbrunn 1989, 75 f.

[17] *P. Biehl*, Symbole geben zu lernen, Bd. 1/Bd. 2, Neukirchen 1989/1993.

[18] *J. Fowler*, Stufen des Glaubens: Die Psychologie der menschlichen Entwicklung und die Suche nach Sinn, Gütersloh 1991, 151 ff.

funden. Die gewünschte Differenzierung zwischen Inhalt und Bedeutung ist auch nach *Fowler* noch nicht gegeben. Aber Kinder vergewissern sich in Erzählungen der Sinnhaftigkeit ihrer Welt, suchen Bedeutungen für ihr eigenes Leben. Geschichten transportieren Sinngebungen. In ihnen werden Bedeutungen aufbewahrt und ausgedrückt. Sie sind in den Geschichten implizit enthalten. *Fowler* sagt es so: „Wenn wir die Bewegung unseres Lebens als einen Fluß darstellen, dann erzählt die Stufe 2 'stories', die den Verlauf von der Mitte des Flusses her beschreiben. Der Mensch auf der Stufe 2 - Kind oder Erwachsener - steigt noch nicht heraus ans Flußufer, um über die 'stories' des Flusses und ihre vielfältigen Bedeutungen zu reflektieren...In gewisser Weise sind die Bedeutungen in der Erzählung *gefangen*"[19]. Kinder hören und lesen Geschichten und entnehmen ihnen Ermutigung für ihr Leben, Modelle für ihr Handeln und Verhalten. Sie bleiben ganz im Erzählinhalt machen sich doch gerade so auch an Bedeutungen fest, die ihnen wichtig erscheinen. Sie erleben in den Geschichten das Schicksal der Erzählgestalten mit und setzen sich selbst dazu in Beziehung. Das geschieht noch nicht auf der Ebene der Reflexion, sondern auf der Identifikation. Sie schlüpfen in die Erzählgestalten hinein, und das, was dieser Person geschieht, widerfährt auch ihnen. Sie lieben Geschichten, in denen die Hauptperson Herausforderungen meistert und erfahren dies als Bereicherung für sich selbst. Sie nehmen an der Nachdenklichkeit der erzählten Personen teil und machen sie zu ihrer eigenen. Das entspricht durch und durch dem erfahrungsorientierten Zugang: Geschichten teilen Erfahrungen mit. Sie laden zum Miterleben im Erzählvorgang ein und geben in der Gestalt der Hauptpersonen auch Raum zum Sinnieren und Deuten.

Hier können wir mit weiterführenden Überlegungen ansetzen. Wenn es uns gelingt, im Erzählen den impliziten Deutungen viel Raum zu geben, etwa in Dialogen, in denen die Personen in der Geschichte über Erlebtes nachdenken, dann wird so das Explizieren von Bedeutungen, das Hingelangen zum 'Flußufer' vorbereitet und geübt. Das kann sodann in weiteren Schritten vorangetrieben werden. Es sind Schritte, in denen die Deutungen immer noch narrativ-implizit bleiben, aber bei denen in nachdenklichen Gesprächen zugleich das explizierende Reflektieren anklingt und aufscheint, das über die Geschichte hinausführt und sie weiterspinnt. Ziel des Unternehmens ist es damit, in möglichst kleinen Schritten, aber in zunehmenden Anforderungen und Schwierigkeitsgraden aufeinander aufbauend, in der narrativen Schwebe von impliziten und expliziten Deutungen das Explizieren voranzubringen, also das Nachdenken über die Botschaften der biblischen Geschichten, die im Erzählten drinstecken und die über es hinausweisen. Die Praxis muß dann zeigen, wie weit man mit solchen Schritten auf dem Weg zum Verstehen biblischer Texte, auf dem Weg des Differenzierens zwischen Inhalt und Bedeutung schon im Grundschulalter gehen kann. Optimal wäre es, wenn solch ein Lernweg sich über Jahre hin entwickeln könnte, wenn er je nach Gegebenheiten und Gelegenheiten immer wieder aufgenommen, bekräftigt und weitergeführt werden könnte.

---

[19] AaO., 153.

Zusammenfassend und präzisierend seien die Bedingungen dieses Lernwegs benannt:
- Gemäß dem erfahrungsorientierten Ansatz muß es in den Erzählungen immer um Erfahrungen gehen, welche die Kinder selbst betreffen, sie in ihren Lebensthemen ansprechen, auf ihre Suche nach Vertrauen, Anerkennung und Hoffnung antworten.
- Medium ist die Erzählung, die zum Identifizieren einlädt, in der Kinder mit der erzählten Person neue Wege gehen und neue Erfahrungen machen können. Nicht analysierend-distanzierender Umgang bestimmt die Arbeitsweisen, sondern Nähe zu den Personen der Geschichte, dem Nachspüren und Nachdenken ihrer Wegerfahrungen.
- In den Deutungen, die sich mitten in der Geschichte auftun, geht es immer um elementare Glaubenserfahrungen, um Erfahrungen mit Gott. Das Erfassen von Bedeutungen in den Geschichten geschieht nie in formalen Unterscheidungen an den Texten, sondern inhaltlich im Bedenken dessen, was uns die Geschichten über Gott mitteilen, wie sie unsere Vorstellungen von Gott bereichern.
- Dieses Nachdenken entlang den möglichen Bedeutungen muß den Kindern Raum geben zum selbständigen Sinnieren. Sie sollen Geschichten erleben als eine sich öffnende Tür, die einlädt zum eigenen Weiterdenken. Das Entstehen expliziter Deutungen geschieht nicht durch das Präsentieren fertiger Ergebnisse, sondern durch das eigene Umkreisen, Sich-Herantasten, Vermuten, durch das Ausdrücken eigener Meinungen und Überzeugungen.

Mit diesen Voraussetzungen werden nun fünf Schritte skizziert, die von ersten Anfängen des Erfassens von Bedeutungen zu Einblicken in die 'Schreibwerkstatt' der biblischen Autoren führen. Dabei kann auf vielfältige frühere Anregungen aus der und für die Praxis des Religionsunterricht zurückgegriffen werden, die zugleich durch die Einordnung in den zu skizzierenden Zusammenhang noch größere Tragfähigkeit gewinnen.

## 2. Schritte auf dem Weg des Verstehens biblischer Texte im Grundschulalter

*2.1 Erste Spuren aufnehmen, die über die Geschichte selbst hinausweisen*

Gleichnisse Jesu, etwa das vom verlorenen Schaf (Lk 15,1-6), haben mit Recht schon im Kindergarten ihren festen Platz. Natürlich spielt der Erzählrahmen dabei noch keine Rolle. Die Kinder identifizieren sich mit dem kleinen Schaf, denn es bringt elementare Lebensthemen zur Sprache: das Vertrauen auf den Hirten, in dem sich Erfahrungen mit den Bezugspersonen spiegeln, wird auch in einer bedrängenden Situation nicht enttäuscht. Das kleine Schaf erfährt besondere Wertschätzung, sofern der Hirte die vielen anderen zurückläßt. Im Sinne *Eriksons* läßt sich der mißglückte Ausflug des Schafs auch als Initiative verstehen, die nicht von Schuldgefühl überdeckt wird. Nach der glücklichen Heimkehr geht die Geschichte noch weiter: Am Abend beim Einschlafen spricht das kleine Schaf sein Gute-Nacht-Gebet. Viel hat es an diesem Tag Gott zu erzählen. Im Dank wird der gute Hirte vorkommen und auch, daß Gott alles zum guten Ende gebracht hat: „Danke, Gott, daß du mich nicht im Stich läßt!" Im Formulieren ihrer Gebete denken die Kinder in und mit dem Schaf über den Erzählinhalt hinaus und bewegen sich auf der Deutungsebene. Im Gebet kommt Gott mit ins Spiel, und die Kinder entscheiden selbst, wie weit sie sich auf diese Deutung einlassen, wieviel sie Gott erzählen wollen und inwieweit sie ihn selbst in diesem Geschehen beteiligt sehen. Nicht um abstraktes Vergleichen zwischen Hirte und Gott geht es also, sondern um das Öffnen dieser Geschichte auf den unsichtbar wirkenden Gott hin.

Entsprechend mag die Geschichte vom verlorenen Sohn erzählt werden, noch unter Ausblendung des älteren Bruders (Lk 15,11 ff.). Nach der liebevollen Aufnahme des Heimgekehrten geht die Geschichte noch weiter: Der Sohn trifft frühere Freunde, kommt mit ihnen ins Gespräch, erzählt, sinniert über das Geschehene. Dabei sagt er vielleicht: „Als ich so in der Patsche saß, da dachte ich: Nun ist Gott bestimmt ganz weit weg von mir! Aber jetzt ist es ganz anders......" Und sicherlich werden die Kinder im sich ergebenden Gespräch das Gottesbild des beschenkten Sohnes - und damit auch ihr eigenes - mit den Zügen des barmherzigen Vaters anreichern. So wird auch dies Gleichnis inmitten der Erzählhandlung transparent auf die Bedeutung hin. Der Gleichnisinhalt gibt Impulse zum Nachdenken über das Gottesbild. Dieses Nachdenken weist über den vordergründigen Inhalte der Geschichte hinaus, ohne ihn zu verlassen. Er wird nicht als sekundär abgewertet, sondern erzählend angeregte Nachdenklichkeit rührt an das, was bei der Entwicklung der Gottesbilder und -vorstellungen bei den Kindern auch sonst geschieht: Elternbilder, zwischenmenschliche Erfahrungen, die für das eigene Leben von elementarer Bedeutung sind, werden auf Gott bezogen. Der unsichtbare Gott tritt für die Kinder ins Blickfeld, indem er aus den zentralen Erfahrungen mit Menschen Anschaulichkeit gewinnt.[20] In diesem Sinne regt die Geschichte der Bibel zum Nachdenken über Gott an, nicht indem statisch-begrifflich Parallelen zwischen Inhalt und Bedeutung gesucht werden, sondern indem die Geschichte in ihrer Weiterführung sich zum Gleichnis wandelt.

Diese so beginnende Differenzierung zwischen Erzählinhalt und Bedeutung der Geschichte kann auch bei vielen anderen biblischen Geschichten geschehen. Es gilt darauf zu achten, wo sich auch bei ihnen solche Öffnung des Erzählgeschehens auf deutende Bezüge hin anregen und pflegen läßt. Oft sind solche Öffnungen zunächst durch theologische Begriffe versperrt. Mit der Geschichte von der Kindersegnung (Mk 10,13 ff.) etwa läßt sich anschaulich und einladend erzählen, wie Jesus den Kindern Beachtung schenkt, sie zu sich herholt, sie freundliche, wohltuende Nähe spüren läßt. Und dann spricht er ihnen - indirekt, über die Zurechtweisung der Jünger - die Zugehörigkeit zum Reich Gottes zu und segnet sie. In den Nacherzählungen wird diese Terminologie - vielleicht aus Verlegenheit - oft übernommen. Aber könnte nicht gerade hier das Transzendieren der Geschichte in eine neue Bedeutungsebene hinein praktiziert und geübt werden? „So ist Gott", sagt Jesus etwa, „so hat Gott euch lieb!". Und die Kinder der Geschichte fragen sich auf dem Heimweg: „Wie hat er das gemeint?" Und

---

[20] Vgl. *F. Schweitzer*, Elternbilder - Gottesbilder. Wandel der Elternrollen und die Entwicklung des Gottesbildes im Kindesalter, in: KatBl 119 (1994), 91 ff.

sie können, angeregt von dem bei Jesus Erlebten, einander erzählen, wie sie sich Gott vorstellen, was es wohl bedeutete, als Jesus ihnen die Hand auf den Kopf legte und sagte: „Gott sei mit dir!" Das gilt für die Geschichte vom Zöllner Zachäus (Lk 19,1 ff.), zu dem Jesus sagt: „Heute hast du wohl gespürt, daß es Gott gut mit dir meint", und die Schülerinnen und Schüler können überlegen, ob und wie Zachäus dies gespürt haben mag. Solche Ansätze zum behutsam explizit werdenden Deuten auf Gottes Wirken hin degradieren die Geschichten keineswegs zum didaktischen Mittel der Veranschaulichung von Aussagen über Gott, sondern wie auch sonst menschliches Handeln und Gottes Wirken eng ineinander verwoben sind, so gilt das auch hier. In den Geschichten menschlicher Zuwendung wird entdeckt, daß es da auch um Gott geht.[21] Von da aus ist es nur noch ein kleiner Schritt, in das Nach- und Weitererzählen der Geschichte durch die Kinder diese Reflexionen über Gott mit hineinzunehmen: Was hat Jesus gesagt, was hat er gemeint, wie hätte er es wohl noch deutlicher sagen können? Variationen der Geschichte von ihrer deutenden Mitte her werden so möglich.

### 2.2 Vom Gleichnisrahmen aus den Gleichnisinhalt verstehen lernen

Auch die auf diesen ersten Schritt aufbauende zweite Aufgabe läßt sich gut an Gleichnissen Jesu verdeutlichen. Jetzt wird der Rahmen zum Ausgangspunkt der Erzählung. Indem sich so im Medium des Erzählens eine Geschichte in der Geschichte auftut, wird die Differenzierung zwischen Erzählgeschehen und der Eröffnung von Bedeutungen vorangetrieben. Gemäß den vorangegangenen Überlegungen gilt es auch hier, stets im Erzählgeschehen zu bleiben und auf jedes statisch-abstrahierende Vergleichen zwischen Inhalt und Bedeutung zu verzichten. Der besondere Gleichnisinhalt, der zum Träger von Bedeutung wird, muß in der Einlinigkeit des Geschehens integriert bleiben. Nur so kann vermieden werden, was *A. Bucher* an vielen Unterrichtsstunden über Gleichnisse in der Grundschule mit Recht bemängelt, nämlich daß die Bedeutungen von anschaulichen Vollzügen abgeschnitten und in kaum nachvollziehbaren Gleichungen hin und her geschoben werden.[22]

Entgegen der früher üblichen Praxis, Gleichnisse als besondere Sprachform der Verkündigung Jesu zu erschließen, gibt es Vorschläge, sie mit einer Rahmenhandlung zu verbinden, aus ihr heraus inhaltlich zu erschließen. So etwa, indem das Gleichnis vom verlorenen Schaf auf Jesu Begegnung mit dem Zöllner Levi (Mk 2,13 ff.) und das folgende Murren der Schriftgelehrten und Pharisäer antwortet.[23] Es verdeutlicht den Auftrag Jesu, regt dazu an, über die bisherigen Festlegungen von 'richtig' und 'falsch' nachzudenken. Die Handlungsebene der Rahmengeschichte bleibt dabei immer be-

---

[21] In seinen Nacherzählungen hat *D. Steinwede* auf diesen Zusammenhang stets großen Wert gelegt. Vom geheilten Bartimäus erzählt er: „Da sieht er Jesus. Da sieht er Gott." Oder bei der Sturmstillung: „Was fürchtet ihr euch so? Ich bin doch da. Gott ist bei euch." *D. Steinwede*, Zu erzählen deine Herrlichkeit. Biblische Geschichten für Schule, Haus und Kindergottesdienst, Göttingen 1965, 51 u. 68.

[22] *A. Bucher*, Die Entwicklung des Gleichnisverständnisses, 429 ff.

[23] So im Lehrplan für den Ev. Religionsunterricht an Hauptschulen in Bayern, 5. und 6. Jg., München 1994, 41.

stimmend. Das Gleichnis wirbt um Verständnis, indem mit einem anderen, unverfänglicheren Beispiel eine andere Sichtweise angeregt wird. Es gehört zur Verfremdung dazu, daß die Aufforderung zum Umdenken unerwartet und doch zwingend im Raum steht. Das ist weit entfernt von einem abstrahierenden Gegenüberstellen korrespondierender Einzelzüge in Gleichnisinhalt und Bedeutung hinsichtlich des Wirkens Jesu. Auf das Erzählen des Gleichnisses innerhalb der Rahmengeschichte folgt wohl nachdenkliches Schweigen, und die Schülerinnen und Schüler können ihre Vermutungen anstellen, was die Geschichte in der Geschichte wohl bei denen, die mit Jesus sprachen, bewirkt hat. Da meinen vielleicht die einen: „das mit dem Hirten und dem Schaf ist etwas ganz anderes, das kann man nicht mit dem Levi vergleichen", und andere lassen sich wie die Schriftgelehrten in die Nachdenklichkeit hineinnehmen: „so habe ich den Levi bisher noch gar nicht gesehen". An die Stelle des abstrakten und formalistischen Vergleichens tritt so das Nachdenken, das der Gleichnisinhalt mit seiner Zuspitzung ausgelöst hat, und mit dem die Kinder ganz bei den Personen der Rahmenhandlung bleiben können. Im Gleichnis vom barmherzigen Samariter (Lk 10,25 ff.) sind schon im Bibeltext Rahmen und Gleichnisinhalt eng miteinander verbunden. Von der Frage nach den zu beachtenden Regeln und Geboten wird mit der Geschichte von dem unter die Räuber Gefallenen der Blick auf die konkrete Situation gelenkt, die erkannt sein will und so zum Handeln auffordert. Auch hier lohnt es sich, bei den Zuhörenden zu bleiben, mit ihnen darüber nachzudenken, was der Impuls dieses Gleichnisses bei ihnen ausgelöst haben mag.

Eingebettet in eine Rahmenszene bieten sich auch die sog. Wachstumsgleichnisse für den Religionsunterricht in der Grundschule an. Thema des beigefügten Rahmens könnte die Mutlosigkeit sein, die sich bei den Jüngerinnen und Jüngern einstellte.[24] Die Erfolge bleiben gering, immer wieder mißverstehen Menschen die Botschaft Jesu, die Schriftgelehrten lassen sich auf das Neue in der Verkündigung Jesu nicht ein, sondern reagieren mit Ablehnung. Das knüpft an ein zentrales Lebensthema der Grundschulkinder an, das *Erikson* mit der Krise „Werksinn gegen Minderwertigkeitsgefühl"[25] beschrieb. Gesteckte Ziele werden nicht erreicht, Enttäuschung macht sich breit - der Lebensalltag der Grundschülerinnen und -schüler ist voll von solchen Erfahrungen. In dem Erleben und Empfinden der Freundinnen und Freunde Jesu können sie sich wiederfinden. Was ist anhand solcher Enttäuschungen überhaupt noch von Gott zu erwarten, fragen die Menschen um Jesus. In diese Situation hinein stellt Jesus das Bild des winzigen Senfkorns, das zu einer riesigen Staude wird (Mt 13,31). Oder er 'malt' das Bild des Sämanns (Mt 13,18 ff.), der auf den ersten Blick seine Saat umsonst gesät hat, aber dennoch zu einer reichen Ernte kommt. „So handelt Gott", sagt Jesus und gibt so den Impuls, von Neuem die Hoffnungen auf Gott zu richten, ihm weiterhin Vertrauen zu schenken, den Zusagen des Gelingens zu glauben. Auch hier geht es nicht um ein formales Vergleichen von Bild und Bedeutung, sondern um ein Sich-Identifizieren mit den von Jesus Angeredeten, die diese kräftigen Bilder des Wachsens in sich aufnehmen und wirken lassen. Mit den damals Hörenden bleiben sie an den Bildern der Hoff-

---

[24] Vgl. Lehrplan 5/6, aaO., 44 f.
[25] *E. Erikson*, aaO., 98 ff.

nung dran, spüren mit, was sie bewirken, welche Empfindungen sie auslösen, und ob sich mit ihnen Niedergeschlagenheit zu neuem Mut verändern konnte. Mehr noch als bei den vorangegangenen Gleichnissen geht es nicht nur um Überzeugung, die eine neue Sichtweise anregen will, sondern um die Eindrücklichkeit dieses Bildes, das keine Erklärung braucht. In solchen Bildern kann Hoffnung neu aufleben, daß Gott trotz gegenteiliger Wahrnehmungen Gelingen schenken wird. Es sind poetische Bilder, sofern sie die Wirklichkeit anders zeigen, über die Grenzen der alltäglichen Erfahrungen hinausweisen. Sie machen neue Möglichkeiten sichtbar, die so noch nicht im Blick waren, sie überwinden das Einengende und Niederdrückende der sonst bestimmenden Perspektive.[26]

Im Vergleich zur ersten Stufe des Differenzierens zwischen Inhalt und Bedeutung bekommt der Bereich des Deutens jetzt größere Eigenständigkeit. Er wird zu einem eigenen Bild oder einer Geschichte in der Geschichte. Den Kindern wird zugemutet, sich mit den Personen der Geschichte in eine neue hinein zu begeben und dessen Kraft zu erspüren. Sie sollen erleben, wie diese Bilder und Geschichten etwas bewirken können. Aber wie in den ersten Beispielen wächst die Deutung aus der Mitte der Geschichte heraus. Dachten dort die Kinder mit den Personen der Geschichte über Gott nach, so sinnieren sie jetzt darüber, ob und wie mit der Geschichte in der Geschichte das Vertrauen auf Gottes Begleitung wieder kräftiger werden konnte. Auch hier muß dies niemals zum abstrahierenden Reflexionsvorgang werden, sondern es bleibt stets eingebettet in den einlinigen Handlungsvollzug, getragen von den bleibenden Hauptpersonen der Erzählung. Indem sich die Kinder mit den Personen der Geschichte und ihren Fragen auf die Gleichnisinhalte einlassen, prüfen sie an sich selbst deren Deutungskraft und Glaubwürdigkeit, vielleicht sogar im Vergleich verschiedener Gleichnisinhalte. So spüren sie dem nach, was Gleichnisse bewirken können, erleben mit, daß sie heilsame Botschaften transportieren, das Vertrauen auf Gott beleben, verstärken, verlebendigen können, nicht distanziert-analysierend, sondern im eigenen Beteiligtsein, das zugleich auch prüfender Distanz Raum gibt.

## 2.3 In Wundergeschichten die Botschaft des Glaubens entdecken

Der nächste Schritt auf unserem Deutungsweg bringt eine neue Herausforderung. Jetzt geht es darum, solches begleitende Deuten auch dort in Gang zu bringen, wo der biblische Text auf den ersten Blick gar keinen Anlaß dazu zu bieten, vielmehr ganz und gar im Handlungsgeschehen zu bleiben scheint. Gedacht ist hier an die neutestamentlichen Wundergeschichten. Gerade sie stellen die Unterrichtenden immer wieder vor große Probleme. Manche Unterrichtseinheit landet in der Sackgasse, wenn Grundschulkinder im Sinne des mythisch-wörtlichen Verstehens (*Fowler*) fragen: Ist das wirklich so passiert? Oft reagieren sie mit Ablehnung und verweisen die Geschichten in den Bereich

---

[26] In diesem Sinne bezeichnet *P. Biehl* die ästhetische Erfahrung als Erweiterung, als Komparativ bisheriger Erfahrungen. Immer wieder hebt er in seinen Beiträgen zum Erfahrungsansatz die poetische Kraft der biblischen Deutungsangebote hervor. *P. Biehl*, Religionspädagogik und Ästhetik, in: JRP 5 (1989), 13.

der Märchen. Daß es auch anders gehen kann, hat *I. Baldermann* gezeigt.[27] Kinder versetzen sich in die Not leidender Menschen hinein. Sie erleben mit, wie diese Personen sich immer mehr vom Leben abgeschnitten fühlen, wie sie darunter leiden - nicht nur an ihrer Krankheit selbst, sondern genauso am abweisenden Verhalten der Mitmenschen. Sie spüren mit, wie es ist, sich als nutzlos, überflüssig, hinderlich zu empfinden. Davon kann in der Vorgeschichte zum biblischen Text erzählt werden, und Kinder können hier oft von eigenen Erfahrungen her mitfühlen, was es heißt, zur Untätigkeit verdammt und an den Rand des gemeinsamen Lebens gedrängt, andern hinderlich zu sein, im Weg zu stehen, erwartete Leistungen nicht zu bringen und dafür mit Geringschätzung bestraft zu werden. In der Begegnung mit Jesus geschieht dann die immer noch erhoffte Befreiung von dem, was die Lebenskraft bisher so sehr lähmte. Die Rückkehr ins Leben wird möglich. Wie bei den Gleichnisgeschichten der ersten Stufe kommt es auch hier darauf an, daß die rettende, befreiende, heilende Zuwendung von den Kindern intensiv mitempfunden werden kann. Jesus wendet sich der bedrängten Person aufmerksam zu, spricht mit ihr, schenkt ihr Beachtung, rührt sie an.[28] Das ist genau das, was der oder die Kranke seither entbehren mußte, wonach er bzw. sie sich gesehnt hatte. Und diese eindrücklichen Gesten Jesu werden zum Gleichnis für Gottes Zuwendung. Sie verdeutlichen Gottes Nähe, im Kontrast zu den vorangegangenen anderen, belastenden Erfahrungen. Auch hier gilt es wieder, theologische Begrifflichkeit in spürbares Erleben der Nähe Gottes umzusetzen. Jesu Gesten und Worte machen Gottes freundliche und helfende Zuwendung erfahrbar. Bei den Gleichnissen der ersten Stufe ging es um ein deutendes Nachdenken darüber, wer Gott für uns Menschen ist. Genauso zielt hier das Erzählen von Jesu Zuwendung darauf, die Freundlichkeit Gottes wieder deutlicher zu sehen und zu spüren. Jesu Zuwendung wird transparent für Gottes Nähe. Im erzählten Gespräch zwischen Jesus und der bedürftigen Person könnte dies zum Ausdruck kommen. Erträge des ersten Arbeitsschritts können neu wirksam werden, indem die Kinder sich selbst in dieses Gespräch hineindenken, es selbst mit ihren eigenen Aussagen füllen, dabei auch ihre eigenen Vorstellungen von und Erwartungen an Gott einbringen. Diese Begegnung mit Jesus hat Wirkung. Die Menschen erfahren Heilung. Im zweiten Arbeitsgang ging es darum, den Veränderungen nachzusinnen, welche die Gleichnisbilder und -geschichten bewirkt haben. An die Stelle der Worte ist nun hier Jesu intensive und heilende Zuwendung getreten. Aber auch hier geht es um ein Nachsinnen, wie Jesu Zuwendung, Zuspruch und Anrühren diese Menschen verändert haben mag. Es geht um ein Erfassen einer grundlegenden Veränderung im Leben, die in Worten nur schwer zu beschreiben ist.

---

[27] *I. Baldermann*, Gottes Reich - Hoffnung für Kinder. Entdeckungen mit Kindern in den Evangelien, WdL 8, Neukirchen-Vluyn 1991. Vgl. dazu auch *W. Ritter*, Wundergeschichten für Grundschulkinder? Aspekte einer religionspädagogischen Kontroverse und weiterführende religionsdidaktische Überlegungen, in: *F. Harz/M. Schreiner* (Hrsg.), Glauben im Lebenszyklus, München 1994, 139 ff.

[28] Vgl. *H. Grosch*, Schwierigkeiten mit Symbolen (II), oder: Auferstehung beginnt mit dem Hinsehen, in: EvErz 42 (1990), 525 ff., der diese Zuwendung an einer der für Kinder wohl schwer zugänglichen Wundergeschichte vor Augen führt.

Jetzt heißt es also, dem von Gott gewollten und von Jesus in seinem Auftrag initiierten neuen Leben in seiner Vielfalt und Reichhaltigkeit nachzuspüren. Deuten meint in diesem Zusammenhang, mit den bisher gemachten Deutungserfahrungen die oft knappen und eher plakativen Worte der Bibel[29] gewissermaßen als Schlagzeilen, Überschriften zu lesen, die für die Veränderung in dem betroffenen Menschen stehen, und dem nachzudenken, was sie alles ausdrücken mögen. Das Erzählen dessen, was sich mit der Zuwendung Jesu nun in den Menschen verändert hat, macht Unterrichtenden in der Regel die größten Schwierigkeiten. Sie selbst können es meist nicht mehr, wie noch in ihren Kindertagen, im Sinne eines wortwörtlichen Verstehens als wunderbare physiologische Verwandlung fassen, sehen sich aber doch im Blick auf die Kinder zur anschaulichen Konkretion genötigt. Was spricht eigentlich dagegen, gemäß den bisherigen Erfahrungen der Kinder mit biblischen Texten den Ausgang der Geschichte ihrem eigenen Nachdenken und sprachlichen Umkreisen zu überlassen? Wie sehen sie die ganzheitliche Zuwendung Jesu? Welche wunderbaren Veränderungen können sie sich vorstellen? Wichtig ist auf jeden Fall, daß beim ersten Erzählen der Geschichte der Zuspruch Jesu so offen und weit formuliert wird, daß Raum entsteht für das eigene Nachdenken: „Für dich beginnt jetzt ein neues Leben!.... Sei frei von dem, was dir das Leben bisher so schwer gemacht hat!.... Spüre die Kraft, die Gott dir geschenkt hat!"

Bei der Deutungsaufgabe der ersten Stufe ging es um Anregungen, dem Gottesbild von ermutigenden zwischenmenschlichen Erfahrungen her deutliche Züge zu geben. Dazu gehört auch, daß Gott Fähigkeiten zugeschrieben werden, welche deutlich über die der Menschen hinausweisen. Diesem Besonderen der Möglichkeiten Gottes nachzusinnen, das sollte als eigenständiges Deuten der Kinder geschehen, im Anschluß an Erzähltes. Jetzt steht eine weitere Aufgabe des Nachdenkens über Gott an: Es geht nun darum, wie Gottes Wirken inmitten unserer Lebenswelt, im und durch das Wirken von Menschen erfaßt werden kann. Es bleibt großartig, übersteigt immer noch die Grenzen des Alltäglichen - und es muß zugleich auch dem Realitätssinn der Kinder zugänglich sein, sich von magischen Vorstellungen des Einwirkens ablösen können.[30] Eigenständiges Deuten heißt jetzt, mit den biblischen 'Überschriften', die das Großartige des Geschehens anzeigen, zwischen den aus früheren Jahren nachwirkenden magischen Vorstellungen von Jesu grenzenlosen Fähigkeiten und den neuen Anforderungen des Realitätssinns tragfähige Bilder von Gottes Wirken zu entwickeln, die der 'Überschrift' entsprechen. Es gilt einerseits Abschied zu nehmen von früheren Allmachtsvorstellungen, von denen her Gottes übernatürliche Eingreifen in unsere Welt kein Problem war, und andererseits von den neuen Bedingungen der Wirklichkeitswahrnehmung her mit dem erzählten Wirken Jesu den Raum des Vorstellbaren bis an seine Grenzen hin auszuloten. Und diese Grenze ist eben nicht ein konkreter, medizinischer Befund, sondern sind je selbst erschlossene Bilder von dem, was Menschen von Gott erwarten, was sie sich von ihm erhoffen. Der Erzählzusammenhang markiert, daß Jesus im Auftrag Gottes

---

[29] Vgl. z.B. Mk 2,10 f: Jesus sprach zu dem Gelähmten: „Ich sage dir, steh auf, nimm dein Bett und geh heim!" Und er stand auf, nahm sein Bett und ging alsbald hinaus; oder - ähnlich pointiert: Lk 13,12: „Frau, sei frei von deiner Krankheit!"

[30] Vgl. *Ritter*, aaO., 152 ff.

eine wunderbare Veränderung in Menschen bewirkte, ein Neuwerden, Aufblühen, Befreiung aus Enge. Und er nötigt zum je eigenen Füllen dieses Bildes, zum je eigenen Artikulieren von Erwartung und Hoffnung, zum eigenen Erspüren des Mutmachenden, zum eigenen Vorantasten in diese Zone des Deutens hinein.

„Was soll ich antworten?" fragen Unterrichtende oft, wenn trotz solcher Einladungen und Ermutigungen zum selbständigen Deuten die Kinder fragen: „Was ist nun wirklich damals passiert?" Muß dann nicht auch - im Sinne der deutenden Öffnung - das Nichtwissen purer Fakten eingestanden werden? Wir wissen nicht, wie die von der Kindersegnung heimkehrenden Kinder über Gott nachdachten, wir wissen nicht, wie die Jünger sich von Jesu Gleichnissen zum Weitermachen ermutigen ließen. Das bleibt noch vergleichsweise harmlos gegenüber diesem Nichtwissen, was sich nun ganz konkret im Leben des Geheilten verändert hat. Zur Deutungsaufgabe gehört hier also die Zumutung, daß auch das Wissen der Erzählenden ihre Grenzen hat. Beim Reden von Gott stoßen wir immer an die Grenzen des Vorstellbaren, Erklärbaren. Hier bricht diese Grenze im Erzählzusammenhang auf. Das entspricht der narrativen Denkweise der Kinder und fordert sie zugleich heraus. Hier kann das „Ich weiß es nicht" der Unterrichtenden eingeübt werden, das nicht das Gespräch beendet, sondern das gemeinsame Deuten eröffnet. Erzählen kann ich von Überraschung, Freude und Verwunderung angesichts des schier Unglaublichen. Und mit vermutenden deutenden Bildern versuchen wir uns dem Geheimnis des Wirkens Gottes weiter anzunähern.

Auch mit diesem dritten Schritt auf dem Weg des Deutens biblischer Texte sind wir den kindlichen Verstehensbedingungen treu geblieben. Im Mittelpunkt standen auch hier klar faßbare, vorstellbare Erzählgestalten, die zur Identifikation einladen. Und doch hat die Herausforderung zum Deuten jetzt ein Niveau erreicht, das viele der als ausgesprochen schwierig geltenden biblischen Geschichten zugänglich macht. Das, was auf den ersten Blick als Faktum dasteht, erweist sich auf den zweiten als Aufforderung zum Deuten. So könnte nun auch besser an alttestamentliche Geschichten herangegangen werden, die von Begegnungen mit Gott erzählen, sei es von Mose am brennenden Dornbusch (2. Mose 3) oder von Elia am Horeb (1. Kön 19). Erzählbar ist jeweils, daß sich in den Menschen viel veränderte, daß sie wegweisende Botschaften von Gott mit auf ihren Weg bekamen. Und die Umstände, in denen dies geschah, etwa das Feuer, das nicht ausgeht und Gottes Stimme, die Mose hört, die geben Raum für das sich annähernde Deuten. Das Geheimnisvolle regt das Nachsinnen über das Überraschende und Wunderbare des Wirkens Gottes an. Bewähren können sich solche Fähigkeiten des Deutens dann auch an den ntl. Ostergeschichten, bei denen grundlegende Veränderungen im Leben der Jüngerinnen und Jünger Jesu erzählbar sind, und das 'Wie' der Auferstehung nur den deutenden Annäherungen zugänglich wird.

Beim Erzählen wird es darauf ankommen, einerseits eng bei den erzählten Personen zu bleiben und andererseits den Übergang zum Deuten im Sinne einer eröffnenden 'Überschrift' sorgsam zu formulieren, im Sinne des Neuwerdens des ganzen Menschen. „Sei frei von dem, was dich bisher gelähmt hat!" mag Jesus zu dem Gelähmten sagen, „und mit diesen Worten fängt er an, ein anderer Mensch zu werden." Der blinde Bartimäus fängt auf eine ganz neue Weise zu sehen an. Die Frauen am Grab umfängt ein Licht, eine Helligkeit, und die Worte des Gottesboten sind wie ein Licht, das in ihnen aufgeht, das sie erfüllt.

## 2.4 Vom Sitz im Leben her biblische Geschichten neu sehen lernen

Der vierte Deutungsschritt knüpft insofern an den zweiten an, als er die Struktur der 'Geschichte in der Geschichte', die Differenzierung zwischen Rahmengeschehen und Gleichnisgeschichte weitertreibt. Die neu hinzukommende Herausforderung besteht nun darin, daß der Erzählrahmen in einer anderen Zeit angesiedelt ist als die Binnengeschichte. Die Rahmengeschichte erzählt etwa davon, wie in der Situation der frühen Christengemeinden Jesus-Geschichten neu lebendig wurden und für die Christen ermutigende, tröstende Bedeutung gewannen. Der Sitz im Leben wird jetzt also zum Ausgangspunkt des Differenzierens zwischen Inhalt und Bedeutung.[31] Besonders naheliegend war es, die Mt-Fassung der Sturmstillungsgeschichte in die Situation der Bedrängnis und Verfolgung hinein zu erzählen.[32] In der Erfahrung der Angst können sich auch die Kinder mit ihren Erfahrungen wiederfinden, eine wichtige Voraussetzung für das Erzählen. Verschüchtert sitzen die Christen beieinander; Zweifel kommen auf, ob in dieser Situation der Glaube an Jesus Christus überhaupt noch trägt, ob die Nähe des Auferstandenen überhaupt noch erfahren werden kann. „Wo ist er denn?" fragen die Gemeindemitglieder die Apostel. „Wir erleben so viel Not und Angst und wissen nicht, ob Jesus Christus wirklich bei uns ist! Manche meinen, er hat uns verlassen, und sie sagen, wir sind jetzt wie in einem Boot ohne Steuermann. Wenn Jesus Christus bei uns ist, dann zeigt es uns bitte!" Da erzählt einer der Jünger, was sie damals beim Sturm auf dem See Genezareth erlebten. Er erzählt besonders eindrücklich von der Angst der Menschen im Schiff, von ihrem panikartigen Suchen nach Jesus, von ihrem Ärger, als sie ihn schlafend entdeckten, von ihrem verzweifelten Aufwecken. Und dann erzählt er auch eindrücklich von den beruhigenden Worten, die Jesus sagte, von dem Vertrauen, das von ihm ausging, von der Sicherheit, die sie an ihm spürten, von der Überlegenheit, die sie an ihm wahrnahmen, und die nicht ohne Wirkung bei ihnen blieben.

Wie im zweiten Arbeitsschritt geht es nicht um ein abstraktes Vergleichen von Einzelzügen in Rahmenhandlung und Wundergeschichte, sondern um das Weitertreiben der Geschichte mit Jesus zu dem hin, was das Erzählen der Geschichte wohl bei den verfolgten Christen bewirkte. Und wieder gibt es Raum für Vermutungen, was diese Erzählung in der neuen Situation bei den Hörenden wohl veränderte, an welchen Stellen die Christen wohl ganz besonders zuhörten, was sie hinterher wohl zueinander sagten. Da mag von Trost die Rede sein und auch von Zweifeln, die geblieben sind, von der

---

[31] Solche Rahmengeschichten sind vor allem durch *W. Neidhart* und *W. Hollenwegers* narrative Exegesen bekannt geworden, vgl. *W. Neidhart/H. Eggenberger* (Hrsg.), Erzählbuch zur Bibel, Bd.1, Zürich/Lahr 1975; *W. Hollenweger*, Konflikt in Korinth. Memoiren eines alten Mannes, München 1978. In unserem Zusammenhang wird es darauf ankommen, gegenüber den differenzierten Erkundungen der historischen Situation das Elementarisieren auf Grundsituationen hin zu bedenken, in denen Menschen durch ihre Begegnung mit überlieferten Erfahrungen mit Gott eine Wende ihrer Not erlebten.

[32] Vgl. z.B. *D. Steinwede* (Hrsg.), Erzählbuch zur Kirchengeschichte, Bd. 1, Lahr 1982, 57.

neu gespürten Nähe des Auferstandenen und vielleicht auch von der Hoffnung, daß man sie bald noch besser und deutlicher spüren werde. Die besondere Herausforderung für die Kinder liegt darin, aus späterer Zeit auf das Wirken Jesu zurückzuschauen. Aber das für sie Vertraute bleibt der verbindende Erzählzusammenhang, der auch hier ihre Bemühungen trägt, angemessene Bedeutung zu erfassen. Gewonnen ist mit dieser Arbeit an Bedeutungen von Geschichten ein Zugang zu der zentralen Frage und Herausforderung, wie denn Gott heute noch erfahren werden kann, in einer Zeit, in der es keine spektakulären Gotteserscheinungen gibt. Schon auf den früheren Stufen geben die Kinder mit ihrem eigenen Erleben und weiterführenden Bedenken der Geschichten Antworten auf diese Frage, indem sie sich mit ihren eigenen Erfahrungen einbringen, selbst das Ermutigende in den Geschichten erspüren. Jetzt wird dieser Zusammenhang nach und nach explizit. Die Muster für unseren heutigen Umgang mit biblischen Geschichten werden mit dem Erzählen von den frühen Christen deutlicher.[33]

Mit solcher Zielsetzung können dann etwa auch die Wachstumsgleichnisse wieder aufgenommen werden. Jetzt ist es die Mutlosigkeit der frühen Gemeinde, auf die sie mit ihrer poetischen Kraft antworten. Heilungsgeschichten Jesu können noch deutlicher zu Hoffnungsgeschichten werden: Wir spüren dem nach, wie Kranke in der frühen Gemeinde wohl diese Geschichten hörten, was sie ihnen wohl bedeuteten, wie sie dem neuen Leben, das von Jesu Wirken ausging, nachsannen.[34] Entsprechend könnten alttestamentliche Geschichten von ihrem Sitz im Leben her neu erzählt werden: Von Abraham und Sara, Isaak und Jakob erzählten sich später die Hirten am Feuerplatz - wenn entsprechende Herausforderung anstanden, die sie in den alten Geschichten vom Vertrauen auf Gott wiederfanden.

Eine weitere Herausforderung schließt unmittelbar an das Erzählen vom Sitz im Leben her an: Sie besteht darin, den Erzähler in der Erzählung auch als mitgestaltenden Autor zu entdecken, der in der von ihm erzählten und dann aufgeschriebenen Geschichte bewußt Akzente setzt, umstellt, ergänzt, auch wegläßt. Am Beispiel der Sturmstillungsgeschichte ist es jetzt Matthäus, der in der Situation der Bedrohung die Geschichte immer wieder erzählt hat, immer wieder auf besondere Einzelzüge großen Wert legte, und sie nun in knapper Form aufschreibt. Die Kinder werden in die Schreibstube des Evangelisten geführt, sie vollziehen mit, wie er sich zu einer eigenen schriftlichen Kurzfassung seiner Erzählung entschließt, dabei von 'Kleingläubigen' spricht und die Worte Jesu zu den Jüngern im Boot, die ihm so wichtig geworden sind, nach vorne rückt. Die Kinder könnten dazu angeregt werden, ihre eigenen Kurzfassungen der Geschichte zu schreiben und dabei das zu betonen, was für sie besonderes Gewicht hat. Nacherzählungen aus unserer Zeit in Kinderbibeln und Erzählbüchern können daraufhin untersucht werden, wo sie die Akzente setzen. Die erzählte Rahmenhandlung aber

---

[33] Mancherlei Erzählvorschläge treiben dieses Sichtbarmachen dessen, was Erzählen von Gott und Jesus bewirken kann, noch weiter, indem die Rahmenhandlung in unserer Zeit angesiedelt wird. Vgl. dazu *D. Steinwede*, Was ich gesehen habe. Thematische Bibelerzählungen für Kinder, Eltern und Lehrer, Göttingen 1976.

[34] Ein eindrückliches Beispiel dafür gibt *G. Theißen*, Der Schatten des Galiläers. Historische Jesusforschung in erzählender Form, München 1986, 139 ff.

bleibt immer der rote Faden. Sie hält das Ermutigende, das Ernstnehmen der ursprünglichen Botschaft fest, von dem her die Veränderungen geschehen. Das Stärkende und Befreiende bleibt die Basis, auf der sich das zusammenfassende, bündelnde, präzisierende Neu-Schreiben entwickelt. Mit dem Mitverfolgen des Prozesses der Verschriftlichung durch biblische Redaktoren gewinnt die Textarbeit zunehmende Bedeutung: das aufmerksame Lesen und Vergleichen unterschiedlicher Fassungen, das immer bezogen bleibt auf die existentiellen Herausforderungen der Personen der Rahmenhandlung.[35]

*2.5 Die Botschaft von Gott in ursprünglich fremden Texten wiedererkennen*

In einem letzten Schritt wird der Blick in die Schreibstube biblischer Autoren fortgesetzt. Aber eine neue Aufgabe kommt hinzu. Jetzt soll zugänglich werden, daß die biblischen Redaktoren und Autoren auch Materialien außerbiblischen Ursprungs aufnahmen und neu interpretierten, um so das Bekenntnis zu Gott zu bereichern und zu aktualisieren. Entscheidend bleibt auch hier die Rahmenhandlung. Sie muß wiederum existentielle Herausforderungen der Gemeinde spürbar machen, von denen her und auf die hin das Bekenntnis zu Gott und zu Jesus Christus neu präzisiert wird und die Zuhörenden ermutigt werden, an ihrem Vertrauen zu Gott festzuhalten.

Schon vielfach wurde in diesem Sinne die Weihnachtsgeschichte des Lukas erschlossen.[36] Besondere Herausforderung könnte die Bedrohung durch den römischen Staat sein, der religiöse Anspruch des Kaisers, der dem eigenen Glauben den Boden zu entziehen droht. In einem Besuch des Theophilus bei Lukas (Lk 1,3) könnte dies zur Sprache kommen. Theophilus erzählt vielleicht aus Rom von dem Herrschaftskult, der sich um den Kaiser ausbreitet, von dem Streben und Gerangel so vieler, beim Kaiser Beachtung und Wohlwollen zu finden und so an seinen Segnungen Anteil zu haben. Er erzählt von dem Wohlstand in den höheren Kreisen und von dem straff organisierten Staatswesen, das diesen Wohlstand möglich macht. Der Staat funktioniert gut, die Verehrung des Kaisers erscheint wohlbegründet. Wer mag sich da den Huldigungen entziehen, die in dem Ruf gipfeln: Ehre dem Kaiser in Rom und Friede im weltumspannenden römischen Weltreich, all denen, die in der Gunst des Kaisers stehen. Dagegen zeichnet Lukas ein anderes Bild, die Gegenseite davon: Steuern und Abgaben, die der Bevölkerung in den Provinzen abgepreßt werden; Machtgier und Willkür derer, die über die kleinen Leute herrschen. Da hinein gehört die Geschichte Jesu und der Christen. Lukas erzählt von den Menschen am Rande der Gesellschaft, und davon, wie sie in der Begegnung mit Jesus neue Perspektiven für ihr Leben gewannen. Er schildert die Geburt Jesu im harten Kontrast zum Geschehen in römischen Palästen. Dort, wo in römischer Sicht die Welt zu Ende ist, dort ist in dieser Sicht die Mitte der Welt. Über

---

[35] Lohnend ist es, auch Bilder der Kunst zu biblischen Geschichten als solch ein 'Neu-Schreiben' biblischer Texte verstehen zu lernen. Es ist eine unverzichtbare flankierende Unterstützung der Arbeit an Deutungen und Bedeutungen, wenn in dem anderen Medium des Bildes dieselben Aufgaben anstehen, wenn das Bild daraufhin 'gelesen' wird, was es besonders hervorhebt, wo es in seinem Erzählen die Akzente setzt. Vgl. dazu *M.L. Goecke-Seischab/F. Harz,* Bilder zu neutestamentlichen Geschichten im Religionsunterricht, Lahr 1994.

[36] Vgl. *D. Steinwede*, Weihnachten mit Lukas. Ein Sachbilderbuch, Lahr 1974.

den Menschen draußen auf den Feldern öffnet sich der Himmel, sie bekommen Anteil an Glanz und Licht, das von Gott kommt. Ihnen wird zugerufen: Ehre sei Gott in der Höhe und Friede auf Erden bei den Menschen seines Wohlgefallens. Und die folgenden Gespräche mit den Schülerinnen und Schülern mögen um folgende Fragen kreisen: Theophilus hat sich bei Lukas sehr für diese Geschichte bedankt. „Deine Geschichte ist mir eine große Hilfe!" Was meint er wohl damit? Oder: Unterwegs sang Theophilus immer wieder vor sich hin: Ehre sei Gott in der Höhe! Sang er es erleichtert, oder trotzig, oder...? Als andere ihn auf dieses Lied hin ansprachen, gab er ihnen gerne Auskunft, was es ihm bedeutete. Und vielleicht kann man sich im Gespräch ganz weit vorwagen: Darf ich diese Geschichte überhaupt weitererzählen? fragt sich Theophilus. Wenn sich Lukas das mit den Engeln und ihrem Lobgesang nur ausgedacht hat?

Vielfach wurde in analogem Sinne der Zugang zum jüngeren Schöpfungsbericht (Gen 1) erprobt.[37] Dahinter steht die oft enttäuschende Erfahrung, daß eine - eher abstrakte - Gegenüberstellung von biblischer Schöpfungsgeschichte und naturwissenschaftlichen Erkenntnissen bei den 11-Jährigen nicht das gewünschte Ergebnis brachte. Trotz didaktisch-methodisch interessanter, gut durchdachter Unterrichtswege blieb am Schluß immer noch die Frage offen: Wer hat denn nun recht, die Bibel oder die Naturwissenschaft? Eine Rahmenerzählung, die von den Juden im babylonischen Exil handelt, bietet aussichtsreicheren Zugang. Bedrohung geschieht auch hier dadurch, daß die glanzvolle Präsenz der babylonischen Götter den eigenen Glauben bedrängt. Und jährliche Überschwemmungen lösen immer wieder Untergangsängste aus, die im babylonischen Staatskult das Besänftigen der Götter durch Opfer fordern. Das babylonische Weltbild, das den irdischen Lebensraum als einen von Chaosfluten umgebenen und stets gefährdeten zeigt, unterstreicht diese Befürchtungen. In diese Situation hinein formulieren die für die Explikation des Glaubens Verantwortlichen ein eigenes Schöpfungsbekenntnis, das auf die mit Angst besetzte Frage: Werden die Götter unseren Lebensraum erhalten? eine andere und ermutigende Antwort gibt: Und Gott sprach: Gut! Bilder, Aussagen, Erkenntnisse der umgebenden Welt werden zum einen aufgenommen, gemäß dem damaligen Wissensstand, aber sofern sie die eigene Existenz bedrängen, das Vertrauen zu Gott in Frage stellen, werden sie umgedeutet und so entkräftet. Sie werden in die Perspektive des befreienden, rettenden Gottes gerückt und gewinnen dadurch eine ganz andere Aussagekraft, werden so zum Zeugnis für die lebenschaffende Kraft Gottes. Entsprechend dem bei dem vierten Deutungsschritt angeregten eigenen neuen Formulieren biblischer Texte könnte hier versucht werden, neuere Erkenntnisse zur Entstehung unserer Welt heranzuziehen, um in und mit ihnen durch entsprechende Ergänzungen und Kommentierungen das vertrauensvolle Bekenntnis zu Gott dem Schöpfer und zur Beständigkeit seiner Schöpfung auszudrücken. Das könnte etwa so lauten: „Und Gott schuf Spiralnebel und die Milchstraße, in denen sich Millionen von Gestirnen auf gleichbleibenden Bahnen bewegen, ohne aufeinander zu prallen. Und siehe, es war gut."

---

[37] Vgl. z.B. *L. Schmalfuß/R. Pertsch,* Methoden im Religionsunterricht. Ideen, Anregungen, Modelle, München 1987.

## 3. Schlußüberlegung

Die in diesem Beitrag benannten Elemente und Anregungen für den Unterricht können sich weitgehend auf Unterrichtsideen stützen, die sich in der Praxis schon bewährt haben. Was aber bislang noch zu wenig bedacht wurde, ist die stimmige Abfolge von Deutungsherausforderungen und -aufgaben, die auf vorangegangene Entdeckungen zurückgreifen können. Oft begegnen Unterrichtseinheiten zum Thema „Wie die Bibel entstanden ist", in denen dann alles zum Verständnis des Gewordenseins biblischer Texte auf einmal erarbeitet werden soll. Und manche der hier bedachten Aspekte kommen dabei überhaupt nicht zum Zug. Wichtig bleibt nämlich in jedem Fall, von Erfahrungen auszugehen, in denen sich die Kinder selbst wiederfinden können. Deutungsvollzüge sollten stets im Zeichen der Klärung solcher Erfahrungen, des Erspürens des Befreienden der biblischen Botschaft stehen. Und dabei geht es dann immer wieder um die Frage, wer Gott für uns ist, wie sein Wirken vorstellbar werden kann, wie das Geheimnis seines Eingreifens in unsere Welt und unser Leben aussagbar wird. Die Arbeit an Deutungen sollte nie um ihrer selbst willen geschehen, sondern mit dem Ziel, in Deutungen der Beziehung zwischen Gott, Mensch und Welt näher zu kommen. So wird mit der Erschließung von Zugängen zum angemessenen Umgang mit biblischen Texten zugleich die von *K.E. Nipkow* eindringlich formulierte Aufgabe ernst genommen, die Gottesfrage viel stärker als bisher zum roten Faden der unterrichtlichen Zielsetzungen zu machen.[38] Und indem mögliche Deutungen nie als fertige Ergebnisse präsentiert, sondern die Kinder in ihrem selbständigen Suchen nach Bedeutungen akzeptiert, ja immer wieder dazu angeregt werden, wird dem Rechnung getragen, was in jüngster Zeit unter dem Stichwort des 'Perspektivenwechsels' verstärkt angemahnt wird: Daß die Kinder nicht Objekte der Vermittlung von Glaubensinhalten sind, sondern Subjekte ihres eigenständigen Glaubens, der von lebensgeschichtlichen und altersspezifischen Besonderheiten bestimmt sein darf.[39] Indem sie entdecken können, daß das ihnen eröffnete Suchen nach Deutungen Raum gibt, ihren eigenen Glauben, ihre eigenen Vorstellungen von Gott zu artikulieren, vermittelt durch dazu anregende Personen in den erzählten biblischen Geschichten, kann ihr Glaube in Bewegung bleiben, weniger tragfähige Bilder und Vorstellungen auch zurücklassen, um neue für die nächste Wegstrecke zu gewinnen.

---

[38] Vgl. *K.E. Nipkow*, Erwachsenwerden ohne Gott? Gotteserfahrung im Lebenslauf, München 1987, 9 ff.

[39] Vgl. Synode der EKD, Aufwachsen in schwieriger Zeit - Kinder in Gemeinde und Gesellschaft, Gütersloh 1995, 49 ff.

XXI.

# Kirchengeschichte und Religionspädagogik - Exemplarität oder Vollständigkeit?

Godehard Ruppert

## 0. Vorbemerkung

Das Verhältnis von Kirchengeschichte und Religionspädagogik ist eher ein Unverhältnis - das gilt zunächst mit Blick auf den Religionsunterricht: Kirchengeschichte steht schulisch zwischen Geschichts- und Religionsunterricht mit der Folge, daß ihre Stellung in beiden Fächern eher marginal ist, daraus wiederum ist eine gewisse didaktische Verelendung entstanden.[1] Noch deutlicher stellt sich die Frage des Verhältnisses von Kirchengeschichte und Religionspädagogik im Rahmen der Ausbildung von künftigen Religionslehrern. Der vorliegende Beitrag beschränkt sich daher und mit Rücksicht auf den Gesamtduktus dieser Publikation in der Verhältnisbeschreibung und -bestimmung ganz auf das Feld der Hochschuldidaktik.[2]

## 1. Reduzierung als faktische Auswahl

In seinem Beitrag zu einer Artikelserie 'Standortbestimmung der deutschen katholischen Theologie' schreibt der Tübinger Kirchenhistoriker *R. Reinhardt* über seine Disziplin: "Das Fach wird meist an den Theologischen Fakultäten der Universitäten doziert; es ist ein Teil der Ausbildung, eingezwängt in den straffen Rahmen eines Lehrplans. In begrenzter Zeit gilt es, einen großen Stoff zu bewältigen. Viele Facetten der kirchlichen Entwicklung können nur angedeutet werden, andere entfallen ganz. Oft bleibt dem Hochschullehrer nichts anderes übrig, als in einem knappen Überblick vor allem die Entwicklung der eigenen Konfessionskirche zu beschreiben... Doch: Auch eine solche eingeengte 'Kirchengeschichte' hat eine wichtige Funktion. Den jungen

---

[1] Vgl. zur schulischen Seite des Verhältnisses von Kirchengeschichte und Religionspädagogik: *G. Ruppert*, Geschichte ist Gegenwart. Ein Beitrag zu einer fachdidaktischen Theorie der Kirchengeschichte, Hildesheim 1984; *ders./J. Thierfelder*, Umgang mit der Geschichte. Zur Fachdidaktik kirchengeschichtlicher Fundamentalinhalte, in: *G. Adam/R. Lachmann* (Hrsg.), Religionspädagogisches Kompendium. Ein Leitfaden für Lehramtsstudenten, Göttingen $^5$1997, 295-326.

[2] Vgl. dazu ausführlicher: *G. Ruppert*, Zugang zur Kirchengeschichte. Entwurf einer elementaren Propädeutik für Religionspädagogen, Theorie und Praxis 34, Hannover 1991, 10-101. Die hochschuldidaktische Seite des Verhältnisses wird noch seltener bearbeitet als die schulpädagogische, auch im jüngsten religionspädagogisch bilanzierenden Beitrag ist nur die schulische, thematische Seite behandelt: *K. König*, Lernen in der Begegnung mit Geschichte, in: *H.-G. Ziebertz/W. Simon* (Hrsg.), Bilanz der Religionspädagogik, Düsseldorf 1995, 351-367.

Studierenden wird ja vor allem die eigene Kirche, in der sie groß geworden sind und in deren Dienst sie treten wollen, zum 'Problem'. Das Studium der Geschichte gibt aber die Möglichkeit, die kirchliche Gegenwart in ihrer historischen Bedingtheit zu sehen und zu deuten. Bleibendes und Vergängliches, Unverzichtbares und Aufgebbares, Anspruch und Wirklichkeit lassen sich so unterscheiden - unabhängig von der wechselnden Tagesmeinung."[3]

Die Schwierigkeiten und Begrenzungen, die hier angedeutet sind, zeigen sich im Rahmen eines Lehramtsstudiums besonders deutlich. Im Gegensatz zum Studium der Theologie mit dem angestrebten Abschluß einer kirchlichen oder einer Diplom-Prüfung, in dem die Kirchengeschichte eine Teildisziplin darstellt, ist im Rahmen eines Lehramtsstudiums die Theologie und ihre Didaktik insgesamt nur ein Teil des Studiums; in diesem Teilstudium ist die Kirchengeschichte häufig kaum noch als eine eigenständige Disziplin auszumachen. Dies gilt in ganz besonderem Maße dann, wenn das Teilstudium der Theologie und ihrer Didaktik nicht an einer theologischen Fakultät, sondern an einem erziehungswissenschaftlichen oder philosophischen Fachbereich studiert wird.

Der Rahmen einer theologischen Fakultät gibt den konzeptionellen Entwurf vor: Die Veranstaltungszyklen in den einzelnen theologischen Disziplinen sind ausgerichtet an einem - dann zumeist auch so benannten - 'Vollstudium'; demgegenüber studieren Lehramtskandidaten die einzelnen Disziplinen nur in einer reduzierten Stundenzahl. Die Auswahl der Veranstaltungen innerhalb des jeweiligen Zyklus, d.h. letztlich die studierten Inhalte, werden von den Studierenden selbst bestimmt; bei einer Vielzahl von Pflichtstunden in einer Reihe von Fächern regelt diese Auswahl mehr oder minder der Zufall. Selbst sogenannte Einführungsveranstaltungen sind konzeptionell zumeist auf das 'Vollstudium' ausgerichtet.

In einem nicht ausschließlich theologischen Fachbereich ist die Übernahme der aufgezeigten rein pragmatischen Konzeption in der Regel allein schon deshalb nicht möglich, weil die einzelnen theologischen Disziplinen nicht unbedingt - die historische Theologie in der Regel schon gar nicht - mit einem Fachvertreter besetzt sind. Anders als in einer theologischen Fakultät, in der ohnehin ein Lehrangebot in der jeweiligen Disziplin gemacht wird, aus dem die Studierenden ihre Veranstaltungen nach eigenen Gesichtspunkten zusammenstellen, zwingt das umfangmäßig beschränktere Angebot die Lehrenden, stärker auf Studienmöglichkeiten und -notwendigkeiten zu achten. Dadurch bekommen die Themenangebote und Veranstaltungsstrukturen auch andere Konturen, wenngleich auch diese häufig pragmatisch festgelegt werden. W. Dietrich fängt das ein in dem fast trotzigen Selbstverständnis: "Anders als in regelrechten theologischen Fakultäten mit reiner Theologie, an denen die Studierenden nur Theologie studieren, betreiben wir hier... sozusagen unreine Theologie. Das heißt mindestens: Die Studierenden studieren außer und neben Theologie ein oder sogar mehrere weltliche Fächer und müssen mindestens biographisch sehen, wie sie mit der dadurch gege-

---

[3] *R. Reinhardt*, Die Heilsgemeinde kann sich der Welt nicht entziehen, in: Rheinischer Merkur/Christ und Welt (05.04.1986), Nr. 15, 22.

benen Spannung klar kommen."⁴ Und für die Lehrenden bedeutet das, neben dieser biographischen Spannung auch die inhaltliche Spannung zu sehen, die sich ergibt, sobald die Relevanzfragen an die Inhalte gestellt werden. Mit Blick auf ein Lehramtsstudium lassen sich diese nicht vorschnell wegwischen. Diese spezielle Ausbildungssituation verdeutlicht in besonders krasser Weise die Notwendigkeit, anstelle einer von R. Reinhardt bereits für das 'Vollstudium' beklagten und für Lehramtsstudiengänge noch weitergehenden Reduzierung eine andere Konzeption zu entwickeln.

Für das Lehramtsstudium der Theologie und ihrer Didaktik entsteht daher eine ähnliche Situation wie die in der erziehungswissenschaftlichen und dann in der religionspädagogischen Debatte über Elementarisierung und exemplarisches Lernen reflektierte. Allerdings pflegen sich gerade Kirchenhistoriker an wissenschaftstheoretischen und didaktischen Reflexionen nur selten zu beteiligen. Die Gründe sind vielfältig; so darf R. Reinhardts resignierende, aber wohl auch kokettierende Beschreibung der Situation nicht verwundern: "Wer nach dem Ort der Kirchengeschichte im Reigen der Wissenschaften fragt, erhält aufs Erste selten eine präzise Antwort. Bei den Vertretern des Fachs stößt er meist auf ein 'Defizit an Theoriebewußtsein und Theoriereflexion'. Doch nehmen die Kirchenhistoriker dies gelassen hin. Im Gegenteil: Der erfahrene Historiker meldet sich erst dann zu Wort, wenn er einige Jahrzehnte im 'Steinbruch', d.h. in Bibliotheken und Archiven gearbeitet hat. Und mancher schafft es dann nicht mehr, über sein Fach zu reflektieren und zu berichten."⁵ Die Beschreibung illustriert gleichzeitig das Bild, das sich sehr viele von der Kirchengeschichte machen: Sie beschäftigt sich mit dem Staub der Jahrhunderte; damit kann dann auch das Image einer verstaubten Tätigkeit genährt werden. Keine Frage: Es gibt gerade auch unter LehrerInnen eine verbreitete Skepsis gegenüber der Kirchengeschichte und dem Kirchengeschichtsunterricht. Schwierigkeiten mit der Kirchengeschichte beruhen insbesondere auf mangelnden und ungenauen Kenntnissen oder dem Unbehagen, daß schon die im Studium erfahrene und dann die selber vorgenommene Reduzierung nicht gelungen ist, weil sie sich letztlich doch immer an einem problematischen Vollständigkeitsprinzip und an linear chronologischen Durchgängen orientiert.

## 2. Elementarisierung als begründete Auswahl

Das Problem, welche Inhalte so grundlegend sind, daß sie wesentlicher Bestandteil eines Bildungsprozesses sein sollten, stellt sich für alle Bereiche des Lehrens und Lernens. Bemühungen um das mit Elementarisierung in der Sache Gemeinte zählen daher zu fundamentalen Bildungsüberlegungen: Was ist als elementar anzusehen und wie ist

---

⁴ W. Dietrich, Widerstand und Ergebung heute neu gelesen, in: U. Becker (Hrsg.), Dietrich Bonhoeffer als Provokation für heute, Hannover 1986, 62.

⁵ R. Reinhardt, aaO., 22; vgl. zum Verhältnis Theologie und Kirchengeschichte: G. Ruppert, Zugang, 41-48, ferner zum historischen Hintergrund dieses Defizits an Theoriebewußtsein und -reflexion: B. Steinhauf, "Die Wahrheit der Geschichte". Zum Status katholischer Kirchengeschichtsschreibung am Vorabend des Modernismus, Bamberg: ms. Habilitationsschrift 1996.

es didaktisch zur Geltung zu bringen? In das erziehungswissenschaftliche Gespräch ging der Begriff aber besonders durch die bildungstheoretische Diskussion nach 1945 ein. An dieser Stelle ist daher auch kurz der Zusammenhang mit der erziehungswissenschaftlichen Diskussion und deren religionspädagogischer Rezeption anzugeben.

## 2.1 Elementarisierung in erziehungswissenschaftlicher Sicht[6]

Die Entwicklung der Einzelwissenschaften seit dem 17. Jahrhundert und besonders die rapide Beschleunigung dieses Prozesses im 19. und 20. Jahrhundert förderte eine zunehmende Spezialisierung der Forschungsdisziplinen, die nicht ohne Rückwirkungen auf die Situation der Schule und der Schulfächer blieb. Eine Überladung der Lehrpläne war eine der Folgen, die sich aus den Versuchen ergaben, den ständigen Zuwachs an Forschungsergebnissen an die Schüler zu vermitteln. Gleichzeitig wurde deutlich, wie sehr die Inhalte der Schulbildung und die reale Lebenswelt der Schülerinnen auseinanderfielen; die sich immer komplexer und komplizierter gestaltenden Lebensverhältnisse bedurften einer überzeugenden und einsichtigen Transformation in den Raum der Bildung.

In Aufnahme erster Ansätze bei *Comenius* und *Rousseau* sowie der Überlegungen *Pestalozzis* zu einer Elementarbildung haben bereits Vertreter der geisteswissenschaftlichen Pädagogik den Begriff des Elementaren in die pädagogische Diskussion der schwierigen Bildungssituation eingebracht. Im Gespräch nach 1945 stand zunächst der Terminus vom 'exemplarischen Lehren und Lernen' im Vordergrund. Das entscheidende Anliegen dieser Elementarisierungsdiskussion war das eigentliche didaktische Problem, die Frage der Auswahl - im Bemühen um eine sach- und zeitgemässe Bildung auf dem Hintergrund von Stoffmassen und Lehrplannöten.

Wichtige Anstöße zu dieser Diskussion gingen von einem Historiker - *H. Heimpel*[7], Professor für mittlere und neuere Geschichte in Göttingen - und von einem Naturwissenschaftler - *M. Wagenschein*[8] Physiklehrer und Fachleiter an einem Studienseminar in Darmstadt - aus. In diesem Faktum wird bereits deutlich, daß die Fragen eines exemplarischen Lernens allgemeine Probleme berührten, die sowohl Fachgrenzen-, als auch Lernaltersstufen-übergreifend von Bedeutung sind.

Die begriffliche Unterscheidung der an *J.H. Pestalozzi* anknüpfenden Leitbegriffe 'elementar', 'fundamental' und 'exemplarisch' verdeutlicht die Teilbereiche des Gesamtproblems der Bildungsgehalte. *Fundamental* sind Grunderfahrungen und Kategorien, die einen geistigen Grundbereich - auf die Schule bezogen: ein Unterrichtsfach - konstituieren. *Elementar* sind *innerhalb* solcher fundamentalen Bereiche die Inhalte und Komplexe, die als wesentlich für die Bildung anzusehen sind. *Exemplarisch* sind die Beispiele, die solche fundamentalen Grundbereiche und elementaren Inhalte besonders eindrücklich vermitteln.

---

[6] Vgl. zum Folgenden insbesondere: W. *Klafki*, Das pädagogische Problem des Elementaren und die Theorie der kategorialen Bildung, Weinheim [4]1964.

[7] Vgl. *H. Heimpel*, Selbstkritik der Universität, in: Deutsche Universitäts Zeitung 6 (1951), Nr. 20, 5-7.

[8] Vgl. *M. Wagenschein*, Zur Selbstkritik der Höheren Schule, in: Die Sammlung 7 (1952), 142-152.

Elementarisierung umschreibt damit den Bildungsvorgang der Erschließung: In dem jeweiligen Aneignen des Elementaren gelingt ein Zugang zu diesem ganz spezifischen Ausschnitt der geistigen Wirklichkeit. Der Prozeß ist aber insofern auch dialektisch, als sich die Lernenden ebenfalls für diese Wirklichkeit erschließen. Eine solche doppelseitige Erschließung kann nur gelingen, wenn die Bestimmung des Elementaren der geschichtlichen Wirklichkeit, die vermittelt werden soll, *und* der individuellen Wirklichkeit dessen, dem sie vermittelt werden soll, gerecht wird.

Die Überlegungen zum Elementaren und Aufschließenden waren auch eine didaktische Konsequenz der bildungstheoretischen Bemühungen um einen kategorialen Bildungsbegriff; ohne Aufnahme und Integration dieser Arbeiten, besonders der von W. Klafki, ist die Diskussion über das Elementare in der Religionspädagogik nicht zu denken.

## 2.2 Elementarisierung in religionsdidaktischer Sicht

Bereits sehr früh wurde der Ansatz der kategorialen Bildung in der Religionsdidaktik aufgegriffen. In einem der ersten Diskussionsbeiträge verwies G. *Otto* auf die exemplarischen Lernmöglichkeiten, die sich aus der Beschäftigung mit dem Inhaltsbereich der Kirchengeschichte[9] ergeben können. In den sechziger Jahren wurden die bildungstheoretischen Überlegungen W. *Klafkis* unter der Kritik an den anthropologischen Defiziten der dialektischen Theologie und der von ihr begründeten Didaktik[10] zur Grundlage programmatischer Entwürfe; sie arbeiteten besonders das Problem des Fundamentalen und Elementaren in der Evangelischen Unterweisung heraus. In der Folgezeit geriet damit immer mehr der Inhaltsbereich 'Bibel' ins Blickfeld. Die kirchengeschichtsdidaktische Diskussion wurde nicht weitergeführt, bibeldidaktische Diskussionen traten in den Vordergrund.[11]

Das Comenius-Institut hat in einem Forschungsvorhaben 1973-1977 die Elementarisierung theologischer Inhalte und Methoden untersucht.[12] An diese Überlegungen anknüpfend hat J. *Werbick* aus systematisch-theologischer Sicht das Elementare von der Mitte des Glaubens in seiner entscheidenden, existenzbestimmenden Wirkung über-

---

[9] Vgl. G. *Otto,* Kirchengeschichte im Religionsunterricht. Zugleich ein Beitrag zum exemplarischen Lernen, in: Die Sammlung 12 (1957), 32-43.

[10] Dabei ist sicher zu konzedieren, daß etwa die Evangelische Unterweisung einem Mißverständnis der *Barth*'schen Theologie aufgesessen ist; vgl. auch U. *Becker,* K. Barth. Über Anstöße seines theologischen Denkens für die gegenwärtige religionspädagogische Diskussion, in: F. *Johannsen/G. Ruppert* (Hrsg.), Glaubensdenker des 20. Jahrhunderts. Zum 100. Geburtstag von Karl Barth, Romano Guardini, Franz Rosenzweig und Paul Tillich, Theorie und Praxis 19, Hannover 1988, 5-23.

[11] Einen Gesamtüberblick über die religionspädagogische Diskussion bieten: K.E. *Nipkow,* Grundfragen der Religionspädagogik, Bd. III, Gütersloh 1982, 185-232 und W. *Rohrbach,* Das Problem der Elementarisierung in der neueren religionspädagogischen Diskussion, in: EvErz 35 (1983), 21-39.

[12] Die Ergebnisse wurden veröffentlicht: Elementarisierung theologischer Inhalte und Methoden im Blick auf die Aufgabe einer theologisch zu verantwortenden Lehrplanrevision und Curriculumentwicklung in den wichtigsten religionspädagogischen Arbeitsfeldern, vorgelegt v. H. *Stock,* 2 Bde., Münster 1975/77.

dacht; es ging ihm um die Fragestellung, ob der christliche Glaube als identitätsbezogenes Wissen ausgelegt und verifiziert werden kann. Er hat Prolegomena und Skizzen zu einer Elementartheologie aus wissenschaftstheoretischen Reflexionen deduziert und vorgelegt.[13] Im Gegensatz dazu schlägt R. Lachmann einen induktiven Weg vor; er will das Fundamentale und Elementare als didaktische Kategorien gewinnen über die methodische Frage nach der Vermittlung von theologischen Elementen und Inhalten.[14] In gewisser Weise nimmt *K.E. Nipkow* eine Mittelposition zwischen diesen beiden Wegen ein, wenn er in seinem Elementarisierungskonzept den Bezug zur strittigen theologischen Wahrheitsfrage durch die Frage nach der elementaren Wahrheit offenhält. Elementarisierung ist danach eher ein offener Prozeß unter der Voraussetzung, "daß die Wahrheit der Sache der Theologie als Wahrheit für den Menschen nicht einfach auf *Vermittlung feststehender Wahrheit* hinausläuft, sondern auf *'Ermittlung uns betreffender Wahrheit'* im Überlieferten'."[15]

*H. Stock* gibt als didaktische Folgerungen der Überlegungen zu einer Elementartheologie zwei unterscheidbare Arbeitsgänge an: Zum einen nennt er biblische Information und Interpretation, die sich vor allem auf das Thema Jesus Christus zu konzentrieren habe und hermeneutische Regeln erkennen sowie methodisch durchschaubaren Umgang mit den Texten entstehen lassen müsse. Zum anderen nennt er "die vom gegenwärtigen Interesse bestimmte Hinwendung auf *exemplarische Konkretionen aus Geschichte und Gegenwart*, in der Regel nach Themen gegliedert und aktueller Beteiligung zugänglich."[16] Religionsdidaktisch ist damit der Kirchengeschichte ein Ort exemplarischer Konkretion innerhalb einer Elementartheologie zugewiesen. Gerade beim zweiten Arbeitsgang werden - im didaktischen Weg vom einzelnen Beispiel in die geschichtliche Dimension - die Fragen nach Kontinuität und Dauer gestellt.

Nach *P. Biehl* sind drei Anforderungen an eine elementare Theologie zu stellen; danach untersucht eine elementare Theologie die gelebte Religiosität auf elementare Phänomene hin und arbeitet ihren anthropologischen Sinn heraus, sie befragt biblische Texte auf ihren Erfahrungsgrund und ihre Wirkung hin und sie bezieht sich auf die psychischen und sozialen Vorgänge, die durch religiöse Symbole und Rituale ausgelöst werden.[17] Gerade eine so verstandene Elementartheologie ist eine *"Theologie aus Erfahrung"*[18], die nach elementaren Erfahrungen fragt und menschliche Entscheidungssituationen sowie Kontexte menschlicher Lebenspraxis im Blick hat.

---

[13] Vgl. *J. Werbick*, Glaube im Kontext. Prolegomena und Skizzen zu einer elementaren Theologie, SPT 26, St. Ottilien ²1987.

[14] Vgl. *R. Lachmann*, "Die Sache selbst" im Gespräch zwischen Religionspädagogik und Pädagogik, in: EvErz 36 (1984), 116-130.

[15] *K.E. Nipkow*, aaO., 200.

[16] *H. Stock*, Elementartheologie, in: *W. Böcker*, u.a. (Hrsg.), Handbuch Religiöser Erziehung, Bd. 2, 464.

[17] Vgl. *P. Biehl*, Theologie im Kontext von Lebensgeschichte und Zeitgeschehen. Religionspädagogische Anforderungen an eine Elementartheologie, in: ThP 20 (1985), 155-170.

[18] AaO., 164.

## 2.3 Elementarisierung in geschichtsdidaktischer Sicht

In der geschichtsdidaktischen Diskussion wurde lange über die Frage nach der Möglichkeit exemplarischer Vertretung des Ganzen durch ein Einzelnes gestritten; andererseits war unstrittig, daß ein einzelner Sachverhalt wie ein bestimmter Friedensabschluß, eine bestimmte Revolution nicht ausreichen, notwendig und erschöpfend auf einen anderen Friedensabschluß, eine andere Revolution schließen zu lassen. Damit stellt sich aber das Problem einer enormen Stoffülle. Die Diskussion stellte daher besonders die Chance des Faches heraus, die zumeist unstrukturierte Stofforientierung durch die Artikulation gewichtigerer Funktionen auszugleichen. Ferner betonte vor allem *J. Rohlfes*, die Intentionen und Funktionen des Lernens von Geschichte habe Vorrang vor seinen Stoffen; er sah die Möglichkeiten eines exemplarischen Geschichtsunterrichts auf der funktionalen Ebene. Insgesamt läßt die Diskussion in der Geschichtsdidaktik einen Grundkonsens erkennen; danach gilt ein exemplarisches Lernen in Geschichte als wenig aussichtsreich bei der Vermittlung realer Geschehenszusammenhänge. Sinnvoll dagegen erscheint es zur Vermittlung von Erkenntnisprinzipien und kategorialer Grundstrukturen, d.h. beim Erlernen der historischen Methode, der Quellenarbeit, der Begriffsbildung, ferner beim Verstehen vom Charakteristischen, Repräsentativen und bei der Erfahrung von Betroffenheit, die den Gegenwartsbezug der Vergangenheit herstellt.[19]

## 2.4 Elementarisierung in hochschuldidaktischer Sicht

Die Diskussionen der Geschichtsdidaktik waren nicht auf den Bereich der Schuldidaktik beschränkt. Bereits als einer der ersten Anreger dieser Diskussion gab *H. Heimpel* Beispiele für ein exemplarisches Lernen in der Geschichte: Er hat für das Mittelalter demonstriert,[20] wie das Prinzip "des paradigmatischen Lernens und Lehrens" zu realisieren sei, ohne allerdings schon diesen Terminus zu benutzen. Diesen Grundbegriff verwandte er dann zwei Jahre später in seinen Vorschlägen zur Hochschulreform ausdrücklich.[21] In diesem Zusammenhang vertrat er die Auffassung: "Es kommt... nicht darauf an, alle Epochen und Gebiete gleichzeitig zu studieren, sondern, im Rahmen eines allgemeinen Überblicks, an einzelnen Stellen eine echte Begegnung mit der geschichtlichen Welt zu haben und diese Begegnung als Erfahrung auf andere Gebiete anzuwenden. Das historische Studium auf der Universität muß dem Studenten nicht unendlich viele Einzelkenntnisse, sondern muß seiner Bildung historische Tiefe geben. Der anwachsende Stoff ist in Wahrheit das Anwachsen neuer Ansprüche auf geistige Bewältigung."[22] Ihm erschien eine Revision der Geschichtswissenschaft notwendig,

---

[19] Vgl. die geschichtsdidaktische Diskussion zusammenfassend: *J. Rohlfes*, Exemplarischer Geschichtsunterricht, in: *K. Bergmann*, u.a. (Hrsg.), Handbuch der Geschichtsdidaktik, Seelze-Velber ⁴1992, 256-258.

[20] Vgl. *H. Heimpel*, Das Mittelalter, in: *E. Weniger* u.a., Neue Wege im Geschichtsunterricht, Frankfurt 1949, 81-90.

[21] *H. Heimpel*, Selbstkritik, 6.

[22] *Ebd.*

die als Neuorganisation des Geschichtsstudiums ein erneutes Durchdenken des geschichtlichen Gesamtzusammenhanges zur Grundlage haben müsse. "Diese Neuorganisation darf aber auf der Universität auch keineswegs eine auf die Schule schon zugeschnittene, handbuchmäßige Minimalhistorie sein. Es ist selbstverständlich immer bei Bewahrung des Gesamtzusammenhanges gleichgültig, ob die Begegnung mit der geschichtlichen Welt bei *Augustus, Heinrich IV., Adolf von Nassau, Friedrich dem Großen* oder in einer Dorfgeschichte gelingt."[23] Der paradigmatische Charakter sichert, daß das *Allgemeine* im Einzelnen enthalten und auffindbar ist. "Das jeweilige Paradigma repräsentiert hier keinen konkreten historischen Inhalt mehr, sondern eine Kategorie von Inhalten überhaupt. Es repräsentiert eine Fragehaltung als solche. Das einzelne Historikum wird zum formalbildenden Übungsstück für das 'historische Denken' schlechthin und seine Methode."[24]

Für die Hochschule gilt noch sehr viel deutlicher als für die Schule, daß das exemplarische Prinzip nicht alleiniges Bildungsprinzip sein kann, wohl aber das partiell vorherrschende Lehr- oder Lernprinzip.[25] Die Möglichkeit, Richtigkeit oder gar Notwendigkeit des exemplarischen Lernens in der Schule ist nicht einfach auf die Hochschule und die Ausbildung von LehrerInnen zu übertragen; andererseits sind Einführungen oder grundlegende Veranstaltungen aber nicht anders zu strukturieren: "Propädeutik und Orientierung über den Gesamtbestand der Wissenschaft bleiben auch weiterhin Aufgaben jedes akademischen Lehrers. Beides kann gar nicht anders als 'exemplarisch' geschehen."[26]

Auch unter dem Anspruch einer fachwissenschaftlich korrekten Wissensvermittlung, also einer wissenschaftlichen Ausbildung von Lehrern gilt die Notwendigkeit eines exemplarischen Lernens nicht nur für die Propädeutik. Über das Studium der Geschichte äußert die Historikerin *H. Wunder*: Es kann, "gleich welcher Abschluß angestrebt wird, immer nur ein *exemplarisches* sein, sowohl im Hinblick auf 'Geschichte' und die von der Geschichtsforschung behandelten Themen als auch im Hinblick auf die Inhalte des späteren Geschichtsunterrichts."[27]

Nicht ein enzyklopädischer Anspruch auf Vollständigkeit begründe die Wissenschaftlichkeit, sondern "ein durch *Rationalität* und *Kritik* (als methodischem Zweifel) bestimmtes Verhalten zum Untersuchungs- und späteren Unterrichtsgegenstand sowie zum subjektiven Interesse... an Geschichte... Exemplarisch studieren heißt mehr als die notwendige Beschränkung auf wenige, ausgewählte Themen, es bezeichnet eine Lernform, mit der zugleich Sach-, Vermittlungs- und Verfahrensweisen erworben wer-

---

[23] Ebd.

[24] *H. Scheuerl*, Die exemplarische Lehre. Sinn und Grenzen eines didaktischen Prinzips, Forschungen zur Pädagogik und Anthropologie 2, Tübingen ²1964, 17.

[25] Vgl. aaO., 83.

[26] AaO., 173.

[27] *H. Wunder*, Studium der Geschichte, in: *K. Bergmann* (Hrsg.), aaO., 672.

den, das in der späteren eigenverantwortlichen Arbeit weiterentwickelt werden kann."[28]

Die Prinzipien der Rationalität und Kritik bezieht sie auf die Inhalte des Studiums, die Arbeitsweisen und auf den eigenen Lernprozeß. Sie gelten damit für die Bereiche:
- Auswahl der Studieninhalte;
- Beherrschen der historischen Methode;
- Aneignen von Basiswissen;
- Rezeption des Forschungsstandes;
- Teilnahme am wissenschaftlichen Gespräch;
- Erarbeitung eigener Darstellungen.

Die beiden letzten Punkte gelten innerhalb des Studiums in erster Linie für die aktive Mitarbeit in Seminaren und das Erstellen von Referaten bzw. Hausarbeiten; innerhalb eines Theologie-Studiums für das Lehramt wird wohl nur in einzelnen Fällen Kirchengeschichte so studiert, daß sie auch hier gelten. Die ersten vier Punkte können dagegen als fundamentale Ziele dieses Teilstudiums gelten.

Die Grenzen des exemplarischen Prinzips liegen in den Schwierigkeiten, die Exempel treffend zu wählen, damit nicht der Blick auf das Allgemeine, der Überblick verstellt wird. Eine Anwendung des Prinzips bedeutet für den Lehrenden, sich selber um einen entsprechenden Überblick, um eine große Souveränität gegenüber dem Stoff, zu bemühen und sich in die Position wie Situation des Lernenden zu versetzen. Die Auswahl der Exempel, anhand derer die Lernziele erreicht werden sollen, muß studentenorientiert sein.

Letztlich ist exemplarisches Lernen immer *orientierendes* Lernen; angesichts der realen Lage des Faches Kirchengeschichte in Lehramtsstudiengängen scheint eine exemplarische orientierende Grundlegung dringend notwendig. Studierende wählen bei den geringen Anteilen der Kirchengeschichte im Studium die geforderten Lehrveranstaltungen faktisch nach den Prinzipien des Zufalls oder des Eklektizismus aus; dabei besteht die Gefahr, Vorgänge und Ergebnisse nicht einordnen zu können.

Auf dem Hintergrund dieser Überlegungen steht somit fest:
Elementarisierung ist als Grundperspektive für das Studium der Kirchengeschichte innerhalb eines Theologie-Studiums für ein Lehramt sowohl erziehungswissenschaftlich als auch fachdidaktisch begründ- und vertretbar. Nicht vertretbar dagegen erscheint ein Verständnis von Elementarisierung als Reduzierung einer fachwissenschaftlich orientierten Gesamtdarstellung.

Eine solche *elementare* Konzeption
- dient der Vermittlung von geschichtswissenschaftlichen Erkenntnisprinzipien und kategorialen Grundstrukturen,
- fördert das Beherrschen der historischen Methode und der Quellenarbeit;
- erleichtert das Verstehen von Charakteristischem und Repräsentativem in der Geschichte der Kirche;
- stellt die Erfahrung von Betroffenheit her, durch die der Gegenwartsbezug der Kirchengeschichte unterstrichen wird;

---

[28] AaO., 673.

- verschafft Grundlagenwissen, das zu einer weiteren Beschäftigung mit der Kirchengeschichte motiviert;
- erleichtert die Auswahl von Studieninhalten und schafft Orientierungen, um den Forschungsstand der Kirchengeschichte rezipieren zu können.

## 3. Konsequenzen für das Studium

Kirchengeschichte bedarf besonders im Rahmen eines Lehramtsstudiums wegen ihrer Randstellung sowohl in den Ausbildungsrahmenplänen als auch in der Einschätzung der Studierenden einer eigenen Hinführung. Eine *elementare propädeutische Lehrveranstaltung*[29] sollte obligatorisch sein und zunächst zur Beschäftigung mit der Sache motivieren. Das gelingt nicht, indem man schlicht die Notwendigkeit beteuert, sondern, indem man anschaulich aufzuweisen sucht, welche Bedeutung die Kirchengeschichte für die gegenwärtige Situation der Kirche sowie des persönlichen Glaubens und - daraus bereits folgend - für die Theologie und die Zusammenschau der theologischen Disziplinen haben kann. Kirchengeschichte als die in Kirche und Theologie eingebrachte Erinnerung sollte ihre Funktion als "erweitertes Gedächtnis"[30] erläutern.

Eine solche propädeutische Lehrveranstaltung wird neben der Motivation aber besonders auf die Erläuterung des methodischen Vorgehens Wert legen müssen: In der möglichst direkten Konfrontation mit der Sache, in der "originalen Begegnung"[31] mit Quellen als Zeugnissen geronnener Vergangenheit kann das am ehesten gelingen. Sie vermitteln auch die Einsicht in die Notwendigkeit, Geschichte zu rekonstruieren, weil sie sich nicht selber erschließen. Die Methoden der Geschichtswissenschaft als 'Handwerkszeug' dieser Rekonstruktion sind daher vorzustellen. Eine denkbare Alternative wäre der Rückgriff auf Geschichtsdarstellungen, die eine Einführung selbst bieten oder auf die sie verweisen müßte. Damit ist allerdings die Chance vertan, den Prozeß einer historischen Rekonstruktion, die wir in Geschichtsdarstellungen vorfinden, nachvollziehen, ihre Voraussetzungen durchschauen und sie damit letztlich erst verstehen zu können. Historisches Wissen kann eher auf dem Weg eines Nachvollzugs von Rekonstruktionsprozessen, also mit Kenntnis der historischen Methode gelingen; eine bloße Ansammlung von Daten und Fakten wird über eine wenig nutzbare Faktenkenntnis kaum hinausführen. Das möglichst mehrmalige exemplarische Gehen des Weges, auf dem wir zu historischen Erkenntnissen gelangen, dürfte für den Erfolg entscheidend sein. Ein solcher Weg ermöglicht daher auch den Zugang zu dem hier zu eröffnenden Ausschnitt der geistigen Wirklichkeit im Sinne der Bemühungen um eine Elementarisierung.

---

[29] Vgl. meinen Entwurf einer publizierten Einführung in: *G. Ruppert*, Zugang, 103-268.

[30] Vgl. *G. Ruppert/J. Thierfelder*, aaO., 297-299.

[31] Den Begriff hat *H. Roth* geprägt; vgl. *H. Roth*, Pädagogische Psychologie des Lehrens und Lernens, Hannover ²1958, 116-126.

Den Anspruch einer elementaren Propädeutik kann eine Einführung in die Kirchengeschichte am ehesten dann einlösen, wenn die Inhalte, hier näherhin also die Themen bzw. Gliederungspunkte als wesentlich für die angezielte Bildung sind. In besonderer Weise gilt das für die notwendige Darstellung der historischen Methode; ihre Vermittlung sollte exemplarisch erfolgen, d.h. die Quellen-Beispiele sollten so gewählt sein, daß sie die elementaren Bildungsinhalte einer Einführung in die Kirchengeschichte besonders eindrücklich vermitteln. Daher sind auch die verschiedenen Quellenarten sowohl in geschichtswissenschaftlicher[32] wie in geschichtsdidaktischer[33] Perspektive zu berücksichtigen.

Die Beispiele sollten daher
- in *fachwissenschaftlicher* Sicht geeignet sein, diese Inhalte exemplarisch zu vermitteln,
- in *religionsdidaktischer* Sicht geeignet sein, nicht einfach feststehende Wahrheit zu vermitteln, sondern die Studierenden betreffende Wahrheit im Überlieferten zu ermitteln,
- in *fachdidaktischer* Sicht geeignet sein, die Einsicht in die Notwendigkeit und Möglichkeit eines korrelativen Kirchengeschichtsunterrichts vorzubereiten, und
- in *hochschuldidaktischer* Sicht geeignet sein, eine gezieltere Auswahl der Studieninhalte zu ermöglichen, das Beherrschen der historischen Methode grundzulegen, zum systematischen Aneignen von Basiswissen und zur kritischen Rezeption des Forschungsstandes anzuregen.[34]

Daraus folgt, daß die Beispiele zwar nicht gerade nur einer einzigen Epoche entstammen sollten, andererseits aber die Frage einer 'Streuung' über die ganze Chronologie höchstens sekundär ist. Wichtiger erscheint, daß alle gewählten Beispiele erstens eine Verankerung im Interesse und in der Lebenswelt der Studierenden haben - das ist beispielsweise angesichts der als Skandalon empfundenen Spaltung der Kirche bei der Reformation der Fall - und sich zweitens grundsätzlich für eine unterrichtliche Behandlung eignen. So ist eine Einsicht in die Relevanz des hier anzueignenden Wissens am ehesten erreichbar.

Mögliche Nachteile des exemplarischen Prinzips liegen sicher in der Gefahr, anstelle der realen Geschichte eine Art Meta-Geschichte entstehen zu lassen, weil der Eindruck einer Austauschbarkeit entstehen kann. Insofern sind weitere *darstellende Lehrveranstaltungen* nach dem thematischen Prinzip zu orientieren, etwa als Längsschnitte; zeitliche Schwerpunktbildung bei den Beispielen ist sogar eher in der Lage, den Eindruck einer Austauschbarkeit zu beheben, als eine möglichst breite Berücksichtigung aller Zeiten. Durch eine zeitliche Schwerpunktbildung ist auch leichter eine breitere Verwendung unterschiedlicher Quellenarten zu gewährleisten. Gerade das Mittelalter, dessen aufklärerische Einschätzung als 'finster' immer noch weit verbreitet ist, eignet sich hier gut, ebenso das Zeitalter der Reformation und der Konfessionalisierung, weil darin

---

[32] Hier gilt es insbesondere, nicht nur auf Traditionsquellen, sondern auch auf Überreste zurückzugreifen.

[33] Vgl. *G. Ruppert/J. Thierfelder*, aaO., 320-323.

[34] Vgl. *H. Wunder*, aaO., 673.

das Kapitel mit den heute am schmerzvollsten empfundenen Folgen der Kirchengeschichte gesehen wird;[35] andererseits herrscht mitunter gerade von dieser Zeit ein überzogen positives *oder* negatives Bild. Zur Einführung in die Historische Methode eignen sich mittelalterliche Beispiele ohnehin in besonderer Weise, weil wir die Quellen zur alten Geschichte überwiegend aus mittelalterlichen Handschriften entnehmen müssen,[36] während in der Neuzeit die Bedeutung der erzählenden Quellen gegenüber der von Akten stark zurücktritt. Ferner nahm die Übersichtlichkeit bezüglich der Quellenlage und des dargestellten Inhalts nach der Erfindung des Buchdrucks deutlich zu.[37]

Inhaltlich sollte sich die Stoffauswahl für spezielle Lehrveranstaltungen der Kirchengeschichte im Rahmen der Lehramtsausbildung nach denselben Kriterien ausrichten wie die schulische Kirchengeschichtsdidaktik, d.h. neben den bereits angesprochenen *repräsentativen Themen* insbesondere auf eine *ökumenische Ausrichtung,* auf die *Behandlung der außerdeutschen Kirchengeschichte*, auf eine *angemessene Berücksichtigung der neueren Kirchengeschichte* zu achten, die *Aufarbeitung der 'dunklen' Stellen der Kirchengeschichte* zu gewährleisten, die *Beseitigung geschlechtsspezifischer Defizite* und die *Behandlung der kirchengeschichtlichen 'Verlierer'* sicherzustellen und *Biographien* einen angemessenen Stellenwert einzuräumen.[38]

Einen Beitrag zu einer Elementartheologie als "Theologie aus Erfahrung" kann Kirchengeschichte leisten, wenn sie auch bei der Auswahl der historischen Exempla nach elementaren Erfahrungen fragt und menschliche Entscheidungssituationen sowie Kontexte menschlicher Lebenspraxis im Blick hat. Gegenwartsbezug der Vergangenheit kann und muß sie aufzeigen,[39] auch wenn solche Versuche fraglos der Gefahr ausgesetzt sind, unhistorisch zu werden. Für die Kirchengeschichte innerhalb des Lehramtsstudiums stellt sich ferner dieselbe Aufgabe, wie für die Kirchengeschichtsdidaktik, nämlich: "die Konstitution und Konstituierung von Geschichtsbewußtsein als wesentlichem Faktor christlich menschlicher Identität und als notwendiger Voraussetzung vernünftiger kirchlich gesellschaftlicher Praxis sowohl deskriptiv-empirisch zu erforschen als auch didaktisch maßgeblich zu regeln."[40]

---

[35] Vgl. G. Ruppert, "Vom Nutzen und Nachteil der Historie für das Leben". Ökumene und Kirchengeschichte, in: *F. Johannsen/H. Noormann* (Hrsg.), Lernen für eine bewohnbare Erde. Bildung und Erneuerung im ökumenischen Horizont, Gütersloh 1990, 75-79.

[36] Zu beachten ist dabei allerdings, daß die editorische Rekonstruktionsarbeit der Neuzeit dazwischengeschaltet ist; die Kenntnis von der alten Geschichte ist daher sowohl von mittelalterlichen wie von neuzeitlichen bzw. modernen Bedingungen abhängig.

[37] Vgl. *P. Kirn*, Einführung in die Geschichtswissenschaft. Neu bearbeitet von *J. Leuschner*, Berlin ⁶1972, 61.

[38] Vgl. dazu: *G. Ruppert/J. Thierfelder*, aaO., 310-319.

[39] Zum Versuch, reformationshistorische Inhalte anhand von Bildquellen zu erarbeiten und in Beziehung zu setzen zu elementaren Erfahrungen, vgl. *G. Ruppert*, "Das eschatologische Bureau macht Überstunden". Vorstellungen vom Weltende in der Reformationszeit, in: *H.-J. Görtz/ders.* (Hrsg.), Hören-, sehen-, lebenlernen, Theorie und Praxis 33, Hannover 1990, 141-157.

[40] *G. Ruppert*,"...uninteressant und langweilig...". Kirchengeschichtsdidaktik - eine Bestandsaufnahme, in: KatBl 115 (1990), 230-237.

# XXII.

# Anhang

## 1. Kurzbiographie von Professor Dr. Wilhelm Sturm

- Geboren am 19.12.1932 in Feuchtwangen/Mittelfranken,
  1943 - 1951 Besuch des Humanistischen Gymnasiums in Ansbach,
- 1951 - 1956 Studium der Theologie und Philosophie in Neuendettelsau, Tübingen, Heidelberg und Erlangen, 1956 Erstes Theologisches Examen, 1959 Zweites Theologisches Examen.
- Erste Tätigkeit in der kirchlichen Praxis: Gemeinden Starnberg und Grünwald bei München.
- Anschließend Assistent bei Professor Dr. Kurt Frör am Lehrstuhl für Praktische Theologie (Schwerpunkt Religionspädagogik) an der Universität Erlangen/Nürnberg und Inspektor am Theologischen Studienhaus Erlangen.
  Promotion bei Professor Dr. Kurt Frör. Thema der Arbeit: "Religionsunterricht gestern - heute - morgen. Der Erziehungsauftrag der Kirche und der Religionsunterricht an öffentlichen Schulen." Fakultätspreis der Theologischen Fakultät der Universität Erlangen-Nürnberg.
- 1965 - 1968 Lehrauftrag für Religionspädagogik an der Technischen Hochschule München (Berufsschullehrerausbildung)
- Ab 1967 Theologischer Referent und stellvertretender Leiter am Katechetischen Amt der Evang.-Luth. Kirche in Bayern
  Schwerpunkte: Betreuung der Ausbildungsphase II der Lehramtsanwärter in Bayern - Mitgestaltung der Curricularen Lehrpläne für den Religionsunterricht an Grund-, Haupt- und Realschulen in Bayern. Es waren die ersten curricularen Pläne, die in Bayern erstellt wurden. Vorbereitung von Unterrichtsprojekten zum neuen Lehrplan. Mitarbeit bei der Ausbildung der Vikare und bei den Theologischen Prüfungen in Bayern.
- 1972 - 1982 Lehrauftrag für Religionspädagogik an der Theologischen Fakultät der Universität Erlangen-Nürnberg.
- 1972 - 1973 Aufbau des Instituts für Lehrerfortbildung in Heilsbronn analog zu Gars und Dillingen.
- 1973 Berufung auf den Lehrstuhl für Evangelische Theologie, Schwerpunkt Religionspädagogik und Didaktik des Religionsunterrichts, an der Universität Regensburg

**Schwerpunkte in der Lehre**

- Grundfragen der Religionspädagogik
- Fachdidaktik des Religionsunterrichts
- Biblische Theologie (Altes und Neues Testament)
- Grundfragen der Ethik
- Transfervorlesungen.

**Schwerpunkte in der Forschung und Veröffentlichungen in Auswahl**

*Grundfragen der Religionspädagogik und des Religionsunterrichts*

- Religionsunterricht - gestern - heute - morgen. Der Erziehungsauftrag der Kirche und der Religionsunterricht an öffentlichen Schulen, Arbeiten zur Pädagogik 15, Stuttgart 1971.
- Das Problem der Konfessionalität des Religionsunterrichts, in: Nachrichten der Evang.- Luth. Kirche in Bayern, 27. Jg. 1972, Heft 9, 173 - 176.
- Thesen zur Begründung des Religionsunterrichts an öffentlichen Schulen, in: Religionsunterricht und Verfassungswirklichkeit, hrsg. vom Gesamtverband Evangelischer Erzieher in Bayern, Nürnberg 1974.
- Der Religionsunterricht an öffentlichen Schulen, in: Nachrichten der Evang.-Luth. Kirche in Bayern, 30. Jg. 1975, Heft 5, 89 - 92.
- Lebensfragen im Religionsunterricht, in: Das Wort, das weiterwirkt. Aufsätze zur Praktischen Theologie in memoriam Kurt Frör, hrsg. von R. Rieß und D. Stollberg, München 1981, 58 - 70.
- Standpunkt und Bekenntnis im Religionsunterricht, in: GEE-Rundbrief, Neundettelsau 1983, 3 - 10.
- Falsche und echte Autorität, in: H.-F. Angel/ U. Hemel (Hrsg.), Basiskurse im Christsein (FS W. Nastainczyk), Frankfurt a.M. u.a. 1992, 285 - 291.

*Religionspädagogische Konzeptionen des 16., 19. und 20. Jahrhunderts*

- Luthers Sicht von der Erziehung, in: Martin Luther. Eine Spiritualität und ihre Folgen, Schriftenreihe der Universität Regensburg, Bd. 9, hrsg. von H. Bungert, Regensburg 1983, 57 - 71.
- Luther's view concerning education, Adelaide 1984.
- Reformation und Schule in Regensburg, in: Reformation und Reichsstadt. Protestantisches Leben in Regensburg, hrsg. von H. Schwarz, Regensburg 1994, 66 - 88.
- Religionspädagogische Konzeptionen (19. u. 20. Jh.), in: G. Adam/R. Lachmann (Hrsg.), Religionspädagogisches Kompendium, Göttingen 1. - 4. Auflage 1984/93, 30 - 65; 5. völlig neubearbeitete Auflage 1997, 37 - 86.

*Fachdidaktischer Transfer alt- und neutestamentlicher Texte im erfahrungsorientierten Bibelunterricht*

- Die Osterperikopen im Unterricht, in: Praxis Ecclesiae (Frör-Festschrift), hrsg. von D. Stollberg, München 1970, 268 - 278.
- Die Erziehung zum mehrdimensionalen, kritischen Denken im biblischen Unterricht der Grund- und Hauptschule, in: Begegnung und Gespräch, Ökumenische Beiträge zu Erziehung und Unterricht, Mai 1975.
- Religionspädagogik und Erfahrung - Neuere Tendenzen in der Fachdidaktik des Religionsunterrichts, in: Fachdidaktik zwischen Fachdisziplin und Erziehungswissenschaft, hrsg. von M. Zenner (= Regensburger Beiträge zur Fachdidaktik 2), Bochum 1990, 131- 156.

*Didaktik des Kirchengeschichtsunterrichts*

- Martin Luther und die Reformation, Schriftenreihe der Gemeinschaft Evangelischer Erzieher in Bayern, Heft 1(gem. m. *H. Rehlen*), Neuendettelsau 1983.
- Evangelische Kirche zwischen Anpassung und Widerstand. Die Rezeption des Kirchenkampfs in der Religionspädagogik, in: Der Widerstand gegen den Nationalsozialismus. Eine interdisplinäre didaktische Konzeption zu seiner Erschließung, hrsg. von M. Zenner (= Regensburger Beiträge zur Fachdidaktik 1), Bochum 1989, 159-184.
- Regensburg wird evangelisch (Hrsg.), Unterrichtsprojekt zum Reformationsjubiläum für die Grundschule, Hauptschule, Realschule und Gymnasium. Regensburg 1992.

*Neue Religionen im Unterricht*

- Neues Denken - alte Geister? New Age und die neue Esoterik, in: Spektrum der GEE, Zeitschrift der Gemeinschaft Evangelischer Erzieher in Bayern, 39. Jg. 1989, Heft 4, 2-6.
- Fundamentalismus in Religion und Politik. Eine Herausforderung für Lehrkräfte, in: Begegnung und Gespräch, Ökumenische Beiträge zu Erziehung und Unterricht, Januar 1998 (im Erscheinen).

## 2. Autorenverzeichnis

*Adam* Dr. Dr. h.c., Gottfried; geb. 1939, Professor für Religionspädagogik an der Evangelisch-Theologischen Fakultät der Universität Wien.
- Der Unterricht der Kirche. Studien zur Konfirmandenarbeit, GTA 15, Göttingen (1980) ³1984.
- Glaube und Bildung. Beiträge zur Religionspädagogik 1, StTh 6, Würzburg (1992) ²1994.
- Religiöse Bildung und Lebensgeschichte. Beiträge zur Religionspädagogik, StTh 10, Würzburg 1994.

*Anselm* Dr., Helmut; geb. 1934, Pfarrer und Studiendirektor, Landesvorsitzender des bayerischen Gesamtverbandes Evangelischer Erzieher und Leiter des Arbeitskreises Fachdidaktik der Evangelischen Religionspädagogischen Arbeit in Bayern.
- Religionspädagogik im System Spekulativer Theologie. Untersuchungen zum Werk Christian Palmers als Beitrag zur religionspädagogischen Theoriebildung der Gegenwart, Münchener Monographien zur historischen und systematischen Theologie 8, München 1982.
- Perspektiven des Religionsunterrichts. Theologische Religionspädagogik als Fragment, Gütersloh 1989.
- Religion oder Ethik? Ein Beitrag zur Diskussion um die Zukunft von Religionsunterricht und Ethikunterricht, München 1995.

*Fraas* Dr., Hans-Jürgen; geb. 1934, Professor an der Theologischen Fakultät der Universität München, Lehrstuhl für Religionspädagogik und Didaktik des Religionsunterrichts.
- Religiöse Erziehung und Sozialisation im Kindesalter, Göttingen ³1978.
- Glaube und Identität. Grundlegung einer Didaktik religiöser Lernprozesse, Göttingen 1983.
- Die Religiosität des Menschen. Religionspsychologie, Göttingen ²1993.

*Grethlein* Dr., Christian; geb. 1954, Professor für Praktische Theologie an der Evang.-Theologischen Fakultät der Westfälischen Wilhelms-Universität Münster.
- Religionsunterricht an Gymnasien - eine Chance für volkskirchliche Pfarrer, Frankfurt a.M. 1984.
- Taufpraxis heute. Praktisch-theologische Überlegungen zu einer theologisch verantworteten Taufpraxis im Rahmen der EKD, Gütersloh 1988.
- Abriß der Liturgik, Gütersloh ²1991.
- Gemeindepädagogik, Berlin u.a. 1994.

*Harz* Dr., Frieder; geb. 1943, Professor für Religionspädagogik an der Evangelischen Fachhochschule Nürnberg, Fachbereich Religionspädagogik und Kirchliche Bildungsarbeit in München.
- Musik, Kind und Glaube. Zum Umgang mit Musik in der religiösen Erziehung, Stuttgart 1982.
- Religionsunterricht vorbereiten. Hilfen für Anfänger - Tips für Praktiker (gem. m. K. Foitzik), München (1985) ³1995.
- Glauben im Lebenszyklus (Hrsg. gem. m. M. Schreiner), München 1994.
- Bilder zu neutestamentlichen Geschichten im Religionsunterricht. Einführung in die Bilddidaktik und Ikonographie (gem. m. M.L. Goecke-Seischab), Lahr 1994.

*Hemel* Dr., Ulrich; geb. 1956, apl. Professor für Praktische Theologie (Religionspädagogik und Katechetik) an der Universität Regensburg, Leiter der Abteilung Aquisitionen/ Internationale Unternehmensentwicklung sowie Leiter des Unternehmensbereichs Alten- und Krankenpflege bei der PAUL HARTMANN AG, Heidenheim.
- Theorie der Religionspädagogik, München 1984.
- Religionspädagogik im Kontext von Theologie und Kirche, Düsseldorf 1986.
- Ziele religiöser Erziehung. Beiträge zu einer integrativen Theorie, Regensburger Studien zur Theologie 38, Frankfurt a.M. 1988.

*Hilger* Dr., Georg; geb. 1939, Professor für Didaktik der Katholischen Religionslehre an der Katholisch-Theologischen Fakultät der Universität Regensburg.
- Religionsunterricht als offener Lernprozeß, München 1975.
- Religionsunterricht im Abseits? Das Spannungsfeld Jugend - Schule - Religion (Hrsg. gem. m. G. Reilly), München 1993.
- Religionsunterricht als Wahrnehmungsschule. Überlegungen zu einer ästhetisch inspirierten Religionsdidaktik, in: G. Schmuttermayr u.a. (Hrsg.), Im Spannungsfeld von Tradition und Innovation (FS Ratzinger), Regensburg 1997, 399-420.

*Lachmann* Dr., Rainer; geb. 1940, Professor an der Universität Bamberg, Lehrstuhl für Evangelische Theologie mit Schwerpunkt Religionspädagogik und Didaktik des Religionsunterrichts.
- Der Religionsunterricht Christian Gotthilf Salzmanns, Bern/Frankfurt a.M. 1974.
- Ethische Kriterien im Religionsunterricht, Gütersloh 1980.
- Grundsymbole christlichen Glaubens. Eine Annäherung, Biblisch-theologische Schwerpunkte 7, Göttingen 1992.
- Religionsunterricht in der Weimarer Republik. Zwischen liberaler und deutscher Religionspädagogik, StTh 12, Würzburg 1996.

*Lähnemann* Dr., Johannes; geb. 1941, Professor an der Universität Erlangen-Nürnberg, Lehrstuhl für Religionspädagogik und Didaktik des Evangelischen Religionsunterrichts.
- Der Kolosserbrief - Komposition, Situation und Argumentation, Studien zum Neuen Testament 3, Gütersloh 1971.
- Studienbuch 'Jesus Christus' (gem. m. U. Hahlbohm), Frankfurt a.M./Aarau ³1989.

- Weltreligionen im Unterricht. Teil I: Fernöstliche Religionen, Göttingen ²1994. Teil II: Islam, Göttingen ²1996.
- Herausgeber der Reihe 'Pädagogische Beiträge zur Kulturbegegnung'

*Lämmermann* Dr., Godwin; geb. 1947, Professor für Evang. Theologie mit Schwerpunkt Religionspädagogik und Didaktik des Religionsunterrichts an der Universität Augsburg.
- Religion in der Schule als Beruf. Der Religionslehrer zwischen institutioneller Erziehung und Persönlichkeitsbildung, Münchener Monographien zur historischen und systematischen Theologie 10, München 1985.
- Grundriß der Religionsdidaktik, Pth 1, Stuttgart 1991.
- Religionspädagogik im 20. Jahrhundert. Prüfungswissen Theologie, Gütersloh 1994.
- Gemeindepädagogik. Kirchliche Bildungsarbeit als Herausforderung (gem. m. K. Wegenast), Stuttgart 1994.

*Nastainczyk* Dr., Wolfgang; geb. 1932, Professor für Praktische Theologie (Religionspädagogik und Katechetik) an der Kath.-Theologischen Fakultät der Universität Regensburg.
- Religion unterrichten. Freiburg, Basel, Wien 1979.
- Religiös erziehen, Freiburg, Basel, Wien 1981.
- Katechese. Grundfragen und Grundformen (UTB 1245), Paderborn u.a. 1983

*Ritter* Dr., Werner H.; geb. 1949, Professor für Evangelische Theologie (Religionspädagogik) an der Universität Bayreuth
- Religion in nachchristlicher Zeit. Zum Begründungsansatz der neueren Religionspädagogik im Religionsbegriff, Frankfurt a.M. 1982.
- Glaube und Erfahrung im religionspädagogischen Kontext, ARP 4, Göttingen 1989.
- Der Allmächtige. Annäherungen an ein umstrittenes Gottesprädikat (gem. m. G. Altner, R. Feldmeier, W. Schoberth), Göttingen ²1997.
- Okkulte Faszination - Symbole des Bösen und Perspektiven der Entzauberung (gem. mit H. Streib), Neukirchen-Vluyn 1997.

*Rothgangel Dr.*, Martin; geb. 1962, Privatdozent an der Universität Regensburg, Lehrstuhlvertretung an der Pädagogischen Hochschule Erfurt für Religionspädagogik/Fachdidaktik.
- Antisemitismus als religionspädagogische Herausforderung. Eine Studie unter besonderer Berücksichtigung von Röm 9-11, Freiburg i.Br. (1994) ²1997.
- Was Erwachsene glauben. Umfrage und Analyse, StTh 13, Würzburg 1996.
- Naturwissenschaft und Theologie. Ein umstrittenes Verhältnis im Horizont religionspädagogischer Überlegungen. Unveröffentlichte Habilitationsschrift, Regensburg 1996.

*Rupp* Dr., Horst F.; geb. 1949, Professor für Religionspädagogik und Didaktik des Religionsunterrichts an der Universität Würzburg.
- Religion und ihre Didaktik bei Fr.A.W. Diesterweg. Ein Kapitel einer Geschichte der Religionsdidaktik im 19. Jahrhundert, Weinheim/Basel 1987.
- Fr.A.W. Diesterweg. Pädagogik und Politik, Persönlichkeit und Geschichte 135/136, Göttingen/Zürich 1989.
- Religion - Bildung - Schule. Studien zur Geschichte und Theorie einer komplexen Beziehung, Forum zur Pädagogik und Didaktik der Religion 7, Weinheim 1994.
- Diesterweg zwischen Forschung und Mythos. Texte und Dokumente zur Forschungsgeschichte (gem. m. G. Geissler), Neuwied u.a. 1996.

*Ruppert* Dr., Godehard; geb. 1953, Professor an der Fakultät Katholische Theologie der Universität Bamberg, Lehrstuhl für Religionspädagogik und Didaktik des Religionsunterrichts.
- Burg Rothenfels. Ein Beitrag zur Geschichte der Jugendbewegung und ihres Einflusses auf die katholische Kirche, Rothenfelser Schriften 5, Rothenfels 1979.
- Geschichte ist Gegenwart. Ein Beitrag zu einer fachdidaktischen Theorie der Kirchengeschichte, Hildesheim 1984.
- Glaubst du eigentlich an Gott? Kind und Religion - Ein Ratgeber für Eltern und Erzieher (gem. mit U. Becker u. a.), Gütersloh 1989.
- Zugang zur Kirchengeschichte. Entwurf einer elementaren Propädeutik für Religionspädagogen, Hannover 1991.

*Schoberth* Dr., Ingrid; geb. 1958, Privatdozentin an der Theologischen Fakultät und Lehrbeauftragte an der Erziehungswissenschaftlichen Fakultät der Universität Erlangen-Nürnberg.
- Erinnerung als Praxis des Glaubens, München 1992.
- Glauben-Lernen. Grundlagen einer Katechetischen Theologie. Unveröffentlichte Habilitationsschrift, Erlangen-Nürnberg 1996.
- Von Zeit und Ewigkeit. Homiletische Überlegungen zur Eschatologie, PTh 86 (1997), 438-453.

*Schoberth* Dr., Wolfgang; geb. 1958, Professor für Evangelische Theologie (Systematische Theologie und Theologische Gegenwartsfragen) an der Universität Bayreuth.
- Das Jenseits der Kunst, Frankfurt a.M. u.a. 1988.
- Geschöpflichkeit in der Dialektik der Aufklärung. Zur Logik der Schöpfungstheologie bei Friedrich Christoph Oetinger und Johann Georg Hamann, Neukirchen-Vluyn 1994.
- Der Allmächtige. Annäherungen an ein umstrittenes Gottesprädikat (gem. m. G. Altner, R. Feldmeier, W.H. Ritter), Göttingen ²1997.

*Schmitt* Dr., Hans-Christoph; geb. 1941, Professor für Alttestamentliche Theologie an der Universität Erlangen-Nürnberg.
- Elisa. Traditionsgeschichtliche Untersuchungen zur vorklassischen nordisraelitischen Prophetie, Gütersloh 1972.
- Die nichtpriesterliche Josephsgeschichte. Ein Beitrag zur neuesten Pentateuchkritik, Berlin/New York 1980.
- Herausgeber der Zeitschrift für die Alttestamentliche Wissenschaft (gem. m. G. Wanke).

*Schreiner* Dr., Martin; geb. 1958, Professor für Evangelische Theologie/Religionspädagogik an der Universität Hildesheim.
- Gemütsbildung und Religiosität, ARP 8, Göttingen (1992) ²1994.
- Glauben im Lebenszyklus (Hrsg. gem. m. F. Harz), München 1994.
- Im Spielraum der Freiheit. Evangelische Schulen als Lernorte christlicher Weltverantwortung, ARP 13, Göttingen 1996.

*Thiede* Dr., Werner; geb. 1955, wiss. Mitarbeiter am Institut zur Erforschung der religiösen Gegenwartskultur an der Universität Bayreuth.
- Das verheißene Lachen. Humor in theologischer Perspektive, Göttingen 1986.
- Auferstehung der Toten - Hoffnung ohne Attraktivität?, Göttingen 1991.
- Die mit dem Tod spielen. Okkultismus - Reinkarnation - Sterbeforschung, Gütersloh 1994.
- Esoterik - die postreligiöse Dauerwelle, Neukirchen-Vluyn 1995.

*Wegenast* Dr., Klaus; geb. 1929; Professor em. an der Universität Bern, Lehrstuhl für Praktische Theologie mit Schwerpunkt Religionspädagogik und Erziehungswissenschaft.
- Religionsdidaktik Grundschule, Stuttgart 1983.
- Jugend - Zukunft - Glaube, Berlin 1987.
- Religionsdidaktik Sekundarstufe I, Stuttgart 1993 (in Zusammenarbeit mit Philipp Wegenast).
- Gemeindepädagogik. Kirchliche Bildungsarbeit als Herausforderung (gem. m. G. Lämmermann), Stuttgart 1994.
- Lern-Schritte. 40 Jahre Religionspädagogik, Stuttgart 1997.
- Mitherausgeber des Handbuchs der Religionspädagogik, des Handbuchs der Praktischen Theologie und der Zeitschrift 'Der Evangelische Erzieher'.

*Wunderlich* Dr., Reinhard; geb. 1955, Professor für Evangelische Theologie/Religionspädagogik an der Pädagogischen Hochschule Freiburg.
- Johann Peter Hebels Biblische Geschichten. Eine Bibeldichtung zwischen Spätaufklärung und Biedermeier, ARP 7, Göttingen 1990.
- Neologische Heilsgewißheit und Romanform der Spätaufklärung. Christian Gotthilf Salzmanns Roman „Carl von Carlsberg oder über das menschliche Elend" (1783-88), StTh 11, Würzburg 1994.
- Pluralität als religionspädagogische Herausforderung, ARP 14, Göttingen 1997.